앙굿따라 니까야

숫자별로 모은 경[增支部]

제6권

열의 모음

열하나의 모음

앙굿따라 니까야
Aṅguttara nikāya

숫자별로 모은 경

제6권
열의 모음
열하나의 모음

초기불전연구원

∴
그분
부처님
공양 올려 마땅한 분
바르게 깨달으신 분께 귀의합니다.

Namo tassa Bhagavato Arahato Sammāsambuddhassa

제6권 목차

약어
제6권 해제____ 23

열의 모음____ 63

I. 첫 번째 50개 경들의 묶음____ 65
　　제1장 이익 품____ 65
　　　　무슨 목적 경(A10:1)____ 65
　　　　의도 경(A10:2)____ 67
　　　　의지처 경1(A10:3)____ 70
　　　　의지처 경2(A10:4)____ 71
　　　　의지처 경3(A10:5)____ 73
　　　　삼매 경(A10:6)____ 75
　　　　사리뿟따 경(A10:7)____ 77
　　　　믿음 경(A10:8)____ 79
　　　　평화로움 경(A10:9)____ 81

영지(靈知) 경(A10:10)____ 83

제2장 보호자 품____ 86
거처 경(A10:11)____ 86
특징 경(A10:12)____ 88
족쇄 경(A10:13)____ 89
삭막함 경(A10:14)____ 90
불방일 경(A10:15)____ 95
공양받아 마땅함 경(A10:16)____ 97
보호자 경1(A10:17)____ 98
보호자 경2(A10:18)____ 101
성스러운 삶 경1(A10:19)____ 107
성스러운 삶 경2(A10:20)____ 107

제3장 대 품____ 113
사자 경(A10:21)____ 113
교리 경(A10:22)____ 120
몸 경(A10:23)____ 123
쫀다 경(A10:24)____ 127
까시나 경(A10:25)____ 133
깔리 경(A10:26)____ 134
큰 질문 경1(A10:27)____ 138
큰 질문 경2(A10:28)____ 147

꼬살라 경1(A10:29)___ 153
꼬살라 경2(A10:30)___ 162

제4장 우빨리 품___ 169

우빨리 경(A10:31)___ 169
해결하는 소임 경(A10:32)___ 171
구족계 경(A10:33)___ 173
후원자 경(A10:34)___ 174
분열 경(A10:35)___ 175
화합 경(A10:36)___ 176
아난다 경1(A10:37)___ 177
아난다 경2(A10:38)___ 178
아난다 경3(A10:39)___ 179
아난다 경4(A10:40)___ 179

제5장 욕설 품___ 181

분쟁 경(A10:41)___ 181
뿌리 경1(A10:42)___ 182
뿌리 경2(A10:43)___ 182
꾸시나라 경(A10:44)___ 183
들어감 경(A10:45)___ 186
삭까 경(A10:46)___ 189
마할리 경(A10:47)___ 193

경우 경(A10:48)____ 195
몸에 본유적임 경(A10:49)____ 197
논쟁 경(A10:50)____ 197

II. 두 번째 50개 경들의 묶음____ 202
 제6장 자신의 마음 품____ 202
   자신의 마음 경(A10:51)____ 202
   사리뿟따 경(A10:52)____ 204
   정체 경(A10:53)____ 207
   사마타 경(A10:54)____ 210
   퇴보 경(A10:55)____ 216
   인식 경1(A10:56)____ 219
   인식 경2(A10:57)____ 220
   뿌리 경(A10:58)____ 221
   출가 경(A10:59)____ 222
   기리마난다 경(A10:60)____ 224

 제7장 쌍 품____ 232
   무명 경(A10:61)____ 232
   갈애 경(A10:62)____ 238
   완성 경(A10:63)____ 244
   흔들림 없음 경(A10:64)____ 246
   행복 경1(A10:65)____ 247

행복 경2(A10:66)____ 248
날라까빠나 경1(A10:67)____ 249
날라까빠나 경2(A10:68)____ 254
이야기의 주제 경1(A10:69)____ 259
이야기의 주제 경2(A10:70)____ 261

제8장 원함 품____ 263
원함 경(A10:71)____ 263
가시 경(A10:72)____ 265
원하는 것 경(A10:73)____ 267
증장 경(A10:74)____ 269
미가살라 경(A10:75)____ 270
할 수 없음 경(A10:76)____ 278
까마귀 경(A10:77)____ 287
니간타 경(A10:78)____ 288
원한 경1(A10:79)____ 289
원한 경2(A10:80)____ 289

제9장 장로 품____ 291
바후나 경(A10:81)____ 291
아난다 경(A10:82)____ 292
뿐니야 경(A10:83)____ 293
설명 경(A10:84)____ 295

자화자찬 경(A10:85)____ 297
구경의 지혜 경(A10:86)____ 301
대중공사 경(A10:87)____ 304
욕설 경(A10:88)____ 308
꼬깔리까 경(A10:89)____ 309
힘 경(A10:90)____ 316

제10장 청신사 품____ 319
감각적 욕망을 즐기는 자 경(A10:91)____ 319
증오 경(A10:92)____ 327
견해 경(A10:93)____ 331
왓지야마히따 경(A10:94)____ 337
웃띠야 경(A10:95)____ 341
꼬까누다 경(A10:96)____ 346
공양받아 마땅함 경(A10:97)____ 351
장로 경(A10:98)____ 353
우빨리 경(A10:99)____ 354
실현할 수 없음 경(A10:100)____ 365

III. 세 번째 50개 경들의 묶음____ 367
제11장 사문의 인식 품____ 367
인식 경(A10:101)____ 367
깨달음의 구성요소 경(A10:102)____ 368

그릇됨 경(A10:103)___ 369
씨앗 경(A10:104)___ 370
영지(靈知) 경(A10:105)___ 372
파괴 경(A10:106)___ 374
세정의식 경(A10:107)___ 375
의사 경(A10:108)___ 378
구토제 경(A10:109)___ 380
배설 경(A10:110)___ 382
무학 경1(A10:111)___ 383
무학 경2(A10:112)___ 384

제12장 하강의식 품___ 385
비법 경1(A10:113)___ 385
비법 경2(A10:114)___ 386
비법 경3(A10:115)___ 388
아지따 경(A10:116)___ 395
상가라와 경(A10:117)___ 398
이 언덕 경(A10:118)___ 401
하강의식 경1(A10:119)___ 402
하강의식 경2(A10:120)___ 405
앞장섬 경(A10:121)___ 406
번뇌 경(A10:122)___ 407

제13장 지극히 청정함 품___ 408
　　첫 번째 경(A10:123)___ 408
　　두 번째 경(A10:124)___ 408
　　세 번째 경(A10:125)___ 409
　　네 번째 경(A10:126)___ 409
　　다섯 번째 경(A10:127)___ 409
　　여섯 번째 경(A10:128)___ 410
　　일곱 번째 경(A10:129)___ 410
　　여덟 번째 경(A10:130)___ 411
　　아홉 번째 경(A10:131)___ 411
　　열 번째 경(A10:132)___ 412
　　열한 번째 경(A10:133)___ 412

제14장 훌륭함 품___ 413
　　훌륭함 경(A10:134)___ 413
　　성스러운 법 경(A10:135)___ 414
　　유익함 경(A10:136)___ 414
　　이익 경(A10:137)___ 415
　　법 경(A10:138)___ 415
　　번뇌와 함께 함 경(A10:139)___ 416
　　비난받아 마땅함 경(A10:140)___ 416
　　후회 경(A10:141)___ 417
　　축적 경(A10:142)___ 417

괴로움을 초래함 경(A10:143)___ 418
괴로움의 과보를 가져옴 경(A10:144)___ 418

제15장 성스러운 도 품___ 420
성스러운 도 경(A10:145)___ 420
검은 도 경(A10:146)___ 420
정법 경(A10:147)___ 421
참된 사람 경(A10:148)___ 421
일으켜야 함 경(A10:149)___ 422
받들어 행해야 함 경(A10:150)___ 423
닦아야 함 경(A10:151)___ 423
많이 공부지어야 함 경(A10:152)___ 424
기억해야 함 경(A10:153)___ 424
실현해야 함 경(A10:154)___ 425

IV. 네 번째 50개 경들의 묶음___ 426
제16장 사람 품___ 426
가까이해야 함 경(A10:155)___ 426
경모해야 함 등의 경(A10:156~166)___ 427

제17장 자눗소니 품___ 428
하강의식 경1(A10:167)___ 428
하강의식 경2(A10:168)___ 431

상가라와 경(A10:169)___ 432
이 언덕 경(A10:170)___ 433
비법 경1(A10:171)___ 435
비법 경2(A10:172)___ 436
비법 경3(A10:173)___ 443
업의 근원 경(A10:174)___ 444
피함 경(A10:175)___ 445
쭌다 경(A10:176)___ 446
자눗소니 경(A10:177)___ 454

제18장 훌륭함 품___ 461
훌륭함 경(A10:178)___ 461
성스러운 법 경(A10:179)___ 462
유익함 경(A10:180)___ 462
이익 경(A10:181)___ 463
법 경(A10:182)___ 463
번뇌와 함께 함 경(A10:183)___ 464
비난받아 마땅함 경(A10:184)___ 464
후회 경(A10:185)___ 465
축적 경(A10:186)___ 465
괴로움을 초래함 경(A10:187)___ 466
괴로움의 과보를 가져옴 경(A10:188)___ 466

제19장 성스러운 도 품____ 468
　　성스러운 도 경(A10:189)____ 468
　　검은 도 경(A10:190)____ 468
　　정법 경(A10:191)____ 469
　　참된 사람 경(A10:192)____ 469
　　일으켜야 함 경(A10:193)____ 470
　　받들어 행해야 함 경(A10:194)____ 470
　　닦아야 함 경(A10:195)____ 471
　　많이 공부지어야 함 경(A10:196)____ 472
　　기억해야 함 경(A10:197)____ 472
　　실현해야 함 경(A10:198)____ 473

제20장 사람 품____ 474
　　가까이해야 함 등의 경(A10:199)____ 474

제21장 업에서 생긴 몸 품____ 476
　　지옥과 천상 경1(A10:200)____ 476
　　지옥과 천상 경2(A10:201)____ 480
　　여인 경(A10:202)____ 481
　　청신녀 경(A10:203)____ 482
　　무외 경(A10:204)____ 483
　　비뚤어짐 경(A10:205)____ 484
　　의도 경1(A10:206)____ 489

의도 경2(A10:207)____ 497
업에서 생긴 몸 경(A10:208)____ 497
법답지 못한 행위 경(A10:209)____ 500

제22장 일반 품____ 504
지옥과 천상 경1(A10:210)____ 504
지옥과 천상 경2(A10:211)____ 505
지옥과 천상 경3(A10:212)____ 506
지옥과 천상 경4(A10:213)____ 509
파 엎음 경(A10:214)____ 511
죽은 뒤 경(A10:215)____ 511
어리석은 자 경(A10:216)____ 512

제23장 탐욕의 반복 품____ 513
인식 경(A10:217)____ 513
바름 경(A10:218)____ 514
철저히 앎 등의 경(A10:219)____ 514

열하나의 모음____ 517

제1장 의지처 품____ 519
무슨 목적 경(A11:1)____ 519
의도 경(A11:2)____ 521

　　　　의지처 경1(A11:3)___ 523
　　　　의지처 경2(A11:4)___ 525
　　　　의지처 경3(A11:5)___ 526
　　　　재난 경(A11:6)___ 527
　　　　인식 경1(A11:7)___ 527
　　　　인식 경2(A11:8)___ 529
　　　　마음에 잡도리함 경(A11:9)___ 531
　　　　산다 경(A11:10)___ 533
　　　　공작 보호 구역 경(A11:11)___ 540

제2장 계속해서 생각함[隨念] 품___ 544
　　　　마하나마 경1(A11:12)___ 544
　　　　마하나마 경2(A11:13)___ 550
　　　　난디야 경(A11:14)___ 553
　　　　수부띠 경(A11:15)___ 556
　　　　자애 경(A11:16)___ 561
　　　　다사마 경(A11:17)___ 562
　　　　소치는 사람 경(A11:18)___ 570
　　　　삼매 경1(A11:19)___ 581
　　　　삼매 경2(A11:20)___ 583
　　　　삼매 경3(A11:21)___ 584
　　　　삼매 경4(A11:22)___ 585

제3장 일반 품___588
　　　소치는 사람 경(A11:23)___588

제4장 탐욕의 반복 품___592
　　　증득 경(A11:24)___592
　　　철저히 앎 등의 경(A11:25)___592

역자 후기___595
참고 문헌___603
찾아보기___611

약어

A.	Aṅguttara Nikāya(증지부)
AA.	Aṅguttara Nikāya Aṭṭhakathā = Manorathapūran (증지부 주석서)
AAṬ.	Aṅguttara Nikāya Aṭṭhakathā Ṭīkā(증지부 복주서)

BG.	Bhagavadgīta(바가왓 기따)
BHD	Buddhist Hybrid Sanskrit Dictionary
BPS	Buddhist Publication Society
BvA.	Buddhavaṁsa Aṭṭhakathā

D.	Dīgha Nikāya(장부)
DA.	Dīgha Nikāya Aṭṭhakathā = Sumaṅgalavilāsin (장부 주석서)
DAṬ.	Dīgha Nikāya Aṭṭhakathā Ṭīkā(장부 복주서)
Dhp.	Dhammapada(법구경)
DhpA.	Dhammapada Aṭṭhakathā(법구경 주석서)
Dhs.	Dhammasaṅgaṇi(法集論)
DhsA.	Dhammasaṅgaṇi Aṭṭhakathā = Aṭṭhasālin (법집론 주석서)
DPPN.	G. P. Malalasekera's *Dictionary of Pali Proper Names*
Dv.	Dīpavaṁsa(島史), edited by Oldenberg

It.	Itivuttaka(如是語)
ItA.	Itivuttaka Aṭṭhakathā(여시어 주석서)

Jā.	Jātaka(本生譚)
JāA	Jātaka Aṭṭhakathā(본생담 주석서)

KhpA.	Khuddakapātha Aṭṭhakathā(小誦經 주석서)
M.	Majjhima Nikāya(중부)
MA.	Majjhima Nikāya Aṭṭhakathā(중부 주석서)
Miln.	Milindapañha(밀린다왕문경)
Mtu.	Mahāvastu(Edited by Senart)
Mhv.	Mahāvaṁsa(大史), edited by Geiger
Nd1.	Mahā Niddesa(大義釋)
Nd2.	Cūla Niddesa(소의석)
Netti.	Nettippakaraṇa(指道論)
NMD	Ven. Ñāamoli's *Pali-English Glossary of Buddhist Terms*
Pe.	Peṭakopadesa(藏釋論)
PED	*Pāli-English Dictionary*(PTS)
Pm.	Paramatthamañjūsā = Visuddhimagga Mahāṭ kā(청정도론 복주서)
Ps.	Paṭisambhidāmagga(무애해도)
Ptn.	Paṭṭhāna(發趣論)
PTS	Pāli Text Society
Pug.	Puggalapaññatti(人施設論)
PugA.	Puggalapaññatti Aṭṭhakathā(인시설론 주석서)
Pv.	Petavatthu(아귀사)
Rv.	Ṛgveda(리그베다)

S.	Saṁyutta Nikāya(상응부)
SA.	Saṁyutta Nikāya Aṭṭhakathā = Sāratthappakāsin (상응부 주석서)
SAṬ.	Saṁyutta Nikāya Aṭṭhakathā Ṭ kā(상응부 복주서)
Sn.	Suttanipāta(經集)
SnA.	Suttanipāta Aṭṭhakathā(경집 주석서)
Thag.	Theragāthā(장로게)
ThagA.	Theragāthā Aṭṭhakathā(장로게 주석서)
Thig.	Ther gāthā (장로니게)
ThigA.	Ther gāthā Aṭṭhakathā(장로니게 주석서)
Ud.	Udāna(감흥어)
UdA.	Udāna Aṭṭhakathā(감흥어 주석서)
Vbh.	Vibhaṅga(分別論)
VbhA.	Vibhaṅga Aṭṭhakathā = Sammohavinodan (분별론 주석서)
Vin.	Vinaya Piṭaka(율장)
VinA.	Vinaya Piṭaka Aṭṭhakathā = Samantapāsādikā(율장 주석서)
Vis.	Visuddhimagga(청정도론)
VṬ	Abhidhammaṭṭha Vibhavin Ṭ kā(위바위니 띠까)
Vv.	Vimānavatthu(천궁사)
VvA.	Vimānavatthu Aṭṭhakathā(천궁사 주석서)
Yam.	Yamaka(쌍론)
YamA.	Yamaka Aṭṭhakathā = Pañcappakaraṇa(야마까 주석서)

냐나몰리   *The Middele Length Discourses of the Buddha.*
우드워드   *The Book of the Gradual Sayings*
육차결집본   *Vipassana Research Institute* 간행 육차결집 본
청정도론   대림 스님 옮김, 초기불전연구원, 2004.

⊙ 일러두기

(1) 삼장(Tipitaka)과 주석서(Aṭṭhakathā)들과 『디가 니까야 복주서』(DAT)는 별다른 언급이 없는 한 모두 PTS본임. 그 외의 복주서(Ṭīkā)들은 미얀마 육차결집본(인도 Vipassana Research Institute 간행)이고 『청정도론』은 HOS본임.
A1:14:1은 『앙굿따라 니까야』「하나의 모음」 14번째 품 첫 번째 경을 뜻하고 A3:65는 『앙굿따라 니까야』「셋의 모음」 65번째 경을 뜻한다. A.ii.234는 PTS본 『앙굿따라 니까야』 제2권 234쪽을 뜻하고, D16/ii.145는 『디가 니까야』 16번 경으로 『디가 니까야』 제2권 145쪽을 나타냄.

(2) 본문의 단락번호는 PTS본의 단락번호를 따랐고 PTS본에 없는 것은 역자가 임의로 붙인 것임.

(3) 『숫따니빠따』 『법구경』 『장로게』 『장로니게』 등은 PTS본의 게송번호이고 『청정도론 복주서』(Pm)의 숫자는 미얀마 6차결집본의 단락번호임.

앙굿따라 니까야 제6권 해제(解題)

1. 들어가는 말

『앙굿따라 니까야』는 부처님이 남기신 가르침 가운데서 그 주제의 법수가 분명한 말씀들을 숫자별로 모아서 결집한 것이다. 『앙굿따라 니까야』는 이러한 주제를 하나부터(A1) 열하나까지(A11) 모두 11개의 모음(Nipāta)으로 분류하여 결집하였다.

『앙굿따라 니까야』 제6권에는 「열의 모음」(Dasaka-nipāta, A10)과 「열하나의 모음」(Ekādasaka-nipāta, A11)의 두 가지 모음이 수록되어 있다. 「열의 모음」은 부처님 말씀 가운데 10개의 주제를 담고 있는 경들을 모은 것이며, 「열하나의 모음」은 11개의 주제를 담고 있는 경들을 모은 것으로, PTS본에 의하면 각각 219개의 경들과 25개의 경들을 포함하고 있다.

PTS본에는 「일곱의 모음」과 「여덟의 모음」과 「아홉의 모음」이 제4권(Vol. 4)에 포함되어 편집되어 있다. 그러나 이들의 분량이 너무 많아서 초기불전연구원에서는 이 가운데 「일곱의 모음」을 제4권에 포함시켜서 「여섯의 모음」과 「일곱의 모음」을 제4권으로 번역·출간하였고, PTS본 제4권(Vol. 4) 가운데 나머지 부분인 「여덟의 모음」과 「아홉의 모음」을 제5권으로 번역·출간하였다. 그래서 PTS본의 제5권(Vol. 5)에 포함되어 있는 「열의 모음」과 「열하나의 모음」을 제6권으로 이제 출간함으로써 『앙굿따라 니까야』를 완역·출간하게 되었다.

2.「열의 모음」의 구성

『앙굿따라 니까야』「열의 모음」(A10)에는 모두 219개의 경들이 포함되어 있다. 이 경들은 모두 23개의 품(Vagga)으로 나누어져 있으며, 이들 23개의 품은 다시 4개의 '50개 경들의 묶음'으로 분류되어 있다. 그래서 세 번째 묶음까지는 5개씩의 품을 배정하였고 네 번째 묶음에는 8개의 품을 배정하였다.

그리고 제1품부터 제10품까지는 각 품마다 10개의 경들을 배정하였다. 그러나 제10품 뒤부터는 각 품에 포함된 경들의 숫자가 통일적이지 못하다. 제10품에는 12개, 제11품과 제12품에는 10개, 제14품 11개, 제15품 10개, 제16품 12개, 제17품과 제18품에는 11개, 제19품 10개, 제20품 1개,[1] 제21품 10개, 제22품 7개, 그리고 마지막으로 제23품에는 3개의 경을 배당하였다.

이 가운데 제13장「지극히 청정함 품」의 첫 번째 경인「첫 번째 경」(A10:123)부터 제23품의 마지막 경까지는 짧고 반복되는 경들로 구성되어 있다. 단 이 가운데서 제17장「자눗소니 품」에 포함되어 있는 11개의 경들 즉「하강의식 경」1(A10:167)부터「자눗소니 경」(A10:177)까지는 상대적으로 긴 경들로 구성되어 있다. 그리고 제21장「업에서 생긴 몸 품」의 몇몇 경들도 이처럼 제법 긴 경들로 구성되어 있다.

이처럼 제13품부터는 대부분이 짧은 경들로 구성되어 있다 보니 제13장「지극히 청정함 품」부터 마지막인 제23장「탐욕의 반복 품」까지

---

1) 본 품은 본「열의 모음」제16장「사람 품」과 같이 모두 12개의 경으로 구성되어 있다. 그러나 PTS본은 하나의 경으로 편집하고 있다. 육차결집본은 12개의 경 번호를 매기고 있다. 역자는 저본인 PTS본을 따랐다.

는 품의 마지막에 그 품에 포함되어 있는 경의 제목을 밝히는 경의 목록도 나타나지 않고 있다.

그럼 각 경들의 묶음 별로 간단하게 전체를 개관해보자.

(1) 「첫 번째 50개 경들의 묶음」

본 묶음은 제1장 「이익 품」, 제2장 「주인 품」, 제3장 「대 품」, 제4장 「우빨리 품」, 제5장 「욕설 품」의 다섯 개 품으로 구성되어 있으며 각 품은 모두 10개씩의 경들을 포함하고 있다.

이 가운데 제1품의 「무슨 목적 경」(A10:1)을 비롯한 처음 다섯 개의 경들은 계행 – 후회 없음 – 환희 – 희열 – 편안함 – 행복 – 바른 삼매 – 있는 그대로 알고 봄[如實知見] – 염오와 탐욕의 빛바램 – 해탈지견의 열 가지 법수로 구성되어 있다. 여덟 번째부터 열 번째까지 3개의 경들도 또 다른 열 가지 법수들을 같이 공유하고 있다.

그리고 제3품에는 「열의 모음」 가운데 비교적 길이가 긴 경들을 모았기 때문에 「대 품」이라고 품의 명칭을 붙인 것으로 보이지만 다른 품에 포함된 경들에 비해서 오히려 길이가 짧은 경들도 몇 개가 포함되어 있다.

제4품의 품명이 율에 관한 한 제일이라 불리는 우빨리 존자를 지칭하여 「우빨리 품」이라 한 것이 암시하듯이, 이 품에 포함된 경들은 모두 율에 관계된 것이다. 처음 6개의 경들은 세존과 우빨리 존자와의 대화로 구성되어 있으며, 나머지 4개의 경들은 승가의 화합과 분열에 대해서 나눈 세존과 아난다 존자의 대화를 담고 있다. 제5품의 전반부 6개의 경들도 율에 관계된 가르침을 담고 있으며 특히 앞부분 3개의 경은 세존과 우빨리 존자와의 대화를 담고 있어서 제4장 「우빨리 품」에 포함되었으면 더 좋았을 듯하다.

⑵ 「두 번째 50개 경들의 묶음」

본 묶음은 제6장 「자신의 마음 품」, 제7장 「쌍 품」, 제8장 「원함 품」, 제9장 「장로 품」, 제10장 「청신사 품」의 다섯 개 품으로 구성되어 있다. 이 가운데 제10품을 제외한 나머지 네 품은 각각 10개씩의 경들을 포함하고 있으며 제10품은 12개의 경들로 구성되어 있다.

제6장 「자신의 마음 품」은 주로 마음 수행에 관한 경들을 담고 있는데 처음 5개의 경들은 자신의 마음 길을 반조해 볼 것을 비유와 함께 설하고 있으며, 그 다음에는 10가지 인식을 일으킬 것을 강조한 경들이 3개가 포함되어 있다. 제7장은 행복과 괴로움, 퇴보와 퇴보하지 않음 등 쌍으로 이루어진 법문을 담고 있는 경들을 모은 품이다. 그래서 품의 명칭도 「쌍 품」으로 붙였다. 1개의 경을 제외한 제9장 「장로 품」에 포함된 경들은 모두 바후나 존자 등 장로들과 관련된 경들을 담고 있으며, 제10장 「청신사 품」의 처음 6개 경들은 반대로 급고독 장자 등 청신사들과 관련된 경들로 구성되어 있다.

⑶ 「세 번째 50개 경들의 묶음」

본 묶음은 제11장 「사문의 인식 품」, 제12장 「하강의식 품」, 제13장 「지극히 청정함 품」, 제14장 「훌륭함 품」, 제15장 「성스러운 도 품」의 다섯 개 품으로 구성되어 있다. 이 가운데 제11품과 제12품에는 10개의 경들이, 제14품에는 11개의 경들이, 제15품에는 10개의 경들이 포함되어 있으며, 제13품부터는 짧은 경들로 구성되어 있다.

제11품의 세 번째 경인 「그릇됨 경」(A10:103)부터 시작해서 본품에는 모두 10가지 그릇됨과 10가지 올바름이 경의 주제로 나타나고 있다. 이렇게 시작하여 제16품의 「경모해야 함 등의 경」(A10:156~166)까지 모두 64개의 경들은 다양한 문맥에서 이 열 가지 그릇됨과 바름을 설하고 있다.

⑷ 「네 번째 50개 경들의 묶음」

본 묶음은 제16장 「사람 품」, 제17장 「자눗소니 품」, 제18장 「훌륭함 품」, 제19장 「성스러운 도 품」, 제20장 「사람 품」, 제21장 「업에서 생긴 몸 품」, 제22장 「일반 품」, 제23장 「탐욕의 반복 품」의 모두 여덟 개 품으로 구성되어 있다. 이 가운데 제16품은 12개, 제17품과 제18품은 11개, 제19품은 10개, 제20품은 1개, 제21품은 10개, 제22품은 7개, 그리고 마지막으로 제23품은 3개의 경을 포함하고 있다. 제17품 전체와 제21품의 일부를 제외한 나머지 품들은 모두 짧은 경들로 구성되어 있다.

본 묶음의 제17장 자눗소니 품의 첫 번째 경인 「하강의식 경」 1(A10:167)부터 시작해서 제22장 일반 품의 마지막인 「어리석은 자 경」(A10:216)까지 49개의 경들은 모두 다양한 문맥을 통해서 10선업도(十善業道)와 10불선업도(十不善業道)를 설하고 있는 경들로 구성되어 있다.

3. 「열의 모음」의 특징 및 주요 주제들

「열의 모음」에는 다양한 종류로 구성된 열 개의 가르침을 담고 있는 경들이 나타나고 있다. 그럼에도 「열의 모음」의 가장 큰 특징을 들라면 본 모음에 포함된 219개 경들 가운데 절반이 넘는 114개의 경이 열 가지 바름과 그릇됨, 그리고 십선업도와 십불선업도에 관계된 내용을 담고 있다는 것을 들어야 할 것이다.

먼저 열 가지 바름과 열 가지 그릇됨에 관계된 경들은 제11장 「사문의 인식 품」의 「그릇됨 경」(A10:103)부터 제16장 「사람 품」의 「경모해야 함 등의 경」(A10:156~166)까지 모두 64개의 경들이다. 여기서 열 가지 바름이란 바른 견해, 바른 사유, 바른 말, 바른 행위, 바른 생계, 바른 정진, 바른 마음챙김, 바른 삼매, 바른 지혜, 바른 해탈을 말하며, 열 가지 그릇됨이란 이것에 반대되는 것으로 그릇된 견해, 그릇된 사유, 그릇된 말, 그릇된 행위, 그릇된 생계, 그릇된 정진, 그릇된 마음챙김, 그릇된 삼매, 그릇된 지혜, 그릇된 해탈을 말한다. 이 가운데 바른 견해부터 바른 삼매까지의 여덟은 우리에게 8정도로 잘 알려진 것이기도 하다. 8정도는 『상윳따 니까야』의 「도 상윳」(S45)으로 결집되어 있지만 이 열 가지 바름은 『상윳따 니까야』의 주제에 포함되지 않았다. 그래서 본서의 「열의 모음」에 결집되어 있는 것이다.

한편 제17장 「자눗소니 품」의 첫 번째 경인 「하강의식 경」 1(A10:167)부터 제22장 「일반 품」의 마지막인 「어리석은 자 경」(A10:216)까지의 49개 경들2)은 모두 생명을 죽이는 것을 삼가는 것, 주지 않은 것을 가지는 것을 삼가는 것, 삿된 음행을 삼가는 것, 거짓말을 삼가는 것, 중상모략을 삼가는 것, 욕설을 삼가는 것, 잡담을 삼가는 것, 탐욕 없음, 악의 없음, 바른 견해로 구성된 십선업도(十善業道)와 생명을 죽이는 것, 주지 않은 것을 가지는 것, 삿된 음행, 거짓말, 중상모략, 욕설, 잡담, 욕심, 악의, 그릇된 견해로 구성된 십불선업도(十不善業道)를 포함하고 있는 경들로 구성되어 있다.

이처럼 「열의 모음」의 총 219개 경들 가운데서 10가지 바름과 그릇됨, 그리고 십선업도와 십불선업도에 관계된 114개의 경을 제외하면 105개 경들이 다른 주제를 담고 있다. 달리 말하면 「열의 모음」 가운데서 반 정도에 해당하는 경들이 10가지 바름과 그릇됨, 10가지 십선업도와 십불선업도를 담고 있는 경들이다.

---

2) 모두 50개 경들 가운데서 제21장 업에서 생긴 몸 품의 업에서 생긴 몸 경(A10:208)을 제외한 49개 경이다.

이 두 가지 주제는 주제별로 경을 모은 『상윳따 니까야』에는 독립된 주제로 포함되어 있지 않기 때문에 본서 「열의 모음」에 모두 포함하여 결집한 것이다.

그리고 「일곱의 모음」이나 「여덟의 모음」이나 「아홉의 모음」처럼 본 모음에도 여러 형태의 조합이 나타나고 있는데 「거처 경」(A10:11), 「특징 경」(A10:12), 「삭막함 경」(A10:14), 「성스러운 삶 경」2(A10:20), 「완성 경」(A10:63), 「흔들림 없음 경」(A10:64) 등에는 5가지 주제 + 5가지 주제의 조합이 나타나고 있으며, 「깨달음의 구성요소 경」(A10:102) 등에는 7가지 + 3가지 주제의 조합이, 「인식 경」(A10:101)에는 3가지 + 7가지 주제의 조합이 나타나고 있다.

한편 「증오 경」(A10:92)은 『상윳따 니까야』 「다섯 가지 두려움과 증오 경」(S12:42)과 같은 내용을 담고 있는 경이다. 거기서는 비구들에게 설하셨고, 여기서는 급고독 장자에게 설하신 것만이 다를 뿐이다. 그 경은 12연기라는 주제에 초점을 맞추어서 『상윳따 니까야』(주제별로 모은 경) 「연기 상응」(S12)에 포함되었고 여기서는 5+4+1=1=10의 숫자에 맞추어서 『앙굿따라 니까야』(숫자별로 모은 경) 「열의 모음」에 포함된 것이다.

4. 「열의 모음」에서 관심을 가져야 할 경들

「열의 모음」에 포함된 세존의 금구성언 가운데서 우리가 보다 더 주의를 기울여서 살펴봐야 한다고 생각되는 경들을 소개하고자 한다.

(1) 「삼매 경」(A10:6)과 「사리뿟따 경」(A10:7)

이 두 경은 삼매에 바탕한 10가지 인식을 다루고 있다. 본경에서는 지・수・화・풍과 공무변처부터 비상비비상처까지와 이 세상이라는 인식과 저 세상이라는 인식의 아홉 가지 인식에다 "인식이 없지만, 그러나 인식이 있는 그런 삼매"의 증득을 열 번째로 한 가르침을 담고 있다.

그러면 여기서 "인식이 없지만, 그러나 인식이 있는 그런 삼매"는 무엇을 뜻하는 것일까? 여기에 대해서 「삼매 경」은 "여기 비구는 '이것은 고요하고 이것은 수승하다. 이것은 모든 형성된 것들[行]이 가라앉음[止]이요, 모든 재생의 근거를 놓아버림[放棄]이요, 갈애의 소진이요, 탐욕의 빛바램[離慾]이요, 소멸[滅]이요, 열반이다.'라는 이러한 인식을 가진다."라는 정형구로 열반을 들고 있다. 그리고 「사리뿟따 경」에서 사리뿟따 존자는 "내게는 '존재의 소멸인 열반, 존재의 소멸인 열반'이라는 다른 인식이 일어나고 다른 인식이 소멸합니다. 도반이여, 예를 들면 지저깨비에 불이 타고 있으면 다른 불꽃이 일어나고 다른 불꽃이 소멸하는 것과 같이 내게는 '존재의 소멸인 열반, 존재의 소멸인 열반'이라는 다른 인식이 일어나고 다른 인식이 소멸합니다. 도반이여, 그때 내게는 존재의 소멸인 열반의 인식이 있었습니다."라고 설명하고 있다.

그러므로 열 번째 인식은 "존재의 소멸인 열반의 인식"을 뜻한다. 이처럼 여기서 소개하는 두 경에서는 열반을 특수한 하나의 인식으로 설명하고 있는 것이 특징이라 하겠다.

(2) 「불방일 경」 (A10:15)

초기경에서 바른 정진은 선법·불선법의 판단으로부터 시작된다. 자신에게서 일어난 특정한 심리현상이 해로운 것(不善法)이면 그것을 더 이상 일어나지 않게 하고 이미 일어난 것은 버리려고 노력하는 것이 바른 정진이요, 그것이 유익한 것(善法)이면 아직 일어나지 않은 것은 일어나게 하고 이미 일어난 것은 더욱 증장하게 하려는 것이 바른 정진이다.

그러면 이 가운데서 선법은 무엇을 근원으로 하고 무엇을 뿌리로 하여 일어나는 것일까? 본경은 그것은 다름 아닌 불방일이라고 밝히고 있는데 그것을 10가지 비유를 들면서 이렇게 설하고 있다. "비구들이여, 그와 같이 유익한 법[善法]들은 그것이 어떤 것이든 간에 모두 불방일을 뿌리로 하고 불방일로 마주치고 불방일이 으뜸이라고 불려진다."

10가지 비유는 다음과 같다.

① 모든 중생들에 관한 한, 여래·아라한·정등각이 그들 가운데서 으뜸인 것과 같다.

② 걸어 다니는 생명체들의 발자국들은 그것이 어떤 것이든 간에 모두 코끼리 발자국에 포함되는 것과 같다.

③ 집의 서까래들은 모두 꼭대기로 이르고 꼭대기로 향하고 꼭대기로 모이나니, 꼭대기가 그들 가운데 으뜸인 것과 같다.

④ 뿌리의 향기 가운데 안식향이 으뜸인 것과 같다.

⑤ 심재의 향기 가운데 붉은 전단향이 으뜸인 것과 같다.

⑥ 꽃향기 가운데 재스민 꽃이 으뜸인 것과 같다.

⑦ 전륜성왕이 왕들 가운데 으뜸인 것과 같다.

⑧ 달빛이 별빛들 가운데 으뜸인 것과 같다.

⑨ 가을의 구름 한 점 없는 높은 창공에 떠오르는 태양은 허공의 모든 어두움을 흩어버리면서 빛나고 반짝이고 광휘로운 것과 같다.

⑩ 강가 강과 같은 큰 강들이 모두 바다로 향하고 바다로 기울어지고 바다로 경사지나니, 큰 바다는 그들 가운데 으뜸인 것과 같다.

선법들은 그냥 생겨나고 증장하는 것이 아니다. 불방일을 뿌리로 하여 생겨나며 그래서 불방일은 모든 선법들의 뿌리요 으뜸이라고 본경을 설하고 있는 것이다. 한편 「대반열반경」(D16)에서도 부처님께서는 마지막 유훈으로 '불방일 하라.'라고 말씀하셨고, 주석서는 "마음챙김을 놓아버리지 않고(sati-avippavāsa) 매사에 임해야 한다. 이렇게 세존께서는 마지막 열반의 자리에서 45년간 설하신 모든 교훈을 '불방일(appamāda)'이라는 한 단어에 담아서 주셨다."(DA.ii.593)라고 설명하고 있다. 한편 복주서에서는 "그런데 이것은 뜻으로는 지혜를 수반한(ñāṇūpasañhitā) 마음챙김이다."(DAṬ.ii.239)라고 설명하고 있다.

(3) 「보호자 경」 1/2(A10:17~18)

세속의 삶에는 보호자가 있기 마련이다. 해탈·열반을 실현하기 위해서 출가수행을 하는 자들에게도 역시 보호자는 있어야 한다. 그러면 출가자에게는 어떤 것이 보호자가 될까? 본경에서 세존께서는 열 가지로 보호자를 말씀하셨다.

첫째는 계를 잘 지킴이요, 둘째는 많이 배움[多聞]이요, 셋째는 좋은 친구를 사귐이요, 넷째는 훈계와 교계를 잘 받아들임이요, 다섯째는 여러 가지 소임들을 열심히 함이요, 여섯째는 법을 기뻐하여 [법]담을 나누기를 좋아함이요, 일곱째는 해로운 법들을 제거하고 유익한 법들을 두루 갖추기 위해서 불굴의 정진으로 머묾이요, 여덟째는 얻은 4종 필수품이 어떤 수준의 것이건, 그것을 그대로 만족함이요, 아홉째는 마음챙김을 확립함이요, 열째는 통찰지를 구족함이다.

출가자가 이러한 열 가지를 자신을 지켜주는 보호자로 잘 갖추어야 성자가 되고 해탈·열반을 실현하는 것이다. 그래서 세존께서는 "비구들이여, 보호자와 함께 머무르고 보호자 없이 머무르지 말라. 보호자가 없는 자는 괴롭게 머문다."라고 말씀하셨다.

(4) 「성스러운 삶 경」 2(A10:20)

불교는 성스러움(ariya)을 추구하는 종교이다. 그래서 불교의 중요한 가르침에는 '성(聖, ariya)'자가 들어간다. 사성제(ariya-sacca)가 그러하고 팔지성도(팔정도, ariya-magga)가 그러하며 불교의 이상적인 인간인 예류자, 일래자, 불환자, 아라한을 성자(ariya-puggala)라고 부른다.

본경은 이러한 성자들의 삶을 설하는 경이다. 본경을 통해서 부처님께서는 "성자들이 살았고, 살고 있고, 살 것인 열 가지 성스러운 삶"을 말씀하고 계신다. 경은 이것을 좀 더 상세하게 "다섯 가지 요소들을 버리고, 여섯 가지 요소들을 갖추고, 한 가지 보호를 갖추고, 네 가지 받침대를 가지고, 독단적인 진리를 버리고, 갈망을 완전히 포기하고, 사유가 투명하고, 몸의 의도적 행위[身行]가 고요하고, 마음이 잘 해탈하고, 통찰지로써 잘 해탈한다."라는 열 가지로 정리한 뒤에 각각에 대해서 설명하고 있다.

다섯 가지 요소들을 버림은 다섯 가지 장애[五蓋]를 버림이다.

여섯 가지 요소들을 갖춤은 눈·귀·코·혀·몸·마음으로 대상들을 볼 때 마음이 즐겁거나 괴롭지 않고 평온하고 마음챙기고 알아차리면서 머무는 것이다.

한 가지 보호를 갖춤은 마음챙김을 갖추는 것이다.

네 가지 받침대를 가짐은 숙고한 뒤에 수용하고 감내하고 피하고 제거하는 것이다.

독단적인 진리를 버림은 '세상은 영원하다.' 등의 열 가지(十事)를 버리는 것이다.

갈망을 완전히 포기함은 감각적 욕망과 존재와 청정범행에 대한 갈망을 버리는 것이다.

사유가 투명함은 감각적 욕망과 악의와 해코지에 대한 사유를 제거하는 것이다.

몸의 의도적 행위[身行]가 고요함은 제4선(四禪)에 들어 머무는 것이다.

마음이 잘 해탈함은 마음이 탐욕, 성냄, 어리석음으로부터 잘 해탈하는 것이다.

통찰지로써 잘 해탈함은 '나의 탐욕은 제거되었고 그 뿌리가 잘렸고 줄기만 남은 야자수처럼 되었고 멸절되었고 미래에 다시는 일어나지 않게끔 되었다.'라고 꿰뚫어 아는 것이다.

불교가 추구하는 성스러운 삶, 성자의 삶은 이러한 열 가지를 갖춘 것이라고 본경은 설하고 있다.

(5)「까시나 경」(A10:25)

부처님은 삼매수행을 권장하셨다. 『청정도론』에서 삼매수행의 대상은 모두 40가지 명상주제로 정리되어 나타난다. 그리고 주석서들에서는 38가지 명상주제가 있다고 언급하고 있다. 40가지 명상주제는 다시 크게 7가지 영역으로 구성되는데 그것은 (1) 열 가지 까시나 (2) 열 가지 더러움[不淨] (3) 열 가지 계속해서 생각함[隨念] (4) 네 가지 무량 (5) 한 가지 인식 (6) 한 가지 분석 (7) 네 가지 무색이다.3)

이 가운데서 10가지 까시나 수행에 대한 경전적 근거가 되는 경이 바로 본경이다. 본경에서 언급되고 있는 열 가지 까시나는 ① 흙의 까시나 ② 물의 까시나 ③ 불의 까시나 ④ 바람의 까시나 ⑤ 파란색의 까시나 ⑥ 노란색의 까시나 ⑦ 붉은 색의 까시나 ⑧ 흰색의 까시나 ⑨ 허공의 까시나 ⑩ 알음알이의 까시나이다. 한편 『청정도론』 과 『아비담마 길라잡이』에서는 열 번째로 알음알이의 까시나 대신에 광명의 까시나를 들고 있다. 본서 「꼬살라 경」 1(A10:29) §4와 「깔리 경」(A10:26)에도 10가지 까시나가 나타나는데 본경과 같이 알음알이의 까시나로 나타나고 있다.

열 가지 까시나는 『앙굿따라 니까야』 외에도 『디가 니까야』 제3권 「합송경」(D33) §3.3.(2)와 「십상경」(D34) §2.3.(2)와 『맛지마 니까

---

3)   아비담마 길라잡이 9장 §2 참조할 것

야』「긴 사꿀루다이 경」(M77) 등에도 나타나는데 모두 본경처럼 광명의 까시나 대신에 알음알이의 까시나가 나타나고 있다.

(6) 「큰 질문 경」1/2(A10:27~28)

부처님의 가르침을 숫자별로 모아서 이해하려던 흐름은 이미 부처님 재세 시에 교단 안에서 나타나기 시작했다. 아마 이것은 부처님의 말년에 가까워지면서 부처님의 가르침이 많아지게 되자 이러한 많은 가르침을 체계적으로 암송하고 이해하기 위해서 본격적으로 등장한 방법일 것이다. 『디가 니까야』 제3권의 「합송경」(D33)과 「십상경」(D34)은 부처님의 가르침을 숫자별로 모아서 이해한 좋은 본보기이다. 이런 흐름에서 일차결집에서는 숫자별로 경을 모은 『앙굿따라 니까야』가 결집되었을 것이다.

『앙굿따라 니까야』 안에서도 1에서부터 10까지 숫자별로 대표적인 부처님 가르침을 하나씩 들고 있는 경이 있는데, 바로 「큰 질문 경」 1과 2이다. 「큰 질문 경」 1에서는 부처님께서 직접 1부터 10까지에 해당하는 법수를 하나씩 들고 있으며, 「큰 질문 경」 2에서는 까장갈라라는 비구니가 들고 있다.

「큰 질문 경」 1에서 부처님께서는 다음과 같은 법수들을 들고 있다.
① 모든 중생들은 음식으로 생존한다.
② 정신[名]과 물질[色]에 대해서다.
③ 세 가지 느낌[受]에 대해서다.
④ 네 가지 음식에 대해서다.
⑤ 다섯 가지 [나 등으로] 취착하는 무더기[五取蘊]에 대해서다.
⑥ 여섯 가지 안의 감각장소[六內入處]에 대해서다.
⑦ 일곱 가지 알음알이의 거주처에 대해서다.

⑧ 여덟 가지 세상의 법에 대해서다.
⑨ 아홉 가지 중생의 거처에 대해서다.
⑩ 열 가지 해로운 업의 길[十不善業道]에 대해서다.

한편 「큰 질문 경」2에서 까장갈라 비구니도 열 가지 법수를 들고 있는데 위의 열 가지와 다른 것만을 적어보면 다음과 같다.

④ 네 가지 마음챙김의 확립[四念處]
⑤ 다섯 가지 기능[五根]
⑥ 여섯 가지 벗어남의 요소
⑦ 일곱 가지 깨달음의 구성요소[七覺支]
⑧ 여덟 가지 구성요소를 가진 성스러운 도[八支聖道=팔정도]
⑩ 열 가지 유익한 업의 길[十善業道]

부처님의 말씀을 다양한 방법으로 암송하고 이해하고 전승하려는 옛 스님들의 노력이 있었기 때문에 지금까지 부처님의 금구성언은 우리에게 단절됨이 없이 전승되는 것이다.

(7) 「꼬살라 경」1(A10:29)

인간의 삶에서 거부할 수 없는 것이 변화요, 필연적으로 닥치는 것은 죽음일 것이다. 이것을 피할 자 이 세상 어디에도 없다. 그래서 본경에서 세존께서는 열 가지 측면에서 으뜸가는 존재라 할 수 있는 열 사람을 든 뒤에 이런 존재들도 모두 "변화가 있고 죽음이 있다. 이와 같이 보면서 잘 배운 성스러운 제자는 그것에 대해 염오한다. 그것을 염오하면서 최고에 대한 탐욕이 빛바래나니 하물며 저열한 것에 대해서이랴."라는 가르침을 반복해서 설하고 계신다. 본경에서 들고 있는 열 가지 존재 가운데 앞의 아홉은 다음과 같다.

① 빠세나디 꼬살라 왕 ② 대범천 ③ 광음천의 신들 ④ 제한 없는 알

음알이의 까시나를 인식하는 자들 ⑤ 여덟 가지 지배의 경지들 가운데 으뜸가는 것을 인식하는 자들 ⑥ 네 가지 도닦음 가운데 으뜸가는 도닦음을 이룬 자들 ⑦ 네 가지 인식 가운데 으뜸가는 인식을 하는 자들 ⑧ 외도들의 견해들 가운데 으뜸가는 견해를 가진 자들 ⑨ 궁극적인 의미의 청정을 이룬 자들이다. 부처님께서는 이들에게도 변화와 죽음은 필연적인 것이므로 이러한 최고에 대한 탐욕이 빛바래야 한다고 말씀하신다.

그런 뒤에 열 번째로 "지금여기에서의 최고의 열반을 천명하는 자들 가운데서 으뜸"인 존재로 여래·세존을 드신 뒤에 "나는 감각적 욕망을 넘어섰음을 천명하고, 물질도 넘어섰음을 천명하고, 느낌도 넘어섰음을 천명한다. 금생에 더 이상 갈애가 없고 [오염원이 없어] 고요하고 침착하여 취착 없는 완전한 열반을 천명한다."라고 선언하시면서 본경을 마무리하고 계신다. 그러므로 본경에는 부처님 제자들이 추구하는 것은 앞의 9가지 존재가 아닌 완전한 열반을 실현한 최고 중의 최고의 존재여야 한다는 세존의 말씀이 담겨있다.

(8) 「삭까 경」(A10:46)

본경은 포살일에 세존을 뵈러온 삭까(석가족)의 청신사들이 포살일에 팔관재계를 지키기도 하고 지키지 않기도 한다고 대답하자 그들에게 팔관재계를 잘 지킬 것을 간곡하게 설하신 말씀을 담고 있다.

세존께서는 그들과의 대화를 통해서 사람이 매일 매일 백 개의 동전과 천 개의 동전을 벌고, 버는 족족 모으면서 백 년의 수명을 가져 백 년 동안 산다고 하면 그는 큰 재물 무더기를 획득한 것이 된다고 말씀하신다. 그러면 그 사람이 그 재물을 원인으로, 그 재물을 근거로, 그 재물을 토대로, 하루 밤이나 하루 낮이나 밤의 반절이나 한나절을 완전한 행복을 경험하면서 머물 수 있겠는가라고 질문을 하시고, 그들은 그렇지는 못하다고 대답한다. 그 이유로 그들은 "세존이시여, 감각적 욕망이란 참으로 무상하고 헛되고 허망하고 거짓된 것이기 때문입니다."라고 말씀 드린다.

그러자 세존께서는 분명하게 말씀하신다. "그대 삭까들이여, 그러나 나의 제자가 내가 교계한대로 도를 닦으면서 십년을 방일하지 않고 열심히, 스스로 독려하며 지낼 때, 그는 백 년, 천 년, 만 년, 십만 년을 완전한 행복을 경험하면서 머물 수 있다. 그리고 그는 일래자가 되거나 불환자가 되거나 혹은 반드시 예류자가 된다."라고.

그런 뒤에 10년은 아니라도 9년 … 1년, 10달 … 1달, 보름, 열흘 … 하루 밤낮을 "방일하지 않고 열심히, 스스로 독려하며 지낼 때, 그는 백 년, 천 년, 만 년, 십만 년을 완전한 행복을 경험하면서 머물 수 있다. 그리고 그는 일래자가 되거나 불환자가 되거나 혹은 반드시 예류자가 된다."라고 말씀하신다. 세존의 이런 간곡한 말씀을 듣고 그들은 "세존이시여, 저희들은 오늘부터 여덟 가지 구성요소를 가진 포살[八關齋戒]을 준수하겠습니다."라고 대답하면서 경은 끝난다.

팔관재계는 여덟 가지로 구성된 계목인데 고려 시대에 왕실을 중심으로 전 국민에게 권장하여 지키게 한 불교의 계율이요 의례 의식이다. 우리는 본경에서 말씀하신 세존의 간곡하신 말씀을 바탕으로 이 시대에 팔관재계를 살려내어야 할 것이다.

(9) 「자신의 마음 경」(A10:51)

출가의 삶이란 자신의 마음 길에 대해서 능숙하게 되어 머무는 것이라고 부처님께서는 본경에서 말씀하신다. 그러면 어떻게 해서 이렇게 되는가? 자신을 반조(paccavekkhaṇa)해야 한다고 하신다. 그래서 본경에서는 출가자가 자신을 반조해 봐야 하는 10가지를 들고 있다. 그것을 핵심 부분만을 인용하면 다음과 같다.

"만일 비구가 자신을 반조하여 '나는 대체로 간탐하면서 머물고, 악의에 찬 마음으로 머물고, 해태와 혼침에 압도되어 머물고, 들떠서 머물고, 의심하면서 머물고, 분노하면서 머물고, 오염된 마음으로 머물고, 몸이 불편한 채로 머물고, 게으름에 빠져 머물고, 삼매에 들지 않고 머문다.'라고 알게 되면 비구는 이러한 나쁘고 해로운 법들을 제거하기 위해 아주 강한 의욕과 노력과 관심과 분발과 불퇴전과 마음챙김과 알아차림을 행해야 한다."

"만일 비구가 자신을 반조하여 '나는 대체로 간탐하지 않고 머물고, 악의 없는 마음으로 머물고, 해태와 혼침을 여의고 머물고, 들뜨지 않고 머물고, 의심을 건너서 머물고, 분노하지 않고 머물고, 오염되지 않은 마음으로 머물고, 몸에 불편함이 없이 머물고, 열심히 정진하며 머물고, 삼매에 들어서 머문다.'라고 알게 되면 비구는 이러한 유익한 법들에 굳게 서서 번뇌들을 소멸하기 위해 수행해야 한다."

⑽「기리마난다 경」(A10:60)

기리마난다 존자가 병에 걸려 극심한 고통에 시달리고 있었는데 아난다 존자가 세존께 다가가서 그의 문병을 가주실 것을 청하자 부처님께서는 10가지 인식에 대해서 말해준다면 "기리마난다 비구는 열 가지 인식에 대해 듣고 그의 병이 즉시에 가라앉게 될 것"이라고 말씀하신다.

세존께서 언급하신 열 가지 인식은 ① [오온에 대해서] 무상(無常)이라고 [관찰하는 지혜에서 생긴] 인식 ② 무아라고 [관찰하는 지혜에서 생긴] 인식 ③ 부정(不淨)이라고 [관찰하는 지혜에서 생긴] 인식 ④ 위험을 [관찰하는 지혜에서 생긴] 인식 ⑤ 버림을 [관찰하는 지혜에서 생긴] 인식 ⑥ 탐욕이 빛바램을 [관찰하는 지혜에서 생긴] 인식 ⑦ 소멸을 [관찰하는 지혜에서 생긴] 인식 ⑧ 온 세상에 대해 기쁨이 없다는 인식 ⑨ 모든 형성된 것들[諸行]에 대해서 무상이라고 [관찰하는 지혜에서 생긴]

인식 ⑩ 들숨날숨에 대한 마음챙김이다.

이렇게 전체적으로 말씀하신 뒤에 세존께서는 이 하나하나에 대해서 구체적인 설명을 하고 계신다. 한편 본경에서는 무아에 대한 인식을 12처 무아로 말씀하시는데 10가지 인식에 대한 분명한 설명을 담고 있어서 수행자가 일독할 필요가 있는 경이다.

물론 본경의 10가지 인식은 본서 제1권 「하나의 모음」(A1:20:73~92)에 개별적으로 나타나는 여러 가지 인식과, 본서 제3권 「인식 경」2(A5:62) 등에 나타나는 5가지 인식과, 본서 제4권 「영지(靈知)의 일부 경」(A6:35)에 나타나는 6가지 인식과 「인식 경」1(A7:88)에 나타나는 7가지 인식과, 본서 제5권 「인식 경」(A9:16) 등에 나타나는 9가지 인식이 확장되어서 최종적으로 10가지 인식으로 정착된 것이다.

기리마난다 존자는 아난다 존자로부터 이 말씀을 전해 듣고 병에서 쾌차하였다.

(11) 「무명 경」(A10:61)과 「갈애 경」(A10:62)

이 두 개의 경은 연기의 가르침의 출발점으로 각각 무명(avijjā)과 갈애(taṇhā)를 드는 것으로 『청정도론』 VII.37에서 언급되고 있는 중요한 경이다. 그러면 도대체 무명은 어디서 생기는 것이며, 갈애는 어디서 생기는 것인가? 무명은 갑자기 하늘에서 뚝 떨어진 것인가? 아니라고 해야 한다. 본경은 이러한 무명과 갈애가 일어나고 증장하는 자양분 혹은 음식으로 다음의 일련의 법수들을 연기적인 관점에서 들고 있다.

「무명 경」에서는 무명의 자양분으로 다섯 가지 장애를 들고, 다시 이것의 자양분으로 세 가지 나쁜 행위를, 다시 이것의 자양분으로 감각기능을 단속하지 못함을, 같은 방법으로 마음챙기지 못하고 알아차리지 못함, 지혜 없이 마음에 잡도리함[非如理作意], 믿음이 없음, 정법을 배우지 않음, 참된 사람을 섬기지 않음을 들고 있다. 역으로 참된 사람을 섬기지 못하면 정법을 배우지 못하고 … 무명을 갖추게 된다고 말씀하신다.

이와는 달리 무명이 타파된 경지인 영지(靈知)를 통한 해탈의 자양분으로는 칠각지를 들고 있고, 다시 이것의 자양분으로 네 가지 마음챙김의 확립을, 다시 이것의 자양분으로 세 가지 좋은 행위를, 같은 방법으로 감각기능의 단속, 마음챙기고 알아차림, 지혜롭게 마음에 잡도리함[如理作意], 믿음, 정법을 배움, 참된 사람을 섬김을 들고 있다. 역으로 참된 사람을 섬기면 정법을 배우고 … 영지를 통한 해탈을 갖추게 된다고 말씀하신다.

위에서 보듯이 무명의 자양분 등에서는 8가지를 들고 있고, 영지를 통한 해탈의 자양분 등에서는 10가지를 들고 있다.

한편 「갈애 경」에서는 존재에 대한 갈애의 자양분으로 무명을 들고, 다시 이것의 자양분으로 위의 사항을 들어서 모두 9가지를 들고 있다. 그리고 영지를 통한 해탈의 자양분 등은 위 「무명 경」의 경우와 꼭 같아서 모두 10가지를 들고 있다.

⑿「할 수 없음 경」(A10:76)

불교를 불교이게 하는 가르침을 들라면 우리는 주저하지 않고 연기(緣起)의 가르침을 든다. 존재는 모두가 조건 발생이라는 것이 불교적 세계관이요, 인생관이요, 실천관이기 때문이다. 이러한 연기의 가르침은 주로 12연기를 중심으로 하여 구성되어 있다. 12연기는 태어남[生]과 늙음・죽음[老死]으로 표현되는 괴로움의 발생 구조와 소멸 구조를 보여주기 위해서 정형화된 가르침이다.

그런데 여기에 12연기와는 다르게 태어남과 늙음・죽음이라는 괴로움의 발생 구조와 소멸 구조를 설명하고 있는 경이 있다. 바로 본경이다.

먼저 본경의 내용을 간추리면 다음과 같다.

① 태어남과 늙음과 죽음이라는 세 가지 법이 세상에 존재하지 않다면 여래·아라한·정등각은 세상에 출현하지 않을 것이고 여래가 설한 법과 율도 세상에 드러나지 않을 것이다.

② 탐욕, 성냄, 어리석음을 제거하지 못하면 이 태어남과 늙음과 죽음을 제거하지 못한다.

③ 같은 방법으로 [불변하는] 자신이 존재한다는 견해[有身見], 의심, 계율과 의례의식에 대한 집착[戒禁取]을 제거하지 못하면 …

④ 지혜 없이 마음에 잡도리함[非如理作意], 나쁜 도를 받들어 행하는 것, 정신적 태만 …

⑤ 마음챙김을 놓아버림, 알아차리지 못함, 마음의 산란함 …

⑥ 성자들을 친견하려 하지 않음, 성스러운 법을 듣고자 하지 않음, 비난하는 마음 …

⑦ 들뜸, 단속하지 않음, 계행이 나쁨 …

⑧ 믿음 없음, 인색함, 게으름 …

⑨ 경시함, 훈계를 받아들이지 않음, 나쁜 친구와 어울림 …

⑩ 양심 없음, 수치심 없음, 방일을 제거하지 못하면 경시함, 훈계를 받아들이지 않음, 나쁜 친구와 어울림을 제거할 수 없다.

이렇게 조건 발생으로 설명하신 뒤에 다시 10번째인 양심 없음과 수치심 없음과 방일을 제거하지 못하면 경시함도 훈계를 받아들이지 않음도 나쁜 친구와 어울림도 제거할 수 없다는 것부터 시작해서 탐욕을 제거하지 못하고, 성냄을 제거하지 못하고, 어리석음을 제거하지 못하면 태어남도 제거할 수 없고, 늙음도 제거할 수 없고, 죽음도 제거할 수 없다는 것까지 역순으로 관찰을 하신다.

이렇게 하신 뒤 다시 이와는 반대로 탐욕과 성냄과 어리석음을 제거하면 태어남과 늙음과 죽음을 제거할 수 있다는 것으로 시작해서 양심 없음과 수치심 없음과 방일을 제거하면 경시함과 훈계를 받아들이지 않음과 나쁜 친구와 어울림을 제거할 수 있다는 것까지 설하시고 다시 이것을 역순으로 관찰하여 설하고 계신다.

첫 번째 방법은 12연기의 순관 혹은 유전문과 같은 입장의 관찰이고, 두 번째 방법은 12연기의 역관 혹은 환멸문과 같은 입장의 관찰이라 할 수 있다.

본경은 부처님은 생·노·사의 문제를 마음과 심리현상들[法]을 중심으로 한 12연기의 관점과는 다르게 실천적인 측면을 강조하여 길게 설명하고 계시는 특이하면서도 중요한 가르침이다. 관심 있는 분들의 일독을 권한다.

⑬ 「자화자찬 경」(A10:85)

우리 주위에는 수행에 관한 무용담을 늘어놓기를 즐기는 사람들이 가끔 있다. 자기는 선방에서 이런 경계를 봤다느니, 한 소식을 했다느니, 심지어 깨달았다느니 하면서 큰소리를 치고 다닌다. 요즘은 미얀마, 인도 등에 가서 위빳사나 수행을 하고 온 사람들 가운데서도 자기는 제4선을 증득했다느니, 비상비비상처까지 체험했다느니, 전생의 몇 생까지를 봤다느니, 예류과를 얻었다느니, 심지어 아라한과를 얻었다는 말까지 서슴없이 내뱉는 사람도 있다고 한다. 이런 현상은 드물지만 부처님 당시에도 있었던듯하다.

그래서 본경에서 마하쭌다 존자는 비구들에게 이렇게 말한다.

"도반들이여, 여기 비구는 자신의 증득에 대해서 이렇게 허풍을 떨고 너스레를 떱니다. '나는 초선에 들기도 하고 나오기도 한다. 나는 제2선에 들기도 하고 나오기도 한다. 나는 제3선에 들기도 하고 나오기도 한다. 나는 제4선에 들기도 하고 나오기도 한다. 나는 공무변처에 들기도 하고 나오기도 한다. 나는 식무변처에 들기도 하고 나오기도 한다. 나는 무소유처에 들기도 하고 나오기도 한다. 나는 비상비비상처에 들기도 하고 나오기도 한다. 나는 상수멸에 들기도 하고 나오기도 한다.'라고"

그러면 왜 이러한 너스레와 허풍을 떠는 걸까? 마하쭌다 존자는 계속한다.

"이 존자는 오랫동안 계행이 훼손되고 뚫어지고 오점이 있고 얼룩이 있다. … 믿음이 없다. … 적게 배웠다. … 훈도하기 어렵다. … 나쁜 친구를 사귄다. … 게으르다. … 마음챙김을 놓아버렸다. 계략을 꾸민다. … 공양하기 어렵다. … 통찰지가 나쁘다. 통찰지가 나쁜 것은 여래가 설하신 법과 율에서 퇴보를 뜻한다."

우리는 혹시 이러한 열 가지 퇴보에 빠져 있으면서도 짐짓 말로만 삼매를 얻었다느니 도와 과를 얻었다느니 하면서 허풍과 너스레를 떠는 불쌍한 사람의 부류에 속하지는 않은가?

(14) 「꼬깔리까 경」(A10:89)

초기경들 가운데 지옥을 언급한 경들이 몇몇 있다. 본경도 그런 경들 가운데 하나이다. 꼬깔리까라는 비구가 사리뿟따 존자와 목갈라나 존자에 대해서 사악하게 비방하는 말을 세존께 고하였는데 세존께서는 그렇게 말하지 말라고 세 번을 타이르셨다. 그러나 그는 그런 말씀을 듣지 않고 수용하지 않아서 몸에 종기가 생겼고 그것이 커져서 급기야 죽음에 이르게 되었다.

그때 꼬깔리까 비구의 스승이었다가 불환과를 얻은 뚜루 벽지 범천이 그에게 가서 게송으로 타일렀지만 그는 마침내 죽어서 사리뿟따와 목갈라나 존자를 비방한 과보로 홍련지옥에 태어났다고 한다. 사함빠띠 범천도 세존께 와서 이 사실을 알려드렸다.

세존께서는 다음날 비구들에게 홍련지옥의 수명에 대해서 비유로써 말씀하셨다.

"20카리 분량의 참깨를 실은 수레가 있는데 사람이 백 년이 지날 때 한 알의 참깨를 주어간다 하자. 꼬살라에 있는 20카리 분량의 참깨가 이런 방법으로 다 소진되고 다 없어지는 것이 하나의 압부다 [기간]보다 더 빠를 것이다.

비구여, 20압부다 지옥이 1니랍부다의 지옥의 [기간과 같고, 20니랍부다 지옥이 아바바 지옥의 [기간과 같고, 20아바바 지옥은 1아하하 지옥의 [기간과 같고, 20아하하 지옥은 1아따따 지옥의 [기간과 같고, 20아따따 지옥은 1수련지옥의 [기간과 같고, 20수련지옥은 1소간디까 지옥의 [기간과 같고, 20소간디까 지옥은 1청련지옥의 [기간과 같고, 20청련지옥은 1백련지옥의 [기간과 같고, 20백련지옥은 1홍련지옥의 [기간과 같다."

만일 '지옥이란 것은 없는 것이 아닌가. 단지 인간을 윤리·도덕적으로 살게 하기 위해서 부처님께서 방편으로 만들어내어 미리 단속하게 하기 위해 언급하신 것이 아닌가.'라는 생각을 가지고 있는 분이 있다면 본경을 정독해보실 것을 권한다. 세존께서는 초기경의 도처에서 계행이 나쁜 자는 삼악도에 태어날 가능성이 많다는 것을 강조하고 계심을 불자들은 명심해야 할 것이다. 본서 「자눗소니 경」(A10:177)을 참조하기 바란다.

(15) 「감각적 욕망을 즐기는 자 경」(A10:91)

인간은 행복을 추구하는 존재이다. 행복은 다양한 스펙트럼을 가진 것으로 초기경에서 나타난다. 불교의 궁극적인 이상인 열반도 최상의 행복(parama-sukha, 至福)이라고 언급되고 있으며, 초선부터 제4선까지의 경지도 행복이라고 언급되고 있다. 세 가지 느낌 중의 하나인 즐거운 느낌도 행복을 뜻하기도 한다.

그러나 행복을 '욕구가 충족되어 충분한 만족과 기쁨을 느끼는 상태'라는 사전적인 의미에서 보자면 행복이란 인간이 눈·귀·코·혀·몸의 다섯 가지 감각기능을 통해서 느끼는 즐거움이 가장 기본적인 것이라 할 수 있을 것이다. 이러한 행복을 초기경에서는 감각적 욕망(kāma), 특히 다섯 가닥의 감각적 욕망(pañca kāma-guṇa)이라 표현하고 있다. 세존께서는 특히 재가자들이 건전하게 누리는 감각적 욕망을 인정하고 계시는데 특히 본경은 정당하게 축적한 재물을 통한 감각적 욕망 즉 즐거움과 행복에 대해서 설하고 있다.

본경은 세존께서 급고독 장자에게 열 부류의 감각적 욕망을 즐기는 자에 대해서 설해주신 가르침이다. 본경에서 세존께서는 정당하게 재산을 모았는가, 부당하게 모았는가 하는 첫 번째 관점과 자신을 행복하게 만드는가, 그렇지 않은가 하는 두 번째 관점과 나누어 가지고 공덕을 짓는가, 그렇지 않은가 하는 세 번째 관점과 재산에 묶이고 집착하는가, 그렇지 않은가 하는 네 번째 관점에서 모두 열 가지 측면으로 세속의 부를 즐기는 것에 대해서 살펴보고 계신다.

물론 부당한 방법과 폭력을 써서 재산을 모으고, 부당한 방법과 폭력을 써서 재산을 모은 뒤 자신을 행복하게 하지 않고, 만족하게 하지 않고, 나누어 가지지 않고, 공덕을 짓지 않는 것이 첫 번째 경우이면서 가장 저열한 것이고, 정당한 방법으로 폭력을 쓰지 않고 재산을 모으고는 자신을 행복하게 하고, 만족하게 하고, 나누어 가지고, 공덕을 지으며, 그리고 재산에 묶이지 않고, 홀리지 않고, 집착하지 않으며, 위험을 보고, 벗어남을 통찰하면서 사용하는 것이 열 번째이면서 가장 훌륭하고 뛰어난 것으로 들고 있다.

이런 열 가지 경우의 사람은 세 가지 측면에서 비난받기도 하고 칭찬받기도 한다. 첫째는 부당한 방법과 폭력을 써서 재산을 모았는가, 아닌가 하는 것이며, 둘째는 자신을 행복하게 하게 하는가, 하지 않는가 하는 것이며, 셋째는 나누어 가지고 공덕을 짓는가, 짓지 않는가 하는 것이다.

재가에 사는 불자들이 행복하기 위해서 열심히 일을 해서 돈을 벌고 재산을 증식하는 것은 당연한 일일 것이다. 그러나 이러한 행위가 정당한가, 정당하지 않은가를 먼저 생각해야 할 것이고, 이렇게 번 재산을 어떻게 사용해야 자신의 행복을 가져오는 것인가를 두 번째로 생각해야 할 것이다. 그리고 어떻게 남들과 나누어 가질 것인가를 세 번째로 생각해야 할 것이고, 자신이 그 재산에 집착하는 것은 아닌가라고 반성하는 것이 네 번째로 해야 할 일일 것이다. 본경은 이것을 가르치고 있다. 이런 의미에서 본경은 재가 불자들에게 아주 귀중한 가르침이 될 것이다.

(16)「꼬까누다 경」(A10:96)

본경은 아난다 존자와 꼬까누다라는 유행승 간의 대화를 담고 있는 경이다. 꼬까누다는 아난다 존자에게 다음과 같은 10사(事)에 대해서 질문을 한다.

"당신은 다음과 같은 견해를 가졌습니까? ①'세상은 영원하다는 이것만이 진리이고 다른 것은 쓸모가 없다.' ②'세상은 영원하지 않다는 이것만이 진리이고 다른 것은 쓸모가 없다.' ③'세상은 끝이 있다는 이것만이 진리이고 다른 것은 쓸모가 없다.' ④'세상은 끝이 없다는 이것만이 진리이고 다른 것은 쓸모가 없다.' ⑤'생명이 바로 몸이라는 이것만이 진리이고 다른 것은 쓸모가 없다.' ⑥'생명과 몸은 별개의 것이라는 이것만이 진리이고 다른 것은 쓸모가 없다.' ⑦'여래는 죽은 뒤에도 존재한다는 이것만이 진리이고 다른 것은 쓸모가 없다.' ⑧'여래는 죽은 뒤에 존재하지 않는다는 이것만이 진리이고 다른 것은 쓸모가 없다.' ⑨

'여래는 죽은 뒤에 존재하기도 하고 존재하지 않기도 한다는 이것만이 진리이고 다른 것은 쓸모가 없다.' ⑩'여래는 죽은 뒤에 존재하는 것도 아니요 존재하지 않는 것도 아니다는 이것만이 진리이고 다른 것은 쓸모가 없다.'라고"

여기에 대해서 아난다 존자는 이 모두 다에 대해서 이런 견해를 가지고 있지 않다고 대답한다.

그러자 그는 "그렇다면 존자는 알지 못하고 보지 못합니까?"라고 묻고 아난다 존자는 "도반이여, 나는 알지 못하는 것이 아니고, 보지 못하는 것이 아닙니다. 나는 알고 봅니다."라고 대답한다.

그러자 그는 "도반이여, 그러면 도대체 이 말의 뜻을 어떻게 이해해야 합니까?"라고 묻자 아난다 존자는 이러한 열 가지 질문은 모두 견해에 빠진 것이라고 대답한다. 그리고 나서 다시 "도반이여, 견해에 관한 한, 견해가 일어나는 원인에 관한 한, 견해에 확고함에 관한 한, 견해에 사로잡힘에 관한 한, 견해가 일어남에 관한 한, 견해의 근절에 관한 한, 그것을 나는 알고 그것을 나는 봅니다. 그것을 알고 그것을 보면서 어떻게 내가 '나는 알지 못하고 보지 못합니다.'라고 말하겠습니까?"라고 확신에 찬 대답을 한다.

이런 대답에 감명을 받은 꼬까누다는 당신의 이름은 무엇이냐고 묻는다. 그가 아난다 존자임을 알고 "오, 참으로 대스승이신 존자와 함께 대화를 하면서도 저는 아난다 존자라고 알지 못했습니다. 만일 제가 존자께서 아난다 존자인줄 알았더라면 이러한 질문을 드리지 않았을 것입니다. 부디 아난다 존자께서는 저를 용서하십시오."라고 말하는 것으로 경은 끝을 맺는다.

본경을 통해서 10사에 대한 우리의 관심이 단지 견해에 빠진 것일 뿐임을 분명하게 알아야 할 것이다. 불교의 관심은 견해에 빠지는 것이 아니다. 오히려 견해가 어떻게 전개되는지 그것을 분명하게 알아야 하고 보아야 하며 그래서 견해로부터 벗어남에 있음을 본경은 강조하고 있다.

숲이나 밀림의 외딴 거처에 거주하는 것이 쉽지 않음을 말씀하시고 대중처소에 머무는 것의 중요함을 말씀하시는 경이다.

(17) 「세정의식 경」(A10:107) 등

본경에는 바라문들이 행하는 몇 가지 의식에 대해 설명하시면서 진정한 의미에서의 의식이 어떤 것인지를 말씀하신다. 「세정의식 경」(A10:107)에는 세정의식이 나타나고 있고 「하강의식 경」 1/2(A10:119~120)와 또 다른 「하강의식 경」 1/2(A10:167~168)에는 하강의식이, 「자눗소니 경」(A10:177)에는 조령제(祖靈祭)가 언급되고 있다.

주석서는 세정의식을 이렇게 설명하고 있다.

"'세정의식(dhovana)'이란 뼈를 씻는 것(aṭṭhi-dhovana)을 말한다. 어떤 지방에서는 친척(ñātaka)들이 죽으면 화장을 하지 않고 매장을 했다고 한다. 시체가 썩으면 뼈를 꺼내어 뼈를 씻고 향기를 쏘여서 보관한다. 그들은 축제일에 한 곳에 뼈를 모아두고, 한 곳에 술 등을 준비해놓고는 울고불고 탄식을 하면서 술을 마신다. 그러므로 '남쪽 지방에는 세정의식이라는 것이 있다. … 이런 세정이 있다. 나는 그것이 없다고 말하지 않는다.'라고 말씀하신 것이다. 어떤 이들은 마법(inda-jāla)으로 뼈를 씻는 것을 세정이라고 말한다."(DA.i.84~85)

부처님께서는 이것은 "저열하고, 촌스럽고, 범속한 것이고, 성스럽지 못하고, 이익을 주지 못한다. 이것은 [속된 것을] 역겨워함으로 인도하지 못하고, 욕망이 빛바램으로 인도하지 못하고, 소멸로 인도하지 못하고, 고요함으로 인도하지 못하고, 최상의 지혜로 인도하지 못하고, 바른 깨달음으로 인도하지 못하고, 열반으로 인도하지 못한다."라고 말씀하신 뒤 비구들에게 진정한 세정의식으로 바른 견해, 바른 사유, 바른 말, 바른 행위, 바른 생계, 바른 정진, 바른 마음챙김, 바른 삼매, 바른 지혜, 바른 해탈의 열 가지 바름을 설하신다.

한편 자눗소니 바라문은 「하강의식 경」 1(A10:119)에서 하강의식을 다음과 같이 설명하고 있다.

"고따마 존자시여, 여기 바라문들은 포살일에 머리를 감고 아마포로 만든 새 옷 한 벌을 입고 젖은 소똥을 땅에 바르고 푸른 꾸사 풀을 그 위에 펴고는 그 가장자리와 불을 안치한 곳 사이에 잠자리를 만듭니다. 그들은 그 밤에 세 번 일어나서 합장하고 '저희는 당신께로 하강합니다. 저희는 당신께로 하강합니다.'라고 하면서 불에 예배합니다. 그리고 많은 생 버터와 정제된 버터로 불에 헌공합니다. 그 밤이 지나면 딱딱하고 부드러운 맛있는 음식으로 바라문들에게 공양합니다. 고따마 존자시여, 바라문들은 이와 같이 하강의식을 행합니다."

세존께서는 이러한 하강의식을 버리고 참다운 하강의식을 할 것을 설하시는데 「하강의식 경」 1/2(A10:119~120)에서는 열 가지 바름을, 또 다른 「하강의식 경」 1/2(A10:167~168)에서는 십선업도를 말씀하신다.

한편 조령제(saddha)는 일반적으로 믿음으로 옮기는 saddhā와 같이 śrad+√dhā(to put)에서 파생된 단어이다. 주석서에서는 "죽은 사람을 지목해서 음식을 올리는 것"(DA.i.267)이라고 설명하고 있고, "조령제는 바라문들이 죽은 자에게 올리는 제사를 뜻한다."(AA.iii.84)라고 설명하고 있기 때문에 조상에게 올리는 제사를 뜻한다. 그래서 조령제라고 옮겼다. 조령제(saddha)의 산스끄리뜨는 슈랏다(śrāddha)인데 바라문교의 제의서들에서도 슈랏는 가정제사(pāka-yajña, gṛhya-yajña) 가운데 하나로 조상에게 올리는 제사를 뜻한다.

물론 세존께서는 진정한 조령제란 십선업도를 실천하는 것이라고 말씀하신다.

⑱「자눗소니 경」(A10:177)

본경은 조령제에 대해서 자눗소니 바라문과 세존이 나눈 대화를 담고 있다. 본경에서 자눗소니 바라문은 세존께 "고따마 존자시여, 우리 바라문들은 '이 보시가 친지와 혈육인 조상들께 공덕이 되기를. 이 보시를 친지와 혈육인 조상들이 즐기시기를.'하고 염원하면서 보시를 하고 조령제(祖靈祭)를 지냅니다. 고따마 존자시여, 이 보시가 친지와 혈육인 조상들께 공덕이 되겠습니까? 이 보시를 친지와 혈육인 조상들이 즐기겠습니까?"라고 질문을 드린다. 그러자 세존께서는 "바라문이여, 적절한 곳에서는 공덕이 되지만, 적절하지 않은 곳에서는 공덕이 되지 않는다."라고 대답하시고, 당연히 자눗소니는 "고따마 존자시여, 그러면 어떤 것이 적절한 곳이고 어떤 것이 적절하지 않은 곳입니까?"라고 질문을 드리자 세존께서 대답하시는 것으로 전체 경은 구성되어 있다.

세존께서는 십불선업도를 지어서 지옥에 태어난 중생들이나 축생의 모태에 태어난 중생들에게 올리는 조령제는 그 지옥 중생들에게는 공덕이 되지 못한다고 하신다.

십선업도를 지어서 인간의 세상에 태어난 중생들이나 천상의 신으로 태어난 중생에게 올리는 조령제도 그들에게는 공덕이 되지 못한다고 하신다.

그러나 십불선업도를 지어서 아귀계에 태어난 중생들에게 올리는 조령제만이 그들에게 공덕이 된다고 말씀하신다. 왜냐하면 조령제 자체가 죽은 조상들(peta)에게 공양을 올리는 것이며 죽은 조상들이 집착을 가져서 태어난 곳이 바로 아귀계(petā, petti-visaya)이기 때문이다. 본경은 아귀계와 죽은 조상들의 관계를 이처럼 분명하게 보여주고 있다.

한편 만일 지금에 죽은 친지들이 아귀계에 태어나지 않았다면 아귀계에 태어난 다른 친지들(그 이전에 죽어 아귀계에 떨어진 다른 친척들)이 조령제의 공덕을 가진다고 세존께서는 대답하신다. 어떤 경우에도 조령제는 아귀계와만 연관이 있는 제사라는 말씀이다.

그리고 세존께서는 본경에서 보시를 행한 공덕의 과보는 반드시 있게 된다는 말씀을 하고 계신다.

물론 본경을 통해서 부처님께서 간곡하게 하시는 말씀은 십불선업도를 짓지 말고 십선업도를 지으라는 것이다. 십불선업도를 많이 지으면 좋은 결과라고 해도 축생으로 태어나지만 십선업도를 많이 지으면 인간과 천상에 태어난다고 강조하고 계신다. 물론 보시의 공덕은 어느 곳에 태어나더라도 좋은 과보를 가져오게 된다고 말씀하고 계신다.

본경뿐만 아니라 『디가 니까야』 제1권 「꾸따단따 경」(D5) §26 등에서도 제사보다는 오계나 십선업도와 같은 계를 지키는 공덕이 더 수승함을 설하고 있다.

5. 「열하나의 모음」의 구성

『앙굿따라 니까야』 「열하나의 모음」(A11)에는 모두 25개의 경들이 포함되어 있다. 본 모음에 포함된 경들도 한 경에서 다루어지고 있는 주제가 열한 개가 되다보니 전체적으로 경의 길이가 다른 모음의 경들보다 긴 경들이 대부분이다. 한편 이 경들은 제1장 「의지처 품」, 제2장 「계속해서 생각함[隨念] 품」, 제3장 「일반 품」, 제4장 「탐욕의 반복 품」의 4개의 품(Vagga)으로 나누어져 실려 있다. 그리고 제1품과 제2품에는 각각 11개의 경들을 배정하였고, 제3품에는 한 개의 경이,4) 제4

---

4) 비록 PTS본은 본품에 포함된 경을 단지 한 개의 경으로 편집하고 있지만 육차결집본은 본 품에 대해서 모두 480개의 경번호를 매기고 있다. 그만

품에는 두 개의 경이 포함되어 있다.

제1품의 처음 5개의 경들은 「열의 모음」의 「무슨 목적 경」(A10:1) 등에서는 있는 그대로 알고 봄의 목적과 이익을 '염오와 탐욕의 빛바램'이라고 합하여 설명한데 비해, 본경은 있는 그대로 알고 봄의 목적과 이익을 '염오'라고 설명하고 염오의 목적과 이익을 '탐욕의 빛바램'이라고 나누어서 설명하여 전체를 11개로 만든 것만 다르고 나머지는 A10:1과 꼭 같다. 같은 방법으로 아래 A11:2~5는 각각 「열의 모음」 A10:2~5와 같은 내용을 담고 있다.

그 다음의 몇몇 경들도 「열의 모음」의 제1품에 포함된 경을 확장한 경들이 주를 이룬다.

「열하나의 모음」에 포함 된 경들의 가장 큰 특징을 들라면, 본 모음에 포함된 25개의 경들 가운데 반이 넘는 15개의 경들이 여러 형태의 조합으로 구성되어 있다는 점을 들 수 있다. 이 가운데 「인식 경」 1/2(A11:7~8)와 「산다 경」(A11:10)과 「삼매 경」 1/2/3/4 (A11:19~22)는 4대(지·수·화·풍) + 4처(공무변처부터 비상비비상처까지) + 이 세상 + 저 세상 + 견문각지라는 11개의 구성요소로 이루어져 있으며, 「마음에 잡도리함 경」(A10:9)은 5근·경(눈·형상부터 몸·감촉까지) + 4대 + 3처(공무변처부터 무소유처까지)로 구성되어 있으며, 「공작 보호 구역 경」(A11:11)은 3학(계·정·혜) + 3신통 + 견해·지혜·해탈 + 명과 행의 조합으로 이루어져 있다.

그리고 「마하나마 경」 1/2(A11:12~13)는 5근(신·정진·염·정·혜) + 6수념(불·법·승·계·보시·천신)의 조합으로 이루어져 있으며, 「난디야 경」(A11:14)은 이와는 달리 6 + 5의 조합으로 구성되어 있는데, 신·계·정진·염·정·혜 + 불·법·선우·보시·천신으로 이루어져 있

큼 다양하면서도 상호연결된 내용을 포함하고 있다.

다. 그리고 「다사마 경」(A11:17)과 「증득 경」(A11:24)과 「철저히 앎 등의 경」(A11:25)은 4 + 4 + 3의 조합으로 구성되어 있는데 4선(초선부터 제4선까지) + 4무량(자·비·희·사) + 3처(공무변처부터 무소유처까지)로 이루어져 있다.

열하나라는 법수는 초기경에 잘 나타나지 않기 때문에 이러한 다양한 조합으로 구성된 경들이 「열하나의 모음」에 포함된 것일 것이다.

한편 「다사마 경」(A11:17)은 6차결집본에는 「앗타까나가라 경」(Aṭṭhakanāgara-sutta)으로 경의 제목이 나타나고 있다. 그리고 본경은 『맛지마 니까야』 「앗따까나가라 경」(M52)과 내용이 꼭 같다. 「소치는 사람 경」(A11:18)은 『맛지마 니까야』 「긴 소치는 사람 경」(Mahāgopāla-sutta, M33)과 완전히 같다. 이 두 개의 경은 열하나의 주제를 포함하고 있기 때문에 본서 「열하나의 모음」에도 결집이 되었고, 적당한 길이 혹은 중간정도의 길이의 경이기 때문에 『맛지마 니까야』에도 포함되었을 것이다.

6. 「열하나의 모음」에서 관심을 가져야 할 경들

이제 「열하나의 모음」에 포함된 세존의 금구 성언 가운데서 우리가 보다 더 주의를 기울여서 살펴봐야 한다고 생각되는 경들을 소개하면서 해제를 마무리하고자 한다.

(1) 「산다 경」(A11:10)

본경은 세존께서 혈통 좋은 말과 길들여지지 않은 망아지의 비유로 산다 장자에게 열한 가지 인식에 대해서 말씀하시는 경이다.

마치 길들여지지 않은 망아지는 여물통 근처에 묶여있을 때 오직 '꼴, 꼴'이라고만 골똘히 생각하듯이, 길들여지지 않은 망아지 같은 사람은 숲으로 가서도 나무 아래로 가서도 빈집으로 가서도 마음이 감각적 욕망에 사로잡히고 … 악의에 사로잡히고 … 해태와 혼침에 사로잡히고 … 들뜸과 후회에 사로잡히고 … 의심에 사로잡히어 그것을 골똘히 생각하고, 이리저리 생각하고, 계속해서 생각하고, 간절히 생각한다. 그래서 그는 지·수·화·풍과 공무변처부터 비상비비상처까지와 이 세상과 저 세상과 보고 듣고 생각하고 알고 얻고 탐구하고 마음으로 고찰한 것을 대상으로 골똘히 생각한다.

그러나 혈통 좋은 멋진 말은 여물통 근처에 묶여있을 때 오직 '꼴, 꼴'이라고만 골똘히 생각하지 않듯이, 혈통 좋은 멋진 사람은 숲으로 가서도 나무 아래로 가서도 빈집으로 가서도 마음이 감각적 욕망에 사로잡히지 않고 … 의심에 사로잡히지 않아서 그것을 골똘히 생각하지 않고, 간절히 생각하지 않는다. 그래서 그는 지·수·화·풍과 공무변처부터 비상비비상처까지와 이 세상과 저 세상과 보고 듣고 생각하고 알고 얻고 탐구하고 마음으로 고찰한 것을 대상으로 골똘히 생각하지 않는다. 그러나 그는 열반을 대상(nibbān-ārammaṇa)으로 과의 증득(phala-samāpatti)을 골똘히 생각한다. "이와 같이 골똘히 생각하는 혈통 좋은 멋진 사람을, 신들은 인드라와 범천과 빠자빠띠와 더불어 멀리서도 예배할 것이다."라고 세존께서는 강조하고 계신다.

본경은 4대 - 4처 - 이 세상 - 저 세상 - 견문각지의 대상 - 열반의 열한 가지 주제를 설하고 있는데 제대로 된 수행자는 앞의 열 가지를 골똘하게 생각하지 말고, 뒤의 한 가지 즉 열반의 실현에 전심 전력해야 한다는 가르침이다.

(2) 「마하나마 경」 1/2(A11:12~13)
출가자들도 각자 기질이나 성향이 다르다. 어떤 자는 삼매수행에 관심이 많아 사마타 수행에 전념하고, 어떤 자들은 법의 무상·고·무아를 통찰하는데 뛰어나서 위빳사나 수행에 몰두한다. 경을 암송하는데 관심이 많은 자도 있고, 두타행의 실천에 전념하는 자들도 있으며, 사섭법의 실천으로 남을 이롭게 하는데 더 관심이 많은 자들도 있다. 그러므로 세존의 제자라도 다양한 기질을 가져 서로 다른 방식으로 머문다. 그러면 재가불자는 어느 분의 방식을 따라 부처님 가르침을 받아들여 실천하며 머물러야 하는가, 아니 어떤 기본적인 태도로 이 세상을 살아야 하는가? 본경은 여기에 대한 대답을 담고 있다.

본경은 석가족의 왕인 마하나마가 세존의 제자는 다양하며 "서로 다른 방식으로 머뭅니다. 이 가운데 누구의 방식대로 저희들은 머물러야 합니까?"라고 세존께 말씀드리자 세존께서 가르침을 주시는 경이다.

세존께서는 믿음 있는 자는 완성하고, 믿음 없는 자는 완성하지 못한다. 열심히 정진하는 자는 완성하고, 게으른 자는 완성하지 못한다. 마음챙김을 확립한 자는 완성하고, 마음챙김을 놓아버린 자는 완성하지 못한다. 삼매에 든 자는 완성하고, 삼매에 들지 못한 자는 완성하지 못한다. 통찰지를 가진 자는 완성하고, 통찰지가 없는 자는 완성하지 못한다는 다섯 가지 기능[五根]을 갖추는 것에 대해서 먼저 말씀하신 뒤에 여섯 가지 계속해서 생각함[隨念]을 설하신다. 여섯 가지 수념은 불·법·승·계·보시·천신이다.

본경을 통해서 세존께서는 불자, 특히 재가 불자가 따라야 할 기본적인 실천 덕목으로 신·정진·염·정·혜의 오근을 계발하는 것을 드신 뒤에, 불자는 불·법·승·계·보시·천신의 공덕을 염하면서 세상을 살아야 한다고 말씀하시는 것이다.

(3) 「수부띠 경」(A11:15)

수부띠 존자는 급고독 장자의 동생이다. 본경은 수부띠 존자가 자신의 조카 즉 급고독 장자의 아들인 비구를 데리고 세존께 와서 세존과 나누는 대화로 구성되어 있다.

수부띠는 이 비구를 믿음을 가진 비구라고 세존께 소개한다. 그러자 세존께서는 "믿음을 가진 청신사의 아들인 믿음을 가진 비구는 집을 나와 출가하여 믿음을 가진 자들에게서 발견되는 특징들을 갖추었는가?"라고 물으신 뒤 수부띠 존자의 청을 받아서 믿음을 가진 자들의 특징 열한 가지를 설하시는 것이 본경의 내용이다. 열한 가지 특징은 다음과 같다.

첫째는 계를 잘 지킴이요, 둘째는 많이 배움[多聞]이요, 셋째는 좋은 친구를 사귐이요, 넷째는 훈계와 교계를 잘 받아들임이요, 다섯째는 여러 가지 소임들을 열심히 함이요, 여섯째는 법을 기뻐하여 [법]담을 나누기를 좋아함이요, 일곱째는 해로운 법들을 제거하고 유익한 법들을 두루 갖추기 위해서 불굴의 정진으로 머묾이요, 여덟째는 얻은 4종 필수품이 어떤 수준의 것이건, 그것을 그대로 만족함이요, 아홉째는 전생의 갖가지 삶들을 기억함[宿命通]이요, 열째는 청정하고 인간을 넘어선 신성한 눈[天眼通]을 갖춤이요, 열한째는 마음의 해탈[心解脫]과 통찰지를 통한 해탈[慧解脫]을 바로 지금여기에서 스스로 최상의 지혜로 알고 실현하고 구족하여 머묾이다.

이 가운데 여덟째까지는 위 「열의 모음」에서 소개한 「보호자 경」 1/2(A10:17~18)의 여덟째까지와 같은 내용을 담고 있다.

(4) 「다사마 경」(A11:17)

본경은 다사마 장자가 아난다 존자에게 부처님의 가르침에 대해서 질문을 하고 아난다 존자가 대답한 것을 담고 있다. 다사마 장자는 아난다 존자에게 "아난다 존자시여, 아시고 보시는 그분 세존·아라한·정등각께서 분명하게 설하신 한 가지 법이 있습니까? 비구가 그 한 가지 법으로 방일하지 않고 근면하고 스스로를 독려하며 머물 때, 아직 해탈하지 않은 그의 마음이 해탈하게 되고, 아직 다하지 못한 번뇌들이 다하게 되고, 아직 성취하지 못한 위없는 유가안은을 성취하게 되는 그러한 한 가지 법을 설하셨습니까?"라고 묻자 아난다 존자는 여기에 대해서 대답을 하고 있다.

그 대답으로 아난다 존자는 초선의 증득을 든 뒤 "그는 이와 같이 숙고합니다. '이러한 초선은 형성되었고 의도되었다.'라고. 그리고 그는 '형성되고 의도된 것은 그 무엇이건, 무상하고 소멸하기 마련인 법이다.'라고 꿰뚫어 압니다. 그는 여기에 확고하여[5] 번뇌가 다함을 얻습니다. (아라한) 만일 번뇌가 다함을 얻지 못하더라도 이 법을 좋아하고 이 법을 즐기기 때문에 그는 다섯 가지 낮은 단계의 족쇄를 완전히 없애고 [정거천에] 화생하여 그곳에서 완전히 열반에 들어 그 세계로부터 다시 돌아오지 않는 법을 얻습니다.[不還者]"라고 설명하고 있다. 즉 초선이 번뇌 다함과 아라한과를 얻음과 해탈 열반과 깨달음의 토대가 된다는 말이다.

같은 방법으로 제2선부터 제4선까지 그리고 자·비·희·사의 네 가지 거룩한 마음가짐[四無量]의 증득과 공무변처, 식무변처, 무소유처의 증득을 들고 이를 토대로 번뇌가 다하거나 불환과를 얻는 것을 말하고 있다.

본경은 『맛지마 니까야』에도 「앗타까나가라 경」(M52)으로 나타나고 있다. 본경이 열한 개의 주제를 담고 있기 때문에 본경의 「열하나의 모음」에 포함되었고 본경이 중간 정도의 길이이기 때문에 『맛지마 니

---

5)   "'여기에 확고하다'는 것은 그 사마타와 위빳사나의 법에 확고하다는 말이다."(AA.v.85)

까야』에도 포함된 것이다.

그리고 본경도 초선을 의지해서도 번뇌가 다한 아라한이 되고, 제2선을 의지해서도, 제3선을 의지해서도, 제4선을 의지해서도 아라한이 되며, 나아가서 공무변처부터 비상비비상처까지의 각각을 의지해서도 번뇌 다한 아라한이 된다고 분명하게 밝히고 있는 본서 「아홉의 모음」의 「선(禪) 경」(A9:36)과 같은 가르침을 담고 있는 경으로 눈여겨 볼만하다. 여기에 대해서는 본서 제5권 해제 §7의 「선(禪) 경」(A9:36)에 대한 설명을 참조하기 바란다.

(5) 「소치는 사람 경」(A11:18)

본경도 열한 개의 주제를 담고 있으므로 본서의 「열하나의 모음」에 포함되어 나타나고 길이가 중간 정도라서 「긴 소치는 사람 경」(M33)으로 『맛지마 니까야』에도 포함되어 있다.

본경은 소치는 사람이 소떼를 돌보는 것에 비유하여 어떤 열한 가지 특징을 갖춘 비구가 이 법과 율에서 향상하고 증장하고 충만한지, 아니면 그렇지 못하는지를 가르치시고 있다.

"비구가 ① 물질을 알지 못한다. ② 특징에 능숙하지 못한다. ③ 진드기를 제거하지 못한다. ④ 상처를 잘 싸매지 못한다. ⑤ 외양간에 연기를 지필 줄 모른다. ⑥ 물 마시는 곳을 알지 못한다. ⑦ 마시는 물을 알지 못한다. ⑧ 길을 알지 못한다. ⑨ 방목지에 능숙하지 못한다. ⑩ 젖을 남김없이 다 짜버린다. ⑪ 승가의 아버지고, 승가의 지도자인, 구참(久參)이고 출가한 지 오래된 장로 비구들을 특별히 공경하지 않는다."라는 이러한 열한 가지 나쁜 자질을 가지고 있으면 그는 이 법과 율에서 향상하고 증장하고 충만하지 못한다.

반대로 "비구가 ① 물질을 안다. ② 특징에 능숙하다. ③ 진드기를 제거한다. ④ 상처를 잘 싸맨다. ⑤ 외양간에 연기를 지핀다. ⑥ 물 마시는 곳을 안다. ⑦ 마시는 물을 안다. ⑧ 길을 안다. ⑨ 방목지에 능숙하다. ⑩ 젖을 조금 남겨두고 짠다. ⑪ 승가의 아버지고, 승가의 지도자인, 구참(久參)이고 출가한 지 오래된 장로 비구들을 특별히 공경한다."는 열한 가지 좋은 자질을 가지고 있으면 그는 이 법과 율에서 향상하고 증장하고 충만하게 된다고 본경은 가르치고 있다.

이 각각의 의미에 대해서는 본경의 내용을 참조하기 바란다. 출가생활과 수행에 많은 도움이 되는 경이다.

7. 맺는 말

이상으로 『앙굿따라 니까야』 제6권에 포함된 「열의 모음」과 「열하나의 모음」을 개관해 보았다. PTS본의 편집에 의하면 「열의 모음」에는 모두 219개의 경이, 「열하나의 모음」에는 25개의 경이 포함되어 있는데 이들은 우리의 삶과 수행에 관한 다양한 주제를 포함하고 있다. 특히 「열의 모음」은 주제별 모음인 『상윳따 니까야』에 독립된 주제로 포함되지 않은 열 가지 바름과 열 가지 그릇됨, 그리고 십선업도와 십불선업도에 관계된 114개의 경들을 포함하고 있는데, 이것은 「열의 모음」에 포함된 219개의 경들의 절반이 넘는 숫자이다.

2006년 1월에 『디가 니까야』를 전3권으로 출간한 뒤에 본격적으로 『앙굿따라 니까야』의 번역작업에 임하여서 2006년 8월에 처음으로 제1권과 제2권을 출간하였다. 그 뒤 7개월만인 2007년 4월에 제3권과 제4권을 출간하였고, 이제 다시 7개월만에 제5권과 제6권을 출간하여 『앙굿따라 니까야』를 완역·출간하게 되어 감개가 무량하다. 제1권을 번역하기 시작한 날로부터 꼽으면 2년에 가까운 시간이 걸려서 완역한 셈이다.

『앙굿따라 니까야』는 다른 세 니까야들에 비해서 상대적으로 관심을 덜 받은 경이라서 그런지는 모르겠지만 서양에서도 1932년에 PTS에서 영어로 완역한 이후로 새로운 영어 완역본은 나오지 않고 있으며, 동북아시아에서도 일본에서 『남전 대장경』시리즈의 하나로 1935년에 완역한 이후로는 새 번역이 출간되지 않고 있다. 이번에 초기불전연구원에서 전6권으로 『앙굿따라 니까야』를 한국최초로 한글 완역을 해 낸 것은 이런 관점에서 보자면 아주 의미 있는 일이라 생각된다. 책이 나오기까지 수고를 아끼지 않으신 모든 분들께 머리 숙여 깊이 감사드리면서 『앙굿따라 니까야』 마지막 권인 제6권 해제를 마무리 한다.

  원컨대 이 공덕으로
  모든 생명들이 행복하기를!

앙굿따라 니까야
열의 모음

Dasaka-nipāta

그분 부처님·아라한·정등각께 귀의합니다.

앙굿따라 니까야
열의 모음
Dasaka-nipāta

I. 첫 번째 50개 경들의 묶음
Pathama-paṇṇāsaka

제1장 이익 품
Ānisaṁsa-vagga

무슨 목적 경(A10:1)
Kimatthiya-sutta

1. 이와 같이 나는 들었다. 한때 세존께서는 사왓티에서 제따 숲의 급고독원에 머무셨다. 그때 아난다 존자가 세존께 다가갔다. 가서는 세존께 절을 올리고 한 곁에 앉았다. 한 곁에 앉은 아난다 존자는 세존께 이렇게 말씀드렸다.

"세존이시여, 유익한 계들6)의 목적은 무엇이고, 이익은 무엇입

---

6) "'유익한 계들(kusalāni sīlāni)'이란 비난 받을 일이 없는 계들(anavajja-sīlāni)을 말한다."(AA.v.1)

니까?"

"아난다여, 유익한 계들의 목적은 후회 없음이고, 이익도 후회 없음이다."

"세존이시여, 그러면 후회 없음의 목적은 무엇이고, 이익은 무엇입니까?"

"아난다여, 후회 없음의 목적은 환희고, 이익도 환희다."

"세존이시여, 그러면 환희의 목적은 무엇이고, 이익은 무엇입니까?"

"아난다여, 환희의 목적은 희열이고, 이익도 희열이다."

"세존이시여, 그러면 희열의 목적은 무엇이고, 이익은 무엇입니까?"

"아난다여, 희열의 목적은 편안함이고, 이익도 편안함이다."

"세존이시여, 그러면 편안함의 목적은 무엇이고, 이익은 무엇입니까?"

"아난다여, 편안함의 목적은 행복이고, 이익도 행복이다."

"세존이시여, 그러면 행복의 목적은 무엇이고, 이익은 무엇입니까?"

"아난다여, 행복의 목적은 삼매고, 이익도 삼매다."

"세존이시여, 그러면 삼매의 목적은 무엇이고, 이익은 무엇입니까?"

"아난다여, 삼매의 목적은 있는 그대로 알고 봄[如實知見]이고, 이익도 있는 그대로 알고 봄이다."

"세존이시여, 그러면 있는 그대로 알고 봄의 목적은 무엇이고, 이익은 무엇입니까?"

"아난다여, 있는 그대로 알고 봄의 목적은 염오(厭惡)와 탐욕의 빛바램[離慾]이고, 이익도 염오와 탐욕의 빛바램이다."

"세존이시여, 그러면 염오와 탐욕의 빛바램의 목적은 무엇이고, 이익은 무엇입니까?"

"아난다여, 염오와 탐욕의 빛바램의 목적은 해탈지견이고, 이익도 해탈지견이다."7)

2.
"아난다여, 이와 같이 유익한 계들의 목적과 이익은 후회 없음이다. 후회 없음의 목적과 이익은 환희다. 환희의 목적과 이익은 희열이다. 희열의 목적과 이익은 편안함이다. 편안함의 목적과 이익은 행복이다. 행복의 목적과 이익은 삼매다. 삼매의 목적과 이익은 있는 그대로 알고 봄[如實知見]이다. 있는 그대로 알고 봄의 목적과 이익은 염오(厭惡)와 탐욕의 빛바램[離慾]이다. 염오와 탐욕의 빛바램의 목적과 이익은 해탈지견이다.

아난다여, 이와 같이 유익한 계들은 점점 으뜸으로 나아간다."8)

의도 경(A10:2)9)
Cetanā-sutta

1.
"비구들이여, 계를 지키고 계를 구족한 자는 '내게 후회가

---

7) 여기서 옮긴 한글과 그에 해당하는 빠알리 술어는 다음과 같다. 후회 없음(avippaṭisāra), 환희(pāmujja), 희열(pīti), 편안함(passaddhi), 행복(sukha), 삼매(samādhi), 여실지견(yathābhūta-ñāṇadassana), 염오(nibbidā), 탐욕의 빛바램(virāga), 해탈지견(vimutti-ñāṇadassana).

8) "'삼매의 목적은 있는 그대로 알고 보는 것이다.'는 등에서 있는 그대로 알고 봄(여실지견)은 약한 위빳사나(taruṇa-vipassanā)를 말하고, 염오는 강한 위빳사나(balava-vipassanā)를, 탐욕의 빛바램은 도(magga)를, 해탈(vimutti)은 아라한과(arahatta-phala)를, 지견(ñāṇa-dassana)은 반조의 지혜(paccavekkhaṇa-ñāṇa)를 말한다. '으뜸으로 나아간다.(aggāya parenti)'는 것은 아라한과(arahatta)로 나아간다는 말이다." (*Ibid*)

9) 6차결집본의 경제목은 '의도함'(Cetanākaraṇīya-sutta)이다.

없기를.'하는 의도적인 생각을 할 필요가 없다. 계를 지키고 계를 구족한 자에게 후회가 없는 것은 당연하기10) 때문이다.

비구들이여, 후회가 없는 자는 '내게 환희가 생기기를.'하는 의도적인 생각을 할 필요가 없다. 후회 없는 자에게 환희가 생기는 것은 당연하기 때문이다.

비구들이여, 환희하는 자는 '내게 희열이 생기기를.'하는 의도적인 생각을 할 필요가 없다. 환희하는 자에게 희열이 생기는 것은 당연하기 때문이다.

비구들이여, 희열을 느끼는 자는 '내 몸이 편안하기를.'하는 의도적인 생각을 할 필요가 없다. 희열을 느끼는 자의 몸이 편안한 것은 당연하기 때문이다.

비구들이여, 몸이 편안한 자는 '내가 행복을 느끼기를.'하는 의도적인 생각을 할 필요가 없다. 몸이 편안한 자가 행복을 느끼는 것은 당연하기 때문이다.

비구들이여, 행복한 자는 '내 마음이 삼매에 들기를.'하는 의도적인 생각을 할 필요가 없다. 행복한 자의 마음이 삼매에 드는 것은 당연하기 때문이다.

비구들이여, 삼매에 든 자는 '나는 있는 그대로 알고 보게 되기를.'하는 의도적인 생각을 할 필요가 없다. 삼매에 든 자가 있는 그대로 알고 보는 것은 당연하기 때문이다.

---

10) '당연함'으로 옮긴 원어는 dhammatā(법다움)인데, 주석서에는 "이것은 법의 고유성질(dhamma-sabhāva)인데 이유가 분명히 정해진 것(kāraṇa-niyama)을 말한다."(*Ibid*)라고 설명하고 있어서 이렇게 옮겼다.

비구들이여, 있는 그대로 알고 보는 자는 '나는 염오하고 탐욕이 빛바래게 되기를.'하는 의도적인 생각을 할 필요가 없다. 있는 그대로 알고 보는 자가 염오하고 탐욕이 빛바래게 되는 것은 당연하기 때문이다.

비구들이여, 염오하고 탐욕이 빛바랜 자는 '나는 해탈지견을 실현하기를.'하는 의도적인 생각을 할 필요가 없다. 염오하고 탐욕이 빛바랜 자가 해탈지견을 실현하는 것은 당연하기 때문이다."

2. "비구들이여, 이와 같이 염오와 탐욕의 빛바램의 목적과 이익은 해탈지견이다. 있는 그대로 알고 봄의 목적과 이익은 염오(厭惡)와 탐욕의 빛바램[離慾]이다. 삼매의 목적과 이익은 있는 그대로 알고 봄[如實知見]이다. 행복의 목적과 이익은 삼매다. 편안함의 목적과 이익은 행복이다. 희열의 목적과 이익은 편안함이다. 환희의 목적과 이익은 희열이다. 후회 없음의 목적과 이익은 환희다. 유익한 계들의 목적과 이익은 후회 없음이다.

비구들이여, 이와 같이 이 언덕에서 저 언덕에 도달하기 위해[11] 오직 법들이 법들을 생기게 하고, 오직 법들이 법들을 충만하게 한다."

---

11) "'이 언덕에서 저 언덕에 도달하기 위해(apārā pāraṁ gamanāya)'라는 것은 이 언덕(orima-tīra-bhūta)인 삼계의 윤회(tebhūmaka-vaṭṭa)로부터 저 언덕인 열반(nibbāna-pāra)으로 가기 위해서라는 뜻이다."(AA. v.2)

의지처 경1(A10:3)[12]
Upanisā-sutta

1. "비구들이여, 계행이 나쁘고 계를 파한 자에게 후회 없음은 조건을 상실해버린다. 후회 없음이 없을 때 후회 없음이 없는 자에게 환희는 조건을 상실해버린다. 환희가 없을 때 환희가 없는 자에게 희열은 조건을 상실해버린다. 희열이 없을 때 희열이 없는 자에게 편안함은 조건을 상실해버린다. 편안함이 없을 때 편안함이 없는 자에게 행복은 조건을 상실해버린다. 행복이 없을 때 행복이 없는 자에게 바른 삼매는 조건을 상실해버린다. 바른 삼매가 없을 때 바른 삼매가 없는 자에게 있는 그대로 알고 봄[如實知見]은 조건을 상실해버린다. 있는 그대로 알고 봄이 없을 때 있는 그대로 알고 봄이 없는 자에게 염오와 탐욕의 빛바램은 조건을 상실해버린다. 염오와 탐욕의 빛바램이 없을 때 염오와 탐욕의 빛바램이 없는 자에게 해탈지견은 조건을 상실해버린다.

비구들이여, 예를 들면 가지와 잎이 없는 나무는 새싹이 자라나지 못하고 껍질이 완전하지 못하고 연한 목재[白木質]가 완전하지 못하고 심재(心材)가 완전하지 못한 것과 같다. 그와 같이 계행이 나쁘고 계를 파한 자에게 후회 없음은 조건을 상실해버린다. … 염오와 탐욕

---

12) PTS본에는 본경과 다음 두 경(A10:3~A10:5)의 제목이 각각 '계'(Sīla-sutta), '의지처'(Upainsā-sutta), '아난다'(Ānanda-sutta)로 다르게 나타난다. 그러나 이 세 경은 설한 분만 다를 뿐 내용은 모두 같다. 6차결집본에는 이 세 경의 제목이 모두 '의지처"(Upanisa-sutta)로 나타난다. 역자는 이를 따랐다. Wood도 이를 따르고 있다.

의 빛바램이 없을 때 염오와 탐욕의 빛바램이 없는 자에게 해탈지견은 조건을 상실해버린다."

2. "비구들이여, 계를 지키고 계를 구족한 자에게 후회 없음은 조건을 구족한 것이다. 후회가 없을 때 후회 없음을 구족한 자에게 환희는 조건을 구족한 것이다. 환희가 있을 때 환희를 구족한 자에게 희열은 조건을 구족한 것이다. 희열이 있을 때 희열을 구족한 자에게 편안함은 조건을 구족한 것이다. 편안함이 있을 때 편안함을 구족한 자에게 행복은 조건을 구족한 것이다. 행복이 있을 때 행복을 구족한 자에게 바른 삼매는 조건을 구족한 것이다. 바른 삼매가 있을 때 바른 삼매를 구족한 자에게 있는 그대로 알고 봄[如實知見]은 조건을 구족한 것이다. 있는 그대로 알고 봄이 있을 때 있는 그대로 알고 봄을 구족한 자에게 염오와 탐욕의 빛바램은 조건을 구족한 것이다. 염오와 탐욕의 빛바램이 있을 때 염오와 탐욕의 빛바램을 구족한 자에게 해탈지견은 조건을 구족한 것이다.

비구들이여, 예를 들면 가지와 잎이 있는 나무는 새싹이 자라나고 껍질이 완전하고 연한 목재[白木質]가 완전하고 심재(心材)가 완전한 것과 같다. 그와 같이 계를 지키고 계를 구족한 자에게 후회 없음은 조건을 구족한 것이다. … 염오와 탐욕의 빛바램이 있을 때 염오와 탐욕의 빛바램을 구족한 자에게 해탈지견은 조건을 구족한 것이다."

의지처 경2(A10:4)

1. 거기서 사리뿟따 존자는 비구들을 불러서 말했다.

"도반들이여, 계행이 나쁘고 계를 파한 자에게 후회 없음은 조건을 상실해버립니다. 후회 없음이 없을 때 후회 없음이 없는 자에게 환희는 조건을 상실해버립니다. 환희가 없을 때 환희가 없는 자에게 희열은 조건을 상실해버립니다. 희열이 없을 때 희열이 없는 자에게 편안함은 조건을 상실해버립니다. 편안함이 없을 때 편안함이 없는 자에게 행복은 조건을 상실해버립니다. 행복이 없을 때 행복이 없는 자에게 바른 삼매는 조건을 상실해버립니다. 바른 삼매가 없을 때 바른 삼매가 없는 자에게 있는 그대로 알고 봄[如實知見]은 조건을 상실해버립니다. 있는 그대로 알고 봄이 없을 때 있는 그대로 알고 봄이 없는 자에게 염오와 탐욕의 빛바램은 조건을 상실해버립니다. 염오와 탐욕의 빛바램이 없을 때 염오와 탐욕의 빛바램이 없는 자에게 해탈지견은 조건을 상실해버립니다.

도반들이여, 예를 들면 가지와 잎이 없는 나무는 새싹이 자라나지 못하고 껍질이 완전하지 못하고 연한 목재[白木質]가 완전하지 못하고 심재(心材)가 완전하지 못한 것과 같습니다. 그와 같이 계행이 나쁘고 계를 파한 자에게 후회 없음은 조건을 상실해버립니다. … 염오와 탐욕의 빛바램이 없을 때 염오와 탐욕의 빛바램이 없는 자에게 해탈지견은 조건을 상실해버립니다."

2. "도반들이여, 계를 지키고 계를 구족한 자에게 후회 없음은 조건을 구족한 것입니다. 후회가 없을 때 후회 없음을 구족한 자에게 환희는 조건을 구족한 것입니다. 환희가 있을 때 환희를 구족한 자에게 희열은 조건을 구족한 것입니다. 희열이 있을 때 희열을 구족한 자에게 편안함은 조건을 구족한 것입니다. 편안함이 있을 때 편안함

을 구족한 자에게 행복은 조건을 구족한 것입니다. 행복이 있을 때 행복을 구족한 자에게 바른 삼매는 조건을 구족한 것입니다. 바른 삼매가 있을 때 바른 삼매를 구족한 자에게 있는 그대로 알고 봄[如實知見]은 조건을 구족한 것입니다. 있는 그대로 알고 봄이 있을 때 있는 그대로 알고 봄을 구족한 자에게 염오와 탐욕의 빛바램은 조건을 구족한 것입니다. 염오와 탐욕의 빛바램이 있을 때 염오와 탐욕의 빛바램을 구족한 자에게 해탈지견은 조건을 구족한 것입니다.

도반들이여, 예를 들면 가지와 잎이 있는 나무는 새싹이 자라나고 껍질이 완전하고 연한 목재[白木質]가 완전하고 심재(心材)가 완전한 것과 같습니다. 그와 같이 계를 지키고 계를 구족한 자에게 후회 없음은 조건을 구족한 것입니다. … 염오와 탐욕의 빛바램이 있을 때 염오와 탐욕의 빛바램을 구족한 자에게 해탈지견은 조건을 구족한 것입니다."

의지처 경3(A10:5)

1. 거기서 아난다 존자는 비구들을 불러서 말했다.

"도반들이여, 계행이 나쁘고 계를 파한 자에게 후회 없음은 조건을 상실해버립니다. 후회 없음이 없을 때 후회 없음이 없는 자에게 환희는 조건을 상실해버립니다. 환희가 없을 때 환희가 없는 자에게 희열은 조건을 상실해버립니다. 희열이 없을 때 희열이 없는 자에게 편안함은 조건을 상실해버립니다. 편안함이 없을 때 편안함이 없는 자에게 행복은 조건을 상실해버립니다. 행복이 없을 때 행복이 없는 자에게 바른 삼매는 조건을 상실해버립니다. 바른 삼매가 없을 때 바른 삼매가 없는 자에게 있는 그대로 알고 봄[如實知見]은 조건을 상실해버립니다. 있는 그대로 알고 봄이 없을 때 있는 그대로 알고 봄이 없는 자에게 염오와 탐욕의 빛바램은 조건을 상실해버립니다. 염오와 탐욕의 빛바램이 없을 때 염오와 탐욕의 빛바램이 없는 자에게 해탈지견은 조건을 상실해버립니다.

도반들이여, 예를 들면 가지와 잎이 없는 나무는 새싹이 자라나지 못하고 껍질이 완전하지 못하고 연한 목재[白木質]가 완전하지 못하고 심재(心材)가 완전하지 못한 것과 같습니다. 그와 같이 계행이 나쁘고 계를 파한 자에게 후회 없음은 조건을 상실해버립니다. … 염오와 탐욕의 빛바램이 없을 때 염오와 탐욕의 빛바램이 없는 자에게 해탈지견은 조건을 상실해버립니다."

2. "도반들이여, 계를 지키고 계를 구족한 자에게 후회 없음은 조건을 구족한 것입니다. 후회가 없을 때 후회 없음을 구족한 자에게 환희는 조건을 구족한 것입니다. 환희가 있을 때 환희를 구족한 자에게 희열은 조건을 구족한 것입니다. 희열이 있을 때 희열을 구족한 자에게 편안함은 조건을 구족한 것입니다. 편안함이 있을 때 편안함을 구족한 자에게 행복은 조건을 구족한 것입니다. 행복이 있을 때 행복을 구족한 자에게 바른 삼매는 조건을 구족한 것입니다. 바른 삼매가 있을 때 바른 삼매를 구족한 자에게 있는 그대로 알고 봄[如實知見]은 조건을 구족한 것입니다. 있는 그대로 알고 봄이 있을 때 있는 그대로 알고 봄을 구족한 자에게 염오와 탐욕의 빛바램은 조건을 구족한 것입니다. 염오와 탐욕의 빛바램이 있을 때 염오와 탐욕의 빛바램을 구족한 자에게 해탈지견은 조건을 구족한 것입니다.

도반들이여, 예를 들면 가지와 잎이 있는 나무는 새싹이 자라나고 껍질이 완전하고 연한 목재[白木質]가 완전하고 심재(心材)가 완전한 것과 같습니다. 그와 같이 계를 지키고 계를 구족한 자에게 후회 없음은 조건을 구족한 것입니다. … 염오와 탐욕의 빛바램이 있을 때 염오와 탐욕의 빛바램을 구족한 자에게 해탈지견은 조건을 구족한 것입니다."

삼매 경(A10:6)
Samādhi-sutta

1. 그때 아난다 존자가 세존께 다가갔다. 가서는 세존께 절을 올리고 한 곁에 앉았다. 한 곁에 앉아서 아난다 존자는 세존께 이렇게 말씀드렸다.

"세존이시여, 비구가 땅에 대해 땅이라는 인식이 없고, 물에 대해 물이라는 인식이 없고, 불에 대해 불이라는 인식이 없고, 바람에 대해 바람이라는 인식이 없고, 공무변처에 대해 공무변처라는 인식이 없고, 식무변처에 대해 식무변처라는 인식이 없고, 무소유처에 대해 무소유처라는 인식이 없고, 비상비비상처에 대해 비상비비상처라는 인식이 없고, 이 세상에 대해 이 세상이라는 인식이 없고, 저 세상에 대해 저 세상이라는 인식이 없지만, 그러나 인식이 있는13) 그런 삼

---

13) "'땅에 대해 땅이라는 인식이 없다.(neva pathaviyaṁ pathavī-saññī assa)'라고 한 것은 땅을 대상으로 삼아 '땅이다.'라고 이렇게 일어난 인식을 통해서 인식이 있는 자(saññī)가 된 것을 뜻하는 것이 아니다. 물 등에서도 같은 방법이 적용된다.

'이 세상에 대해 이 세상이라는 인식이 없다.(na idhaloke idhaloka-

매를 얻을 수 있습니까?"

"아난다여, 비구는 땅에 대해 땅이라는 인식이 없고, 물에 대해 물이라는 인식이 없고, 불에 대해 불이라는 인식이 없고, 바람에 대해 바람이라는 인식이 없고, 공무변처에 대해 공무변처라는 인식이 없고, 식무변처에 대해 식무변처라는 인식이 없고, 무소유처에 대해 무소유처라는 인식이 없고, 비상비비상처에 대해 비상비비상처라는 인식이 없고, 이 세상에 대해 이 세상이라는 인식이 없고, 저 세상에 대해 저 세상이라는 인식이 없지만, 그러나 인식이 있는 그런 삼매를 얻을 수 있다."

2. "세존이시여, 그러면 어떻게 해서 비구는 땅에 대해 땅이라는 인식이 없고, … 저 세상에 대해 저 세상이라는 인식이 없지만, 그러나 인식이 있는 그런 삼매를 얻을 수 있습니까?"

"아난다여, 여기 비구는 '이것은 고요하고 이것은 수승하다. 이것은 모든 형성된 것들[行]이 가라앉음[止]이요, 모든 재생의 근거를 놓아버림[放棄]이요, 갈애의 소진이요, 탐욕의 빛바램[離慾]이요, 소멸[滅]이요, 열반이다.'14)라는 이러한 인식을 가진다.

---

saññī assa)'라고 한 것은 이 세상에서 일어난 4종선과 5종선의 인식을 통해서 인식이 있는 자가 된 것을 뜻하는 것이 아니다.
'저 세상에 대해 저 세상이라는 인식이 없다.(na paraloke paraloka-saññī assa)'라고 한 것은 저 세상에서 일어난 4종선과 5종선의 인식을 통해서 인식이 있는 자가 된 것을 뜻하는 것이 아니다.
'그러나 그에게 인식이 있다.(saññī ca pana assa)'라고 한 것은 그의 증득이 '일으킨 생각이 함께한 증득(savitakka-samāpatti)'이라는 말이다."(AA.v.2)

14) "'이것은 고요하고 이것은 수승하다.(etaṁ santaṁ etaṁ paṇītaṁ)'는 것은 '고요하다, 고요하다'라고 집중하면서(appetvā) 앉아있을 때 하루

아난다여, 이렇게 해서 비구는 땅에 대해 땅이라는 인식이 없고, 물에 대해 물이라는 인식이 없고, 불에 대해 불이라는 인식이 없고, 바람에 대해 바람이라는 인식이 없고, 공무변처에 대해 공무변처라는 인식이 없고, 식무변처에 대해 식무변처라는 인식이 없고, 무소유처에 대해 무소유처라는 인식이 없고, 비상비비상처에 대해 비상비비상처라는 인식이 없고, 이 세상에 대해 이 세상이라는 인식이 없고, 저 세상에 대해 저 세상이라는 인식이 없지만, 그러나 인식이 있는 그런 삼매를 얻을 수 있다."

사리뿟따 경(A10:7)
Sāriputta-sutta

1. 그때 아난다 존자가 사리뿟따 존자에게 다가갔다. 가서는 사리뿟따 존자와 함께 환담을 나누었다. 유쾌하고 기억할 만한 이야기로 서로 담소를 하고서 한 곁에 앉았다. 한 곁에 앉은 아난다 존자는 사리뿟따 존자에게 이렇게 말했다.

"도반 사리뿟따여, 비구가 땅에 대해 땅이라는 인식이 없고, 물에 대해 물이라는 인식이 없고, 불에 대해 불이라는 인식이 없고, 바람에 대해 바람이라는 인식이 없고, 공무변처에 대해 공무변처라는 인

종일 그의 마음은 '고요하다, 고요하다'라고 일어난다. '수승하다, 수승하다'라고 집중하면서 앉아있을 때에도 역시 하루 종일 그의 마음은 '수승하다, 수승하다'라고 일어난다.
'모든 형성된 것들이 가라앉았다.(sabba-saṅkhāra-samatho)'는 것은 '열반, 열반'이라고 집중하면서 앉아있을 때 하루 종일 그의 마음은 '열반, 열반'하면서 일어난다는 뜻이다."(*Ibid*)

식이 없고, 식무변처에 대해 식무변처라는 인식이 없고, 무소유처에 대해 무소유처라는 인식이 없고, 비상비비상처에 대해 비상비비상처라는 인식이 없고, 이 세상에 대해 이 세상이라는 인식이 없고, 저 세상에 대해 저 세상이라는 인식이 없지만, 그러나 인식이 있는 그런 삼매를 얻을 수 있습니까?"

"도반 아난다여, 비구는 땅에 대해 땅이라는 인식이 없고, … 저 세상에 대해 저 세상이라는 인식이 없지만, 그러나 인식이 있는 그런 삼매를 얻을 수 있습니다."

2. "도반 사리뿟따여, 그러면 어떻게 해서 비구는 땅에 대해 땅이라는 인식이 없고, … 저 세상에 대해 저 세상이라는 인식이 없지만, 그러나 인식이 있는 그런 삼매를 얻을 수 있습니까?"

"도반 아난다여, 한때 나는 여기 사왓티에서 어둠의 숲에 머물렀습니다. 거기서 나는 땅에 대해 땅이라는 인식이 없었고, 물에 대해 물이라는 인식이 없었고, 불에 대해 불이라는 인식이 없었고, 바람에 대해 바람이라는 인식이 없었고, 공무변처에 대해 공무변처라는 인식이 없었고, 식무변처에 대해 식무변처라는 인식이 없었고, 무소유처에 대해 무소유처라는 인식이 없었고, 비상비비상처에 대해 비상비비상처라는 인식이 없었고, 이 세상에 대해 이 세상이라는 인식이 없었고, 저 세상에 대해 저 세상이라는 인식이 없었습니다. 그러나 인식이 있는 그런 삼매를 얻었습니다."

3. "사리뿟따 존자는 그때 어떤 인식을 가지고 있었습니까?"

"도반이여, 내게는 '존재의 소멸인 열반, 존재의 소멸인 열반'이라는 다른 인식이 일어나고 다른 인식이 소멸합니다. 도반이여, 예를 들면 지저깨비에 불이 타고 있으면 다른 불꽃이 일어나고 다른 불꽃이 소멸하는 것과 같이, 내게는 '존재의 소멸인 열반, 존재의 소멸인 열반'이라는 다른 인식이 일어나고 다른 인식이 소멸합니다. 도반이여, 그때 내게는 존재의 소멸인 열반의 인식이 있었습니다."15)

믿음 경(A10:8)16)
Saddhā-sutta

1. "비구들이여, 비구가 믿음은 있지만 계를 지키지는 못했다. 이와 같이 그는 이 구성요소를 원만하게 갖추지 못했다. 그러므로 그는 '어떻게 하면 믿음도 있고 계도 지킬 수 있을까?'라고 생각하면서 이 구성요소를 원만하게 갖추어야 한다. 비구들이여, 비구가 믿음도 있고 계도 지킬 때 그는 이 구성요소를 원만하게 갖춘다."

2. "비구들이여, 비구가 믿음도 있고 계도 지키지만 많이 배우지는 못했다. …
많이 배웠지만 법을 설하지는 않는다. …
법을 설하지만 회중에 참여하지는 않는다. …

---

15) "이것은 '그때 나는 존재의 소멸(bhava-nirodha)인 열반이라는 이 과의 증득의 인식(phala-samāpatti-saññā)이라는 인식을 가진 자(saññī)였습니다.'라는 뜻이다. '나의 그 증득은 마음이 함께한(sacittakā) 것이었다.'라고 반조하는(paccavekkhaṇā) 것을 설한 것이다."(AA.v.2~3)

16) 6차결집본의 경제목은 '禪'(Jhāna-sutta)이다. 그리고 본경에서 율을 호지함과 숲속에 머물고 외딴 거처를 의지함을 제외하면 본서 제5권 「믿음 경」 1(A8:71)과 같은 내용이다.

회중에 참여하지만 두려움 없이 회중에게 법을 설하지는 못한다. …

두려움 없이 회중에게 법을 설하지만 율을 호지하지는 않는다. …

율을 호지하지만 숲속에 머물지 않고 외딴 거처를 의지하지는 않는다. …

숲속에 머물고 외딴 거처를 의지하지만 바로 지금여기에서 행복하게 머물게 하는, 높은 마음인 네 가지 선[四種禪]을 원하는 대로 얻고 힘들이지 않고 얻고 어렵지 않게 얻지는 못한다. …

바로 지금여기에서 행복하게 머물게 하는, 높은 마음인 네 가지 선[四種禪]을 원하는 대로 얻고 힘들이지 않고 얻고 어렵지 않게 얻지만, 모든 번뇌가 다하여 아무 번뇌가 없는 마음의 해탈[心解脫]과 통찰지를 통한 해탈[慧解脫]을 바로 지금여기에서 스스로 최상의 지혜로 알고 실현하고 구족하여 머물지는 못한다.

이와 같이 그는 이 구성요소를 원만하게 갖추지 못했다. 그러므로 그는 '어떻게 하면 믿음도 있고, 계도 지키고, 많이 배우고, 법을 설하고, 회중에 참여하고, 두려움 없이 회중에게 법을 설하고, 율을 호지하고, 숲속에 머물고 외딴 거처를 의지하고, 바로 지금여기에서 행복하게 머물게 하는, 높은 마음인 네 가지 선[四種禪]을 원하는 대로 얻고 힘들이지 않고 얻고 어렵지 않게 얻고, 모든 번뇌가 다하여 아무 번뇌가 없는 마음의 해탈[心解脫]과 통찰지를 통한 해탈[慧解脫]을 바로 지금여기에서 스스로 최상의 지혜로 알고 실현하고 구족하여 머물 수 있을까?'라고 생각하면서 이 구성요소를 원만하게 갖추어야 한다.

비구들이여, 비구가 믿음도 있고, 계도 지키고, 많이 배우고, 법을 설하고, 회중에 참여하고, 두려움 없이 회중에게 법을 설하고, 율을 호지하고, 숲속에 머물고 외딴 거처를 의지하고, 바로 지금여기에서 행복하게 머물게 하는, 높은 마음인 네 가지 선[四種禪]을 원하는 대로 얻고 힘들이지 않고 얻고 어렵지 않게 얻고, 모든 번뇌가 다하여 아무 번뇌가 없는 마음의 해탈[心解脫]과 통찰지를 통한 해탈[慧解脫]을 바로 지금여기에서 스스로 최상의 지혜로 알고 실현하고 구족하여 머물 때, 그는 이 구성요소를 원만하게 갖춘다.

비구들이여, 이러한 열 가지 법을 갖춘 비구는 모든 곳에서 기쁨을 주는 자요, 모든 것을 원만하게 갖춘 자이다."

평화로움 경(A10:9)[17]
Santa-sutta

1. "비구들이여, 비구가 믿음은 있지만 계를 지키지는 못했다. 이와 같이 그는 이 구성요소를 원만하게 갖추지 못했다. 그러므로 그는 '어떻게 하면 믿음도 있고 계도 지킬 수 있을까?'라고 생각하면서 이 구성요소를 원만하게 갖추어야 한다. 비구들이여, 비구가 믿음도 있고 계도 지킬 때 그는 이 구성요소를 원만하게 갖춘다."

2. "비구들이여, 비구가 믿음도 있고 계도 지키지만 많이 배우지는 못했다. …

많이 배웠지만 법을 설하지는 않는다. …

법을 설하지만 회중에 참여하지는 않는다. …

---

17) 6차결집본의 경제목은 '평화로운 해탈'(Santavimokkha-sutta)이다. 그리고 본경에서 율을 호지함과 숲속에 머물고 외딴 거처를 의지함을 제외하면 본서 제5권 「믿음 경」 2(A8:72)와 같은 내용이다.

회중에 참여하지만 두려움 없이 회중에게 법을 설하지는 못한다. …

두려움 없이 회중에게 법을 설하지만 율을 호지하지는 않는다. …

율을 호지하지만 숲속에 머물지 않고 외딴 거처를 의지하지는 않는다. …

숲속에 머물고 외딴 거처를 의지하지만 물질[色]을 초월하여 물질이 없는[無色] 저 [네 가지] 평화로운 해탈들을 몸으로 체험하여 머물지 못한다. …

물질[色]을 초월하여 물질이 없는[無色] 저 [네 가지] 평화로운 해탈들을 몸으로 체험하여 머물지만, 모든 번뇌가 다하여 아무 번뇌가 없는 마음의 해탈[心解脫]과 통찰지를 통한 해탈[慧解脫]을 바로 지금여기에서 스스로 최상의 지혜로 알고 실현하고 구족하여 머물지 못한다.

이와 같이 그는 이 구성요소를 원만하게 갖추지 못했다. 그러므로 그는 '어떻게 하면 믿음도 있고, 계도 지키고, 많이 배우고, 법을 설하고, 회중에 참여하고, 두려움 없이 회중에게 법을 설하고, 율을 호지하고, 숲속에 머물고 외딴 거처를 의지하고, 물질[色]을 초월하여 물질이 없는[無色] 저 평화로운 해탈들을 몸으로 체험하여 머물고, 모든 번뇌가 다하여 아무 번뇌가 없는 마음의 해탈[心解脫]과 통찰지를 통한 해탈[慧解脫]을 바로 지금여기에서 스스로 최상의 지혜로 알고 실현하고 구족하여 머물 수 있을까?'라고 생각하면서 이 구성요소를 원만하게 갖추어야 한다.

비구들이여, 비구가 믿음도 있고, 계도 지키고, 많이 배우고, 법을 설하고, 회중에 참여하고, 두려움 없이 회중에게 법을 설하고, 율을 호지하고, 숲속에 머물고 외딴 거처를 의지하고, 물질[色]을 초월하여 물질이 없는[無色] 저 평화로운 해탈들을 몸으로 체험하여 머무르고, 모든 번뇌가 다하여 아무 번뇌가 없는 마음의 해탈[心解脫]과 통찰지를 통한 해탈[慧解脫]을 바로 지금여기에서 스스로 최상의 지혜로 알고 실현하고 구족하여 머물 때, 그는 이 구성요소를 원만하게 갖춘다.

비구들이여, 이러한 열 가지 법을 갖춘 비구는 모든 곳에서 기쁨을 주는 자요, 모든 것을 원만하게 갖춘 자이다."

영지(靈知) 경(A10:10)
Vijjā-sutta

1. "비구들이여, 비구가 믿음은 있지만 계를 지키지는 못했다. 이와 같이 그는 이 구성요소를 원만하게 갖추지 못했다. 그러므로 그는 '어떻게 하면 믿음도 있고 계도 지킬 수 있을까?'라고 생각하면서 이 구성요소를 원만하게 갖추어야 한다. 비구들이여, 비구가 믿음도 있고 계도 지킬 때 그는 이 구성요소를 원만하게 갖춘다."

2. "비구들이여, 비구가 믿음도 있고 계도 지키지만 많이 배우지는 못했다. …

많이 배웠지만 법을 설하지는 않는다. …

법을 설하지만 회중에 참여하지는 않는다. …

회중에 참여하지만 두려움 없이 회중에게 법을 설하지는 못한다. …

두려움 없이 회중에게 법을 설하지만 율을 호지하지는 않는다. …

율을 호지하지만 수많은 전생의 갖가지 삶들을 기억하지는 못한다. 즉 한 생, 두 생, … 이처럼 한량없는 전생의 갖가지 모습들을 그 특색과 더불어 상세하게 기억해내지 못한다. …

수많은 전생의 갖가지 삶들을 기억하여 한 생, 두 생, … 이처럼 한량없는 전생의 갖가지 모습들을 그 특색과 더불어 상세하게 기억해내지만[宿命通] 청정하고 인간을 넘어선 신성한 눈으로 중생들이 죽고 태어나고, … 중생들이 지은 바 그 업에 따라서 가는 것을 꿰뚫어 알지 못한다. …

청정하고 인간을 넘어선 신성한 눈으로 중생들이 죽고 태어나고, … 중생들이 지은 바 그 업에 따라서 가는 것을 꿰뚫어 알지만[天眼通] 모든 번뇌가 다하여 아무 번뇌가 없는 마음의 해탈[心解脫]과 통찰지를 통한 해탈[慧解脫]을 바로 지금여기에서 스스로 최상의 지혜로 알고 실현하고 구족하여 머물지 못한다.

이와 같이 그는 이 구성요소를 원만하게 갖추지 못했다. 그러므로 그는 '어떻게 하면 믿음도 있고, 계도 지키고, 많이 배우고, 법을 설하고, 회중에 참여하고, 두려움 없이 회중에게 법을 설하고, 율을 호지하고, 수많은 전생의 갖가지 삶들을 기억하여 한 생, 두 생, … 이처럼 한량없는 전생의 갖가지 모습들을 그 특색과 더불어 상세하게 기억하고, 청정하고 인간을 넘어선 신성한 눈으로 중생들이 죽고 태어나고, … 중생들이 지은 바 그 업에 따라서 가는 것을 꿰뚫어 알고, 모든 번뇌가 다하여 아무 번뇌가 없는 마음의 해탈[心解脫]과 통찰지를 통한 해탈[慧解脫]을 바로 지금여기에서 스스로 최상의 지혜로 알고 실현하고 구족하여 머물 수 있을까?'라고 생각하면서 이 구성요소를 원만하게 갖추어야 한다.

비구들이여, 비구가 믿음도 있고, 계도 지키고, 많이 배우고, 법을 설하고, 회중에 참여하고, 두려움 없이 회중에게 법을 설하고, 율을 호지하고, 수많은 전생의 갖가지 삶들을 기억하여 한 생, 두 생, … 이처럼 한량없는 전생의 갖가지 모습들을 그 특색과 더불어 상세하게 기억하고, 청정하고 인간을 넘어선 신성한 눈으로 중생들이 죽고 태어나고, … 중생들이 지은 바 그 업에 따라서 가는 것을 꿰뚫어 알고, 모든 번뇌가 다하여 아무 번뇌가 없는 마음의 해탈[心解脫]과 통찰지를 통한 해탈[慧解脫]을 바로 지금여기에서 스스로 최상의 지혜로 알고 실현하고 구족하여 머물 때, 그는 이 구성요소를 원만하게 갖춘다.

비구들이여, 이러한 열 가지 법을 갖춘 비구는 모든 곳에서 기쁨을 주는 자요, 모든 것을 원만하게 갖춘 자이다."

제1장 이익 품이 끝났다.

첫 번째 품에 포함된 경들의 목록은 다음과 같다.

① 무슨 목적 ② 의도, 세 가지 ③~⑤ 의지처
⑥ 삼매 ⑦ 사리뿟따 ⑧ 믿음 ⑨ 평화로움 ⑩ 영지(靈知)이다.

제2장 보호자 품
Nātha-vagga

거처 경(A10:11)
Senāsana-sutta

1. "비구들이여, 다섯 가지 특징을 갖춘 비구가 다섯 가지 특징을 갖춘 거처를 사용하고 의지하면, 오래지 않아 모든 번뇌가 다하여 아무 번뇌가 없는 마음의 해탈[心解脫]과 통찰지를 통한 해탈[慧解脫]을 바로 지금여기에서 스스로 최상의 지혜로 알고 실현하고 구족하여 머물게 될 것이다. 비구들이여, 그러면 비구는 어떠한 다섯 가지 특징을 갖추고 있는가?"

2. "비구들이여, 여기 비구는 여래의 깨달음에 믿음을 가진다. '이런 [이유로] 그분 세존께서는 아라한[應供]이시며, 완전히 깨달은 분[正等覺]이시며, 영지와 실천을 구족한 분[明行足]이시며, 피안으로 잘 가신 분[善逝]이시며, 세간을 잘 알고 계신 분[世間解]이시며, 가장 높은 분[無上士]이시며, 사람을 잘 길들이는 분[調御丈夫]이시며, 하늘과 인간의 스승[天人師]이시며, 깨달은 분[佛]이시며, 세존(世尊)이시다.'라고 그는 병이 없고 고통이 없으며 음식을 고루 소화시키는, 너무 차지도 않고 너무 덥지도 않은 중간의 [업에서 생긴] 불의 요소를 구족하여 정진을 성취한다. 그는 정직하고 현혹시키지 않으며 스승과 지자들과 동료 수행자들에게 있는 그대로 자신을 드러낸다. 그는

열심히 정진하며 머문다. 해로운 법[不善法]들을 버리고 유익한 법[善法]들을 구족하기 위해서 굳세고 분투하며 유익한 법들에 대한 임무를 내팽개치지 않는다. 그는 통찰지를 가졌다. 그는 일어나고 사라짐을 꿰뚫고, 성스럽고, 통찰력이 있고, 바르게 괴로움의 소멸로 인도하는 통찰지를 구족했다.

비구들이여, 비구는 이러한 다섯 가지 특징을 갖추고 있다."

3. "비구들이여, 그러면 거처는 어떠한 다섯 가지 특징을 갖추고 있는가? 비구들이여, 여기 거처는 [마을로부터] 너무 멀지도 않고 너무 가깝지도 않아 가고 오기에 편하다. 낮에 번다하지 않고 밤에 시끄럽지 않고 조용하다. 날파리·모기·바람·뙤약볕·파충류와의 접촉이 적다. 그곳에 사는 자에게는 의복과 탁발음식과 거처와 병구완을 위한 약품의 공급이 힘들이지 않고 이루어진다. 그 거처에는 많이 배우고 전승된 가르침에 능통하고 법(경장)을 호지하고 율[장]을 호지하고 논모(論母, 마띠까)를 호지하는 장로 비구들이 머물고 있다. 그는 자주 그들에게 다가가서 묻고 질문한다. '존자들이시여, 이것은 어떻게 되며 이 뜻은 무엇입니까?'라고. 그들은 그에게 드러나지 않은 것을 드러내고, 명확하지 않은 것을 명확하게 해주고, 여러 가지 의심나는 법에 대해 의심을 없애준다. 비구들이여, 거처는 이러한 다섯 가지 특징을 갖추고 있다.

비구들이여, 이러한 다섯 가지 특징을 갖춘 비구가 이러한 다섯 가지 특징을 갖춘 거처를 사용하고 의지하면, 오래지 않아 모든 번뇌가 다하여 아무 번뇌가 없는 마음의 해탈[心解脫]과 통찰지를 통한 해탈[慧解脫]을 바로 지금여기에서 스스로 최상의 지혜로 알고 실현하고 구족하여 머물게 될 것이다."

특징 경(A10:12)[18]
Aṅga-sutta

1. "비구들이여, 다섯 가지 특징을 버렸고 다섯 가지 특징을 구족한 비구는 이 법과 율에서 독존(獨尊)이요, 삶을 완성한 최고의 인간이라고 불린다. 비구들이여, 그러면 비구는 어떠한 다섯 가지 특징을 버렸는가?"

2. "비구들이여, 여기 비구는 감각적 욕망을 버렸고, 악의를 버렸고, 해태와 혼침을 버렸고, 들뜸과 후회를 버렸고, 의심을 버렸다.[19] 비구는 이러한 다섯 가지 특징을 버렸다."

3. "비구들이여, 그러면 비구는 어떠한 다섯 가지 특징을 구족했는가? 그는 무학의 계의 무더기를 구족했고, 무학의 삼매의 무더기를 구족했고, 무학의 통찰지의 무더기를 구족했고, 무학의 해탈의 무더기를 구족했고, 무학의 해탈지견의 무더기를 구족했다. 비구들이여, 비구는 이러한 다섯 가지 특징을 구족했다.

비구들이여, 이러한 다섯 가지 특징을 버렸고 이러한 다섯 가지 특징을 구족한 비구는 이 법과 율에서 독존(獨尊)이요, 삶을 완성한 최고의 인간이라고 불린다."

---

18) 6차결집본의 경제목은 '다섯 가지 특징'(Pañcaṅga-sutta)이다.
19) 여기 나타나는 감각적 욕망 등의 다섯 가지는 다섯 가지 장애[五蓋, pañca-nīvaraṇa]로 불린다.

4. "무학의 계와 무학의 삼매와
해탈과 지혜를 구족한 여여한 자는
다섯 가지 특징을 구족하고, 다섯 가지 특징을 버렸으니
이 법과 율에서 독존이라 불리노라."

족쇄 경(A10:13)
Saṁyojana-sutta

1. "비구들이여, 열 가지 족쇄가 있다. 무엇이 열인가?"[20]

2. "다섯 가지 낮은 단계의 족쇄[下分結]와 다섯 가지 높은 단계의 족쇄[上分結]이다."

3. "무엇이 낮은 단계의 족쇄인가? 유신견, 의심, 계율과 의례의식에 대한 집착, 감각적 욕망, 악의이다. 이것이 다섯 가지 낮은 단계의 족쇄이다."

4. "무엇이 높은 단계의 족쇄인가? 색계에 대한 탐욕, 무색계에 대한 탐욕, 자만, 들뜸, 무명이다. 이것이 다섯 가지 높은 단계의 족쇄이다. 비구들이여, 이러한 열 가지 족쇄가 있다."

---

20) '열 가지 족쇄(saṁyojana)'에 대한 설명은 본서 제2권 「족쇄 경」(A4:131) §1의 주해를 참조할 것.

삭막함 경(A10:14)
Khila-sutta

1. "비구들이여, 어떤 비구건 비구니건 간에 그가 다섯 가지 마음의 삭막함을 버리지 못하고 다섯 가지 마음의 속박을 끊지 못하면, 그에게 밤이 오건 낮이 오건 유익한 법들에서 향상은 예상되지 않고 오직 퇴보가 예상된다."

2. "어떠한 다섯 가지 마음의 삭막함을 버리지 못하는가? 비구들이여, 여기 비구는 스승에 대해 회의하고 의심하고 확신을 가지지 못하고 청정한 믿음을 가지지 못한다. 비구들이여, 스승에 대해 회의하고 의심하고 확신을 가지지 못하고 청정한 믿음을 가지지 못하는 그 비구의 마음은, 근면함으로 기울지 못하고 전념과 인욕과 노력으로 기울지 못한다. 그의 마음이 근면함으로 기울지 못하고 전념과 인욕과 노력으로 기울지 못하는 이것이 첫 번째 마음의 삭막함이다."

3. "다시 비구들이여, 비구는 법에 대해 회의하고 의심하고 … 이것이 두 번째 마음의 삭막함이다.

다시 비구들이여, 비구는 승가에 대해 회의하고 의심하고 … 이것이 세 번째 마음의 삭막함이다.

다시 비구들이여, 비구는 학습[계율]에 대해 회의하고 의심하고 … 이것이 네 번째 마음의 삭막함이다.

다시 비구들이여, 비구는 동료 수행자들에게 화내고 기뻐하지 않고 불쾌하게 여기고 삭막해진다. 비구들이여, 동료 수행자들에게 화내고 기뻐하지 않고 불쾌하게 여기고 삭막해진 그 비구의 마음은, 근면함으로 기울지 못하고 전념과 인욕과 노력으로 기울지 못한다. 그의 마음이 근면함으로 기울지 못하고 전념과 인욕과 노력으로 기울지 못하는 이것이 다섯 번째 마음의 삭막함이다.21)

이러한 다섯 가지 마음의 삭막함을 버리지 못한다."

4. "어떠한 다섯 가지 마음의 속박을 끊지 못하는가? 비구들이여, 여기 비구가 감각적 욕망에 대해 탐욕을 여의지 못하고 열의를 여의지 못하고 애정을 여의지 못하고 갈증을 여의지 못하고 열병을 여의지 못하고 갈애를 여의지 못한다. 비구들이여, 감각적 욕망에 대해 탐욕을 여의지 못하고 열의를 여의지 못하고 애정을 여의지 못하고 갈증을 여의지 못하고 열병을 여의지 못하고 갈애를 여의지 못한 그 비구의 마음은, 근면함으로 기울지 못하고 전념과 인욕과 노력으로 기울지 못한다. 그의 마음이 근면함으로 기울지 못하고 전념과 인욕과 노력으로 기울지 못하는 이것이 첫 번째 마음의 속박이다."

5. "다시 비구들이여, 여기 비구가 몸에 대해 탐욕을 여의지 못하고 … 이것이 두 번째 마음의 속박이다.

다시 비구들이여, 여기 비구가 형상[色]에 대해 탐욕을 여의지 못하고 … 이것이 세 번째 마음의 속박이다.

다시 비구들이여, 여기 비구가 원하는 대로 배불리 먹고서는, 자는

---

21) 이상 '다섯 가지 마음의 삭막함(pañca cetokhila)'은 본서 제3권 「삭막함 경」(A5:205)에도 나타나고 있으며, 본서 제5권 「마음의 삭막함 경」 (A9:71)의 앞부분과도 같은 내용이다. 그리고 『디가 니까야』 제3권 「합송경」(D33) §2.1 ⑲에도 있고 『맛지마 니까야』 「마음의 삭막함 경」 (M16) §§3~6에도 나타난다.

즐거움, 기대는 즐거움, 꾸벅꾸벅 조는 즐거움에 빠져 머문다. 비구들이여, 원하는 대로 배불리 먹고서는, 자는 즐거움, 기대는 즐거움, 꾸벅꾸벅 조는 즐거움에 빠져 머무는 그 비구의 마음은 근면함으로 기울지 못하고 전념과 인욕과 노력으로 기울지 못한다. … 이것이 네 번째 마음의 속박이다.

다시 비구들이여, 비구가 다른 천신의 무리를 갈구하여 범행(梵行)을 닦는다. '이러한 계나 서원이나 고행이나 청정범행으로 나는 [높은] 천신이나 [낮은] 천신이 되리라.'라고. 비구들이여, 다른 천신의 무리를 갈구하여 … '천신이 되리라.'라고 하는 그 비구의 마음은, 근면함으로 기울지 못하고 전념과 인욕과 노력으로 기울지 못한다. 그의 마음이 근면함으로 기울지 못하고 전념과 인욕과 노력으로 기울지 못하는 이것이 다섯 번째 마음의 속박이다.22)

이러한 다섯 가지 마음의 속박을 끊지 못한다.

비구들이여, 어떤 비구건 비구니건 간에 그가 다섯 가지 마음의 삭막함을 버리지 못하고 다섯 가지 마음의 속박을 끊지 못하면, 그에게 밤이 오건 낮이 오건 유익한 법들에서 향상은 예상되지 않고 오직 퇴보가 예상된다.

비구들이여, 예를 들면 하현이 되면 달은 밤이 오건 낮이 오건 아름다움이 이지러지고, 원형이 이지러지고, 광채가 희미해지고, 높이와 범위가 작아지는 것과 같이, 어떤 비구건 비구니건 간에 그가 다

---

22) 이상 '다섯 가지 마음의 속박(pañca cetaso vinibandhā)'은 본서 제3권 「속박 경」(A5:206)에도 나타나고 있으며, 역시 『디가 니까야』 제3권 「합송경」(D33) §2.1의 ⑳과 『맛지마 니까야』 「마음의 삭막함 경」(M16) §§8~12에도 나타난다.

섯 가지 마음의 삭막함을 버리지 못하고 다섯 가지 마음의 속박을 끊지 못하면, 그에게 밤이 오건 낮이 오건 유익한 법들에서 향상은 예상되지 않고 오직 퇴보가 예상된다."

6. "비구들이여, 어떤 비구건 비구니건 간에 그가 다섯 가지 마음의 삭막함을 버리고 다섯 가지 마음의 속박을 끊어버리면, 그에게 밤이 오건 낮이 오건 유익한 법들에서 퇴보는 예상되지 않고 오직 향상이 예상된다."

7. "어떠한 다섯 가지 마음의 삭막함을 버리는가? 비구들이여, 여기 비구는 스승에 대해 회의하지 않고 의심하지 않고 확신을 가지고 청정한 믿음을 가진다. 비구들이여, 스승에 대해 회의하지 않고 의심하지 않고 확신을 가지고 청정한 믿음을 가지는 그 비구의 마음은, 근면함으로 기울고 전념과 인욕과 노력으로 기운다. 그의 마음이 근면함으로 기울고 전념과 인욕과 노력으로 기우는 이것이 첫 번째 삭막함을 버리는 것이다."

8. "다시 비구들이여, 비구는 법에 대해 회의하지 않고 의심하지 않고 … 이것이 두 번째 마음의 삭막함을 버리는 것이다.

다시 비구들이여, 비구는 승가에 대해 회의하지 않고 의심하지 않고 … 이것이 세 번째 마음의 삭막함을 버리는 것이다.

다시 비구들이여, 비구는 학습[계율]에 대해 회의하지 않고 의심하지 않고 … 이것이 네 번째 마음의 삭막함을 버리는 것이다.

다시 비구들이여, 비구는 동료 수행자들에게 화내지 않고 기뻐하고 불쾌하게 여기지 않고 삭막해지지 않는다. 비구들이여, 동료 수행자들에게 화내지 않고 기뻐하고 불쾌하게 여기지 않고 삭막해지지 않은 그 비구의 마음은, 근면함으로 기울고 전념과 인욕과 노력으로 기운다. … 이것이 다섯 번째 마음의 삭막함을 버리는 것이다.

이러한 다섯 가지 마음의 삭막함을 버린다."

9. "어떠한 다섯 가지 마음의 속박을 끊어버리는가? 비구들이여, 여기 비구는 감각적 욕망에 대해 탐욕을 여의고 열의를 여의고 애정을 여의고 갈증을 여의고 열병을 여의고 갈애를 여읜다. 비구들이여, 감각적 욕망에 대해 탐욕을 여의고 열의를 여의고 애정을 여의고 갈증을 여의고 열병을 여의고 갈애를 여읜 그 비구의 마음은, 근면함으로 기울고 전념과 인욕과 노력으로 기운다. 그의 마음이 근면함으로 기울고 전념과 인욕과 노력으로 기우는 이것이 첫 번째 마음의 속박을 끊어버리는 것이다."

10. "다시 비구들이여, 비구가 몸에 대해 탐욕을 여의고 … 이것이 두 번째 마음의 속박을 끊어버리는 것이다.

다시 비구들이여, 비구가 형상[色]에 대해 탐욕을 여의고 … 이것이 세 번째 마음의 속박을 끊어버리는 것이다.

다시 비구들이여, 비구가 원하는 대로 배불리 먹지 않고, 자는 즐거움, 기대는 즐거움, 꾸벅꾸벅 조는 즐거움에 빠지지 않고 머문다. … 이것이 네 번째 마음의 속박을 끊어버리는 것이다.

다시 비구들이여, 비구가 '이러한 계나 서원이나 고행이나 청정범행으로 나는 [높은] 천신이나 [낮은] 천신이 되리라.'라고 어떤 천신의 무리를 갈구하기 때문에 범행(梵行)을 닦는 것이 아니다. … 이것이 다섯 번째 마음의 속박을 끊어버리는 것이다.

이러한 다섯 가지 마음의 속박을 끊어버린다.

비구들이여, 어떤 비구건 비구니건 간에 그가 다섯 가지 마음의 삭막함을 버리고 다섯 가지 마음의 속박을 끊어버리면, 그에게 밤이 오건 낮이 오건 유익한 법들에서 쇠퇴는 예상되지 않고 오직 향상이 예상된다.

비구들이여, 예를 들면 상현이 되면 달은 밤이 오건 낮이 오건 아름다움이 차고, 원형이 증대하고, 광채가 찬란하고, 높이와 범위가 커지는 것과 같이, 어떤 비구건 비구니건 간에 그가 다섯 가지 마음의 삭막함을 버리고 다섯 가지 마음의 속박을 끊어버리면, 그에게 밤이 오건 낮이 오건 유익한 법들에서 쇠퇴는 예상되지 않고 오직 향상이 예상된다."

불방일 경(A10:15)
Appamāda-sutta

1. "비구들이여, 중생이 발이 없건, 두 발이건, 네 발이건, 여러 발이건, 물질을 가졌건, 물질을 갖지 않았건, 인식이 있건, 인식이 없건, 인식이 있는 것도 아니고 없는 것도 아니건, 그 모든 중생들에 관한 한, 여래·아라한·정등각이 그들 가운데서 으뜸이라고 불린다. 비구들이여, 그와 같이 유익한 법[善法]들은 그것이 어떤 것이든 간에 모두 불방일을 뿌리로 하고 불방일로 모이고 불방일이 으뜸이라고 불려진다."

2. "비구들이여, 예를 들면 [땅위에서] 걸어 다니는 생명체들의 발자국들은 그것이 어떤 것이든 간에 모두 코끼리 발자국에 포함되나니, 코끼리 발자국의 치수가 가장 크기 때문에 으뜸이라 불리는 것과 같다. 그와 같이 유익한 법[善法]들은 그것이 무엇이든 간에 모두 불방일을 뿌리로 하고 불방일로 모이고 불방일이 으뜸이라고 불려진다.

비구들이여, 예를 들면 뾰족 지붕이 있는 집의 서까래들은 모두 꼭대기로 이르고 꼭대기로 향하고 꼭대기로 모이나니, 꼭대기가 그들 가운데 으뜸이라 불리는 것과 같다. 그와 같이 유익한 법[善法]들은 그것이 무엇이든 간에 모두 불방일을 뿌리로 하고 불방일로 모이고 불방일이 으뜸이라고 불려진다.

비구들이여, 예를 들면 뿌리의 향기 가운데 안식향이 으뜸이듯이, 유익한 법[善法]들은 그것이 무엇이든 간에 모두 불방일을 뿌리로 하고 불방일로 모이고 불방일이 으뜸이라고 불려진다.

비구들이여, 예를 들면 심재의 향기 가운데 붉은 전단향이 으뜸이듯이 유익한 법[善法]들은 그것이 무엇이든 간에 모두 불방일을 뿌리로 하고 불방일로 모이고 불방일이 으뜸이라고 불려진다.

비구들이여, 예를 들면 꽃향기 가운데 재스민 꽃이 으뜸이듯이, 유익한 법[善法]들은 그것이 무엇이든 간에 모두 불방일을 뿌리로 하고 불방일로 모이고 불방일이 으뜸이라고 불려진다.

비구들이여, 예를 들면 어떤 작은 왕이든지 그들은 모두 전륜성왕에 복속되나니, 전륜성왕이 그들 가운데 으뜸이라 불리는 것과 같다. 그와 같이 유익한 법[善法]들은 그것이 무엇이든 간에 모두 불방일을 뿌리로 하고 불방일로 모이고 불방일이 으뜸이라고 불려진다.

비구들이여, 예를 들면 어떤 별빛이든지 그것은 모두 달빛의 16분의 1에도 미치지 못하나니, 달빛은 그들 가운데 으뜸이라 불리는 것과 같다. 그와 같이 유익한 법[善法]들은 그것이 무엇이든 간에 모두 불방일을 뿌리로 하고 불방일로 모이고 불방일이 으뜸이라고 불려진다.

비구들이여, 예를 들면 가을의 구름 한 점 없는 높은 창공에 떠오르는 태양은 허공의 모든 어둠을 흩어버리면서 빛나고 반짝이고 광휘롭듯이, 유익한 법[善法]들은 그것이 무엇이든 간에 모두 불방일을 뿌리로 하고 불방일로 모이고 불방일이 으뜸이라고 불려진다.

비구들이여, 예를 들면 강가, 야무나, 아찌라와띠, 사라부, 마히와 같은 큰 강들이 모두 바다로 향하고 바다로 기울어지고 바다로 경사지나니, 큰 바다는 그들 가운데 으뜸인 것과 같다. 그와 같이 유익한 법[善法]들은 그것이 무엇이든 간에 모두 불방일을 뿌리로 하고 불방일로 모이고 불방일이 으뜸이라고 불려진다."

공양받아 마땅함 경(A10:16)
Āhuneyya-sutta

1. "비구들이여, 열 사람은 공양받아 마땅하고, 선사받아 마땅하고, 보시받아 마땅하고, 합장받아 마땅하며, 세상의 위없는 복밭[福田]이다. 무엇이 열인가?"

2. "여래·아라한·정등각, 벽지불, 양면으로 해탈[兩面解脫]한 자, 통찰지로 해탈[慧解脫]한 자, 몸으로 체험한 자, 견해를 얻은 자,

믿음으로 해탈한 자, 법을 따르는 자, 믿음을 따르는 자, 종성(種姓)이
다.23) 비구들이여, 이러한 열 사람은 공양받아 마땅하고, 선사받아
마땅하고, 보시받아 마땅하고, 합장받아 마땅하며, 세상의 위없는 복
밭[福田]이다."

보호자 경1(A10:17)
Nātha-sutta

1. "비구들이여, 보호자와 함께24) 머무르고 보호자 없이 머무
르지 말라. 보호자가 없는 자는 괴롭게 머문다. 비구들이여, 보호자
를 만드는 열 가지 법이 있다. 무엇이 열인가?"

2. "비구들이여, 여기 비구는 계를 잘 지킨다. 그는 계목의 단
속으로 단속하면서 머문다. 바른 행실과 행동의 영역을 갖추고, 작은

---

23) '양면해탈(ubhatobhāga-vimutti)'과 '통찰지를 통한 해탈[慧解脫, paññā-vimutti]'에 대해서는 본서 제2권 「흐름을 따름 경」(A4:5) §1의 주해와 본서 「양면해탈 경」(A9:45)의 주해와 『디가 니까야』 제2권 「대인연경」(D15) §36의 주해와 『아비담마 길라잡이』 제9장 §1의 해설 등을 참조할 것.
'몸으로 체험한 자(kāya-sakkhi)', '견해를 얻은 자(diṭṭhi-ppatta)', '믿음으로 해탈한 자(saddhā-vimutta)', '법을 따르는 자(dhamma-anusārī)', '믿음을 따르는 자(saddhā-anusārī)'에 대해서는 본서 제1권 「세속적인 것을 중시함 경」(A2:5:7)의 주해들을 참조할 것.
'종성(種姓, gotrabhū)'에 대해서는 본서 제5권 「공양받아 마땅함 경」(A9:10) §2의 주해를 참조할 것.

24) "'보호자와 함께(sanāthā)'란 지인(ñātaka)과 함께, 많은 친척의 무리들(bahu-ñāti-vaggā)과 함께 머물라는 말이다. '보호자를 만듦(nātha-karaṇa)'이란 자신을 보호할 수 있는 상태를 만든다, 자신의 기반(pa-tiṭṭha)을 만든다는 뜻이다."(AA.v.5)

허물에 대해서도 두려움을 보며, 학습계목을 받아 지녀 공부짓는다. 비구들이여, 비구가 계를 잘 지키고 … 학습계목을 받아 지녀 공부짓는 이것이 보호자를 만드는 법이다."

3. "다시 비구들이여, 그는 많이 배우고[多聞] 배운 것을 잘 호지하고 배운 것을 잘 정리한다. 시작도 훌륭하고 중간도 훌륭하고 끝도 훌륭하며, 더할 나위 없이 완벽하고 지극히 청정한 범행을 의미와 표현을 구족하여 확실하게 드러내는 가르침들이 있으니, 그는 그러한 가르침들을 많이 배우고 호지하고 말로써 친숙하게 되고 마음으로 숙고하고 견해로써 잘 꿰뚫는다. 비구들이여, 비구가 많이 배우고 … 견해로써 잘 꿰뚫는 이것도 보호자를 만드는 법이다."

4. "다시 비구들이여, 비구는 좋은 친구, 좋은 동료, 좋은 벗을 가졌다. 비구들이여, 비구가 좋은 친구, 좋은 동료, 좋은 벗을 가진 이것도 보호자를 만드는 법이다."

5. "다시 비구들이여, 비구는 훈계를 잘 받아들이나니 그는 훈계하기 쉬운 성품을 지니고 있고 인욕하고 교계를 받아들임에 능숙하다. 비구들이여, 비구가 훈계를 잘 받아들이고 … 교계를 받아들임에 능숙한 이것도 보호자를 만드는 법이다."

6. "다시 비구들이여, 비구는 동료 수행자들의 중요하고 사소한[25] 여러 가지 소임들을 열심히 하고 거기에 숙련되고 게으르지 않

---

25) "'중요한 소임(ucca-kamma)'이란 옷을 만들고, 물들이고, 탑전을 청소하고, 포살당(uposathāgāra)과 탑전(cetiya-ghara)과 보리좌(bodhi-ghara) 등에 대해 해야 할 일을 말하고, '사소한 소임(avaca-kamma)'이

으며 그것을 완성할 수 있는 검증을 거쳐 충분히 실행할 수 있고 충분히 연구할 수 있는 자가 된다. 비구들이여, 비구가 동료 수행자들의 중요하고 사소한 여러 가지 소임들을 열심히 하고 … 충분히 연구하는 이것도 보호자를 만드는 법이다."

7. "다시 비구들이여, 비구는 법을 기뻐하여 [법]담을 나누기를 좋아하고 아비담마(對法)와 아비위나야(對律)26)에 대해 크나큰 환희심을 가진다. 비구들이여, 비구가 법을 기뻐하여 … 크나큰 환희심을 가지는 이것도 보호자를 만드는 법이다."

8. "다시 비구들이여, 비구는 해로운 법들을 제거하고 유익한 법들을 두루 갖추기 위해서 불굴의 정진으로 머문다. 그는 굳세고 분투하고 유익한 법들에 대한 임무를 내팽개치지 않는다. 비구들이여, 비구가 해로운 법들을 제거하고 … 임무를 내팽개치지 않는 이것도 보호자를 만드는 법이다."

9. "다시 비구들이여, 비구는 의복이나 탁발음식이나 거처나 병구완을 위한 약품이 좋은 것이든 안 좋은 것이든 그것으로 만족한다. 비구들이여, 비구가 의복이나 탁발음식이 … 좋은 것이든 안 좋은 것이든 그것으로 만족하는 이것도 보호자를 만드는 법이다."

10. "다시 비구들이여, 비구는 마음챙기는 자이다. 그는 최상의

란 발을 씻고 바르는 등의 사소한 일을 말한다."(AA.v.6)

26) 아비담마(abhidhamma)와 아비위나야(abhivinaya)에 대해서는 본서 제1권 「망아지 경」(A3:137) §2의 주해를 참조할 것.

마음챙김과 슬기로움을 구족하여 오래 전에 행하고 오래 전에 말한 것일지라도 모두 기억하고 생각해낸다. 비구들이여, 비구가 마음챙겨서 … 기억하고 생각해내는 이것도 보호자를 만드는 법이다."

11. "다시 비구들이여, 비구는 통찰지를 가진다. 그는 일어나고 사라짐을 꿰뚫고, 성스럽고, 통찰력이 있고, 바르게 괴로움의 소멸로 인도하는 통찰지를 구족한다. 비구들이여, 비구가 통찰지를 가져서 … 바르게 괴로움의 소멸로 인도하는 통찰지를 구족하는 이것도 보호자를 만드는 법이다.

비구들이여, 보호자와 함께 머무르고 보호자 없이 머무르지 말라. 보호자가 없는 자는 괴롭게 머문다. 비구들이여, 보호자를 만드는 이러한 열 가지 법이 있다."27)

보호자 경2(A10:18)

1. "비구들이여, 보호자와 함께 머무르고 보호자 없이 머무르지 말라. 보호자가 없는 자는 괴롭게 머문다. 비구들이여, 보호자를 만드는 열 가지 법이 있다. 무엇이 열인가?"

2. "비구들이여, 여기 비구는 계를 잘 지킨다. 그는 계목의 단속으로 단속하면서 머문다. 바른 행실과 행동의 영역을 갖추고, 작은 허물에 대해서도 두려움을 보며, 학습계목을 받아 지녀 공부짓는다.

---

27) 이 열 가지는 『디가 니까야』 제3권 합송경(D33) §3.3 (1)에 nātha-karaṇā dhammā로 나타난다. 거기서는 주석서를 따라서 '[자신을] 확고하게 하는 법'으로 옮겼다.

'참으로 이 비구는 계를 잘 지키는구나. 그는 계목의 단속으로 단속하면서 머물고, 바른 행실과 행동의 영역을 갖추고, 작은 허물에 대해서도 두려움을 보며, 학습계목을 받아 지녀 공부짓는구나.'라고 여기면서 장로 비구들도 그를 훈도해주어야 한다고 생각하고 교계해주어야 한다고 생각한다. 중진 비구들과 신참 비구들도 그를 훈도해주어야 한다고 생각하고 교계해주어야 한다고 생각한다. 그가 이처럼 장로 비구들의 연민을 받고 중진 비구들과 신참 비구들의 연민을 받을 때, 유익한 법들에서 퇴보는 예상되지 않고 오직 향상이 예상된다. 이것도 보호자를 만드는 법이다."

3. "다시 비구들이여, 비구는 많이 배우고[多聞] 배운 것을 잘 호지하고 배운 것을 잘 정리한다. 시작도 훌륭하고 중간도 훌륭하고 끝도 훌륭하며, 더할 나위 없이 완벽하고 지극히 청정한 범행을 의미와 표현을 구족하여 확실하게 드러내는 가르침들이 있으니, 그는 그러한 가르침들을 많이 배우고 호지하고 말로써 친숙하게 되고 마음으로 숙고하고 견해로써 잘 꿰뚫는다.

'참으로 이 비구는 많이 배우고 … 견해로써 잘 꿰뚫는구나.'라고 여기면서 장로 비구들도 그를 훈도해주어야 한다고 생각하고 교계해주어야 한다고 생각한다. 중진 비구들과 신참 비구들도 그를 훈도해주어야 한다고 생각하고 교계해주어야 한다고 생각한다. 그가 이처럼 장로 비구들의 연민을 받고 중진 비구들과 신참 비구들의 연민을 받을 때, 유익한 법들에서 퇴보는 예상되지 않고 오직 향상이 예상된다. 이것도 보호자를 만드는 법이다."

4. "다시 비구들이여, 비구는 좋은 친구, 좋은 동료, 좋은 벗을 가졌다.

'참으로 이 비구는 좋은 친구, 좋은 동료, 좋은 벗을 가졌구나.'라고 여기면서 장로 비구들도 그를 훈도해주어야 한다고 생각하고 교계해주어야 한다고 생각한다. 중진 비구들과 신참 비구들도 그를 훈도해주어야 한다고 생각하고 교계해주어야 한다고 생각한다. 그가 이처럼 장로 비구들의 연민을 받고 중진 비구들과 신참 비구들의 연민을 받을 때, 유익한 법들에서 퇴보는 예상되지 않고 오직 향상이 예상된다. 이것도 보호자를 만드는 법이다."

5. "다시 비구들이여, 비구는 훈계를 잘 받아들이나니 그는 훈계하기 쉬운 성품을 지니고 있고 인욕하고 교계를 받아들임에 능숙하다.

'참으로 이 비구는 훈계를 잘 받아들이나니 … 교계를 받아들임에 능숙하구나.'라고 여기면서 장로 비구들도 그를 훈도해주어야 한다고 생각하고 교계해주어야 한다고 생각한다. 중진 비구들과 신참 비구들도 그를 훈도해주어야 한다고 생각하고 교계해주어야 한다고 생각한다. 그가 이처럼 장로 비구들의 연민을 받고 중진 비구들과 신참 비구들의 연민을 받을 때, 유익한 법들에서 퇴보는 예상되지 않고 오직 향상이 예상된다. 이것도 보호자를 만드는 법이다."

6. "다시 비구들이여, 비구는 동료 수행자들의 중요하고 사소한 여러 가지 소임들을 열심히 하고 거기에 숙련되고 게으르지 않으며 그것을 완성할 수 있는 검증을 거쳐 충분히 실행할 수 있고 충분

히 연구할 수 있는 자가 된다.

'참으로 이 비구는 동료 수행자들의 중요하고 사소한 여러 가지 소임들을 … 충분히 연구할 수 있는 자구나.'라고 여기면서 장로 비구들도 그를 훈도해주어야 한다고 생각하고 교계해주어야 한다고 생각한다. 중진 비구들과 신참 비구들도 그를 훈도해주어야 한다고 생각하고 교계해주어야 한다고 생각한다. 그가 이처럼 장로 비구들의 연민을 받고 중진 비구들과 신참 비구들의 연민을 받을 때, 유익한 법들에서 퇴보는 예상되지 않고 오직 향상이 예상된다. 이것도 보호자를 만드는 법이다."

7. "다시 비구들이여, 비구는 법을 기뻐하여 [법]담을 나누기를 좋아하고 아비담마(對法)와 아비위나야(對律)에 대해 크나큰 환희심을 가진다.

'참으로 이 비구는 법을 기뻐하여 … 크나큰 환희심을 가지는구나.'라고 여기면서 장로 비구들도 그를 훈도해주어야 한다고 생각하고 교계해주어야 한다고 생각한다. 중진 비구들과 신참 비구들도 그를 훈도해주어야 한다고 생각하고 교계해주어야 한다고 생각한다. 그가 이처럼 장로 비구들의 연민을 받고 중진 비구들과 신참 비구들의 연민을 받을 때, 유익한 법들에서 퇴보는 예상되지 않고 오직 향상이 예상된다. 이것도 보호자를 만드는 법이다."

8. "다시 비구들이여, 비구는 해로운 법들을 제거하고 유익한 법들을 두루 갖추기 위해서 불굴의 정진으로 머문다. 그는 굳세고 분투하고 유익한 법들에 대한 임무를 내팽개치지 않는다.

'참으로 이 비구는 해로운 법들을 제거하고 … 임무를 내팽개치지 않는구나.'라고 여기면서 장로 비구들도 그를 훈도해주어야 한다고 생각하고 교계해주어야 한다고 생각한다. 중진 비구들과 신참 비구들도 그를 훈도해주어야 한다고 생각하고 교계해주어야 한다고 생각한다. 그가 이처럼 장로 비구들의 연민을 받고 중진 비구들과 신참 비구들의 연민을 받을 때, 유익한 법들에서 퇴보는 예상되지 않고 오직 향상이 예상된다. 이것도 보호자를 만드는 법이다."

9. "다시 비구들이여, 비구는 의복이나 탁발음식이나 거처나 병구완을 위한 약품이 좋은 것이든 안 좋은 것이든 그것으로 만족한다.

'참으로 이 비구는 의복이나 탁발음식이 … 좋은 것이든 안 좋은 것이든 그것으로 만족하는구나.'라고 여기면서 장로 비구들도 그를 훈도해주어야 한다고 생각하고 교계해주어야 한다고 생각한다. 중진 비구들과 신참 비구들도 그를 훈도해주어야 한다고 생각하고 교계해주어야 한다고 생각한다. 그가 이처럼 장로 비구들의 연민을 받고 중진 비구들과 신참 비구들의 연민을 받을 때, 유익한 법들에서 퇴보는 예상되지 않고 오직 향상이 예상된다. 이것도 보호자를 만드는 법이다."

10. "다시 비구들이여, 비구는 마음챙기는 자이다. 그는 최상의 마음챙김과 슬기로움을 구족하여 오래 전에 행하고 오래 전에 말한 것일지라도 모두 기억하고 생각해낸다.

'참으로 이 비구는 마음챙겨서 … 기억하고 생각해내는구나.'라고 여기면서 장로 비구들도 그를 훈도해주어야 한다고 생각하고 교계해주어야 한다고 생각한다. 중진 비구들과 신참 비구들도 그를 훈도해주어야 한다고 생각하고 교계해주어야 한다고 생각한다. 그가 이처럼 장로 비구들의 연민을 받고 중진 비구들과 신참 비구들의 연민을 받을 때, 유익한 법들에서 퇴보는 예상되지 않고 오직 향상이 예상된다. 이것도 보호자를 만드는 법이다."

11. "다시 비구들이여, 비구는 통찰지를 가졌다. 그는 일어나고 사라짐을 꿰뚫고, 성스럽고, 통찰력이 있고, 바르게 괴로움의 소멸로 인도하는 통찰지를 구족했다.

'참으로 이 비구는 통찰지를 가져서 … 바르게 괴로움의 소멸로 인도하는 통찰지를 구족했구나.'라고 여기면서 장로 비구들도 그를 훈도해주어야 한다고 생각하고 교계해주어야 한다고 생각한다. 중진 비구들과 신참 비구들도 그를 훈도해주어야 한다고 생각하고 교계해주어야 한다고 생각한다. 그가 이처럼 장로 비구들의 연민을 받고 중진 비구들과 신참 비구들의 연민을 받을 때, 유익한 법들에서 퇴보는 예상되지 않고 오직 향상이 예상된다. 이것도 보호자를 만드는 법이다.

비구들이여, 보호자와 함께 머무르고 보호자 없이 머무르지 말라. 보호자가 없는 자는 괴롭게 머문다. 비구들이여, 보호자를 만드는 이러한 열 가지 법이 있다."

성스러운 삶 경1(A10:19)
Ariyāvāsa-sutta

1. "비구들이여, 성자들이 살았고, 살고 있고, 살 것인 열 가지 성스러운 삶이 있다. 무엇이 열인가?"

2. "비구들이여, 여기 비구는 다섯 가지 요소들을 버리고, 여섯 가지 요소들을 갖추고, 한 가지에 의해 보호되고, 네 가지 받침대를 가지고, 독단적인 진리를 버리고, 갈망을 완전히 포기하고, 사유가 투명하고, 몸의 의도적 행위[身行]가 고요하고, 마음이 잘 해탈하고, 통찰지로써 잘 해탈한다. 비구들이여, 성자들이 살았고, 살고 있고, 살 것인 이러한 열 가지 성스러운 삶이 있다."

성스러운 삶 경2(A10:20)

1. 한때 세존께서는 꾸루28)에서 깜마사담마29)라는 꾸루들의

---

28) 꾸루(Kuru)는 인도 16국 가운데 하나였다. 주석서에서는 이 지역에 살던 왕자의 이름을 따서 꾸루라 불렀다고 하며(DA.ii.481) 지금의 델리 근처 지역이다. 지역으로 언급할 때는 거의 꾸루 · 빤짤라(Kuru-Pañcāla)로 나타나는데 지금 인도의 델리, 하리야나, 펀잡, 히마찰쁘라데쉬 지역이 꾸루 · 빤짤라에 해당한다. 자따까 등에 의하면 이 지역은 상업과 학문이 번창하던 곳이다.(Cf. J.ii.214)
중요한 초기경들이 꾸루 지방에서 설해지고 있는데『디가 니까야 주석서』「대념처경」(D22)의 주석에 의하면 꾸루(Kuru) 지방 주민들은 심오한 가르침을 이해하는 능력을 갖추었기 때문이라고 한다. 꾸루 지방의 비구와 비구니, 청신사와 청신녀들은 아주 좋은 기후 등의 조건을 갖추어 살고 있었으며 적당한 기후 조건 등으로 인해 그곳 사람들은 몸과 마음이 항상 건전했다고 적고 있다.(MA.i.184; AA.ii.820.『네 가지 마음챙기

성읍에 머무셨다. 거기서 세존께서는 "비구들이여."라고 비구들을 부르셨다. "세존이시여."라고 비구들은 세존께 응답했다. 세존께서는 이렇게 말씀하셨다.

2. "비구들이여, 성자들이 살았고, 살고 있고, 살 것인 열 가지 성스러운 삶이 있다. 무엇이 열인가?"

3. "비구들이여, 여기 비구는 다섯 가지 요소들을 버리고, 여섯 가지 요소들을 갖추고, 한 가지에 의해 보호되고, 네 가지 받침대를 가지고, 독단적인 진리를 버리고, 갈망을 완전히 포기하고, 사유가 투명하고, 몸의 의도적 행위[身行]가 고요하고, 마음이 잘 해탈하고, 통찰지로써 잘 해탈한다."

4. "비구들이여, 그러면 어떻게 비구는 다섯 가지 요소를 버리

는 공부』 76쪽 참조)

29) 깜마사담마(Kammāsadhamma)는 꾸루의 한 읍(nigāma)이다. 『디가 니까야』 「대인연경」(D15)과 「대념처경」(D22)과 『맛지마 니까야』 「아넨자 사빠야 경」(M106) 등 중요한 경들이 여기서 설해지고 있다. 주석서는 깜마사담마라는 이름에 얽힌 설화를 다음과 같이 두 가지로 소개하고 있다. 첫째, Kammāsadhamma는 Kammāsadamma라고도 전승되어 오는데 이것은 깜마사를 길들였다(damita)는 뜻이다. 깜마사란 자따까에서 언급되고 있는 깜마사빠다라는 인육을 먹는 사람을 말하며 (Kammāsapādo porisādo vuccati) 그런 인육을 먹는 깜마사빠다가 여기서 길들여졌다고 해서 깜마사담마라고 한다는 것이다.
둘째, 꾸루 지방에는 꾸루족들이 지니는 Kuruvattadhamma(꾸루에 있는 법도)라는 것이 있었는데 바로 이 지역에서 인육을 먹는 깜마사 종족(깜마사빠다)들이 법(dhamma)을 받아들여서 순화되었다고 해서 깜마사담마라고 한다.(DA.ii.483) 아마도 인육을 먹는 습관을 가진 사람들과 인연이 있었던 곳이었을 것이다.

는가? 비구들이여, 여기 비구는 감각적 욕망을 버렸고, 악의를 버렸고, 해태와 혼침을 버렸고, 들뜸과 후회를 버렸고, 의심을 버렸다. 비구들이여, 비구는 이와 같이 다섯 가지 요소들을 버린다."

5. "비구들이여, 그러면 어떻게 비구는 여섯 가지 요소들을 갖추는가? 비구들이여, 여기 비구는 눈으로 형상을 볼 때 마음이 즐겁거나 괴롭지 않고 평온하고 마음챙기고 알아차리면서 머문다. 귀로 소리를 들을 때 … 코로 냄새를 맡을 때 … 혀로 맛을 볼 때 … 몸으로 감촉을 닿을 때 … 마노로 법을 알 때 마음이 즐겁거나 괴롭지 않고 평온하고 마음챙기고 알아차리면서 머문다. 비구들이여, 비구는 이와 같이 여섯 가지 요소들을 갖춘다."30)

6. "비구들이여, 그러면 어떻게 비구는 한 가지에 의해 보호되는가? 비구들이여, 여기 비구의 마음은 마음챙김에 의해 보호된다.31) 비구들이여, 비구는 이와 같이 한 가지에 의해 보호된다."

---

30) "'이와 같이 여섯 가지 요소들을 갖춘다.'는 것은 여섯 가지 평온(upekkhā)을 갖춘다는 말이다. 여섯 가지 평온의 법이란 어떤 것이 있는가? 지혜(ñāṇa) 등이 있다. '지혜'라고 언급될 때에는 단지 작용만 하는 마음 가운데서 네 가지 지혜와 함께한 마음을 말한다. '항상 머묾'이라고 언급될 때에는 여덟 가지 단지 작용만 하는 마음을 전부 말한다. '탐욕과 성냄이 없다.'라고 언급될 때에는 열 가지 마음을 말한다. 열 가지는 여덟 가지 단지 작용만 하는 마음과 미소 짓는 마음과 의문 전향의 마음이다."(AA.v.8) 한편 이것은 『디가 니까야』 제3권 「합송경」 (D33) §2.2 (20)에 '항상 머묾(satata-vihāra)'으로 나타나고 있다. '단지 작용만 하는 마음' 등에 대해서는 『아비담마 길라잡이』 제1장을 참조할 것.

31) "'마음은 마음챙김에 의해 보호된다(satārakkhena cetasā)'라고 하였다. 번뇌 다한 자의 경우도 [몸, 말, 마음의] 세 가지 문에서 마음챙김(sati)은 항상 보호하는 역할(ārakkha-kicca)을 수행하기 때문이다. 그러므로 그

7. "비구들이여, 그러면 어떻게 비구는 네 가지 받침대를 가지는가? 비구들이여, 여기 비구는 숙고한 뒤에32) 어떤 것은 수용한다. 숙고한 뒤에 어떤 것은 감내한다. 숙고한 뒤에 어떤 것은 피한다. 숙고한 뒤에 어떤 것은 제거한다. 비구들이여, 비구는 이와 같이 네 가지 받침대를 가진다."33)

8. "비구들이여, 그러면 어떻게 비구는 독단적인 진리를 버리는가? 비구들이여, 이런저런 범속한 사문·바라문들이 가지는 '세상은 영원하다.'라거나, '세상은 영원하지 않다.'라거나, '세상은 유한하다.'라거나, '세상은 무한하다.'라거나, '생명과 몸은 같은 것이다.'라거나, '생명과 몸은 다른 것이다.'라거나, '여래는 사후에도 존재한다.'라거나, '여래는 사후에 존재하지 않는다.'라거나 '여래는 사후에 존재하기도 하고 존재하지 않기도 한다.'라거나, '여래는 사후에 존재하는 것도 아니고 존재하지 않는 것도 아니다.'라는 이러한 독단적인 진리를 모두 쫓아내고, 버리고, 내던지고, 토하고, 몰아내고, 제거하고, 포기한다. 비구들이여, 이와 같이 비구는 독단적인 진리를 버린다."

가 걷거나 서있거나 잠자거나 깨어있을 때 항상 지견(ñāṇa-dassana)이 현전한다(paccupaṭṭhita)고 말했다."(AA.v.8)

32) "'숙고한 뒤에(saṅkhāya)'라는 것은 지혜(ñāṇa)로 안 뒤에라는 뜻이다."(DA.iii.1008)

33) 이것은 『디가 니까야』 제3권 「합송경」 (D33) §1.11 (8)에 '네 가지 받침대(appasena)'로 나타나고 있다. 그리고 『맛지마 니까야』 「제번뇌단속경」 (M2)에는 일곱 가지로 번뇌를 단속하는 것이 설명되어 있는데, 이것은 그 가운데 네 가지이다.

9. "비구들이여, 그러면 어떻게 비구는 갈망을 완전히 포기하는가? 비구들이여, 여기 비구는 감각적 욕망을 갈망하는 것을 제거한다. 존재를 갈망하는 것을 제거한다. 청정범행을 갈망하는 것이 고요해진다. 비구들이여, 이와 같이 비구는 갈망을 완전히 포기한다."

10. "비구들이여, 그러면 어떻게 비구는 사유가 투명한가? 비구들이여, 여기 비구는 감각적 욕망에 대한 사유를 제거한다. 악의에 대한 사유를 제거한다. 해코지에 대한 사유를 제거한다. 비구들이여, 이와 같이 비구의 사유가 투명하다."

11. "비구들이여, 그러면 어떻게 비구는 몸의 의도적 행위[身行]가 고요한가? 비구들이여, 여기 비구는 행복도 버리고 괴로움도 버리고, 아울러 그 이전에 이미 기쁨과 슬픔을 소멸했으므로 괴롭지도 즐겁지도 않으며, 평온으로 인해 마음챙김이 청정한 제4선(四禪)에 들어 머문다. 비구들이여, 이와 같이34) 비구는 몸의 의도적 행위가 고요하다."

12. "비구들이여, 그러면 어떻게 비구는 마음이 잘 해탈하는가? 비구들이여, 여기 비구의 마음은 탐욕으로부터 해탈한다. 그의 마음은 성냄으로부터 해탈한다. 그의 마음은 어리석음으로부터 해탈한다. 비구들이여, 이와 같이 비구는 마음이 잘 해탈한다."

13. "비구들이여, 그러면 어떻게 비구는 통찰지로써 잘 해탈하

---

34) "제4선에 들어 들숨날숨이 가라앉은 상태를 뜻한다."(AA.iii.81)

는가? 비구들이여, 여기 비구는 '나의 탐욕은 제거되었고 그 뿌리가 잘렸고 줄기만 남은 야자수처럼 되었고 멸절되었고 미래에 다시는 일어나지 않게끔 되었다.'라고 꿰뚫어 안다. 비구들이여, 이와 같이 비구는 통찰지로써 잘 해탈한다."

14. "비구들이여, 누구든지 과거에 성스러운 삶을 살았던 성자들은 모두 이러한 열 가지 성스러운 삶을 살았다. 비구들이여, 누구든지 미래에 성스러운 삶을 살 성자들은 모두 이러한 열 가지 성스러운 삶을 살 것이다. 비구들이여, 누구든지 지금 성스러운 삶을 사는 성자들은 모두 이러한 열 가지 성스러운 삶을 산다. 비구들이여, 성자들이 살았고, 살고 있고, 살 것인 이러한 열 가지 성스러운 삶이 있다."

제2장 주인 품이 끝났다.

두 번째 품에 포함된 경들의 목록은 다음과 같다.

① 거처 ② 특징 ③ 족쇄 ④ 삭막함 ⑤ 불방일
⑥ 공양받아 마땅함, 두 가지 ⑦~⑧ 보호자
두 가지 ⑨~⑩ 성스러운 삶이다.

제3장 대 품

Mahā-vagga

사자 경(A10:21)[35]
Sīha-sutta

1. "비구들이여, 동물의 왕 사자가 해거름에 굴에서 나온다. 굴에서 나와서는 기지개를 켜고, 기지개를 켠 뒤 사방을 두루 굽어본다. 사방을 두루 굽어본 뒤 세 번 사자후를 토한다. 세 번 사자후를 토한 뒤 초원으로 들어간다. 무슨 이유 때문에 [사자후를 토하는가?] '내가 위험한 곳에 가있는 작은 생명들을 해치지 않기를.'하는 [생각 때문이다.]

비구들이여, 여기서 사자는 여래·아라한·정등각을 두고 한 말이다. 비구들이여, 여래는 회중들에게 법을 설하나니 이것이 그에게 있어서 사자후이다. 비구들이여, 여래에게는 열 가지 여래의 힘[36]이 있나니, 이러한 힘을 구족하여 여래는 대웅(大雄)의 위치[37]를 천명하

---

35) 6차결집본의 경제목은 '사자후'(Sīhanāda-sutta)이다.

36) '열 가지 여래의 힘(tathāgata-balāni)'은 우리에게 여래십력(如來十力)으로 잘 알려져 있다. 여래십력은 『맛지마 니까야』 「긴 사자후경」(M12) §9 이하에도 나타난다. 한편 본서 제4권 「사자후 경」(A6:64)에는 본경의 10가지 가운데 6가지를 여래의 힘으로 설하고 있으며, 본서 제3권 「전에 들어보지 못함 경」(A5:11)에는 믿음, 양심, 수치심, 정진, 통찰지의 다섯 가지를 여래의 힘으로 들고 있다.

37) '대웅의 위치(āsabha-ṭhāna)'에 대해서는 본서 제2권 「무외 경」(A4:8)의 주해를 참조할 것.

고 회중에서 사자후를 토하고 신성한 바퀴[梵輪]38)를 굴린다. 무엇이 열인가?"

2. "비구들이여, 여기 여래는 원인을 원인이라고,39) 원인이 아닌 것을 원인이 아니라고 있는 그대로 꿰뚫어 안다. 비구들이여, 원인을 원인이라고, 원인이 아닌 것을 원인이 아니라고 있는 그대로 꿰뚫어 아는 이것이 여래의 힘이니, 이런 힘이 생겼기 때문에 여래는 대웅의 위치를 천명하고 회중에서 사자후를 토하고 신성한 바퀴를 굴린다."

3. "다시 비구들이여, 여래는 과거와 미래와 현재에 행한 업40)의 과보를 조건과 원인과 함께41) 있는 그대로 꿰뚫어 안다. 비구들

---

38) "'신성한 바퀴[梵輪]'는 brahmacakka를 옮긴 것이다. 신성한(brahma)은 '수승한, 높은, 특별한'의 뜻이고 바퀴(cakka)는 '법의 바퀴'를 뜻한다. 이것은 두 종류가 있으니, 꿰뚫음의 지혜(paṭivedha-ñāṇa)와 가르침의 지혜(desanā-ñāṇa)이다. 그 중에서 통찰지로 강화된, 자신의 성스러운 과를 가져오는 것은 꿰뚫음의 지혜이고, 연민으로 강화된, 제자들의 성스러운 과를 가져오는 것은 가르침의 지혜이다. 꿰뚫음의 지혜는 출세간적인 것이고, 가르침의 지혜는 세간적인 것이다. 그러나 둘 다 다른 사람들과는 함께 하지 않는, 오직 부처님만의 지혜이다."(AA. v.12)

39) 여기서 '원인'이라 옮긴 원어는 ṭhāna(장소, 경우)인데 주석서는 kāraṇa(원인)라 설명하고 있어서(AA.iii.409) 이렇게 옮겼다.

40) "'행한 업(kamma-samādāna)'이란 행하여 지은 유익한 업[善業]과 해로운 업[不善業]을 말한다. 혹은 업 그 자체가 행한 업이다."(*Ibid*)

41) '조건과 원인과 함께'는 ṭhānaso hetuso를 옮긴 것인데 주석서는 "조건과 더불어(paccayato) 그리고 원인과 더불어(hetuto)"(*Ibid*)라고 설명하고 있어서 이렇게 옮겼다. 그리고 주석서는 "여기서 태어날 곳(gati)과 재생의 근거(upadhi)와 시간(kāla)과 노력(payoga)은 과보의 조건이고, 업은

이여, 여래가 과거와 미래와 현재에 행한 업의 과보를 조건과 원인과 함께 있는 그대로 꿰뚫어 아는 이것도 여래가 가진 여래의 힘이니, 이런 힘 때문에 여래는 대웅의 위치를 천명하고 회중에서 사자후를 토하고 신성한 바퀴를 굴린다."

4. "다시 비구들이여, 여래는 모든 행처로 인도하는 길42)을 있는 그대로 꿰뚫어 안다. 비구들이여, 여래가 모든 [태어날 곳]으로 인도하는 길을 있는 그대로 꿰뚫어 아는 이것도 여래의 힘이니, 이런 힘이 생겼기 때문에 여래는 대웅의 위치를 천명하고 회중에서 사자후를 토하고 신성한 바퀴를 굴린다."

5. "다시 비구들이여, 여래는 여러 요소[界]를 가졌고 다양한 요소를 가진 세상43)을 있는 그대로 꿰뚫어 안다. 비구들이여, 여래가 여러 요소를 가졌고 다양한 요소를 가진 세상을 있는 그대로 꿰뚫어 아는 이것도 여래의 힘이니, 이런 힘이 생겼기 때문에 여래는 대

과보의 원인이다."(*Ibid*)라고 덧붙이고 있다.

42) '모든 행처로 인도하는 길'은 sabbattha-gāmini-paṭipada를 옮긴 것인데 주석서는 "모든 사람의 행처(태어날 곳, gati)로 인도하는 길과 태어나지 않는 곳(agati)으로 인도하는 길"(AA.v.13)이라고 설명하고 있다. 한편 복주서는 '태어나지 않는 곳(agati)'은 바로 열반을 뜻한다고 설명하고 있다.(AAṬ.iii.314)
그리고 paṭipada는 대부분 '도닦음'이라고 옮기고 있는데 주석서는 magga(도, 길)로 설명하고 있어서(*Ibid*) '길'로 옮겼다.

43) "'여러 요소(aneka-dhātu)'란 눈의 요소 등이나 감각적 욕망의 요소 등의 요소들에 의해 여러 가지이므로 여러 요소라 하고, '다양한 요소'(nānā-dhātu)란 그들의 요소가 각각 다르기 때문에 다양한 요소라 한다. '세상(loka)'이란 온(5蘊), 처(12處), 계(18界)의 세상을 말한다." (AA.v.14)

웅의 위치를 천명하고 회중에서 사자후를 토하고 신성한 바퀴를 굴린다."

6. "다시 비구들이여, 여래는 중생들의 다양한 성향44)을 있는 그대로 꿰뚫어 안다. 비구들이여, 여래가 중생들의 다양한 성향을 있는 그대로 꿰뚫어 아는 이것도 여래의 힘이니, 이런 힘이 생겼기 때문에 여래는 대웅의 위치를 천명하고 회중에서 사자후를 토하고 신성한 바퀴를 굴린다."

7. "다시 비구들이여, 여래는 다른 중생들과 다른 인간들의 [믿음 등의] 기능[根]의 한계45)를 있는 그대로 꿰뚫어 안다. 비구들이여, 여래가 다른 중생들과 다른 인간들의 [믿음 등의] 기능의 한계를 있는 그대로 꿰뚫어 아는 이것도 여래의 힘이니, 이런 힘이 생겼기 때문에 여래는 대웅의 위치를 천명하고 회중에서 사자후를 토하고 신성한 바퀴를 굴린다."

---

44) 여기서 '성향'으로 옮긴 원어는 adhimuttikatā인데 adhimutti(ka)는 주로 확신, 결의, 결심 등으로 옮겨지는 술어이다. 그러나 복주서는 여기서는 ajjhāsayatā(성향, 의향)를 뜻한다고 설명하고 있어서 이렇게 옮겼다.(AAṬ.iii.293)
그리고 복주서는 이렇게 덧붙이고 있다.
"'성향(adhimuttika)'은 의향의 요소(ajjhāsaya-dhātu)나 의향의 고유 성질(ajjhāsaya-sabhāva)을 뜻한다. 이것은 저열한 것과 수승한 것이 다르기 때문에 삼장에서는 두 가지로 말씀하셨지만 저열한 성향과 수승한 성향이 서로 다르기 때문에 '다양한 성향(nānādhimuttika-bhāva)'이라고 했다."(*Ibid*)

45) "'기능의 한계(indriya-paropariyatta)'란 믿음, 정진 등의 기능의 수승함(parabhāva)과 저열함(aparabhāva)과 향상(vuddhi)과 퇴보(hāni)를 뜻하며 이것을 있는 그대로 꿰뚫어 아신다는 말이다."(AA.v.15)

8. "다시 비구들이여, 여래는 선(禪)과 해탈과 삼매와 증득[等至]46)의 오염원과 깨끗함과 벗어남47)을 있는 그대로 꿰뚫어 안다. 비구들이여, 여래가 선(禪)과 해탈과 삼매와 증득[等至]의 오염원과 깨끗함과 벗어남을 있는 그대로 꿰뚫어 아는 이것도 여래의 힘이니, 이런 힘이 생겼기 때문에 여래는 대웅의 위치를 천명하고 회중에서 사자후를 토하고 신성한 바퀴를 굴린다."

9. "다시 비구들이여, 여래는 수많은 전생의 갖가지 삶들을 기

---

46) "'선(禪, jhāna)'과 '해탈(vimokkha)'과 '삼매(samādhi)'와 '증득(samā-patti)'이란 각각 4선과 8해탈과 3삼매와 9차제 증득(anupubba-samāpatti)을 말한다."(*Ibid*)
4선은 초선부터 제4선까지를 말한다.
3삼매는 근접삼매와 본삼매(즉 四種禪)를 일으킨 생각과 지속적 고찰이 있는 것(근접삼매와 초선), 일으킨 생각은 없고 지속적 고찰만 있는 것(제2선), 일으킨 생각[尋, vitakka]도 없고 지속적 고찰[伺, vicāra]도 없는 것(제3선과 제4선)의 셋으로 분류한 것을 말한다.(여기에 대해서는 『상윳따 니까야』 「일으킨 생각 경」(S43:3)과 『청정도론』 III.11을 참조할 것.)
9차제 증득은 4선-4처-상수멸의 경지(즉 초선부터 비상비비상처까지와 상수멸의 9가지 삼매)를 차례대로 증득하는 것(본서 제5권 「차제멸 경」(A9:31) 등을 참조할 것)을 말한다.
그리고 8해탈은 본서 제2권 「음식 경」(A4:87) §3의 주해를 참조할 것.

47) "'오염원(saṁkilesa)'이란 퇴보에 빠진(hāna-bhāgiya) 법이고, '깨끗함(vodāna)'이란 수승함에 동참하는(visesa-bhāgiya) 법이다. '벗어남(vuṭṭhāna)'이란 것은 '깨끗함도 벗어남이고, 각각의 증득으로부터 벗어남도 벗어남이다.'(Vbh.465)라고 설한 숙련된 선(禪)과 바왕가(잠재의식)와 과의 증득을 벗어남라 한다. 왜냐하면 각 아래 단계의 숙련된 선은 바로 위 단계의 선의 가까운 원인이 되기 때문에 '깨끗함도 벗어남이다.'라고 말했다. 또한 바왕가를 통해 모든 禪으로부터 출정하고, 과의 증득을 통해 상수멸로부터 출정하기 때문에 그것과 관련하여 '이런저런 삼매로부터 벗어남도 벗어남(vuṭṭhāna)이다.'라고 말했다."(AA.v.15~16)

억한다.[宿命通] 즉 한 생, 두 생, 세 생, 네 생, 다섯 생, 열 생, 스무 생, 서른 생, 마흔 생, 쉰 생, 백 생, 천 생, 십만 생, 세계가 수축하는 여러 겁, 세계가 팽창하는 여러 겁, 세계가 수축하고 팽창하는 여러 겁을 기억한다. '어느 곳에서 이런 이름을 가졌고, 이런 종족이었고, 이런 용모를 가졌고, 이런 음식을 먹었고, 이런 행복과 고통을 경험했고, 이런 수명의 한계를 가졌고, 그곳에서 죽어 다른 어떤 곳에 다시 태어나 그곳에서는 이런 이름을 가졌고, 이런 종족이었고, 이런 용모를 가졌고, 이런 음식을 먹었고, 이런 행복과 고통을 경험했고, 이런 수명의 한계를 가졌고, 그곳에서 죽어 여기 다시 태어났다.'라고 이처럼 한량없는 전생의 갖가지 모습들을 그 특색과 더불어 상세하게 기억해낸다. 비구들이여, 여래가 수많은 전생의 갖가지 삶들을 기억하여 … 상세하게 기억해내는 이것도 여래의 힘이니, 이런 힘이 생겼기 때문에 여래는 대웅의 위치를 천명하고 회중에서 사자후를 토하고 신성한 바퀴를 굴린다."

10. "다시, 비구들이여, 여래는 청정하고 인간을 넘어선 신성한 눈[天眼]으로 중생들이 죽고 태어나고, 천박하고 고상하고, 잘생기고 못생기고, 좋은 곳[善處]에 가고 나쁜 곳[惡處]에 가는 것을 보고, 중생들이 지은 바 그 업에 따라가는 것을 꿰뚫어 안다.[天眼通] '이들은 몸으로 못된 짓을 골고루 하고 입으로 못된 짓을 골고루 하고 또 마음으로 못된 짓을 골고루 하고, 성자들을 비방하고, 삿된 견해를 지니어 사견업(邪見業)을 지었다. 이들은 죽어서 몸이 무너진 다음에는 처참한 곳, 불행한 곳, 파멸처, 지옥에 태어났다. 그러나 이들은 몸으로 좋은 일을 골고루 하고 입으로 좋은 일을 골고루 하고 마음으로 좋은

일을 골고루 하고 성자들을 비방하지 않고 바른 견해를 지니어 정견업(正見業)을 지었다. 이들은 죽어서 몸이 무너진 다음에는 좋은 곳[善處], 천상 세계에 태어났다.'라고.

이와 같이 그는 청정하고 인간을 넘어선 신성한 눈으로 중생들이 죽고 태어나고, 천박하고 고상하고, 잘생기고 못생기고, 좋은 곳[善處]에 가고 나쁜 곳[惡處]에 가는 것을 보고, 중생들이 지은 바 그 업에 따라가는 것을 꿰뚫어 안다. 비구들이여, 여래가 청정하고 인간을 넘어선 신성한 눈으로 … 그 업에 따라가는 것을 꿰뚫어 아는 이것도 여래의 힘이니, 이런 힘이 생겼기 때문에 여래는 대웅의 위치를 천명하고 회중에서 사자후를 토하고 신성한 바퀴를 굴린다."

11. "다시 비구들이여, 여래는 모든 번뇌가 다하여 아무 번뇌가 없는 마음의 해탈[心解脫]과 통찰지를 통한 해탈[慧解脫]을 바로 지금 여기에서 스스로 최상의 지혜로 실현하고 구족하여 머문다. 비구들이여, 여래가 모든 번뇌를 다하여 … 최상의 지혜로 실현하고 구족하여 머무는 이것도 여래의 힘이니, 이런 힘이 생겼기 때문에 여래는 대웅의 위치를 천명하고 회중에서 사자후를 토하고 신성한 바퀴를 굴린다.

비구들이여, 여래에게는 이러한 열 가지 여래의 힘이 있나니, 이러한 힘을 구족하여 여래는 대웅(大雄)의 위치를 천명하고 회중에서 사자후를 토하고 신성한 바퀴[梵輪]를 굴린다."48)

---

48) "외도들은 여기서 이렇게 이야기한다. '십력의 지혜(dasabala-ñāṇa)는 각각의 지혜가 아니고 일체지의 지혜(sabbaññuta-ñāṇa)의 범주에 속한다.'라고. 그러나 그렇게 알아서는 안된다. 십력의 지혜와 일체지의 지혜는 별개의 것이다. 십력의 지혜는 각각의 역할만 알지만, 일체지의 지혜는

교리 경(A10:22)[49]
Adhivuttipada-sutta

1. 그때 아난다 존자가 세존께 다가갔다. 가서는 세존께 절을 올리고 한 곁에 앉았다. 한 곁에 앉은 아난다 존자에게 세존께서는 이렇게 말씀하셨다.

2. "아난다여, 나는 이런저런 교리들을 최상의 지혜로 알고 실현하게 하는 법들을[50] 두려움 없이 천명한다. 그것은 사람이 그대로 도를 닦으면, 있는 것을 있다고 알게 될 것이고, 없는 것을 없다고

그것뿐만 아니라 나머지 역할도 안다. 십력의 지혜 가운데서 첫 번째는 원인과 원인이 아닌 것만 알고, 두 번째는 여러 가지 업의 과보만 알고, 세 번째는 업의 영역만 알고, 네 번째는 여러 가지 요소들만 알고, 다섯 번째는 중생들의 성향과 의향만 알고, 여섯 번째는 [믿음 등] 기능의 예리함과 둔함만 알고, 일곱 번째는 禪과 함께 그들의 오염원 등만 알고, 여덟 번째는 전생에 경험했던 무더기들만 알고, 아홉 번째는 중생들의 죽음과 재생 연결만 알고, 열 번째는 진리의 정의만 안다. 반면에 일체지의 지혜는 이들을 통해 알아야 할 것과 그 보다 더 높은 것도 또한 꿰뚫어 안다. 그러나 이들의 역할을 모두 수행하지는 않는다. 그것은 禪이 되어 본삼매에 들 수도 없고, 신통이 되어 변화를 부릴 수도 없고, 도가 되어 오염원들을 버릴 수도 없기 때문이다."(AA.v.16)

49) PTS본의 경제목은 Adhimutti인데 이것은 Woodward의 지적대로 Adhivutti의 오기이다. 여기에 대해서는 아래의 주해를 참조할 것. 역자는 6차결집본의 경제목을 따랐다.

50) 원문은 adhivuttipada여야 하는데 Woodward의 지적대로 PTS본에는 adhimutti-pada로 오기되어 있다. PTS본 주석서에도 adhivuttipada로 나타난다.
"여기서 '교리들(adhivutti-padā)'이란 온, 처, 계의 법들을 말하고, 그런 것을 실현하게 하는 법들이란 십력과 일체지를 말한다."(AA.v.18)

알게 될 것이고, 저열한 것을 저열하다고 알게 될 것이고, 수승한 것을 수승하다고 알게 될 것이고, 위가 있는 것을 위가 있다고 알게 될 것이고, 위가 없는 것을 위가 없다고 알 수 있는 그런 법을, [견해에 사로잡힌] 자들에게 설하기 위함이다. 그대로 알아야 하고, 보아야 하고, 실현되어야 하는 것을 그대로 알고, 보고, 실현하는 것은 가능한 일이기 때문이다.

아난다여, 있는 그대로 아는 지혜[如實知]가 지혜들 가운데서 위없는 것이다. 나는 이러한 지혜보다 더 높고 더 수승한 다른 지혜는 없다고 말한다. 아난다여, 여래에게는 열 가지 여래의 힘이 있나니, 이러한 힘을 구족하여 여래는 대웅(大雄)의 위치를 천명하고 회중에서 사자후를 토하고 신성한 바퀴[梵輪]를 굴린다. 무엇이 열인가?"

3. "아난다여, 여기 여래는 원인을 원인이라고, 원인이 아닌 것을 원인이 아니라고 있는 그대로 꿰뚫어 안다. 아난다여, 원인을 원인이라고, 원인이 아닌 것을 원인이 아니라고 있는 그대로 꿰뚫어 아는 이것이 여래의 힘이니, 이런 힘이 생겼기 때문에 여래는 대웅의 위치를 천명하고 회중에서 사자후를 토하고 신성한 바퀴를 굴린다."

4. "다시 아난다여, 여래는 과거와 미래와 현재에 행한 업의 과보를 조건과 원인과 함께 있는 그대로 꿰뚫어 안다. … 여래의 힘이니 … 사자후를 토하고 신성한 바퀴를 굴린다."

5. "다시 아난다여, 여래는 모든 행처로 인도하는 길을 있는 그대로 꿰뚫어 안다. … 여래의 힘이니 … 사자후를 토하고 신성한 바퀴를 굴린다."

6. "다시 아난다여, 여래는 여러 요소[界]를 가졌고 다양한 요소를 가진 세상을 있는 그대로 꿰뚫어 안다. … 여래의 힘이니 … 사자후를 토하고 신성한 바퀴를 굴린다."

7. "다시 아난다여, 여래는 중생들의 다양한 성향을 있는 그대로 꿰뚫어 안다. … 여래의 힘이니 … 사자후를 토하고 신성한 바퀴를 굴린다."

8. "다른 중생들과 다른 인간들의 [믿음 등의] 기능[根]의 한계를 있는 그대로 꿰뚫어 안다. … 여래의 힘이니 … 사자후를 토하고 신성한 바퀴를 굴린다."

9. "다시 아난다여, 여래는 禪과 해탈과 삼매와 증득[等至]의 오염원과 깨끗함과 벗어남을 있는 그대로 꿰뚫어 안다. … 여래의 힘이니 … 사자후를 토하고 신성한 바퀴를 굴린다."

10. "다시 아난다여, 여래는 수많은 전생의 갖가지 삶들을 기억한다.[宿命通] 즉 한 생, 두 생, … 이처럼 한량없는 전생의 갖가지 모습들을 그 특색과 더불어 상세하게 기억해낸다. 아난다여, 여래가 수많은 전생의 갖가지 삶들을 기억하여 … 상세하게 기억해내는 이것도 여래의 힘이니 이런 힘이 생겼기 때문에 여래는 대웅의 위치를 천명하고 회중에서 사자후를 토하고 신성한 바퀴를 굴린다."

11. "다시, 아난다여, 여래는 청정하고 인간을 넘어선 신성한 눈[天眼]으로 중생들이 죽고 태어나고, … 중생들이 지은 바 그 업에

따라가는 것을 꿰뚫어 안다. 아난다여, 여래가 청정하고 인간을 넘어선 신성한 눈[天眼]으로 … 그 업에 따라가는 것을 꿰뚫어 아는 이것도 여래의 힘이니 이런 힘이 생겼기 때문에 여래는 대웅의 위치를 천명하고 회중에서 사자후를 토하고 신성한 바퀴를 굴린다."

12. "다시 아난다여, 여래는 모든 번뇌가 다하여 아무 번뇌가 없는 마음의 해탈[心解脫]과 통찰지를 통한 해탈[慧解脫]을 바로 지금 여기에서 스스로 최상의 지혜로 실현하고 구족하여 머문다. 아난다여, 여래가 모든 번뇌를 다하여 … 최상의 지혜로 실현하고 구족하여 머무는 이것도 여래의 힘이니 이런 힘이 생겼기 때문에 여래는 대웅의 위치를 천명하고 회중에서 사자후를 토하고 신성한 바퀴를 굴린다.

아난다여, 여래에게는 이러한 열 가지 여래의 힘이 있나니, 이러한 힘을 구족하여 여래는 대웅(大雄)의 위치를 천명하고 회중에서 사자후를 토하고 신성한 바퀴[梵輪]를 굴린다."

몸 경(A10:23)
Kāya-sutta

1. "비구들이여, 말이 아니라 몸으로 제거해야 할 법들이 있다. 비구들이여, 몸이 아니라 말로 제거해야 할 법들이 있다. 비구들이여, 몸으로도 말로도 제거할 수 없고 통찰지로 거듭 본 뒤 제거해야 하는 법들이 있다."

2. "비구들이여, 그러면 어떤 것이 말이 아니라 몸으로 제거해야 하는 법들인가? 비구들이여, 여기 비구는 몸으로 어떤 해로운 잘못을 범했다. 지혜로운 그의 동료 수행자들이 이런 그를 잘 파악하여 이렇게 말해준다. '존자는 몸으로 어떤 해로운 잘못을 범했습니다. 몸으로 짓는 나쁜 행위를 버리고 몸으로 짓는 좋은 행위를 닦으면 참으로 좋겠습니다.'라고. 그는 지혜로운 동료 수행자들이 해준 말을 잘 파악하여 몸으로 짓는 나쁜 행위를 버리고 몸으로 짓는 좋은 행위를 닦는다. 비구들이여, 이를 일러 말이 아니라 몸으로 제거해야 하는 법들이라 한다."

3. "비구들이여, 그러면 어떤 것이 몸이 아니라 말로 제거해야 하는 법들인가? 비구들이여, 여기 비구는 말로 어떤 해로운 잘못을 범했다. 지혜로운 그의 동료 수행자들이 이런 그를 잘 파악하여 이렇게 말해준다. '존자는 말로 어떤 해로운 잘못을 범했습니다. 말로 짓는 나쁜 행위를 버리고 말로 짓는 좋은 행위를 닦으면 참으로 좋겠습니다.'라고. 그는 지혜로운 동료 수행자들이 해준 말을 잘 파악하여 말로 짓는 나쁜 행위를 버리고 말로 짓는 좋은 행위를 닦는다. 비구들이여, 이를 일러 몸이 아니라 말로 제거해야 하는 법들이라 한다."

4. "비구들이여, 그러면 어떤 것이 몸으로도 말로도 제거할 수 없고 통찰지로 거듭 본 뒤 제거해야 하는 법들인가? 비구들이여, 탐욕은 몸으로도 말로도 제거할 수 없고 통찰지로 거듭 본 뒤 제거해야 하는 법들이다. 성냄은 … 어리석음은 … 분노는 … 원한은 … 위선은 … 앙심을 품음은 … 인색은 … 나쁜 질투는 몸으로도 말로도 제

거할 수 없고 통찰지로 거듭 본 뒤 제거해야 하는 법들이다."

5. "비구들이여, 그러면 어떤 것이 나쁜 질투인가? 비구들이여, 여기 장자나 장자의 아들에게 재물이나 곡식이나 은이나 금이 풍족하다. 그것에 대해 어떤 하인이나 심부름꾼에게 이런 생각이 든다. '오, 참으로 이 장자나 장자의 아들에게 재물이나 곡식이나 은이나 금이 풍족하지 않기를.' 혹은 사문이나 바라문이 의복과 탁발음식과 거처와 병구완을 위한 약품을 풍족하게 얻는다. 그것에 대해 다른 어떤 사문이나 바라문에게 이런 생각이 든다. '오, 참으로 이 존자가 의복과 탁발음식과 거처와 병구완을 위한 약품을 풍족하게 얻지 못하기를.' 비구들이여, 이를 일러 나쁜 질투라 한다."

6. "비구들이여, 나쁜 질투는 몸으로도 말로도 제거할 수 없고 통찰지로 거듭 본 뒤 제거해야 하는 것이다. 비구들이여, 나쁜 바람은 몸으로도 말로도 제거할 수 없고 통찰지로 거듭 본 뒤 제거해야 하는 것이다."

7. "비구들이여, 그러면 어떤 것이 나쁜 바람인가? 비구들이여, 여기 어떤 사람은 믿음이 없으면서 '사람들이 나를 믿음 있는 사람으로 알기를.'하고 바란다. 계행이 나쁘면서 '사람들이 나를 계를 지키는 사람으로 알기를.'하고 바란다. 적게 배웠으면서 '사람들이 나를 많이 배운 사람으로 알기를.'하고 바란다. 무리지어 살기를 좋아하면서 '사람들이 나를 한거하는 사람으로 알기를.'하고 바란다. 게으르면서 '사람들이 나를 열심히 정진하는 사람으로 알기를.'하고 바란다. 마음챙김을 놓아버렸으면서 '사람들이 나를 마음챙김을 확립한

사람으로 알기를.'하고 바란다. 삼매에 들지 못하면서 '사람들이 나를 삼매에 든 사람으로 알기를.'하고 바란다. 통찰지가 없으면서 '사람들이 나를 통찰지를 가진 사람으로 알기를.'하고 바란다. 번뇌를 다하지 못했으면서 '사람들이 나를 번뇌 다한 사람으로 알기를.'하고 바란다. 비구들이여, 이를 일러 나쁜 바람이라 한다. 비구들이여, 나쁜 바람은 몸으로도 말로도 제거할 수 없고 통찰지로 거듭 본 뒤 제거해야 하는 것이다."

8. "비구들이여, 만일 비구가 탐욕에 압도되어 헤매고, 성냄에 … 어리석음에 … 분노에 … 원한에 … 위선에 … 앙심을 품음에 … 인색에 … 나쁜 질투에 … 나쁜 바람에 압도되어 헤매면, 이 비구에 대해서는 이렇게 알아야 한다. '이 존자는 어떻게 꿰뚫어 알 때 탐욕이 더 이상 존재하지 않는지를 꿰뚫어 알지 못하는구나. 그래서 이 존자는 탐욕에 압도되어 헤매는구나. 이 존자는 어떻게 꿰뚫어 알 때 성냄이 … 어리석음이 … 분노가 … 원한이 … 위선이 … 앙심을 품음이 … 인색이 … 나쁜 질투가 … 나쁜 바람이 더 이상 존재하지 않는지를 꿰뚫어 알지 못하는구나. 그래서 이 존자는 나쁜 바람에 압도되어 헤매는구나.'라고."

9. "비구들이여, 만일 비구가 탐욕에 압도되어 헤매지 않고, 성냄에 … 어리석음에 … 분노에 … 원한에 … 위선에 … 앙심을 품음에 … 인색에 … 나쁜 질투에 … 나쁜 바람에 압도되어 헤매지 않으면, 이 비구에 대해서는 이렇게 알아야 한다. '이 존자는 어떻게 꿰뚫어 알 때 탐욕이 더 이상 존재하지 않는지를 꿰뚫어 아는구나. 그

래서 이 존자는 탐욕에 압도되어 헤매지 않는구나. 이 존자는 어떻게 꿰뚫어 알 때 성냄이 … 어리석음이 … 분노가 … 원한이 … 위선이 … 앙심을 품음이 … 인색이 … 나쁜 질투가 … 나쁜 바람이 더 이상 존재하지 않는지를 꿰뚫어 아는구나. 그래서 이 존자는 나쁜 바람에 압도되어 헤매지 않는구나.'라고."

쭌다 경(A10:24)[51]
Cunda-sutta

1. 한때 마하쭌다 존자는 쩨띠에서 사하자띠에 머물렀다.[52] 거기서 마하쭌다 존자는 "비구들이여."라고 비구들을 불렀다. "도반이시여."라고 비구들은 마하쭌다 존자에게 응답했다. 마하쭌다 존자는 이렇게 말했다.

2. "도반들이여, 비구가 '나는 이 법을 알고, 이 법을 봅니다.'라고 지혜에 대해 말한다 합시다. 그런데 만일 그 비구가 탐욕에 압도되어 그것에 빠져있고, 성냄에 … 어리석음에 … 분노에 … 원한에 … 위선에 … 앙심을 품음에 … 인색에 … 나쁜 질투에 … 나쁜 바람에 압도되어 그것에 빠져있다면, 이 비구에 대해서는 이렇게 알아야 합니다. '이 존자는 어떻게 꿰뚫어 알 때 탐욕이 더 이상 존재하지 않는지를 꿰뚫어 알지 못하는구나. 그래서 이 존자는 탐욕에 압도되어 그것에 빠져있구나. 이 존자는 어떻게 꿰뚫어 알 때 성냄이 … 어리

---

51) 6차결집본의 경제목은 '마하쭌다'(Mahācunda-sutta)이다.
52) 마하쭌다 존자(āyasmā Mahācunda)와 쩨띠(Ceti)에 대해서는 본서 제4권 「쭌다 경」(A6:46) §1의 주해를 참조할 것.

석음이 … 분노가 … 원한이 … 위선이 … 앙심을 품음이 … 인색이 … 나쁜 질투가 … 나쁜 바람이 더 이상 존재하지 않는지를 꿰뚫어 알지 못하는구나. 그래서 이 존자는 나쁜 바람에 압도되어 그것에 빠져있구나.'라고."

3. "도반들이여, 비구가 '나는 몸을 닦고, 계를 닦고, 마음을 닦고, 통찰지를 닦습니다.'라고 수행에 대해 말한다 합시다. 그런데 만일 그 비구가 탐욕에 압도되어 그것에 빠져있고, 성냄에 … 어리석음에 … 분노에 … 원한에 … 위선에 … 앙심을 품음에 … 인색에 … 나쁜 질투에 … 나쁜 바람에 압도되어 그것에 빠져있다면, 이 비구에 대해서는 이렇게 알아야 합니다. '이 존자는 어떻게 꿰뚫어 알 때 탐욕이 더 이상 존재하지 않는지를 꿰뚫어 알지 못하는구나. 그래서 이 존자는 탐욕에 압도되어 그것에 빠져있구나. 이 존자는 어떻게 꿰뚫어 알 때 성냄이 … 어리석음이 … 분노가 … 원한이 … 위선이 … 앙심을 품음이 … 인색이 … 나쁜 질투가 … 나쁜 바람이 더 이상 존재하지 않는지를 꿰뚫어 알지 못하는구나. 그래서 이 존자는 나쁜 바람에 압도되어 그것에 빠져있구나.'라고."

4. "도반들이여, 비구가 '나는 이 법을 알고, 이 법을 봅니다. 나는 몸을 닦고, 계를 닦고, 마음을 닦고, 통찰지를 닦습니다.'라고 지혜와 수행에 대해 말한다 합시다. 그런데 만일 그 비구가 탐욕에 압도되어 그것에 빠져있고, 성냄에 … 어리석음에 … 분노에 … 원한에 … 위선에 … 앙심을 품음에 … 인색에 … 나쁜 질투에 … 나쁜 바람에 압도되어 그것에 빠져있다면, 이 비구에 대해서는 이렇게 알아야

합니다. '이 존자는 어떻게 꿰뚫어 알 때 탐욕이 더 이상 존재하지 않는지를 꿰뚫어 알지 못하는구나. 그래서 이 존자는 탐욕에 압도되어 그것에 빠져있구나. 이 존자는 어떻게 꿰뚫어 알 때 성냄이 … 어리석음이 … 분노가 … 원한이 … 위선이 … 앙심을 품음이 … 인색이 … 나쁜 질투가 … 나쁜 바람이 더 이상 존재하지 않는지를 꿰뚫어 알지 못하는구나. 그래서 이 존자는 나쁜 바람에 압도되어 그것에 빠져있구나.'라고."

5. "도반들이여, 예를 들면 사람이 가난하면서도 번영에 대해 말하고, 재물이 없으면서도 재물에 대해 말하고, 재산이 없으면서도 재산에 대해 말할 수 있을 것입니다. 이런 그가 정작 재물을 마련할 기회가 왔을 때에도 재물이나 곡식이나 은이나 금을 벌어들이지 못한다 합시다. 그러면 사람들은 그에 대해 이렇게 알 것입니다. '이 존자는 가난하면서 번영에 대해 말하고, 재물이 없으면서 재물에 대해 말하고, 재산이 없으면서 재산에 대해 말하는구나.'라고. 그것은 무슨 이유 때문인가요? 그것은 정작 재물을 마련할 기회가 왔을 때 이 존자가 재물이나 곡식이나 은이나 금을 벌어들이지 못하기 때문입니다.

그와 같이 비구가 '나는 이 법을 알고, 이 법을 봅니다. 나는 몸을 닦고, 계를 닦고, 마음을 닦고, 통찰지를 닦습니다.'라고 지혜와 수행에 대해 말한다 합시다. 그런데 만일 그 비구가 탐욕에 압도되어 그것에 빠져있고, 성냄에 … 어리석음에 … 분노에 … 원한에 … 위선에 … 앙심을 품음에 … 인색에 … 나쁜 질투에 … 나쁜 바람에 압도되어 그것에 빠져있다면, 이 비구에 대해서는 이렇게 알아야 합니다. '이 존자는 어떻게 꿰뚫어 알 때 탐욕이 더 이상 존재하지 않는지를 꿰뚫어 알지 못하는구나. 그래서 이 존자는 탐욕에 압도되어 그것에 빠져있구나. 이 존자는 어떻게 꿰뚫어 알 때 성냄이 … 어리석음이 … 분노가 … 원한이 … 위선이 … 앙심을 품음이 … 인색이 … 나쁜 질투가 … 나쁜 바람이 더 이상 존재하지 않는지를 꿰뚫어 알지 못하는구나. 그래서 이 존자는 나쁜 바람에 압도되어 그것에 빠져있구나.'라고"

6. "도반들이여, 비구가 '나는 이 법을 알고, 이 법을 봅니다.'라고 지혜에 대해 말한다 합시다. 만일 그 비구가 탐욕에 압도되지 않아 그것에 빠져있지 않고, 성냄에 … 어리석음에 … 분노에 … 원한에 … 위선에 … 앙심을 품음에 … 인색에 … 나쁜 질투에 … 나쁜 바람에 압도되지 않아 그것에 빠져있지 않다면, 이 비구에 대해서는 이렇게 알아야 합니다. '이 존자는 어떻게 꿰뚫어 알 때 탐욕이 더 이상 존재하지 않는지를 꿰뚫어 아는구나. 그래서 이 존자는 탐욕에 압도되어 그것에 빠져있지 않구나. 이 존자는 어떻게 꿰뚫어 알 때 성냄이 … 어리석음이 … 분노가 … 원한이 … 위선이 … 앙심을 품음이 … 인색이 … 나쁜 질투가 … 나쁜 바람이 더 이상 존재하지 않는지를 꿰뚫어 아는구나. 그래서 이 존자는 나쁜 바람에 압도되어 그것에 빠져있지 않구나.'라고"

7. "도반들이여, 비구가 '나는 몸을 닦고, 계를 닦고, 마음을 닦고, 통찰지를 닦습니다.'라고 수행에 대해 말한다 합시다. 만일 그 비구가 탐욕에 압도되지 않아 그것에 빠져있지 않고, 성냄에 … 어리석음에 … 분노에 … 원한에 … 위선에 … 앙심을 품음에 … 인색에 …

나쁜 질투에 … 나쁜 바람에 압도되지 않아 그것에 빠져있지 않다면, 이 비구에 대해서는 이렇게 알아야 합니다. '이 존자는 어떻게 꿰뚫어 알 때 탐욕이 더 이상 존재하지 않는지를 꿰뚫어 아는구나. 그래서 이 존자는 탐욕에 압도되어 그것에 빠져있지 않구나. 이 존자는 어떻게 꿰뚫어 알 때 성냄이 … 어리석음이 … 분노가 … 원한이 … 위선이 … 앙심을 품음이 … 인색이 … 나쁜 질투가 … 나쁜 바람이 더 이상 존재하지 않는지를 꿰뚫어 아는구나. 그래서 이 존자는 나쁜 바람에 압도되어 그것에 빠져있지 않구나.'라고."

8. "도반들이여, 비구가 '나는 이 법을 알고, 이 법을 봅니다. 나는 몸을 닦고, 계를 닦고, 마음을 닦고, 통찰지를 닦습니다.'라고 지혜와 수행에 대해 말한다 합시다. 만일 그 비구가 탐욕에 압도되지 않아 그것에 빠져있지 않고, 성냄에 … 어리석음에 … 분노에 … 원한에 … 위선에 … 앙심을 품음에 … 인색에 … 나쁜 질투에 … 나쁜 바람에 압도되지 않아 그것에 빠져있지 않다면, 이 비구에 대해서는 이렇게 알아야 합니다. '이 존자는 어떻게 꿰뚫어 알 때 탐욕이 더 이상 존재하지 않는지를 꿰뚫어 아는구나. 그래서 이 존자는 탐욕에 압도되어 그것에 빠져있지 않구나. 이 존자는 어떻게 꿰뚫어 알 때 성냄이 … 어리석음이 … 분노가 … 원한이 … 위선이 … 앙심을 품음이 … 인색이 … 나쁜 질투가 … 나쁜 바람이 더 이상 존재하지 않는지를 꿰뚫어 아는구나. 그래서 이 존자는 나쁜 바람에 압도되어 그것에 빠져있지 않구나.'라고."

9. "도반들이여, 예를 들면 사람이 부자이면서 부(富)에 대해

말하고, 재물이 있으면서 재물에 대해 말하고, 재산이 있으면서 재산에 대해 말한다 합시다. 이런 그가 재물을 마련할 기회가 오면 재물이나 곡식이나 은이나 금을 벌어들인다 합시다. 그러면 사람들은 이렇게 그에 대해 알 것입니다. '이 존자는 부자이면서 부(富)에 대해 말하고, 재물이 있으면서 재물에 대해 말하고, 재산이 있으면서 재산에 대해 말하는구나.'라고. 그것은 무슨 이유 때문인가요? 재물을 마련할 기회가 올 때 이 존자는 재물이나 곡식이나 은이나 금을 벌어들이기 때문입니다.

그와 같이 비구가 '나는 이 법을 알고, 이 법을 봅니다. 나는 몸을 닦고, 계를 닦고, 마음을 닦고, 통찰지를 닦습니다.'라고 지혜와 수행에 대해 말한다 합시다. 만일 그 비구가 탐욕에 압도되지 않아 그것에 빠져있지 않고, 성냄에 … 어리석음에 … 분노에 … 원한에 … 위선에 … 앙심을 품음에 … 인색에 … 나쁜 질투에 … 나쁜 바람에 압도되지 않아 그것에 빠져있지 않다면, 이 비구에 대해서는 이렇게 알아야 합니다. '이 존자는 어떻게 꿰뚫어 알 때 탐욕이 더 이상 존재하지 않는지를 꿰뚫어 아는구나. 그래서 이 존자는 탐욕에 압도되어 그것에 빠져있지 않구나. 이 존자는 어떻게 꿰뚫어 알 때 성냄이 … 어리석음이 … 분노가 … 원한이 … 위선이 … 앙심을 품음이 … 인색이 … 나쁜 질투가 … 나쁜 바람이 더 이상 존재하지 않는지를 꿰뚫어 아는구나. 그래서 이 존자는 나쁜 바람에 압도되어 그것에 빠져있지 않구나.'라고."

까시나 경(A10:25)[53]
Kasiṇa-sutta

1. "비구들이여, 열 가지 까시나의 장소[54]가 있다. 무엇이 열인가?"

2. "어떤 자는 위로 아래로 옆으로 둘이 아니며[55] 제한이 없는[56] 땅의 까시나를 인식한다.

… 물의 까시나를 인식한다.

… 불의 까시나를 인식한다.

---

53) 본경과 같은 내용이 『디가 니까야』 제3권 「합송경」(D33) §3.3 (2)와 「십상경」(D34) §2.3 (2)에도 나타나고 있다.

54) "전체(sakala)라는 뜻에서 '까시나(kasiṇa)'라 한다. 그 [까시나]를 대상으로 일어난 법들의 들판(khetta)이라는 뜻에서 혹은 확고하게 머무는 곳(adhiṭṭhāna)이라는 뜻에서 '장소(āyatana)'라 한다."(AA.v.19)

55) "'둘이 아니라는 것(advaya)'은 땅의 까시나 등 [여러 까시나] 가운데서 하나가 다른 상태로 되지 않는다는 뜻이다. 예를 들면 물에 들어간 사람에게 사방이 모두 물뿐이요 다른 것이 없는 것과 같다. 그와 같이 오직 땅의 까시나만 있을 뿐이지 다른 까시나가 섞이지 못한다. 이것은 다른 까시나에도 다 적용된다."(AA.v.20)

56) "'제한이 없음(appamāṇa)'이란 그 까시나를 확장함에 제한이 없음(pharaṇa-appamāṇa)을 말한다. 마음으로 그것을 확장할 때 전체적으로(sakalaṁ) 하지 '이것은 처음이고 이것은 중간이다.'라고 한계를 취하지 않기 때문이다."(*Ibid*)
덧붙여 복주서는 다음과 같이 설명한다.
"마음으로 확장한다(cetasā pharanta)는 것은 닦은 마음(bhāvanā-citta)으로 대상을 확장한다는 것이다. 왜냐하면 닦은 마음은 까시나가 제한적(paritta)이건 광대(vipula)하건 전체적으로(sakala) 마음에 잡도리하지, 일부분(ekadesa)만 잡도리하지 않기 때문이다."(AAṬ.iii.321)

… 바람의 까시나를 인식한다.
　… 파란색의 까시나를 인식한다.
　… 노란색의 까시나를 인식한다.
　… 빨간색의 까시나를 인식한다.
　… 흰색의 까시나를 인식한다.
　… 허공의 까시나를 인식한다.
　어떤 자는 위로 아래로 옆으로 둘이 아니며 제한이 없는 알음알이의 까시나57)를 인식한다.
　비구들이여, 이러한 열 가지 까시나의 장소가 있다."

깔리 경(A10:26)
Kāḷī-sutta

1.　한때 마하깟짜나 존자58)가 아완띠59)에서 꾸라라가라의 산

---

57) "여기서 '알음알이의 까시나'라는 것은 까시나를 제거한(ugghāṭi) 허공에 대해 생긴 알음알이이다."(*Ibid*) 까시나를 제거한 허공에 대해서는 『청정도론』 X.8 이하를 참조할 것.

58) 우리에게 가전연 존자로 잘 알려진 마하깟짜나(Mahā-Kaccāna) 혹은 마하깟짜야나(Mahā-Kacāyana, 본서에는 두 가지 표현이 다 나타난다.) 존자에 대해서는 본서 제1권 「하나의 모음」(A1:14:1-10)의 주해를 참조할 것.

59) 아완띠(Avanti)는 옛 인도 중원의 16국(Mahājanapada) 가운데 하나로 마가다(Magadha)와 꼬살라(Kosala)와 왐사(Vaṁsa, Vatsa)와 더불어 4대 강국으로 꼽혔다고 한다. 수도는 웃제니(Ujjenī, 지금의 Ujain)와 마힛사띠(Māhissati)였다. 한때 아완띠는 북쪽과 남쪽(Avanti Dakkhiṇā-patha)으로 분리되어 있었다고 하며, 이 둘은 각각의 수도였다고도 한다. 부처님 당시에는 빳조따 왕이 통치하였으며, 그는 그의 불같은 성품 때문에 짠다빳조따(Caṇḍa-Pajjota)로 잘 알려졌다.(Vin.i.277)

협(山峽)60)에 머물렀다. 그때 꾸라라가라에 사는 깔리 청신녀61)가 마하깟짜나 존자에게 다가갔다. 가서는 마하깟짜나 존자에게 절을 올리고 한 곁에 앉았다. 꾸라라가라에 사는 깔리 청신녀는 한 곁에 앉아서 마하깟짜나 존자에게 이렇게 말했다.

2. "존자시여, 세존께서는 『상윳따 니까야』「마라 상윳」(S4)의「처녀들의 질문」62)에서 이렇게 설하셨습니다.

'이익을 얻고 마음의 평화를 얻어63)

마하깟짜나 존자는 이 짠다빳조따 왕의 궁중제관의 아들로 태어났으며 그의 부친이 죽은 뒤 대를 이어 궁중제관이 되었다. 그는 짠다빳조따 왕의 명으로 일곱 명의 친구들과 함께 부처님을 웃제니로 초대하기 위해 부처님께 갔다가 설법을 듣고 무애해를 갖춘 아라한이 되어 출가하였다.(AA.i.206)
이런 이유 때문에 마하깟짜나 존자는 아완띠와는 인연이 많으며 특히 본경에서 언급되는 꾸라라가라(Kuraraghara)와는 많은 인연이 있었던 듯하다. 그리고 본서「하나의 모음」에서 으뜸가는 사부대중으로 언급되고 있는 소나 꾸띠깐나(Soṇa Kuṭikaṇṇa) 존자(본서 A1:14:2-9 참조)와 까띠야니(Kātiyānī) 청신녀(본서 A1:14:7~8 참조)도 이곳 출신이었다.

60) 본경에서는 pavatta pabbata로 나타나는데 S.iii.9 등『상윳따 니까야』의 몇몇 경에는 papāta pabbata로 나타난다.『상윳따 니까야』를 따라서 '산협(山峽)'으로 옮겼다.

61) 꾸라라가라에 사는 깔리(Kāḷī Kuraragharikā) 청신녀는 이곳 꾸라라가라 출신이다. 그녀는 소나 꾸띠깐나 존자(본서 A1:14:2~9 참조)의 어머니였다고 한다. 그녀는 소문을 통해서도 청정한 믿음을 일으키는 자들 가운데 으뜸이라고 본서「하나의 모음」은 밝히고 있다.(A1:14:7~10 참조)

62) 『상윳따 니까야』「마라 상윳」(Māra-saṁyutta, S4)「마라의 딸 경」(Māradhītu-sutta, S4:25/i.126)에서 마라의 딸 딴하(Taṇhā)가 세존을 비난하며 읊은 게송에 대한 세존의 대답으로 나타나는 게송이다.

사랑스럽고 매혹적인 모습을 한 군대를64) 이기고
나는 홀로 참선하며 행복을 깨달았노라.
그러므로 사람들과 더불어 친구를 사귀지 않나니
나는 어떤 사람과도 친구를 맺지 않노라.'65)

존자시여, 세존께서 간략하게 설하신 이 말씀의 뜻을 어떻게 상세하게 알아야 합니까?"

3. "누이여,66) 땅의 까시나를 증득하는 것을 최상으로 여기는 어떤 사문·바라문들은 그것으로 이익을 성취했습니다. 누이여, 그러나 땅의 까시나의 증득에 관한 한, 세존께서는 최고의 경지를 최상의 지혜로 아셨습니다. 그것을 최상의 지혜로 아신 뒤 세존께서는 일어남을 보셨고, 위험을 보셨고, 벗어남을 보셨고, 도와 도아님에 대한 지와 견을 보셨습니다. 그분은 일어남과 위험과 벗어남과 도와

---

63) "이 두 구절은 아라한의 상태(arahatta)를 나타낸 것이다."(AA.v.21)

64) "'군대(sena)'는 탐욕 등의 오염원의 군대(kilesa-sena)를 말한다. 오염원은 사랑스럽고 매혹적인 대상(vatthu)에 대해서 일어나기 때문에 '사랑스럽고 매혹적인 모습을 하고 있다.(piya-sāta-rūpaṁ)'고 말했다."(*Ibid*)

65) "이 뜻은 이렇다. 사랑스런 모습과 매혹적인 모습을 한 군대를 이기고 나는 홀로 명상하면서(jhāyanta) '이익을 얻고 마음의 평화를 얻었다.'고 말한 아라한의 행복(arahatta-sukha)을 꿰뚫었다. 그러므로 사람과 더불어 친구를 맺지 않았고, 그리하여 어떤 사람들과도 사귀지 않는다."(AAṬ. iii.321)

66) 여기서 '누이(bhagini)'는 꾸라라가라에 사는 깔리(Kālī Kuraragharikā) 청신녀를 칭하는 것이다. 초기경에서 비구들이 비구니들이나 청신녀를 부를 때 이 호칭을 사용하고 있다.

도아님에 대한 지와 견을 보셨기 때문에 이익을 얻었고 마음의 평화를 아셨습니다.67)

누이여, 물의 까시나를 증득하는 것을 최상으로 여기는 … 불의 까시나를 증득하는 것을 최상으로 여기는 … 바람의 까시나를 증득하는 것을 최상으로 여기는 … 파란색의 까시나를 증득하는 것을 최상으로 여기는 … 노란색의 까시나를 증득하는 것을 최상으로 여기는 … 빨간색의 까시나를 증득하는 것을 최상으로 여기는 … 흰색의 까시나를 증득하는 것을 최상으로 여기는 … 허공의 까시나를 증득하는 것을 최상으로 여기는 … 알음알이의 까시나를 증득하는 것을 최상으로 여기는 어떤 사문·바라문들은 그것으로 이익을 성취했습니다. 누이여, 그러나 알음알이의 까시나의 증득에 관한 한 최고의 경지를 세존께서는 최상의 지혜로 아셨습니다. 그것을 최상의 지혜로 아신 뒤 세존께서는 일어남을 보셨고, 위험을 보셨고, 벗어남을 보셨고, 도와 도아님에 대한 지와 견을 보셨습니다. 그분은 일어남과 위험과 벗어남과 도와 도아님에 대한 지와 견을 보셨기 때문에 이익을 얻었고 마음의 평화를 아셨습니다.

누이여, 그래서 세존께서는 『상윳따 니까야』 「마라 상응」(S4)의 「처녀들의 질문」에서 이렇게 설하셨습니다.

---

67) "'일어남(adi)'이란 집제(集諦, samudaya-sacca)를, '위험(ādīnava)'이란 고제를, '벗어남(nissaraṇa)'이란 멸제를, '도와 도 아님에 대한 지와 견(maggāmaggañāṇadassana)'이란 도제를 말한다. 그것을 보셨다. '이익을 얻었다.(atthassa patti)'는 것은 이 네 가지 성스러운 진리를 보셨기 때문에 아라한과(arahatta)라 불리는 이익을 얻었고, 모든 근심과 열병을 가라앉혔기(sabba-daratha-pariḷāha-vūpasantatā) 때문에 '마음이 평화롭다(hadayassa santi)고 한 것이다."(AA.v.21)

'이익을 얻고 마음의 평화를 얻어
사랑스럽고 매혹적인 모습을 한 군대를 이기고
나는 홀로 참선하며 행복을 깨달았노라.
그러므로 사람들과 더불어 친구를 사귀지 않나니
나는 어떤 사람과도 친구를 맺지 않노라.'

누이여, 세존께서 간략하게 설하신 이 말씀의 뜻을 이렇게 상세하게 알아야 합니다."

큰 질문 경1(A10:27)
Mahāpañhā-sutta

1. 한때 세존께서는 사왓티에서 제따 숲의 급고독원에서 머무셨다. 그때 많은 비구들이 오전에 옷매무새를 가다듬고 발우와 가사를 수하고 사왓티로 탁발을 갔다. 그때 비구들에게 이런 생각이 들었다. '지금 사왓티로 탁발을 가는 것은 너무 이르다. 우리는 지금 외도 유행승들의 원림으로 가는 것이 좋겠다.'라고. 그리고 비구들은 외도 유행승들의 원림으로 갔다. 가서는 외도 유행승들과 함께 환담을 나누었다. 유쾌하고 기억할 만한 이야기로 서로 담소를 하고서 한 곁에 앉았다. 한 곁에 앉은 비구들에게 외도 유행승들은 이렇게 말했다.

2. "도반들이여, 사문 고따마는 제자들에게 '오라, 비구들이여. 그대들은 일체법을 최상의 지혜로 알라. 일체법을 항상 최상의 지혜로 알면서 머물라.'라고 법을 설합니다. 도반들이여, 우리도 제자들에게 '오라, 도반들이여. 그대들은 일체법을 최상의 지혜로 알라. 일체

법을 항상 최상의 지혜로 알면서 머물라.'라고 법을 설합니다. 도반들이여, 그러면 법을 설하는 것과 교훈을 주는 것에 관한 한 사문 고따마와 우리 사이에 차이점은 무엇이고, 특별한 점은 무엇이고, 다른 점은 무엇입니까?"

3. 그때 비구들은 외도 유행승들의 말을 인정하지도 못하고 공박하지도 못했다. 인정하지도 공박하지도 못한 채 '우리는 세존의 곁에 가서 이 말의 뜻을 [여쭈어서] 정확하게 알아보리라.'라고 [생각하며] 자리에서 일어나 나왔다.

그때 비구들은 사왓티에서 탁발을 하여 공양을 마치고 탁발에서 돌아와 세존께 다가갔다. 가서는 세존께 절을 올리고 한 곁에 앉았다. 한 곁에 앉아서 비구들은 세존께 이렇게 말씀드렸다.

4. "세존이시여, 저희는 오전에 옷매무새를 가다듬고 발우와 가사를 수하고 사왓티로 탁발을 갔습니다. … 한 곁에 앉은 저희들에게 외도 유행승들은 이렇게 말했습니다. '도반들이여, 사문 고따마는 제자들에게 '오라, 비구들이여. 그대들은 일체법을 최상의 지혜로 알라. 일체법을 항상 최상의 지혜로 알면서 머물라.'라고 법을 설합니다. 도반들이여, 우리도 제자들에게 '오라, 도반들이여. 그대들은 일체법을 최상의 지혜로 알라. 일체법을 항상 최상의 지혜로 알면서 머물라.'라고 법을 설합니다. 도반들이여, 그러면 법을 설하는 것과 교훈을 주는 것에 관한 한 사문 고따마와 우리 사이에 차이점은 무엇이고, 특별한 점은 무엇이고, 다른 점은 무엇입니까?'라고.

그때 저희들은 외도 유행승들의 말을 인정하지도 못하고 공박하지도 못했습니다. 인정하지도 공박하지도 못한 채 '우리는 세존의 곁에 가서 이 말의 뜻을 [여쭈어서] 정확하게 알아보리라.'라고 [생각하며] 자리에서 일어나 나왔습니다."

5. "비구들이여, 그렇게 말하는 외도 유행승들에게는 이와 같이 말해주어야 한다. '도반들이여, 하나에 대한 질문과 하나에 대한 개요와 하나에 대한 설명이 있고, 둘에 대한 질문과 둘에 대한 개요와 둘에 대한 설명이 있고, 셋에 대한 질문과 셋에 대한 개요와 셋에 대한 설명이 있고, 넷에 대한 질문과 넷에 대한 개요와 넷에 대한 설명이 있고, 다섯에 대한 질문과 다섯에 대한 개요와 다섯에 대한 설명이 있고, 여섯에 대한 질문과 여섯에 대한 개요와 여섯에 대한 설명이 있고, 일곱에 대한 질문과 일곱에 대한 개요와 일곱에 대한 설명이 있고, 여덟에 대한 질문과 여덟에 대한 개요와 여덟에 대한 설명이 있고, 아홉에 대한 질문과 아홉에 대한 개요와 아홉에 대한 설명이 있고, 열에 대한 질문과 열에 대한 개요와 열에 대한 설명이 있습니다.'라고

비구들이여, 이렇게 말하면 외도 유행승들은 아무 대답을 하지 못할 뿐만 아니라 더 큰 곤경에 처하게 될 것이다. 그것은 무슨 이유 때문인가? 그들의 영역을 벗어났기 때문이다. 비구들이여, 나는 신을 포함하고 마라를 포함하고 범천을 포함하고 사문·바라문을 포함하고 신과 인간을 포함한 이 세상에서 이 질문들에 대한 설명으로 마음을 흡족하게 할 자는 여래나 여래의 제자나 혹은 여래나 여래의 제자로부터 그것을 들은 자가 아니고는 그 누구도 보지 못한다."

6. "'하나에 대한 질문과 하나에 대한 개요와 하나에 대한 설명이 있다.'라고 한 것은 무슨 이유로 그렇게 말했는가? 비구들이여, 비구는 한 가지 법에 대해 바르게 염오하고, 바르게 탐욕을 빛바래고, 바르게 해탈하고, 바르게 그 한계를 보고,68) 바르게 의미를 관통하면서 지금여기에서 괴로움을 끝낸다. 어떤 한 가지 법에 대해서 인가?69)

모든 중생들은 음식70)으로 생존한다.71)

비구들이여, 비구는 이러한 한 가지 법에 대해 바르게 염오하고, 바르게 탐욕을 빛바래고, 바르게 해탈하고, 바르게 그 한계를 보고, 바르게 의미를 관통하면서 지금여기에서 괴로움을 끝낸다. '하나에 대한 질문과 하나에 대한 개요와 하나에 대한 설명이 있다.'라고 한

---

68) "일어남과 사그라짐(udaya-bbaya)을 통해 한계를 짓고, 처음과 마지막(pubbanta-aparanta)을 봄으로써 바르게 그 '한계를 보는 자(pariyanta-dassāvi)'가 된다는 뜻이다."(AA.v.23)

69) "'한 가지 법에 대해'라고 한 것은 개요(uddesa)를 나타내고, '어떤 한 가지 법에 대해서인가?'라고 한 것은 질문(pañha)을 나타내고, '모든 중생들은 음식으로 생존한다.'라고 한 것은 설명(veyyākaraṇa)이다. 나머지에도 이 방법이 적용된다."(*Ibid*) 이 문장은 『디가 니까야』 제3권 「합송경」(D33) §1.8 (1)에서도 하나의 법의 맨 처음에 언급되고 있다.

70) "여기서는 방편(pariyāya)으로 조건(paccaya)을 두고 음식(āhāra)이라 부른다."(AA.v.23~24) 즉 모든 중생들은 조건이 있기 때문에 생존한다는 의미가 된다.

71) "'모든 중생(sabbe sattā)'이란 욕계 존재 등과 한 가지 무더기를 가진 존재(ekavokāra-bhava) 등 모든 존재의 모든 중생들을 뜻한다. '음식으로 생존한다.(āhāra-ṭṭhitikā)'는 것은 음식으로부터 그들이 생존한다는 뜻이다. 그러므로 모든 중생들이 생존하는 원인(ṭhiti-hetu)은 음식(āhāra, 즉 조건)이라 부르는 한 가지 법이다."(AA.v.23)

것은 이런 이유로 그렇게 말했다."

7. "'둘에 대한 질문과 둘에 대한 개요와 둘에 대한 설명이 있다.'라고 한 것은 무슨 이유로 그렇게 말했는가? 비구들이여, 비구는 두 가지 법에 대해 바르게 염오하고, 바르게 탐욕을 빛바래고, 바르게 해탈하고, 바르게 그 한계를 보고, 바르게 의미를 관통하면서 지금여기에서 괴로움을 끝낸다. 어떤 두 가지 법에 대해서인가?

정신[名]과 물질[色]72)에 대해서다.

비구들이여, 비구는 이러한 두 가지 법에 대해 바르게 염오하고, 바르게 탐욕을 빛바래고, 바르게 해탈하고, 바르게 그 한계를 보고, 바르게 의미를 관통하면서 지금여기에서 괴로움을 끝낸다. '둘에 대한 질문과 둘에 대한 개요와 둘에 대한 설명이 있다.'라고 한 것은 이런 이유로 그렇게 말했다."

8. "'셋에 대한 질문과 셋에 대한 개요와 셋에 대한 설명이 있다.'라고 한 것은 무슨 이유로 그렇게 말했는가? 비구들이여, 비구는 세 가지 법에 대해 바르게 염오하고, 바르게 탐욕을 빛바래고, 바르게 해탈하고, 바르게 그 한계를 보고, 바르게 의미를 관통하면서 지금여기에서 괴로움을 끝낸다. 어떤 세 가지 법에 대해서인가?

세 가지 느낌[受]73)에 대해서다.

---

72) 오온 가운데 수온・상온・행온・식온은 '정신[名, nāma]'에 해당하고 색온은 '물질[色, rūpa]'에 해당한다.

73) '세 가지 느낌[受, vedanā]'은 괴로운 느낌[苦受, dukkha-vedanā], 즐거운 느낌[樂受, sukha-vedanā], 괴롭지도 즐겁지도 않은 느낌[不苦不樂受, adukkhamasukha-vedanā]이다.

비구들이여, 비구는 이러한 세 가지 법에 대해 바르게 염오하고, 바르게 탐욕을 빛바래고, 바르게 해탈하고, 바르게 그 한계를 보고, 바르게 의미를 관통하면서 지금여기에서 괴로움을 끝낸다. '셋에 대한 질문과 셋에 대한 개요와 셋에 대한 설명이 있다.'라고 한 것은 이런 이유로 그렇게 말했다."

9. "'넷에 대한 질문과 넷에 대한 개요와 넷에 대한 설명이 있다.'라고 한 것은 무슨 이유로 그렇게 말했는가? 비구들이여, 비구는 네 가지 법에 대해 바르게 염오하고, 바르게 탐욕을 빛바래고, 바르게 해탈하고, 바르게 그 한계를 보고, 바르게 의미를 관통하면서 지금여기에서 괴로움을 끝낸다. 어떤 네 가지 법에 대해서인가?

네 가지 음식74)에 대해서다.

비구들이여, 비구는 이러한 네 가지 법에 대해 바르게 염오하고, 바르게 탐욕을 빛바래고, 바르게 해탈하고, 바르게 그 한계를 보고, 바르게 의미를 관통하면서 지금여기에서 괴로움을 끝낸다. '넷에 대한 질문과 넷에 대한 개요와 넷에 대한 설명이 있다.'라고 한 것은 이런 이유로 그렇게 말했다."

10. "'다섯에 대한 질문과 다섯에 대한 개요와 다섯에 대한 설명이 있다.'라고 한 것은 무슨 이유로 그렇게 말했는가? 비구들이여, 비구는 다섯 가지 법에 대해 바르게 염오하고, 바르게 탐욕을 빛바래

---

74) '네 가지 음식[食, āhāra]'은 덩어리로 된 음식[段食, kabaḷīkāra-āhāra], 감각접촉의 음식[觸食, phassa-āhāra], 의도의 음식[意思食, manosañcetanā-āhāra], 알음알이의 음식[識食, viññāṇa-āhāra]이다. 설명은 『아비담마 길라잡이』 7장 §21의 해설을 참조할 것.

고, 바르게 해탈하고, 바르게 그 한계를 보고, 바르게 의미를 관통하면서 지금여기에서 괴로움을 끝낸다. 어떤 다섯 가지 법에 대해서인가?

다섯 가지 [나 등으로] 취착하는 무더기[五取蘊]에 대해서다.

비구들이여, 비구는 이러한 다섯 가지 법에 대해 바르게 염오하고, 바르게 탐욕을 빛바래고, 바르게 해탈하고, 바르게 그 한계를 보고, 바르게 의미를 관통하면서 지금여기에서 괴로움을 끝낸다. '다섯에 대한 질문과 다섯에 대한 개요와 다섯에 대한 설명이 있다.'라고 한 것은 이런 이유로 그렇게 말했다."

11. "'여섯에 대한 질문과 여섯에 대한 개요와 여섯에 대한 설명이 있다.'라고 한 것은 무슨 이유로 그렇게 말했는가? 비구들이여, 비구는 여섯 가지 법에 대해 바르게 염오하고, 바르게 탐욕을 빛바래고, 바르게 해탈하고, 바르게 그 한계를 보고, 바르게 의미를 관통하면서 지금여기에서 괴로움을 끝낸다. 어떤 여섯 가지 법에 대해서인가?

여섯 가지 안의 감각장소[六內入處]75)에 대해서다.

비구들이여, 비구는 이러한 여섯 가지 법에 대해 바르게 염오하고, 바르게 탐욕을 빛바래고, 바르게 해탈하고, 바르게 그 한계를 보고, 바르게 의미를 관통하면서 지금여기에서 괴로움을 끝낸다. '여섯에 대한 질문과 여섯에 대한 개요와 여섯에 대한 설명이 있다.'라고 한 것은 이런 이유로 그렇게 말했다."

12. "'일곱에 대한 질문과 일곱에 대한 개요와 일곱에 대한 설

---

75) '여섯 가지 안의 감각장소[六內入處, ajjhattika āyatana]'는 눈·귀·코·혀·몸·마노[眼·耳·鼻·舌·身·意]이다. 여섯 가지 안의 감각장소에 대해서는 『청정도론』 XV.1~16을 참조할 것.

명이 있다.'라고 한 것은 무슨 이유로 그렇게 말했는가? 비구들이여, 비구는 일곱 가지 법에 대해 바르게 염오하고, 바르게 탐욕을 빛바래고, 바르게 해탈하고, 바르게 그 한계를 보고, 바르게 의미를 관통하면서 지금여기에서 괴로움을 끝낸다. 어떤 일곱 가지 법에 대해서인가?

일곱 가지 알음알이의 거주처76)에 대해서다.

비구들이여, 비구는 이러한 일곱 가지 법에 대해 바르게 염오하고, 바르게 탐욕을 빛바래고, 바르게 해탈하고, 바르게 그 한계를 보고, 바르게 의미를 관통하면서 지금여기에서 괴로움을 끝낸다. '일곱에 대한 질문과 일곱에 대한 개요와 일곱에 대한 설명이 있다.'라고 한 것은 이런 이유로 그렇게 말했다."

13. "'여덟에 대한 질문과 여덟에 대한 개요와 여덟에 대한 설명이 있다.'라고 한 것은 무슨 이유로 그렇게 말했는가? 비구들이여, 비구는 여덟 가지 법에 대해 바르게 염오하고, 바르게 탐욕을 빛바래고, 바르게 해탈하고, 바르게 그 한계를 보고, 바르게 의미를 관통하면서 지금여기에서 괴로움을 끝낸다. 어떤 여덟 가지 법에 대해서인가?

여덟 가지 세상의 법77)에 대해서다.

비구들이여, 비구는 이러한 여덟 가지 법에 대해 바르게 염오하고, 바르게 탐욕을 빛바래고, 바르게 해탈하고, 바르게 그 한계를 보고, 바르게 의미를 관통하면서 지금여기에서 괴로움을 끝낸다. '여덟에 대한 질문과 여덟에 대한 개요와 여덟에 대한 설명이 있다.'라고 한

---

76) '일곱 가지 알음알이의 거주처(viññāṇa-ṭṭhiti)'에 대해서는 본서 제4권 「거주처 경」(A7:41)을 참조할 것.

77) '여덟 가지 세상의 법(loka-dhamma)'은 본서 제5권 「세상의 법 경」 1(A8:5)과 「세상의 법 경」 2(A8:6)를 참조할 것.

것은 이런 이유로 그렇게 말했다."

14. "'아홉에 대한 질문과 아홉에 대한 개요와 아홉에 대한 설명이 있다.'라고 한 것은 무슨 이유로 그렇게 말했는가? 비구들이여, 비구는 아홉 가지 법에 대해 바르게 염오하고, 바르게 탐욕을 빛바래고, 바르게 해탈하고, 바르게 그 한계를 보고, 바르게 의미를 관통하면서 지금여기에서 괴로움을 끝낸다. 어떤 아홉 가지 법에 대해서인가?

아홉 가지 중생의 거처78)에 대해서다.

비구들이여, 비구는 이러한 아홉 가지 법에 대해 바르게 염오하고, 바르게 탐욕을 빛바래고, 바르게 해탈하고, 바르게 그 한계를 보고, 바르게 의미를 관통하면서 지금여기에서 괴로움을 끝낸다. '아홉에 대한 질문과 아홉에 대한 개요와 아홉에 대한 설명이 있다.'라고 한 것은 이런 이유로 그렇게 말했다."

15. "'열에 대한 질문과 열에 대한 개요와 열에 대한 설명이 있다.'라고 한 것은 무슨 이유로 그렇게 말했는가? 비구들이여, 비구는 열 가지 법에 대해 바르게 염오하고, 바르게 탐욕을 빛바래고, 바르게 해탈하고, 바르게 그 한계를 보고, 바르게 의미를 관통하면서 지금여기에서 괴로움을 끝낸다. 어떤 열 가지 법에 대해서인가?

열 가지 해로운 업의 길[十不善業道]79)에 대해서다.

---

78) '아홉 가지 중생의 거처(sattāvāsa)'는 본서 제5권 「중생 경」 (A9:24)을 참조할 것.

79) '열 가지 해로운 업의 길[十不善業道, dasa-akusala-kammapatha]'은 생명을 죽임, 주지 않은 것을 가짐, 삿된 음행, 거짓말, 중상모략, 욕설, 잡담, 탐욕, 악의, 삿된 견해를 말한다.

비구들이여, 비구는 이러한 열 가지 법에 대해 바르게 염오하고, 바르게 탐욕을 빛바래고, 바르게 해탈하고, 바르게 그 한계를 보고, 바르게 의미를 관통하면서 지금여기에서 괴로움을 끝낸다. '열에 대한 질문과 열에 대한 개요와 열에 대한 설명이 있다.'라고 한 것은 이런 이유로 그렇게 말했다."

큰 질문 경2(A10:28)

1. 한때 세존께서는 까장갈라80)에서 대나무 숲에 머무셨다. 그때 많은 까장갈라 청신사들이 까장갈라 비구니81)에게 다가갔다. 가서는 까장갈라 비구니에게 절을 올리고 한 곁에 앉았다. 한 곁에 앉은 까장갈라의 청신사들은 까장갈라 비구니에게 이렇게 말했다.

2. "스님,82) 세존께서는 큰 질문에 대해 이렇게 말씀하셨습니

---

80) 까장갈라(Kajaṅgalā)는 인도 중원(Majjhimadesa)의 동쪽 경계에 해당하는 도시이다.(AAṬ.iii.302) 부처님 당시에 아주 번창한 곳이었다고 한다. 현장의 『대당서역기』에도 언급되어 있다고 한다. 부처님께서는 본경에 언급되어 있는 이곳의 대나무 숲과 무켈루 숲(M152)에 머물기도 하셨다.

81) 까장갈라 비구니(Kajaṅgalā bhikkhuni)는 본경에만 언급되는 비구니인데 복주서는 까장갈라에 사는 비구니라고만 설명하고 있다. 부처님과 제자들의 전기를 다루고 있는『아와다나 샤따까』(Avadāna-śataka, ii.41 ff)에 그녀에 대한 이야기가 자세하게 언급되어 있다고 한다.

82) 경에서 비구를 지칭하는 호격으로는 bhante(존자시여)라는 단어가 사용되지만, 비구니를 지칭하는 호격으로는 ayye(누이여)가 사용되고 있다. 여기서 스님으로 옮긴 단어는 ayye(누이여)인데, 이를 우리의 관습에 맞게 '스님'으로 옮겼다.

다. '하나에 대한 질문과 하나에 대한 개요와 하나에 대한 설명이 있고, 둘에 대한 질문과 둘에 대한 개요와 둘에 대한 설명이 있고, 셋에 대한 질문과 셋에 대한 개요와 셋에 대한 설명이 있고, 넷에 대한 질문과 넷에 대한 개요와 넷에 대한 설명이 있고, 다섯에 대한 질문과 다섯에 대한 개요와 다섯에 대한 설명이 있고, 여섯에 대한 질문과 여섯에 대한 개요와 여섯에 대한 설명이 있고, 일곱에 대한 질문과 일곱에 대한 개요와 일곱에 대한 설명이 있고, 여덟에 대한 질문과 여덟에 대한 개요와 여덟에 대한 설명이 있고, 아홉에 대한 질문과 아홉에 대한 개요와 아홉에 대한 설명이 있고, 열에 대한 질문과 열에 대한 개요와 열에 대한 설명이 있다.'라고, 스님, 세존께서 간략하게 설해주신 이 말씀의 뜻을 어떻게 상세하게 이해해야 합니까?"

3. "도반들이여, 나는 세존의 면전에서 직접 들은 바도 없고 이해한 바도 없고, 또한 마음을 닦는 비구들의 면전에서 직접 들은 바도 없고 이해한 바도 없습니다. 그렇지만 나는 여기에 대해 말하겠습니다. 이제 그것을 들으십시오. 듣고 마음에 잘 새기십시오. 나는 설할 것입니다."

"그렇게 하겠습니다, 스님."이라고 까장갈라의 청신사들은 까장갈라 비구니에게 응답했다. 까장갈라 비구니는 이렇게 말했다.

4. "세존께서 '하나에 대한 질문과 하나에 대한 개요와 하나에 대한 설명이 있다.'라고 하신 것은 무슨 이유로 그렇게 말씀하셨을까요? 도반들이여, 비구는 한 가지 법에 대해 바르게 염오하고, 바르게 탐욕을 빛바래고, 바르게 해탈하고, 바르게 그 한계를 보고, 바르게

의미를 관통하면서 지금여기에서 괴로움을 끝냅니다. 어떤 한 가지 법에 대해서인가요?

모든 중생들은 음식으로 생존합니다.

도반들이여, 비구는 이러한 한 가지 법에 대해 바르게 염오하고, 바르게 탐욕을 빛바래고, 바르게 해탈하고, 바르게 그 한계를 보고, 바르게 의미를 관통하면서 지금여기에서 괴로움을 끝냅니다. 세존께서 '하나에 대한 질문과 하나에 대한 개요와 하나에 대한 설명이 있다.'라고 하신 것은 이런 이유로 그렇게 말씀하셨습니다."

5. "세존께서 '둘에 대한 질문과 둘에 대한 개요와 둘에 대한 설명이 있다.'라고 하신 것은 무슨 이유로 그렇게 말씀하셨을까요? 도반들이여, 비구는 두 가지 법에 대해 바르게 염오하고, 바르게 탐욕을 빛바래고, 바르게 해탈하고, 바르게 그 한계를 보고, 바르게 의미를 관통하면서 지금여기에서 괴로움을 끝냅니다. 어떤 두 가지 법에 대해서인가요?

정신[名]과 물질[色]에 대해서입니다.

… 어떤 세 가지 법에 대해서인가요?

세 가지 느낌[受]에 대해서입니다.

도반들이여, 비구는 이러한 세 가지 법에 대해 바르게 염오하고, 바르게 탐욕을 빛바래고, 바르게 해탈하고, 바르게 그 한계를 보고, 바르게 의미를 관통하면서 지금여기에서 괴로움을 끝냅니다. 세존께서 '셋에 대한 질문과 셋에 대한 개요와 셋에 대한 설명이 있다.'라고 하신 것은 이런 이유로 그렇게 말씀하셨습니다."

6. "세존께서 '넷에 대한 질문과 넷에 대한 개요와 넷에 대한 설명이 있다.'라고 하신 것은 무슨 이유로 그렇게 말씀하셨을까요? 도반들이여, 비구는 네 가지 법에 대해 바르게 마음을 닦고, 바르게 그 한계를 보고, 바르게 의미를 관통하면서 지금여기에서 괴로움을 끝냅니다. 어떤 네 가지 법에 대해서인가요?

네 가지 마음챙김의 확립[四念處]83)에 대해서입니다.

도반들이여, 비구는 이러한 네 가지 법에 대해 바르게 마음을 닦고, 바르게 그 한계를 보고, 바르게 의미를 관통하면서 지금여기에서 괴로움을 끝냅니다. 세존께서 '넷에 대한 질문과 넷에 대한 개요와 넷에 대한 설명이 있다.'라고 하신 것은 이런 이유로 그렇게 말씀하셨습니다."

7. "세존께서 '다섯에 대한 질문과 다섯에 대한 개요와 다섯에 대한 설명이 있다.'라고 하신 것은 무슨 이유로 그렇게 말씀하셨을까요? 도반들이여, 비구는 다섯 가지 법에 대해 바르게 마음을 닦고, 바르게 그 한계를 보고, 바르게 의미를 관통하면서 지금여기에서 괴로움을 끝냅니다. 어떤 다섯 가지 법에 대해서인가요?

다섯 가지 기능[五根]84)에 대해서입니다.

---

83) '네 가지 마음챙김의 확립[四念處, sati-paṭṭhāna]'의 정형구는 본서 제1권「나체수행자 경」1(A3:151) §3의 정형구를 참조할 것. 정형구에 대한 설명은『디가 니까야』제2권「대념처경」(D22) §1의 주해들을 참조할 것.

84) '다섯 가지 기능[五根, indriya]'은 믿음[信], 정진(精進), 마음챙김[念], 삼매[定], 통찰지[慧]의 기능이다. 설명은『아비담마 길라잡이』7장 §28의 주해를 참조할 것. 그리고 실제 수행에 있어서 다섯 가지 기능을 조화롭게 하는 중요한 설명은『청정도론』IV장 §§45~49를 참조할 것.

… 어떤 여섯 가지 법에 대해서인가요?

여섯 가지 벗어남의 요소[85])에 대해서입니다.

… 어떤 일곱 가지 법에 대해서인가요?

일곱 가지 깨달음의 구성요소[七覺支][86])에 대해서입니다.

… 어떤 여덟 가지 법에 대해서인가요?

여덟 가지 구성요소를 가진 성스러운 도[八支聖道=팔정도][87])에 대해서입니다.

도반들이여, 비구는 이러한 여덟 가지 법에 대해 바르게 마음을 닦고, 바르게 그 한계를 보고, 바르게 의미를 관통하면서 지금여기에서 괴로움을 끝냅니다. 세존께서 '여덟에 대한 질문과 여덟에 대한 개요와 여덟에 대한 설명이 있다.'라고 하신 것은 이런 이유로 그렇게 말씀하셨습니다."

8. "세존께서 '아홉에 대한 질문과 아홉에 대한 개요와 아홉에 대한 설명이 있다.'라고 하신 것은 무슨 이유로 그렇게 말씀하셨을까요? 도반들이여, 비구는 아홉 가지 법에 대해 바르게 염오하고, 바르

---

85) '여섯 가지 벗어남의 요소(nissaraṇīyā dhātu)'는 『디가 니까야』 제3권 「합송경」 (D33) §2.2 ⒄에 나타나고 있다.

86) '일곱 가지 깨달음의 구성요소[七覺支, bojjhaṅga]'는 마음챙김, 법을 간택함, 정진, 희열, 편안함, 삼매, 평온의 깨달음의 구성요소이다. 칠각지 공부법은 『네 가지 마음챙기는 공부』 235~257쪽을 참조할 것.

87) '여덟 가지 구성요소를 가진 성스러운 도[八支聖道 = 팔정도, ariya-aṭṭhaṅgika-magga]'는 바른 견해[正見], 바른 사유[正思惟], 바른 말[正語], 바른 행위[正業], 바른 생계[正命], 바른 정진[正精進], 바른 마음챙김[正念], 바른 삼매[正定]이다. 이 여덟 가지에 대한 자세한 설명은 『네 가지 마음챙기는 공부』 277~287쪽을 참조할 것.

게 탐욕을 빛바래고, 바르게 해탈하고, 바르게 그 한계를 보고, 바르게 의미를 관통하면서 지금여기에서 괴로움을 끝냅니다. 어떤 아홉 가지 법에 대해서인가요?

아홉 가지 중생의 거처에 대해서입니다.

도반들이여, 비구는 이러한 아홉 가지 법에 대해 바르게 염오하고, 바르게 탐욕을 빛바래고, 바르게 해탈하고, 바르게 그 한계를 보고, 바르게 의미를 관통하면서 지금여기에서 괴로움을 끝냅니다. 세존께서 '아홉에 대한 질문과 아홉에 대한 개요와 아홉에 대한 설명이 있다.'라고 하신 것은 이런 이유로 그렇게 말씀하셨습니다."

9. "세존께서 '열에 대한 질문과 열에 대한 개요와 열에 대한 설명이 있다.'라고 하신 것은 무슨 이유로 그렇게 말씀하셨을까요? 도반들이여, 비구는 열 가지 법에 대해 바르게 마음을 닦고, 바르게 그 한계를 보고, 바르게 의미를 관통하면서 지금여기에서 괴로움을 끝냅니다. 어떤 열 가지 법에 대해서인가요?

열 가지 유익한 업의 길[十善業道]에 대해서입니다.

도반들이여, 비구는 이러한 열 가지 법에 대해 바르게 마음을 닦고, 바르게 그 한계를 보고, 바르게 의미를 관통하면서 지금여기에서 괴로움을 끝냅니다. 세존께서 '열에 대한 질문과 열에 대한 개요와 열에 대한 설명이 있다.'라고 하신 것은 이런 이유로 그렇게 말씀하셨습니다."

10. "도반들이여, 세존께서는 큰 질문에 대해 이렇게 말씀하셨습니다. '하나에 대한 질문과 하나에 대한 개요와 하나에 대한 설명

이 있고, … 열에 대한 질문과 열에 대한 개요와 열에 대한 설명이 있다.'라고, 도반들이여, 나는 세존께서 이처럼 간략하게 설해주신 이 말씀의 뜻을 이렇게 상세하게 이해합니다. 도반들이여, 그대들이 원한다면 세존께 가십시오. 가서 세존께 이러한 뜻을 아뢰어 세존께서 그대들에게 설명해주시는 대로 호지하십시오."

"알겠습니다, 스님."하고 까장갈라의 청신사들은 까장갈라 비구니의 말을 기뻐하고 감사드린 뒤 자리에서 일어나 까장갈라 비구니에게 절을 올리고 오른쪽으로 [세 번] 돌아 [경의를 표한] 뒤에 세존께 다가갔다. 가서는 세존께 절을 올리고 한 곁에 앉았다. 한 곁에 앉은 까장갈라의 청신사들은 이제까지 있었던 까장갈라 비구니와의 대화를 모두 세존께 아뢰었다.

11. "장하고 장하구나, 장자들이여. 장자들이여, 까장갈라 비구니는 현자이다. 장자들이여, 까장갈라 비구니는 큰 통찰지를 가졌다. 만일 그대들이 내게 와서 이 뜻을 물었다면 나도 그와 같이 설명했을 것이다. 그러니 까장갈라 비구니가 설명한 그대로 그 뜻을 잘 호지하라."

꼬살라 경1(A10:29)
Kosala-sutta

1. "비구들이여, 까시와 꼬살라88)의 영역에 관한 한, 그리고

---

88) 까시와 꼬살라(Kāsi-Kosalā)는 인도 중원의 16국(16국은 본서 제1권 「팔관재계 경」(A3:70) §17을 참조할 것)에 포함되는 두 나라이다. 까시(현재의 와라나시, Vārāṇasi)는 부처님 당시에는 꼬살라(Kosala)로

빠세나디 꼬살라 왕89)의 정복에 관한 한 빠세나디 꼬살라 왕이 최고라 불린다. 비구들이여, 그러나 이러한 빠세나디 꼬살라 왕에게도 변화가 있고 죽음이 있다. 이와 같이 보면서 잘 배운 성스러운 제자는 그것에 대해 염오한다. 그것을 염오하면서 최고에 대한 탐욕이 빛바래나니 하물며 저열한 것에 대해서이랴."90)

2. "비구들이여, 달과 태양이 궤도를 따라 움직이면서 사방을 비추고 광명이 빛나는 곳까지를 1,000겹의 세상이라 한다. 그러한 1,000겹의 세상에는 1,000의 달과 1,000의 태양과 산의 왕인 1,000의 수미산과 1,000의 잠부디빠와 1,000의 아빠라고야나와 1,000의 웃따라꾸루와 1,000의 뿝바위데하와 4,000의 큰 바다와 4,000의 대왕과 1,000의 사대왕천과 1,000의 삼십삼천과 1,000의 야마천과 1,000의 도솔천과 1,000의 자재천과 1,000의 타화자재천과 1,000의 범천의 세상이 있다. 비구들이여, 1,000의 세상에 관한 한 대범천이 최고라 불린다. 비구들이여, 그러나 이러한 대범천에게도 변화가 있고 죽음이 있다. 이와 같이 보면서 잘 배운 성스러운 제자는 그것에 대해 염오한다. 그것을 염오하면서 최고에 대한 탐욕이 빛바래나니

합병되어 꼬살라의 빠세나디 왕이 다스리고 있었다고 한다. 그래서 여기처럼 까시-꼬살라로 표기되기도 한다.

89) 빠세나디 꼬살라 왕(rājā Pasenadi Kosala)에 대해서는 본서 제3권 「꼬살라 경」(A5:49) §1의 주해를 참조할 것.

90) "'최고에 대한 탐욕이 빛바랜다(agge virajjati)'는 것은 성취에 관한 한 최고인 꼬살라 왕의 지위에 대한 탐욕도 빛이 바랜다는 뜻이다. '하물며 저열한 것에 대해서이랴(pageva hīnasmiṁ)'라는 것은 하물며 일반 사람들이 누리는 다섯 가닥의 감각적 욕망(pañca kāmaguṇajāta)에 대해서야 말할 필요가 없다는 뜻이다."(AA.v.26)

하물며 저열한 것에 대해서이랴."

3. "비구들이여, 세상이 수축하는 그런 때가 온다. 세상이 수축할 때 대부분의91) 중생들은 광음천92)에 나게 된다. 그들은 거기서 마음으로 이루어지고93) 희열을 음식으로 삼고 스스로 빛나고 허공을 다니고 천상에 머물며 길고 오랜 세월 산다. 비구들이여, 세상이 수축할 때 광음천의 신들은 최고라 불린다. 비구들이여, 그러나 이러한 광음천의 신들에게도 변화가 있고 죽음이 있다. 이와 같이 보면서 잘 배운 성스러운 제자는 그것에 대해 염오한다. 그것을 염오하면서 최고에 대한 탐욕이 빛바래나니 하물며 저열한 것에 대해서이랴."

4. "비구들이여, 열 가지 까시나의 장소가 있다. 무엇이 열인가? 어떤 자는 위로 아래로 옆으로 둘이 아니며 제한이 없는 땅의 까시나를 인식한다. … 물의 까시나를 인식한다. … 불의 까시나를 인식한다. … 바람의 까시나를 인식한다. … 파란색의 까시나를 인식한다. … 노란색의 까시나를 인식한다. … 빨간색의 까시나를 인식한다. … 흰색의 까시나를 인식한다. … 허공의 까시나를 인식한다. 어떤 자는 위로 아래로 옆으로 둘이 아니며 제한이 없는 알음알이의 까시나를 인식한다. 비구들이여, 이러한 열 가지 까시나의 장소가 있다."

---

91) "'대부분의(yebhuyyena)'라는 것은 범천보다 위의 세상(upari-brahma-loka)이나 무색계(arūpa)에 태어난 자들을 제외한 신들을 두고 한 말이다."(DA.i.110)

92) '광음천(Ābhassarā)'은 색계 2선천(二禪天)의 세 번째 천상이다. 광음천에 대해서는 본서 제2권 「다른 점 경」 1(A4:123)의 주해를 참조할 것.

93) "'마음으로 이루어진(manomayā)'이란 禪의 힘으로 그곳에 태어난다는 말이다."(*Ibid*)

5. "비구들이여, 이러한 열 가지 까시나의 장소 가운데 어떤 자가 위로 아래로 옆으로 둘이 아니며 제한이 없는 알음알이의 까시나를 인식할 때 그것이 최고니, 참으로 이러한 인식을 가진 중생들이 있다. 비구들이여, 그러나 이러한 인식을 가진 중생들에게도 변화가 있고 죽음이 있다. 이와 같이 보면서 잘 배운 성스러운 제자는 그것에 대해 염오한다. 그것을 염오하면서 최고에 대한 탐욕이 빛바래나니 하물며 저열한 것에 대해서이랴."

6. "비구들이여, 여덟 가지 지배의 경지[八勝處]94)가 있다. 무엇이 여덟인가?

어떤 자는 안으로 색깔[色]을 인식하면서, 밖으로 색깔들을 본다. 그 색깔들은 제한된 것이고 곱거나 혹은 흉한 것이다. 이것들을 지배하면서 '나는 알고 본다.'라고 이렇게 인식한다. 이것이 첫 번째 지배의 경지이다.

어떤 자는 안으로 색깔을 인식하면서 밖으로 색깔들을 본다. 그 색깔들은 무량한 것이고 곱거나 혹은 흉한 것이다. 이것들을 지배하면서 '나는 알고 본다.'라고 이렇게 인식한다. 이것이 두 번째 지배의 경지이다.

어떤 자는 안으로 색깔을 인식하지 않고, 밖으로 색깔들을 본다. 그 색깔들은 제한된 것이고 곱거나 혹은 흉한 것이다. 이것들을 지배하면서 '나는 알고 본다.'라고 이렇게 인식한다. 이것이 세 번째 지배

---

94) '여덟 가지 지배의 경지[八勝處, aṭṭha abhibhāyatanāni]'에 대한 설명은 본서 제1권 「하나의 모음」(A1:20:47~54)의 주해들과 본서 제5권 「지배 경」(A8:65)의 주해들을 참조할 것.

의 경지이다.

어떤 자는 안으로 색깔을 인식하지 않고, 밖으로 색깔들을 본다. 그 색깔들은 무량한 것이고 곱거나 혹은 흉한 것이다. 이것들을 지배하면서 '나는 알고 본다.'라고 이렇게 인식한다. 이것이 네 번째 지배의 경지이다.

어떤 자는 안으로 색깔을 인식하지 않고, 밖으로 색깔들을 본다. 그것은 파랗고 파란색이며 파랗게 보이고, 파란빛을 발한다. 이것들을 지배하면서 '나는 알고 본다.'라고 이렇게 인식한다. 이것이 다섯 번째 지배의 경지이다.

어떤 자는 안으로 색깔을 인식하지 않고서, 밖으로 색깔들을 본다. 그것은 노랗고 노란색이며 노랗게 보이고, 노란빛을 발한다. 이것들을 지배하면서 '나는 알고 본다.'라고 이렇게 인식한다. 이것이 여섯 번째 지배의 경지이다.

어떤 자는 안으로 색깔을 인식하지 않고, 밖으로 색깔들을 본다. 그것은 빨갛고 빨간색이며 빨갛게 보이고, 빨간빛을 발한다. 이것들을 지배하면서 '나는 알고 본다.'라고 이렇게 인식한다. 이것이 일곱 번째 지배의 경지이다.

어떤 자는 안으로 색깔을 인식하지 않고, 밖으로 색깔들을 본다. 그것은 희고 흰색이며 희게 보이고, 흰빛을 발한다. 이것들을 지배하면서 '나는 알고 본다.'라고 이렇게 인식한다. 이것이 여덟 번째 지배의 경지이다.

비구들이여, 이러한 여덟 가지 지배의 경지가 있다."

7. "비구들이여, 이러한 여덟 가지 지배의 경지 가운데 어떤

자가 안으로 색깔을 인식하지 않고, 밖으로 색깔들을 보는 바, 그것은 희고 흰색이며 희게 보이고, 흰빛을 발한다. 이것들을 지배하면서 '나는 알고 본다.'라고 이렇게 인식할 때 그것이 최고니, 참으로 이러한 인식을 가진 중생들이 있다. 비구들이여, 그러나 이 인식을 가진 중생들에게도 변화가 있고 죽음이 있다. 이와 같이 보면서 잘 배운 성스러운 제자는 그것에 대해 염오한다. 그것을 염오하면서 최고에 대한 탐욕이 빛바래나니 하물며 저열한 것에 대해서이랴."

8. "비구들이여, 네 가지 도닦음이 있다. 무엇이 넷인가? 도닦음도 어렵고 최상의 지혜도 더딘 것, 도닦음은 어려우나 최상의 지혜는 빠른 것, 도닦음은 쉬우나 최상의 지혜가 더딘 것, 도닦음도 쉽고 최상의 지혜도 빠른 것이다. 비구들이여, 이러한 네 가지 도닦음이 있다."[95]

9. "비구들이여, 이러한 네 가지 도닦음 가운데 도닦음도 쉽고 최상의 지혜도 빠른 것이 최고니, 참으로 이러한 도닦음을 가진 중생들이 있다. 비구들이여, 그러나 이러한 도닦음을 가진 중생들에게도 변화가 있고 죽음이 있다. 이와 같이 보면서 잘 배운 성스러운 제자는 그것에 대해 염오한다. 그것을 염오하면서 최고에 대한 탐욕이 빛바래나니 하물며 저열한 것에 대해서이랴."

---

95) '네 가지 도닦음(paṭipadā)'은 본서 제2권 이하와 『디가 니까야』 제3권 「합송경」(D33) §1.11(21)에도 나타난다. 여기서 언급한 네 가지 도닦음에 대해서는 『청정도론』 III.§14 이하에 잘 설명되어 있는데 중요한 부분은 「간략하게 경」(A4:161)의 주해에서 인용하였으니 참조할 것.

10. "비구들이여, 네 가지 인식이 있다. 무엇이 넷인가? 어떤 자는 제한된 것을 인식한다. 어떤 자는 고귀한 것을 인식한다. 어떤 자는 무량한 것을 인식한다. 어떤 자는 '아무 것도 없다.'라고 무소유처를 인식한다. 비구들이여, 이러한 네 가지 인식이 있다."

11. "비구들이여, 이러한 네 가지 인식 가운데 어떤 자가 '아무 것도 없다.'라고 무소유처를 인식할 때 그것이 최고니, 참으로 이러한 인식을 가진 중생들이 있다. 비구들이여, 그러나 이러한 인식을 가진 중생들에게도 변화가 있고 죽음이 있다. 이와 같이 보면서 잘 배운 성스러운 제자는 그것에 대해 염오한다. 그것을 염오하면서 최고에 대한 탐욕이 빛바래나니 하물며 저열한 것에 대해서이랴."

12. "비구들이여, 외도들의 견해들 가운데는 '[만일 과거에] 내가 존재하지 않았다면96) [지금] 내 존재는 있지 않을 것이고, [만일 미래에] 내가 없다면 내게 [장애도] 있지 않을 것이다.'97)라는 이것

---

96) 원문은 no c'assaṁ(*Opt.* 1인칭 단수)인데 『상윳따 니까야』 「온 상응」(S22)의 몇몇 경에도 이렇게 나타난다. 그래서 '내가 있지 않다면'으로 해석하였다. 그러나 본서 제4권 「불환자가 태어날 곳 경」(A7:52)에는 no c'assa(*Opt.* 3인칭 단수)로 나타나고 『맛지마 니까야』(M106)에도 이렇게 나타난다. 그래서 「불환자가 태어날 곳 경」(A7:52)에서는 '[과거에 지금의 존재를 태어나게 할 업이] 있지 않았다면'으로 옮겼다.

97) "'내가 존재하지 않았다면 내 존재는 있지 않았을 것이고(no cassaṁ no ca me siyā)'라는 것은 만일 과거에 내가 존재하지 않았다면 지금 내 존재(attabhāva)는 있지 않았을 것이라는 뜻이다. '내가 없다면 내게 있지 않을 것이다.(na bhavissāmi na me bhavissati)'라는 것은 만일 미래에 내가 없다면 내게 어떤 장애(palibodha)도 있지 않을 것이라는 뜻이다."(AA.v.27)

이 최고다. 이러한 견해를 가진 자에게는 이런 것이 예상되나니, 존재에 대해 혐오하지 않음도 그에게는 생기지 않을 것이고, 존재의 소멸에 대해 혐오함도 그에게는 생기지 않을 것이다. 참으로 이러한 견해를 가진 중생들이 있다. 비구들이여, 그러나 이러한 견해를 가진 중생들에게도 변화가 있고 죽음이 있다. 이와 같이 보면서 잘 배운 성스러운 제자는 그것에 대해 염오한다. 그것을 염오하면서 최고에 대한 탐욕이 빛바래나니98) 하물며 저열한 것에 대해서이랴."

13. "비구들이여, 어떤 사문·바라문들은 궁극적인 의미의 청정99)을 천명한다."

14. "비구들이여, 이러한 궁극적인 의미의 청정을 천명하는 자들 가운데 '무소유처를 완전히 초월하여 비상비비상처에 들어 머무는 자가 최고다. 그들은 법을 최상의 지혜로 알고 실현한 뒤 법을 설하나니 이런 교설을 가진 중생들이 있다. 비구들이여, 그러나 이러한 교설을 가진 중생들에게도 변화가 있고 죽음이 있다. 이와 같이 보면서 잘 배운 성스러운 제자는 그것에 대해 염오한다. 그것을 염오하면서 최고에 대한 탐욕이 빛바래나니 하물며 저열한 것에 대해서이랴."

---

98) "'최고에 대한 탐욕이 빛바랜다.(agge virajjati)'는 것은 단견(uccheda-diṭṭhi)에 대한 탐욕이 빛바랜다는 말이다."(*Ibid*)

99) "'궁극적인 의미의 청정(paramattha-visuddhi)'이란 최상의 의미(uttamattha)의 청정을 말한다. 이것은 비상비비상처의 증득을 두고 말한 것이다. [앞에서] 무소유처는 위빳사나의 토대가 되기 때문에(vipassanā-padaṭṭhānattā) 최고라 했고, 비상비비상처는 긴 수명을 가졌기 때문에(dīghāyukattā) 최고라 했다."(*Ibid*)

15. "비구들이여, 지금여기에서의 최고의 열반100)을 천명하는 사문·바라문들이 있다."

16. "비구들이여, 이러한 지금여기에서의 최고의 열반을 천명하는 자들 가운데 여섯 가지 감각접촉의 장소의 일어남과 사라짐과 맛과 위험과 벗어남을 있는 그대로 안 뒤101) 취착 없는 해탈을 한 자102)가 최고다. 이런 교설을 가졌고 이렇게 설명하는 나에 대해 어떤 사문·바라문들은 근거 없고 헛되고 거짓이고 사실과 다른 것으로 비방한다. '사문 고따마는 감각적 욕망을 넘어섰음103)을 천명하

---

100) "'지금여기에서의 최고의 열반(parama-diṭṭhadhamma-nibbāna)'이란 바로 금생의 자기 자신(atta-bhāva)에서의 최고의 열반을 말한다."(*Ibid*)

101) 이 부분은 『디가 니까야』 제1권 「범망경」 §3.71에서 세존께서 외도들의 62견에 대한 결론으로 말씀하신 것과 일치한다. 거기서 세존께서는 "비구들이여, 비구는 여섯 가지 감각접촉이 일어나는 감각장소들의 일어남과 사라짐과 달콤함과 위험과 벗어남을 있는 그대로 꿰뚫어 안다. 이것이 이들 모든 [견해들]을 넘어서는 것이라고 꿰뚫어 안다."라고 결론지으셨다. 그리하여 62견은 결국 지금여기에서 여섯 가지 안의 감각장소[六內處]와 여섯 가지 밖의 감각장소[六外處]와 이들의 감각접촉[觸]에 기인한 것이라는 결론에 도달하였다. 그러므로 이러한 감각접촉들을 일어남 등의 다섯 가지 방법으로 있는 그대로 파악하는 것이야말로 62견을 극복하는 방법이라고 제시하신 것이다.

102) "'취착없는 해탈(anupādā vimokkha)'이란 네 종류의 취착(upādāna)을 거머쥐지 않고 마음이 해탈한 것을 말한다. 이것은 아라한을 말한 것이다."(*Ibid*)
네 종류의 취착이란 감각적 욕망, 견해, 계율과 의례의식, 자아가 있다는 교리에 대한 취착을 말한다. 『아비담마 길라잡이』 7장 §7의 해설을 참조할 것.

103) '넘어섰음'은 pariññā를 옮긴 것이다. pariññā의 문자적인 뜻은 '철저하게 앎'인데 주석서에서 이 문맥에서는 '넘어서다, 건너다(samati-

지도 못하고, 물질을 넘어섰음을 천명하지도 못하고, 느낌을 넘어섰음을 천명하지도 못한다.'라고."

17. "비구들이여, 그러나 나는 감각적 욕망을 넘어섰음을 천명하고, 물질을 넘어섰음도 천명하고, 느낌을 넘어섰음도 천명한다. 금생에 더 이상 갈애가 없고 [오염원이 없어] 고요하고 침착하여 취착 없는 완전한 열반을 천명한다."104)

꼬살라 경2(A10:30)

1. 한때 세존께서는 사왓티에서 제따 숲의 급고독원에 머무셨다. 그 무렵에 빠세나디 꼬살라 왕은 전쟁에서 이기고 원하는 것을 얻어 전쟁터에서 돌아왔다.105) 그때 빠세나디 꼬살라 왕은 원림으로

---

kkamo)'의 뜻이라고 설명하고 있어서(AA.ii.375) 이렇게 옮겼다.

104) "즉 세존께서는 초선(paṭhama-jjhāna)으로써 감각적 욕망(kāma)들을 넘어섰음(pariñña)을 천명하시고, 무색계(arūpa-avacara) [증득]으로써 물질(rūpa)들을 넘어섰음을 천명하시고, 취착 없는 열반(anupādā-nibbā-na)으로써 느낌(vedanā)들을 넘어섰음을 천명하신다. 열반은 모든 느낌을 버렸기 때문에 느낌을 넘어선 것이라 부른다. '취착 없는 완전한 열반(anupādā-parinibbāna)'이란 '조건이 없는 완전한 열반(apaccaya-parinibbāna)'을 말한다."(AA.v.27)
본문과 비슷한 구절이 본서 제1권 「바란두 경」(A3:124) §4에 나타나고 있다.

105) "마하꼬살라 왕이 빔비사라에게 딸을 시집보낼 때 두 국경 사이에 있는 까시 마을을 혼인 지참금 조로 딸에게 주었다. 그 마을은 십만의 수익을 올리는 곳이었다. 아자따삿뚜에 의해 아버지가 죽자 그 어머니도 사별의 슬픔으로 얼마 안 되어 죽었다. 그러자 꼬살라 왕 빠세나디는 '아자따삿뚜에 의해 그의 부모가 죽었다. 이 마을은 내 아버지의 소유물이다.'라고 생

들어갔다. 그는 더 이상 마차로 갈 수 없는 곳에 이르자 마차에서 내린 뒤 걸어서 원림으로 들어갔다.

2. 그 무렵에 많은 비구들이 노지에서 포행을 하고 있었다. 그때 빠세나디 꼬살라 왕은 비구들에게 다가갔다. 가서는 비구들에게 이렇게 말했다.

"존자들이시여, 지금 세존 아라한 정등각께서는 어디에 머물고 계십니까? 저는 세존 아라한 정등각을 친견하고 싶습니다."

"대왕이시여, 저기 문이 닫혀있는 저 처소입니다. 그러니 소리를 내지 말고 조용히 다가가서 서두르지 말고 현관에 들어간 뒤 '흠'하고 헛기침을 한 후 빗장을 두드리십시오. 그러면 세존께서 그대에게 문을 열어 드릴 것입니다."

3. 그러자 빠세나디 꼬살라 왕은 문이 닫혀있는 처소로 소리를 내지 않고 다가가서 서두르지 않고 현관에 들어간 뒤 '흠'하고 헛기침을 한 후 빗장을 두드렸다. 세존께서는 문을 열어 주셨고 빠세나디 꼬살라 왕은 안으로 들어갔다. 그는 세존의 발에 머리를 대고 엎드려 세존의 발에 입을 맞추고 손으로 어루만지면서 "세존이시여, 저는 빠세나디 꼬살라 왕입니다. 세존이시여, 저는 빠세나디 꼬살라 왕입

각하면서 마을을 돌려받기 위해 소송을 준비했다. 아자따삿뚜도 '이 마을은 내 어머니의 소유물이다.'라고 생각하면서 그 마을을 지키기 위해 소송을 준비했다. 둘 모두 네 무리의 군대를 모집하여 전쟁을 했다. 그때 꼬살라 왕 빠세나디가 두 차례나 아자따삿뚜에게 패배하여 도시로 돌아왔다. 세 번째 전쟁에서 '어떻게 하면 승리할 수 있을까?'라고 [여러 의견]을 경청한 뒤 싸움의 정세를 파악하고는 군대를 소집하여 양쪽에서 에워싸서 아자따삿뚜를 잡았다. 이렇게 하여 승리의 목적을 얻었기 때문에 원하는 것을 얻었다고 했다."(AA.v.28)

니다."라고 [자신의] 이름을 알려드렸다.

"대왕이시여, 그대는 무슨 이익을 보기에 이 몸에 이렇게 최상의 존경을 표하고 이런 자애로움106)을 드러내시오?"

4. "세존이시여, 저는 은혜를 알고 감사함을 보기에107) 세존께 이렇게 최상의 존경을 표하고 자애로움을 드러냅니다.

세존이시여, 세존께서는 많은 사람들의 이익을 위하고 많은 사람들의 행복을 위해서 도를 닦으십니다. 세존께서는 많은 사람들로 하여금 선함과 유익함인 성스러운 방법108)에 확고하게 합니다. 세존이시여, 세존께서 많은 사람들의 이익을 위하고 많은 사람들의 행복을

---

106) '자애로움'으로 옮긴 원어는 mettūpahāra인데 자애의 선물로 직역할 수 있다. 주석서는 "자애가 함께한 몸과 말로 하는 선물(kāyika-vācasika-upahāra)"(AA.v.30)이라고 설명하고 있다.

107) "'은혜를 앎(kataññutā)'이라고 한 것은, 왕이 예전에 몸이 뚱뚱한 적이 있었다. 양동이 분량의 음식을 먹었기 때문이다. 그때 세존께서는 그에게 날마다 음식을 조금씩 줄이도록 하기 위해 이런 교훈을 주셨다.

'사람이 항상 마음챙기면서
주어진 음식에 대해 적당함을 알 때
그의 병이 줄어들고
목숨을 보존하면서 천천히 늙어가리.'
— 「양동이 분량의 음식 경」(S.iii.13)

그는 이 교훈을 지니고 날마다 조금씩 줄여나가 나중엔 많아도 한 그릇 분량의 음식으로 줄여갔다. 그러자 그의 몸매는 날씬해졌고 손으로 몸을 어루만졌다. 그때 세존께서 베풀어주셨던 그 고마움에 대하여 은혜를 알고 감사함을 본다고 꼬살라 왕이 말한 것이다."(AA.v.30)

108) "'성스러운 방법(ariya ñāya)'이란 위빳사나와 함께하는 도를 말한다."(*Ibid*)
"선함(kalyāṇa-dhammatā)과 유익함(kusala-dhammatā)은 바로 이것의 이름이다."(AA.iii.75)

위해서 도를 닦으셔서 많은 사람들로 하여금 선함과 유익함인 스스러운 방법에 확고하게 하는 이러한 이익을 보기에, 저는 세존께 이렇게 최상의 존경을 표하고 자애로움을 드러냅니다."

5. "다시 세존이시여, 세존께서는 계를 지니셨습니다. 부처님의 계와 성자의 계와 유익한 계를109) 지니시고 유익한 계를 구족하신 분입니다. 세존이시여, 세존께서 계를 지니시어 부처님의 계와 성자의 계와 유익한 계를 가지시고 유익한 계를 구족하신 이러한 이익을 보기에, 저는 세존께 이렇게 최상의 존경을 표하고 자애로움을 드러냅니다."

6. "다시 세존이시여, 세존께서는 오랜 세월 숲속에 머무시고 숲이나 밀림의 외딴 거처에 거주하십니다. 세존이시여, 세존께서 오랜 세월 숲속에 머무시고 숲이나 밀림의 외딴 거처에 거주하시는 이러한 이익을 보기에, 저는 세존께 이렇게 최상의 존경을 표하고 자애로움을 드러냅니다."

7. "다시 세존이시여, 세존께서는 의복, 음식, 거처, 병구완을 위한 약품이 좋은 것이든 안좋은 것이든 그것으로 만족하십니다. 세존이시여, 세존께서 의복, 음식, 거처, 병구완을 위한 약품이 좋은 것이든 안좋은 것이든 그것으로 만족하시는 이러한 이익을 보기에, 저는 세존께 이렇게 최상의 존경을 표하고 자애로움을 드러냅니다."

8. "다시 세존이시여, 세존께서는 공양받아 마땅하시고, 선사

---

109) "'유익한 계(kusala sīla)'란 비난 받을 일이 없는 계를 말한다."(AA.v.30)

받아 마땅하시고, 보시받아 마땅하시고, 합장받아 마땅하시며, 세상의 위없는 복밭[福田]이십니다. 세존이시여, 세존께서 공양받아 마땅하시고, 선사받아 마땅하시고, 보시받아 마땅하시고, 합장받아 마땅하시며, 세상의 위없는 복밭[福田]이신 이러한 이익을 보기에, 저는 세존께 이렇게 최상의 존경을 표하고 자애로움을 드러냅니다."

9. "다시 세존이시여, 세존께서는 엄격한 번뇌의 말살과 마음을 맑히는 데 도움이 되는 이야기, 즉 소욕에 대한 이야기, 지족에 대한 이야기, 한거(閑居)에 대한 이야기, [재가자들과] 교제하지 않음에 대한 이야기, 불굴의 정진에 대한 이야기, 계에 대한 이야기, 삼매에 대한 이야기, 통찰지에 대한 이야기, 해탈에 대한 이야기, 해탈지견에 대한 이야기를 원하는 대로 얻으실 수 있고, 힘들이지 않고 얻으실 수 있고, 어려움 없이 얻으실 수 있습니다. 세존이시여, 세존께서 엄격한 번뇌의 말살과 마음을 맑히는 데 도움이 되는 이야기, 즉 소욕에 대한 이야기, … 어려움 없이 얻으실 수 있는 이러한 이익을 보기에, 저는 세존께 이렇게 최상의 존경을 표하고 자애로움을 드러냅니다."

10. "다시 세존이시여, 세존께서는 바로 지금여기에서 행복하게 머물게 하는, 높은 마음인 네 가지 선[四種禪]을 원하는 대로 얻으시고, 힘들이지 않고 얻으시고, 어렵지 않게 얻으십니다. 세존이시여, 세존께서 바로 지금여기에서 행복하게 머물게 하는, 높은 마음인 네 가지 선[四種禪]을 원하는 대로 얻으시고, 힘들이지 않고 얻으시고, 어렵지 않게 얻으시는 이러한 이익을 보기에, 저는 세존께 이렇게 최

상의 존경을 표하고 자애로움을 드러냅니다."

11. "다시 세존이시여, 세존께서는 수많은 전생의 갖가지 삶들을 기억하십니다. 즉 한 생, 두 생, … 이처럼 한량없는 전생의 갖가지 모습들을 그 특색과 더불어 상세하게 기억해내십니다.[宿命通] 세존이시여, 세존께서 수많은 전생의 갖가지 삶들을 기억하시고 … 이처럼 한량없는 전생의 갖가지 모습들을 그 특색과 더불어 상세하게 기억해내시는 이러한 이익을 보기에, 저는 세존께 이렇게 최상의 존경을 표하고 자애로움을 드러냅니다."

12. "다시 세존이시여, 세존께서는 청정하고 인간을 넘어선 신성한 눈으로 중생들이 죽고 태어나고, … 중생들이 지은 바 그 업에 따라서 가는 것을 꿰뚫어 아십니다.[天眼通] 세존이시여, 세존께서 청정하고 인간을 넘어선 신성한 눈으로 중생들이 죽고 태어나고, … 중생들이 지은 바 그 업에 따라서 가는 것을 꿰뚫어 아시는 이러한 이익을 보기에, 저는 세존께 이렇게 최상의 존경을 표하고 자애로움을 드러냅니다."

13. "다시 세존이시여, 세존께서는 모든 번뇌가 다하여 아무 번뇌가 없는 마음의 해탈[心解脫]과 통찰지를 통한 해탈[慧解脫]을 바로 지금여기에서 스스로 최상의 지혜로 실현하고 구족하여 머무십니다. 세존이시여, 세존께서 모든 번뇌가 다하여 아무 번뇌가 없는 마음의 해탈[心解脫]과 통찰지를 통한 해탈[慧解脫]을 바로 지금여기에서 스스로 최상의 지혜로 실현하고 구족하여 머무시는 이러한 이익을 보기에, 저는 세존께 이렇게 최상의 존경을 표하고 자애로움을 드러냅니다."

14. "세존이시여, 이제 저는 그만 물러가겠습니다. 저는 바쁘고 해야 할 일이 많습니다."

"대왕이시여, 지금이 적당한 시간이라면 그렇게 하십시오."

그러자 빠세나디 꼬살라 왕은 자리에서 일어나 세존께 절을 올리고 오른쪽으로 [세 번] 돌아 [경의를 표한] 뒤 물러갔다.

제3장 대 품이 끝났다.

세 번째 품에 포함된 경들의 목록은 다음과 같다.

① 사자 ② 교리 ③ 몸 ④ 쭌다 ⑤ 까시나
⑥ 깔리, 두 가지 ⑦~⑧ 큰 질문
두 가지 ⑨~⑩ 꼬살라이다.

제4장 우빨리 품
Upāli-vagga

우빨리 경(A10:31)
Upāli-sutta

1. 그때 우빨리 존자110)가 세존께 다가갔다. 가서는 세존께 절을 올리고 한 곁에 앉았다. 한 곁에 앉아서 우빨리 존자는 세존께 이렇게 말씀드렸다.

2. "세존이시여, 어떤 이유 때문에 여래께서는 제자들에게 학습계목을 제정하시고 빠띠목카를 마련하셨습니까?"111)

"우빨리여, 열 가지 이유 때문에 여래는 제자들에게 학습계목을 제정하고 빠띠목카를 마련했다. 무엇이 열인가?"

---

110) 우빨리 존자(āyasmā Upāli)는 까삘라왓투의 이발사 가문(kappaka-geha)에서 태어났다. 세존께서는 그를 율을 호지하는 자(vinaya-dhara)들 가운데 으뜸이라고 칭찬하셨다. 본서 「하나의 모음」(A1:14:4-10)의 주해를 참조할 것.

111) '학습계목(sikkhāpada)'과 '빠띠목카(pātimokkha, 바라제목차, 계목)'의 뜻은 큰 차이가 없다. 그래서 『청정도론』에서는 "빠띠목카란 학습계율의 계목을 뜻한다."(Vis.I.43)라고 설명한다. 다만 빠띠목카는 비구 빠띠목카(비구계목)나 비구니 빠띠목카(비구니계목)라는 문맥에만 거의 사용되고 있고 이러한 빠띠목카를 포함한 5계, 8계, 10계 등의 계목을 모두 학습계목이라 부르는 것이 그 차이점이라 할 수 있겠다. 바라제목차와 학습계목에 대해서는 본서 제2권 「계 경」(A4:12) §1의 주해를 참조할 것.

3. "승가가 미덕을 갖추게 하기 위해서, 승가가 편안하게 머물도록 하기 위해서, 계를 지키지 않는 사람들을 제어하기 위해서, 계를 잘 지키는 비구들이 편안하게 머물도록 하기 위해서, 현생에서 일어나는 번뇌들을 단속하기 위해서, 내생에 일어날 번뇌들을 차단하기 위해서, 신심이 없는 자들에게 신심을 일으키기 위해서, 신심 있는 자들에게는 신심을 더욱 확고히 하기 위해서, 정법이 머물게 하기 위해서, 율을 호지하도록 하기 위해서이다.112) 우빨리여, 이러한 열 가지 이유 때문에 여래는 제자들에게 학습계목을 제정하고 빠띠목카를 마련했다."

4. "세존이시여, 얼마나 많은 종류의 빠띠목카 중지가 있습니까?"113)

"우빨리여, 열 종류의 빠띠목카 중지가 있다. 무엇이 열인가?"

5. "빠라지까114)를 범한 자가 회중에 앉아있을 때, 빠라지까

---

112) 이 열 가지는 본서 제1권 「학습계목 경」(A2:17:1)에도 나타나고 있다.

113) 6차결집본에는 본경의 §§4~5가 빠띠목카 중지(Pātimokkhaṭṭhapana-sutta)라는 독립된 경으로 편집되어 있다. PTS본의 경의 목록에도 ṭhapana가 나타나는 것으로 봐서 독립된 경으로 편집되는 것이 옳다고 여겨진다. 그러나 역자는 저본인 PTS본의 편집을 따라서 A10:31에 포함된 것으로 번역했다.

114) '빠라지까(pārājika)'는 중국에서 바라이죄(波羅夷罪)로 옮겼다. 비구가 범해서는 안될 가장 중요한 계목이다. 살인, 무거운 도둑질, 성행위, 큰 거짓말의 네 가지가 여기에 해당된다. 빠라지까는 정확한 어원을 밝히기가 어려운 술어인데 일반적으로 parā(*away, over*)+√ji(*to conquer*)에서 파생된 것으로 간주한다. 이것을 범하면 승단에서 축출되기 때문에 이런 의미로 해석하는 것이다.

를 범했는지 아닌지에 대한 논의가 결정되지 않았을 때, 구족계를 받
지 않은 자가 회중에 앉아있을 때, 구족계를 받지 않았는지 받았는지
에 대한 논의가 결정되지 않았을 때, 공부지음을 버린 자(즉 환속한 자)
가 회중에 앉아있을 때, 공부지음을 버리고 [환속했는지 아닌지에]
대한 논의가 결정되지 않았을 때, 중성인 자가 회중에 앉아있을 때,
중성인지 아닌지에 대한 논의가 결정되지 않았을 때, 비구니를 모독
한 자가 회중에 앉아있을 때, 비구니를 모독했는지 아닌지에 대한 논
의가 결정되지 않았을 때이다. 우빨리여, 이러한 열 종류의 빠띠목카
중지가 있다."

해결하는 소임 경(A10:32)
Ubbāhika-sutta

1. "세존이시여, 어떤 법을 갖춘 비구가 [대중공사115)를] 해결
하는 소임116)에 선정되어야 합니까?"

"우빨리여, 열 가지 법을 갖춘 비구가 [대중공사를] 해결하는 소임
에 선정되어야 한다. 무엇이 열인가?"

2. "우빨리여, 여기 비구는 ① 계를 잘 지킨다. 그는 계목의 단
속으로 단속하면서 머문다. 바른 행실과 행동의 영역을 갖추고, 작은

---

115) '대중공사(大衆公事, 諍事, adhikaraṇa)'에 대해서는 본서 제1권 「대중
공사 경」(A2:2:5) §1의 주해를 참조할 것.
116) "'해결하는 소임(ubbāhikā)'이란 일어난 대중공사(sampatta-adhikara
-ṇa)를 가라앉히기 위해서(vūpasametuṁ) 승가로부터 빼내고 뽑아내어
서 취한 것을 말한다."(AA.v.34)

허물에 대해서도 두려움을 보며, 학습계목을 받아 지녀 공부짓는다. ② 그는 많이 배우고[多聞] 배운 것을 잘 호지하고 배운 것을 잘 정리한다. 시작도 훌륭하고 중간도 훌륭하고 끝도 훌륭하며, 의미와 표현을 구족하여 더할 나위 없이 완벽하고 지극히 청정한 범행(梵行)을 확실하게 드러내는 가르침들이 있으니, 그는 그러한 가르침들을 많이 배우고 호지하고 말로써 익숙해지고 마음으로 숙고하고 견해로써 잘 꿰뚫는다. ③ 그는 두 가지 빠띠목카를 경(경분별)과 부분적인 것(건도와 보유)으로117) 상세하게 잘 전승받고 잘 분석하고 잘 전개하고 잘 판별한다. ④ 그는 율에 잘 확립되어 흔들림이 없다. ⑤ 그는 양쪽이 서로를 잘 알게 하고 설득하게 하고 보게 하고 신뢰하게 하는 힘이 있어야 한다. ⑥ 그는 일어난 대중공사를 해결하는 데 능숙하다. ⑦ 그는 대중공사[의 주제를] 안다. ⑧ 대중공사가 일어난 원인을 안다. ⑨ 대중공사의 해결을 안다. ⑩ 대중공사의 해결로 나아가는 길을 안다.

우빨리여, 이러한 열 가지 법을 갖춘 비구가 [대중공사를] 해결하는 소임에 선정되어야 한다."

---

117) "여기서 '경(sutta)'은 경분별(經分別, vibhaṅga)이고, '부분적인 것(세목, anubyañjana)'은 건도와 보유(犍度와 補遺, khandhaka-parivāra)를 말한다."(AA.iv.66)
더 자세한 것은 본서 제4권 「율을 호지하는 자 경」 2(A7:72) §2의 주해를 참조할 것.

구족계 경(A10:33)
Upasampadā-sutta

1. "세존이시여. 비구가 어떤 법을 갖추어야 구족계[118]를 줄 수 있습니까?"

"우빨리여, 비구가 열 가지 법을 갖추어야 구족계를 줄 수 있다. 무엇이 열인가?"

2. "우빨리여, 여기 비구는 ① 계를 잘 지킨다. 그는 계목의 단속으로 단속하면서 머문다. 바른 행실과 행동의 영역을 갖추고, 작은 허물에 대해서도 두려움을 보며, 학습계목을 받아 지녀 공부짓는다.

② 그는 많이 배우고[多聞] 배운 것을 잘 호지하고 배운 것을 잘 정리한다. 시작도 훌륭하고 중간도 훌륭하고 끝도 훌륭하며, 의미와 표현을 구족하여 더할 나위 없이 완벽하고 지극히 청정한 범행(梵行)을 확실하게 드러내는 가르침들이 있으니, 그는 그러한 가르침들을 많이 배우고 호지하고 말로써 익숙해지고 마음으로 숙고하고 견해로써 잘 꿰뚫는다. ③ 그는 두 가지 빠띠목카를 경(경분별)과 부분적인 것(건도와 보유)으로 상세하게 잘 전승받고 잘 분석하고 잘 전개하고 잘 판별한다. ④ 그는 환자를 돌보거나 돌보게 하는 것에 유능하다. ⑤ 싫증을 진정시키거나 진정시키게 하는 것에 유능하다. ⑥ 일어난 후

---

118) '구족계(具足戒, upasampadā, upasampanna-sīla)'는 비구계와 비구니계를 뜻한다. 주석서는 구족계의 의미를 이렇게 설명한다. "수천 가지 단속하는 율(saṁvara-vinaya)을 받은 뒤에 이를 지킴(vattana)으로 해서 높은 존재(uparibhūtā)와 최상의 존재(agga-bhūtā)를 성취(sampadā)하기 때문에 구족계(upasampadā)라 한다."(VinAṬ.iii.182)

회를 법답게 가라앉히는 것에 유능하다. ⑦ 일어난 나쁜 견해를 법답게 단념시키는 것에 유능하다. ⑧ 높은 계에 확립하도록 하는 것에 유능하다. ⑨ 높은 삼매에 확립하도록 하는 것에 유능하다. ⑩ 높은 통찰지에 확립하도록 하는 것에 유능하다.

우빨리여, 비구가 이러한 열 가지 법을 갖추어야 구족계를 줄 수 있다."

후원자 경(A10:34)[119]
Nissaya-sutta

1. "세존이시여. 비구가 어떤 법을 갖추어야 후원자가 되어줄 수 있고 … 사미를 거둘 수 있습니까?"

"우빨리여, 비구가 열 가지 법을 갖추어야 후원자가 되어줄 수 있고 … 사미를 거둘 수 있다. 무엇이 열인가?"

2. "우빨리여, 여기 비구는 계를 잘 지킨다. … 학습계목을 받아 지녀 공부짓는다.

그는 많이 배우고[多聞] … 견해로써 잘 꿰뚫는다.

그는 두 가지 빠띠목카를 경(경분별)과 부분적인 것(건도와 보유)으로 상세하게 잘 전승받고 잘 분석하고 잘 전개하고 잘 판별한다.

그는 환자를 돌보거나 돌보게 하는 것에 유능하고, 싫증을 진정시

---

[119] 6차결집본에는 본경이 '후원자'(Nissaya-sutta)와 '사미'(Sāmaṇera-sutta)의 두 개의 독립된 경으로 편집되어 있다. PTS본의 경의 목록에도 sāmaṇera(사미)가 나타나는 것으로 봐서 두 개의 독립된 경으로 편집되는 것이 옳다고 여겨진다. 역자는 저본인 PTS본의 편집을 따라서 하나의 경으로 번역했다.

키거나 진정시키게 하는 것에 유능하고, 일어난 후회를 법답게 가라앉히는 것에 유능하고, 일어난 나쁜 견해를 법답게 단념시키는 것에 유능하고, [사람을] 높은 계에 확립하도록 하는 것에 유능하고, 높은 삼매에 확립하도록 하는 것에 유능하고, 높은 통찰지에 확립하도록 하는 것에 유능하다.

우빨리여, 비구가 이러한 열 가지 법을 갖추어야 후원자가 되어줄 수 있고 … 사미를 거둘 수 있다."

분열 경(A10:35)[120]
Bheda-sutta

1. "세존이시여, '승가의 분열, 승가의 분열'이라고 합니다. 어떤 것이 승가의 분열입니까?"

2. "우빨리여, 여기 비구들이 법이 아닌 것(非法)을 법이라고 말하고, 법을 법이 아니라고 말하고, 율이 아닌 것을 율이라고 말하고, 율을 율이 아니라고 말하고, 여래가 설하지 않았고 선언하지 않은 것을 여래가 설했고 선언했다고 말하고, 여래가 설했고 선언한 것을 여래가 설하지 않았고 선언하지 않았다고 말하고, 여래가 실천하지 않은 것을 여래가 실천했다고 말하고, 여래가 실천한 것을 여래가 실천하지 않았다고 말하고, 여래가 제정하지 않은 것을 여래가 제정했다고 말하고, 여래가 제정한 것을 여래가 제정하지 않았다고 말한다. 우빨리여, 그들은 이러한 열 가지 경우로 [회중을] 분열시키고,

---

120) 6차결집본의 경제목은 '승가의 분열'(Saṅghabheda-sutta)이다.

불화하게 하고, 분리시키는 업을 짓고, 독단적인 다른 빠띠목카를 제정한다. 우빨리여, 이런 것이 승가의 분열이다."

화합 경(A10:36)[121]
Sāmaggi-sutta

1. "세존이시여, '승가의 화합, 승가의 화합'이라고 합니다. 어떤 것이 승가의 화합입니까?"

2. "우빨리여, 여기 비구들이 법이 아닌 것(非法)을 법이 아니라고 밝히고, 법을 법이라고 밝히고, 율이 아닌 것을 율이 아니라고 밝히고, 율을 율이라고 밝히고, 여래가 설하지 않았고 선언하지 않은 것을 여래가 설하지 않았고 선언하지 않았다고 밝히고, 여래가 설했고 선언한 것을 여래가 설했고 선언했다고 밝히고, 여래가 실천하지 않은 것을 여래가 실천하지 않았다고 밝히고, 여래가 실천한 것을 여래가 실천했다고 밝히고, 여래가 제정하지 않은 것을 여래가 제정하지 않았다고 밝히고, 여래가 제정한 것을 여래가 제정했다고 밝힌다. 우빨리여, 그들은 이러한 열 가지 경우로 [승가를] 분열시키지 않고, 불화를 조성하지 않고, 분리시키는 업을 짓지 않고, 독단적인 다른 빠띠목카를 제정하지 않는다. 우빨리여, 이런 것이 승가의 화합이다."

---

121) PTS본의 경의 목록에는 본경도 분열(bheda)로 나타난다. 그러나 문맥상으로 화합(sāmaggi)이기 때문에 6차결집본의 경제목을 따랐다.

아난다 경1(A10:37)
Ānanda-sutta

1. 그때 아난다 존자가 세존께 다가갔다. 가서는 세존께 절을 올리고 한 곁에 앉았다. 한 곁에 앉아서 아난다 존자는 세존께 이렇게 말씀드렸다.

2. "세존이시여, '승가의 분열, 승가의 분열'이라고 합니다. 어떤 것이 승가의 분열입니까?"

3. "아난다여, 여기 비구들이 법이 아닌 것(非法)을 법이라고 말하고, 법을 법이 아니라고 말하고, 율이 아닌 것을 율이라고 말하고, 율을 율이 아니라고 말하고, 여래가 설하지 않았고 선언하지 않은 것을 여래가 설했고 선언했다고 말하고, 여래가 설했고 선언한 것을 여래가 설하지 않았고 선언하지 않았다고 말하고, 여래가 실천하지 않은 것을 여래가 실천했다고 말하고, 여래가 실천한 것을 여래가 실천하지 않았다고 말하고, 여래가 제정하지 않은 것을 여래가 제정했다고 말하고, 여래가 제정한 것을 여래가 제정하지 않았다고 말한다. 아난다여, 그들은 이러한 열 가지 경우로 [승가를] 분열시키고, 불화를 조성하고, 분리시키는 업을 짓고, 독단적인 다른 빠띠목카를 제정한다. 아난다여, 이런 것이 승가의 분열이다."

아난다 경2(A10:38)[122]

1. "세존이시여, 화합하는 승가를 분열시키면 어떤 것을 쌓게 됩니까?"

2. "아난다여, 수명의 겁이 다하도록 지속되는 악덕을 쌓게 된다."

3. "세존이시여, 그러면 어떤 것이 수명의 겁이 다하도록 지속되는 악덕입니까?"

4. "아난다여, 수명의 겁 동안 지옥에서 익히게 된다."

5. "승가를 분열시킨 자는 불행한 곳으로 가고
지옥에 태어나서 수명의 겁이 다하도록 머물게 되리라.
불화를 좋아하고 비법(非法)에 굳게 서며
유가안은으로부터 떨어져
화합하는 승가를 분열시킨 뒤
수명의 겁 동안 지옥에서 익히게 되리."

---

122) 6차결집본에는 본경이 앞의 「아난다 경」 1(A10:37)에 포함된 것으로 편집되어 있다. PTS본의 경의 목록에도 두 개의 아난다 경이 있는 것으로 나타나는데, 본경이 앞의 경에 포함되는 것이 더 좋은 편집임이 분명하다. PTS본의 편집에 따르면 네 개의 아난다 경이 되기 때문이다.

아난다 경3(A10:39)

1. "세존이시여, '승가의 화합, 승가의 화합'이라고 합니다. 어떤 것이 승가의 화합입니까?"

2. "아난다여, 여기 비구들이 법이 아닌 것(非法)을 법이 아니라고 밝히고, 법을 법이라고 밝히고, 율이 아닌 것을 율이 아니라고 밝히고, 율을 율이라고 밝히고, 여래가 설하지 않았고 선언하지 않은 것을 여래가 설하지 않았고 선언하지 않았다고 밝히고, 여래가 설했고 선언한 것을 여래가 설했고 선언했다고 밝히고, 여래가 실천하지 않은 것을 여래가 실천하지 않았다고 밝히고, 여래가 실천한 것을 여래가 실천했다고 밝히고, 여래가 제정하지 않은 것을 여래가 제정하지 않았다고 밝히고, 여래가 제정한 것을 여래가 제정했다고 밝힌다. 아난다여, 그들은 이러한 열 가지 경우로 [승가를] 분열시키지 않고, 불화를 조성하지 않고, 분리시키는 업을 짓지 않고, 독단적인 다른 빠띠목카를 제정하지 않는다. 아난다여, 이런 것이 승가의 화합이다."

아난다 경4(A10:40)[123]

1. "세존이시여, 분열한 승가를 화합시키면 어떤 것을 쌓게 됩

---

123) 6차결집본에는 본경이 앞의 「아난다 경」 3(A10:39)에 포함된 것으로 편집되어 있다. 본품(우빨리 품)의 편집은 6차결집본의 편집이 PTS본의 경의 목록과도 정확히 일치한다. 반면에 PTS본의 편집과 PTS본의 경의 목록은 일치하지 않는다. 그러나 역자는 저본인 PTS본의 편집에 따라 번역했다.

니까?"

2. "아난다여, 범천의 공덕을 쌓게 된다."

3. "세존이시여, 그러면 어떤 것이 범천의 공덕입니까?"

4. "아난다여, 수명의 겁 동안 천상에서 기쁨을 누린다."

5. "승가의 화합과 화합하는 자들의 우정은 축복이라
   화합을 좋아하고 정법에 굳게 서며
   유가안은으로부터 떨어지지 않고
   승가를 화합하게 한 뒤
   수명의 겁 동안 천상에서 기쁨 누리리."

제4장 우빨리 품이 끝났다.

네 번째 품에 포함된 경들의 목록은 다음과 같다.

① 우빨리 ② 해결하는 소임
③ 구족계 ④ 후원자 ⑤ 분열
⑥ 화합, 네 가지 ⑦~⑩ 아난다이다.[124]

---

[124] 여기에 싣고 있는 경의 목록은 역자가 PTS본의 편집대로 옮긴 본품의 경의 제목을 그대로 채용한 것이다. PTS본의 경의 목록을 있는 그대로 옮기면 다음과 같다.
① 우빨리 ② 중지 ③ 해결하는 소임
④ 구족계 ⑤ 후원자 ⑥ 사미
두 가지 ⑦~⑧ 분열, 두 가지 ⑨~⑩ 아난다이다.

제5장 욕설 품
Akkosa-vagga

분쟁 경(A10:41)
Vivāda-sutta

1. 그때 우빨리 존자가 세존께 다가갔다. 가서는 세존께 절을 올리고 한 곁에 앉았다. 한 곁에 앉아서 우빨리 존자는 세존께 이렇게 말씀드렸다.

2. "세존이시여, 무슨 이유와 무슨 조건 때문에 승가에 논쟁과 말다툼과 언쟁과 분쟁이 생겨서 비구들이 편히 머물 수 없게 됩니까?"

3. "우빨리여, 여기 비구들이 법이 아닌 것(非法)을 법이라고 말하고, 법을 법이 아니라고 말하고, 율이 아닌 것을 율이라고 말하고, 율을 율이 아니라고 말하고, 여래가 설하지 않았고 선언하지 않은 것을 여래가 설했고 선언했다고 말하고, 여래가 설했고 선언한 것을 여래가 설하지 않았고 선언하지 않았다고 말하고, 여래가 실천하지 않은 것을 여래가 실천했다고 말하고, 여래가 실천한 것을 여래가 실천하지 않았다고 말하고, 여래가 제정하지 않은 것을 여래가 제정했다고 말하고, 여래가 제정한 것을 여래가 제정하지 않았다고 말한다. 우빨리여, 이러한 이유와 이러한 조건 때문에 승가에 논쟁과 말다툼과 언쟁과 분쟁이 생겨서 비구들이 편히 머물 수 없게 된다."

뿌리 경1(A10:42)[125]
Mūla-sutta

1. "세존이시여, 분쟁의 뿌리는 몇 가지나 됩니까?"

2. "우빨리여, 분쟁의 뿌리는 열 가지가 있다. 무엇이 열인가?"

3. "우빨리여, 여기 비구들이 법이 아닌 것(非法)을 법이라고 말하고, 법을 법이 아니라고 말하고, 율이 아닌 것을 율이라고 말하고, 율을 율이 아니라고 말하고, 여래가 설하지 않았고 선언하지 않은 것을 여래가 설했고 선언했다고 말하고, 여래가 설했고 선언한 것을 여래가 설하지 않았고 선언하지 않았다고 말하고, 여래가 실천하지 않은 것을 여래가 실천했다고 말하고, 여래가 실천한 것을 여래가 실천하지 않았다고 말하고, 여래가 제정하지 않은 것을 여래가 제정했다고 말하고, 여래가 제정한 것을 여래가 제정하지 않았다고 말한다. 우빨리여, 분쟁의 뿌리는 이러한 열 가지가 있다."

뿌리 경2(A10:43)

1. "세존이시여, 분쟁의 뿌리는 몇 가지나 됩니까?"

2. "우빨리여, 분쟁의 뿌리는 열 가지가 있다. 무엇이 열인가?"

---

125) 본경과 다음 경에 대한 6차결집본의 경제목은 '분쟁의 뿌리'(Vivādamūla-sutta)이다.

3. "우빨리여, 여기 비구들은 범계가 아닌 것(계를 범하지 않은 것)을 범계(犯戒, 계를 범함)라고 말하고, 범계를 범계가 아니라고 말하고, 가벼운 범계를 무거운 범계라고 말하고, 무거운 범계를 가벼운 범계라고 말하고, 추악한 범계를 추악한 범계가 아니라고 말하고, 추악한 범계가 아닌 것을 추악한 범계라고 말하고, 구제할 수 있는 범계를 구제할 수 없는 범계라고 말하고, 구제할 수 없는 범계를 구제할 수 있는 범계라고 말하고, 참회하여 면제받을 수 있는 범계를 면제받을 수 없는 범계라고 말하고, 참회하여 면제받을 수 없는 범계를 면제받을 수 있는 범계라고 말한다. 우빨리여, 분쟁의 뿌리는 이러한 열 가지가 있다."126)

꾸시나라 경(A10:44)
Kusinārā-sutta

1. 한때 세존께서는 꾸시나라에서 발리하라나 밀림에 머무셨다.127) 거기서 세존께서는 "비구들이여."라고 비구들을 부르셨다. "세존이시여."라고 비구들은 세존께 응답했다. 세존께서는 이렇게 말씀하셨다.

2. "비구들이여, 책망하는 비구가 남을 책망하고자 하면 안으

---

126) 이 열 가지는 본서 제1권 「범계가 아님 등의 품」(A1:12:1~10)에도 나타나 있다. 이 술어들의 설명은 그곳의 주해들을 참조할 것.
127) 꾸시나라(Kusinārā)와 발리하라나 밀림(Baliharaṇa vanasaṇḍa)에 대해서는 본서 제1권 「꾸시나라 경」(A3:121) §1의 주해들을 참조할 것.

로 다섯 가지 법을 반조하고, 안으로 다섯 가지 법을 확립한 뒤에 남을 책망해야 한다. 그러면 어떠한 다섯 가지 법을 안으로 반조해야 하는가?"

3. "비구들이여, 책망하는 비구가 남을 책망하고자 하면 이와 같이 반조해야 한다. '나는 몸의 행실이 청정한가, 아닌가? 나는 훼손되지 않고 흠 없는 청정한 몸의 행실을 구족했는가, 아닌가? 이러한 법이 내게 있는가, 없는가?'라고, 비구들이여, 만일 비구가 몸의 행실이 청정하지 못하고, 훼손되지 않고 흠 없는 청정한 몸의 행실을 구족하지 못하면, 사람들은 말하기를 '존자부터 먼저 몸에 대해 공부지으시오.'라고 한다. 참으로 사람들은 이렇게 말한다."

4. "다시 비구들이여, 책망하는 비구가 남을 책망하고자 하면 이와 같이 반조해야 한다. '나는 말의 행실이 청정한가, 아닌가? 나는 훼손되지 않고 흠 없는 청정한 말의 행실을 구족했는가, 아닌가? 이러한 법이 내게 있는가, 없는가?'라고, 비구들이여, 만일 비구가 말의 행실이 청정하지 못하고, 훼손되지 않고 흠 없는 청정한 말의 행실을 구족하지 못하면, 사람들은 말하기를 '존자부터 먼저 말에 대해 공부지으시오.'라고 한다. 참으로 사람들은 이렇게 말한다."

5. "다시 비구들이여, 책망하는 비구가 남을 책망하고자 하면 이와 같이 반조해야 한다. '나는 동료 수행자들에 대해 원한 없는 자애의 마음을 확립했는가, 아닌가? 이러한 법이 내게 있는가, 없는가?'라고, 비구들이여, 만일 비구가 동료 수행자들에 대해 원한 없는 자애의 마음을 확립하지 못하면, 사람들은 말하기를 '존자부터 먼저

동료 수행자들에 대해 원한 없는 자애의 마음을 확립하시오.'라고 한다. 참으로 사람들은 이렇게 말한다."

6. "다시 비구들이여, 책망하는 비구가 남을 책망하고자 하면 이와 같이 반조해야 한다. '나는 많이 배웠고, 배운 것을 바르게 호지하고 배운 것을 잘 정리하며, 시작도 훌륭하고 중간도 훌륭하고 끝도 훌륭하며, 의미와 표현을 구족하여 더할 나위 없이 완벽하고 지극히 청정한 범행(梵行)을 확실하게 드러내는 가르침들이 있으니, 나는 그러한 가르침들을 많이 배우고 호지하고 말로써 익숙해지고 마음으로 숙고하고 견해로써 잘 꿰뚫는가, 아닌가? 이러한 법이 내게 있는가, 없는가?'라고. 비구들이여, 만일 비구가 많이 배우지 않았고 … 견해로써 잘 꿰뚫지 못하면, 사람들은 말하기를 '존자부터 먼저 전승된 가르침을 배우시오.'라고 한다. 참으로 사람들은 이렇게 말한다."

7. "다시 비구들이여, 책망하는 비구가 남을 책망하고자 하면 이와 같이 반조해야 한다. '나는 두 가지 빠띠목카를 경(경분별)과 부분적인 것(건도와 보유)으로 상세하게 잘 전승받고 잘 분석하고 잘 전개하고 잘 판별하는가, 아닌가? 이러한 법이 내게 있는가, 없는가?'라고. 비구들이여, 만일 비구가 두 가지 빠띠목카를 경(경분별)과 부분적인 것(건도와 보유)으로 상세하게 잘 전승받고 잘 분석하고 잘 전개하고 잘 판별하지 못하면, 사람들은 말하기를 '존자부터 먼저 율을 공부지으시오.'라고 한다. 참으로 사람들은 이렇게 말한다.
이러한 다섯 가지 법을 안으로 반조해야 한다."

8. "그러면 어떠한 다섯 가지 법을 안으로 확립한 뒤에 남을 책망해야 하는가?"

9. "'적당한 시간에 말하고 적당하지 않은 때에 말하지 않을 것이다.128) 사실대로 말하고 사실이 아닌 것을 말하지 않을 것이다. 온화하게 말하고 거친 욕설로 말하지 않을 것이다. [그의] 이익을 바라기 때문에 말하고 이익을 바라지 않고는 말하지 않을 것이다. 자애로운 마음으로 말하고 안으로 성냄을 가지고 말하지 않을 것이다.'라고. 비구들이여, 책망하는 비구가 남을 책망하고자 하면 이러한 다섯 가지 법을 안으로 반조하고, 이러한 다섯 가지 법을 안으로 확립한 뒤에 남을 책망해야 한다."

들어감 경(A10:45)129)
Pavesana-sutta

1. "비구들이여, 왕의 내전에 들어가는 데는 열 가지 위험이 따른다. 무엇이 열인가?"

2. "비구들이여, 여기 왕이 왕비와 함께 앉아있다. 그곳에 비구가 들어가면 왕비가 비구를 보고 미소를 짓거나 비구가 왕비를 보

---

128) "책망을 듣는 자의 입장에서 말한 것이다. 즉 그 사람이 들을 수 있는 적당한 시간에 책망하고, 대중이 있는 곳에서나 포살과 자자가 있는 곳에서나 식당에서는 책망하지 않는다는 뜻이다."(AA.iii.299)
129) 6차결집본의 경제목은 '왕의 내전에 들어감'(Rājantepurappavesana-sutta)이다.

고 미소를 짓는다. 그러면 왕은 '오, 참으로 이들은 어떤 짓을 했거나 아니면 할 것이다.'130)라고 생각한다. 비구들이여, 이것이 왕의 내전에 들어가는 데에 따르는 첫 번째 위험이다."

3. "다시 비구들이여, 왕은 업무가 많고 해야 할 일이 많아서 어떤 여인과 성행위를 하고서도 기억을 못한다. 그때 그녀는 임신을 하게 된다. 그러면 왕은 '이곳에는 출가자 외에는 아무도 들어오지 않는다. 이것은 출가자의 짓일 것이다.'라고 생각한다. 비구들이여, 이것이 왕의 내전에 들어가는 데에 따르는 두 번째 위험이다."

4. "다시 비구들이여, 왕의 내전에서 어떤 보배를 잃어버린다. 그러면 왕은 '이곳에는 출가자 외에는 아무도 들어오지 않는다. 이것은 출가자의 짓일 것이다.'라고 생각한다. 비구들이여, 이것이 왕의 내전에 들어가는 데에 따르는 세 번째 위험이다."

5. "다시 비구들이여, 왕의 내전의 비밀이 밖으로 새어나간다. 그러면 왕은 '이곳에는 출가자 외에는 아무도 들어오지 않는다. 이것은 출가자의 짓일 것이다.'라고 생각한다. 비구들이여, 이것이 왕의 내전에 들어가는 데에 따르는 네 번째 위험이다."

6. "다시 비구들이여, 왕의 내전에서 아버지는 아들을 죽이기를 바라고131) 아들은 아버지를 죽이기를 바라는 일이 생긴다. 그러

---

130) "'어떤 짓을 했거나 아니면 할 것이다.'는 것은 성행위(methuna-vīti-kkama)를 했거나 혹은 할 것이라는 말이다."(AA.iii.36)
131) '죽이기를 바라다'로 옮긴 원어는 pattheti인데 주석서에서 māretuṁ icchati(*Ibid*)로 설명하고 있어서 이렇게 옮겼다.

면 그들은 '이곳에는 출가자 외에는 아무도 들어오지 않는다. 이것은 출가자의 짓일 것이다.'라고 생각한다. 비구들이여, 이것이 왕의 내전에 들어가는 데에 따르는 다섯 번째 위험이다."

7. "다시 비구들이여, 왕은 낮은 지위에 두어야 할 사람을 높은 지위에 앉힌다. 그러면 이것을 마음에 들어 하지 않는 사람들은 '왕은 출가자와 가까이 지낸다. 이것은 출가자의 짓일 것이다.'라고 생각한다. 비구들이여, 이것이 왕의 내전에 들어가는 데에 따르는 여섯 번째 위험이다."

8. "다시 비구들이여, 왕은 높은 지위에 두어야 할 사람을 낮은 지위에 앉힌다. 그러면 이것을 마음에 들어 하지 않는 사람들은 '왕은 출가자와 가까이 지낸다. 이것은 출가자의 짓일 것이다.'라고 생각한다. 비구들이여, 이것이 왕의 내전에 들어가는 데에 따르는 일곱 번째 위험이다."

9. "다시 비구들이여, 왕은 적당하지 않은 시간에 군대를 소집한다. 그러면 이것을 마음에 들어 하지 않는 사람들은 '왕은 출가자와 가까이 지낸다. 이것은 출가자의 짓일 것이다.'라고 생각한다. 비구들이여, 이것이 왕의 내전에 들어가는 데에 따르는 여덟 번째 위험이다."

10. "다시 비구들이여, 왕은 적당한 시간에 군대를 소집하고는 도중에 그만 회군을 한다. 그러면 이것을 마음에 들어 하지 않는 사람들은 '왕은 출가자와 가까이 지낸다. 이것은 출가자의 짓일 것이

다.'라고 생각한다. 비구들이여, 이것이 왕의 내전에 들어가는 데에 따르는 아홉 번째 위험이다."

11. "다시 비구들이여, 왕의 내전은 코끼리로 붐비고 말로 붐비고 마차로 붐비며, 탐욕을 생기게 하는 형상·소리·냄새·맛·감촉들이 있으니, 이들은 출가자에게 어울리지 않는다. 비구들이여, 이것이 왕의 내전에 들어가는 데에 따르는 열 번째 위험이다.
비구들이여, 왕의 내전에 들어가는 데는 이러한 열 가지 위험이 따른다."

삭까 경(A10:46)
Sakka-sutta

1. 한때 세존께서는 삭까에서 까삘라왓투132)의 니그로다 원림에 머무셨다. 그때 많은 삭까의 청신사들이 포살일에 세존께 다가갔다. 가서는 세존께 절을 올리고 한 곁에 앉았다. 한 곁에 앉은 삭까의 청신사들에게 세존께서는 이렇게 말씀하셨다.

2. "삭까들이여, 그대들은 여덟 가지 구성요소를 가진 포살[八關齋戒]을 준수하는가?"
"세존이시여, 저희들은 어떤 때는 여덟 가지 구성요소를 가진 포

---

132) 까삘라왓투(Kapilavatthu)는 부처님의 고향이자 히말라야에 가까운 곳에 있는 사꺄족들의 수도이며 까삘라 선인(仙人)의 충고로 옥까까 왕의 왕자들이 터를 닦은 도시이다. 그래서 까삘라왓투라고 이름 지었다.(DA. i.259) 부처님 당시에는 숫도다나를 왕으로 한 공화국이었다.

살[八關齋戒]을 준수하기도 하고, 어떤 때는 준수하지 않기도 합니다."

"삭까들이여, 슬픔의 두려움이 있는133) 삶에서, 죽음의 두려움이 있는 삶에서 그대들이 어떤 때는 여덟 가지 구성요소를 가진 포살[八關齋戒]을 준수하기도 하고, 어떤 때는 준수하지 않기도 한다는 것은 참으로 얻는 것이 없고 그대들에게 아무 득이 되지 않는다. 삭까들이여, 이를 어떻게 생각하는가? 여기 사람이 어떤 직업을 통해서 나쁜 일을 범하지 않고 하루에 반개의 동전을 번다면 '저 사람은 참으로 유능하고 근면하구나.'라는 말을 듣겠는가?"

"그렇습니다, 세존이시여."

"삭까들이여, 이를 어떻게 생각하는가? 여기 사람이 어떤 직업을 통해서 나쁜 일을 범하지 않고 하루에 한 개의 동전을 번다면 '저 사람은 참으로 유능하고 근면하구나.'라는 말을 듣겠는가?"

"그렇습니다, 세존이시여."

삭까들이여, 이를 어떻게 생각하는가? 여기 사람이 어떤 직업을 통해서 나쁜 일을 범하지 않고 하루에 두 개의 … 세 개의 … 네 개의 … 다섯 개의 … 여섯 개의 … 일곱 개의 … 여덟 개의 … 아홉 개의 … 열 개의 … 스무 개의 … 서른 개의 … 마흔 개의 … 쉰 개의 동전을 번다면 '저 사람은 참으로 유능하고 근면하구나.'라는 말을 듣겠는가?"

"그렇습니다, 세존이시여."

"삭까들이여, 이를 어떻게 생각하는가? 그 사람이 매일 매일 백 개

---

133) '슬픔의 두려움이 있는'은 sokasabhaye를 옮긴 것인데 주석서는 sokena sabhaye로 분석하고 있으며 이것은 슬픔의 두려움(soka-bhaya)을 뜻한다고 설명하고 있어서(AA.v.37) 이렇게 옮겼다.

의 동전과 천 개의 동전을 벌고, 버는 족족 모으면서 백 년의 수명을 가져 백 년 동안 산다고 하면 그는 큰 재물 무더기를 획득하겠는가?"

"그렇습니다, 세존이시여."

"삭까들이여, 이를 어떻게 생각하는가? 그러면 그 사람이 그 재물을 원인으로, 그 재물을 근거로, 그 재물을 토대로, 하루 밤이나 하루 낮이나 밤의 절반이나 한나절을 완전한 행복을 경험하면서 머물 수 있겠는가?"

"그렇지 않습니다, 세존이시여."

"그것은 무슨 이유 때문인가?"

"세존이시여, 감각적 욕망이란 참으로 무상하고 헛되고 허망하고 거짓된 것이기 때문입니다."

3. "그대 삭까들이여, 그러나 나의 제자가 내가 교계한대로 도를 닦으면서 십년을 방일하지 않고 열심히, 스스로 독려하며 지낼 때, 그는 백년을, 천년을, 만년을, 십만년을 완전한 행복을 경험하면서 머물 수 있다. 그리고 그는 일래자가 되거나 불환자가 되거나 혹은 반드시 예류자가 된다.134)

그대 삭까들이여, 십년까진 아니더라도 여기 나의 제자가 내가 교계한대로 도를 닦으면서 9년을, 8년을, 7년을, 6년을, 5년을, 4년을, 3년을, 2년을, 1년을 방일하지 않고 열심히, 스스로 독려하며 지낼 때,

---

134) "'혹은 반드시 예류자가 된다.(apaṇṇakaṁ vā sotāpanno)'는 것은 실패하지 않고(avirādhita) 틀림없이(ekaṁsena) 예류자가 된다는 뜻이다. 물론 그도 禪을 일으켜서 범천의 세상(brahmaloka)이나 혹은 여섯 종류의 욕계 천상(cha kāma-sagga)에 가서 전일한 행복을 경험하면서 (ekanta-sukha-ppaṭisaṁvedi) 머물 수 있다."(AA.v.38)

그는 백년을 천년을 만년을 십만년을 완전한 행복을 경험하면서 머물 수 있다. 그리고 그는 일래자가 되거나 불환자가 되거나 혹은 반드시 예류자가 된다.

그대 삭까들이여, 1년까진 아니더라도 여기 나의 제자가 내가 교계한대로 도를 닦으면서 열 달을 방일하지 않고 열심히, 스스로 독려하며 지낼 때, 그는 백년을 천년을 만년을 십만년을 완전한 행복을 경험하면서 머물 수 있다. 그리고 그는 일래자가 되거나 불환자가 되거나 혹은 반드시 예류자가 된다.

그대 삭까들이여, 열 달까진 아니더라도 여기 나의 제자가 내가 교계한대로 도를 닦으면서 아홉 달을, 여덟 달을, 일곱 달을, 여섯 달을, 다섯 달을, 넉 달을, 석 달을, 두 달을, 한 달을, 반달을 방일하지 않고 열심히, 스스로 독려하며 지낼 때, 그는 백년을 천년을 만년을 십만년을 완전한 행복을 경험하면서 머물 수 있다. 그리고 그는 일래자가 되거나 불환자가 되거나 혹은 반드시 예류자가 된다.

그대 삭까들이여, 반달까진 아니더라도 여기 나의 제자가 내가 교계한대로 도를 닦으면서 열흘 밤낮을 방일하지 않고 열심히, 스스로 독려하며 지낼 때, 그는 백년을 천년을 만년을 십만년을 완전한 행복을 경험하면서 머물 수 있다. 그리고 그는 일래자가 되거나 불환자가 되거나 혹은 반드시 예류자가 된다.

그대 삭까들이여, 열흘 밤낮까진 아니더라도 여기 나의 제자가 내가 교계한대로 도를 닦으면서 9일 밤낮을, 8일 밤낮을, 7일 밤낮을, 6일 밤낮을, 5일 밤낮을, 4일 밤낮을, 3일 밤낮을, 2일 밤낮을, 하루 밤낮을 방일하지 않고 열심히, 스스로 독려하며 지낼 때, 그는 백년을 천년을 만년을 십만년을 완전한 행복을 경험하면서 머물 수 있다. 그리고 그는 일래자가 되거나 불환자가 되거나 혹은 반드시 예류자가 된다.

그대 삭까들이여, 슬픔의 두려움이 있는 삶에서, 죽음의 두려움이 있는 삶에서 그대들이 어떤 때는 여덟 가지 구성요소를 가진 포살[八關齋戒]을 준수하기도 하고, 어떤 때는 준수하지 않기도 한다는 것은 참으로 얻는 것이 없고 그대들에게 아무 득이 되지 않는다."

"세존이시여, 저희들은 오늘부터 여덟 가지 구성요소를 가진 포살[八關齋戒]을 준수하겠습니다."

마할리 경(A10:47)
Mahāli-sutta

1. 한때 세존께서는 웨살리에서 큰 숲의 중각강당에 머무셨다. 그때 릿차위135) 사람 마할리136)가 세존께 다가갔다. 가서는 세존께 절을 올리고 한 곁에 앉았다. 한 곁에 앉은 릿차위 사람 마할리는 세

---

135) 릿차위(Licchavī)는 웨살리를 수도로 한 공화국 체제를 갖춘 왓지(Vajjī)국을 대표하는 종족의 이름이다. 왓지국은 몇몇 부족들로 이루어져 있었다고 하는데 그 가운데서 릿차위(Licchavī)와 위데하(Videha)가 강성하였다고 하며, 『브르하다란냐까 우빠니샤드』에 의하면 바라문 전통에서 성군으로 칭송받는 자나까(Janaka) 왕이 위데하의 왕이었다. 부처님 당시에는 릿차위가 강성하여(MA.i.394.) 초기경에서는 릿차위와 왓지는 동일시되다시피 하고 있다. 왓지들은 끄샤뜨리야였으며 세존께서는 그들의 공화국 체제를 승가가 퇴보하지 않는 것과 견줄 정도로 칭송하셨다.(『디가 니까야』 제2권 「대반열반경」 (D16) §1.4~6 참조)
『맛지마 니까야 주석서』에 나타나는 그들의 이름에 얽힌 신화에 대해서는 『디가 니까야』 제1권 「마할리경」 (D6) §3의 주해를 참조할 것.

136) 마할리(Mahāli)는 부처님 당시에 릿차위의 수장이었다. 『상윳따 니까야』 「웨살리경」 (S22:60) 등 그와 관계된 몇몇 경이 전해내려 온다.

존께 이렇게 말씀드렸다.

2. "세존이시여, 무슨 원인과 무슨 조건 때문에 악업을 짓고 악업을 행합니까?"

"마할리여, 탐욕을 원인으로 하고 탐욕을 조건으로 하여 악업을 짓고 악업을 행한다. 마할리여, 성냄을 원인으로 하고 성냄을 조건으로 하여 악업을 짓고 악업을 행한다. 마할리여, 어리석음을 원인으로 하고 어리석음을 조건으로 하여 악업을 짓고 악업을 행한다. 마할리여, 지혜 없이 마음에 잡도리함[非如理作意]을 원인으로 하고 지혜 없이 마음에 잡도리함을 조건으로 하여 악업을 짓고 악업을 행한다. 마할리여, 그릇된 원(願)을 원인으로 하고 그릇된 원을 조건으로 하여 악업을 짓고 악업을 행한다. 마할리여, 이런 원인과 이런 조건 때문에 악업을 짓고 악업을 행한다."

3. "세존이시여, 무슨 원인과 무슨 조건 때문에 선업을 짓고 선업을 행합니까?"

"마할리여, 탐욕 없음을 원인으로 하고 탐욕 없음을 조건으로 하여 선업을 짓고 선업을 행한다. 마할리여, 성냄 없음을 원인으로 하고 성냄 없음을 조건으로 하여 선업을 짓고 선업을 행한다. 마할리여, 어리석음 없음을 원인으로 하고 어리석음 없음을 조건으로 하여 선업을 짓고 선업을 행한다. 마할리여, 지혜롭게 마음에 잡도리함[如理作意]을 원인으로 하고 지혜롭게 마음에 잡도리함을 조건으로 하여 선업을 짓고 선업을 행한다. 마할리여, 바른 소원을 원인으로 하고 바른 소원을 조건으로 하여 선업을 짓고 선업을 행한다. 마할리여, 이런 원인과 이런 조건 때문에 선업을 짓고 선업을 행한다.

마할리여, 이러한 열 가지 법이 세상에 존재하지 않았다면, 여기 법답지 못한 행위와 비뚤어진 행위라고 알려지지 않았을 것이고, 혹은 법다운 행위와 곧은 행위라고 알려지지 않았을 것이다. 그러나 이러한 열 가지 법이 세상에 존재하기 때문에 법답지 못한 행위와 비뚤어진 행위라고, 혹은 법다운 행위와 곧은 행위라고 알려진 것이다."

경우 경(A10:48)[137]
Dhamma-sutta

1. "비구들이여, 출가자는 열 가지 경우를 끊임없이 반조해야 한다. 무엇이 열인가?"

2. "'나는 저열한 상태[138]에 이르렀다.'라고 출가자는 끊임없이 반조해야 한다.

'내 생명은 남에게 달려있다.'[139]라고 출가자는 끊임없이 반조해

---

137) 6차결집본의 경제목은 '출가자가 끊임없이'(Pabbajitābhiṇha-sutta)이다.

138) "'저열한 상태(vevaṇṇiya)'란 두 종류가 있다. 몸(sarīra)의 저열한 상태와 생활필수품(parikkhāra)의 저열한 상태다. 여기서 머리털과 수염이 없는 것이 몸의 저열한 상태라고 알아야 한다. 전에는 여러 색깔로 된 감촉이 좋은 옷을 입고, 여러 맛난 음식을 금이나 은으로 만든 그릇에 담아서 먹고, 좋은 침상이나 의자에 눕고 앉고, 제호(醍醐)나 정제된 버터로 약을 만들었지만, 출가한 후로는 떨어진 가사를 수하고, 철이나 흙으로 빚은 그릇에 섞은 밥을 먹어야 하고, 나무 아래의 거처 등에서 문자 풀의 덮개 위에서 누워야 하고, 가죽 매트 위에서 앉아야 하고, 썩은 오줌 등으로 약을 만들어야 한다. 이와 같이 여기서 생활필수품의 저열한 상태를 알아야 한다. 이와 같이 반조할 때 분노와 자만심이 제거된다."(AA.v.38~39)

야 한다.

'내 행동은 [재가자들과] 달라야 한다.'라고 출가자는 끊임없이 반조해야 한다.

'내 마음은 계행에 대해 나를 비난하지는 않는가?'라고 출가자는 끊임없이 반조해야 한다.

'지혜로운 동료 수행자들이 나를 자세히 살핀 다음 계행에 대해 나를 비난하지는 않는가?'라고 출가자는 끊임없이 반조해야 한다.

'내가 좋아하고 마음에 들어 하는 모든 것은 변해버리고 없어져버린다.'라고 출가자는 끊임없이 반조해야 한다.

'업이 바로 나의 주인이고, 나는 업의 상속자이고, 업에서 태어났고, 업이 나의 권속이고, 업이 나의 의지처이다. 좋은 업이건 나쁜 업이건, 업을 지으면 나는 그것의 상속자가 될 것이다.'라고 출가자는 끊임없이 반조해야 한다.

'내가 무엇이 되어있건 낮과 밤은 지나가버린다.'라고 출가자는 끊임없이 반조해야 한다.

'빈 집에 거주하는 것을 나는 좋아하는가, 아닌가?'라고 출가자는 끊임없이 반조해야 한다.

'나는 인간의 법을 초월했고, 성자들에게 적합한 지와 견의 특별함을 증득했는가? 그래서 나는 죽을 때140) 동료 수행자들이 물으면 의

---

139) "'나의 생명이 다른 사람에게 달려있다(parapaṭibaddhā me jīvikā)'는 것은 우리는 다른 사람에 의존해있다(parāyatta). 즉 4종 필수품에 의존해 있는 것이 우리의 삶(catu-paccaya-jīvikā)이라는 말이다."(AA.v.39)

140) "'죽을 때(pacchime kāle)'란 임종하는 침상에 누워있을 때(maraṇa-mañce nipannakāle)라는 뜻이다."(AA.v.40)

기소침해지지 않을 것인가?'라고 출가자는 끊임없이 반조해야 한다.

비구들이여, 출가자는 이러한 열 가지 경우를 끊임없이 반조해야 한다.

몸에 본유적임 경(A10:49)
Sarīraṭṭha-sutta

1. "비구들이여, 열 가지는 몸과 본디부터 함께 한다[本有的]. 무엇이 열인가?"

2. "추위, 더위, 배고픔, 목마름, 대변, 소변, 몸의 단속, 말의 단속, 생계의 단속, 다시 태어남을 가져오는 존재를 형성하는 업141)이다. 비구들이여, 이러한 열 가지는 몸과 본디부터 함께 한다."

논쟁 경(A10:50)
Bhaṇḍana-sutta

1. 한때 세존께서는 사왓티에서 제따 숲의 급고독원에 머무셨다. 그 무렵에 많은 비구들이 탁발을 하여 공양을 마치고 탁발에서 돌아와 집회소에 함께 모여 앉아서 논쟁을 하고 말다툼을 하고 언쟁하면서 입의 칼로 서로를 찌르면서 있었다. 그때 세존께서는 해거름에 [낮 동안의] 홀로 앉으심을 풀고 자리에서 일어나 집회소로 가셨

---

141) '존재를 형성하는 업'은 bhava-saṅkhāro를 옮긴 것인데 주석서가 bhava-saṅkharaṇa-kammaṁ(AA.v.41)이라고 설명하고 있어서 이것을 직역하였다.

다. 가셔서는 마련된 자리에 앉으셨다. 자리에 앉아서 세존께서는 비구들을 불러서 말씀하셨다.

2. "비구들이여, 무슨 이야기를 하기 위해 지금 여기에 모였는가? 그리고 그대들이 하다만 이야기는 무엇인가?"

"세존이시여, 여기 저희들은 탁발을 하여 공양을 마치고 탁발에서 돌아와 집회소에 함께 모여 앉아서 논쟁을 하고 말다툼을 하고 언쟁하면서 입의 칼로 서로를 찌르면서 있었습니다."

"비구들이여, 믿음으로 집을 나와 출가한 그대들이 이처럼 논쟁을 하고 말다툼을 하고 언쟁하면서 입의 칼로 서로를 찌르면서 있는 것은 적절하지가 못하다. 비구들이여, 열 가지 법을 기억해야 하나니, 이것은 호감을 주고, 공경을 불러오고, 도움을 주고, 분쟁을 없애고, 화합하고, 하나가 되게 한다. 무엇이 열인가?"

3. "비구들이여, 여기 비구는 계를 잘 지킨다. 그는 계목의 단속으로 단속하면서 머문다. 바른 행실과 행동의 영역을 갖추고, 작은 허물에 대해서도 두려움을 보며, 학습계목을 받아 지녀 공부짓는다. 비구들이여, 비구가 계를 잘 지켜 … 학습계목을 받아 지녀 공부짓는 이것이 기억해야 하는 법이니, 이것은 호감을 주고, 공경을 불러오고, 도움을 주고, 분쟁을 없애고, 화합하고, 하나가 되게 한다."

4. "다시 비구들이여, 비구는 많이 배우고[多聞] 배운 것을 잘 호지하고 배운 것을 잘 정리한다. 시작도 훌륭하고 중간도 훌륭하고 끝도 훌륭하며, 더할 나위 없이 완벽하고 지극히 청정한 범행을 의미와 표현을 구족하여 확실하게 드러내는 가르침들이 있으니, 그는 그

러한 가르침들을 많이 배우고 호지하고 말로써 친숙하게 되고 마음으로 숙고하고 견해로써 잘 꿰뚫는다. 비구들이여, 비구가 많이 배우고 … 견해로써 잘 꿰뚫는 이것도 기억해야 하는 법이니, 이것은 호감을 주고, 공경을 불러오고, 도움을 주고, 분쟁을 없애고, 화합하고, 하나가 되게 한다."

5. "다시 비구들이여, 비구는 좋은 친구, 좋은 동료, 좋은 벗을 가졌다. 비구들이여, 비구가 좋은 친구, 좋은 동료, 좋은 벗을 가진 이것도 기억해야 하는 법이니, 이것은 호감을 주고, 공경을 불러오고, 도움을 주고, 분쟁을 없애고, 화합하고, 하나가 되게 한다."

6. "다시 비구들이여, 여기 비구는 훈계를 잘 받아들이나니, 그는 훈계하기 쉬운 성품을 지니고 있고 인욕하고 교계를 받아들임에 능숙하다. 비구들이여, 비구가 훈계를 잘 받아들이고 … 교계를 받아들임에 능숙한 이것도 기억해야 하는 법이니, 이것은 호감을 주고, 공경을 불러오고, 도움을 주고, 분쟁을 없애고, 화합하고, 하나가 되게 한다."

7. "다시 비구들이여, 비구는 동료 수행자들의 중요하고 사소한 여러 가지 소임들을 열심히 하고 거기에 숙련되고 게으르지 않으며 그것을 완성할 수 있는 검증을 거쳐 충분히 실행할 수 있고 충분히 연구할 수 있는 자가 된다. 비구들이여, 비구가 동료 수행자들의 중요하고 사소한 여러 가지 소임들을 열심히 하고 … 충분히 연구하는 이것도 기억해야 하는 법이니, 이것은 호감을 주고, 공경을 불러오고, 도움을 주고, 분쟁을 없애고, 화합하고, 하나가 되게 한다."

8. "다시 비구들이여, 비구는 법을 기뻐하여 [법]담 나누기를 좋아하고 아비담마(對法)와 아비위나야(對律)에 대해 크나큰 환희심을 가진다. 비구들이여, 비구가 법을 기뻐하여 … 크나큰 환희심을 가지는 이것도 기억해야 하는 법이니, 이것은 호감을 주고, 공경을 불러오고, 도움을 주고, 분쟁을 없애고, 화합하고, 하나가 되게 한다."

9. "다시 비구들이여, 비구는 해로운 법들을 제거하고 유익한 법들을 두루 갖추기 위해서 불굴의 정진으로 머문다. 그는 굳세고 분투하고 유익한 법들에 대한 임무를 내팽개치지 않는다. 비구들이여, 비구가 해로운 법들을 제거하고 … 유익한 법들에 대한 임무를 내팽개치지 않는 이것도 기억해야 하는 법이니, 이것은 호감을 주고, 공경을 불러오고, 도움을 주고, 분쟁을 없애고, 화합하고, 하나가 되게 한다."

10. "다시 비구들이여, 비구는 의복이나 탁발음식이나 거처나 병구완을 위한 약품이 좋은 것이든 안 좋은 것이든 그것으로 만족한다. 비구들이여, 비구가 의복이나 탁발음식이 … 좋은 것이든 안 좋은 것이든 그것으로 만족하는 이것도 기억해야 하는 법이니, 이것은 호감을 주고, 공경을 불러오고, 도움을 주고, 분쟁을 없애고, 화합하고, 하나가 되게 한다."

11. "다시 비구들이여, 비구는 마음챙기는 자이다. 그는 최상의 마음챙김과 슬기로움을 구족하여 오래 전에 행하고 오래 전에 말한 것일지라도 모두 기억하고 생각해낸다. 비구들이여, 비구가 마음챙

겨서 … 기억하고 생각해내는 이것도 기억해야 하는 법이니, 이것은 호감을 주고, 공경을 불러오고, 도움을 주고, 분쟁을 없애고, 화합하고, 하나가 되게 한다."

12. "다시 비구들이여, 비구는 통찰지를 가진다. 그는 일어나고 사라짐을 꿰뚫고, 성스럽고, 통찰력이 있고, 바르게 괴로움의 소멸로 인도하는 통찰지를 구족한다. 비구들이여, 비구가 통찰지를 가져서 … 바르게 괴로움의 소멸로 인도하는 통찰지를 구족하는 이것도 기억해야 하는 법이니, 이것은 호감을 주고, 공경을 불러오고, 도움을 주고, 분쟁을 없애고, 화합하고, 하나가 되게 한다.

비구들이여, 이러한 열 가지 법을 기억해야 하나니, 이것은 호감을 주고, 공경을 불러오고, 도움을 주고, 분쟁을 없애고, 화합하고, 하나가 되게 한다."

제5장 욕설 품이 끝났다.

다섯 번째 품에 포함된 경들의 목록은 다음과 같다.

① 분쟁, 두 가지 ②~③ 뿌리
④ 꾸시나라 ⑤ 들어감 ⑥ 삭까 ⑦ 마할리
⑧ 경우 ⑨ 몸에 본유적임 ⑩ 논쟁이다.

첫 번째 50개 경들의 묶음이 끝났다.

II. 두 번째 50개 경들의 묶음
Dutita-paṇṇāsaka

제6장 자신의 마음 품
Sacitta-vagga

자신의 마음 경(A10:51)
Sacitta-sutta

1. 한때 세존께서는 사왓티에서 제따 숲의 급고독원에 머무셨다. 거기서 세존께서는 "비구들이여."라고 비구들을 부르셨다. "세존이시여."라고 비구들은 세존께 응답했다. 세존께서는 이렇게 말씀하셨다.

2. "비구들이여, 만일 비구가 남의 마음 길142)에 능숙하지 못하다면 '나는 나 자신의 마음 길에 능숙하게 되리라.'라고 공부지어야 한다. 비구들이여, 그러면 어떻게 비구가 자신의 마음 길에 능숙하게 되는가?"

---

142) '마음 길'은 citta-pariyāya를 옮긴 것이다. 주석서는 citta-vāra라고만 설명하고 있는데 PED는 *the ways (i.e. behaviour) of the heart*라고 설명하고 있다. 본서 A10:51~55와 A10:84~86 경들에만 나타나는 표현이다. 이 경들의 용례에서 보듯이 우리 마음에서 일어나고 전개되는 여러 양상을 일컫는 말이다. 그래서 마음 길이라고 옮겨보았다.

3. "비구들이여, 마치 장식을 좋아하는 어리고 젊은 여자나 남자가 깨끗하고 흠 없는 거울이나 맑은 물에 비친 자신의 모습을 살펴보면서 기미나 반점을 보게 되면 그 기미나 반점을 제거하려고 애를 쓰고, 기미나 반점을 찾지 못하면 '이것은 내게 이득이다. 나는 깨끗하다.'라고 생각하면서 마음이 흡족해지고 그의 의도한 바가 성취되는 것과 같다.

그와 같이 비구들이여, 비구의 반조는 유익한 법들에 관해서 많은 것을 짓는다. '나는 대체로 간탐하면서 머무는가, 아니면 대체로 간탐하지 않고 머무는가? 나는 대체로 악의에 찬 마음으로 머무는가, 아니면 대체로 악의 없는 마음으로 머무는가? 나는 대체로 해태와 혼침에 압도되어 머무는가, 아니면 대체로 해태와 혼침을 여의고 머무는가? 나는 대체로 들떠서 머무는가, 아니면 대체로 들뜨지 않고 머무는가? 나는 대체로 의심하면서 머무는가, 아니면 대체로 의심을 건너서 머무는가? 나는 대체로 분노하면서 머무는가, 아니면 대체로 분노하지 않고 머무는가? 나는 대체로 오염된 마음으로 머무는가, 아니면 대체로 오염되지 않은 마음으로 머무는가? 나는 대체로 몸이 불편한 채로 머무는가, 아니면 대체로 몸에 불편함이 없이 머무는가? 나는 대체로 게으름에 빠져 머무는가, 아니면 대체로 열심히 정진하며 머무는가? 나는 대체로 삼매에 들지 않고 머무는가, 아니면 대체로 삼매에 들어서 머무는가?'라고"

4. "비구들이여, 만일 비구가 자신을 반조하여 '나는 대체로 간탐하면서 머물고, 악의에 찬 마음으로 머물고, 해태와 혼침에 압도되

어 머물고, 들떠서 머물고, 의심하면서 머물고, 분노하면서 머물고, 오염된 마음으로 머물고, 몸이 불편한 채로 머물고, 게으름에 빠져 머물고, 삼매에 들지 않고 머문다.'라고 알게 되면, 비구는 이러한 나쁘고 해로운 법들을 제거하기 위해 아주 강한 의욕과 노력과 관심과 분발과 불퇴전과 마음챙김과 알아차림을 행해야 한다.

비구들이여, 예를 들면 옷이나 머리에 불이 붙은 자는 옷이나 머리의 불을 끄기 위해서 아주 강한 의욕과 노력과 관심과 분발과 불퇴전과 마음챙김과 알아차림을 행해야 하는 것과 같다. 그와 같이 비구는 나쁘고 해로운 법들을 제거하기 위해서 아주 강한 의욕과 노력과 관심과 분발과 불퇴전과 마음챙김과 알아차림을 행해야 한다."

5. "비구들이여, 만일 비구가 자신을 반조하여 '나는 대체로 간탐하지 않고 머물고, 악의 없는 마음으로 머물고, 해태와 혼침을 여의고 머물고, 들뜨지 않고 머물고, 의심을 건너서 머물고, 분노하지 않고 머물고, 오염되지 않은 마음으로 머물고, 몸에 불편함이 없이 머물고, 열심히 정진하며 머물고, 삼매에 들어서 머문다.'라고 알게 되면, 비구는 이러한 유익한 법들에 굳게 서서 번뇌들을 소멸하기 위해서 수행해야 한다."

사리뿟따 경(A10:52)
Sāriputta-sutta

1. 거기서 사리뿟따 존자는 "비구들이여."라고 비구들을 불렀다. "도반이시여."라고 비구들은 사리뿟따 존자에게 응답했다. 사리

뿟따 존자는 이렇게 말했다.

2. "도반들이여, 만일 비구가 남의 마음 길에 능숙하지 못하면 '나는 나 자신의 마음 길에 능숙하게 되리라.'라고 공부지어야 합니다. 도반들이여, 그러면 어떻게 비구가 자신의 마음 길에 능숙하게 됩니까?"

3. "도반들이여, 마치 장식을 좋아하는 어리고 젊은 여자나 남자가 깨끗하고 흠 없는 거울이나 맑은 물에 비친 자신의 모습을 살펴보면서 기미나 반점을 보게 되면 그 기미나 반점을 제거하려고 애를 쓰고, 기미나 반점을 찾지 못하면 '이것은 내게 이득이다. 나는 깨끗하다.'라고 생각하면서 마음이 흡족해지고 그의 의도한 바가 성취되는 것과 같습니다.

그와 같이 도반들이여, 비구의 반조는 유익한 법들에 관해서 많은 것을 짓습니다. '나는 대체로 간탐하면서 머무는가, 아니면 대체로 간탐하지 않고 머무는가? 나는 대체로 악의에 찬 마음으로 머무는가, 아니면 대체로 악의 없는 마음으로 머무는가? 나는 대체로 해태와 혼침에 압도되어 머무는가, 아니면 대체로 해태와 혼침을 여의고 머무는가? 나는 대체로 들떠서 머무는가, 아니면 대체로 들뜨지 않고 머무는가? 나는 대체로 의심하면서 머무는가, 아니면 대체로 의심을 건너서 머무는가? 나는 대체로 분노하면서 머무는가, 아니면 대체로 분노하지 않고 머무는가? 나는 대체로 오염된 마음으로 머무는가, 아니면 대체로 오염되지 않은 마음으로 머무는가? 나는 대체로 몸이 불편한 채로 머무는가, 아니면 대체로 몸에 불편함이 없이 머무는가?

나는 대체로 게으름에 빠져 머무는가, 아니면 대체로 열심히 정진하며 머무는가? 나는 대체로 삼매에 들지 않고 머무는가, 아니면 대체로 삼매에 들어서 머무는가?'라고."

4. "도반들이여, 만일 비구가 자신을 반조하여 '나는 대체로 간탐하면서 머물고, 악의에 찬 마음으로 머물고, 해태와 혼침에 압도되어 머물고, 들떠서 머물고, 의심하면서 머물고, 분노하면서 머물고, 오염된 마음으로 머물고, 몸이 불편한 채로 머물고, 게으름에 빠져 머물고, 삼매에 들지 않고 머문다.'라고 알게 되면, 비구는 이러한 나쁘고 해로운 법들을 제거하기 위해서 아주 강한 의욕과 노력과 관심과 분발과 불퇴전과 마음챙김과 알아차림을 행해야 합니다.

도반들이여, 예를 들면 옷이나 머리에 불이 붙은 자는 옷이나 머리의 불을 끄기 위해서 아주 강한 의욕과 노력과 관심과 분발과 불퇴전과 마음챙김과 알아차림을 행해야 하는 것과 같습니다. 그와 같이 비구는 나쁘고 해로운 법들을 제거하기 위해서 아주 강한 의욕과 노력과 관심과 분발과 불퇴전과 마음챙김과 알아차림을 행해야 합니다."

5. "도반들이여, 만일 비구가 자신을 반조하여 '나는 대체로 간탐하지 않고 머물고, 악의 없는 마음으로 머물고, 해태와 혼침을 여의고 머물고, 들뜨지 않고 머물고, 의심을 건너서 머물고, 분노하지 않고 머물고, 오염되지 않은 마음으로 머물고, 몸에 불편함이 없이 머물고, 열심히 정진하며 머물고, 삼매에 들어 머문다.'라고 알게 되면, 비구는 이러한 유익한 법들에 굳게 서서 번뇌들을 소멸하기 위해

서 수행해야 합니다."

정체 경(A10:53)
Ṭhiti-sutta

1. "비구들이여, 나는 유익한 법들에서 정체되는 것도 칭송하지 않는데 하물며 퇴보를 칭송하겠는가? 나는 유익한 법들에서 향상을 칭송하고 정체와 퇴보를 칭송하지 않는다."

2. "비구들이여, 그러면 어떤 것이 유익한 법들에서 정체되는 것도 아니고 향상하는 것도 아닌 퇴보하는 것인가? 비구들이여, 여기 비구는 믿음과 계와 배움과 베풂과 통찰지와 영감을 통해서 노력한다. 그러나 그에게 이러한 법들은 확립되지 않고 증장되지 않는다. 비구들이여, 이를 일러 그는 유익한 법들에서 정체되는 것도 아니고 향상하는 것도 아닌 퇴보하는 것이라고 나는 말한다."

3. "비구들이여, 그러면 어떤 것이 유익한 법들에서 퇴보하는 것도 아니고 향상하는 것도 아닌 정체되는 것인가? 비구들이여, 여기 비구는 믿음과 계와 배움과 베풂과 통찰지와 영감을 통해서 노력한다. 그러나 그에게 이러한 법들은 퇴보하지도 않고 향상하지도 않는다. 비구들이여, 이를 일러 그는 유익한 법들에서 퇴보하는 것도 아니고 향상하는 것도 아닌 정체되는 것이라고 나는 말한다."

4. "비구들이여, 그러면 어떤 것이 유익한 법들에서 정체되는 것도 아니고 퇴보하는 것도 아닌 향상하는 것인가? 비구들이여, 여

기 비구는 믿음과 계와 배움과 베풂과 통찰지와 영감을 통해서 노력한다. 그에게 이러한 법들은 정체되지도 않고 퇴보하지도 않는다. 비구들이여, 이를 일러 그는 유익한 법들에서 정체되는 것도 아니고 퇴보하는 것도 아닌 향상하는 것이라고 나는 말한다."

5. "비구들이여, 만일 비구가 남의 마음 길에 능숙하지 못하다면 '나는 나 자신의 마음 길에 능숙하게 되리라.'라고 공부지어야 한다. 비구들이여, 그러면 어떻게 비구가 자신의 마음 길에 능숙하게 되는가?"

6. "비구들이여, 마치 장식을 좋아하는 어리고 젊은 여자나 남자가 깨끗하고 흠 없는 거울이나 맑은 물에 비친 자신의 모습을 살펴보면서 기미나 반점을 보게 되면 그 기미나 반점을 제거하려고 애를 쓰고, 기미나 반점을 찾지 못하면 '이것은 내게 이득이다. 나는 깨끗하다.'라고 생각하면서 마음이 흡족해지고 그의 의도한 바가 성취되는 것과 같다.

그와 같이 비구들이여, 비구의 반조는 유익한 법들에 관해서 많은 것을 짓는다. '나는 대체로 간탐하면서 머무는가, 아니면 대체로 간탐하지 않고 머무는가? 나는 대체로 악의에 찬 마음으로 머무는가, 아니면 대체로 악의 없는 마음으로 머무는가? 나는 대체로 해태와 혼침에 압도되어 머무는가, 아니면 대체로 해태와 혼침을 여의고 머무는가? 나는 대체로 들떠서 머무는가, 아니면 대체로 들뜨지 않고 머무는가? 나는 대체로 의심하면서 머무는가, 아니면 대체로 의심을 건너서 머무는가? 나는 대체로 분노하면서 머무는가, 아니면 대체로 분노하지 않고 머무는가? 나는 대체로 오염된 마음으로 머무는가, 아니면 대체로 오염되지 않은 마음으로 머무는가? 나는 대체로 몸이 불편한 채로 머무는가, 아니면 대체로 몸에 불편함이 없이 머무는가? 나는 대체로 게으름에 빠져 머무는가, 아니면 대체로 열심히 정진하며 머무는가? 나는 대체로 삼매에 들지 않고 머무는가, 아니면 대체로 삼매에 들어 머무는가?'라고."

7. "비구들이여, 만일 비구가 자신을 반조하여 '나는 대체로 간탐하면서 머물고, 악의에 찬 마음으로 머물고, 해태와 혼침에 압도되어 머물고, 들떠서 머물고, 의심하면서 머물고, 분노하면서 머물고, 오염된 마음으로 머물고, 몸이 불편한 채로 머물고, 게으름에 빠져 머물고, 삼매에 들지 않고 머문다.'라고 알게 되면 비구는 이러한 나쁘고 해로운 법들을 제거하기 위해서 아주 강한 의욕과 노력과 관심과 분발과 불퇴전과 마음챙김과 알아차림을 행해야 한다.

도반들이여, 예를 들면 옷이나 머리에 불이 붙은 자는 옷이나 머리의 불을 끄기 위해서 아주 강한 의욕과 노력과 관심과 분발과 불퇴전과 마음챙김과 알아차림을 행해야 하는 것과 같다. 그와 같이 비구는 나쁘고 해로운 법들을 제거하기 위해서 아주 강한 의욕과 노력과 관심과 분발과 불퇴전과 마음챙김과 알아차림을 행해야 한다."

8. "비구들이여, 만일 비구가 자신을 반조하여 '나는 대체로 간탐하지 않고 머물고, 악의 없는 마음으로 머물고, 해태와 혼침을 여의고 머물고, 들뜨지 않고 머물고, 의심을 건너서 머물고, 분노하지 않고 머물고, 오염되지 않은 마음으로 머물고, 몸에 불편함이 없이

머물고, 열심히 정진하며 머물고, 삼매에 들어 머문다.'라고 알게 되면, 비구는 이러한 유익한 법들에 굳게 서서 번뇌들을 소멸하기 위해서 수행해야 한다."

사마타 경(A10:54)
Samatha-sutta

1. "비구들이여, 만일 비구가 남의 마음 길에 능숙하지 못하다면 '나는 나 자신의 마음 길에 능숙하게 되리라.'라고 공부지어야 한다. 비구들이여, 그러면 어떻게 비구가 자신의 마음 길에 능숙하게 되는가?"

2. "비구들이여, 마치 장식을 좋아하는 어리고 젊은 여자나 남자가 깨끗하고 흠 없는 거울이나 맑은 물에 비친 자신의 모습을 살펴보면서 기미나 반점을 보게 되면 그 기미나 반점을 제거하려고 애를 쓰고, 기미나 반점을 찾지 못하면 '이것은 내게 이득이다. 나는 깨끗하다.'라고 생각하면서 마음이 흡족해지고 그의 의도한 바가 성취되는 것과 같다.

그와 같이 비구들이여, 비구의 반조는 유익한 법들에 관해서 많은 것을 짓는다. '나는 안으로 마음의 사마타를 얻었는가? 아니면 안으로 마음의 사마타를 얻지 못했는가? 나는 위빳사나의 높은 통찰지143)를 얻었는가? 아니면 위빳사나의 높은 통찰지를 얻지 못했는

---

143) '위빳사나의 높은 통찰지'는 adhipaññā-dhamma-vipassanā를 옮긴 것이다. 주석서는 "형성된 것[行]들을 파악하는 위빳사나(saṅkhāra-pariggāhaka-vipassanā)"(AA.v.42)라고 설명하고 있다. 한편 본서 제2권

가?'라고."144)

3. "비구들이여, 만일 비구가 자신을 반조하여 '나는 안으로 마음의 사마타는 얻었지만 위빳사나의 높은 통찰지는 얻지 못했다.'라고 알게 되면, 비구는 안으로 마음의 삼매에 굳게 서서 위빳사나의 높은 통찰지를 위해 수행해야 한다. 그러면 그는 나중에 안으로 마음의 사마타도 얻게 되고 위빳사나의 높은 통찰지도 얻게 된다."

4. "비구들이여, 만일 비구가 자신을 반조하여 '나는 위빳사나의 높은 통찰지는 얻었지만 마음의 사마타는 얻지 못했다.'라고 알게 되면, 비구는 위빳사나의 높은 통찰지에 굳게 서서 안으로 마음의 사마타를 얻기 위해 수행해야 한다. 그러면 그는 나중에 위빳사나의 높은 통찰지도 얻게 되고 안으로 마음의 사마타도 얻게 된다."

5. "비구들이여, 만일 비구가 자신을 반조하여 '나는 안으로 마음의 사마타도 얻지 못했고 위빳사나의 높은 통찰지도 얻지 못했다.'라고 알게 되면, 비구는 이러한 유익한 법들을 얻기 위해 아주 강한 의욕과 노력과 관심과 분발과 불퇴전과 마음챙김과 알아차림을 행해야 한다.

비구들이여, 예를 들면 옷이나 머리에 불이 붙은 자는 옷이나 머

「삼매 경」1(A4:92)의 주석서는 다음과 같이 덧붙이고 있다.
"왜냐하면 이것은 높은 통찰지[增上慧, adhipaññā]라고도 불리고, 또한 오온이라 불리는 법들에 대한 위빳사나이기 때문에 위빳사나의 높은 통찰지라 한다."(AA.iii.116)

144) 사마타[止]와 위빳사나[觀]에 대해서는 본서 제2권 「삼매 경」 1/2/3(A4:92~94)을 참조할 것.

리의 불을 끄기 위해서 아주 강한 의욕과 노력과 관심과 분발과 불퇴전과 마음챙김과 알아차림을 행해야 하는 것과 같다. 그와 같이 비구는 유익한 법들을 얻기 위해 아주 강한 의욕과 노력과 관심과 분발과 불퇴전과 마음챙김과 알아차림을 행해야 한다. 그러면 그는 나중에 안으로 마음의 사마타도 얻게 되고 위빳사나의 높은 통찰지도 얻게 된다."

6. "비구들이여, 만일 비구가 자신을 반조하여 '나는 안으로 마음의 사마타도 얻었고 위빳사나의 높은 통찰지도 얻었다.'라고 알게 되면, 비구는 이러한 유익한 법들에 굳게 서서 더 나아가 번뇌들을 소멸하기 위해 수행해야 한다."

7. "비구들이여, 의복을 나는 두 가지로 말하나니, 가까이해야 하는 것과 가까이하지 말아야 하는 것이다. 탁발음식도 나는 두 가지로 말하나니, 가까이해야 하는 것과 가까이하지 말아야 하는 것이다. 거처도 나는 두 가지로 말하나니, 가까이해야 하는 것과 가까이하지 말아야 하는 것이다. 마을과 성읍도 나는 두 가지로 말하나니, 가까이해야 하는 것과 가까이하지 말아야 하는 것이다. 지방과 지역도 나는 두 가지로 말하나니, 가까이해야 하는 것과 가까이하지 말아야 하는 것이다. 사람도 나는 두 부류로 말하나니, 가까이해야 하는 자와 가까이하지 말아야 하는 자이다."145)

8. "비구들이여, '의복을 나는 두 가지로 말하나니, 가까이해야

---

145) 이하 다섯 가지와 그것에 대한 설명은 본서 제5권 「가까이 함 경」(A9:6)과 내용이 같다.

하는 것과 가까이하지 말아야 하는 것이다.'라고 한 것은 무슨 이유로 그렇게 말했는가?

그가 어떤 의복에 대해서 '내가 이 의복을 가까이하면 해로운 법들이 증장하고 유익한 법들이 사라진다.'라고 알게 되면 그는 그러한 의복을 가까이해서는 안된다. 그러나 그가 어떤 의복에 대해서 '내가 이 의복을 가까이하면 해로운 법들이 사라지고 유익한 법들이 증장한다.'라고 알게 되면 그는 그러한 의복을 가까이해야 한다.

비구들이여, '의복을 나는 두 가지로 말하나니, 가까이해야 하는 것과 가까이하지 말아야 하는 것이다.'라고 한 것은 이런 이유로 그렇게 말했다."

9. "비구들이여, '탁발음식도 나는 두 가지로 말하나니, 가까이해야 하는 것과 가까이하지 말아야 하는 것이다.'라고 한 것은 무슨 이유로 그렇게 말했는가?

그가 어떤 음식에 대해서 '내가 이 음식을 가까이하면 해로운 법들이 증장하고 유익한 법들이 사라진다.'라고 알게 되면 그는 그러한 음식을 가까이해서는 안된다. 그러나 그가 어떤 음식에 대해서 '내가 이 음식을 가까이하면 해로운 법들이 사라지고 유익한 법들이 증장한다.'라고 알게 되면 그는 그러한 음식을 가까이해야 한다.

비구들이여, '탁발음식도 나는 두 가지로 말하나니, 가까이해야 하는 것과 가까이하지 말아야 하는 것이다.'라고 한 것은 이런 이유로 그렇게 말했다."

10. "비구들이여, '거처도 나는 두 가지로 말하나니, 가까이해야

하는 것과 가까이하지 말아야 하는 것이다.'라고 한 것은 무슨 이유로 그렇게 말했는가?

그가 어떤 거처에 대해서 '내가 이 거처를 가까이하면 해로운 법들이 증장하고 유익한 법들이 사라진다.'라고 알게 되면 그는 그러한 거처를 가까이해서는 안된다. 그러나 그가 어떤 거처에 대해서 '내가 이 거처를 가까이하면 해로운 법들이 사라지고 유익한 법들이 증장한다.'라고 알게 되면 그는 그러한 거처를 가까이해야 한다.

비구들이여, '거처도 나는 두 가지로 말하나니, 가까이해야 하는 것과 가까이하지 말아야 하는 것이다.'라고 한 것은 이런 이유로 그렇게 말했다."

11. "비구들이여, '마을과 성읍도 나는 두 가지로 말하나니, 가까이해야 하는 것과 가까이하지 말아야 하는 것이다.'라고 한 것은 무슨 이유로 그렇게 말했는가?

그가 어떤 마을과 성읍에 대해서 '내가 이 마을과 성읍을 가까이하면 해로운 법들이 증장하고 유익한 법들이 사라진다.'라고 알게 되면 그는 그러한 마을과 성읍을 가까이해서는 안된다. 그러나 그가 어떤 마을과 성읍에 대해서 '내가 이 마을과 성읍을 가까이하면 해로운 법들이 사라지고 유익한 법들이 증장한다.'라고 알게 되면 그는 그러한 마을과 성읍을 가까이해야 한다.

비구들이여, '마을과 성읍도 나는 두 가지로 말하나니, 가까이해야 하는 것과 가까이하지 말아야 하는 것이다.'라고 한 것은 이런 이유로 그렇게 말했다."

12. "비구들이여, '지방과 지역도 나는 두 가지로 말하나니, 가까이해야 하는 것과 가까이하지 말아야 하는 것이다.'라고 한 것은 무슨 이유로 그렇게 말했는가?

그가 어떤 지방과 지역에 대해서 '내가 이 지방과 지역을 가까이하면 해로운 법들이 증장하고 유익한 법들이 사라진다.'라고 알게 되면 그는 그러한 지방과 지역을 가까이해서는 안된다. 그러나 그가 어떤 지방과 지역에 대해서 '내가 이 지방과 지역을 가까이하면 해로운 법들이 사라지고 유익한 법들이 증장한다.'라고 알게 되면 그는 그러한 지방과 지역을 가까이해야 한다.

비구들이여, '지방과 지역도 나는 두 가지로 말하나니, 가까이해야 하는 것과 가까이하지 말아야 하는 것이다.'라고 한 것은 이런 이유로 그렇게 말했다."

13. "비구들이여, '사람도 나는 두 부류로 말하나니, 가까이해야 하는 자와 가까이하지 말아야 하는 자이다.'라고 한 것은 무슨 이유로 그렇게 말했는가?

그가 어떤 사람에 대해서 '내가 이 사람을 가까이하면 해로운 법들이 증장하고 유익한 법들이 사라진다.'라고 알게 되면 그는 그러한 사람을 가까이해서는 안된다. 그러나 그가 어떤 사람에 대해서 '내가 이 사람을 가까이하면 해로운 법들이 사라지고 유익한 법들이 증장한다.'라고 알게 되면 그는 그러한 사람을 가까이해야 한다.

비구들이여, '사람도 나는 두 부류로 말하나니, 가까이해야 하는 자와 가까이하지 말아야 하는 자이다.'라고 한 것은 이런 이유로 그렇게 말했다."

퇴보 경(A10:55)
Parihāna-sutta

1. 거기서 사리뿟따 존자는 "비구들이여."라고 비구들을 불렀다. "도반이여."라고 비구들은 사리뿟따 존자에게 응답했다. 사리뿟따 존자는 이렇게 말했다.

2. "도반들이여, '퇴보에 빠진 사람, 퇴보에 빠진 사람'이라고 합니다. 그러면 어떤 것이 퇴보에 빠진 사람이라고 세존께서는 말씀하셨고, 어떤 것이 퇴보에 빠지지 않은 사람이라고 세존께서는 말씀하셨을까요?"

"도반이여, 우리는 이런 말씀의 뜻을 알기 위해서라면 멀리서라도 사리뿟따 존자의 곁으로 올 것입니다. 그러니 사리뿟따 존자가 직접 이 말씀의 뜻을 설명해주시면 감사하겠습니다. 비구들은 사리뿟따 존자로부터 듣고 잘 호지할 것입니다."

"도반들이여, 그렇다면 들으시오. 듣고 잘 마음에 잡도리하시오. 나는 설할 것입니다."

"그렇게 하겠습니다, 도반이여."라고 비구들은 사리뿟따 존자에게 대답했다. 사리뿟따 존자는 이렇게 말했다.

3. "도반들이여, 어떤 것이 퇴보에 빠진 사람이라고 세존께서는 말씀하셨을까요? 도반들이여, 여기 비구는 배우지 못한 법을 배우지 않고 배운 법을 잊어버립니다. 그리고 전에 마음에 와 닿은 법

들이 마음에 남아있지 않고 알지 못했던 것을 알지 못합니다. 도반들이여, 이것이 퇴보에 빠진 사람이라고 세존께서는 말씀하셨습니다."

4. "도반들이여, 그러면 어떤 것이 퇴보에 빠지지 않은 사람이라고 세존께서는 말씀하셨을까요? 도반들이여, 여기 비구는 배우지 못한 법을 배우고 배운 법을 잊어버리지 않습니다. 그리고 전에 마음에 와 닿은 법들이 마음에 남아있고 알지 못했던 것을 압니다. 도반들이여, 이것이 퇴보에 빠지지 않은 사람이라고 세존께서는 말씀하셨습니다."

5. "도반들이여, 만일 비구가 남의 마음 길에 능숙하지 못하다면 '나는 나 자신의 마음 길에 능숙하게 되리라.'라고 공부지어야 합니다. 도반들이여, 그러면 어떻게 비구가 자신의 마음 길에 능숙하게 되겠습니까?"

6. "도반들이여, 마치 장식을 좋아하는 어리고 젊은 여자나 남자가 깨끗하고 흠 없는 거울이나 맑은 물에 비친 자신의 모습을 살펴보면서 기미나 반점을 보게 되면 그 기미나 반점을 제거하려고 애를 쓰고, 기미나 반점을 찾지 못하면 '이것은 내게 이득이다. 나는 깨끗하다.'라고 생각하면서 마음이 흡족해지고 그의 의도한 바가 성취되는 것과 같습니다.
그와 같이 도반들이여, 비구의 반조는 유익한 법들에 관해서 많은 것을 짓습니다. '나는 대체로 간탐하지 않고 머무는가? 이 법이 내게 있는가, 없는가? 나는 대체로 악의 없는 마음으로 머무는가? 이 법이 내게 있는가, 없는가? 나는 대체로 해태와 혼침을 여의고 머무는

가? 이 법이 내게 있는가, 없는가? 나는 대체로 들뜨지 않고 머무는가? 이 법이 내게 있는가, 없는가? 나는 대체로 의심을 건너서 머무는가? 이 법이 내게 있는가, 없는가? 나는 대체로 분노하지 않고 머무는가? 이 법이 내게 있는가, 없는가? 나는 대체로 오염되지 않은 마음으로 머무는가? 이 법이 내게 있는가, 없는가? 나는 법의 기쁨을 얻었는가? 이 법이 내게 있는가, 없는가? 나는 안으로 마음의 사마타를 얻었는가? 이 법이 내게 있는가, 없는가? 나는 위빳사나의 높은 통찰지를 얻었는가? 이 법이 내게 있는가, 없는가?'라고."

7. "도반들이여, 만일 비구가 자신을 반조하여 이런 모든 유익한 법들을 자신에게서 발견하지 못하면, 비구는 이런 모든 유익한 법들을 얻기 위해서 아주 강한 의욕과 노력과 관심과 분발과 불퇴전과 마음챙김과 알아차림을 행해야 합니다.

도반들이여, 예를 들면 옷이나 머리에 불이 붙은 자는 옷이나 머리의 불을 끄기 위해서 아주 강한 의욕과 노력과 관심과 분발과 불퇴전과 마음챙김과 알아차림을 행해야 하는 것과 같습니다. 그와 같이 비구는 이런 모든 유익한 법들을 얻기 위해서 아주 강한 의욕과 노력과 관심과 분발과 불퇴전과 마음챙김과 알아차림을 행해야 합니다."

8. "도반들이여, 만일 비구가 자신을 반조하여 유익한 법들 중에서 어떤 것들은 자신에게서 발견하지만 어떤 것들은 발견하지 못하면, 자신에게서 발견되는 유익한 법들은 확고하게 하기 위해, 발견되지 않는 유익한 법들은 그것을 얻기 위해, 아주 강한 의욕과 노력과 관심과 분발과 불퇴전과 마음챙김과 알아차림을 행해야 합니다.

도반들이여, 예를 들면 옷이나 머리에 불이 붙은 자는 옷이나 머리의 불을 끄기 위해서 아주 강한 의욕과 노력과 관심과 분발과 불퇴전과 마음챙김과 알아차림을 행해야 하는 것과 같습니다. 그와 같이 비구는 자신에게서 관찰되는 유익한 법들을 확고하게 하고, 자신에게서 관찰되지 않는 유익한 법들을 얻기 위해 아주 강한 의욕과 노력과 관심과 분발과 불퇴전과 마음챙김과 알아차림을 행해야 합니다."

9. "도반들이여, 만일 비구가 자신을 반조하여 이런 모든 유익한 법들을 자신에게서 발견하게 되면, 비구는 이러한 유익한 법들에 굳게 서서 더 나아가 번뇌들을 소멸하기 위해 수행해야 합니다."

인식 경1(A10:56)
Saññā-sutta

1. "비구들이여, 열 가지 인식을 닦고 많이 [공부]지으면 큰 결실과 큰 이익이 있고 불사(不死)에 들어가고 불사를 완성한다. 무엇이 열인가?"

2. "부정(不淨)이라고 [관찰하는 지혜에서 생긴] 인식, 죽음에 대한 인식, 음식에 혐오하는 인식, 온 세상에 대해 기쁨이 없다는 인식, [오온에 대해서] 무상(無常)이라고 [관찰하는 지혜에서 생긴] 인식, 무상한 [오온에 대해] 괴로움이라고 [관찰하는 지혜에서 생긴] 인식, 괴로움인 [오온에 대해] 무아라고 [관찰하는 지혜에서 생긴] 인식,146) 버림을 [관찰하는 지혜에서 생긴] 인식, 탐욕의 빛바램을

---

146) 이상 일곱 가지 인식은 본서 제4권 「인식 경」 1(A7:45)과 같다.

[관찰하는 지혜에서 생긴] 인식, 소멸을 [관찰하는 지혜에서 생긴] 인식이다.147) 비구들이여, 이러한 열 가지 인식을 닦고 많이 [공부]지으면 큰 결실과 큰 이익이 있고 불사(不死)에 들어가고 불사를 완성한다."

인식 경2(A10:57)

1. "비구들이여, 열 가지 인식을 닦고 많이 [공부]지으면 큰 결실과 큰 이익이 있고 불사(不死)에 들어가고 불사를 완성한다. 무엇이 열인가?"

2. "무상(無常)이라고 [관찰하는 지혜에서 생긴] 인식, [오온에 대해] 무아라고 [관찰하는 지혜에서 생긴] 인식, 죽음에 대한 인식, 음식에 혐오하는 인식, 온 세상에 대해 기쁨이 없다는 인식, [시체가] 해골이 된 것의 인식, 벌레가 버글거리는 것의 인식, 검푸른 것의 인식, 끊어진 것의 인식, 부푼 것의 인식이다.148) 비구들이여, 이러한 열 가지 인식을 닦고 많이 [공부]지으면 큰 결실과 큰 이익이 있고 불사(不死)에 들어가고 불사를 완성한다."

---

147) '소멸의 [관찰로 생긴] 인식'을 제외한 아홉 가지는 본서 제5권「인식 경」(A9:16)과 같은 내용이다.

148) 뒤의 다섯 가지 인식은 본서 제1권「하나의 모음」「손가락 튀기기의 연속 품」(A1:20)의 §§88~92에도 나타나 있다. 상세한 것은『청정도론』Ⅵ장의 부정(不淨)의 명상주제(asubha-kammaṭṭhāna)를 참조할 것.

뿌리 경(A10:58)
Mūla-sutta

1. "비구들이여, 만일 외도 유행승들이 묻기를 '도반들이여, 모든 법은 무엇을 뿌리로 하며, 모든 법은 무엇을 근원으로 하며, 모든 법은 무엇 때문에 일어나며, 모든 법은 어디로 모이며, 모든 법은 무엇을 으뜸으로 하며, 모든 법은 무엇의 지배를 받으며, 모든 법은 무엇을 최상으로 하며, 모든 법은 무엇을 핵심으로 하며, 모든 법은 무엇으로 스며들며, 모든 법은 무엇으로 종결됩니까?'라고 한다면 그대들은 외도 유행승들에게 어떻게 설명을 하겠는가?"

"세존이시여, 저희들의 법은 세존을 근원으로 하며, 세존을 길잡이로 하며, 세존을 귀의처로 합니다. 세존이시여, 세존께서 방금 말씀하신 이 뜻을 [친히] 밝혀주신다면 참으로 감사하겠습니다. 세존으로부터 잘 듣고 비구들은 마음에 새겨 지닐 것입니다."

"비구들이여, 그렇다면 잘 듣고 마음에 잡도리하라. 나는 이제 설할 것이다."

"그러겠습니다, 세존이시여."라고 비구들은 세존께 응답했다.

세존께서는 이렇게 말씀하셨다.

2. "비구들이여, 만일 외도 유행승들이 묻기를 '모든 법은 무엇을 뿌리로 하며, 모든 법은 무엇을 근원으로 하며, 모든 법은 무엇 때문에 일어나며, 모든 법은 어디로 모이며, 모든 법은 무엇을 으뜸으로 하며, 모든 법은 무엇의 지배를 받으며, 모든 법은 무엇을 최상으로 하며, 모든 법은 무엇을 핵심으로 하며, 모든 법은 무엇으로 스며

들며, 모든 법은 무엇으로 종결됩니까?'라고 한다면 그대들은 그 외도 유행승들에게 이렇게 설명해야 한다.

'도반들이여, 모든 법은 열의를 뿌리로 하며, 모든 법은 마음에 잡도리함을 근원으로 하며, 모든 법은 감각접촉 때문에 일어나며, 모든 법은 느낌으로 모이며, 모든 법은 삼매를 으뜸으로 하며, 모든 법은 마음챙김의 지배를 받으며, 모든 법은 통찰지를 최상으로 하며, 모든 법은 해탈을 핵심으로 하며, 모든 법은 불사(不死)로 스며들며, 모든 법은 열반으로 종결됩니다.'라고.149) 그대들은 외도 유행승들에게 이렇게 설명해야 한다."150)

출가 경(A10:59)
Pabbajjā-sutta

1. "비구들이여, 그러므로 이와 같이 공부지어야 한다."

2. "'우리의 마음이 처음 출가할 때처럼 굳건하게151) 되기를.

---

149) "불사로 스며든다(amato-gadhā)는 것은 유여열반을 말했고, 열반으로 종결된다(nibbāna-pariyosānā)는 것은 무여열반을 말했다. 무여열반을 얻은 자는 모든 법들이 종결됨을 얻었다고 말하기 때문이다."(AA.v.42)

150) 뒤의 두 가지를 제외하면 본서 제5권 「뿌리 경」(A8:83)의 내용과 같다.

151) '처음 출가할 때처럼 굳건한'은 yathā-pabbajjā-paricitaṁ을 옮긴 것이다. 주석서는 다음과 같이 설명하고 있다.
"이것은 문법적으로는 yathā pabbajjānurūpena paricitaṁ(출가에 걸맞도록 익힌, 실천한)으로 풀이할 수 있다. 누구든지 출가할 땐 모두 다 아라한이 되기를 원한다. 그러므로 아라한과를 얻기 위해 익히고(paricita) 굳건히 한(vaḍḍhita) 그 마음을 '처음 출가할 때처럼 굳건한'이라고 알아야 한다. '이와 같은 마음이 되기를' 하고 공부지어야 한다."(AA.v.42)

일어난 나쁘고 해로운 법들이 마음을 사로잡아 머물지 않기를. 우리의 마음이 무상이라고 [관찰하는 지혜에서 생긴] 인식에 굳건하게 되기를. 우리의 마음이 무아라고 [관찰하는 지혜에서 생긴] 인식에 굳건하게 되기를. 우리의 마음이 부정(不淨)이라고 [관찰하는 지혜에서 생긴] 인식에 굳건하게 되기를. 우리의 마음이 위험이라고 [관찰하는 지혜에서 생긴] 인식에 굳건하게 되기를. 세상의 선행과 악행152)을 알아서 우리의 마음이 이것의 [관찰로 생긴] 인식에 굳건하게 되기를. 세상의 번영과 재앙153)을 알아서 우리의 마음이 이것의 [관찰로 생긴] 인식에 굳건하게 되기를. 세상의 일어남과 사라짐154)을 알아서 우리의 마음이 이것의 [관찰로 생긴] 인식에 굳건하게 되기를. 우리의 마음이 버림의 [관찰로 생긴] 인식에 굳건하게 되기를. 우리의 마음이 탐욕이 빛바램의 [관찰로 생긴] 인식에 굳건하게 되기를. 우리의 마음이 소멸의 [관찰로 생긴] 인식에 굳건하게 되기를.' 이라고.155) 비구들이여, 그대들은 이와 같이 공부지어야 한다."

---

152) '세상의 선행과 악행'은 lokassa samañca visamañca를 옮긴 것인데 주석서에서 중생세상(satta-loka)의 선행과 악행(sucarita-duccaritāni) 이라고 설명하고 있어서(*Ibid*) 이렇게 옮겼다.

153) '세상의 번영과 재앙'은 lokassa bhavañca vibhavañca를 옮긴 것인데 주석서에서 그런 세상의 번영과 재앙(vaḍḍhi, vināsa 혹은 sampatti, vipatti)으로 설명하고 있어서(*Ibid*) 이렇게 옮겼다.

154) "그러나 '세상의 일어남과 사라짐(lokassa samudayañ ca atthaṅgamañ ca)'은 형성된 세상(saṅkhāra-loka)을 두고 한 말인데 오온의 생성(nibbatti)과 부서짐(bheda)을 뜻한다."(*Ibid*)

155) 이처럼 본경의 가르침은 모두 10가지가 아닌 12가지가 된다. 그러나 인식에 관계된 것만을 본경의 주제로 삼으면 처음의 두 가지는 인식과 관계된 것이 아니므로 제외시켜서 모두 10가지가 된다.

3. "비구들이여, 비구의 마음이 처음 출가할 때처럼 굳건하게 되고, 일어난 나쁘고 해로운 법들이 마음을 사로잡아 머물지 않게 되고, 우리의 마음이 무상이라고 [관찰하는 지혜에서 생긴] 인식에 굳건하게 되고, 우리의 마음이 무아라고 [관찰하는 지혜에서 생긴] 인식에 굳건하게 되고, 우리의 마음이 부정(不淨)이라고 [관찰하는 지혜에서 생긴] 인식에 굳건하게 되고, 우리의 마음이 위험이라고 [관찰하는 지혜에서 생긴] 인식에 굳건하게 되고, 세상의 선행과 악행을 알아서 우리의 마음이 이것의 [관찰로 생긴] 인식에 굳건하게 되고, 세상의 번영과 재앙을 알아서 우리의 마음이 이것의 [관찰로 생긴] 인식에 굳건하게 되고, 세상의 일어남과 사라짐을 알아서 우리의 마음이 이것의 [관찰로 생긴] 인식에 굳건하게 되고, 우리의 마음이 버림의 [관찰로 생긴] 인식에 굳건하게 되고, 우리의 마음이 탐욕이 빛바램의 [관찰로 생긴] 인식에 굳건하게 되고, 우리의 마음이 소멸의 [관찰로 생긴] 인식에 굳건하게 되면, 그에게 두 가지 결과 중의 하나가 예상되나니, 지금여기에서 구경의 지혜를 얻거나, 취착의 자취가 남아 있으면 다시는 돌아오지 않는 경지[不還果]가 예상된다."

기리마난다 경(A10:60)[156)

Girimānanda-sutta

1. 한때 세존께서는 사왓티에서 제따 숲의 급고독원에 머무셨

---

156) PTS본의 경의 목록에 나타난 경제목은 'Giri'(산)인데 이것은 Girimānanda를 게송의 운율에 맞추기 위해서 축약한 것에 지나지 않는다. 그래서 역자는 6차결집본의 경제목을 따랐다.

다. 그 무렵에 기리마난다 존자157)가 병에 걸려 극심한 고통에 시달리고 있었다. 그때 아난다 존자가 세존께 다가갔다. 가서는 세존께 절을 올리고 한 곁에 앉았다. 한 곁에 앉은 아난다 존자는 세존께 이렇게 말씀드렸다.

2. "세존이시여, 기리마난다 존자가 병에 걸려 극심한 고통에 시달리고 있습니다. 세존께서 연민하는 마음을 내시어 기리마난다 존자를 직접 방문해 주시면 감사하겠습니다."

"아난다여, 만일 그대가 기리마난다 비구에게 가서 열 가지 인식에 대해 말해준다면, 기리마난다 비구는 열 가지 인식에 대해 듣자마자 병이 즉시 가라앉게 될 것이다. 무엇이 열인가?"

3. "[오온에 대해] 무상(無常)이라고 [관찰하는 지혜에서 생긴] 인식, 무아라고 [관찰하는 지혜에서 생긴] 인식, 부정(不淨)이라고 [관찰하는 지혜에서 생긴] 인식, 위험을 [관찰하는 지혜에서 생긴] 인식, 버림을 [관찰하는 지혜에서 생긴] 인식, 탐욕이 빛바램을 [관찰하는 지혜에서 생긴] 인식, 소멸을 [관찰하는 지혜에서 생긴] 인식, 온 세상에 대해 기쁨이 없다는 인식, 모든 형성된 것들[諸行]에 대해

---

157) 기리마난다 존자(āyasmā Girimānanda)는 마가다의 빔비사라(Bimbisāra) 왕의 궁중제관(purohita)의 아들이었다. 세존께서 왕사성(Rājagaha)에 오신 것을 보고 환희심이 생겨 출가하였다. 그는 시골에 살았는데 하루는 세존을 뵈러 왕사성으로 왔다가 빔비사라 왕이 후원을 해주겠다며 왕사성에 남아있어 달라는 요청을 받고 그리하였으나 왕은 그 사실을 잊어버렸다. 그래서 노지에서 수행을 하고 있었다고 한다. 그때 어떤 천신이 그 이유를 알고 토굴을 지어줬으며 거기서 정진하여 아라한이 되었다고 한다.(ThagA.ii.38) 그와 관계된 게송이 『테라가타』(장로게)에 나타나고 있다.(Thag. vv. 325~329)

무상이라고 [관찰하는 지혜에서 생긴] 인식, 들숨날숨에 대한 마음챙김이다."

4. "아난다여, 그러면 어떤 것이 [오온에 대해] 무상(無常)이라고 [관찰하는 지혜에서 생긴] 인식인가? 아난다여, 여기 비구는 숲으로 가거나 나무 아래로 가거나 빈집으로 가서 이와 같이 숙고한다. '물질은 무상하다. 느낌은 무상하다. 인식은 무상하다. 심리현상들은 무상하다. 알음알이는 무상하다.'라고, 이처럼 이들 다섯 가지 [나 등으로] 취착하는 무더기들[五取蘊]에 대해 무상을 관찰하면서 머문다. 아난다여, 이를 일러 [오온에 대해] 무상(無常)이라고 [관찰하는 지혜에서 생긴] 인식이라 한다."

5. "아난다여, 그러면 어떤 것이 무아라고 [관찰하는 지혜에서 생긴] 인식인가? 아난다여, 여기 비구는 숲으로 가거나 나무 아래로 가거나 빈집으로 가서 이와 같이 숙고한다. '눈은 무아요 형상은 무아다. 귀는 무아요 소리는 무아다. 코는 무아요 냄새는 무아다. 혀는 무아요 맛은 무아다. 몸은 무아요 감촉은 무아다. 마노는 무아요 법은 무아다.'라고, 이처럼 이들 여섯 가지 안팎의 감각장소[六內外入處]에 대해 무아를 관찰하면서 머문다. 아난다여, 이를 일러 무아라고 [관찰하는 지혜에서 생긴] 인식이라 한다."

6. "아난다여, 그러면 어떤 것이 부정이라고 [관찰하는 지혜에서 생긴] 인식인가? 아난다여, 여기 비구는 발바닥에서부터 위로 올라가며 그리고 머리털에서부터 아래로 내려가며 이 몸은 살갗으로 둘러싸여 있고 여러 가지 부정(不淨)한 것으로 가득 차 있음을 반조

한다. 즉 '이 몸에는 머리털·몸털·손발톱·이·살갗·살·힘줄·뼈·골수·콩팥·염통·간·늑막·지라·허파·창자·장간막·위·똥·쓸개즙·가래·고름·피·땀·굳기름·눈물·[피부의] 기름기·침·콧물·관절활액·오줌 등이 있다.'라고 이처럼 이 몸에 대해 부정함을 관찰하면서 머문다. 아난다여, 이를 일러 부정이라고 [관찰하는 지혜에서 생긴] 인식이라 한다."

7. "아난다여, 그러면 어떤 것이 위험을 [관찰하는 지혜에서 생긴] 인식인가? 아난다여, 여기 비구는 숲으로 가거나 나무 아래로 가거나 빈 집으로 가서 이와 같이 숙고한다. '이 몸에는 많은 괴로움과 많은 위험이 있다. 이 몸에는 여러 가지 병이 생기나니, 눈병, 귓병, 콧병, 혀의 병, 몸살, 두통, 바깥귀의 병, 입병, 치통, 기침, 천식, 콧물감기, 발열, 열병, 위장병, 기절, 설사, 격통, 콜레라, 나병, 종기, 피부병, 폐결핵, 간질, 피부염, 가려움, 딱지, 습진, 개선(疥癬, 옴), 황달, 당뇨병, 치질, 부스럼, 궤양, 담즙에 기인한 병, 점액에 기인한 병, 바람에 기인한 병, 합병증, 환절기로 인한 병, 자세의 부조화에 기인한 병, [다른 이로부터 받은] 상해(傷害)로 생긴 병, 업의 과보로 생긴 병, 추위, 더위, 배고픔, 목마름, 대변, 소변이다. 이처럼 이 몸에서 위험을 관찰하면서 머문다. 아난다여, 이를 일러 위험을 [관찰하는 지혜에서 생긴] 인식이라 한다."

8. "아난다여, 그러면 어떤 것이 버림을 [관찰하는 지혜에서 생긴] 인식인가? 아난다여, 여기 비구는 일어난 감각적 욕망에 대한 생각을 품고 있지 않고, 버리고, 제거하고, 없앤다. 일어난 악의에 찬

생각을 품고 있지 않고, 버리고, 제거하고, 없앤다. 일어난 해코지하려는 생각을 품고 있지 않고, 버리고, 제거하고, 없앤다. 계속적으로 일어나는 나쁘고 해로운 법들을 품고 있지 않고, 버리고, 제거하고, 없앤다. 아난다여, 이를 일러 버림을 [관찰하는 지혜에서 생긴] 인식이라 한다."

9. "아난다여, 그러면 어떤 것이 탐욕이 빛바램을 [관찰하는 지혜에서 생긴] 인식인가? 아난다여, 여기 비구는 숲으로 가거나 나무 아래로 가거나 빈집으로 가서 이와 같이 숙고한다. '이것은 고요하고 이것은 수승하나니, 그것은 바로 모든 형성된 것들[行]이 가라앉음[止]이요, 모든 재생의 근거를 놓아버림[放棄]이요, 갈애의 소진이요, 탐욕의 빛바램[離慾]이요, 열반이다.'라고 아난다여, 이를 일러 탐욕이 빛바램을 [관찰하는 지혜에서 생긴] 인식이라 한다."

10. "아난다여, 그러면 어떤 것이 소멸을 [관찰하는 지혜에서 생긴] 인식인가? 아난다여, 여기 비구는 숲으로 가거나 나무 아래로 가거나 빈 집으로 가서 이와 같이 숙고한다. '이것은 고요하고 이것은 수승하나니, 그것은 바로 모든 형성된 것들[行]이 가라앉음[止]이요, 모든 재생의 근거를 놓아버림[放棄]이요, 갈애의 소진이요, 소멸[滅]이요, 열반이다.'라고 아난다여, 이를 일러 소멸을 [관찰하는 지혜에서 생긴] 인식이라 한다."

11. "아난다여, 그러면 어떤 것이 온 세상에 대해 기쁨이 없다는 인식인가? 아난다여, 여기 비구는 세상에 대한 집착과 취착, 그리고 그런 마음의 결심과 천착과 잠재성향들을158) 제거하고 기뻐하지

않고 취착하지 않는다. 아난다여, 이를 일러 온 세상에 대해 기쁨이 없다는 인식이라 한다."

12. "아난다여, 그러면 어떤 것이 모든 형성된 것들[諸行]에 대해 무상이라고 [관찰하는 지혜에서 생긴] 인식인가? 아난다여, 여기 비구는 모든 형성된 것들에 대해 싫어하고 부끄러워하고 혐오스러워한다. 아난다여, 이를 일러 모든 형성된 것들[諸行]에 대해 무상이라고 [관찰하는 지혜에서 생긴] 인식이라 한다."

13. "아난다여, 그러면 어떤 것이 들숨날숨에 대한 마음챙김인가? 아난다여, 여기 비구는 숲 속에 가거나 나무 아래에 가거나 빈 집에 가서 가부좌를 틀고 상체를 곧추 세우고 전면에 마음챙김을 확립하여 앉는다. 그는 마음챙기면서 숨을 들이쉬고 마음챙기면서 숨을 내쉰다.

① 길게 들이쉬면서는 '길게 들이쉰다.'고 꿰뚫어 알고, 길게 내쉬면서는 '길게 내쉰다.'고 꿰뚫어 안다. ② 짧게 들이쉬면서는 '짧게 들이쉰다.'고 꿰뚫어 알고, 짧게 내쉬면서는 '짧게 내쉰다.'고 꿰뚫어 안다. ③ '온 몸을 경험하면서 들이쉬리라.'며 공부짓고, '온 몸을 경험하면서 내쉬리라.'며 공부짓는다. ④ '몸의 작용[身行]을 편안히 하면서 들이쉬리라.'며 공부짓고, '몸의 작용을 편안히 하면서 내쉬리라.'

---

158) "'집착과 취착(upayupādāna)'에서 두 가지 집착(upaya)이 있으니, 그것은 갈애(taṇhā)에 기인한 집착과 사견(diṭṭhi)에 기인한 집착이다. 취착(upādāna)은 네 가지가 있으니 감각적 욕망에 대한 취착 등이다. '마음의 결심과 천착과 잠재성향(cetaso adhiṭṭhāna-abhinivesa-anusaya)'이란 해로운 마음(akusala-citta)의 결심과 천착과 잠재성향을 말한다." (MA.ii.259)

며 공부짓는다.

⑤ '희열을 경험하면서 들이쉬리라.'며 공부짓고, '희열을 경험하면서 내쉬리라.'며 공부짓는다. ⑥ '행복을 경험하면서 들이쉬리라.'며 공부짓고, '행복을 경험하면서 내쉬리라.'며 공부짓는다. ⑦ '마음의 작용[心行]을 경험하면서 들이쉬리라.'며 공부짓고, '마음의 작용을 경험하면서 내쉬리라.'며 공부짓는다. ⑧ '마음의 작용을 편안히 하면서 들이쉬리라.' 며 공부짓고, '마음의 작용을 편안히 하면서 내쉬리라.'며 공부짓는다.

⑨ '마음을 경험하면서 들이쉬리라.'며 공부짓고, '마음을 경험하면서 내쉬리라.'며 공부짓는다. ⑩ '마음을 기쁘게 하면서 들이쉬리라.'며 공부짓고, '마음을 기쁘게 하면서 내쉬리라.'며 공부짓는다. ⑪ '마음을 집중하면서 들이쉬리라.'며 공부짓고, '마음을 집중하면서 내쉬리라.'며 공부짓는다. ⑫ '마음을 해탈케 하면서 들이쉬리라.'며 공부짓고, '마음을 해탈케 하면서 내쉬리라.'며 공부짓는다.

⑬ '무상을 관찰하면서 들이쉬리라.'며 공부짓고, '무상을 관찰하면서 내쉬리라.'며 공부짓는다. ⑭ '탐욕이 빛바램을 관찰하면서 들이쉬리라.'며 공부짓고, '탐욕이 빛바램을 관찰하면서 내쉬리라.'며 공부짓는다. ⑮ '소멸을 관찰하면서 들이쉬리라.'며 공부짓고, '소멸을 관찰하면서 내쉬리라.'며 공부짓는다. ⑯ '놓아버림을 관찰하면서 들이쉬리라.'며 공부짓고, '놓아버림을 관찰하면서 내쉬리라.'며 공부짓는다.

아난다여, 이를 일러 들숨날숨에 대한 마음챙김이라 한다."

14. "아난다여, 만일 그대가 기리마난다 비구에게 가서 이러한

열 가지 인식에 대해 말해준다면, 기리마난다 비구는 이러한 열 가지 인식에 대해 듣자마자 병이 즉시 가라앉게 될 것이다."

15. 그러자 아난다 존자는 세존으로부터 이러한 열 가지 인식을 받아 지니고 기리마난다 존자에게 갔다. 가서는 기리마난다 존자에게 이러한 열 가지 인식을 말해주었다. 그때 기리마난다 존자는 이러한 열 가지 인식에 대해 듣자마자 병이 즉시 가라앉았고, 기리마난다 존자는 병석에서 일어났다. 이렇게 하여 기리마난다 존자는 그 병에서 완쾌되었다.

제6장 자신의 마음 품이 끝났다.

여섯 번째 품에 포함된 경들의 목록은 다음과 같다.

① 자신의 마음 ② 사리뿟따 ③ 정체
④ 사마타 ⑤ 퇴보, 두 가지 ⑥~⑦ 인식
⑧ 뿌리 ⑨ 출가 ⑩ 기리마난다이다.

제7장 쌍 품
Yamaka-vagga

무명 경(A10:61)
Avijjā-sutta

1. "비구들이여, '이 이전에는 무명이 없었고, 이 이후에 생겼다.'라는 무명의 시작점은 꿰뚫어 알아지지 않는다고 말해진다. 그러나 '조건이 있기 때문에 무명이 있다.'159)라고 꿰뚫어 알아진다.160)

비구들이여, 무명도 자양분(음식)161)을 갖고 있다고 나는 말하지,

---

159) '조건이 있기 때문에 무명이 있다.'는 idappaccayā avijjā를 옮긴 것이다. 여기서 idappaccayā(이것의 조건이 있음)는 avijjā를 수식하는 주격으로 볼 수도 있지만 탈격(Ablative)으로 쓰인 것이다. 왜냐하면『디가 니까야』제2권 대인연경(D15) §2에 atthi idappaccayā jarāmaraṇaṁ(조건이 있기 때문에 늙음·죽음[老死]이 있습니까?)로 나타나기 때문이다. 그래서 '조건이 있기 때문에'로 옮겼다.
다음 문단에서는 이러한 무명의 조건으로 다섯 가지 장애를 들고, 다시 다섯 가지 장애의 조건으로 세 가지 나쁜 행위를 드는 등으로 조건들을 나열하고 있다.

160) 이상은『청정도론』XVII.37에서 윤회를 설명하는 하나의 시작점(koṭi)으로 인용이 되고 있다.

161) 여기서 '자양분'으로 옮긴 원어는 āhāra인데 본서「큰 질문 경」1(A10:27) §6 등에서는 주로 '음식'으로 옮겼다. 본경에서는 문맥상 '자양분'으로 옮겼다.
한편 본서「큰 질문 경」1(A10:27)에 해당하는 주석서는 본경의 해당부분을 인용하면서 "여기서는 방편(pariyāya)으로 '조건(paccaya)'을 두고 '음식(āhāra)'이라 부르고 있다."(AA.v.23~24)고 밝히고 있다. 그러므로 본경과 다음 경에 나타나는 자양분은 모두 '조건(paccaya)'을 뜻한다

자양분을 갖고 있지 않다고 말하지 않는다. 그러면 무엇이 무명의 자양분인가? 다섯 가지 장애가 그 대답이다.

비구들이여, 다섯 가지 장애도 자양분을 갖고 있다고 나는 말하지, 자양분을 갖고 있지 않다고 말하지 않는다. 그러면 무엇이 다섯 가지 장애의 자양분인가? [몸과 말과 마음으로 짓는] 세 가지 나쁜 행위가 그 대답이다.

비구들이여, 세 가지 나쁜 행위도 자양분을 갖고 있다고 나는 말하지, 자양분을 갖고 있지 않다고 말하지 않는다. 그러면 무엇이 세 가지 나쁜 행위의 자양분인가? 감각기능을 단속하지 못함이 그 대답이다.

비구들이여, 감각기능을 단속하지 못함도 자양분을 갖고 있다고 나는 말하지, 자양분을 갖고 있지 않다고 말하지 않는다. 그러면 무엇이 감각기능을 단속하지 못함의 자양분인가? 마음챙기지 못하고 알아차리지 못함이 그 대답이다.

비구들이여, 마음챙기지 못하고 알아차리지 못함도 자양분을 갖고 있다고 나는 말하지, 자양분을 갖고 있지 않다고 말하지 않는다. 그러면 무엇이 마음챙기지 못하고 알아차리지 못함의 자양분인가? 지혜 없이 마음에 잡도리함[非如理作意]162)이 그 대답이다.

비구들이여, 지혜 없이 마음에 잡도리함도 자양분을 갖고 있다고 나는 말하지, 자양분을 갖고 있지 않다고 말하지 않는다. 그러면 무엇이 지혜 없이 마음에 잡도리함의 자양분인가? 믿음 없음이 그 대

고 이해해야 한다.

162) '지혜 없이 마음에 잡도리함[非如理作意, ayoniso manasikāra]'은 지혜롭게 마음에 잡도리함[如理作意, yoniso manasikāra]과 반대되는 개념이다. '지혜롭게 마음에 잡도리함'에 대해서는 본서 제2권 「통찰지의 증장 경」(A4:246) §1의 주해를 참조할 것.

답이다.

비구들이여, 믿음이 없음도 자양분을 갖고 있다고 나는 말하지, 자양분을 갖고 있지 않다고 말하지 않는다. 그러면 무엇이 믿음 없음의 자양분인가? 정법을 배우지 않음이 그 대답이다.

비구들이여, 정법을 배우지 않음도 자양분을 갖고 있다고 나는 말하지, 자양분을 갖고 있지 않다고 말하지 않는다. 그러면 무엇이 정법을 배우지 않음의 자양분인가? 참된 사람을 섬기지 않음이 그 대답이다.

2. "비구들이여, 이처럼 참된 사람을 섬기지 않음을 갖추면 정법을 배우지 않음을 갖추게 된다. 정법을 배우지 않음을 갖추면 믿음 없음을 갖추게 된다. 믿음 없음을 갖추면 지혜 없이 마음에 잡도리함을 갖추게 된다. 지혜 없이 마음에 잡도리함을 갖추면 마음챙기지 못하고 알아차리지 못함을 갖추게 된다. 마음챙기지 못하고 알아차리지 못함을 갖추면 감각기능을 단속하지 못함을 갖추게 된다. 감각기능을 단속하지 못함을 갖추면 [몸과 말과 마음으로 짓는] 세 가지 나쁜 행위를 갖추게 된다. 세 가지 나쁜 행위를 갖추면 다섯 가지 장애를 갖추게 된다. 다섯 가지 장애를 갖추면 무명을 갖추게 된다. 이렇게 무명의 자양분이 있고 이렇게 무명을 갖추게 된다."

3. "비구들이여, 예를 들어 산꼭대기에 억수같이 비가 내리면 경사진 곳을 따라 빗물이 흘러내려 산의 협곡과 계곡과 지류를 가득 채운다. 협곡과 계곡과 지류를 가득 채우고는 다시 작은 못을 가득 채운다. 작은 못을 가득 채우고는 다시 큰 못을 가득 채운다. 큰 못을

가득 채우고는 다시 작은 강을 가득 채운다. 작은 강을 가득 채우고는 다시 큰 강을 가득 채운다. 큰 강을 가득 채우고는 다시 바다와 대해를 가득 채운다. 이렇게 바다와 대해의 자양분이 있고 이렇게 바다와 대해를 가득 채우게 된다.

비구들이여, 그와 같이 참된 사람을 섬기지 않음을 갖추면 정법을 배우지 않음을 갖추게 된다. 정법을 배우지 않음을 갖추면 믿음 없음을 갖추게 된다. 믿음 없음을 갖추면 지혜 없이 마음에 잡도리함을 갖추게 된다. 지혜 없이 마음에 잡도리함을 갖추면 마음챙기지 못하고 알아차리지 못함을 갖추게 된다. 마음챙기지 못하고 알아차리지 못함을 갖추면 감각기능을 단속하지 못함을 갖추게 된다. 감각기능을 단속하지 못함을 갖추면 [몸과 말과 마음으로 짓는] 세 가지 나쁜 행위를 갖추게 된다. 세 가지 나쁜 행위를 갖추면 다섯 가지 장애를 갖추게 된다. 다섯 가지 장애를 갖추면 무명을 갖추게 된다. 이렇게 무명의 자양분이 있고 이렇게 무명을 갖추게 된다."

4. "비구들이여, 영지(靈知)163)를 통한 해탈도 자양분을 갖고 있다고 나는 말하지, 자양분을 갖고 있지 않다고 말하지 않는다. 그러면 무엇이 영지를 통한 해탈의 자양분인가? 일곱 가지 깨달음의 구성요소[七覺支]가 그 대답이다.

비구들이여, 일곱 가지 깨달음의 구성요소도 자양분을 갖고 있다고 나는 말하지, 자양분을 갖고 있지 않다고 말하지 않는다. 그러면

---

163) '영지(靈知)'는 vijjā를 옮긴 말로 무명(avijjā)과 반대되는 개념이다. 무명을 타파하여 영지를 통한 해탈을 얻는 것에 조건이 있는데, 본 문단에서는 그 조건으로 칠각지를 들고, 칠각지의 조건으로 사념처를 드는 등 그 조건들을 나열하고 있다.

무엇이 일곱 가지 깨달음의 구성요소의 자양분인가? 네 가지 마음챙김의 확립[四念處]이 그 대답이다.

비구들이여, 네 가지 마음챙김의 확립도 자양분을 갖고 있다고 나는 말하지, 자양분을 갖고 있지 않다고 말하지 않는다. 그러면 무엇이 네 가지 마음챙김의 확립의 자양분인가? [몸과 말과 마음으로 짓는] 세 가지 좋은 행위가 그 대답이다.

비구들이여, 세 가지 좋은 행위도 자양분을 갖고 있다고 나는 말하지, 자양분을 갖고 있지 않다고 말하지 않는다. 그러면 무엇이 세 가지 좋은 행위의 자양분인가? 감각기능의 단속이 그 대답이다.

비구들이여, 감각기능의 단속도 자양분을 갖고 있다고 나는 말하지, 자양분을 갖고 있지 않다고 말하지 않는다. 그러면 무엇이 감각기능의 단속의 자양분인가? 마음챙김과 알아차림[正念·正知]이 그 대답이다.

비구들이여, 마음챙김과 알아차림도 자양분을 갖고 있다고 나는 말하지, 자양분을 갖고 있지 않다고 말하지 않는다. 그러면 무엇이 마음챙김과 알아차림의 자양분인가? 지혜롭게 마음에 잡도리함[如理作意]이 그 대답이다.

비구들이여, 지혜롭게 마음에 잡도리함도 자양분을 갖고 있다고 나는 말하지, 자양분을 갖고 있지 않다고 말하지 않는다. 그러면 무엇이 지혜롭게 마음에 잡도리함의 자양분인가? 믿음이 그 대답이다.

비구들이여, 믿음도 자양분을 갖고 있다고 나는 말하지, 자양분을 갖고 있지 않다고 말하지 않는다. 그러면 무엇이 믿음의 자양분인가? 정법을 배움이 그 대답이다.

비구들이여, 정법을 배움도 자양분을 갖고 있다고 나는 말하지, 자양분을 갖고 있지 않다고 말하지 않는다. 그러면 무엇이 정법을 배움의 자양분인가? 참된 사람을 섬김이 그 대답이다.

5. "비구들이여, 이처럼 참된 사람을 섬김을 갖추면 정법을 배움을 갖추게 된다. 정법을 배움을 갖추면 믿음을 갖추게 된다. 믿음을 갖추면 지혜롭게 마음에 잡도리함을 갖추게 된다. 지혜롭게 마음에 잡도리함을 갖추면 마음챙김과 알아차림을 갖추게 된다. 마음챙김과 알아차림을 갖추면 감각기능의 단속을 갖추게 된다. 감각기능의 단속을 갖추면 [몸과 말과 마음으로 짓는] 세 가지 좋은 행위를 갖추게 된다. 세 가지 좋은 행위를 갖추면 네 가지 마음챙김의 확립을 갖추게 된다. 네 가지 마음챙김의 확립을 갖추면 일곱 가지 깨달음의 구성요소를 갖추게 된다. 일곱 가지 깨달음의 구성요소를 갖추면 영지를 통한 해탈을 갖추게 된다. 이렇게 영지를 통한 해탈의 자양분이 있고 이렇게 영지를 통한 해탈을 갖추게 된다."

6. "비구들이여, 예를 들어 산꼭대기에 억수같이 비가 내리면 경사진 곳을 따라 빗물이 흘러내려 산의 협곡과 계곡과 지류를 가득 채운다. 협곡과 계곡과 지류를 가득 채우고는 다시 작은 못을 가득 채운다. 작은 못을 가득 채우고는 다시 큰 못을 가득 채운다. 큰 못을 가득 채우고는 다시 작은 강을 가득 채운다. 작은 강을 가득 채우고는 다시 큰 강을 가득 채운다. 큰 강을 가득 채우고는 다시 바다와 대해를 가득 채운다. 이렇게 바다와 대해의 자양분이 있고 이렇게 바다와 대해를 가득 채우게 된다.

비구들이여, 그와 같이 참된 사람을 섬김을 갖추면 정법을 배움을 갖추게 된다. 정법을 배움을 갖추면 믿음을 갖추게 된다. 믿음을 갖추면 지혜롭게 마음에 잡도리함을 갖추게 된다. 지혜롭게 마음에 잡도리함을 갖추면 마음챙김과 알아차림을 갖추게 된다. 마음챙김과 알아차림을 갖추면 감각기능의 단속을 갖추게 된다. 감각기능의 단속을 갖추면 [몸과 말과 마음으로 짓는] 세 가지 좋은 행위를 갖추게 된다. 세 가지 좋은 행위를 갖추면 네 가지 마음챙김의 확립을 갖추게 된다. 네 가지 마음챙김의 확립을 갖추면 일곱 가지 깨달음의 구성요소를 갖추게 된다. 일곱 가지 깨달음의 구성요소를 갖추면 영지를 통한 해탈을 갖추게 된다. 이렇게 영지를 통한 해탈의 자양분이 있고 이렇게 영지를 통한 해탈을 갖추게 된다."

갈애 경(A10:62)
Taṇhā-sutta

1. "비구들이여, '이 이전에는 존재에 대한 갈애[有愛]가 없었고, 이 이후에 생겼다.'라는 존재에 대한 갈애의 시작점은 꿰뚫어 알아지지 않는다고 말해진다. 그러나 '조건이 있기 때문에 존재에 대한 갈애가 있다.'라고 꿰뚫어 알아진다.164)

비구들이여, 존재에 대한 갈애는 자양분을 가지고 있지, 자양분이 없는 것이 아니라고 나는 말한다. 그러면 무엇이 존재에 대한 갈애의 자양분인가? 무명이 그 대답이다.

비구들이여, 무명도 자양분을 갖고 있다고 나는 말하지, 자양분을

---

164) 이상은 『청정도론』 XVII.37에서 윤회를 설명하는 다른 하나의 시작점(koṭi)으로 인용이 되고 있다.

갖고 있지 않다고 말하지 않는다. 그러면 무엇이 무명의 자양분인가? 다섯 가지 장애가 그 대답이다.

비구들이여, 다섯 가지 장애도 자양분을 갖고 있다고 나는 말하지, 자양분을 갖고 있지 않다고 말하지 않는다. 그러면 무엇이 다섯 가지 장애의 자양분인가? [몸과 말과 마음으로 짓는] 세 가지 나쁜 행위가 그 대답이다.

비구들이여, 세 가지 나쁜 행위도 자양분을 갖고 있다고 나는 말하지, 자양분을 갖고 있지 않다고 말하지 않는다. 그러면 무엇이 세 가지 나쁜 행위의 자양분인가? 감각기능을 단속하지 못함이 그 대답이다.

비구들이여, 감각기능을 단속하지 못함도 자양분을 갖고 있다고 나는 말하지, 자양분을 갖고 있지 않다고 말하지 않는다. 그러면 무엇이 감각기능을 단속하지 못함의 자양분인가? 마음챙기지 못하고 알아차리지 못함이 그 대답이다.

비구들이여, 마음챙기지 못하고 알아차리지 못함도 자양분을 갖고 있다고 나는 말하지, 자양분을 갖고 있지 않다고 말하지 않는다. 그러면 무엇이 마음챙기지 못하고 알아차리지 못함의 자양분인가? 지혜 없이 마음에 잡도리함[非如理作意]이 그 대답이다.

비구들이여, 지혜 없이 마음에 잡도리함도 자양분을 갖고 있다고 나는 말하지, 자양분을 갖고 있지 않다고 말하지 않는다. 그러면 무엇이 지혜 없이 마음에 잡도리함의 자양분인가? 믿음 없음이 그 대답이다.

비구들이여, 믿음 없음도 자양분을 갖고 있다고 나는 말하지, 자양분을 갖고 있지 않다고 말하지 않는다. 그러면 무엇이 믿음 없음의 자양분인가? 정법을 배우지 않음이 그 대답이다.

비구들이여, 정법을 배우지 않음도 자양분을 갖고 있다고 나는 말하지, 자양분을 갖고 있지 않다고 말하지 않는다. 그러면 무엇이 정법을 배우지 않음의 자양분인가? 참된 사람을 섬기지 않음이 그 대답이다.

2. "비구들이여, 이처럼 참된 사람을 섬기지 않음을 갖추면 정법을 배우지 않음을 갖추게 된다. 정법을 배우지 않음을 갖추면 믿음 없음을 갖추게 된다. 믿음 없음을 갖추면 지혜 없이 마음에 잡도리함을 갖추게 된다. 지혜 없이 마음에 잡도리함을 갖추면 마음챙기지 못하고 알아차리지 못함을 갖추게 된다. 마음챙기지 못하고 알아차리지 못함을 갖추면 감각기능을 단속하지 못함을 갖추게 된다. 감각기능을 단속하지 못함을 갖추면 [몸과 말과 마음으로 짓는] 세 가지 나쁜 행위를 갖추게 된다. 세 가지 나쁜 행위를 갖추면 다섯 가지 장애를 갖추게 된다. 다섯 가지 장애를 갖추면 무명을 갖추게 된다. 무명을 갖추면 존재에 대한 갈애를 갖추게 된다. 이렇게 존재에 대한 갈애의 자양분이 있고 이렇게 존재에 대한 갈애를 갖추게 된다."

3. "비구들이여, 예를 들어 산꼭대기에 억수같이 비가 내리면 경사진 곳을 따라 빗물이 흘러내려 산의 협곡과 계곡과 지류를 가득 채운다. 협곡과 계곡과 지류를 가득 채우고는 다시 작은 못을 가득 채운다. 작은 못을 가득 채우고는 다시 큰 못을 가득 채운다. 큰 못을 가득 채우고는 다시 작은 강을 가득 채운다. 작은 강을 가득 채우고는 다시 큰 강을 가득 채운다. 큰 강을 가득 채우고는 다시 바다와 대해를 가득 채운다. 이렇게 바다와 대해의 자양분이 있고 이렇게 바다

와 대해를 가득 채우게 된다.

비구들이여, 그와 같이 참된 사람을 섬기지 않음을 갖추면 정법을 배우지 않음을 갖추게 된다. 정법을 배우지 않음을 갖추면 믿음 없음을 갖추게 된다. 믿음 없음을 갖추면 지혜 없이 마음에 잡도리함을 갖추게 된다. 지혜 없이 마음에 잡도리함을 갖추면 마음챙기지 못하고 알아차리지 못함을 갖추게 된다. 마음챙기지 못하고 알아차리지 못함을 갖추면 감각기능을 단속하지 못함을 갖추게 된다. 감각기능을 단속하지 못함을 갖추면 [몸과 말과 마음으로 짓는] 세 가지 나쁜 행위를 갖추게 된다. 세 가지 나쁜 행위를 갖추면 다섯 가지 장애를 갖추게 된다. 다섯 가지 장애를 갖추면 무명을 갖추게 된다. 무명을 갖추면 존재에 대한 갈애를 갖추게 된다. 이렇게 존재에 대한 갈애의 자양분이 있고 이렇게 존재에 대한 갈애의 자양분을 갖추게 된다."

4. "비구들이여, 영지(靈知)를 통한 해탈도 자양분을 갖고 있다고 나는 말하지, 자양분을 갖고 있지 않다고 말하지 않는다. 그러면 무엇이 영지를 통한 해탈의 자양분인가? 일곱 가지 깨달음의 구성요소[七覺支]가 그 대답이다.

비구들이여, 일곱 가지 깨달음의 구성요소도 자양분을 갖고 있다고 나는 말하지, 자양분을 갖고 있지 않다고 말하지 않는다. 그러면 무엇이 일곱 가지 깨달음의 구성요소의 자양분인가? 네 가지 마음챙김의 확립[四念處]이 그 대답이다.

비구들이여, 네 가지 마음챙김의 확립도 자양분을 갖고 있다고 나는 말하지, 자양분을 갖고 있지 않다고 말하지 않는다. 그러면 무엇이 네 가지 마음챙김의 확립의 자양분인가? [몸과 말과 마음으로 짓는] 세 가지 좋은 행위가 그 대답이다.

비구들이여, 세 가지 좋은 행위도 자양분을 갖고 있다고 나는 말하지, 자양분을 갖고 있지 않다고 말하지 않는다. 그러면 무엇이 세 가지 좋은 행위의 자양분인가? 감각기능의 단속이 그 대답이다.

비구들이여, 감각기능의 단속도 자양분을 갖고 있다고 나는 말하지, 자양분을 갖고 있지 않다고 말하지 않는다. 그러면 무엇이 감각기능의 단속의 자양분인가? 마음챙김과 알아차림[正念·正知]이 그 대답이다.

비구들이여, 마음챙김과 알아차림도 자양분을 갖고 있다고 나는 말하지, 자양분을 갖고 있지 않다고 말하지 않는다. 그러면 무엇이 마음챙김과 알아차림의 자양분인가? 지혜롭게 마음에 잡도리함[如理作意]이 그 대답이다.

비구들이여, 지혜롭게 마음에 잡도리함도 자양분을 갖고 있다고 나는 말하지, 자양분을 갖고 있지 않다고 말하지 않는다. 그러면 무엇이 지혜롭게 마음에 잡도리함의 자양분인가? 믿음이 그 대답이다.

비구들이여, 믿음도 자양분을 갖고 있다고 나는 말하지, 자양분을 갖고 있지 않다고 말하지 않는다. 그러면 무엇이 믿음의 자양분인가? 정법을 배움이 그 대답이다.

비구들이여, 정법을 배움도 자양분을 갖고 있다고 나는 말하지, 자양분을 갖고 있지 않다고 말하지 않는다. 그러면 무엇이 정법을 배움의 자양분인가? 참된 사람을 섬김이 그 대답이다.

5. "비구들이여, 이처럼 참된 사람을 섬김을 갖추면 정법을 배

움을 갖추게 된다. 정법을 배움을 갖추면 믿음을 갖추게 된다. 믿음을 갖추면 지혜롭게 마음에 잡도리함을 갖추게 된다. 지혜롭게 마음에 잡도리함을 갖추면 마음챙김과 알아차림을 갖추게 된다. 마음챙김과 알아차림을 갖추면 감각기능의 단속을 갖추게 된다. 감각기능의 단속을 갖추면 [몸과 말과 마음으로 짓는] 세 가지 좋은 행위를 갖추게 된다. 세 가지 좋은 행위를 갖추면 네 가지 마음챙김의 확립을 갖추게 된다. 네 가지 마음챙김의 확립을 갖추면 일곱 가지 깨달음의 구성요소를 갖추게 된다. 일곱 가지 깨달음의 구성요소를 갖추면 영지를 통한 해탈을 갖추게 된다. 이렇게 영지를 통한 해탈의 자양분이 있고 이렇게 영지를 통한 해탈을 갖추게 된다."

6.

"비구들이여, 예를 들어 산꼭대기에 억수같이 비가 내리면 경사진 곳을 따라 빗물이 흘러내려 산의 협곡과 계곡과 지류를 가득 채운다. 협곡과 계곡과 지류를 가득 채우고는 다시 작은 못을 가득 채운다. 작은 못을 가득 채우고는 다시 큰 못을 가득 채운다. 큰 못을 가득 채우고는 다시 작은 강을 가득 채운다. 작은 강을 가득 채우고는 다시 큰 강을 가득 채운다. 큰 강을 가득 채우고는 다시 바다와 대해를 가득 채운다. 이렇게 바다와 대해의 자양분이 있고 이렇게 바다와 대해를 가득 채우게 된다.

비구들이여, 그와 같이 참된 사람을 섬김을 갖추면 정법을 배움을 갖추게 된다. 정법을 배움을 갖추면 믿음을 갖추게 된다. 믿음을 갖추면 지혜롭게 마음에 잡도리함을 갖추게 된다. 지혜롭게 마음에 잡도리함을 갖추면 마음챙김과 알아차림을 갖추게 된다. 마음챙김과 알아차림을 갖추면 감각기능의 단속을 갖추게 된다. 감각기능의 단속을 갖추면 [몸과 말과 마음으로 짓는] 세 가지 좋은 행위를 갖추게 된다. 세 가지 좋은 행위를 갖추면 네 가지 마음챙김의 확립을 갖추게 된다. 네 가지 마음챙김의 확립을 갖추면 일곱 가지 깨달음의 구성요소를 갖추게 된다. 일곱 가지 깨달음의 구성요소를 갖추면 영지를 통한 해탈을 갖추게 된다. 이렇게 영지를 통한 해탈의 자양분이 있고 이렇게 영지를 통한 해탈을 갖추게 된다."

완성 경(A10:63)165)
Niṭṭhā-sutta

1. "비구들이여, 나와 일치하는 자들은166) 모두 견해를 구족한 자들이다. 견해를 구족한 자들 가운데 다섯은 여기 [이 세상에서] 완성에 [도달하는 자]요,167) 다섯은 여기를 떠난 뒤에 완성에 [도달하는 자]이다."

2. "그러면 어떤 다섯 부류가 여기 [이 세상에서] 완성에 [도달하는 자]인가? 최대로 일곱 번만 다시 태어나는 자, 성스러운 가문에서 성스러운 가문으로 가는 자, 한 번만 싹 트는 자,168) 한 번만 더

---

165) 6차결집본의 경제목은 '완성에 도달함'(Niṭṭhaṅgata-sutta)이다.

166) '일치하는 자들'은 niṭṭhaṅgatā를 옮긴 것이다. 주석서에서 nibbematikā(nis+vimati+ka, 문자적으로는 이견이 없음을 뜻함)로 설명하고 있어서(AA.v.44) 이렇게 옮겼다.

167) "'여기서 완성(niṭṭha)에 [도달한다]'는 것은 오직 이 세상에서 완전한 열반(parinibbāna)에 든다는 말이고, '여기를 떠난 뒤에 완성에 [도달한다]'는 것은 이 세상을 떠나 정거천이라는 범천의 세상(suddhāvāsa-brahmaloka)에 태어나서 그곳에서 열반에 든다는 말이다."(*Ibid*)

돌아올 자[一來者], 지금여기에서 아라한이 된 자이다. 이러한 다섯 부류가 여기 [이 세상에서] 완성에 [도달하는 자]이다."

3. "그러면 어떤 다섯 부류가 여기를 떠난 뒤에 완성에 도달하는 자인가? 수명의 중반쯤에 이르러 완전한 열반에 드는 자, [수명의] 반이 지나서 완전한 열반에 드는 자, 노력 없이 쉽게 완전한 열반에 드는 자, 노력하여 어렵게 완전한 열반에 드는 자, 더 높은 세계로 재생하여 색구경천에 이르는 자이다.169) 이러한 다섯 부류가 여기를 떠난 뒤에 완성에 도달하는 자이다.

비구들이여, 나와 일치하는 자들은 모두 견해를 구족한 자들이니, 견해를 구족한 자들 가운데 이러한 다섯은 여기 [이 세상에서] 완성에 [도달하는 자]요, 이러한 다섯은 여기를 떠난 뒤에 완성에 [도달하는 자]이다."

---

168) '최대로 일곱 번만 다시 태어나는 자(sattakkhattu-parama)'와 '성스러운 가문에서 성스러운 가문으로 가는 자(kolaṁkola)'와 '한 번만 싹 트는 자(eka-bīji)'는 세 가지 유형의 예류자이다.『청정도론』(XXIII.55)은 이렇게 설명한다.
"더딘 위빳사나로 첫 번째 도의 통찰지를 닦은 뒤 [예류자의 경지에] 도달한 자는 [믿음 등의] 기능(根)들이 둔하더라도 '최대로 일곱 번만 다시 태어나는 자'라고 한다. 일곱 번 선처에 윤회한 뒤 괴로움을 종식시킨다. 중간의 위빳사나로 도달한 자는 기능들도 중간이며 '성스러운 가문에서 성스러운 가문으로 가는 자'라 한다. 두 번 혹은 세 번 성스러운 가문에 윤회한 뒤 괴로움을 종식시킨다. 예리한 위빳사나로 도달한 자는 기능들도 예리하여 '한 번만 싹 트는 자'라고 한다. 한 번만 더 인간 세상에 태어나서는 괴로움을 종식시킨다."

169) 이 다섯은 다섯 유형의 불환자이며『청정도론』XXIII.56~57에 정리되어 나타난다. 본서 제1권「외움 경」2(A3:86) §3과 제2권「족쇄 경」(A4:131) §2의 주해에서는 각각 조금씩 다르게 번역하였다.

흔들림 없음 경(A10:64)[170)
Avecca-sutta

1. "비구들이여, 내게 흔들림 없는 청정한 믿음을 가진 자들은 모두 흐름에 든 자들이다.[171) 흐름에 든 자들 가운데 다섯은 여기 [이 세상에서] 완성에 [도달하는 자]요, 다섯은 여기를 떠난 뒤에 완성에 [도달하는 자]이다."

2. "그러면 어떤 다섯 부류가 여기 [이 세상에서] 완성에 [도달하는 자]인가? 최대로 일곱 번만 다시 태어나는 자, 성스러운 가문에서 성스러운 가문으로 가는 자, 한 번만 싹 트는 자, 한 번만 더 돌아올 자[一來者], 지금여기에서 아라한이 된 자이다. 이러한 다섯 부류가 여기 [이 세상에서] 완성에 [도달하는 자]이다."

3. "그러면 어떤 다섯 부류가 여기를 떠난 뒤에 완성에 도달하는 자인가? 수명의 중반쯤에 이르러 완전한 열반에 드는 자, [수명의] 반이 지나서 완전한 열반에 드는 자, 노력 없이 쉽게 완전한 열반에 드는 자, 노력하여 어렵게 완전한 열반에 드는 자, 더 높은 세계로

---

170) 6차결집본의 경제목은 '흔들림 없는 청정한 믿음'(Aveccappasanna-sutta)이다.

171) '흐름에 든 자들'은 sotāpannā를 옮긴 것인데, 이것은 본래 예류과를 얻은 자들을 뜻한다. 그러나 본경의 내용상 흐름에 든 자들은 예류자들뿐만 아니라 일래자와 불환자와 아라한의 성자들도 모두 포함하고 있다. 그래서 주석서는 "성스러운 도의 흐름에 든 자들(ariyamaggasotaṁ āpannā)"(AA.v.44)로 설명하고 있다. 역자는 예류자와 구분하기 위해서 '흐름에 든 자들'로 직역하였다.

재생하여 색구경천에 이르는 자이다. 이러한 다섯 부류가 여기를 떠난 뒤에 완성에 도달하는 자이다.

비구들이여, 내게 흔들림 없는 청정한 믿음을 가진 자들은 모두 흐름에 든 자들이다. 흐름에 든 자들 가운데 이러한 다섯은 여기 [이 세상에서] 완성에 [도달하는 자]요, 이러한 다섯은 여기를 떠난 뒤에 완성에 [도달하는 자]이다."

행복 경1(A10:65)
Sukha-sutta

1. 한때 사리뿟따 존자는 마가다에서 날라까가마까172)에 머물렀다. 그때 사만다까니 유행승173)이 사리뿟따 존자에게 다가갔다. 가서는 사리뿟따 존자와 함께 환담을 나누었다. 유쾌하고 기억할 만한 이야기로 서로 담소를 하고서 한 곁에 앉았다. 한 곁에 앉은 사만

---

172) 날라까가마까(Nālakagāmaka) 혹은 날라까 마을은 사리뿟따 존자가 태어난 마을 이름이다.『디가 니까야 주석서』(DA.ii.549)와『상윳따 니까야』「쭌다경」(S47:13)과 주석서에 의하면 사리뿟따 존자는 이 날라까가마까에 있는 그의 고향집에 가서 어머니를 불교에 귀의하게 하고, 옛날 자기 방에서 세존보다 먼저 반열반(般涅槃)하였다고 한다. 그리고 이곳은 사리뿟따 존자 생전에도 그와 인연이 많았던 곳인데 특히『상윳따 니까야』「잠부카다까 상응」(Jambukhadaka-samyutta, S38)의 모든 경들과「사만다까 상응」(Sāmaṇḍaka-samyutta, S39)의 첫 번째 경을 제외한 모든 경들은 사리뿟따 존자가 이곳 날라까가마까에서 설한 경들이다.

173) 사만다까니 유행승(Sāmaṇḍakāni paribbājaka)에 대한 언급은 주석서에 나타나지 않는다. 그는『상윳따 니까야』「사만다까 상응」(Sāma-ṇḍaka-samyutta, S39)의 16개 경에서 사리뿟따 존자와 대화를 나누는 사만다까(Sāmaṇḍaka) 유행승과 동일인이다.

다까니 유행승은 사리뿟따 존자에게 이렇게 말했다.

"도반 사리뿟따여, 무엇이 행복이고 무엇이 괴로움입니까?"

2. "도반이여, 다시 태어남이 괴로움이고 태어나지 않음이 행복입니다. 도반이여, 태어남이 있으면 다음과 같은 괴로움이 예상되나니, 그것은 추위, 더위, 배고픔, 목마름, 대변, 소변이며, 불의 재난과 만나고, 몽둥이의 재난과 만나고, 무기의 재난과 만나고, 친척들과 친구들도 만나거나 함께 모이면 모욕을 줍니다. 도반이여, 태어남이 있으면 이러한 괴로움이 예상됩니다."

3. "도반이여, 태어나지 않으면 다음과 같은 행복이 예상되나니, 그것은 추위도 없고, 더위도 없고, 배고픔도 없고, 목마름도 없고, 대변도 없고, 소변도 없으며, 불의 재난과 만남도 없고, 몽둥이의 재난과 만남도 없고, 무기의 재난과 만남도 없고, 친척들과 친구들도 만나거나 함께 모여 모욕 줄 일이 없습니다. 도반이여, 태어나지 않으면 이러한 행복이 예상됩니다."

행복 경2(A10:66)

1. 한때 사리뿟따 존자는 마가다에서 날라까가마까에 머물렀다. 그때 사만다까니 유행승이 사리뿟따 존자에게 다가갔다. 가서는 사리뿟따 존자와 함께 환담을 나누었다. 유쾌하고 기억할 만한 이야기로 서로 담소를 하고서 한 곁에 앉았다. 한 곁에 앉은 사만다까니 유행승은 사리뿟따 존자에게 이렇게 말했다.

"도반 사리뿟따여, 이 법과 율에서는 무엇이 행복이고 무엇이 괴로움입니까?"

2. "도반이여, 이 법과 율에서는 싫증을 냄이 괴로움이고 기뻐함174)이 행복입니다. 도반이여, 싫증을 내면 다음과 같은 괴로움이 예상되나니, 갈 때도 설 때도 앉을 때도 누울 때도 행복과 편안함이 생기지 않고, 마을에 가거나 숲에 가거나 나무 아래에 가거나 빈 집에 가거나 노지에 가거나 비구들 사이에 있을 때에도 행복과 편안함이 생기지 않습니다. 도반이여, 싫증을 내면 이러한 괴로움이 예상됩니다."

3. "도반이여, 기뻐함이 있으면 다음과 같은 행복이 예상되나니, 갈 때도 설 때도 앉을 때도 누울 때도 행복과 편안함이 생기고, 마을에 가거나 숲에 가거나 나무 아래에 가거나 빈 집에 가거나 노지에 가거나 비구들 사이에 있을 때에도 행복과 편안함이 생깁니다. 도반이여, 기뻐함이 있으면 이러한 행복이 예상됩니다."

날라까빠나 경1(A10:67)
Naḷakapāna-sutta

1. 한때 세존께서는 많은 비구 승가와 함께 꼬살라 [지방]에서 유행(遊行)하시다가 날라까빠나175)라는 꼬살라들의 성읍에 도착하셨

---

174) '기뻐함'으로 옮긴 원어는 PTS본에는 akhirati로 나타나는데 이것은 abhirati의 오기(誤記)이다. 6차결집본에는 abhirati로 나타난다.
175) 꼬살라의 날라까빠나 성읍(Naḷakapāna nigama)은 그곳에 있는 날라까

다. 거기서 세존께서는 날라까빠나에서 빨라사 숲에 머무셨다. 그 무렵에 세존께서는 포살일에 비구승가에 둘러싸여서 앉아 계셨다. 그때 세존께서는 밤이 이슥하도록 비구들에게 법을 설하시어 격려하고 분발하게 하고 기쁘게 하셨으며, 비구 승가가 오롯이 침묵하고 있는 것을 둘러보신 뒤 사리뿟따 존자를 불러서 말씀하셨다.

"사리뿟따여, 비구 승가는 해태와 혼침이 없구나. 사리뿟따여, 그대가 이런 비구들에게 법문을 들려주어라. 나는 등이 아파서 좀 쉬어야겠다."

"그렇게 하겠습니다, 세존이시여."라고 사리뿟따 존자는 세존께 대답했다.

그러자 세존께서는 가사를 네 겹으로 접어서 [자리를] 만들게 하신 뒤 발로써 발을 포개고 마음챙기고 알아차리시면서[正念·正知] 일어날 시간을 인식하여 마음에 잡도리하신 뒤, 오른쪽 옆구리로 사자처럼 누우셨다.

2. 거기서 사리뿟따 존자는 "도반 비구들이여"라고 비구들을 불렀다. "도반이시여"라고 비구들은 사리뿟따 존자에게 응답했다. 사리뿟따 존자는 이렇게 말했다.

3. "도반들이여, 누구든 유익한 법들에 대해서 믿음이 없고,

빠나 호수(pokkharaṇi) 때문에 붙여진 이름이라고 한다. 『맛지마 니까야 주석서』(MA)는 이 이름이 붙여진 전설을 자따까를 인용하면서 길게 설명하고 있다.(MA.iii.178~180) 이 마을에는 께따 숲(Keta-vana)과 빨라사 숲(Palāsa-vana)이 있었다고 하는데 본경은 후자에서 설해진 것이다. 『맛지마 니까야』 「날라까빠나 경」(Naḷakapāna-sutta, M68)도 이곳 빨라사 숲에서 설하신 것이다.

유익한 법들에 대해서 양심이 없고, 유익한 법들에 대해서 수치심이 없고, 유익한 법들에 대해서 정진이 없고, 유익한 법들에 대해서 통찰지가 없는 자는 밤이 오건 낮이 오건 유익한 법들에서 퇴보가 예상되고 향상은 예상되지 않습니다.

도반들이여, 예를 들면 하현이 되면 달은 밤이 오건 낮이 오건 아름다움이 이지러지고, 원형이 이지러지고, 광채가 희미해지고, 높이와 범위가 작아지는 것과 같이, 누구든 유익한 법들에 대해서 믿음이 없고, 유익한 법들에 대해서 양심이 없고, 유익한 법들에 대해서 수치심이 없고, 유익한 법들에 대해서 정진이 없고, 유익한 법들에 대해서 통찰지가 없는 자는 밤이 오건 낮이 오건 유익한 법들에서 퇴보가 예상되고 향상은 예상되지 않습니다.

도반들이여, '믿음 없는 사람이다.'라는 것은 퇴보를 뜻하고, '양심 없는 사람이다.'라는 것은 퇴보를 뜻하고, '수치심 없는 사람이다.'라는 것은 퇴보를 뜻하고, '게으른 사람이다.'라는 것은 퇴보를 뜻하고, '통찰지가 없는 사람이다.'라는 것은 퇴보를 뜻하고, '분노하는 사람이다.'라는 것은 퇴보를 뜻하고, '원한을 가진 사람이다.'라는 것은 퇴보를 뜻하고, '나쁜 소원을 가진 사람이다.'라는 것은 퇴보를 뜻하고, '나쁜 친구를 가진 사람이다.'라는 것은 퇴보를 뜻하고, '삿된 견해를 가진 사람이다.'라는 것은 퇴보를 뜻합니다."

4. "도반들이여, 누구든 유익한 법들에 대해서 믿음이 있고, 유익한 법들에 대해서 양심이 있고, 유익한 법들에 대해서 수치심이 있고, 유익한 법들에 대해서 정진이 있고, 유익한 법들에 대해서 통찰지가 있는 자는 밤이 오건 낮이 오건 유익한 법들에서 향상이 예상

되고 퇴보가 예상되지 않습니다.

도반들이여, 예를 들면 상현이 되면 달은 밤이 오건 낮이 오건 아름다움이 차고, 원형이 증대하고, 광채가 찬란하고, 높이와 범위가 커지는 것과 같이, 누구든 유익한 법들에 대해서 믿음이 있고, 유익한 법들에 대해서 양심이 있고, 유익한 법들에 대해서 수치심이 있고, 유익한 법들에 대해서 정진이 있고, 유익한 법들에 대해서 통찰지가 있는 자는 밤이 오건 낮이 오건 유익한 법들에서 항상이 예상되고 퇴보가 예상되지 않습니다.

도반들이여, '믿음 있는 사람이다.'라는 것은 퇴보하지 않음을 뜻하고, '양심 있는 사람이다.'라는 것은 퇴보하지 않음을 뜻하고, '수치심 있는 사람이다.'라는 것은 퇴보하지 않음을 뜻하고, '열심히 정진하는 사람이다.'라는 것은 퇴보하지 않음을 뜻하고, '통찰지가 있는 사람이다.'라는 것은 퇴보하지 않음을 뜻하고, '분노하지 않는 사람이다.'라는 것은 퇴보하지 않음을 뜻하고, '원한 없는 사람이다.'라는 것은 퇴보하지 않음을 뜻하고, '원하는 것이 적은 사람이다.'라는 것은 퇴보하지 않음을 뜻하고, '좋은 친구를 가진 사람이다.'라는 것은 퇴보하지 않음을 뜻하고, '바른 견해를 가진 사람이다.'라는 것은 퇴보하지 않음을 뜻합니다."

5. 그때 세존께서는 일어나셔서 사리뿟따 존자를 불러 말씀하셨다.

"장하고 장하구나, 사리뿟따여. 사리뿟따여, 누구든 유익한 법들에 대해서 믿음이 없고, 유익한 법들에 대해서 양심이 없고, 유익한 법들에 대해서 수치심이 없고, 유익한 법들에 대해서 정진이 없고, 유익한 법들에 대해서 통찰지가 없는 자는 밤이 오건 낮이 오건 유익한 법들에서 퇴보가 예상되고 향상이 예상되지 않는다.

사리뿟따여, 예를 들면 하현이 되면 달은 밤이 오건 낮이 오건 아름다움이 이지러지고, 원형이 이지러지고, 광채가 희미해지고, 높이와 범위가 작아지는 것과 같이, 누구든 유익한 법들에 대해서 믿음이 없고, 유익한 법들에 대해서 양심이 없고, 유익한 법들에 대해서 수치심이 없고, 유익한 법들에 대해서 정진이 없고, 유익한 법들에 대해서 통찰지가 없는 자는 밤이 오건 낮이 오건 유익한 법들에서 퇴보가 예상되고 향상은 예상되지 않는다.

사리뿟따여, '믿음 없는 사람이다.'라는 것은 퇴보를 뜻하고, '양심 없는 사람이다.'라는 것은 퇴보를 뜻하고, '수치심 없는 사람이다.'라는 것은 퇴보를 뜻하고, '게으른 사람이다.'라는 것은 퇴보를 뜻하고, '통찰지가 없는 사람이다.'라는 것은 퇴보를 뜻하고, '분노하는 사람이다.'라는 것은 퇴보를 뜻하고, '원한을 가진 사람이다.'라는 것은 퇴보를 뜻하고, '나쁜 소원을 가진 사람이다.'라는 것은 퇴보를 뜻하고, '나쁜 친구를 가진 사람이다.'라는 것은 퇴보를 뜻하고, '삿된 견해를 가진 사람이다.'라는 것은 퇴보를 뜻한다.

사리뿟따여, 누구든 유익한 법들에 대해서 믿음이 있고, 유익한 법들에 대해서 양심이 있고, 유익한 법들에 대해서 수치심이 있고, 유익한 법들에 대해서 정진이 있고, 유익한 법들에 대해서 통찰지가 있는 자는 밤이 오건 낮이 오건 유익한 법들에서 향상이 예상되고 퇴보가 예상되지 않는다.

사리뿟따여, 예를 들면 상현이 되면 달은 밤이 오건 낮이 오건 아름다움이 차고, 원형이 증대하고, 광채가 찬란하고, 높이와 범위가 커지는 것과 같이, 누구든 유익한 법들에 대해서 믿음이 있고, 유익한 법들에 대해서 양심이 있고, 유익한 법들에 대해서 수치심이 있고, 유익한 법들에 대해서 정진이 있고, 유익한 법들에 대해서 통찰지가 있는 자는 밤이 오건 낮이 오건 유익한 법들에서 향상이 예상되고 퇴보가 예상되지 않는다.

사리뿟따여, '믿음 있는 사람이다.'라는 것은 퇴보하지 않음을 뜻하고, '양심 있는 사람이다.'라는 것은 퇴보하지 않음을 뜻하고, '수치심 있는 사람이다.'라는 것은 퇴보하지 않음을 뜻하고, '열심히 정진하는 사람이다.'라는 것은 퇴보하지 않음을 뜻하고, '통찰지가 있는 사람이다.'라는 것은 퇴보하지 않음을 뜻하고, '분노하지 않는 사람이다.'라는 것은 퇴보하지 않음을 뜻하고, '원한 없는 사람이다.'라는 것은 퇴보하지 않음을 뜻하고, '원하는 것이 적은 사람이다.'라는 것은 퇴보하지 않음을 뜻하고, '좋은 친구를 가진 사람이다.'라는 것은 퇴보하지 않음을 뜻하고, '바른 견해를 가진 사람이다.'라는 것은 퇴보하지 않음을 뜻한다."

날라까빠나 경2(A10:68)

1. 한때 세존께서는 날라까빠나에서 빨라사 숲에 머무셨다. 그 무렵에 세존께서는 포살일에 비구승가에 둘러싸여 앉아 계셨다. 그때 세존께서는 밤이 이슥하도록 비구들에게 법을 설하시어 격려하고 분발하게 하고 기쁘게 하셨으며, 비구 승가가 오롯이 침묵하고 있는 것을 둘러보신 뒤 사리뿟따 존자를 불러서 말씀하셨다.

"사리뿟따여, 비구 승가는 해태와 혼침이 없구나. 사리뿟따여, 그대가 이런 비구들에게 법문을 들려주어라. 나는 등이 아파서 좀 쉬어야겠다."

"그렇게 하겠습니다, 세존이시여."라고 사리뿟따 존자는 세존께 대답했다.

그러자 세존께서는 가사를 네 겹으로 접어서 [자리를] 만들게 하신 뒤 발로써 발을 포개고 마음챙기고 알아차리시면서[正念·正知] 일어날 시간을 인식하여 마음에 잡도리하신 뒤, 오른쪽 옆구리로 사자처럼 누우셨다.

2. 거기서 사리뿟따 존자는 "도반 비구들이여."라고 비구들을 불렀다. "도반이시여."라고 비구들은 사리뿟따 존자에게 응답했다. 사리뿟따 존자는 이렇게 말했다.

3. "도반들이여, 누구든 유익한 법들에 대해서 믿음이 없고, 유익한 법들에 대해서 양심이 없고, 유익한 법들에 대해서 수치심이 없고, 유익한 법들에 대해서 정진이 없고, 유익한 법들에 대해서 귀 기울여 들음이 없고, 유익한 법들에 대해서 법을 호지함이 없고, 유익한 법들에 대해서 뜻을 깊이 숙고함이 없고, 유익한 법들에 대해서 [출세간]법에 이르게 하는 법을 닦지 않고, 유익한 법들에 대해서 불방일이 없는 자는 밤이 오건 낮이 오건 유익한 법들에서 퇴보가 예상되고 향상이 예상되지 않습니다.176)

---

176) 엄밀히 말하면 본경에서 사리뿟따 존자는 아홉 가지를 설하고 있다. 그러므로 본경은 「아홉의 모음」에 포함시키는 것이 더 적당할 수도 있다. 그러나 '밤이 오건 낮이 오건 유익한 법들에서 퇴보가 예상되고 향상이 예상되지 않는다'는 마지막 결론부분도 하나의 법수로 간주하여 「열의 모음」에 포함시킨 듯하다.

도반들이여, 예를 들면 하현이 되면 달은 밤이 오건 낮이 오건 아름다움이 이지러지고, 원형이 이지러지고, 광채가 희미해지고, 높이와 범위가 작아지는 것과 같이, 누구든 유익한 법들에 대해서 믿음이 없고, 유익한 법들에 대해서 양심이 없고, 유익한 법들에 대해서 수치심이 없고, 유익한 법들에 대해서 정진이 없고, 유익한 법들에 대해서 귀 기울여 들음이 없고, 유익한 법들에 대해서 법을 호지함이 없고, 유익한 법들에 대해서 뜻을 깊이 숙고함이 없고, 유익한 법들에 대해서 [출세간]법에 이르게 하는 법을 닦지 않고, 유익한 법들에 대해서 불방일이 없는 자는 밤이 오건 낮이 오건 유익한 법들에서 퇴보가 예상되고 향상이 예상되지 않습니다."

4. "도반들이여, 누구든 유익한 법들에 대해서 믿음이 있고, 유익한 법들에 대해서 양심이 있고, 유익한 법들에 대해서 수치심이 있고, 유익한 법들에 대해서 정진이 있고, 유익한 법들에 대해서 귀 기울여 들음이 있고, 유익한 법들에 대해서 법을 호지함이 있고, 유익한 법들에 대해서 뜻을 깊이 숙고함이 있고, 유익한 법들에 대해서 [출세간]법에 이르게 하는 법을 닦고, 유익한 법들에 대해서 불방일 하는 자는 밤이 오건 낮이 오건 유익한 법들에서 향상이 예상되고 퇴보가 예상되지 않습니다.

도반들이여, 예를 들면 상현이 되면 달은 밤이 오건 낮이 오건 아름다움이 차고, 원형이 증대하고, 광채가 찬란하고, 높이와 범위가 커지는 것과 같이, 누구든 유익한 법들에 대해서 믿음이 있고, 유익한 법들에 대해서 양심이 있고, 유익한 법들에 대해서 수치심이 있고, 유익한 법들에 대해서 정진이 있고, 유익한 법들에 대해서 귀 기울여 들음이 있고, 유익한 법들에 대해서 법을 호지함이 있고, 유익한 법들에 대해서 뜻을 깊이 숙고함이 있고, 유익한 법들에 대해서 [출세간]법에 이르게 하는 법을 닦고, 유익한 법들에 대해서 불방일하는 자는 밤이 오건 낮이 오건 유익한 법들에서 향상이 예상되고 퇴보가 예상되지 않습니다."

5. 그때 세존께서 일어나셔서 사리뿟따 존자를 불러서 말씀하셨다.

"장하고 장하구나 사리뿟따여. 사리뿟따여, 누구든 유익한 법들에 대해서 믿음이 없고, 유익한 법들에 대해서 양심이 없고, 유익한 법들에 대해서 수치심이 없고, 유익한 법들에 대해서 정진이 없고, 유익한 법들에 대해서 귀 기울여 들음이 없고, 유익한 법들에 대해서 법을 호지함이 없고, 유익한 법들에 대해서 뜻을 깊이 숙고함이 없고, 유익한 법들에 대해서 [출세간]법에 이르게 하는 법을 닦지 않고, 유익한 법들에 대해서 불방일이 없는 자는 밤이 오건 낮이 오건 유익한 법들에서 퇴보가 예상되고 향상이 예상되지 않는다.

사리뿟따여, 예를 들면 하현이 되면 달은 밤이 오건 낮이 오건 아름다움이 이지러지고, 원형이 이지러지고, 광채가 희미해지고, 높이와 범위가 작아지는 것과 같이, 누구든 유익한 법들에 대해서 믿음이 없고, 유익한 법들에 대해서 양심이 없고, 유익한 법들에 대해서 수치심이 없고, 유익한 법들에 대해서 정진이 없고, 유익한 법들에 대해서 귀 기울여 들음이 없고, 유익한 법들에 대해서 법을 호지함이 없고, 유익한 법들에 대해서 뜻을 깊이 숙고함이 없고, 유익한 법들에 대해서 [출세간]법에 이르게 하는 법을 닦지 않고, 유익한 법들에 대해서 불방일이 없는 자는 밤이 오건 낮이 오건 유익한 법들에서 퇴보가 예상되고 향상이 예상되지 않는다.

사리뿟따여, 누구든 유익한 법들에 대해서 믿음이 있고, 유익한 법들에 대해서 양심이 있고, 유익한 법들에 대해서 수치심이 있고, 유익한 법들에 대해서 정진이 있고, 유익한 법들에 대해서 귀 기울여 들음이 있고, 유익한 법들에 대해서 법을 호지함이 있고, 유익한 법들에 대해서 뜻을 깊이 숙고함이 있고, 유익한 법들에 대해서 [출세간]법에 이르게 하는 법을 닦고, 유익한 법들에 대해서 불방일하는 자는 밤이 오건 낮이 오건 유익한 법들에서 향상이 예상되고 퇴보가 예상되지 않는다.

사리뿟따여, 예를 들면 상현이 되면 달은 밤이 오건 낮이 오건 아름다움이 차고, 원형이 증대하고, 광채가 찬란하고, 높이와 범위가 커지는 것과 같이, 누구든 유익한 법들에 대해서 믿음이 있고, 유익한 법들에 대해서 양심이 있고, 유익한 법들에 대해서 수치심이 있고, 유익한 법들에 대해서 정진이 있고, 유익한 법들에 대해서 귀 기울여 들음이 있고, 유익한 법들에 대해서 법을 호지함이 있고, 유익한 법들에 대해서 뜻을 깊이 숙고함이 있고, 유익한 법들에 대해서 [출세간]법에 이르게 하는 법을 닦고, 유익한 법들에 대해서 불방일하는 자는 밤이 오건 낮이 오건 유익한 법들에서 향상이 예상되고 퇴보가 예상되지 않는다."

이야기의 주제 경1(A10:69)
Kathāvatthu-sutta

1. 한때 세존께서는 사왓티에서 제따 숲의 급고독원에 머무셨다. 그 무렵에 많은 비구들이 탁발하여 공양을 마치고 탁발에서 돌아와 집회소에 함께 모여 앉아서 여러 가지 쓸데없는 이야기를 나누고 있었다. 즉 왕 이야기, 도둑 이야기, 대신들 이야기, 군대 이야기, 공포에 관한 이야기, 전쟁 이야기, 음식 이야기, 음료수 이야기, 옷 이야기, 침대 이야기, 화환 이야기, 향 이야기, 친척 이야기, 탈것에 대한 이야기, 마을에 대한 이야기, 성읍에 대한 이야기, 도시에 대한 이야기, 지방에 대한 이야기, 여자 이야기, 영웅 이야기, 거리 이야기, 우물 이야기, 옛적 유령에 관한 이야기, 하찮은 이야기, 세상의 [기원]에 대한 이야기, 바다에 관련된 이야기, 이렇다거나 이렇지 않다는 이야기들177)이었다.178)

2. 그때 세존께서는 해거름에 [낮 동안의] 홀로 앉으심을 풀고 자리에서 일어나 집회소로 가셨다. 가셔서는 마련된 자리에 앉으셨다. 자리에 앉아서 세존께서는 비구들을 불러서 말씀하셨다.

---

177) '이렇다거나 이렇지 않다는 이야기들'은 itibhavābhava-kathā를 옮긴 것이다. 주석서는 "여기서 bhava는 번영(vuddhi)이고, abhava는 쇠퇴(hāni)를 뜻한다. 이런 이유로 이것은 번영이고, 이런 이유로 이것은 쇠퇴라고, 별 도움이 되지 않는 이런 저런 이유를 말하면서 나누는 이야기를 뜻한다."(AA.v.47)라고 설명하고 있다.

178) 『청정도론』 IV.38에는 여기서 언급되는 27가지에다 5가지를 더하여 모두 32가지 쓸데없는 이야기(담론)를 정리하고 있다. Pm에 의하면 이 27가지에다 산, 강, 섬에 대한 이야기와 천상과 해탈에 대한 것도 쓸데없는 이야기에 포함시켜서 모두 32가지라고(Pm.59) 설명하고 있다.

"비구들이여, 무슨 이야기를 하기 위해 지금 여기에 모였는가? 그리고 그대들이 하다만 이야기는 무엇인가?"

"세존이시여, 여기서 저희들은 탁발하여 공양을 마치고 탁발에서 돌아와 집회소에 함께 모여 앉아서 여러 가지 쓸데없는 이야기를 나누고 있었습니다. 즉 왕 이야기, 도둑 이야기, 대신들 이야기, 군대 이야기, 공포에 관한 이야기, 전쟁 이야기, 음식 이야기, 음료수 이야기, 옷 이야기, 침대 이야기, 화환 이야기, 향 이야기, 친척 이야기, 탈 것에 대한 이야기, 마을에 대한 이야기, 성읍에 대한 이야기, 도시에 대한 이야기, 지방에 대한 이야기, 여자 이야기, 영웅 이야기, 거리 이야기, 우물 이야기, 옛적 유령에 관한 이야기, 하찮은 이야기, 세상의 [기원]에 대한 이야기, 바다에 관련된 이야기, 이렇다거나 이렇지 않다는 이야기들이었습니다."

"비구들이여, 열 가지 이야기의 주제가 있다. 무엇이 열인가?"

3. "소욕(小慾)에 대한 이야기, 지족(知足)에 대한 이야기, 한거(閑居)에 대한 이야기, [재가자들과] 교제하지 않는 것에 대한 이야기, 열심히 정진함에 대한 이야기, 계에 대한 이야기, 삼매에 대한 이야기, 통찰지에 대한 이야기, 해탈에 대한 이야기, 해탈지견에 대한 이야기다. 비구들이여, 이러한 열 가지 이야기의 주제가 있다."

4. "비구들이여, 만일 그대들이 이러한 열 가지 이야기의 주제에 대해 대화를 한다면, 그대들의 광명으로 저 막강하고 위력적인 태양과 달의 광명도 능가할 것인데, 외도 유행승들의 광명에 대해서야 말해 무엇 하겠는가?"

이야기의 주제 경2(A10:70)

1. "비구들이여, 열 가지 칭송받을 이유가 있다. 무엇이 열인가?"

2. "비구들이여, 여기 비구는 자신이 소욕하면서 비구들에게 소욕에 대한 이야기를 한다. 비구가 소욕하면서 비구들에게도 소욕에 대한 이야기를 하는 것은 칭송받을 이유다.

자신이 지족하면서 비구들에게 지족에 대한 이야기를 한다. 비구가 지족하면서 비구들에게도 지족에 대한 이야기를 하는 것은 칭송받을 이유다.

자신이 한거를 하면서 비구들에게 한거에 대한 이야기를 한다. 비구가 한거하면서 비구들에게도 한거에 대한 이야기를 하는 것은 칭송받을 이유다.

자신이 [재가자들과] 교제하지 않으면서 비구들에게 교제하지 않는 것에 대한 이야기를 한다. 비구가 [재가자들과] 교제하지 않으면서 비구들에게도 [재가자들과] 교제하지 않는 것에 대한 이야기를 하는 것은 칭송받을 이유다.

자신이 열심히 정진하면서 비구들에게 열심히 정진함에 대한 이야기를 한다. 비구가 열심히 정진하면서 비구들에게도 열심히 정진하는 이야기를 하는 것은 칭송받을 이유다.

자신이 계를 지키면서 비구들에게 계에 대한 이야기를 한다. 비구가 계를 지키면서 비구들에게도 계에 대한 이야기를 하는 것은 칭송받을 이유다.

자신이 삼매에 들면서 비구들에게 삼매에 대한 이야기를 한다. 비구가 삼매에 들면서 비구들에게도 삼매에 대한 이야기를 하는 것은 칭송받을 이유다.

자신이 통찰지를 가지면서 비구들에게 통찰지에 대한 이야기를 한다. 비구가 통찰지를 가지면서 비구들에게도 통찰지에 대한 이야기를 하는 것은 칭송받을 이유다.

자신이 해탈하고 비구들에게 해탈에 대한 이야기를 한다. 비구가 해탈하고 비구들에게도 해탈에 대한 이야기를 하는 것은 칭송받을 이유다.

자신이 해탈지견을 가지고 비구들에게 해탈지견에 대한 이야기를 한다. 비구가 해탈지견을 가지고 비구들에게도 해탈지견에 대한 이야기를 하는 것은 칭송받을 이유다.

비구들이여, 이러한 열 가지 이야기의 주제가 있다."

제7장 쌍 품이 끝났다.

일곱 번째 품에 포함된 경들의 목록은 다음과 같다.

① 무명 ② 갈애 ③ 완성 ④ 흔들림 없음
두 가지 ⑤~⑥ 행복, 두 가지 ⑦~⑧ 날라까빠나
두 가지 ⑨~⑩ 이야기의 주제이다.

제8장 원함 품
Ākaṅkha-vagga

원함 경(A10:71)
Ākaṅkha-sutta

1. 한때 세존께서는 사왓티에서 제따 숲의 급고독원에 머무셨다. 거기서 세존께서는 "비구들이여."라고 비구들을 부르셨다. "세존이시여."라고 비구들은 세존께 응답했다. 세존께서는 이렇게 말씀하셨다.

2. "비구들이여, 계를 구족하고 빠띠목카(계목)를 구족하여 머물러라. 빠띠목카의 단속으로 단속하면서, 바른 행실과 행동의 영역을 갖추고, 작은 허물에 대해서도 두려움을 보면서 머물러라. 학습계목을 받아지녀 공부지어라.

비구들이여, 만약 비구가 '동료 수행자들의 사랑을 받고, 그들의 마음에 들고, 존중받고, 공경받기를.'하고 원한다면 계를 완전하게 갖추고, 안으로 마음의 사마타에 몰입하고, 禪을 경원시하지 않으며, 위빳사나를 구족하여, 빈 집에 머무는 데 전념해야 한다.

만약 비구가 '의복과 탁발음식과 거처와 병구완을 위한 약품을 얻게 되기를.'하고 원한다면 계를 완전하게 갖추고 … 빈 집에 머무는 데 전념해야 한다.

만약 비구가 '의복과 탁발음식과 거처와 병구완을 위한 약품을 잘 사용하도록 해준 그 시주자들에게 큰 결실과 큰 공덕이 있기를.'하고 원한다면 계를 완전하게 갖추고 … 빈 집에 머무는 데 전념해야 한다.

만약 비구가 '청정한 마음으로 나를 기억해준, 먼저 가신 혈족들과 일가친척들에게 큰 결실과 큰 공덕이 있기를.'하고 원한다면 계를 완전하게 갖추고 … 빈 집에 머무는 데 전념해야 한다.

만약 비구가 '의복이나 탁발음식이나 거처나 병구완을 위한 약품이 좋은 것이든 안 좋은 것이든 그것으로 만족하기를.'하고 원한다면 계를 완전하게 갖추고 … 빈 집에 머무는 데 전념해야 한다.

만약 비구가 '추위와 더위와 배고픔과 목마름과, 날파리 모기 바람 뙤약볕 파충류에 닿음을 감내하고, 고약하고 언짢은 말들을 견디고, 몸에 생겨난 괴롭고 날카롭고 거칠고 찌르고 불쾌하고 마음에 들지 않고 생명을 위협하는 갖가지 느낌들을 감내하기를.'하고 원한다면 계를 완전하게 갖추고 … 빈 집에 머무는 데 전념해야 한다.

만약 비구가 '내가 싫어함과 좋아함179)을 극복하기를, 싫어함과 좋아함이 나를 극복하지 않기를, 싫어함이 일어나는 족족 이를 극복하고 머물기를.'하고 원한다면 계를 완전하게 갖추고 … 빈 집에 머무는 데 전념해야 한다.

만약 비구가 '내가 두려움과 공포를 극복하기를, 두려움과 공포가 나를 극복하지 않기를, 두려움과 공포가 일어나는 족족 이를 극복하고 머물기를.'하고 원한다면 계를 완전하게 갖추고 … 빈 집에 머무는 데 전념해야 한다.

만약 비구가 '그는 바로 지금여기에서 행복하게 머물게 하는, 높은

---

179) "출리의 도닦음(nekkhamma-paṭipatti)을 싫어함(arati)과 감각적 욕망(kāmaguṇa)을 좋아함(rati)을 극복한다는 말이다."(AA.v.51)

마음인 네 가지 선[四種禪]을 원하는 대로 얻고 힘들이지 않고 얻고 어렵지 않게 얻기를.'하고 원한다면 계를 완전하게 갖추고 … 빈 집에 머무는 데 전념해야 한다.

만약 비구가 '나는 모든 번뇌가 다하여 아무 번뇌가 없는 마음의 해탈[心解脫]과 통찰지를 통한 해탈[慧解脫]을 바로 지금여기에서 스스로 최상의 지혜로 실현하고 구족하여 머물기를.'하고 원한다면 계를 완전하게 갖추고, 안으로 마음의 사마타에 몰입하고, 禪을 경원시하지 않으며, 위빳사나를 구족하여, 빈 집에 머무는 데 전념해야 한다.

'비구들이여, 계를 구족하고 빠띠목카(계목)를 구족하여 머물러라. 빠띠목카의 단속으로 단속하면서, 바른 행실과 행동의 영역을 갖추고, 작은 허물에 대해서도 두려움을 보면서 머물러라. 학습계목을 받아지녀 공부지어라.'라고 한 것은 이런 이유로 그렇게 말했다"

가시 경(A10:72)
Kaṇṭaka-sutta

1. 한때 세존께서는 웨살리에서 큰 숲의 중각강당에서 잘 알려진 장로 제자들과 함께 머무셨다. 그들은 짤라 존자, 우빠짤라 존자, 깍까따 존자, 깔림바 존자, 니까따 존자, 까띳사하 존자와 다른 잘 알려진 장로 제자들이었다.

2. 그 무렵에 잘 알려진 여러 명의 릿차위들이 멋진 마차들을 타고 앞을 다투어 시끄럽게 떠들면서 세존을 친견하기 위해 큰 숲으로 들어오고 있었다. 그때 존자들에게 이런 생각이 들었다.

'많은 릿차위들이 멋진 마차들을 타고 앞을 다투어 시끄럽게 떠들면서 세존을 친견하기 위해서 큰 숲으로 들어오는구나. 그러나 세존께서는 소리는 禪의 가시라고 말씀하셨다. 그러니 우리는 고싱가살라 숲으로 가야겠다. 그곳에서 우리는 소음에서 자유롭고 군중들로부터 방해받지 않고 편안하게 머물 수 있을 것이다.'

3. 그러자 존자들은 고싱가살라 숲으로 갔다. 그곳에서 그들은 소음에서 자유롭고 군중들로부터 방해받지 않고 편안하게 머물렀다. 그때 세존께서는 비구들을 불러서 말씀하셨다.

"비구들이여, 짤라는 어디 갔는가? 우빠짤라, 깍까따, 깔림바, 니까따, 까띳사하는 어디 갔는가? 장로 비구들은 어디 갔는가?"

"세존이시여, 장로 비구들은 '많은 릿차위들이 멋진 마차들을 타고 앞을 다투어 시끄럽게 떠들면서 세존을 친견하기 위해서 큰 숲으로 들어오는구나. 그러나 세존께서는 소리는 禪의 가시라고 말씀하셨다. 그러니 우리는 고싱가살라 숲으로 가야겠다. 그곳에서 우리는 소음에서 자유롭고 군중들로부터 방해받지 않고 편안하게 머물 수 있을 것이다.'라고 생각하면서 고싱가살라 숲으로 갔습니다. 그곳에서 그들은 소음에서 자유롭고 군중들로부터 방해받지 않고 편안하게 머물고 있습니다."

4. "장하고 장하구나, 비구들이여. 큰 제자들은 바르게 설명했구나. 비구들이여, 참으로 나는 소리는 禪의 가시라고 말했다. 비구들이여, 열 가지 가시가 있다. 무엇이 열인가?"

5. "한거하기를 좋아하는 자에게 무리지어 살기를 좋아하는 것은 가시다. 부정의 표상[不淨相]에 몰두하여 지내는 자에게는 아름다운 표상에 몰두하는 것은 가시다. 감각기능들의 문을 보호하는 자에게 공연을 관람하는 것은 가시다. 청정범행을 닦는 자에게 여인과 교제하는 것은 가시다. 초선에 든 자에게 소리는 가시다. 제2선에 든 자에게 일으킨 생각과 지속적인 고찰은 가시다. 제3선에 든 자에게 희열은 가시다. 제4선에 든 자에게 들숨과 날숨은 가시다. 상수멸을 증득한 자에게 인식과 느낌은 가시다. 탐욕은 가시이고, 성냄은 가시이고, 어리석음은 가시다.

비구들이여, 가시 없이 머물러라. 가시를 없애고 머물러라. 가시를 없애고 가시 없이 머물러라. 비구들이여, 아라한들은 가시가 없다. 아라한들은 가시를 없앴다. 아라한들은 가시를 없애어서 가시 없는 자들이다."

원하는 것 경(A10:73)
Ittha-sutta

1. "비구들이여, 원하고, 좋아하고, 마음에 들지만, 세상에서 얻기 어려운 열 가지 법이 있다. 무엇이 열인가?"

2. "재물은 원하고, 좋아하고, 마음에 들지만, 세상에서 얻기 어려운 것이다. 미모는 원하고, 좋아하고, 마음에 들지만, 세상에서 얻기 어려운 것이다. 건강은 원하고, 좋아하고, 마음에 들지만, 세상에서 얻기 어려운 것이다. 계행은 원하고, 좋아하고, 마음에 들지만,

세상에서 얻기 어려운 것이다. 청정범행은 원하고, 좋아하고, 마음에 들지만, 세상에서 얻기 어려운 것이다. 친구는 원하고, 좋아하고, 마음에 들지만, 세상에서 얻기 어려운 것이다. 많이 배움은 원하고, 좋아하고, 마음에 들지만, 세상에서 얻기 어려운 것이다. 통찰지는 원하고, 좋아하고, 마음에 들지만, 세상에서 얻기 어려운 것이다. 법은 원하고, 좋아하고, 마음에 들지만, 세상에서 얻기 어려운 것이다. 천상은 원하고, 좋아하고, 마음에 들지만, 세상에서 얻기 어려운 것이다. 비구들이여, 원하고, 좋아하고, 마음에 들지만, 세상에서 얻기 어려운 이러한 열 가지 법이 있다."

3. "비구들이여, 이처럼 원하고, 좋아하고, 마음에 들지만, 세상에서 얻기 어려운 열 가지 법을 가로막는 열 가지 법이 있다."

4. "게으름과 빈둥거림은 재물을 가로막는다. 치장하지 않고 장식하지 않는 것은 미모를 가로막는다. 적절하지 못한 행동은 건강을 가로막는다. 나쁜 친구는 계행을 가로막는다. 감각기능을 단속하지 않는 것은 청정범행을 가로막는다. 말다툼은 친구를 가로막는다. 암송하지 않는 것은 많이 배움을 가로막는다. 듣고자 하지 않고 질문하지 않는 것은 통찰지를 가로막는다. 몰두하지 않고 반조하지 않는 것은 법을 가로막는다. 그릇된 도닦음은 천상을 가로막는다. 비구들이여, 원하고, 좋아하고, 마음에 들지만, 세상에서 얻기 어려운 열 가지 법을 가로막는 이러한 열 가지 법이 있다."

5. "비구들이여, 이처럼 원하고, 좋아하고, 마음에 들지만, 세상에서 얻기 어려운 열 가지 법을 돕는 열 가지 법이 있다."

6. "게으르지 않고 근면함은 재물을 돕는다. 치장하고 장식하는 것은 미모를 돕는다. 적절한 행동은 건강을 돕는다. 좋은 친구는 계행을 돕는다. 감각기능의 단속은 청정범행을 돕는다. 암송은 많이 배움을 돕는다. 듣고자 하고 질문하는 것은 통찰지를 돕는다. 몰두하고 반조하는 것은 [출세간] 법을 돕는다. 바른 도닦음은 천상으로 가는 것을 돕는다. 비구들이여, 원하고, 좋아하고, 마음에 들지만, 세상에서 얻기 어려운 열 가지 법을 돕는 이러한 열 가지 법이 있다."

증장 경(A10:74)
Vaḍḍhi-sutta

1. "비구들이여, 열 가지 방법으로 증장하는 성스러운 제자는 성스럽게 증장하나니, 그에게 가장 중요한 것을 얻고 더 나은 것을 얻는다. 무엇이 열인가?"

2. "농사짓는 땅으로 증장하고, 재물과 곡식으로 증장하고, 아들과 아내로 증장하고, 하인과 일꾼들로 증장하고, 가축들로 증장하고, 믿음으로 증장하고, 계행으로 증장하고, 배움으로 증장하고, 보시로 증장하고, 통찰지로 증장한다. 비구들이여, 이러한 열 가지 방법으로 증장하는 성스러운 제자는 성스럽게 증장하나니, 그에게 가장 중요한 것을 얻고 더 나은 것을 얻는다."180)

3. "여기서 재물과 곡식으로 증장하고

---

180) 뒤의 다섯 가지는 본서 제3권 「증장 경」 1(A5:63)과 같다.

아들과 아내와 가축들로 증장하는 자는
재산을 가졌고 명성을 가져서
친척들과 친구들과 왕들로부터도 존경받노라.
여기서 믿음과 재물로 증장하고
통찰지와 베풂과 배움으로 증장하는 자는
여여한 자요, 참된 사람이요, 슬기로운 자라.
그는 지금여기에서 두 가지로 증장하노라."

미가살라 경(A10:75)
Migasālā-sutta

1. 한때 세존께서는 사왓티에서 제따 숲의 급고독원에서 머무셨다. 그때 아난다 존자는 오전에 옷매무새를 가다듬고 발우와 가사를 수하고 미가살라 청신녀181)의 집으로 갔다. 가서는 마련된 자리에 앉았다. 그러자 미가살라 청신녀는 아난다 존자에게 다가갔다. 가서는 아난다 존자에게 절을 올리고 한 곁에 앉았다. 한 곁에 앉은 미가살라 청신녀는 아난다 존자에게 이렇게 말했다.

2. "아난다 존자시여, 청정범행을 닦은 자와 청정범행을 닦지 않은 자, 둘 모두 다음 생에 꼭 같은 곳에 태어나게 될 것이라고 세존께서 설하신 법을 도대체 어떻게 이해해야 합니까? 존자시여, 저의 아버지 뿌라나182)는 청정범행을 닦아서 성행위의 저속함을 여의고

---

181) 주석서에는 미가살라(Migasālā) 청신녀에 대한 별다른 설명이 없다. 본경에 의하면 그는 뿌라나의 딸이다. 본경과 비슷한 설정을 가진 경이 본서 제4권「미가살라 경」(A6:44)으로 나타난다.

따로 떨어져 청정범행을 닦으면서 사셨습니다. 그가 임종하자 세존께서는 일래자가 되어 도솔천의 몸을 받았다고 설명하셨습니다. 존자시여, 반면에 저의 숙부 이시닷따는 청정범행을 닦지 않고 숙모와 함께 행복하게 사셨습니다. 그가 임종하자 세존께서는 그도 일래자가 되어서 도솔천의 몸을 받았다고 설명하셨습니다. 아난다 존자시여, 청정범행을 닦은 자와 청정범행을 닦지 않은 자, 둘 모두 다음 생에 꼭 같은 곳에 태어나게 될 것이라고 세존께서 설하신 법을 도대체 어떻게 이해해야 합니까?"

"누이여, 세존께서 그렇게 설명하셨군요."

3. 아난다 존자는 미가살라 청신녀의 집에서 탁발음식을 받아서 자리에서 일어나 나왔다. 그때 아난다 존자는 탁발하여 공양을 마치고 탁발에서 돌아와 세존께 다가갔다. 가서는 세존께 절을 올린 뒤 한 곁에 앉았다. 한 곁에 앉은 아난다 존자는 세존께 이렇게 말씀드렸다.

"세존이시여, 저는 아침에 옷매무새를 가다듬고 발우와 가사를 수하고 미가살라 청신녀의 집으로 갔습니다. 가서는 마련된 자리에 앉았습니다. 그러자 미가살라 청신녀가 제게 다가와서 제게 절을 올리고 한 곁에 앉았습니다. 한 곁에 앉은 미가살라 청신녀는 제게 이렇게 말했습니다.

---

182) 『맛지마 니까야』 「법탑 경」(M89)에 의하면 뿌라나(Purāṇa)와 그와 형제인 이시닷따(Isidatta)는 꼬살라의 빠세나디 왕의 시종(thapati)이었다. 왕은 부처님께 그들의 세존에 대한 지극한 신심을 칭찬하고 있다. 그리고 이 두 사람은 『상윳따 니까야』 「시종 경」(S55:6)에서는 세존의 설법을 듣는 청법자로 등장한다.

"아난다 존자시여, 청정범행을 닦은 자와 청정범행을 닦지 않은 자, 둘 모두 다음 생에 꼭 같은 곳에 태어나게 될 것이라고 세존께서 설하신 법을 도대체 어떻게 이해해야 합니까? 존자시여, 저의 아버지 뿌라나는 청정범행을 닦아서 성행위의 저속함을 여의고 따로 떨어져 청정범행을 닦으면서 사셨습니다. 그가 임종하자 세존께서는 일래자가 되어 도솔천의 몸을 받았다고 설명하셨습니다. 존자시여, 반면에 저의 숙부 이시닷따는 청정범행을 닦지 않고 숙모와 함께 행복하게 사셨습니다. 그가 임종하자 세존께서는 그도 일래자가 되어 도솔천의 몸을 받았다고 설명하셨습니다. 아난다 존자시여, 청정범행을 닦은 자와 청정범행을 닦지 않은 자, 둘 모두 다음 생에 꼭 같은 곳에 태어나게 될 것이라고 세존께서 설하신 법을 도대체 어떻게 이해해야 합니까?"

이렇게 말하자 저는 미가살라 청신녀에게 "누이여, 세존께서 그렇게 설명하셨군요."라고 대답했습니다."

"아난다여, 어리석고 배우지 못했고 여자의 몸을 가져 여자의 인식을 가진 미가살라 청신녀가 어떻게 남자의 기능에 속한 지혜를 안단 말인가? 아난다여, 세상에는 열 부류의 사람이 있다. 무엇이 열인가?"

4. "아난다여, 여기 어떤 사람은 계행도 나쁘고 마음의 해탈[心解脫]과 통찰지를 통한 해탈[慧解脫]을 있는 그대로 꿰뚫어 알지도 못한다. 그는 거기서 나쁜 계행을 남김없이 소멸한다. 그러나 그는 [들어야 할 법도] 듣지 않고, 정진을 가하여 [해야 할 바도] 하지 않고, 견해로 [꿰뚫어야 할 것도] 꿰뚫지 못하고, 일시적인 해탈도 얻지 못한다. 그는 몸이 무너져 죽은 뒤 쇠퇴로 향하게 되고 특별함으로 향

하지 않는다. 그는 오직 쇠퇴로 갈 뿐 특별함으로 가는 자가 아니다."

5. "아난다여, 여기 어떤 사람은 계행은 나쁘지만 마음의 해탈 [心解脫]과 통찰지를 통한 해탈[慧解脫]을 있는 그대로 꿰뚫어 안다. 그는 거기서 나쁜 계행을 남김없이 소멸한다. 그리고 그는 [들어야 할 법도] 듣고, 정진을 가하여 [해야 할 바도] 하고, 견해로 [꿰뚫어야 할 것도] 꿰뚫고, 일시적인 해탈도 얻는다. 그는 몸이 무너져 죽은 뒤 특별함으로 향하게 되고 쇠퇴로 향하지 않는다. 그는 오직 특별함으로 갈 뿐 쇠퇴로 가는 자가 아니다.

아난다여, 여기서 [사람을] 평가하는 자들이 말하기를 '이 사람도 이러한 법들을 가졌고, 저 사람도 이러한 법들을 가졌다. 그런데 왜 그들 가운데 한 사람은 저열하고 한 사람은 수승하단 말인가?'라고 한다면, 그들에게 오랜 세월 손해가 되고 괴로움이 된다.

아난다여, 여기 이 사람은 계행은 나쁘지만 마음의 해탈[心解脫]과 통찰지를 통한 해탈[慧解脫]을 있는 그대로 꿰뚫어 알고, 거기서 나쁜 계행을 남김없이 소멸한다. 그리고 그는 [들어야 할 법도] 듣고, 정진을 가하여 [해야 할 바도] 하고, 견해로 [꿰뚫어야 할 것도] 꿰뚫고, 일시적인 해탈도 얻는다. 아난다여, 이 사람은 앞의 사람보다 더 뛰어나고 더 수승하다. 그것은 무슨 이유 때문인가? 이 사람은 법의 흐름에 들었기 때문이다.

그런데 이 둘의 차이를 여래 말고 누가 알겠는가? 아난다여, 그러므로 그대들은 인간을 평가하는 자가 되지 말라. 인간에 대한 평가를 하지 말라. 인간에 대한 평가를 하는 자는 파멸한다. 아난다여, 나나 나와 같은 사람이 인간에 대한 평가를 하는 것이다."

6. "아난다여, 여기 어떤 사람은 계는 잘 지키지만 마음의 해탈[心解脫]과 통찰지를 통한 해탈[慧解脫]을 있는 그대로 꿰뚫어 알지 못한다. 그는 거기서 나쁜 계행을 남김없이 소멸한다. 그러나 그는 [들어야 할 법도] 듣지 않고, 정진을 가하여 [해야 할 바도] 하지 않고, 견해로 [꿰뚫어야 할 것도] 꿰뚫지 못하고, 일시적인 해탈도 얻지 못한다. 그는 몸이 무너져 죽은 뒤 쇠퇴로 향하게 되고 특별함으로 향하지 않는다. 그는 오직 쇠퇴로 갈 뿐 특별함으로 가는 자가 아니다."

7. "아난다여, 여기 어떤 사람은 계도 잘 지키고 마음의 해탈 [心解脫]과 통찰지를 통한 해탈[慧解脫]을 있는 그대로 꿰뚫어 안다. 그는 거기서 나쁜 계행을 남김없이 소멸한다. 그리고 그는 [들어야 할 법도] 듣고, 정진을 가하여 [해야 할 바도] 하고, 견해로 [꿰뚫어야 할 것도] 꿰뚫고, 일시적인 해탈도 얻는다. 그는 몸이 무너져 죽은 뒤 특별함으로 향하게 되고 쇠퇴로 향하지 않는다. 그는 오직 특별함으로 갈 뿐 쇠퇴로 가는 자가 아니다.

아난다여, 여기서 [사람을] 평가하는 자들이 말하기를 … 아난다여, 나나 나와 같은 사람이 인간에 대한 평가를 하는 것이다."

8. "아난다여, 여기 어떤 사람은 강한 애정을 가졌고 마음의 해탈[心解脫]과 통찰지를 통한 해탈[慧解脫]을 있는 그대로 꿰뚫어 알지 못한다. 그는 거기서 애정을 남김없이 소멸한다. 그러나 그는 [들어야 할 법도] 듣지 않고, 정진을 가하여 [해야 할 바도] 하지 않고, 견해로 [꿰뚫어야 할 것도] 꿰뚫지 못하고, 일시적인 해탈도 얻지 못

한다. 그는 몸이 무너져 죽은 뒤 쇠퇴로 향하게 되고 특별함으로 향하지 않는다. 그는 오직 쇠퇴로 갈 뿐 특별함으로 가는 자가 아니다."

9. "아난다여, 여기 어떤 사람은 강한 애정을 가졌지만 마음의 해탈[心解脫]과 통찰지를 통한 해탈[慧解脫]을 있는 그대로 꿰뚫어 안다. 그는 거기서 애정을 남김없이 소멸한다. 그리고 그는 [들어야 할 법도] 듣고, 정진을 가하여 [해야 할 바도] 하고, 견해로 [꿰뚫어야 할 것도] 꿰뚫고, 일시적인 해탈도 얻는다. 그는 몸이 무너져 죽은 뒤 특별함으로 향하게 되고 쇠퇴로 향하지 않는다. 그는 오직 특별함으로 갈 뿐 쇠퇴로 가는 자가 아니다.

아난다여, 여기서 [사람을] 평가하는 자들이 말하기를 … 아난다여, 나나 나와 같은 사람이 인간에 대한 평가를 하는 것이다."

10. "아난다여, 여기 어떤 사람은 화를 잘 내고 마음의 해탈[心解脫]과 통찰지를 통한 해탈[慧解脫]을 있는 그대로 꿰뚫어 알지 못한다. 그는 거기서 화를 남김없이 소멸한다. 그러나 그는 [들어야 할 법도] 듣지 않고, 정진을 가하여 [해야 할 바도] 하지 않고, 견해로 [꿰뚫어야 할 것도] 꿰뚫지 못하고, 일시적인 해탈도 얻지 못한다. 그는 몸이 무너져 죽은 뒤 쇠퇴로 향하게 되고 특별함으로 향하지 않는다. 그는 오직 쇠퇴로 갈 뿐 특별함으로 가는 자가 아니다."

11. "아난다여, 여기 어떤 사람은 화를 잘 내지만 마음의 해탈 [心解脫]과 통찰지를 통한 해탈[慧解脫]을 있는 그대로 꿰뚫어 안다. 그는 거기서 화를 남김없이 소멸한다. 그리고 그는 [들어야 할 법도] 듣고, 정진을 가하여 [해야 할 바도] 하고, 견해로 [꿰뚫어야 할 것도]

꿰뚫고, 일시적인 해탈도 얻는다. 그는 몸이 무너져 죽은 뒤 특별함으로 향하게 되고 쇠퇴로 향하지 않는다. 그는 오직 특별함으로 갈 뿐 쇠퇴로 가는 자가 아니다.

아난다여, 여기서 판별하는 자들이 … 아난다여, 나나 나와 같은 사람이 인간에 대한 판별을 하는 것이다."

12. "아난다여, 여기 어떤 사람은 경솔하고 마음의 해탈[心解脫]과 통찰지를 통한 해탈[慧解脫]을 있는 그대로 꿰뚫어 알지 못한다. 그는 거기서 경솔함을 남김없이 소멸한다. 그러나 그는 [들어야 할 법도] 듣지 않고, 정진을 가하여 [해야 할 바도] 하지 않고, 견해로 [꿰뚫어야 할 것도] 꿰뚫지 못하고, 일시적인 해탈도 얻지 못한다. 그는 몸이 무너져 죽은 뒤 쇠퇴로 향하게 되고 특별함으로 향하지 않는다. 그는 오직 쇠퇴로 갈 뿐 특별함으로 가는 자가 아니다."

13. "아난다여, 여기 어떤 사람은 경솔하지 않고 마음의 해탈[心解脫]과 통찰지를 통한 해탈[慧解脫]을 있는 그대로 꿰뚫어 안다. 그는 거기서 경솔함을 남김없이 소멸한다. 그리고 그는 [들어야 할 법도] 듣고, 정진을 가하여 [해야 할 바도] 하고, 견해로 [꿰뚫어야 할 것도] 꿰뚫고, 일시적인 해탈도 얻는다. 그는 몸이 무너져 죽은 뒤 특별함으로 향하게 되고 쇠퇴로 향하지 않는다. 그는 오직 특별함으로 갈 뿐 쇠퇴로 가는 자가 아니다.

아난다여, 여기서 [사람을] 평가하는 자들이 말하기를 '이 사람도 이러한 법들을 가졌고, 저 사람도 이러한 법들을 가졌다. 그런데 왜 그들 가운데 한 사람은 저열하고 한 사람은 수승하단 말인가?'라고 한다면, 그들에게 오랜 세월 손해가 되고 괴로움이 된다.

아난다여, 여기 이 사람은 경솔하지 않고 마음의 해탈[心解脫]과 통찰지를 통한 해탈[慧解脫]을 있는 그대로 꿰뚫어 안다. 그는 거기서 경솔함을 남김없이 소멸한다. 그리고 그는 [들어야 할 법도] 듣고, 정진을 가하여 [해야 할 바도] 하고, 견해로 [꿰뚫어야 할 것도] 꿰뚫고, 일시적인 해탈도 얻는다. 아난다여, 이 사람은 앞의 사람보다 더 뛰어나고 더 수승하다. 그것은 무슨 이유 때문인가? 이 사람은 법의 흐름에 들었기 때문이다.

그런데 이 둘의 차이를 여래 말고 누가 알겠는가? 아난다여, 그러므로 그대들은 인간을 평가하는 자가 되지 말라. 인간에 대한 평가를 하지 말라. 인간에 대한 평가를 하는 자는 파멸한다. 아난다여, 나나 나와 같은 사람이 인간에 대한 평가를 하는 것이다."

"아난다여, 어리석고 배우지 못했고 여자의 몸을 가져 여자의 인식을 가진 미가살라 청신녀가 어떻게 남자의 기능에 속한 지혜를 안단 말인가? 아난다여, 세상에는 이러한 열 부류의 사람이 있다.

아난다여, 뿌라나가 계를 구족했던 것처럼 이시닷따가 구족하였다면 뿌라나는 이시닷따의 태어날 곳이 아닌 다른 이의 태어날 곳과 같았을 것이다. 아난다여, 이시닷따가 통찰지를 구족했던 것처럼 뿌라나가 구족하였다면 이시닷따는 뿌라나의 태어날 곳이 아닌 다른 이의 태어날 곳과 같았을 것이다. 아난다여, 이처럼 이 두 사람은 각각 하나의 [덕의] 구성요소가 결핍되어 있었다."

할 수 없음 경(A10:76)[183]
Abhabba-sutta

1. "비구들이여, 세 가지 법이 세상에 존재하지 않다면 여래·아라한·정등각은 세상에 출현하지 않을 것이고 여래가 설한 법과 율도 세상에 드러나지 않을 것이다. 무엇이 셋인가?"

2. "태어남과 늙음과 죽음이다. 비구들이여, 이러한 세 가지 법이 세상에 존재하지 않다면 여래·아라한·정등각은 세상에 출현하지 않을 것이고 여래가 설한 법과 율도 세상에 드러나지 않을 것이다. 그러나 세상에는 이러한 세 가지 법이 존재하기 때문에 여래·아라한·정등각이 세상에 출현하고 여래가 설한 법과 율도 세상에 드러나는 것이다."

3. "비구들이여, 세 가지 법을 제거하지 못하면 태어남도 제거할 수 없고, 늙음도 제거할 수 없고, 죽음도 제거할 수 없다. 무엇이 셋인가?"

4. "비구들이여, 탐욕을 제거하지 못하고, 성냄을 제거하지 못하고, 어리석음을 제거하지 못하는 것이다. 비구들이여, 이 세 가지 법을 제거하지 못하면 태어남도 제거할 수 없고, 늙음도 제거할 수 없고, 죽음도 제거할 수 없다."

5. "비구들이여, 세 가지 법을 제거하지 못하면 탐욕도 제거할

---

183) 6차결집본의 경제목은 '세 가지 법'(Tayodhamma-sutta)이다.

수 없고, 성냄도 제거할 수 없고, 어리석음도 제거할 수 없다. 무엇이 셋인가?"

6. "비구들이여, [불변하는] 자신이 존재한다는 견해[有身見]를 제거하지 못하고, 의심을 제거하지 못하고, 계율과 의례의식에 대한 집착[戒禁取]을 제거하지 못하는 것이다. 비구들이여, 이 세 가지 법을 제거하지 못하면 탐욕도 제거할 수 없고, 성냄도 제거할 수 없고, 어리석음도 제거할 수 없다."

7. "비구들이여, 세 가지 법을 제거하지 못하면 [불변하는] 자신이 존재한다는 견해[有身見]도 제거할 수 없고, 의심도 제거할 수 없고, 계율과 의례의식에 대한 집착[戒禁取]도 제거할 수 없다. 무엇이 셋인가?"

8. "비구들이여, 지혜 없이 마음에 잡도리함[非如理作意]을 제거하지 못하고, 나쁜 도를 받들어 행하는 것을 제거하지 못하고, 정신적 태만을 제거하지 못하는 것이다. 비구들이여, 이 세 가지 법을 제거하지 못하면 [불변하는] 자신이 존재한다는 견해[有身見]도 제거할 수 없고, 의심도 제거할 수 없고, 계율과 의례의식에 대한 집착[戒禁取]도 제거할 수 없다."

9. "비구들이여, 세 가지 법을 제거하지 못하면 지혜 없이 마음에 잡도리함도 제거할 수 없고, 나쁜 도를 받들어 행하는 것도 제거할 수 없고, 정신적 태만도 제거할 수 없다. 무엇이 셋인가?"

10. "비구들이여, 마음챙김을 놓아버림을 제거하지 못하고, 알아차리지 못함을 제거하지 못하고, 마음의 산란함을 제거하지 못하는 것이다. 비구들이여, 이 세 가지 법을 제거하지 못하면 지혜 없이 마음에 잡도리함도 제거할 수 없고, 나쁜 도를 받들어 행하는 것도 제거할 수 없고, 정신적 태만도 제거할 수 없다."

11. "비구들이여, 세 가지 법을 제거하지 못하면 마음챙김을 놓아버림도 제거할 수 없고, 알아차리지 못함도 제거할 수 없고, 마음의 산란함도 제거할 수 없다. 무엇이 셋인가?"

12. "비구들이여, 성자들을 친견하려 하지 않음을 제거하지 못하고, 성스러운 법을 듣고자 하지 않음을 제거하지 못하고, 비난하는 마음을 제거하지 못하는 것이다. 비구들이여, 이 세 가지 법을 제거하지 못하면 마음챙김을 놓아버림도 제거할 수 없고, 알아차리지 못함도 제거할 수 없고, 마음의 산란함도 제거할 수 없다."

13. "비구들이여, 세 가지 법을 제거하지 못하면 성자들을 친견하려 하지 않음도 제거할 수 없고, 성스러운 법을 듣고자 하지 않음도 제거할 수 없고, 비난하는 마음도 제거할 수 없다. 무엇이 셋인가?"

14. "비구들이여, 들뜸을 제거하지 못하고, 단속하지 않음을 제거하지 못하고, 계행이 나쁨을 제거하지 못하는 것이다. 비구들이여, 이 세 가지 법을 제거하지 못하면 성자들을 친견하려 하지 않음도 제거할 수 없고, 성스러운 법을 듣고자 하지 않음도 제거할 수 없고, 비

난하는 마음도 제거할 수 없다."

15. "비구들이여, 세 가지 법을 제거하지 못하면 들뜸도 제거할 수 없고, 단속하지 않음도 제거할 수 없고, 계행이 나쁨도 제거할 수 없다. 무엇이 셋인가?"

16. "비구들이여, 믿음 없음을 제거하지 못하고, 인색함을 제거하지 못하고, 게으름을 제거하지 못하는 것이다. 비구들이여, 이 세 가지 법을 제거하지 못하면 들뜸도 제거할 수 없고, 단속하지 않음도 제거할 수 없고, 계행이 나쁨도 제거할 수 없다."

17. "비구들이여, 세 가지 법을 제거하지 못하면 믿음 없음도 제거할 수 없고, 인색함도 제거할 수 없고, 게으름도 제거할 수 없다. 무엇이 셋인가?"

18. "비구들이여, 경시함을 제거하지 못하고, 훈계를 받아들이지 않음을 제거하지 못하고, 나쁜 친구와 어울림을 제거하지 못하는 것이다. 비구들이여, 이 세 가지 법을 제거하지 못하면 믿음 없음도 제거할 수 없고, 인색함도 제거할 수 없고, 게으름도 제거할 수 없다."

19. "비구들이여, 세 가지 법을 제거하지 못하면 경시함도 제거할 수 없고, 훈계를 받아들이지 않음도 제거할 수 없고, 나쁜 친구와 어울림도 제거할 수 없다. 무엇이 셋인가?"

20. "비구들이여, 양심 없음을 제거하지 못하고, 수치심 없음을 제거하지 못하고, 방일을 제거하지 못하는 것이다. 비구들이여, 이 세 가지 법을 제거하지 못하면 경시함도 제거할 수 없고, 훈계를 받아들이지 않음도 제거할 수 없고, 나쁜 친구와 어울림도 제거할 수 없다."

21. "비구들이여, 이 사람은 양심 없고 수치심 없고 방일하다. 그가 방일하기 때문에 경시함도 제거할 수 없고, 훈계를 받아들이지 않음도 제거할 수 없고, 나쁜 친구와 어울림도 제거할 수 없다.

나쁜 친구와 어울리면 믿음 없음도 제거할 수 없고, 인색함도 제거할 수 없고, 게으름도 제거할 수 없다.

게으르면 들뜸도 제거할 수 없고, 단속하지 않음도 제거할 수 없고, 계행이 나쁨도 제거할 수 없다.

계행이 나쁘면 성자들을 친견하려 하지 않음도 제거할 수 없고, 성스러운 법을 듣고자 하지 않음도 제거할 수 없고, 비난하는 마음도 제거할 수 없다.

비난하는 마음을 가지면 마음챙김을 놓아버림도 제거할 수 없고, 알아차리지 못함도 제거할 수 없고, 마음의 산란함도 제거할 수 없다.

마음이 산란하면 지혜 없이 마음에 잡도리함[非如理作意]도 제거할 수 없고, 나쁜 도를 받들어 행하는 것도 제거할 수 없고, 정신적 태만도 제거할 수 없다.

정신이 태만하면 [불변하는] 자신이 존재한다는 견해[有身見]도 제거할 수 없고, 의심도 제거할 수 없고, 계율과 의례의식에 대한 집착

[戒禁取]도 제거할 수 없다.

의심하면 탐욕도 제거할 수 없고, 성냄도 제거할 수 없고, 어리석음도 제거할 수 없다.

탐욕을 제거하지 못하고, 성냄을 제거하지 못하고, 어리석음을 제거하지 못하면 태어남도 제거할 수 없고, 늙음도 제거할 수 없고, 죽음도 제거할 수 없다."

22. "비구들이여, 세 가지 법을 제거하면 태어남도 제거할 수 있고, 늙음도 제거할 수 있고, 죽음도 제거할 수 있다. 무엇이 셋인가?"

23. "탐욕을 제거하고, 성냄을 제거하고, 어리석음을 제거하는 것이다. 비구들이여, 이러한 세 가지 법을 제거하면 태어남도 제거할 수 있고, 늙음도 제거할 수 있고, 죽음도 제거할 수 있다."

24. "비구들이여, 세 가지 법을 제거하면 탐욕도 제거할 수 있고, 성냄도 제거할 수 있고, 어리석음도 제거할 수 있다. 무엇이 셋인가?"

25. "[불변하는] 자신이 존재한다는 견해[有身見]를 제거하고, 의심을 제거하고, 계율과 의례의식에 대한 집착[戒禁取]을 제거하는 것이다. 비구들이여, 이러한 세 가지 법을 제거하면 탐욕도 제거할 수 있고, 성냄도 제거할 수 있고, 어리석음도 제거할 수 있다."

26. "비구들이여, 세 가지 법을 제거하면 [불변하는] 자신이 존재한다는 견해[有身見]도 제거할 수 있고, 의심도 제거할 수 있고, 계

율과 의례의식에 대한 집착[戒禁取]도 제거할 수 있다. 무엇이 셋인가?"

27. "지혜 없이 마음에 잡도리함[非如理作意]을 제거하고, 나쁜 도를 받들어 행하는 것을 제거하고, 정신적 태만을 제거하는 것이다. 비구들이여, 이러한 세 가지 법을 제거하면 [불변하는] 자신이 존재한다는 견해[有身見]도 제거할 수 있고, 의심도 제거할 수 있고, 계율과 의례의식에 대한 집착[戒禁取]도 제거할 수 있다."

28. "비구들이여, 세 가지 법을 제거하면 지혜 없이 마음에 잡도리함[非如理作意]도 제거할 수 있고, 나쁜 도를 받들어 행하는 것도 제거할 수 있고, 정신적 태만도 제거할 수 있다. 무엇이 셋인가?"

29. "마음챙김을 놓아버림을 제거하고, 알아차리지 못함을 제거하고, 마음의 산란함을 제거하는 것이다. 비구들이여, 이러한 세 가지 법을 제거하면 지혜 없이 마음에 잡도리함[非如理作意]도 제거할 수 있고, 나쁜 도를 받들어 행하는 것도 제거할 수 있고, 정신적 태만도 제거할 수 있다."

30. "비구들이여, 세 가지 법을 제거하면 마음챙김을 놓아버림도 제거할 수 있고, 알아차리지 못함도 제거할 수 있고, 마음의 산란함도 제거할 수 있다. 무엇이 셋인가?"

31. "성자들을 친견하려 하지 않음을 제거하고, 성스러운 법을 듣고자 하지 않음을 제거하고, 비난하는 마음을 제거하는 것이다. 비구들이여, 이러한 세 가지 법을 제거하면 마음챙김을 놓아버림도 제

거할 수 있고, 알아차리지 못함도 제거할 수 있고, 마음의 산란함도 제거할 수 있다."

32. "비구들이여, 세 가지 법을 제거하면 성자들을 친견하려 하지 않음을 제거할 수 있고, 성스러운 법을 듣고자 하지 않음을 제거할 수 있고, 비난하는 마음을 제거할 수 있다. 무엇이 셋인가?"

33. "들뜸을 제거하고, 단속하지 않음을 제거하고, 계행이 나쁨을 제거하는 것이다. 비구들이여, 이러한 세 가지 법을 제거하면 성자들을 친견하려 하지 않음을 제거할 수 있고, 성스러운 법을 듣고자 하지 않음을 제거할 수 있고, 비난하는 마음을 제거할 수 있다."

34. "비구들이여, 세 가지 법을 제거하면 들뜸을 제거할 수 있고, 단속하지 않음을 제거할 수 있고, 계행이 나쁨을 제거할 수 있다. 무엇이 셋인가?"

35. "믿음 없음을 제거하고, 인색함을 제거하고, 게으름을 제거하는 것이다. 비구들이여, 이러한 세 가지 법을 제거하면 들뜸을 제거할 수 있고, 단속하지 않음을 제거할 수 있고, 계행이 나쁨을 제거할 수 있다."

36. "비구들이여, 세 가지 법을 제거하면 믿음 없음을 제거할 수 있고, 인색함을 제거할 수 있고, 게으름을 제거할 수 있다. 무엇이 셋인가?"

37. "경시함을 제거하고, 훈계를 받아들이지 않음을 제거하고, 나쁜 친구와 어울림을 제거하는 것이다. 비구들이여, 이러한 세 가지 법을 제거하면 믿음 없음을 제거할 수 있고, 인색함을 제거할 수 있고, 게으름을 제거할 수 있다."

38. "비구들이여, 세 가지 법을 제거하면 경시함을 제거할 수 있고, 훈계를 받아들이지 않음을 제거할 수 있고, 나쁜 친구와 어울림을 제거할 수 있다. 무엇이 셋인가?"

39. "양심 없음을 제거하고, 수치심 없음을 제거하고, 방일을 제거하는 것이다. 비구들이여, 이러한 세 가지 법을 제거하면 경시함을 제거할 수 있고, 훈계를 받아들이지 않음을 제거할 수 있고, 나쁜 친구와 어울림을 제거할 수 있다."

40. "비구들이여, 이 사람은 양심이 있고, 수치심이 있고, 방일하지 않다. 그가 방일하지 않기 때문에 경시함도 제거할 수 있고, 훈계를 받아들이지 않음도 제거할 수 있고, 나쁜 친구와 어울림도 제거할 수 있다.

좋은 친구와 어울리면 믿음 없음도 제거할 수 있고, 인색함도 제거할 수 있고, 게으름도 제거할 수 있다.

게으르지 않으면 들뜸도 제거할 수 있고, 단속하지 않음도 제거할 수 있고, 계행이 나쁨도 제거할 수 있다.

계를 잘 지키면 성자들을 친견하려 하지 않음도 제거할 수 있고, 성스러운 법을 듣고자 하지 않음도 제거할 수 있고, 비난하는 마음도 제거할 수 있다.

비난하지 않는 마음을 가지면 마음챙김을 놓아버림도 제거할 수 있고, 알아차리지 못함도 제거할 수 있고, 마음의 산란함도 제거할 수 있다.

마음이 산란하지 않으면 지혜 없이 마음에 잡도리함[非如理作意]도 제거할 수 있고, 나쁜 도를 받들어 행하는 것도 제거할 수 있고, 정신적 태만도 제거할 수 있다.

정신이 태만하지 않으면 [불변하는] 자신이 존재한다는 견해[有身見]도 제거할 수 있고, 의심도 제거할 수 있고, 계율과 의례의식에 대한 집착[戒禁取]도 제거할 수 있다.

의심이 없으면 탐욕도 제거할 수 있고, 성냄도 제거할 수 있고, 어리석음도 제거할 수 있다.

탐욕을 제거하고, 성냄을 제거하고, 어리석음을 제거하면 태어남도 제거할 수 있고, 늙음도 제거할 수 있고, 죽음도 제거할 수 있다."

까마귀 경(A10:77)
Kāka-sutta

1. "비구들이여, 까마귀는 열 가지 나쁜 속성을 가지고 있다. 무엇이 열인가?"

2. "공격적이고, 뻔뻔하고, 갈애를 가지고, 게걸스럽고, 사납고, 연민의 정이 없고, 힘이 없고, 속물이고, 마음챙김을 놓아버리고, 쌓아둔다. 비구들이여, 까마귀는 이러한 열 가지 나쁜 속성을 가지고

있다."

3. "비구들이여, 그와 같이 나쁜 비구는 열 가지 나쁜 속성을 가지고 있다. 무엇이 열인가?"

4. "공격적이고, 뻔뻔하고, 갈애를 가지고, 게걸스럽고, 사납고, 연민의 정이 없고, 힘이 없고, 속물이고, 마음챙김을 놓아버리고, 쌓아둔다. 비구들이여, 나쁜 비구는 이러한 열 가지 나쁜 속성을 가지고 있다."

니간타 경(A10:78)
Nigaṇṭha-sutta

1. "비구들이여, 니간타들184)은 열 가지 나쁜 속성을 가지고 있다. 무엇이 열인가?"

2. "비구들이여, 니간타들은 믿음이 없다. 니간타들은 계행이 나쁘다. 니간타들은 양심이 없다. 니간타들은 수치심이 없다. 니간타들은 참된 사람과 사귀지 않는다. 니간타들은 자신을 칭찬하고 남을 비난한다. 니간타들은 자기들의 견해를 고수(固守)하고 그것을 굳게 움켜쥐고 놓아버리지 않는다. 니간타들은 계략을 꾸민다. 니간타들은 그릇된 원을 가졌다. 니간타들은 삿된 견해를 가졌다. 비구들이여, 니간타들은 이러한 열 가지 나쁜 속성을 가지고 있다."

---

184) 니간타(Nigaṇṭha)들은 자이나교 수행자들을 말한다. 좀 더 자세한 것은 본서 제1권 「니간타 경」 (A3:74) §1의 주해들을 참조할 것.

원한 경1(A10:79)[185]
Āghāta-sutta

1. "비구들이여, 열 가지 원한의 원인이 있다. 무엇이 열인가?"

2. "'이 [사람이] 내게 손해를 끼쳤다.'라는 생각에 원한이 생긴다. '이 [사람이] 내게 손해를 끼친다.'라는 생각에 원한이 생긴다. '이 [사람이] 내게 손해를 끼칠 것이다.'라는 생각에 원한이 생긴다. '이 [사람이] 내가 좋아하고 마음에 드는 사람에게 손해를 끼쳤다. … 끼친다. … 끼칠 것이다.'라는 생각에 원한이 생긴다. '이 [사람이] 내가 좋아하지 않고 마음에 들지 않는 사람에게 이익을 주었다. … 준다. … 줄 것이다.'라는 생각에 원한이 생긴다. 그리고 이유 없이 화를 낸다. 비구들이여, 이러한 열 가지 원한의 원인이 있다."

원한 경2(A10:80)

1. "비구들이여, 열 가지 원한을 다스림이 있다. 무엇이 열인가?"

2. "'이 [사람이] 내게 손해를 끼쳤다. 그러나 그것이 어디에 존재한단 말인가?'라고 원한을 다스린다. '이 [사람이] 내게 손해를 끼친다. 그러나 그것이 어디에 존재한단 말인가?'라고 원한을 다스

---

185) PTS본의 경의 목록에는 본경과 다음 경의 제목이 '원인'(vatthu)으로 나타난다. 그러나 비슷한 경들이 본서 제5권에 「원한 경」 1/2(Āghāta-sutta, A9:29~30)로 나타나고 있어서, '원한'을 경의 제목으로 정했다. 6차결집본에는 각각 '원한의 원인'(Āghātavatthu-sutta)과 '원한을 다스림'(Āghātapaṭivinaya-sutta)으로 나타난다.

린다. '이 [사람이] 내게 손해를 끼칠 것이다. 그러나 그것이 어디에 존재한단 말인가?'라고 원한을 다스린다. '이 [사람이] 내가 좋아하고 마음에 드는 사람에게 손해를 끼쳤다. … 손해를 끼친다. … 손해를 끼칠 것이다. 그러나 그것이 어디에 존재한단 말인가?'라고 원한을 다스린다. '이 [사람이] 내가 좋아하지 않고 마음에 들지 않는 사람에게 이익을 주었다. … 이익을 준다. … 이익을 줄 것이다. 그러나 그것이 어디에 존재한단 말인가?'라고 원한을 다스린다. 그리고 이유 없이 화를 내지 않는다. 비구들이여, 이러한 열 가지 원한을 다스림이 있다."

제8장 원함 품이 끝났다.

여덟 번째 품에 포함된 경들의 목록은 다음과 같다.

① 원함 ② 가시 ③ 원하는 것 ④ 증장
⑤ 미가살라 ⑥ 할 수 없음 ⑦ 까마귀
⑧ 니간타, 두 가지 ⑨~⑩ 원한이다.

제9장 장로 품
Thera-vagga

바후나 경(A10:81)[186]
Bāhuna-sutta

1. 한때 세존께서는 짬빠에서 각가라 호수의 언덕에 머무셨다.[187] 그때 바후나 존자[188]가 세존께 다가갔다. 가서는 세존께 절을 올리고 한 곁에 앉았다. 한 곁에 앉아서 바후나 존자는 세존께 이렇게 말씀드렸다.

"세존이시여, 여래는 몇 가지 법들로부터 벗어나고 풀려나고 해탈하여 한계가 없는[189] 마음으로 머뭅니까?"

2. "바후나여, 여래는 열 가지 법들로부터 벗어나고 풀려나고 해탈하여 한계가 없는 마음으로 머문다. 무엇이 열인가?"

3. "바후나여, 여래는 물질로부터 벗어나고 풀려나고 해탈하여 한계가 없는 마음으로 머문다. 바후나여, 여래는 느낌으로부터 …

---

186) 6차결집본의 경제목은 '와하나'(Vāhana-sutta)이다.
187) 짬빠(Campā)와 각가라 호수(Gaggarā pokkharaṇī)에 대해서는 본서 제4권 「보시 경」(A7:49) §1의 주해들을 참조할 것.
188) 바후나 존자(āyasmā Bāhuna)는 본경에만 등장하는데 주석서에는 자세한 설명이 없다.
189) "'한계가 없다(vimariyādī-kata)'는 것은 오염원들의 한계(kilesa-mariyāda)를 부수어 한계가 없게 되었다는 말이다."(AA.v.55)

인식으로부터 … 심리현상들로부터 … 알음알이로부터 … 태어남으로부터 … 늙음으로부터 … 죽음으로부터 … 괴로움으로부터 … 번뇌들로부터 벗어나고 풀려나고 해탈하여 한계가 없는 마음으로 머문다."

4. "바후나여, 예를 들면 청련이나 홍련이나 백련이 물에서 생겨나서 물에서 자라지만 물위로 솟아올라 물에 젖지 않고 피어있는 것과 같다. 그와 같이 여래는 이러한 열 가지 법들로부터 벗어나고 풀려나고 해탈하여 한계가 없는 마음으로 머문다."

아난다 경(A10:82)
Ānanda-sutta

1. 그때 아난다 존자가 세존께 다가갔다. 가서는 세존께 절을 올리고 한 곁에 앉았다. 한 곁에 앉은 아난다 존자에게 세존께서는 이렇게 말씀하셨다.

2. "아난다여, 참으로 믿음 없는 비구가 이 법과 율에서 향상하고 증장하고 충만하게 될 것이라는 것은 있을 수 없다.
아난다여, 계행이 나쁜 비구가 … 적게 배운 … 훈도하기 어려운 … 나쁜 친구를 사귀는 … 게으른 … 마음챙김을 놓아버린 … 만족함을 모르는 … 그릇된 소원을 가진 … 삿된 견해를 가진 비구가 이 법과 율에서 향상하고 증장하고 충만하게 될 것이라는 것은 있을 수 없다.
아난다여, 이러한 열 가지 법을 갖춘 비구가 이 법과 율에서 향상하고 증장하고 충만하게 될 것이라는 것은 있을 수 없다."

3. "아난다여, 참으로 믿음 있는 비구가 이 법과 율에서 향상하고 증장하고 충만하게 될 것이라는 것은 가능하다.

아난다여, 계를 지키는 비구가 … 많이 배운 … 훈도하기 쉬운 … 좋은 친구를 사귀는 … 열심히 정진하는 … 마음챙김을 확립하는 … 만족함을 아는 … 바라는 것이 적은 … 바른 견해를 가진 비구가 이 법과 율에서 향상하고 증장하고 충만하게 될 것이라는 것은 가능하다.

아난다여, 이러한 열 가지 법을 갖춘 비구가 이 법과 율에서 향상하고 증장하고 충만하게 될 것이라는 것은 가능하다."

뿐니야 경(A10:83)[190]
Puṇṇiya-sutta

1. 그때 뿐니야 존자[191]가 세존께 다가갔다. 가서는 세존께 절을 올리고 한 곁에 앉았다. 한 곁에 앉아서 뿐니야 존자는 세존께 이렇게 말씀드렸다.

"세존이시여, 무슨 원인과 무슨 조건 때문에 어떤 때는 여래께서 법을 설하시고, 어떤 때는 법을 설하지 않으십니까?"

2. "뿐니야여, 비구가 믿음이 있지만 [여래에게] 다가가지 않

---

190) 본경은 본서 제5권 「뿐니야 경」(A8:82)과 비슷한 내용을 담고 있다.

191) 뿐니야 존자(āyasmā Puṇṇiya)는 본경과 본서 제5권 「뿐니야 경」(A8:82)에만 등장하고 있는데 주석서와 복주서에는 그에 대한 별다른 설명이 없다.

으면, 여래는 법을 설하지 않는다. 그러나 비구가 믿음이 있고 [여래에게] 다가가면, 여래는 법을 설한다.

뿐니야여, 비구가 믿음이 있고 [여래에게] 다가가지만, 경의를 표하지 않으면 … 경의를 표하지만, 질문을 하지 않으면 … 질문을 하지만, 귀 기울여 법을 듣지 않으면 … 귀 기울여 법을 듣지만, 들은 뒤 법을 호지하지 않으면 … 들은 뒤 법을 호지하지만, 호지한 법들의 의미를 숙고하지 않으면 … 호지한 법들의 의미를 숙고하지만, 주석서를 이해하고 삼장을 이해하여 [출세간]법에 이르게 하는 법을 닦지 않으면 … 주석서를 이해하고 삼장을 이해하여 [출세간]법에 이르게 하는 법을 닦지만, 선한 말을 하고 선한 말씨를 가졌고 예의바르고 명확하고 흠이 없고 뜻을 바르게 전달하는 언변을 구족하지 않으면 … 선한 말을 하고 선한 말씨를 가졌고 예의바르고 명확하고 흠이 없고 뜻을 바르게 전달하는 언변을 구족했지만, 청정범행을 닦는 동료 수행자들을 가르치고 격려하고 분발하게 하고 기쁘게 하지 않으면, 여래는 법을 설하지 않는다."

3. "그러나 비구가 믿음이 있고, [여래에게] 다가가고, 경의를 표하고, 질문을 하고, 귀 기울여 법을 듣고, 들은 뒤 법을 호지하고, 호지한 법들의 의미를 숙고하고, 주석서를 이해하고 삼장을 이해하여 [출세간]법에 이르게 하는 법을 닦고, 선한 말을 하고 선한 말씨를 가졌고 예의바르고 명확하고 흠이 없고 뜻을 바르게 전달하는 언변을 구족하고, 청정범행을 닦는 동료 수행자들을 가르치고 격려하고 분발하게 하고 기쁘게 하면, 여래는 법을 설한다.

뿐니야여, 이러한 열 가지 법을 갖추면 여래는 법을 설한다."

설명 경(A10:84)
Vyākaraṇa-sutta

1. 거기서 마하목갈라나 존자는 "도반들이여."라고 비구들을 불렀다. "도반이여."라고 비구들은 마하목갈라나 존자에게 응답했다. 마하목갈라나 존자는 이렇게 말했다.

2. "도반들이여, 여기 비구는 구경의 지혜를 설합니다. '태어남은 다했다. 청정범행은 성취되었다. 할 일을 다 해 마쳤다. 다시는 어떤 존재로도 돌아오지 않을 것이라고 꿰뚫어 안다.'라고 그러면 여래나 혹은 禪을 닦고 증득에 능숙하고 남의 마음을 아는 데 능숙하고 남의 마음 길을 아는 데 능숙한 여래의 제자가 그를, 면밀히 조사하고 집요하게 묻고 반복해서 질문합니다. 그러면 그는 사막에 처하고 황무지192)에 처하고 곤경에 처하고 재난에 처하고 재앙에 처합니다.

여래나 혹은 禪을 닦고 [삼매의] 증득에 능숙하고 남의 마음을 아는 데 능숙하고 남의 마음 길을 아는 데 능숙한 여래의 제자는, 자기 마음으로 [그의] 마음을 대하여 주의를 기울입니다.193) '무슨 이유로 이 존자는 '태어남은 다했다. 청정범행은 성취되었다. 할 일을 다 해

---

192) '황무지'로 옮긴 원어는 vijina인데 뜻을 알 수 없는 단어이다. 주석서에는 vipina로 나타나고『디가 니까야』제1권「삼명경」(D13) §36에도 vi-pina로 나타나서 황무지로 옮겼다.

193) '주의를 기울이다'로 번역한 단어는 manasi karoti이다. 이것은 초기불전연구원에서 주로 '마음에 잡도리 함'이라고 옮기는 manasikaara의 동사 형태다. 이 문맥에서 '마음에 잡도리하다'로 옮기면 한글이 어색하여 이렇게 옮겼다.

마쳤다. 다시는 어떤 존재로도 돌아오지 않을 것이라고 꿰뚫어 안다.' 라고 구경의 지혜를 설하는가?'라고 여래나 혹은 禪을 닦고 [삼매의] 증득에 능숙하고 남의 마음을 아는 데 능숙하고 남의 마음 길을 아는 데 능숙한 여래의 제자는 자기의 마음으로 [그의] 마음을 대하여 다음과 같이 꿰뚫어 압니다.

'이 존자는 분노하고, 대체로 분노에 사로잡힌 마음으로 머문다. 분노에 사로잡힘은 여래가 설하신 법과 율에서 퇴보를 뜻한다. 이 존자는 앙심을 품고 … 격분하고 … 원한을 품고 … 질투하고 … 인색하고 … 속이고 … 간교하고 … 그릇된 원을 가졌고, 대체로 그릇된 원에 사로잡힌 마음으로 머문다. 그릇된 원에 사로잡힘은 여래가 설하신 법과 율에서 퇴보를 뜻한다. 이 존자는 마음챙김을 놓아버려 더 해야 할 바가 있는데도 낮은 경지의 특별함을 얻고는 도중에 포기해버린다. 도중에 포기해버림은 여래가 설하신 법과 율에서 퇴보를 뜻한다.'라고."

3. "도반들이여, 비구가 이러한 열 가지 법을 제거하지 못하고서도 이 법과 율에서 향상하고 증장하고 충만하게 될 것이라는 것은 있을 수 없습니다. 도반들이여, 그러나 비구가 이러한 열 가지 법을 제거하면 이 법과 율에서 향상하고 증장하고 충만하게 될 것이라는 것은 있을 수 있습니다."

자화자찬 경(A10:85)
Katthī-sutta

1. 한때 마하쭌다 존자는 쩨띠에서 사하자띠에 머물렀다.194) 거기서 마하쭌다 존자는 "도반들이여."라고 비구들을 불렀다. "도반이여."라고 비구들은 마하쭌다 존자에게 응답했다. 마하쭌다 존자는 이렇게 말했다.

2. "도반들이여, 여기 비구는 자신의 증득에 대해서 이렇게 허풍을 떨고 너스레를 떱니다. '나는 초선에 들기도 하고 나오기도 한다. 나는 제2선에 들기도 하고 나오기도 한다. 나는 제3선에 들기도 하고 나오기도 한다. 나는 제4선에 들기도 하고 나오기도 한다. 나는 공무변처에 들기도 하고 나오기도 한다. 나는 식무변처에 들기도 하고 나오기도 한다. 나는 무소유처에 들기도 하고 나오기도 한다. 나는 비상비비상처에 들기도 하고 나오기도 한다. 나는 상수멸에 들기도 하고 나오기도 한다.'라고.

그러면 여래나 혹은 禪을 닦고 증득에 능숙하고 남의 마음을 아는 데 능숙하고 남의 마음 길을 아는 데 능숙한 여래의 제자가 그를, 면밀히 조사하고 집요하게 묻고 반복해서 질문합니다. 그러면 그는 사막에 처하고 황무지에 처하고 곤경에 처하고 재난에 처하고 재앙에 처합니다.

---

194) 마하쭌다 존자(āyasmā Mahācunda)는 사리뿟따 존자의 동생이었다. 마하쭌다 존자와 쩨띠(Ceti)와 사하자띠(Sahajāti)에 대해서는 본서 제4권 「쭌다 경」(A6:46) §1의 주해를 참조할 것.

여래나 혹은 禪을 닦고 [삼매의] 증득에 능숙하고 남의 마음을 아는 데 능숙하고 남의 마음 길을 아는 데 능숙한 여래의 제자는, 자기 마음으로 [그의] 마음을 대하여 주의를 기울입니다. 무슨 이유로 이 존자는 다음과 같이 자신의 증득에 대해서 이렇게 허풍을 떨고 너스레를 떠는가? '나는 초선에 들기도 하고 나오기도 한다. … 나는 상수멸에 들기도 하고 나오기도 한다.'라고, 여래나 혹은 禪을 닦고 증득에 능숙하고 남의 마음을 아는 데 능숙하고 남의 마음 길을 아는 데 능숙한 여래의 제자는 마음으로 [그의] 마음을 대하여 다음과 같이 꿰뚫어 압니다.

'이 존자는 오랫동안 계행이 훼손되고 뚫어지고 오점이 있고 얼룩이 있다. 계행에 관한 한 그는 시종일관되게 행동하지 못하고 머물지 못한다. 이 존자는 계행이 나쁘다. 계행이 나쁜 것은 여래가 설하신 법과 율에서 퇴보를 뜻한다. 이 존자는 믿음이 없다. … 적게 배웠다. … 훈도하기 어렵다. … 나쁜 친구를 사귄다. … 게으르다. … 마음챙김을 놓아버렸다. 계략을 꾸민다. … 공양하기 어렵다. … 통찰지가 나쁘다. 통찰지가 나쁜 것은 여래가 설하신 법과 율에서 퇴보를 뜻한다.'라고."

3. "도반들이여, 예를 들면 친구가 그의 친구에게 '여보게, 자네가 돈이 필요하면 내게 말하게. 내가 자네에게 돈을 주겠네.'라고 말합니다. 그 후 그의 친구는 어떤 일로 돈이 필요하여 그 친구에게 '여보게, 돈이 필요하네. 돈을 좀 주게.'라고 말합니다. 그러자 그는 '여보게, 그렇다면 여기를 파보게.'라고 말합니다. 그의 친구는 거기를 팠지만 아무 것도 얻지 못합니다. 그러자 친구에게 말하기를 '여

보게, 자네는 여기를 파보라고 내게 거짓말을 하고 헛소리를 했네.'
그러자 친구는 '나는 자네에게 거짓말을 하지 않았고 헛소리를 하지
않았네. 그렇다면 여기를 파보게.'라고 말합니다.

그의 친구는 다시 거기를 팠지만 아무 것도 얻지 못합니다. 그러자
친구에게 말하기를 '여보게, 자네는 여기를 파보라고 내게 거짓말을
하고 헛소리를 했네.' 그러자 친구는 '나는 자네에게 거짓말을 하지
않았고 헛소리를 하지 않았네. 그렇다면 여기를 파보게.'라고 말합
니다.

그의 친구는 다시 거기를 팠지만 아무 것도 얻지 못합니다. 그러자
친구에게 말하기를 '여보게, 자네는 여기를 파보라고 내게 거짓말을
하고 헛소리를 했네.' 그러자 친구는 '나는 자네에게 거짓말을 하지
않았고 헛소리를 하지 않았네. 나는 단지 혼미했고 마음이 광란했을
뿐이었다네.'라고 말합니다.

도반들이여. 그와 같이 여기 비구는 자신의 증득에 대해서 이렇게
허풍을 떨고 너스레를 떱니다. '나는 초선에 들기도 하고 나오기도
한다. 나는 제2선에 들기도 하고 나오기도 한다. 나는 제3선에 들기
도 하고 나오기도 한다. 나는 제4선에 들기도 하고 나오기도 한다.
나는 공무변처에 들기도 하고 나오기도 한다. 나는 식무변처에 들기
도 하고 나오기도 한다. 나는 무소유처에 들기도 하고 나오기도 한
다. 나는 비상비비상처에 들기도 하고 나오기도 한다. 나는 상수멸에
들기도 하고 나오기도 한다.'라고

그러면 여래나 혹은 禪을 닦고 증득에 능숙하고 남의 마음을 아는
데 능숙하고 남의 마음 길을 아는 데 능숙한 여래의 제자가 그를, 면
밀히 조사하고 집요하게 묻고 반복해서 질문합니다. 그러면 그는 사

막에 처하고 황무지에 처하고 곤경에 처하고 재난에 처하고 재앙에 처합니다.

여래나 혹은 禪을 닦고 [삼매의] 증득에 능숙하고 남의 마음을 아는 데 능숙하고 남의 마음 길을 아는 데 능숙한 여래의 제자는, 자기 마음으로 [그의] 마음을 대하여 주의를 기울입니다. 무슨 이유로 이 존자는 다음과 같이 자신의 증득에 대해서 이렇게 허풍을 떨고 너스레를 떠는가? '나는 초선에 들기도 하고 나오기도 한다. … 나는 상수멸에 들기도 하고 나오기도 한다.'라고. 여래나 혹은 禪을 닦고 증득에 능숙하고 남의 마음을 아는 데 능숙하고 남의 마음 길을 아는 데 능숙한 여래의 제자는 마음으로 [그의] 마음을 대하여 다음과 같이 꿰뚫어 압니다.

'이 존자는 오랫동안 계행이 훼손되고 뚫어지고 오점이 있고 얼룩이 있다. 계행에 관한 한 그는 시종일관되게 행동하지 못하고 머물지 못한다. 이 존자는 계행이 나쁘다. 계행이 나쁜 것은 여래가 설하신 법과 율에서 퇴보를 뜻한다. 이 존자는 믿음이 없다. … 적게 배웠다. … 훈도하기 어렵다. … 나쁜 친구를 사귄다. … 게으르다. … 마음챙김을 놓아버렸다. 계략을 꾸민다. … 공양하기 어렵다. … 통찰지가 나쁘다. 통찰지가 나쁜 것은 여래가 설하신 법과 율에서 퇴보를 뜻한다.'라고."

4. "도반들이여, 비구가 이러한 열 가지 법을 제거하지 못하고서도 이 법과 율에서 향상하고 증장하고 충만하게 될 것이라는 것은 있을 수 없습니다. 도반들이여, 그러나 비구가 이러한 열 가지 법을 제거하면 이 법과 율에서 향상하고 증장하고 충만하게 될 것이라는

것은 가능합니다."

구경의 지혜 경(A10:86)[195]
Aññā-sutta

1. 한때 마하깟사빠 존자[196]는 라자가하에서 대나무 숲의 다람쥐 보호 구역에 머물렀다. 거기서 마하깟사빠 존자는 "도반들이여"라고 비구들을 불렀다
"도반이시여"라고 비구들은 마하깟사빠 존자에게 응답했다. 마하깟사빠 존자는 이렇게 말했다.

2. "도반들이여, 여기 비구는 구경의 지혜를 설합니다. '태어남은 다했다. 청정범행은 성취되었다. 할 일을 다 해 마쳤다. 다시는 어떤 존재로도 돌아오지 않을 것이라고 꿰뚫어 안다.'라고. 그러면 여래나 혹은 禪을 닦고 증득에 능숙하고 남의 마음을 아는 데 능숙하고 남의 마음 길을 아는 데 능숙한 여래의 제자가 그를 면밀히 조사

---

195) 6차결집본의 경제목은 '자부심'(Adhimāna-sutta)이다.

196) 마하깟사빠(Mahā-Kassapa) 존자는 마가다의 마하띳타(Mahātittha)에서 바라문으로 태어났으며 이름은 삡빨리(Pippali)였다. 그는 일찍 결혼하였으나 아내(Bhaddā)와 논의하여 둘 다 출가하였다.(본서 「하나의 모음」 A1:14:5~10의 밧다 까삘라니 주해 참조) 『상윳따 니까야』 「깟사빠 상윳」(S16)의 여러 경들은 그의 출중한 경지를 잘 드러내어 주고 있으며, 부처님이 반열반하신 후 교단을 이끌었던 분이다. 마하깟사빠 존자는 아난다 존자와 박꿀라 존자와 더불어 120세까지 장수한 분이라고 주석서는 밝히고 있다.(AA.iii.243~244) 본서 「하나의 모음」 A1:14:1-4에서 마하깟사빠 존자는 두타행을 하는 자들 가운데서 으뜸으로 칭송되고 있듯이, 북방에서도 그는 두타 제일로 꼽힌다.

하고 집요하게 묻고 반복해서 질문합니다. 그러면 그는 사막에 처하고 황무지에 처하고 곤경에 처하고 재난에 처하고 재앙에 처합니다.

　여래나 혹은 禪을 닦고 [삼매의] 증득에 능숙하고 남의 마음을 아는 데 능숙하고 남의 마음 길을 아는 데 능숙한 여래의 제자는 자기 마음으로 [그의] 마음을 대하여 주의를 기울입니다. 무슨 이유로 이 존자는 다음과 같이 구경의 지혜를 설하는가? '태어남은 다했다. 청정범행은 성취되었다. 할 일을 다 해 마쳤다. 다시는 어떤 존재로도 돌아오지 않을 것이라고 꿰뚫어 안다.'라고. 다시 여래나 혹은 禪을 닦고 [삼매의] 증득에 능숙하고 남의 마음을 아는 데 능숙하고 남의 마음 길을 아는 데 능숙한 여래의 제자는 자기의 마음으로 [그의] 마음을 대하여 다음과 같이 꿰뚫어 압니다.

　'이 존자는 과대평가하는 자다. 그는 자신을 과대평가하여 얻지 못한 것에 대해서 얻었다는 인식을 가지고, 행하지 않은 것에 대해서 행했다는 인식을 가지고, 증득하지 못한 것에 대해서 증득했다는 인식을 가지고 있다. 과대평가로 인해 다음과 같이 구경의 지혜를 설명한다. '태어남은 다했다. 청정범행은 성취되었다. 할 일을 다 해 마쳤다. 다시는 어떤 존재로도 돌아오지 않을 것이라고 꿰뚫어 안다.'라고.

　여래나 혹은 禪을 닦고 [삼매의] 증득에 능숙하고 남의 마음을 아는 데 능숙하고 남의 마음 길을 아는 데 능숙한 여래의 제자는 자기 마음으로 [그의] 마음을 대하여 주의를 기울입니다. 무슨 이유로 이 존자는 과대평가하는 자가 되어, 자신을 과대평가하여, 얻지 못한 것에 대해서 얻었다는 인식을 가지고, 행하지 않은 것에 대해서 행했다는 인식을 가지고, 증득하지 못한 것에 대해서 증득했다는 인식을 가져서, 과대평가로 인해 다음과 같이 구경의 지혜를 설명하는가? '태어남은 다했다. 청정범행은 성취되었다. 할 일을 다 해 마쳤다. 다시는 어떤 존재로도 돌아오지 않을 것이라고 꿰뚫어 안다.'라고, 다시 여래나 혹은 禪을 닦고 [삼매의] 증득에 능숙하고 남의 마음을 아는 데 능숙하고 남의 마음 길을 아는 데 능숙한 여래의 제자는 자기의 마음으로 [그의] 마음을 대하여 다음과 같이 꿰뚫어 압니다.

'이 존자는 많이 배운[多聞]자다. 배운 것을 잘 호지하고 배운 것을 잘 정리한다. 시작도 훌륭하고 중간도 훌륭하고 끝도 훌륭하며, 더할 나위 없이 완벽하고 지극히 청정한 범행을 의미와 표현을 구족하여 확실하게 드러내는 가르침들이 있으니, 그는 그러한 가르침들을 많이 배우고 호지하고 말로써 친숙하게 되고 마음으로 숙고하고 견해로써 잘 꿰뚫는다. 그래서 이 존자는 과대평가하는 자가 되어, 그를 과대평가하여 얻지 못한 것에 대해서 얻었다는 인식을 가지고, 행하지 않은 것에 대해서 행했다는 인식을 가지고, 증득하지 못한 것에 대해서 증득했다는 인식을 가져서, 과대평가로 인해 다음과 같이 구경의 지혜를 설명한다. '태어남은 다했다. 청정범행은 성취되었다. 할 일을 다 해 마쳤다. 다시는 어떤 존재로도 돌아오지 않을 것이라고 꿰뚫어 안다.'라고.

다시 여래나 혹은 禪을 닦고 [삼매의] 증득에 능숙하고 남의 마음을 아는 데 능숙하고 남의 마음 길을 아는 데 능숙한 여래의 제자는 자기의 마음으로 [그의] 마음을 대하여 다음과 같이 꿰뚫어 압니다.

'이 존자는 간탐하고, 대체로 간탐에 사로잡힌 마음으로 머문다. 간탐에 사로잡힘은 여래가 설하신 법과 율에서 퇴보를 뜻한다. 이 존자는 악의를 가지고 … 해태와 혼침이 있고 … 들뜨고 … 의심하고 … [잡다한] 일하기를 좋아하고 … 말하기를 좋아하고 … 잠자기를 좋아하고 … 무리 짓기를 좋아하고, 대체로 무리 짓기를 좋아함에 사로잡힌 마음으로 머문다. 무리 짓기를 좋아하는 것에 사로잡힘은 여래가 설하신 법과 율에서 퇴보를 뜻한다. 이 존자는 마음챙김을 놓아버리고 더해야 할 바가 있는데도 낮은 경지의 특별함을 얻고는 도중에 포기해 버린다. 도중에 포기해버림은 여래가 설하신 법과 율에서 퇴보를 뜻한다.'라고"

3. "도반들이여, 비구가 이러한 열 가지 법을 제거하지 못하고서도 이 법과 율에서 향상하고 증장하고 충만하게 될 것이라는 것은 있을 수 없습니다. 도반들이여, 그러나 비구가 이러한 열 가지 법을 제거하면 이 법과 율에서 향상하고 증장하고 충만하게 될 것이라는 것은 가능합니다."

대중공사 경(A10:87)[197]
Adhikaraṇa-sutta

1. 거기서 세존께서는 깔라까 비구[198]를 두고 "비구들이여."라고 비구들을 부르셨다. "세존이시여."라고 비구들은 세존께 응답

---

197) 6차결집본의 경제목은 '비호감'(Nappiya-sutta)이다.
198) 주석서도 복주서도 깔라까 비구(Kālaka bhikkhu)가 누군지 언급이 없다. Woodward는 이것은 데와닷따를 추종하던 꼬깔리까 비구(Kokālika bhikkhu)의 오기일 수도 있다고 제언하고 있다.
　　DPPN은 본경에서 kālaka(kāḷaka)는 고유 명사가 아니라 '검은, 녹슨, 망가진'이라는 문자적인 뜻 그대로 해석해야 하며, 그래서 kāḷaka bhikkhu는 '삿된 비구, 망가진 비구'라는 보통 명사로 보는 것이 더 낫다고 설명하고 있다.

했다. 세존께서는 이렇게 말씀하셨다.

2. "비구들이여, 여기 비구는 대중공사199)를 일삼고, 대중공사를 가라앉히는 것을 칭송하지 않는다. 비구들이여, 비구가 대중공사를 일삼고, 대중공사를 가라앉히는 것을 칭송하지 않는 이런 특징은 사랑받지 못하게 하고, 존중받지 못하게 하고, 수행을 익지 못하게 하고, 참다운 사문이 되지 못하게 하고, [마음이] 전일한 상태로 되지 못하게 한다."

3. ~ *11.* "다시 비구들이여, 비구는 공부지음을 좋아하지 않고 … 그릇된 원을 가졌고 … 분노하고 … 앙심을 품고 … 속이고 … 간교하고 … 천성적으로 [법을] 경청하지 않고 … 한적한 곳에 홀로 머물지 않고 … 동료 수행자들을 친절하게 환영하지 않고, 친절한 환영을 칭송하지 않는다. 비구가 동료 수행자들을 친절하게 환영하지 않고, 친절한 환영을 칭송하지 않는 이런 특징은 사랑받지 못하게 하고, 존중받지 못하게 하고, 수행을 익지 못하게 하고, 참다운 사문이 되지 못하게 하고, [마음이] 전일한 상태로 되지 못하게 한다."

12. "비구들이여, 이러한 비구에게는 '오, 참으로 동료 수행자들이 나를 존경하고 존중하고 공경하고 숭배하기를.' 하는 이런 바람이 생길 것이다. 그러나 동료 수행자들은 그를 존경하지도 않고 존중하지도 않고 공경하지도 않고 숭배하지도 않는다. 그것은 무슨 이유 때

---

199) '대중공사[諍事, adhikaraṇa]'에 대해서는 본서 제1권 「대중공사 경」 (A2:2:5)의 주해를 참조할 것.

문인가? 비구들이여, 그의 지혜로운 동료 수행자들은 나쁘고 해로운 법들이 그에게서 제거되지 않았음을 보기 때문이다."

13. "비구들이여, 예를 들면 길들여지지 않은 망아지에게 '오, 참으로 사람들이 나를 혈통 좋은 말의 지위에 두고, 혈통 좋은 말의 음식을 먹이고, 혈통 좋은 말을 돌보듯이 돌봐주기를.'하는 바람이 생기는 것과 같다. 그러나 사람들은 그를 혈통 좋은 말의 지위에 두지 않고, 혈통 좋은 말의 음식을 먹이지 않고, 혈통 좋은 말을 돌보듯이 돌봐주지 않는다. 그것은 무슨 이유 때문인가? 비구들이여, 지혜로운 사람들은 그의 간교함과 속임수와 비뚤어짐과 기만이 제거되지 않았음을 보기 때문이다.

비구들이여, 그와 같이 이러한 비구에게는 '오, 참으로 동료 수행자들이 나를 존경하고 존중하고 공경하고 숭배하기를.'하는 이런 바람이 생길 것이다. 그러나 동료 수행자들은 그를 존경하지도 않고 존중하지도 않고 공경하지도 않고 숭배하지도 않는다. 그것은 무슨 이유 때문인가? 비구들이여, 그의 지혜로운 동료 수행자들은 나쁘고 해로운 법들이 그에게서 제거되지 않았음을 보기 때문이다."

14. "비구들이여, 그러나 여기 비구는 대중공사를 일삼지 않고, 대중공사를 가라앉히는 것을 칭송한다. 비구들이여, 비구가 대중공사를 일삼지 않고, 대중공사를 가라앉히는 것을 칭송하는 이런 특징은 그를 사랑받게 하고, 존중받게 하고, 수행을 익게 하고, 참다운 사문이 되게 하고, [마음이] 전일한 상태로 되게 한다."

15. ~ *23.*

"다시 비구들이여, 비구는 공부지음을 좋아하고 … 바라는 것이 적고 … 분노하지 않고 … 앙심을 품지 않고 … 속이지 않고 … 간교하지 않고 … 천성적으로 법을 경청하고 … 한적한 곳에 홀로 머물고 … 동료 수행자들을 친절하게 환영하고, 친절한 환영을 칭송한다. 비구가 동료 수행자들을 친절하게 환영하고, 친절한 환영을 칭송하는 이런 평가는 그를 사랑받게 하고, 존중받게 하고, 수행을 익게 하고, 참다운 사문이 되게 하고, [마음이] 전일한 상태로 되게 한다."

24. "비구들이여, 이러한 비구에게는 '오, 참으로 동료 수행자들이 나를 존경하고 존중하고 존경하고 숭배하기를.' 하는 이런 바람이 생기지 않을 것이다. 그러나 동료 수행자들은 그를 존경하고 존중하고 존경하고 숭배한다. 그것은 무슨 이유 때문인가? 비구들이여, 그의 지혜로운 동료 수행자들은 나쁘고 해로운 법들이 그에게서 제거되었음을 보기 때문이다."

25. "비구들이여, 예를 들면 혈통 좋은 말에게 '오, 참으로 사람들이 나를 혈통 좋은 말의 지위에 두고, 혈통 좋은 말의 음식을 먹이고, 혈통 좋은 말을 돌보듯이 돌봐주기를.' 하는 바람이 생기지 않는 것과 같다. 그러나 사람들은 그를 혈통 좋은 말의 지위에 두고 혈통 좋은 말의 음식을 먹이고 혈통 좋은 말을 돌보듯이 돌봐준다. 그것은 무슨 이유 때문인가? 지혜로운 사람들은 그의 간교함과 속임수와 비뚤어짐과 기만이 제거되었음을 보기 때문이다.

비구들이여, 그와 같이 이러한 비구에게는 '오, 참으로 동료 수행자들이 나를 존경하고 존중하고 존경하고 숭배하기를.'하는 이런 바람이 생기지 않을 것이다. 그러나 동료 수행자들은 그를 존경하고 존중하고 존경하고 숭배한다. 그것은 무슨 이유 때문인가? 비구들이여, 그의 지혜로운 동료 수행자들은 나쁘고 해로운 법들이 그에게서 제거되었음을 보기 때문이다."

욕설 경(A10:88)[200]
Akkosaka-sutta

1. "비구들이여, 청정범행을 닦는 자에게 욕설과 비방을 하고 성자를 헐뜯는 비구가 열 가지 재난 가운데 어떤 재난에 처하지 않을 것이라는 것은 있을 수 없고, 피할 수 없다. 무엇이 열인가?"

2. "얻지 못한 것을 얻지 못하고, 얻은 것으로부터 퇴보하고, [계·정·혜라 불리는] 정법[201]이 그에게 깨끗하게 드러나지 않고, 정법들에 대해서 오만해지고, 청정범행을 닦는 것을 즐거워하지 않고, 다른 오염된 범계(犯戒)를 저지르고, 혹독한 병에 걸리고, 미치고 마음이 혼미해지고, 매(昧)한 채 죽고, 몸이 무너져 죽은 뒤 처참한 곳, 불행한 곳, 파멸처, 지옥에 태어난다.

비구들이여, 청정범행을 닦는 자에게 욕설과 비방을 하고 성자를 헐뜯는 비구가 이러한 열 가지 재난 가운데 어떤 재난에 처하지 않을

---

200) PTS본의 경의 목록에는 본경에 해당하는 경의 이름이 나타나지 않는다. 역자는 6차결집본의 경제목을 따랐다.

201) "'정법(saddhamma)'이란 삼학(三學, sikkhā-ttaya)이라 불리는 교단의 법들(sāsanasa-ddhammā)을 말한다."(AA.v.56)

것이라는 것은 있을 수 없고, 피할 수 없다."

꼬깔리까 경(A10:89)[202]
Kokālika-sutta

1. 그때 꼬깔리까 비구[203]가 세존께 다가갔다. 가서는 세존께 절을 올리고 한 곁에 앉았다. 한 곁에 앉아서 꼬깔리까 비구는 세존께 이렇게 말씀드렸다.

"세존이시여, 사리뿟따와 목갈라나는 그릇된 원을 가졌습니다. 그들은 그릇된 원의 희생양이 되고 있습니다."

"그런 말을 하지 말라, 꼬깔리까여. 그런 말을 하지 말라, 꼬깔리까여. 사리뿟따와 목갈라나에 대해 마음을 청정히 하라. 사리뿟따와 목갈라나는 온후한 자들이니라."

두 번째로 … 세 번째로 꼬깔리까 비구는 세존께 이렇게 말씀드렸다.

"세존이시여, 사리뿟따와 목갈라나는 그릇된 원을 가졌습니다. 그

---

202) 본경의 §3은 『상윳따 니까야』 「범천 상윳」(S6)의 「뚜루 범천 경」(S6:9)과 같고, §3을 제외한 부분은 『상윳따 니까야』 「범천 상윳」의 「꼬깔리까 경」(S6:10)과 같은 내용을 담고 있다.

203) 주석서에 의하면 본경의 꼬깔리까 비구(Kokālika bhikkhu)는 데와닷따의 제자(sissa)이고 바라문 출신이며 마하꼬깔리까(큰 꼬깔리까)라 불리는 자가 아니라, 꼬깔리까 지방(kokālika-raṭṭha)의 꼬깔리까 도시에 사는 꼬깔리까 상인의 아들이며 쭐라꼬깔리까(작은 꼬깔리까)라 불리는 비구라고 한다. 그는 자신의 아버지가 지어준 승원에서 머물렀다고 한다.(AA.v.56~57)

『숫따니빠따』(Sn) 3장 「대품」의 「꼬깔리까 경」(Sn3:10/123f)에 나타나는 꼬깔리까도 바로 이 쭐라꼬깔리까라고 한다.(SnA.ii.473) 이처럼 주석서는 두 사람의 꼬깔리까를 소개하고 있다.

들은 그릇된 원의 희생양이 되고 있습니다."

"그런 말을 하지 말라, 꼬깔리까여. 그런 말을 하지 말라, 꼬깔리까여. 사리뿟따와 목갈라나에 대해 마음을 청정히 하라. 사리뿟따와 목갈라나는 온후한 자들이니라."

2. 그때 꼬깔리까 비구는 자리에서 일어나 세존께 절을 올리고 오른쪽으로 [세 번] 돌아 [경의를 표한] 뒤에 물러갔다. 물러간 지 오래지 않아서 꼬깔리까 비구에게는 겨자씨 크기의 종기가 온 몸에 생겼다. 그것은 처음에는 겨자씨 크기였다가 녹두 콩 크기가 되었고, 녹두 콩 크기였다가 완두콩 크기가 되었고, 완두콩 크기였다가 대추씨 크기가 되었고, 대추씨 크기였다가 대추 크기가 되었고, 대추 크기였다가 아말라까 열매 크기가 되었고, 아말라까 열매 크기였다가 익지 않은 빌바 열매 크기가 되었고, 익지 않은 빌바 열매 크기였다가 [익은] 빌바 열매 크기가 되었고, [익은] 빌바 열매 크기였다가 터져서는 고름과 피가 흘러나왔다. 마치 독을 마신 물고기처럼 그는 까달리(파초) 잎사귀들 위에 누워있었다.204)

3. 그때 뚜두205) 벽지 범천206)이 꼬깔리까 비구에게 다가갔

---

204) 주석서에 의하면 제따 숲의 대문 앞에 있는 파초 잎사귀 위에 누워있었다고 한다.(AA.v.59)

205) "뚜두(Tudu, 6차결집본에는 Turu로 나타남)는 꼬깔리까의 은사인 뚜두 장로였는데 불환과를 얻어서 범천의 세상(brahma-loka)에 태어났다. 그는 지신(地神, bhummaṭṭha-devatā)으로부터 시작해서 차례로 범천의 세상에 이르기까지 들려오는 '꼬깔리까가 가장 나쁜 말로 상수제자에 대해 비행을 저질렀다.'라는 소리를 듣고 '나를 만날 때까지 그 가련한 자가 죽어서는 안된다. 장로들에 대해 마음을 청정히 하도록 내가 그를 훈계하리라'라고 생각하면서 그에게로 와서는 그의 앞에 섰다."(AA.v.59~60)

다. 가서는 허공에 서서 꼬깔리까 비구에게 이렇게 말했다.

"꼬깔리까여, 사리뿟따와 목갈라나에 대해 마음을 청정하게 하시오. 사리뿟따와 목갈라나는 온후한 자들이라오."

"도반이여, 그대는 누구입니까?"

"나는 뚜두 벽지 범천이오."

"도반이여, 그대는 세존께서 불환과를 얻었다고 설명하셨는데 어떻게 여기에 왔습니까? 그러니 그대의 잘못이나 보십시오."207)

그때 뚜두 벽지 범천은 꼬깔리까 비구에게 다음 게송을 읊었다.

---

206) '벽지 범천'은 pacceka-brahmā를 옮긴 것이다. 『상윳따 니까야 복주서』는 "벽지 범천이란 혼자 사는(eka-cāri) 범천인데 회중과 함께하는(parisa-cāri) 범천이 아니라는 뜻이다."라고 설명하고 있다. 그리고 덧붙이기를 "여기서 벽지(pacceka)라는 말은 삶의 방식(āvutti)을 통해서 알아야 한다. 벽지라는 말은 혼자(ekeka)라는 말이다."라고 설명하고 있다.(SAṬ. i.213) 깨달았지만 대중에게 법을 설하지 않는 분을 벽지불(pacceka-buddha)라고 하듯이 범천의 세상에 태어났지만 회중과 함께하지 않는 범천을 벽지 범천(pacceka-brahmā)이라 부르고 있다.
『상윳따 니까야』 「범천 상응」(Brahma-saṁyutta, S6)의 네 개의 경(S6:6~9)에는 수브라흐마(Subrahmā)와 숫다와사(Suddhāvāsa)와 뚜두(Tudu, 본경의 뚜두와 동일함)라는 벽지 범천이 언급되어 있다.

207) '그대가 행한 잘못(aparaddha)이 얼마만큼 인지, 자기의 이마에 있는 큰 혹(mahā-gaṇḍa)은 보지 않고, 겨자씨(sāsapa)만한 종기(pīḷaka)를 가지고 나를 질책하려고 생각하는가?'라는 뜻이라고 주석서는 설명한다. (AA.v.60)
복주서는 다시 부연 설명한다. "'얼마만큼'이라는 것은 [불환과를 얻은 자는 다시는 이 세상에 오지 않는다는] 세존의 말씀을 사실과 다른 것으로 만들어버린 그대의 잘못이 얼마만큼 인지, 그것은 한계를 잴 수 없다는 뜻이다. 왜냐하면 불환자(anāgāmi)란 감각적 욕망과 악의(kāmacchanda-byāpāda)를 다 버린 자들이라서 [여기에 오지 않는다.] 그러나 그대는 사견(diṭṭhi)과 감각적 욕망과 악의가 있기 때문에 여기 왔다. 그러니 그대의 잘못이 얼마만큼 인가라는 뜻으로 이해해야 한다."(AAṬ.iii.323)

"사람이 태어날 때 입에 도끼가 함께 생겨나서
어리석은 이는 나쁜 말로 자신을 찍도다.
책망받아 마땅한 것을 칭송하거나208)
칭송받아 마땅한 것을 책망하는 자
입으로 최악의 패를 모은 것이니
그런 최악의 패로는 결코 행복을 얻지 못하리.
노름에서 자기의 모든 재산을 잃고
자기 자신까지 [잃는 자]
그의 최악의 패는 오히려 하찮은 것일지니
바른 삶을 사는 사람들에 대해 마음을 더럽힌 자
그의 최악의 패는 아주 낭패스러운 것이 되노라.
성자들을 비난하는 자
말과 마음으로 악을 지어
10만과 36니랍부다동안
그리고 5압부다 만큼 더 지옥에 떨어질지니."

4. 그때 꼬깔리까 비구는 그 병으로 죽었다. 꼬깔리까 비구는 사리뿟따와 목갈라나에 대해 적개심을 품었기 때문에 죽어서 홍련지옥209)에 떨어졌다. 그때 사함빠띠 범천210)이 밤이 아주 깊었을 때

---

208) 이하 본경의 게송은 본서 제2권 「파 엎음 경」 1(A4:3) §3의 게송과 같다. 본 게송의 단어에 대한 설명은 그곳의 주해를 참조할 것.

209) "'홍련지옥(paduma-niraya)'이라는 것은 개별적으로 독립된(pāṭiyekka) 홍련지옥이 있는 것은 아니다. 무간 대지옥(avīci-mahāniraya)에서 빠두마의 숫자(paduma-gaṇana, 헤아릴 수 없는 무량한 수를 빠두마라 부름) 동안 불에 굽히는(paccitabba) 어떤 곳에 태어났다는 뜻이다."(AA.v.61) 본경 §6의 내용을 참조할 것.

아주 멋진 모습을 하고 온 제따 숲을 환하게 밝히면서 세존께 다가갔다. 다가가서는 세존께 절을 올린 뒤 한 곁에 섰다. 한 곁에 서서 사함빠띠 범천은 세존께 이와 같이 말씀드렸다.

"세존이시여, 꼬깔리까 비구는 그 병으로 죽었습니다. 꼬깔리까 비구는 사리뿟따와 목갈라나에 대해 적개심을 품었기 때문에 죽어서 홍련지옥에 떨어졌습니다."

사함빠띠 범천은 이렇게 말씀드렸다. 이렇게 말씀을 드린 뒤 세존께 절을 올리고 오른쪽으로 [세 번] 돌아 [경의를 표한] 뒤 거기서 사라졌다.

5. 세존께서는 그 밤이 지나자 비구들을 불러서 말씀하셨다.

"비구들이여, 지난밤에 사함빠띠 범천이 밤이 아주 깊었을 때 아주 멋진 모습을 하고 온 제따 숲을 환하게 밝히면서 내게 다가왔다. 다가와서는 내게 절을 한 뒤 한 곁에 섰다. 한 곁에 서서 사함빠띠 범천은 내게 이렇게 말했다. '세존이시여, 꼬깔리까 비구는 그 병으로 죽었습니다. 꼬깔리까 비구는 사리뿟따와 목갈라나에 대해 적개심을 품었기 때문에 죽어서 홍련지옥에 떨어졌습니다.' 비구들이여, 사함빠띠 범천은 이렇게 말했다. 이렇게 말한 뒤 내게 절을 하고는 오른쪽으로 [세 번] 돌아 [경의를 표한] 뒤 사라졌다."

---

210) 사함빠띠 범천(brahmā Sahampati)은 우루웰라의 네란자라 강둑에 있는 염소치기의 니그로다 나무(ajapāla-nigrodha) 아래서 부처님께 법륜을 굴려주시기를 간청한 대범천(Mahābrahmā)이다.(본서 제2권 「우루웰라 경」 1(A4:21) 참조) 초기경들에는 여러 유력한 범천이 나타나는데 뚜두(Tudu), 나라다(Nārada), 가띠까라(Ghaṭikāra), 바까(Baka), 사낭꾸마라(Sanaṅkumāra), 사함빠띠(Sahampatī) 등을 언급하고 있으며, 이 가운데서 사함빠띠 범천이 대범천으로 많이 등장한다.

6. 이와 같이 말씀하시자 어떤 비구가 세존께 이렇게 말씀드렸다.

"세존이시여, 홍련지옥의 수명은 얼마나 깁니까?"

"비구여, 홍련지옥의 수명은 참으로 길어서 몇 년이라거나 몇 백 년이라거나 몇 천 년이라거나 몇 십만 년이라고 숫자로 헤아리기가 쉽지 않다."

"세존이시여, 그러면 비유를 들어주실 수 있습니까?"

"비구여, 그것은 가능하다." 세존께서는 다음과 같이 말씀하셨다.

"비구여, 예를 들면 꼬살라에 20카리[211] 분량의 참깨를 실은 수레가 있는데 사람이 백 년이 지날 때 한 알의 참깨를 주워간다 하자. 꼬살라에 있는 20카리 분량의 참깨가 이런 방법으로 다 소진되고 다 없어지는 것이 하나의 압부다 [기간]보다 더 빠를 것이다.

비구여, 20압부다 지옥이 1니랍부다의 지옥의 [기간]과 같고, 20니랍부다 지옥이 아바바 지옥의 [기간]과 같고, 20 아바바 지옥은 1아하하 지옥의 [기간]과 같고, 20아하하 지옥은 1아따따 지옥의 [기간]과 같고, 20아따따 지옥은 1수련지옥의 [기간]과 같고, 20수련지옥은 1소간디까 지옥의 [기간]과 같고, 20소간디까 지옥은 1청련지옥의 [기간]과 같고, 20청련지옥은[212] 1백련지옥의 [기간]과 같고, 20백련지옥은 1홍련지옥의 [기간]과 같다. 비구여, 꼬깔리까 비구는

---

211) '카리(khāri)'는 도량 단위인데 1카리는 약 2부셸(*bushel*, 1부셸은 약 36 리터로 약 2말) 정도 된다고 DPL은 설명하고 있다.

212) 역자가 저본으로 삼은 PTS본에는 20청련지옥에서 숫자 20이 누락되었는데, 문맥상 숫자가 들어가는 것이 타당하다고 여겨져서 6차결집본을 따라 20을 넣어서 옮겼다.

사리뿟따와 목갈라나에 대해 적개심을 품었기 때문에 죽어서 홍련지 옥에 떨어졌다."213)

세존께서는 이렇게 말씀하셨다. 선서이신 스승께서 이렇게 말씀하신 뒤 다시 [게송으로] 이와 같이 설하셨다.

7. "사람이 태어날 때 입에 도끼가 함께 생겨나서
어리석은 이는 나쁜 말로 자신을 찍도다.
책망받아 마땅한 것을 칭송하거나
칭송받아 마땅한 것을 책망하는 자
입으로 최악의 패를 모은 것이니
그런 최악의 패로는 결코 행복을 얻지 못하리.
노름에서 자기의 모든 재산을 잃고
자기 자신까지 [잃는 자]
그의 최악의 패는 오히려 하찮은 것일지니
바른 삶을 사는 사람들에 대해 마음을 더럽힌 자
그의 최악의 패는 아주 낭패스러운 것이 되노라.
성자들을 비난하는 자
말과 마음으로 악을 지어
10만과 36니랍부다동안
그리고 5압부다 만큼 더 지옥에 떨어질지니."

---

213) 압부다는 abbuda를, 니랍부다는 nirabbuda를, 아바바는 ababa를, 아하하는 ahaha를, 아따따는 aṭaṭa를 음역한 것이고, 수련은 kumuda를, 소간디까는 sogandhika를, 청련은 uppala(ka)를, 백련은 puṇḍarīka를, 홍련은 paduma를 옮긴 것이다.
본경에는 이와 같이 10개의 지옥의 이름이 언급되고 있기 때문에 본서 「열의 모음」에 포함하여 합송한 것이다.

힘 경(A10:90)[214]
Bala-sutta

1. 그때 사리뿟따 존자가 세존께 다가갔다. 가서는 세존께 절을 올리고 한 곁에 앉았다. 한 곁에 앉은 사리뿟따 존자에게 세존께서는 이렇게 말씀하셨다.

"사리뿟따여, 번뇌 다한 비구는 어떤 힘들을 가져서 '나의 번뇌는 다했다.'고 번뇌의 소멸을 천명하는가?"

"세존이시여, 번뇌 다한 비구는 열 가지 힘을 가져서 '나의 번뇌는 다했다.'고 번뇌의 소멸을 천명합니다. 무엇이 열인가요?"

2. "세존이시여, 여기 번뇌 다한 비구는 모든 형성된 것들[諸行]을 무상하다고, 있는 그대로 바른 통찰지로 분명하게 봅니다. 세존이시여, 번뇌 다한 비구가 모든 형성된 것들을 무상하다고, 있는 그대로 바른 통찰지로 분명하게 보는 이것이 번뇌 다한 비구의 힘입니다. 그 힘을 가져서 번뇌 다한 비구는 '나의 번뇌는 다했다.'고 번뇌의 소멸을 천명합니다."

3. "다시 세존이시여, 번뇌 다한 비구는 감각적 욕망을 숯불구덩이와 같다고, 있는 그대로 바른 통찰지로 분명하게 봅니다. 세존이시여, 번뇌 다한 비구가 감각적 욕망을 숯불구덩이와 같다고, 있는 그대로 바른 통찰지로 분명하게 보는 이것 역시 번뇌 다한 비구의 힘

---

214) 6차결집본의 경제목은 '번뇌 다한 자의 힘'(Khīṇāsavabala-sutta)이다. 그리고 본경에서 네 가지 바른 노력과 다섯 가지 힘을 제외한 여덟 가지는 본서 제5권 「힘 경」 2(A8:28)와 같은 내용이다.

입니다. 그 힘을 가져서 번뇌 다한 비구는 '나의 번뇌는 다했다.'고 번뇌의 소멸을 천명합니다."

4. "다시 세존이시여, 번뇌 다한 비구의 마음은 멀리 여읨을 향하고, 멀리 여읨으로 기울고, 멀리 여읨에 기대고, 멀리 여읨에 머물고, 출리를 기뻐하고, 모든 곳에서 번뇌를 일으킬만한 법들을 없애버립니다. 세존이시여, 번뇌 다한 비구의 마음이 멀리 여읨을 향하고, 멀리 여읨으로 기울고, 멀리 여읨에 기대고, 멀리 여읨에 머물고, 출리를 기뻐하고, 모든 곳에서 번뇌를 일으킬만한 법들을 없애버리는 것 역시 번뇌 다한 비구의 힘입니다. 그 힘을 가져서 번뇌 다한 비구는 '나의 번뇌는 다했다.'고 번뇌의 소멸을 천명합니다."

5. "다시 세존이시여, 번뇌 다한 비구는 네 가지 마음챙김의 확립[四念處]을 잘 닦았고 완전하게 닦았습니다. 세존이시여, 번뇌 다한 비구가 네 가지 마음챙김의 확립[四念處]을 잘 닦았고 완전하게 닦은 이것 역시 번뇌 다한 비구의 힘입니다. 그 힘을 가져서 번뇌 다한 비구는 '나의 번뇌는 다했다.'고 번뇌의 소멸을 천명합니다."

6. "다시 세존이시여, 번뇌 다한 비구는 네 가지 바른 노력[四正勤]을 잘 닦았고 완전하게 닦았습니다. …

다시 세존이시여, 번뇌 다한 비구는 네 가지 성취수단[四如意足]을 잘 닦았고 완전하게 닦았습니다. …

다시 세존이시여, 번뇌 다한 비구는 다섯 가지 기능[五根]을 잘 닦았고 완전하게 닦았습니다. …

다시 세존이시여, 번뇌 다한 비구는 다섯 가지 힘[五力]을 잘 닦았고 완전하게 닦았습니다. …

다시 세존이시여, 번뇌 다한 비구는 일곱 가지 깨달음의 구성요소 [七覺支]를 잘 닦았고 완전하게 닦았습니다. …

다시 세존이시여, 번뇌 다한 비구는 여덟 가지 구성요소를 가진 성스러운 도[八支聖道=팔정도]를 잘 닦았고 완전하게 닦았습니다. 세존이시여, 번뇌 다한 비구가 여덟 가지 구성요소를 가진 성스러운 도[八支聖道]를 잘 닦았고 완전하게 닦은 이것 역시 번뇌 다한 비구의 힘입니다. 그 힘을 가져서 번뇌 다한 비구는 '나의 번뇌는 다했다.'고 번뇌의 소멸을 천명합니다.

세존이시여, 번뇌 다한 비구에게는 이러한 열 가지 힘이 있어서, 그 힘을 가진 번뇌 다한 비구는 '나의 번뇌는 다했다.'고 번뇌의 소멸을 천명합니다."

제9장 장로 품이 끝났다.

아홉 번째 품에 포함된 경들의 목록은 다음과 같다.

① 바후나 ② 아난다 ③ 뿐니야 ④ 설명
⑤ 자화자찬 ⑥ 구경의 지혜 ⑦ 대중공사
⑧ 욕설 ⑨ 꼬깔리까 ⑩ 힘이다.

제10장 청신사 품
Upāsaka-vagga[215]

감각적 욕망을 즐기는 자 경(A10:91)
Kāmabhogī-sutta

1. 한때 세존께서는 사왓티에서 제따 숲의 급고독원에 머무셨다. 그때 급고독 장자가 세존께 다가갔다. 가서는 세존께 절을 올리고 한 곁에 앉았다. 한 곁에 앉은 급고독 장자에게 세존께서는 이렇게 말씀하셨다.

2. "장자여, 세상에는 열 부류의 감각적 욕망을 즐기는 자가 있다. 무엇이 열인가?"

3. "장자여, 여기 감각적 욕망을 즐기는 어떤 자는 부당한 방법과 폭력을 써서 재산을 모으고, 부당한 방법과 폭력을 써서 재산을 모은 뒤 자신을 행복하게 하지 않고, 만족하게 하지 않고, 나누어 가지지 않고, 공덕을 짓지 않는다."

4. "장자여, 여기 감각적 욕망을 즐기는 어떤 자는 부당한 방법과 폭력을 써서 재산을 모으고, 부당한 방법과 폭력을 써서 재산을 모은 뒤 자신을 행복하게 하고, 만족하게 하지만, 나누어 가지지 않고, 공덕을 짓지 않는다."

---

215) 6차결집본의 품의 명칭은 '우빨리 품'(upālivagga)이다.

5. "장자여, 여기 감각적 욕망을 즐기는 어떤 자는 부당한 방법과 폭력을 써서 재산을 모으고, 부당한 방법과 폭력을 써서 재산을 모은 뒤 자신을 행복하게 하고, 만족하게 하고, 나누어 가지고, 공덕을 짓는다."

6. "장자여, 여기 감각적 욕망을 즐기는 어떤 자는 정당한 방법, 부당한 방법과 폭력을 쓰기도 하고 폭력을 쓰지 않기도 하여 재산을 모으고, 정당한 방법, 부당한 방법과 폭력을 쓰기도 하고 폭력을 쓰지 않기도 하여 재산을 모은 뒤 자신을 행복하게 하지 않고, 만족하게 하지 않고, 나누어 가지지 않고, 공덕을 짓지 않는다."

7. "장자여, 여기 감각적 욕망을 즐기는 어떤 자는 정당한 방법, 부당한 방법과 폭력을 쓰기도 하고 폭력을 쓰지 않기도 하여 재산을 모으고, 정당한 방법, 부당한 방법과 폭력을 쓰기도 하고 폭력을 쓰지 않기도 하여 재산을 모은 뒤 자신을 행복하게 하고, 만족하게 하지만, 나누어 가지지 않고, 공덕을 짓지 않는다."

8. "장자여, 여기 감각적 욕망을 즐기는 어떤 자는 정당한 방법, 부당한 방법과 폭력을 쓰기도 하고 폭력을 쓰지 않기도 하여 재산을 모으고, 정당한 방법, 부당한 방법과 폭력을 쓰기도 하고 폭력을 쓰지 않기도 하여 재산을 모은 뒤 자신을 행복하게 하고, 만족하게 하고, 나누어 가지고, 공덕을 짓는다."

9. "장자여, 여기 감각적 욕망을 즐기는 어떤 자는 정당한 방법으로 폭력을 쓰지 않고 재산을 모으고, 정당한 방법으로 폭력을 쓰

지 않고 재산을 모은 뒤 자신을 행복하게 하지 않고, 만족하게 하지 않고, 나누어 가지지 않고, 공덕을 짓지 않는다."

10. "장자여, 여기 감각적 욕망을 즐기는 어떤 자는 정당한 방법으로 폭력을 쓰지 않고 재산을 모으고, 정당한 방법으로 폭력을 쓰지 않고 재산을 모은 뒤 자신을 행복하게 하고, 만족하게 하지만, 나누어 가지지 않고, 공덕을 짓지 않는다."

11. "장자여, 여기 감각적 욕망을 즐기는 어떤 자는 정당한 방법으로 폭력을 쓰지 않고 재산을 모으고, 정당한 방법으로 폭력을 쓰지 않고 재산을 모은 뒤 자신을 행복하게 하고, 만족하게 하고, 나누어 가지고, 공덕을 짓는다. 그러나 그는 재산에 묶이고, 홀리고, 집착하며, 위험을 보지 못하고, 벗어남을 통찰하지 못하면서 사용한다."

12. "장자여, 여기 감각적 욕망을 즐기는 어떤 자는 정당한 방법으로 폭력을 쓰지 않고 재산을 모으고, 정당한 방법으로 폭력을 쓰지 않고 재산을 모은 뒤 자신을 행복하게 하고, 만족하게 하고, 나누어 가지고, 공덕을 짓는다. 그리고 재산에 묶이지 않고, 홀리지 않고, 집착하지 않으며, 위험을 보고, 벗어남을 통찰하면서 사용한다."

13. "장자여, 감각적 욕망을 즐기는 자들 가운데서, 부당한 방법과 폭력을 써서 재산을 모으고, 부당한 방법과 폭력을 써서 재산을 모은 뒤 자신을 행복하게 하지 않고, 만족하게 하지 않고, 나누어 가지지 않고, 공덕을 짓지 않는 자는 세 가지 이유로 비난받는다. 그는 부당한 방법과 폭력을 써서 재산을 모은다. 이것이 비난받는 첫 번째

이유다. 그는 자신을 행복하게 하지 않고, 만족하게 하지 않는다. 이것이 비난받는 두 번째 이유다. 그는 나누어 가지지 않고, 공덕을 짓지 않는다. 이것이 비난받는 세 번째 이유다. 장자여, 이 경우에 감각적 욕망을 즐기는 이 사람은 이러한 세 가지 이유로 비난받는다."

14. "장자여, 감각적 욕망을 즐기는 자들 가운데서, 부당한 방법과 폭력을 써서 재산을 모으고, 부당한 방법과 폭력을 써서 재산을 모은 뒤 자신을 행복하게 하고, 만족하게 하지만, 나누어 가지지 않고, 공덕을 짓지 않는 자는 두 가지 이유로 비난받고, 한 가지 이유로 칭송받는다. 그는 부당한 방법과 폭력을 써서 재산을 모은다. 이것이 비난받는 첫 번째 이유다. 그는 자신을 행복하게 하고, 만족하게 한다. 이것이 칭송받는 한 가지 이유다. 그는 나누어 가지지 않고, 공덕을 짓지 않는다. 이것이 비난받는 두 번째 이유다. 장자여, 이 경우에 감각적 욕망을 즐기는 자는 이러한 두 가지 이유로 비난받고 한 가지 이유로 칭송받는다."

15. "장자여, 감각적 욕망을 즐기는 자들 가운데서, 부당한 방법과 폭력을 써서 재산을 모으고, 부당한 방법과 폭력을 써서 재산을 모은 뒤 자신을 행복하게 하고, 만족하게 하고, 나누어 가지고, 공덕을 짓는 자는 한 가지 이유로 비난받고, 두 가지 이유로 칭송받는다. 그는 부당한 방법과 폭력을 써서 재산을 모은다. 이것이 비난받는 첫 번째 이유다. 그는 자신을 행복하게 하고, 만족하게 한다. 이것이 칭송받는 첫 번째 이유다. 그는 나누어 가지고, 공덕을 짓는다. 이것이 칭송받는 두 번째 이유다. 장자여, 이 경우에 감각적 욕망을 즐기는 자는 이러한 한 가지 이유로 비난받고 두 가지 이유로 칭송받는다."

16. "장자여, 감각적 욕망을 즐기는 자들 가운데서, 정당한 방법, 부당한 방법과 폭력을 쓰기도 하고 폭력을 쓰지 않기도 하여 재산을 모으고, 정당한 방법, 부당한 방법과 폭력을 쓰기도 하고 폭력을 쓰지 않기도 하여 재산을 모은 뒤 자신을 행복하게 하지 않고, 만족하게 하지 않고, 나누어 가지지 않고, 공덕을 짓지 않는 자는 한 가지 이유로 칭송받고, 세 가지 이유로 비난받는다. 그는 정당한 방법과 폭력을 쓰지 않고 재산을 모은다. 이것이 칭송받는 한 가지 이유다. 그는 부당한 방법과 폭력을 써서 재산을 모은다. 이것이 비난받는 첫 번째 이유다. 그는 자신을 행복하게 하지 않고, 만족하게 하지 않는다. 이것이 비난받는 두 번째 이유다. 그는 나누어 가지지 않고, 공덕을 짓지 않는다. 이것이 비난받는 세 번째 이유다. 장자여, 이 경우에 감각적 욕망을 즐기는 자는 이러한 한 가지 이유로 칭송받고 세 가지 이유로 비난받는다."

17. "장자여, 감각적 욕망을 즐기는 자들 가운데서, 정당한 방법, 부당한 방법과 폭력을 쓰기도 하고 폭력을 쓰지 않기도 하여 재산을 모으고, 정당한 방법, 부당한 방법과 폭력을 쓰기도 하고 폭력을 쓰지 않기도 하여 재산을 모은 뒤 자신을 행복하게 하고, 만족하게 하지만, 나누어 가지지 않고, 공덕을 짓지 않는 자는 두 가지 이유로 칭송받고, 두 가지 이유로 비난받는다. 그는 정당한 방법과 폭력을 쓰지 않고 재산을 모은다. 이것이 칭송받는 첫 번째 이유다. 그는 부당한 방법과 폭력을 써서 재산을 모은다. 이것이 비난받는 첫 번째 이유다. 그는 자신을 행복하게 하고, 만족하게 한다. 이것이 칭송받는 두 번째 이유다. 그는 나누어 가지지 않고, 공덕을 짓지 않는다.

이것이 비난받는 두 번째 이유다. 장자여, 이 경우에 감각적 욕망을 즐기는 자는 이러한 두 가지 이유로 칭송받고, 두 가지 이유로 비난받는다."

18. "장자여, 감각적 욕망을 즐기는 자들 가운데서, 정당한 방법, 부당한 방법과 폭력을 쓰기도 하고 폭력을 쓰지 않기도 하여 재산을 모으고, 정당한 방법, 부당한 방법과 폭력을 쓰기도 하고 폭력을 쓰지 않기도 하여 재산을 모은 뒤 자신을 행복하게 하고, 만족하게 하고, 나누어 가지고, 공덕을 짓는 자는 세 가지 이유로 칭송받고, 한 가지 이유로 비난받는다. 그는 정당한 방법과 폭력을 쓰지 않고 재산을 모은다. 이것이 칭송받는 첫 번째 이유다. 그는 부당한 방법과 폭력을 써서 재산을 모은다. 이것이 비난받는 한 가지 이유다. 그는 자신을 행복하게 하고, 만족하게 한다. 이것이 칭송받는 두 번째 이유다. 그는 나누어 가지고, 공덕을 짓는다. 이것이 칭송받는 세 번째 이유다. 장자여, 이 경우에 감각적 욕망을 즐기는 자는 이러한 세 가지 이유로 칭송받고 한 가지 이유로 비난받는다."

19. "장자여, 감각적 욕망을 즐기는 자들 가운데서, 정당한 방법으로 폭력을 쓰지 않고 재산을 모으고, 정당한 방법으로 폭력을 쓰지 않고 재산을 모은 뒤 자신을 행복하게 하지 않고, 만족하게 하지 않고, 나누어 가지지 않고, 공덕을 짓지 않는 자는 한 가지 이유로 칭송받고, 두 가지 이유로 비난받는다. 그는 정당한 방법으로 폭력을 쓰지 않고 재산을 모은다. 이것이 칭송받는 한 가지 이유다. 그는 자신을 행복하게 하지 않고, 만족하게 하지 않는다. 이것이 비난받는 첫 번째 이유다. 그는 나누어 가지지 않고, 공덕을 짓지 않는다. 이것

이 비난받는 두 번째 이유다. 장자여, 이 경우에 감각적 욕망을 즐기는 자는 이러한 한 가지 이유로 칭송받고 두 가지 이유로 비난받는다."

20. "장자여, 감각적 욕망을 즐기는 자들 가운데서, 정당한 방법으로 폭력을 쓰지 않고 재산을 모으고, 정당한 방법으로 폭력을 쓰지 않고 재산을 모은 뒤 자신을 행복하게 하고, 만족하게 하지만, 나누어 가지지 않고, 공덕을 짓지 않는 자는 두 가지 이유로 칭송받고, 한 가지 이유로 비난받는다. 그는 정당한 방법으로 폭력을 쓰지 않고 재산을 모은다. 이것이 칭송받는 첫 번째 이유다. 그는 자신을 행복하게 하고, 만족하게 한다. 이것이 칭송받는 두 번째 이유다. 그는 나누어 가지지 않고, 공덕을 짓지 않는다. 이것이 비난받는 한 가지 이유다. 장자여, 이 경우에 감각적 욕망을 즐기는 자는 이러한 두 가지 이유로 칭송받고, 한 가지 이유로 비난받는다."

21. "장자여, 감각적 욕망을 즐기는 자들 가운데서, 정당한 방법으로 폭력을 쓰지 않고 재산을 모으고, 정당한 방법으로 폭력을 쓰지 않고 재산을 모은 뒤 자신을 행복하게 하고, 만족하게 하고, 나누어 가지고, 공덕을 짓는다. 그러나 재산에 묶이고, 홀리고, 집착하며, 위험을 보지 못하고, 벗어남을 통찰하지 못하면서 사용하는 자는 세 가지 이유로 칭송받고, 한 가지 이유로 비난받는다. 그는 정당한 방법으로 폭력을 쓰지 않고 재산을 모은다. 이것이 칭송받는 첫 번째 이유다. 그는 자신을 행복하게 하고, 만족하게 한다. 이것이 칭송받는 두 번째 이유다. 그는 나누어 가지고, 공덕을 짓는다. 이것이 칭송받는 세 번째 이유다. 그는 재산에 묶이고, 홀리고, 집착하며, 위험을 보지 못하고, 벗어남을 통찰하지 못하면서 사용한다. 이것이 비난받

는 한 가지 이유다. 장자여, 이 경우에 감각적 욕망을 즐기는 자는 이러한 세 가지 이유로 칭송받고 한 가지 이유로 비난받는다."

22. "장자여, 감각적 욕망을 즐기는 자들 가운데서, 정당한 방법으로 폭력을 쓰지 않고 재산을 모으고, 정당한 방법으로 폭력을 쓰지 않고 재산을 모은 뒤 자신을 행복하게 하고, 만족하게 하고, 나누어 가지고, 공덕을 짓는다. 그리고 재산에 묶이지 않고, 홀리지 않고, 집착하지 않으며, 위험을 보고, 벗어남을 통찰하면서 사용하는 자는 네 가지 이유로 칭송받는다. 그는 정당한 방법으로 폭력을 쓰지 않고 재산을 모은 다. 이것이 칭송받는 첫 번째 이유다. 그는 자신을 행복하게 하고, 만족하게 한다. 이것이 칭송받는 두 번째 이유다. 그는 나누어 가지고, 공덕을 짓는다. 이것이 칭송받는 세 번째 이유다. 그는 재산에 묶이지 않고, 홀리지 않고, 집착하지 않으며, 위험을 보고, 벗어남을 통찰하면서 사용한다. 이것이 칭송받는 네 번째 이유다. 장자여, 이 경우에 감각적 욕망을 즐기는 자는 이러한 네 가지 이유로 칭송받는다.

장자여, 세상에는 이러한 열 부류의 감각적 욕망을 즐기는 자가 있다."

23. "장자여, 이러한 열 가지 부류의 감각적 욕망을 즐기는 자들 가운데서, 정당한 방법으로 폭력을 쓰지 않고 재산을 모으고, 정당한 방법으로 폭력을 쓰지 않고 재산을 모은 뒤 자신을 행복하게 하고, 만족하게 하고, 나누어 가지고, 공덕을 짓고, 재산에 묶이지 않고, 홀리지 않고, 집착하지 않으며, 위험을 보고, 벗어남을 통찰하면서

사용하는 이 사람이 감각적 욕망을 즐기는 자들 가운데서 으뜸이고 가장 뛰어나고 가장 훌륭하고 가장 높고 가장 탁월하다.

비구들이여, 예를 들면 소로부터 우유가 있고 우유로부터 응유가 되고 응유로부터 생 버터가 되고 생 버터로부터 정제된 버터가 되고 정제된 버터로부터 최상의 버터(제호, 醍醐)가 만들어지나니, 그것을 으뜸이라 부르는 것과 같다. 그와 같이 이러한 열 부류의 감각적 욕망을 즐기는 자들 가운데서, 정당한 방법으로 폭력을 쓰지 않고 재산을 모으고, 정당한 방법으로 폭력을 쓰지 않고 재산을 모은 뒤 자신을 행복하게 하고, 만족하게 하고, 나누어 가지고, 공덕을 짓고, 재산에 묶이지 않고, 홀리지 않고, 집착하지 않으며, 위험을 보고, 벗어남을 통찰하면서 사용하는 이 사람이 감각적 욕망을 즐기는 자들 가운데서 으뜸이고 가장 뛰어나고 가장 훌륭하고 가장 높고 가장 탁월하다."

증오 경(A10:92)[216]
Vera-sutta

1. 한때 세존께서는 사왓티에서 제따 숲의 급고독원에 머무셨다. 그때 급고독 장자가 세존께 다가갔다. 가서는 세존께 절을 올리

---

[216] 6차결집본의 경제목은 '두려움'(Bhaya-sutta)이다. 그리고 본경은 『상윳따 니까야』 「다섯 가지 두려움과 증오 경」(S12:42)과 같은 내용이다. 거기서는 비구들에게 설하셨고 여기서는 급고독 장자에게 설하셨다. 그 경은 12연기라는 주제에 초점을 맞추어서 『상윳따 니까야』 (주제별로 모은 경) 「연기상윳」(S12)에 포함되었고 여기서는 5+4+1=10의 숫자에 맞추어서 『앙굿따라 니까야』 (숫자별로 모은 경) 「열의 모음」에 포함되었다.

고 한 곁에 앉았다. 한 곁에 앉은 급고독 장자에게 세존께서는 이렇게 말씀하셨다.

2. "장자여, 성스러운 제자에게 다섯 가지 두려움과 증오가 가라앉고, 또 그가 네 가지 예류도를 얻기 위한 구성요소를 구족하고, 성스러운 방법217)을 통찰지로 잘 보고 잘 꿰뚫을 때, 그가 원하면 스스로가 스스로에 대해서 설명할 수 있다. '나는 지옥을 다했고, 축생의 모태를 다했고, 아귀계를 다했고, 처참한 곳·불행한 곳·파멸처를 다했다. 나는 흐름에 든 자[預流者]이니, [악취에] 떨어지지 않고 [해탈이] 확실하며 정등각으로 나아가는 자다.'라고."

3. "어떤 다섯 가지 두려움과 증오가 가라앉는가?218) 장자여, 생명을 죽이는 자는 생명을 죽이는 것을 조건으로 하여 금생의 두려움과 증오를 일으키고 내생의 두려움과 증오도 일으키며 정신적인 괴로움과 슬픔을 경험한다. 생명을 죽이는 자가 생명을 죽이는 것을 멀리 여의면 금생의 두려움과 증오를 일으키지 않을 뿐 아니라 내생의 두려움과 증오도 일으키지 않으며 정신적인 괴로움과 슬픔도 경험하지 않는다. 생명을 죽이는 것을 멀리 여읜 자에게 이러한 두려움과 증오가 가라앉는다."

4. "장자여, 주지 않은 것을 가지는 자는 … 삿된 음행을 하는 자는 … 거짓말을 하는 자는 … 방일하는 근본이 되는 술과 중독성

---

217) "'성스러운 방법(ariya ñāya)'이란 위빳사나와 함께한 도(vipassanāya maggo)를 말한다."(AA.v.62)
218) 이 다섯 가지에 대한 설명은 본서 제5권 「증오 경」 1(A9:27)의 §3과 같다.

물질을 섭취하는 자는 방일하는 근본이 되는 술과 중독성 물질을 섭취하는 것을 조건으로 하여 금생의 두려움과 증오를 일으키고 내생의 두려움과 증오도 일으키며 정신적인 괴로움과 슬픔을 경험한다. 방일하는 근본이 되는 술과 중독성 물질을 섭취하는 것을 멀리 여의면 금생의 두려움과 증오를 일으키지 않을 뿐 아니라 내생의 두려움과 증오도 일으키지 않으며 정신적인 괴로움과 슬픔도 경험하지 않는다. 방일하는 근본이 되는 술과 중독성 물질을 섭취하는 것을 멀리 여읜 자에게 이러한 두려움과 증오가 가라앉는다.

이러한 다섯 가지 두려움과 증오가 가라앉는다."

5. "그러면 어떤 것이 네 가지 예류도를 얻기 위한 구성요소를 구족하는 것인가?

장자여, 여기 성스러운 제자는 '이런 [이유로] 그분 세존께서는 아라한[應供]이시며, 완전히 깨달은 분[正等覺]이시며, 영지와 실천을 구족한 분[明行足]이시며, 피안으로 잘 가신 분[善逝]이시며, 세간을 잘 알고 계신 분[世間解]이시며, 가장 높은 분[無上士]이시며, 사람을 잘 길들이는 분[調御丈夫]이시며, 하늘과 인간의 스승[天人師]이시며, 깨달은 분[佛]이시며, 세존(世尊)이시다.'라고 부처님께 흔들림 없는 청정한 믿음을 지닌다.

그는 '법은 세존에 의해서 잘 설해졌고, 스스로 보아 알 수 있고, 시간이 걸리지 않고, 와서 보라는 것이고, 향상으로 인도하고, 지자들이 각자 알아야 하는 것이다.'라고 법에 흔들림 없는 청정한 믿음을 지닌다.

그는 '세존의 제자들의 승가는 잘 도를 닦고, 세존의 제자들의 승가는 바르게 도를 닦고, 세존의 제자들의 승가는 참되게 도를 닦고, 세존의 제자들의 승가는 합당하게 도를 닦으니, 곧 네 쌍의 인간들이요[四雙] 여덟 단계에 있는 사람들[八輩]이시다. 이러한 세존의 제자들의 승가는 공양받아 마땅하고, 선사받아 마땅하고, 보시받아 마땅하고, 합장받아 마땅하며, 세상의 위없는 복밭[福田]이시다.'라고 승가에 흔들림 없는 청정한 믿음을 지닌다.

그는 성자들이 좋아하며 훼손되지 않았고 뚫어지지 않았고 오점이 없고 얼룩이 없고 벗어나게 하고 지자들이 찬탄하고 [성취한 것에] 들러붙지 않고 삼매에 도움이 되는 계를 구족한다.

예류도를 얻기 위한 이러한 네 가지 구성요소를 구족한다."

6. "그러면 어떤 것이 성스러운 방법을 통찰지로 잘 보고 잘 꿰뚫는 것인가? 장자여, 여기 성스러운 제자는 이렇게 숙고한다.

'이것이 있을 때 저것이 있다. 이것이 일어날 때 저것이 일어난다. 이것이 없을 때 저것도 없다. 이것이 멸할 때 저것도 멸한다. 무명을 조건으로 의도적 행위들[行]이, 의도적 행위들을 조건으로 알음알이가, 알음알이를 조건으로 정신·물질이, 정신·물질을 조건으로 여섯 감각장소가, 여섯 감각장소를 조건으로 감각접촉이, 감각접촉을 조건으로 느낌이, 느낌을 조건으로 갈애가, 갈애를 조건으로 취착이, 취착을 조건으로 존재가, 존재를 조건으로 태어남이, 태어남을 조건으로 늙음·죽음과 근심·탄식·육체적 고통·정신적 고통·절망이 있다. 이와 같이 전체 괴로움의 무더기[苦蘊]가 발생한다.

무명이 남김없이 빛바래어 소멸하기 때문에 의도적 행위들이 소멸하고, 의도적 행위들이 소멸하기 때문에 알음알이가 소멸하고, 알음알이가 소멸하기 때문에 정신·물질이 소멸하고, 정신·물질이 소멸하기 때문에 여섯 감각장소가 소멸하고, 여섯 감각장소가 소멸하기 때문에 감각접촉이 소멸하고, 감각접촉이 소멸하기 때문에 느낌이 소멸하고, 느낌이 소멸하기 때문에 갈애가 소멸하고, 갈애가 소멸하기 때문에 취착이 소멸하고, 취착이 소멸하기 때문에 존재가 소멸하고, 존재가 소멸하기 때문에 태어남이 소멸하고, 태어남이 소멸하기 때문에 늙음·죽음과 근심·탄식·육체적 고통·정신적 고통·절망이 소멸한다. 이와 같이 전체 괴로움의 무더기[苦蘊]가 소멸한다.'라고.

이것이 성스러운 방법을 통찰지로 잘 보고 잘 꿰뚫는 것이다.

장자여, 성스러운 제자에게 이러한 다섯 가지 두려움과 증오가 가라앉고, 또 그가 이러한 네 가지 예류도를 얻기 위한 구성요소를 구족하고, 이러한 성스러운 방법을 통찰지로 잘 보고 잘 꿰뚫을 때, 그가 원하면 스스로가 스스로에 대해 이렇게 설명할 수 있다. '나는 지옥을 다했고, 축생의 모태를 다했고, 아귀계를 다했고, 처참한 곳·불행한 곳·파멸처를 다했다. 나는 흐름에 든 자[預流者]이니, [악취에] 떨어지지 않고 [해탈이] 확실하며 정등각으로 나아가는 자다.'라고."

견해 경(A10:93)[219]
Diṭṭhi-sutta

1. 한때 세존께서는 사왓티에서 제따 숲의 급고독원에 머무셨다. 그때 급고독 장자는 세존을 친견하기 위해 이른 아침에 사왓티를

---

219) 6차결집본의 경제목은 '어떤 견해'(Kiṁdiṭṭhika-sutta)이다.

나왔다. 그러자 급고독 장자에게 이런 생각이 들었다. '지금은 세존을 친견하기에 적당한 시간이 아니다. 세존께서는 칩거하고 계신다. 마음을 닦는 비구들을 친견하기에도 적당한 시간이 아니다. 마음을 닦는 비구들도 칩거하고 있다. 그러니 나는 외도 유행승들의 원림으로 가봐야겠다.' 그래서 급고독 장자는 외도 유행승들의 원림으로 갔다.

2. 그때 외도 유행승들은 함께 모여서 큰 소리로 시끄럽게 떠들면서 여러 가지 쓸데없는 이야기를 나누며 앉아 있었다. 외도 유행승들은 급고독 장자가 오는 것을 멀리서 보고 서로서로 조용히 하도록 했다.

"존자들은 조용히 하시오. 존자들은 소리를 내지 마시오. 사문 고따마의 제자인 급고독 장자가 오고 있습니다. 사문 고따마의 흰 옷을 입은 재가 제자들이 사왓티에 살고 있는데 이 급고독 장자는 그 가운데 한 명입니다. 사문 고따마의 제자들은 조용함을 좋아하고 조용함에 단련되었고 조용함을 칭송합니다. 이제 그가 우리 회중이 조용함을 보면 그는 우리에게 다가와 볼만하다고 생각할 것입니다."

그러자 유행승들은 침묵했다.

3. 그때 급고독 장자는 외도 유행승들에게 다가갔다. 가서는 외도 유행승들과 함께 환담을 나누었다. 유쾌하고 기억할 만한 이야기로 서로 담소를 하고서 한 곁에 앉았다. 한 곁에 앉은 급고독 장자에게 외도 유행승들은 이렇게 말했다.

"장자여, 사문 고따마는 어떤 견해를 가졌는지 말해주십시오."

"존자들이여, 나는 세존의 모든 견해를 알지 못합니다."

"장자여, 그대가 사문 고따마의 모든 견해를 알지 못한다면, 비구들은 어떤 견해를 가졌는지 말해주십시오."

"존자들이여, 나는 비구들의 모든 견해를 알지 못합니다."

"장자여, 그대가 사문 고따마의 모든 견해를 알지 못하고, 비구들의 모든 견해를 알지 못한다면, 그대는 어떤 견해를 가졌는지 말해주십시오."

"존자들이여, 제가 어떤 견해를 가졌는지, 그것을 말하는 것은 결코 어렵지 않습니다. 그러니 존자들 자신의 견해들을 먼저 설명해주십시오. 그런 후에 제가 어떤 견해를 가졌는지에 대해 설명하는 것이 쉬울 것입니다."

4. 이렇게 말하자 어떤 유행승은 급고독 장자에게 이렇게 말했다.

"장자여, 나는 '세상은 영원하다는 이것만이 진리이고 다른 것은 쓸모가 없다.'라는 이러한 견해를 가지고 있습니다."

어떤 유행승은 급고독 장자에게 이렇게 말했다.

"장자여, 나는 '세상은 영원하지 않다는 이것만이 진리이고 다른 것은 쓸모가 없다.'라는 … '세상은 끝이 있다는 이것만이 진리이고 다른 것은 쓸모가 없다.'라는 … '세상은 끝이 없다는 이것만이 진리이고 다른 것은 쓸모가 없다.'라는 … '생명이 바로 몸이라는 이것만이 진리이고 다른 것은 쓸모가 없다.'라는 … '생명과 몸은 별개의 것이라는 이것만이 진리이고 다른 것은 쓸모가 없다.'라는 … '여래는 죽은 뒤에도 존재한다는 이것만이 진리이고 다른 것은 쓸모가 없다.'

라는 … '여래는 죽은 뒤에 존재하지 않는다는 이것만이 진리이고 다른 것은 쓸모가 없다.'라는 … '여래는 죽은 뒤에 존재하기도 하고 존재하지 않기도 한다는 이것만이 진리이고 다른 것은 쓸모가 없다.'라는 … '여래는 죽은 뒤에 존재하는 것도 아니요 존재하지 않는 것도 아니다는 이것만이 진리이고 다른 것은 쓸모가 없다.'라는 이러한 견해를 가지고 있습니다."

5. 이렇게 말하자 급고독 장자는 유행승들에게 이렇게 말했다. "존자들이여, '장자여, 나는 '세상은 영원하다는 이것만이 진리이고 다른 것은 쓸모가 없다.'라는 이러한 견해를 가지고 있습니다.'라고 하신 존자의 이 견해는, 자신이 지혜 없이 마음에 잡도리함으로 인해 생겼거나, 남의 말에 의존하여 생긴 것입니다. 이와 같은 견해는 생겨난 것이고, 형성된 것이고, 의도된 것이고, 조건 따라 일어난 것[緣起]입니다. 그리고 생겨났고, 형성되었고, 의도되었고, 조건 따라 일어난 것은 무상합니다. 무상한 것은 괴로움입니다. 그 괴로움에 이 존자는 들러붙어 있고, 그 괴로움에 이 존자는 굴복해버린 것입니다.

존자들이여, '장자여, '세상은 영원하지 않다는 이것만이 진리이고 다른 것은 쓸모가 없다.'라는 … '세상은 끝이 있다는 이것만이 진리이고 다른 것은 쓸모가 없다.'라는 … '세상은 끝이 없다는 이것만이 진리이고 다른 것은 쓸모가 없다.'라는 … '생명이 바로 몸이라는 이것만이 진리이고 다른 것은 쓸모가 없다.'라는 … '생명과 몸은 별개의 것이라는 이것만이 진리이고 다른 것은 쓸모가 없다.'라는 … '여래는 죽은 뒤에도 존재한다는 이것만이 진리이고 다른 것은 쓸모가 없다.'라는 … '여래는 죽은 뒤에 존재하지 않는다는 이것만이 진리이고 다른 것은 쓸모가 없다.'라는 … '여래는 죽은 뒤에 존재하기도 하고 존재하지 않기도 한다는 이것만이 진리이고 다른 것은 쓸모가 없다.'라는 … '여래는 죽은 뒤에 존재하는 것도 아니요 존재하지 않는 것도 아니다는 이것만이 진리이고 다른 것은 쓸모가 없다.'라는 이러한 견해를 가지고 있습니다.'라고 하신 존자의 이 견해도, 자신이 지혜 없이 마음에 잡도리함으로 인해 생겼거나, 남의 말에 의존하여 생긴 것입니다. 이와 같은 견해는 생겨난 것이고, 형성된 것이고, 의도된 것이고, 조건 따라 일어난 것[緣起]입니다. 그리고 생겨났고, 형성되었고, 의도되었고, 조건 따라 일어난 것은 무상합니다. 무상한 것은 괴로움입니다. 그 괴로움에 이 존자는 들러붙어 있고, 그 괴로움에 이 존자는 굴복해버린 것입니다."

6. 이렇게 말하자 유행승들은 급고독 장자에게 이렇게 말했다.
"장자여, 우리는 모두 자신의 견해들을 설명했습니다. 이제 그대는 어떤 견해를 가졌는지 말해주십시오."

"존자들이여, 생겨났고 형성되었고 의도되었고 조건 따라 일어난 것[緣起]은 무상합니다. 무상한 것은 괴로움입니다. 괴로운 것은 내 것이 아니요, 그것은 내가 아니며, 그것은 나의 자아가 아닙니다. 존자들이여, 나는 이러한 견해를 가졌습니다."

"장자여, 생겨났고, 형성되었고, 의도되었고, 조건 따라 일어난 것은 무상합니다. 무상한 것은 괴로움입니다. 그 괴로움에 장자는 들러붙어 있고, 그 괴로움에 장자는 굴복해버린 것입니다."

"존자들이여, '생겨났고 형성되었고 의도되었고 조건에 의해서 일어난 것[緣起]은 무상합니다. 무상한 것은 괴로움입니다. 괴로운 것은

내 것이 아니요, 그것은 내가 아니며, 그것은 나의 자아가 아닙니다.'
라고 이것을 있는 그대로 바른 통찰지로 잘 봅니다. 나는 그것으로부
터 최상의 벗어남을 있는 그대로 꿰뚫어 압니다."

이렇게 말하자 유행승들은 말이 없고 당혹하고 어깨가 축 처지고
고개를 떨어뜨리고 기가 꺾여 아무런 대답을 못하고 앉아있었다.

7. 그때 급고독 장자는 유행승들이 말이 없고 당혹하고 어깨가
축 처지고 고개를 떨어뜨리고 기가 꺾여 아무런 대답을 못하고 앉아
있는 것을 보고 자리에서 일어나 세존께 다가갔다. 가서는 세존께 절
을 올리고 한 곁에 앉았다. 한 곁에 앉아서 급고독 장자는 이제까지
있었던 외도 유행승들과의 대화를 모두 세존께 아뢰었다.

"장하고 장하구나, 장자여. 장자여, 이와 같이 때때로 그들 쓸모없
는 인간들을 이치에 맞게 논박해야 한다."

그때 세존께서는 급고독 장자에게 법을 설하시고 격려하시고 분발
하게 하시고 기쁘게 하셨다. 그러자 급고독 장자는 세존께서 설하신
법을 [듣고] 격려를 받고 분발하고 기뻐하여 자리에서 일어나 세존
께 절을 올리고 오른쪽으로 [세 번] 돌아 [경의를 표한] 뒤에 물러갔다.

8. 그때 세존께서는 급고독 장자가 물러간 지 오래 되지 않아
비구들을 불러서 말씀하셨다.

"비구들이여, 이 법과 율에서 구족계를 받은 지 백년이 된 비구일
지라도 급고독 장자가 외도 유행승들을 이치에 맞게 논박한 것처럼
이와 같이 외도 유행승들을 이치에 맞게 논박해야 한다."

왓지야마히따 경(A10:94)[220]
Vajjiyamāhita-sutta

1. 한때 세존께서는 짬빠에서 각가라 호수의 언덕에 머무셨다. 그때 왓지야마히따 장자[221]가 세존을 친견하기 위해 이른 아침에 짬빠를 나왔다. 그러자 왓지야마히따 장자에게 이런 생각이 들었다. '지금은 세존을 친견하기에 적당한 시간이 아니다. 세존께서는 칩거하고 계신다. 마음을 닦는 비구들을 친견하기에도 적당한 시간이 아니다. 마음을 닦는 비구들도 칩거하고 있다. 그러니 나는 외도 유행승들의 원림으로 가봐야겠다.' 그래서 왓지야마히따 장자는 외도 유행승들의 원림으로 갔다.

2. 그때 외도 유행승들은 함께 모여서 큰 소리로 시끄럽게 떠들면서 여러 가지 쓸데없는 이야기를 나누며 앉아 있었다. 외도 유행승들은 왓지야마히따 장자가 오는 것을 멀리서 보고 서로서로 조용히 하도록 했다.

"존자들은 조용히 하시오. 존자들은 소리를 내지 마시오. 사문 고따마의 제자인 왓지야마히따 장자가 오고 있습니다. 사문 고따마의 흰 옷을 입은 재가 제자들이 짬빠에 살고 있는데 이 왓지야마히따 장

---

220) PTS본의 경의 목록에는 Vajjiya로만 나타나는데 왓지야마히따가 사람 이름이므로 6차결집본을 따라서 '왓지야마히따'를 경제목으로 했다. Woodward도 이렇게 하고 있다.

221) 왓지야마히따 장자(Vajjiyamāhita gahapati)는 본서 제4권「발리까 등의 경」(A6:120)에서 20명의 뛰어난 청신사 가운데 한 사람으로 언급되어 있다. 그러나 이 장자에 대해서 주석서에는 아무런 설명도 없다.

자는 그 가운데 한 명입니다. 사문 고따마의 제자들은 조용함을 좋아하고 조용함에 단련되었고 조용함을 칭송합니다. 이제 그가 우리 회중이 조용함을 보면 그는 우리에게 다가와 불만하다고 생각할 것입니다."

그러자 유행승들은 침묵했다.

3. 그때 왓지야마히따 장자는 외도 유행승들에게 다가갔다. 가서는 외도 유행승들과 함께 환담을 나누었다. 유쾌하고 기억할 만한 이야기로 서로 담소를 하고서 한 곁에 앉았다. 한 곁에 앉은 왓지야마히따 장자에게 외도 유행승들은 이렇게 말했다.

"장자여, '사문 고따마는 모든 고행을 비난하고, 난행고행의 삶을 사는 고행자를 전적으로 힐난하고 비방한다.'라는 것이 사실입니까?"

"존자들이여, 세존께서는 모든 고행을 비난하지 않으시고, 난행고행의 삶을 사는 고행자를 전적으로 힐난하고 비방하지 않습니다. 존자들이여, 세존께서는 비난해야 할 것은 비난하시고 칭송해야 할 것은 칭송하십니다. 세존께서는 비난해야 할 것을 비난하시고 칭송해야 할 것을 칭송하시면서 분석적으로 설하시는 분이지, 획일적으로 설하시는 분이 아닙니다."

4. 이와 같이 말하자 외도 유행승들은 왓지야마히따 장자에게 이렇게 말했다.

"여보시오, 장자여. 그대가 칭송하여 말한 사문 고따마는 허무주의자요, [자기 견해를] 천명하지 않는 자222)입니다."

---

222) "'허무주의자(venayika)'란 스스로 길들이지 못하고(sayaṁ avinīto), 남에 의해 길들여지는 자를 말하고, '자기 견해를 천명하지 않는 자

"존자들이여, 여기서 나는 존자들에게 이치에 맞게 말합니다. 존자들이여, 세존께서는 '이것은 유익한 것이다.'라고 천명하십니다. 세존께서는 '이것은 해로운 것이다.'라고 천명하십니다. 이처럼 세존께서는 유익함과 해로움을 천명하시기 때문에 [자기 견해를] 천명하시는 분입니다. 그러므로 그분 세존께서는 허무주의자가 아니요 [자기 견해를] 천명하지 않는 분이 아닙니다."

이렇게 말하자 유행승들은 말이 없고 당혹하고 어깨가 축 처지고 고개를 떨어뜨리고 기가 꺾여 아무런 대답을 못하고 앉아있었다.

5. 그때 왓지야마히따 장자는 유행승들이 말이 없고 당혹하고 어깨가 축 처지고 고개를 떨어뜨리고 기가 꺾여 아무런 대답을 못하고 앉아있는 것을 보고 자리에서 일어나 세존께 다가갔다. 가서는 세존께 절을 올리고 한 곁에 앉았다. 한 곁에 앉아서 왓지야마히따 장자는 이제까지 있었던 외도 유행승들과의 대화를 모두 세존께 아뢰었다.

6. "장하고 장하구나, 장자여. 장자여, 이와 같이 때때로 그들 쓸모없는 인간들을 이치에 맞게 논박해야 한다. 장자여, 나는 모든 고행을 해야 한다고도 말하지 않고, 모든 고행을 하지 않아야 한다고도 말하지 않는다. 나는 모든 소임을 실천해야 한다고도 말하지 않고, 모든 소임을 실천하지 않아야 한다고도 말하지 않는다. 나는 모

(apaññattika)'란 아무 것도 천명할 수 없는 자를 말한다. 혹은 '허무주의자'란 중생들의 파멸을 부르는 자(satta-vināsaka)를, '자기 견해를 천명하지 않은 자'란 경험하지 않은(apaccakkha) 열반을 천명하고, 자기가 경험한 것(sayaṁkata) 가운데서 아무 것도 천명할 수 없는 자를 말한다."(AA.v.63)

든 노력을 해야 한다고도 말하지 않고, 모든 노력을 하지 않아야 한다고도 말하지 않는다. 나는 모든 놓아버림을 놓아버려야 한다고도 말하지 않고, 모든 놓아버림을 놓아버리지 않아야 한다고도 말하지 않는다. 나는 모든 결정을 결정해야 한다고도 말하지 않고 모든 결정을 결정하지 않아야 한다고도 말하지 않는다."

7. "장자여, 고행을 하여 해로운 법들이 증장하고 유익한 법들이 쇠퇴하면, 그런 고행은 하지 않아야 한다고 나는 말한다. 그러나 고행을 하여 해로운 법들이 쇠퇴하고 유익한 법들이 증장하면, 그런 고행은 해야 한다고 나는 말한다.

장자여, 소임을 실천하여 해로운 법들이 증장하고 유익한 법들이 쇠퇴하면, 그런 소임은 실천하지 않아야 한다고 나는 말한다. 그러나 소임을 실천하여 해로운 법들이 쇠퇴하고 유익한 법들이 증장하면, 그런 소임은 실천해야 한다고 나는 말한다.

장자여, 노력을 하여 해로운 법들이 증장하고 유익한 법들이 쇠퇴하면, 그런 노력은 하지 않아야 한다고 나는 말한다. 그러나 노력을 하여 해로운 법들이 쇠퇴하고 유익한 법들이 증장하면, 그런 노력은 해야 한다고 나는 말한다.

장자여, 놓아버려서 해로운 법들이 증장하고 유익한 법들이 쇠퇴하면, 그런 놓아버림은 놓아버리지 않아야 한다고 나는 말한다. 그러나 놓아버려서 해로운 법들이 쇠퇴하고 유익한 법들이 증장하면, 그런 놓아버림은 놓아버려야 한다고 나는 말한다.

장자여, 결정해서223) 해로운 법들이 증장하고 유익한 법들이 쇠퇴

---

223) '결정해서'로 옮긴 원문은 vimuttiṁ vimuccato인데 vimutti를 '해탈'이

하면, 그런 결정은 결정하지 않아야 한다고 나는 말한다. 그러나 결정해서 해로운 법들이 쇠퇴하고 유익한 법들이 증장하면, 그런 결정은 결정해야 한다고 나는 말한다."

그러자 왓지야마히따 장자는 세존께서 설하신 법을 [듣고] 격려를 받고 분발하고 기뻐하여 자리에서 일어나 세존께 절을 올리고 오른쪽으로 [세 번] 돌아 [경의를 표한] 뒤에 물러갔다.

8. 그때 세존께서는 왓지야마히따 장자가 물러간 지 오래 되지 않아 비구들을 불러서 말씀하셨다.

"비구들이여, 이 법과 율에서 오랜 세월 때가 적은 비구일지라도 왓지야마히따 장자가 외도 유행승들을 이치에 맞게 논박한 것처럼 이와 같이 외도 유행승들을 이치에 맞게 논박해야 한다."

웃띠야 경(A10:95)
Uttiya-sutta

1. 그때 웃띠야 유행승224)이 세존께 다가갔다. 가서는 세존과

라 옮기면 뜻이 통하지 않는다. 그래서 '결정'이라 옮겼다. 주석서에서 다음과 같이 설명하고 있기 때문이다.
"사견(micchā-diṭṭhi)이라 불리는 마음의 결정을 결정할 때(cittassa adhimuttiṁ adhimuccato) 해로운 법들이 증장한다고 한다. 그것과 관련하여 이렇게 말한 것이다. 그러나 교법에서는 마음의 해탈(cittassa vimutti)이라 불리는 해탈(vimutti)은 오직 유익한 법들의 조건이다."(AA.v.64)

224) 웃띠야 유행승(Uttiya paribbājaka)이 누구인지 주석서와 복주서는 아무런 언급이 없다. DPPN은 본경의 웃띠야 유행승이 『상윳따 니까야』 「도 상응」(S45)의 「웃띠야 경」(S45:30)에 나타나는 웃띠야 존자와

함께 환담을 나누었다. 유쾌하고 기억할 만한 이야기로 서로 담소를 하고서 한 곁에 앉았다. 한 곁에 앉은 웃띠야 유행승은 세존께 이렇게 말씀드렸다.

"고따마 존자시여, 세상은 영원하다는 이것만이 진리이고 다른 것은 쓸모가 없습니까?"

"웃띠야여, 나는 세상은 영원하다는 이것만이 진리이고 다른 것은 쓸모가 없다고 설명하지 않았다.[無記]"

"고따마 존자시여, 그러면 세상은 영원하지 않다는 이것만이 진리이고 다른 것은 쓸모가 없습니까?"

"웃띠야여, 나는 세상은 영원하지 않다는 이것만이 진리이고 다른 것은 쓸모가 없다고 설명하지 않았다."

"고따마 존자시여, 세상은 끝이 있다는 이것만이 진리이고 다른 것은 쓸모가 없습니까? … 세상은 끝이 없다는 이것만이 진리이고 다른 것은 쓸모가 없습니까? … 생명이 바로 몸이라는 이것만이 진리이고 다른 것은 쓸모가 없습니까? … 생명과 몸은 별개의 것이라는 이것만이 진리이고 다른 것은 쓸모가 없습니까? … 여래는 죽은 뒤에도 존재한다는 이것만이 진리이고 다른 것은 쓸모가 없습니까? … 여래는 죽은 뒤에 존재하지 않는다는 이것만이 진리이고 다른 것은 쓸모가 없습니까? … 여래는 죽은 뒤에 존재하기도 하고 존재하지 않기도 한다는 이것만이 진리이고 다른 것은 쓸모가 없습니까?

동일인일지도 모른다고 적고 있다. 『상윳따 니까야』의 「웃띠야 경」과 본경이 둘 다 사왓티의 급고독원에서 설해진 것을 보면 그럴 가능성이 있어 보이지만, 본경의 웃띠야는 유행승이고 『상윳따 니까야』에는 부처님 제자로 언급되고 있어 다른 분일 가능성이 높다.

… 여래는 죽은 뒤에 존재하는 것도 아니고 존재하지 않는 것도 아니다는 이것만이 진리이고 다른 것은 쓸모가 없습니까?"

"웃띠야여, 나는 여래는 죽은 뒤에 존재하는 것도 아니고 존재하지 않는 것도 아니다는 이것만이 진리이고 다른 것은 쓸모가 없다고 설명하지 않았다."

2. "제가 '고따마 존자시여, 세상은 영원하다는 이것만이 진리이고 다른 것은 쓸모가 없습니까?'라고 물으면 당신은 '웃띠야여, 나는 세상은 영원하다는 이것만이 진리이고 다른 것은 쓸모가 없다고 설명하지 않았다.'라고 하십니다. '고따마 존자시여, 그러면 세상은 영원하지 않다는 이것만이 진리이고 다른 것은 쓸모가 없습니까? … 세상은 끝이 있다는 이것만이 진리이고 다른 것은 쓸모가 없습니까? … 세상은 끝이 없다는 이것만이 진리이고 다른 것은 쓸모가 없습니까? … 생명이 바로 몸이라는 이것만이 진리이고 다른 것은 쓸모가 없습니까? … 생명과 몸은 별개의 것이라는 이것만이 진리이고 다른 것은 쓸모가 없습니까? … 여래는 죽은 뒤에도 존재한다는 이것만이 진리이고 다른 것은 쓸모가 없습니까? … 여래는 죽은 뒤에 존재하지 않는다는 이것만이 진리이고 다른 것은 쓸모가 없습니까? … 여래는 죽은 뒤에 존재하기도 하고 존재하지 않기도 한다는 이것만이 진리이고 다른 것은 쓸모가 없습니까? … 여래는 죽은 뒤에 존재하는 것도 아니고 존재하지 않는 것도 아니다는 이것만이 진리이고 다른 것은 쓸모가 없습니까?'라고 물으면 '웃띠야여, 나는 여래는 죽은 뒤에 존재하는 것도 아니고 존재하지 않는 것도 아니다는 이것만이 진리이고 다른 것은 쓸모가 없다고 설명하지 않았다.'라고 하십니다.

그러면 고따마 존자는 무엇을 설하십니까?"

"웃띠야여, 나는 최상의 지혜로 안 뒤에 제자들에게 법을 설하나니 그것은 중생들을 청정하게 하고, 근심과 탄식을 다 건너게 하며, 육체적 고통과 정신적 고통을 사라지게 하고, 옳은 방법을 터득하게 하고, 열반을 실현하게 하기 위한 것이다."

"고따마 존자가 중생들을 청정하게 하고, 근심과 탄식을 다 건너게 하며, 육체적 고통과 정신적 고통을 사라지게 하고, 옳은 방법을 터득하게 하고, 열반을 실현하게 하기 위하여 최상의 지혜로 안 뒤에 제자들에게 설한 그 가르침으로 세상 사람들이 모두 [열반으로] 인도됩니까? 아니면 반입니까, 아니면 삼분의 일입니까?"

이렇게 말하자 세존께서는 침묵하셨다.

3. 그러자 아난다 존자에게 이런 생각이 들었다.

'참으로 웃띠야 유행승이 다음과 같은 그릇된 견해를 갖지 않도록 해야겠다. '오, 참으로 나는 모든 질문 가운데 최고의 질문을 했다.225) 내 질문을 받은 사문 고따마는 맥없이 주저앉아 대답을 하지 못하고 견뎌내지 못하는구나.'라고, 이것은 웃띠야 유행승에게 오랜 세월 해로움이 있고 괴로움이 있을 뿐이다.'

그때 아난다 존자는 웃띠야 유행승에게 이렇게 말했다.

4. "도반 웃띠야여, 그렇다면 이제 비유를 하나 들겠습니다.

---

225) '모든 질문 가운데 최고의 질문을 했다.'로 옮긴 원문은 sabbasāmukkaṁ-sikaṁ이다. 주석서에서 "모든 질문 가운데서 최고의 질문을 물었다는 말이다.(sabba-pucchānaṁ uttama-pucchaṁ pucchito)"(AA.v.64)라고 설명하고 있어서 이렇게 옮겼다.

이 비유를 통해서 여기서 어떤 지혜로운 사람들은 [내가 하려는] 말의 뜻을 잘 이해할 것입니다.

도반 웃띠야여, 예를 들면 왕의 국경에 있는 도시는 깊은 해자와 튼튼한 성벽과 망루를 가지고 있고 하나의 대문을 가지고 있습니다. 거기에 지혜롭고 슬기롭고 현명한 문지기가 있어, 모르는 자들은 제지하고 아는 자들만 들어가게 합니다. 그는 그 도시의 다니는 길을 차례대로 순찰하면서 성벽의 이음매나 혹은 고양이가 통과할 수 있을 정도의 틈새까지 보지는 않습니다. 그리고 그는 '이렇게 많은 중생들이 이 도시에 들어오고, 이렇게 많은 중생들이 나간다.'라고 알지도 못합니다. 그는 다만 '이 도시를 들어오고 나가는 큰 생명체는 누구든 모두 이 대문으로 들어오고 나간다.'라고 압니다.

그와 같이 여래는 세상 사람들이 모두 [열반으로] 인도되거나, 반혹은 삼분의 일이 그렇게 되는 것에는 관심이 없습니다. 그러나 여래는 '세상으로부터 [열반으로] 인도되었고 인도되고 인도될 자들은 모두, 다섯 가지 장애[五蓋]를 제거하고, 통찰지로써 마음의 오염원들을 무력하게 만들고, 네 가지 마음챙김의 확립에 마음을 잘 확립하고, 일곱 가지 깨달음의 구성요소를 있는 그대로 닦은 뒤에 비로소 세상으로부터 [열반으로] 인도되었고 인도되고 인도될 것이다.'라고 압니다. 도반 웃띠야여, 그러므로 그대가 세존께 드린 질문은 전혀 다른 관점에서 질문을 드린 것입니다. 그래서 세존께서는 그대의 질문에 설명을 하지 않으신 것입니다."

꼬까누다 경(A10:96)
Kokanuda-sutta

1. 한때 아난다 존자는 라자가하에서 따뽀다(온천) 원림226)에 머물렀다. 그때 아난다 존자는 밤이 지나고 새벽이 되었을 때 일어나 온천으로 목욕을 하러 갔다. 온천에서 목욕을 하고 나와서 옷 한 벌만을 입고 몸을 말리고 있었다. 꼬까누다 유행승227)도 밤이 지나고 새벽이 되었을 때 일어나 온천으로 목욕을 하러 갔다. 꼬까누다 유행승은 아난다 존자가 멀리서 오는 것을 보고 아난다 존자에게 이렇게 말했다.

"도반이여, 누구십니까?"

"도반이여, 나는 비구입니다."

"도반이여, 어떤 비구집단에 속합니까?"

"도반이여, 나는 사꺄의 아들들인 사문의 집단에 속합니다."

"도반이여, 존자가 허락하신다면 저는 존자에게 어떤 문제에 대해 질문을 하고자 합니다."

"도반이여, 질문해보십시오. 들어봐야 알겠습니다."

---

226) 따뽀다 원림(Tapodā ārāma)은 우리에게 온천정사로 알려진 곳으로, 라자가하의 웨바라(Vebhāra) 산 아래에 있는 따뽀다 호수 부근에 있었던 승원이다. 여기서 따뽀다(tapodā)는 tapo+uda(Sk. tapas+udan, 문자적으로 뜨거운 물)에서 파생된 단어로 온천을 뜻한다. 지금도 라자가하(왕사성)에는 온천이 남아있어서 많은 순례객들이 찾는데 이곳을 말하는 것인지는 분명하지 않다.

227) 꼬까누다 유행승(Kokanuda paribbājaka)은 본경에만 등장하는데 주석서와 복주서에는 그에 대한 아무런 설명이 없다.

2. "존자여, 당신은 '세상은 영원하다는 이것만이 진리이고 다른 것은 쓸모가 없다.'라는 이런 견해를 가졌습니까?"

"도반이여, 나는 '세상은 영원하다는 이것만이 진리이고 다른 것은 쓸모가 없다.'라는 그런 견해를 가지고 있지 않습니다."

"존자여, 그러면 당신은 '세상은 영원하지 않다는 이것만이 진리이고 다른 것은 쓸모가 없다.'라는 … '세상은 끝이 있다는 이것만이 진리이고 다른 것은 쓸모가 없다.'라는 … '세상은 끝이 없다는 이것만이 진리이고 다른 것은 쓸모가 없다.'라는 … '생명이 바로 몸이라는 이것만이 진리이고 다른 것은 쓸모가 없다.'라는 … '생명과 몸은 별개의 것이라는 이것만이 진리이고 다른 것은 쓸모가 없다.'라는 … '여래는 죽은 뒤에도 존재한다는 이것만이 진리이고 다른 것은 쓸모가 없다.'라는 … '여래는 죽은 뒤에 존재하지 않는다는 이것만이 진리이고 다른 것은 쓸모가 없다.'라는 … '여래는 죽은 뒤에 존재하기도 하고 존재하지 않기도 한다는 이것만이 진리이고 다른 것은 쓸모가 없다.'라는 … '여래는 죽은 뒤에 존재하는 것도 아니고 존재하지 않는 것도 아니라는 이것만이 진리이고 다른 것은 쓸모가 없다.'라는 이런 견해를 가졌습니까?"

"도반이여, 나는 '여래는 죽은 뒤에 존재하는 것도 아니고 존재하지 않는 것도 아니라는 이것만이 진리이고 다른 것은 쓸모가 없다.'라는 그런 견해를 가지고 있지 않습니다."

"그렇다면 존자는 알지 못하고 보지 못합니까?"

"도반이여, 나는 알지 못하는 것이 아니고, 보지 못하는 것이 아닙니다. 나는 알고 봅니다."

3. "그런데 내가 '존자여, 당신은 '세상은 영원하다는 이것만이 진리이고 다른 것은 쓸모가 없다.'라는 이런 견해를 가졌습니까?'라고 물으면 당신은 '도반이여, 나는 '세상은 영원하다는 이것만이 진리이고 다른 것은 쓸모가 없다.'라는 그런 견해를 가지고 있지 않습니다.'라고 대답합니다.

그리고 내가 '존자여, 그러면 당신은 '세상은 영원하지 않다는 이것만이 진리이고 다른 것은 쓸모가 없다.'라는 … '세상은 끝이 있다는 이것만이 진리이고 다른 것은 쓸모가 없다.'라는 … '세상은 끝이 없다는 이것만이 진리이고 다른 것은 쓸모가 없다.'라는 … '생명이 바로 몸이라는 이것만이 진리이고 다른 것은 쓸모가 없다.'라는 … '생명과 몸은 별개의 것이라는 이것만이 진리이고 다른 것은 쓸모가 없다.'라는 … '여래는 죽은 뒤에도 존재한다는 이것만이 진리이고 다른 것은 쓸모가 없다.'라는 … '여래는 죽은 뒤에 존재하지 않는다는 이것만이 진리이고 다른 것은 쓸모가 없다.'라는 … '여래는 죽은 뒤에 존재하기도 하고 존재하지 않기도 한다는 이것만이 진리이고 다른 것은 쓸모가 없다.'라는 … '여래는 죽은 뒤에 존재하는 것도 아니고 존재하지 않는 것도 아니다는 이것만이 진리이고 다른 것은 쓸모가 없다.'라는 이런 견해를 가졌습니까?'라고 물으면 당신은 '도반이여, 나는 '여래는 죽은 뒤에 존재하는 것도 아니고 존재하지 않는 것도 아니라는 이것만이 진리이고 다른 것은 쓸모가 없다.'라는 그런 견해를 가지고 있지 않습니다.'라고 대답합니다. '그렇다면 존자는 알지 못하고 보지 못합니까?'라고 물으면 당신은 '도반이여, 나는 알지 못하는 것이 아니고, 보지 못하는 것이 아닙니다. 나는 알고 봅니다.'

라고 대답합니다.

도반이여, 그러면 도대체 이 말의 뜻을 어떻게 이해해야 합니까?"

4. "도반이여, '세상은 영원하다는 이것만이 진리이고 다른 것은 쓸모가 없다.'라는 것은 견해에 빠진 것입니다. '세상은 영원하지 않다는 이것만이 진리이고 다른 것은 쓸모가 없다.'라는 것도 견해에 빠진 것입니다. '세상은 끝이 있다는 이것만이 진리이고 다른 것은 쓸모가 없다.'라는 것도 견해에 빠진 것입니다. '세상은 끝이 없다는 이것만이 진리이고 다른 것은 쓸모가 없다.'라는 것도 견해에 빠진 것입니다. '생명이 바로 몸이라는 이것만이 진리이고 다른 것은 쓸모가 없다.'라는 것도 견해에 빠진 것입니다. '생명과 몸은 별개의 것이라는 이것만이 진리이고 다른 것은 쓸모가 없다.'라는 것도 견해에 빠진 것입니다. '여래는 죽은 뒤에도 존재한다는 이것만이 진리이고 다른 것은 쓸모가 없다.'라는 것도 견해에 빠진 것입니다. '여래는 죽은 뒤에 존재하지 않는다는 이것만이 진리이고 다른 것은 쓸모가 없다.'라는 것도 견해에 빠진 것입니다. '여래는 죽은 뒤에 존재하기도 하고 존재하지 않기도 한다는 이것만이 진리이고 다른 것은 쓸모가 없다.'라는 것도 견해에 빠진 것입니다. '여래는 죽은 뒤에 존재하는 것도 아니고 존재하지 않는 것도 아니다는 이것만이 진리이고 다른 것은 쓸모가 없다.'라는 것도 견해에 빠진 것입니다.

도반이여, 견해에 관한 한, 견해가 일어나는 원인에 관한 한, 견해에 확고함에 관한 한, 견해에 사로잡힘에 관한 한, 견해가 일어남에 관한 한, 견해의 근절에 관한 한,228) 그것을 나는 알고 그것을 나는

---

228) 이 부분은 PTS본에는 yāvatā āvuso diṭṭhigatā yāvatā diṭṭhi-

봅니다.229) 그것을 알고 그것을 보면서 어떻게 내가 '나는 알지 못하고 보지 못합니다.'라고 말하겠습니까?"

"존자의 성함은 무엇입니까? 동료 수행자들은 존자를 어떻게 부릅니까?"

"도반이여, 나는 아난다라 합니다. 나의 동료 수행자들은 나를 아난다라는 이름으로 부릅니다."

ṭṭhāna-adhiṭṭhāna-pariyuṭṭhāna-samuṭṭhāna-samugghāto로 나타나고, 6차결집본에는 yāvatā, āvuso, diṭṭhi yāvatā diṭṭhiṭṭhānaṁ diṭṭhiadhiṭṭhānaṁ diṭṭhipariyuṭṭhānaṁ diṭṭhisamuṭṭhānaṁ diṭṭhi-samugghāto로 나타난다. 그러나 PTS본 주석서에도 후자로 나타나고 있다. 그래서 역자는 후자를 따라서 옮겼다.

229) "'견해(diṭṭhi)'란 62가지 견해 가운데서 그것이 어떤 견해든, 그 견해에 관한 한 알고 본다는 것이다.
'견해가 일어나는 원인(diṭṭhi-ṭṭhāna)'이란 여덟 가지 견해가 일어나는 원인(diṭṭhi-kāraṇa)을 말한다. 그것은 무더기(오온), 무명, 감각접촉, 인식, 일으킨 생각, 지혜 없이 마음에 잡도리함, 나쁜 친구를 사귐, 다른 이의 소리이다.
'견해에 확고함(diṭṭhi-adhiṭṭhāna)'이란 견해의 확고함인데 이것은 확고하게 되어 일어나기 때문에 견해를 두고 한 말이다.
'견해에 사로잡힘(diṭṭhi-pariyuṭṭhāna)'이란 열여덟 가지가 있다. 견해에 빠짐(gata), 견해의 밀림(gahana), 견해의 사막(kantāra), 견해의 꼭두각시놀음(visūka), 견해의 동요(vipphandita), 견해의 족쇄(saṁyoja-na), 견해의 화살(salla), 견해의 압력(sambādha), 견해의 장애(pali-bodha), 견해의 구속(bandhana), 견해의 낭떠러지(papāta), 견해의 잠재성향(anusaya), 견해의 열기(santāpa), 견해의 열병(pariḷāha), 견해의 속박(gantha), 견해의 취착(upādāna), 견해의 천착(abhinivesa), 견해의 고수(parāmāsa)가 그것이다.
'견해가 일어남(diṭṭhi-samuṭṭhāna)'이란 견해가 일어나는 원인과 동의어이다.
예류도를 '견해의 근절(diṭṭhi-samugghāta)'이라 부른다. 왜냐하면 그것은 모든 견해들을 뿌리뽑아버리기 때문이다."(AA.v.65~66)

"오, 참으로 대스승이신 존자와 함께 대화를 하면서도 저는 아난다 존자라고 알지 못했습니다. 만일 제가 존자께서 아난다 존자인줄 알았더라면 이러한 질문을 드리지 않았을 것입니다. 부디 아난다 존자께서는 저를 용서하십시오."

공양받아 마땅함 경(A10:97)
Āhuneyya-sutta

1. "비구들이여, 열 가지 법을 구족한 비구는 공양받아 마땅하고, 선사받아 마땅하고, 보시받아 마땅하고, 합장받아 마땅하며, 세상의 위없는 복밭[福田]이다. 무엇이 열인가?"

2. "비구들이여, 여기 비구는 계를 잘 지킨다. 그는 계목의 단속으로 단속하면서 머문다. 바른 행실과 행동의 영역을 갖추고, 작은 허물에 대해서도 두려움을 보며, 학습계목을 받아 지녀 공부짓는다."

3. "그는 많이 배우고[多聞] 배운 것을 잘 호지하고 배운 것을 잘 정리한다. 시작도 훌륭하고 중간도 훌륭하고 끝도 훌륭하며, 더할 나위 없이 완벽하고 지극히 청정한 범행을 의미와 표현을 구족하여 확실하게 드러내는 가르침들이 있으니, 그는 그러한 가르침들을 많이 배우고 호지하고 말로써 친숙하게 되고 마음으로 숙고하고 견해로써 잘 꿰뚫는다."

4. "그는 좋은 친구, 좋은 동료, 좋은 벗을 가졌다."

5. "그는 바른 견해를 가졌나니 바르게 봄을 구족하였다."

6. "그는 여러 가지 신통변화를 나툰다. 하나인 채 여럿이 되기도 하고 … 심지어는 저 멀리 범천의 세상에까지도 몸의 자유자재함을 발한다.[神足通]"

7. "그는 인간의 능력을 넘어선 청정하고 신성한 귀의 요소로 천상이나 인간의 소리 둘 다를 멀든 가깝든 간에 다 듣는다.[天耳通]"

8. "그는 자기의 마음으로 다른 중생들과 다른 인간들의 마음을 대하여 꿰뚫어 안다. 탐욕이 있는 마음은 탐욕이 있는 마음이라고 꿰뚫어 알고 … 해탈하지 않은 마음은 해탈하지 않은 마음이라고 꿰뚫어 안다.[他心通]"

9. "그는 수많은 전생의 갖가지 삶들을 기억한다. 즉 한 생, 두 생, … 이처럼 한량없는 전생의 갖가지 모습들을 그 특색과 더불어 상세하게 기억해낸다.[宿命通]"

10. "그는 청정하고 인간을 넘어선 신성한 눈으로 중생들이 죽고 태어나고, … 중생들이 지은 바 그 업에 따라서 가는 것을 꿰뚫어 안다.[天眼通]"

11. "그는 모든 번뇌가 다하여 아무 번뇌가 없는 마음의 해탈[心解脫]과 통찰지를 통한 해탈[慧解脫]을 바로 지금여기에서 스스로 최상의 지혜로 실현하고 구족하여 머문다.

비구들이여, 이러한 열 가지 법을 구족한 비구는 공양받아 마땅하고, 선사받아 마땅하고, 보시받아 마땅하고, 합장받아 마땅하며, 세상의 위없는 복밭[福田]이다."

장로 경(A10:98)
Thera-sutta

1. "비구들이여, 열 가지 법을 구족한 장로 비구는 어디에 머물든지 편안하게 머문다. 무엇이 열인가?"

2. "장로는 출가한지 오래된 구참(久參)으로써 계를 잘 지킨다. 그는 빠띠목카[戒目]의 단속으로 단속하면서 머문다. 바른 행실과 행동의 영역을 갖추고, 작은 허물에 대해서도 두려움을 보며, 학습계목을 받아 지녀 공부짓는다.

그는 많이 배우고[多聞] 배운 것을 잘 호지하고 배운 것을 잘 정리한다. 시작도 훌륭하고 중간도 훌륭하고 끝도 훌륭하며, 의미와 표현을 구족하여 더할 나위 없이 완벽하고 지극히 청정한 범행(梵行)을 확실하게 드러내는 가르침들이 있으니, 그는 그러한 가르침들을 많이 배우고 호지하고 말로써 익숙해지고 마음으로 숙고하고 견해로써 잘 꿰뚫는다.

그는 두 가지 빠띠목카를 경(경분별)과 부분적인 것(건도와 보유)으로 상세하게 잘 전승받고 잘 분석하고 잘 전개하고 잘 판별한다.

그는 일어난 대중공사를 가라앉히는 데 능숙하다.

그는 법을 기뻐하여 [법]담 나누기를 좋아하고 아비담마(對法)와 아비위나야(對律)에 대해 크나큰 환희심을 가진다.

그는 의복이나 탁발음식이나 거처나 병구완을 위한 약품이 좋은 것이든 안 좋은 것이든 그것으로 만족한다.

그는 기쁨을 주는 자다. 나아가고 물러날 때나 실내에 앉아 있을 때도 자신을 잘 단속한다.

그는 바로 지금여기에서 행복하게 머물게 하는, 높은 마음인 네 가지 선[四種禪]을 원하는 대로 얻고, 힘들이지 않고 얻고, 어렵지 않게 얻는다.

그는 모든 번뇌가 다하여 아무 번뇌가 없는 마음의 해탈[心解脫]과 통찰지를 통한 해탈[慧解脫]을 바로 지금여기에서 스스로 최상의 지혜로 알고 실현하고 구족하여 머문다.

비구들이여, 이러한 열 가지 법을 구족한 장로 비구는 어디에 머물든지 편안하게 머문다."

우빨리 경(A10:99)
Upāli-sutta

1. 그때 우빨리 존자가 세존께 다가갔다. 가서는 세존께 절을 올린 뒤 한 곁에 앉았다. 한 곁에 앉아서 우빨리 존자는 세존께 이렇게 말씀드렸다.

"세존이시여, 저는 숲이나 밀림의 외딴 거처에 거주하고자 합니다."

2. "우빨리여, 숲이나 밀림의 외딴 거처는 [약한 사람이] 경험하기에 어렵다. 한거(閑居)는 행하기가 어렵고, 혼자 머무는 것은 즐

기기가 어렵다. 숲은 삼매를 얻지 못한 비구의 마음을 뺏어가 버린다고 생각된다. 우빨리여, '나는 삼매를 얻지 못했지만 숲이나 밀림의 외딴 거처에 거주해야지.'라고 말하는 자는 가라앉거나 떠돌아다닐 것이230) 예상된다."

3. "우빨리여, 예를 들면 큰 호수가 있는데 7완척(腕尺)231)이나 8완척이 되는 왕 코끼리가 그 호수에 와서 이와 같이 생각한다. '오, 참으로 나는 이 호수에 들어가서 귀에 물을 끼얹으면서 물장난을 치고, 등에 물을 끼얹고 물장난을 치면서 목욕한 뒤 물을 마시고 나와서 가고 싶은 곳으로 가야지.'라고, 그는 그 호수에 들어가서 귀에 물을 끼얹으면서 물장난을 치고, 등에 물을 끼얹고 물장난을 치면서 목욕한 뒤 물을 마시고 나와서 가고 싶은 곳으로 간다. 그것은 무슨 이유 때문인가? 우빨리여, 그는 몸집이 아주 커서 깊은 곳에서도 충분히 발판을 찾기 때문이다.

그때 토끼나 고양이가 그곳에 와서 이와 같이 생각한다. '나라고

---

230) "'삼매를 얻지 못했다'는 것은 근접삼매나 본삼매를 얻지 못했다는 것이다. '가라앉는다(saṁsīdissati)'는 것은 감각적 욕망에 대한 일으킨 생각(kāma-vitakka)으로 인해 가라앉고, '떠돌아다닌다(uplavissati)'는 것은 악의와 해코지에 대한 일으킨 생각(byāpāda-vihiṁsā-vitakka)으로 인해 떠돌아다닌다는 말이다."(AA.v.67)

231) 여기서 '완척'으로 옮긴 원어는 ratana(보배)인데 도량단위로 쓰이면 대략 영어의 *cubit*에 해당하는 길이라고 한다. 1완척(腕尺, *cubit*)은 팔꿈치에서 가운뎃손가락 끝까지의 길이(약 46~56cm)에 해당한다. 영어로 *cubit*으로 옮기는 또 다른 도량단위가 hattha(손)인데 MOL에 의하면 4 hattha = 1 yaṭṭhi(막대기)이고 PED와 MOL에 의하면 7 ratana = 1 yaṭṭhi라고 한다. 그러므로 ratana는 hattha의 반 정도에 해당하는 도량단위라 할 수 있다.

코끼리와 뭐가 다른가?232) 그러니 참으로 나도 이 호수에 들어가서 귀에 물을 끼얹으면서 물장난을 치고, 등에 물을 끼얹고 물장난을 치면서 목욕한 뒤 물을 마시고 나와서 가고 싶은 곳으로 가야지.'라고. 그래서 그는 아무런 생각 없이 성급하게 그 호수에 뛰어들 것이다. 그에게는 다음과 같은 것이 예상된다. '그는 가라앉거나 혹은 떠돌아다닐 것이다.'라고. 그것은 무슨 이유 때문인가? 우빨리여, 그는 몸집이 아주 작아서 깊은 곳에서 발판을 찾지 못하기 때문이다.

그와 같이 '나는 삼매를 얻지 못했지만 숲이나 밀림의 외딴 거처에 거주해야지.'라고 말하는 자는 가라앉거나 떠돌아다닐 것이 예상된다."

4. "우빨리여, 예를 들면 아무것도 모르고 [뒤척이지 못하고] 반듯하게만 누워 있는 갓난아이가 자신이 눈 똥오줌을 가지고 논다 하자. 우빨리여, 이를 어떻게 생각하는가? 이런 것은 오직 어린애의 놀이에 지나지 않겠는가?"

"그렇습니다, 세존이시여."

"우빨리여, 이런 갓난아이가 나중에 커서 감각기관들이 발달하면 아이들이 하는 놀이들, 즉 장난감 쟁기 놀이, 자치기 놀이, 재주넘기, 팔랑개비 놀이, 풀피리 불기, 장난감 마차 놀이, 장난감 활 놀이와 같은 놀이를 하며 놀 것이다. 우빨리여, 이를 어떻게 생각하는가? 이런 놀이들은 이전의 놀이들보다 더 뛰어나고 더 수승하지 않겠는가?"

"그렇습니다, 세존이시여."

---

232) "'나도 동물이고, 저 자도 동물이고, 또한 내게도 네발이 있고, 저 자에게도 네발이 있다. 그러므로 우리는 둘 모두 똑같지 않은가?'라는 말이다."(AA. v.68)

"우빨리여, 이런 아이가 나중에 더 자라서 감각기능들이 원숙하여 다섯 가닥의 감각적 욕망들을 갖추고 완비하여 즐긴다. 즉, 눈으로 인식되는 형상들이 있으니, 원하고, 좋아하고, 마음에 들고, 사랑스럽고, 감각적 욕망을 짝하고, 매혹적인 것들이다. 귀로 인식되는 소리들이 있으니, … 코로 인식되는 냄새들이 있으니, … 혀로 인식되는 맛들이 있으니, … 몸으로 인식되는 감촉들이 있으니, 원하고, 좋아하고, 마음에 들고, 사랑스럽고, 감각적 욕망을 짝하고, 매혹적인 것들이다. 우빨리여, 이를 어떻게 생각하는가? 이런 놀이들은 이전의 놀이들보다 더 뛰어나고 더 수승하지 않겠는가?"

"그렇습니다, 세존이시여."

5. "우빨리여, 여기 여래가 이 세상에 출현한다.233) 그는 아라한[應供]이며, 완전히 깨달은 분[正等覺]이며, 영지와 실천을 구족한 분[明行足]이며, 피안으로 잘 가신 분[善逝]이며, 세간을 잘 알고 계신 분[世間解]이며, 가장 높은 분[無上士]이며, 사람을 잘 길들이는 분[調御丈夫]이며, 하늘과 인간의 스승[天人師]이며, 깨달은 분[佛]이며, 세존(世尊)이다.

그는 신을 포함하고 마라를 포함하고 범천을 포함하고 사문·바라문을 포함하고 신과 인간을 포함한 이 세상을 스스로 최상의 지혜로 알고 실현하여 드러낸다. 그는 법을 설한다. 그는 시작도 훌륭하고 중간도 훌륭하고 끝도 훌륭하고 의미와 표현을 구족한 법을 설하며, 더할 나위 없이 완벽하고 지극히 청정한 범행(梵行)을 드러낸다. 이

---

233) 이하 본경의 §§5~7은 본서 제2권 「자기학대 경」 (A4:198) §§6~13과 같은 내용이다.

런 법을 장자나 장자의 아들이나 다른 가문에 태어난 자가 듣는다. 그는 이 법을 듣고서 여래에게 믿음을 가진다.

그는 이런 믿음을 구족하여 이렇게 숙고한다. '재가의 삶이란 갇혀 있고 때가 낀 길이지만 출가의 삶은 열린 허공과 같다. 재가에 살면서 더할 나위 없이 완벽하고 지극히 청정하고 빛나는 조가비와 같은 청정범행을 실천하기란 쉽지 않다. 그러니 나는 이제 머리와 수염을 깎고 물들인 옷을 입고 집을 떠나 출가하리라.'라고. 그는 나중에 재산이 적건 많건 간에 모두 다 버리고, 일가친척도 적건 많건 간에 다 버리고, 머리와 수염을 깎고, 물들인 옷을 입고 집을 떠나 출가한다.

그는 이와 같이 출가하여 비구들의 학습[계목]을 받아 지녀 그것과 더불어 생활한다.

그는 생명을 죽이는 것을 버리고, 생명을 죽이는 것을 멀리 여읜다. 그는 몽둥이를 내려놓고 칼을 내려놓는다. 양심적이고 동정심이 있으며 모든 생명의 이익을 위하고 연민하며 머문다. 그는 주지 않은 것을 가지는 것을 버리고 주지 않은 것을 가지는 것을 멀리 여읜다. 준 것만을 받고 준 것만을 받으려고 하며 스스로 훔치지 않아 자신을 깨끗하게 하여 머문다. 그는 금욕적이지 못한 삶을 버리고 청정범행을 닦는다. 도덕적이고 성행위의 저속함을 멀리 여읜다.

그는 거짓말을 버리고 거짓말을 멀리 여읜다. 그는 진실을 말하며 진실에 부합하고 굳건하고 믿음직하여 세상을 속이지 않는다. 그는 중상모략하는 말을 버리고 중상모략하는 말을 멀리 여읜다. 여기서 듣고서 이들을 이간시키려고 저기서 말하지 않는다. 저기서 듣고서 저들을 이간시키려고 여기서 말하지 않는다. 오히려 그는 이와 같이 이간된 자들을 합치고, 우정을 장려하며, 화합을 좋아하고, 화합을 기뻐하고, 화합을 즐기며, 화합하게 하는 말을 한다. 그는 욕하는 말을 버리고 욕하는 말을 멀리 여읜다. 그는 유순하고, 귀에 즐겁고, 사랑스럽고, 가슴에 와 닿고, 예의바르고, 많은 사람들이 좋아하고, 많은 사람들의 마음에 드는 그런 말을 한다. 그는 잡담을 버리고, 잡담을 멀리 여읜다. 그는 적절한 시기에 말하고, 사실을 말하고, 유익한 말을 하고, 법을 말하고, 율을 말하며, 가슴에 담아둘 만한 말을 한다. 그는 이치에 맞고, 절제가 있으며, 유익한 말을 적절한 시기에 한다.

그는 씨앗류와 초목류를 손상시키는 것을 멀리 여읜다. 하루 한 끼만 먹는다. 그는 밤에 [먹는 것을] 여의고 때 아닌 때에 먹는 것을 멀리 여읜다. 춤, 노래, 연주, 연극을 관람하는 것을 멀리 여읜다. 화환과 향과 화장품으로 치장하는 것을 멀리 여읜다. 높고 큰 침상을 멀리 여읜다. 금과 은을 받는 것을 멀리 여읜다. [요리하지 않은] 날곡식을 받는 것을 멀리 여읜다. 생고기를 받는 것을 멀리 여읜다. 여자나 동녀를 받는 것을 멀리 여읜다. 하인과 하녀를 받는 것을 멀리 여읜다. 염소와 양을 받는 것을 멀리 여읜다. 닭과 돼지를 받는 것을 멀리 여읜다. 코끼리, 소, 말, 암말을 받는 것을 멀리 여읜다. 농토나 토지를 받는 것을 멀리 여읜다. 심부름꾼이나 전령으로 가는 것을 멀리 여읜다. 사고파는 것을 멀리 여읜다. 저울눈을 속이고 청동 그릇을 속이고 치수를 속이는 것을 멀리 여읜다. 악용하고 속이고 횡령하고 사기하는 것을 멀리 여읜다. 상해, 살해, 포박, 약탈, 노략질, 폭력을 멀리 여읜다.

그는 몸을 보호할 정도의 옷과 위장을 지탱할 정도의 음식으로 만족한다. 그는 어디를 가더라도 그의 필수품을 몸에 지니고 간다. 예를 들면 새가 어디를 날아가더라도 자기 양 날개를 짐으로 하여 날아가는 것과 같다. 그와 마찬가지로 비구는 몸을 보호할 정도의 옷과 위장을 지탱할 정도의 음식으로 만족한다. 어디를 가더라도 그의 필수품을 몸에 지니고 간다. 그는 이러한 성스러운 계의 조목[戒蘊]을 구족하여 안으로 비난받을 일이 없는 행복을 경험한다."

6. "그는 눈으로 형상을 봄에 그 표상[全體相]을 취하지 않으며, 또 그 세세한 부분상[細相]을 취하지도 않는다. 만약 그의 눈의 기능[眼根]이 제어되어 있지 않으면, 욕심과 싫어하는 마음이라는 나쁘고 해로운 법[不善法]들이 그에게 [물밀듯이] 흘러들어 올 것이다. 따라서 그는 눈의 감각기능을 잘 단속하기 위해 수행하며, 눈의 감각기능을 잘 방호하고, 눈의 감각기능을 잘 단속한다.

귀로 소리를 들음에 … 코로 냄새를 맡음에 … 혀로 맛을 봄에 … 몸으로 감촉을 느낌에 … 마노[意]로 법을 지각함에 그 표상을 취하지 않으며, 그 세세한 부분상을 취하지도 않는다. 만약 그의 마노의 기능[意根]이 제어되어 있지 않으면, 욕심과 싫어하는 마음이라는 나쁘고 해로운 법[不善法]들이 그에게 [물밀듯이] 흘러들어 올 것이다. 따라서 그는 마노의 감각기능을 잘 단속하기 위해 수행하며, 마노의 감각기능을 잘 방호하고, 마노의 감각기능을 잘 단속한다. 그는 이러한 성스러운 감각기능의 단속을 구족하여 안으로 더럽혀지지 않는 행복을 경험한다."

7. "그는 나아갈 때도 물러날 때도 [자신의 거동을] 분명히 알면서[正知] 행한다. 앞을 볼 때도 돌아볼 때도 분명히 알면서 행한다. 구부릴 때도 펼 때도 분명히 알면서 행한다. 가사·발우·의복을 지

닐 때도 분명히 알면서 행한다. 먹을 때도 마실 때도 씹을 때도 맛볼 때도 분명히 알면서 행한다. 대소변을 볼 때도 분명히 알면서 행한다. 걸을 때도 설 때도 앉을 때도 잠들 때도 잠에서 깰 때도 말할 때도 침묵할 때도 분명히 알면서 행한다.

그는 이러한 성스러운 계의 조목을 잘 갖추고 이러한 성스러운 감각기능의 단속을 잘 갖추고 이러한 마음챙김과 알아차림[正念·正知]을 잘 갖추어 숲 속이나 나무 아래나 산이나 골짜기나 산속 동굴이나 묘지나 밀림이나 노지나 짚더미와 같은 외딴 처소를 의지한다. 그는 숲 속이나 나무 아래나 빈 집에 가서 가부좌를 틀고 상체를 곧추세우고 전면에 마음챙김을 확립하여 앉는다.

그는 세상에 대한 욕심을 제거하여 욕심을 버린 마음으로 머문다. 욕심으로부터 마음을 청정하게 한다. 악의의 오점을 제거하여 악의가 없는 마음으로 머문다. 모든 생명의 이익을 위하여 연민하며, 악의의 오점으로부터 마음을 청정하게 한다. 해태와 혼침을 제거하여 해태와 혼침이 없이 머문다. 광명상(光明想)을 가져 마음챙기고 알아차리며 해태와 혼침으로부터 마음을 청정하게 한다. 들뜸과 후회를 제거하여 들뜨지 않고 머문다. 안으로 고요히 가라앉은 마음으로 들뜸과 후회로부터 마음을 청정하게 한다. 의심을 제거하여 의심을 건너서 머문다. 유익한 법들에 아무런 의문이 없어서 의심으로부터 마음을 청정하게 한다."

8. "그는 마음의 오염원이고 통찰지를 무력하게 만드는 이들 다섯 가지 장애를 제거하여 감각적 욕망들을 완전히 떨쳐버리고 해로운 법[不善法]들을 떨쳐버린 뒤, 일으킨 생각[尋]과 지속적인 고찰

[伺]이 있고, 떨쳐버렸음에서 생겼으며, 희열[喜]과 행복[樂]이 있는 초선(初禪)에 들어 머문다.

우빨리여, 이를 어떻게 생각하는가? 이러한 머묾은 이전의 머묾보다 더 뛰어나고 더 수승하지 않겠는가?"

"그렇습니다, 세존이시여."

"우빨리여, 내 제자들은 이러한 법을 자신에게서 관찰하기 위해 숲이나 밀림의 외딴 거처에 거주하는 것이지, 그들 자신의 이상을 실현했다면 그곳에 거주하지 않는다."

9. "다시 우빨리여, 비구는 일으킨 생각과 지속적인 고찰을 가라앉혔기 때문에 … 제2선(二禪)에 들어 머문다. 우빨리여, 이를 어떻게 생각하는가? 이러한 머묾은 이전의 머묾보다 더 뛰어나고 더 수승하지 않겠는가?"

"그렇습니다, 세존이시여."

"우빨리여, 내 제자들은 이러한 법을 역시 자신에게서 관찰하기 위해 숲이나 밀림의 외딴 거처에 거주하는 것이지, 그들 자신의 이상을 실현했다면 그곳에 거주하지 않는다."

10. "다시 우빨리여, 비구는 희열이 빛바랬기 때문에 … 제3선(三禪)에 들어 머문다. 우빨리여, 이를 어떻게 생각하는가? 이러한 머묾은 이전의 머묾보다 더 뛰어나고 더 수승하지 않겠는가?"

"그렇습니다, 세존이시여."

"우빨리여, 내 제자들은 이러한 법을 역시 자신에게서 관찰하기 위해 숲이나 밀림의 외딴 거처에 거주하는 것이지, 그들 자신의 이상을 실현했다면 그곳에 거주하지 않는다."

11. "다시 우빨리여, 비구는 행복도 버리고 … 제4선(四禪)에 들어 머문다. 우빨리여, 이를 어떻게 생각하는가? 이러한 머묾은 이전의 머묾보다 더 뛰어나고 더 수승하지 않겠는가?"

"그렇습니다, 세존이시여."

"우빨리여, 내 제자들은 이러한 법을 역시 자신에게서 관찰하기 위해 숲이나 밀림의 외딴 거처에 거주하는 것이지, 그들 자신의 이상을 실현했다면 그곳에 거주하지 않는다."

12. "다시 우빨리여, 비구는 물질[色]에 대한 인식(산냐)을 완전히 초월하고 부딪힘의 인식을 소멸하고 갖가지 인식을 마음에 잡도리하지 않기 때문에 '무한한 허공'이라고 하면서 공무변처에 들어 머문다. 우빨리여, 이를 어떻게 생각하는가? 이러한 머묾은 이전의 머묾보다 더 뛰어나고 더 수승하지 않겠는가?"

"그렇습니다, 세존이시여."

"우빨리여, 내 제자들은 이러한 법을 역시 자신에게서 관찰하기 위해 숲이나 밀림의 외딴 거처에 거주하는 것이지, 그들 자신의 이상을 실현했다면 그곳에 거주하지 않는다."

13. "다시 우빨리여, 비구는 공무변처를 완전히 초월하여 '무한한 알음알이[識]'라고 하면서 식무변처에 들어 머문다. … 식무변처를 완전히 초월하여 '아무것도 없다.'라고 하면서 무소유처에 들어 머문다. … 무소유처를 완전히 초월하여 비상비비상처에 들어 머문다. 우빨리여, 이를 어떻게 생각하는가? 이러한 머묾은 이전의 머묾보다

더 뛰어나고 더 수승하지 않겠는가?"

"그렇습니다, 세존이시여."

"우빨리여, 내 제자들은 이러한 법을 역시 자신에게서 관찰하기 위해 숲이나 밀림의 외딴 거처에 거주하는 것이지, 그들 자신의 이상을 실현했다면 그곳에 거주하지 않는다."

14. "다시 우빨리여, 비구는 일체 비상비비상처를 완전히 초월하여 상수멸(想受滅, 인식과 느낌의 그침)에 들어 머문다. 그리고 그는 통찰지로써 [사성제를] 본 뒤 번뇌를 남김없이 소멸한다. 우빨리여, 이를 어떻게 생각하는가? 이러한 머묾은 이전의 머묾보다 더 뛰어나고 더 수승하지 않겠는가?"

"그렇습니다, 세존이시여."

"우빨리여, 내 제자들은 이러한 법을 역시 자신에게서 관찰하기 위해 숲이나 밀림의 외딴 거처에 거주하는 것이지, 그들 자신의 이상을 실현했다면 그곳에 거주하지 않는다.

우빨리여, 와라. 그대는 승가에 머물러라. 승가에 머물면 그대에게 편안함이 있을 것이다."234)

---

234) "'우빨리여, 와라. 그대는 승가에 머물러라.'라고 하셨다. 여기서 '와라(iṅgha)'라는 것은 책망(codana)하는 뜻의 부사(nipāta)이다. 이것으로 장로를 승가 가운데 머물게 하기 위해 책망하시고, 숲속에 거주하는 것(arañña-vāsa)은 허락하지 않으신 것이다.
그것은 무슨 이유인가? 숲속 거주처(arañña-senāsana)에서 머물 때 거주지에 대한 임무(vāsa-dhura)만을 완성시킬 뿐 족쇄에 대한 임무(gantha-dhura)를 완성하는 것은 아니다. 그러나 승가의 일원으로 머물때 두 가지 임무를 완성한 뒤 아라한과를 얻을 수 있고, 또 율장에 관한 한 선도자(pāmokkha)가 될 수 있다. 그래서 '나는 회중 가운데서 이 비구를 율을 호지하는 자(vinaya-dhara)들 가운데 최고의 위치(agga-ṭṭhāna)

실현할 수 없음 경(A10:100)
Abhabba-sutta

1. "비구들이여, 열 가지 법을 제거하지 못하면 아라한과를 실현할 수 없다. 무엇이 열인가?"

2. "탐욕, 성냄, 어리석음, 분노, 원한, 위선, 앙심, 질투, 인색, 자만이다. 비구들이여, 이러한 열 가지 법을 제거하지 못하면 아라한과를 실현할 수 없다."

3. "비구들이여, 열 가지 법을 제거하면 아라한과를 실현할 수 있다. 무엇이 열인가?"

4. "탐욕, 성냄, 어리석음, 분노, 원한, 위선, 앙심, 질투, 인색, 자만이다. 비구들이여, 이러한 열 가지 법을 제거하면 아라한과를 실현할 수 있다."235)

에 둘 것이다.'라는 뜻을 가지시고 스승께서는 우빨리 장로가 숲속에서 머무는 것을 허락지 않으셨다."(AA.v.68~69)

235) 본경에서 자만을 제외하면 본서 제5권 「실현할 수 있음 경」(A9:62)과 같은 내용이다.

제10장 청신사 품이 끝났다.

열 번째 품에 포함된 경들의 목록은 다음과 같다.

① 감각적 욕망을 즐기는 자 ② 증오
③ 견해 ④ 왓지야마히따 ⑤ 웃띠야
⑥ 꼬까누다 ⑦ 공양받아 마땅함
⑧ 장로 ⑨ 우빨리 ⑩ 실현할 수 없음이다.

두 번째 50개 경들의 묶음이 끝났다.

III. 세 번째 50개 경들의 묶음
Tatiya-paṇṇāsaka

제11장 사문의 인식 품
Samaṇasaññā-vagga

인식 경(A10:101)[236]
Saññā-sutta

1. "비구들이여, 세 가지 사문의 인식을 닦고 많이 [공부]지으면 일곱 가지 법을 가득 채우게 된다. 무엇이 셋인가?"

2. "'나는 저열한 상태에 이르렀다. 내 생명은 남에게 달려있다. 나의 행동은 [재가자들과] 달라야 한다.'[237]이다. 비구들이여, 이러한 세 가지 사문의 인식을 닦고 많이 [공부]지으면 일곱 가지 법을 가득 채우게 된다. 무엇이 일곱인가?"

3. "계에 대해서 언제나 한결같이 행하고 한결같이 실천하고, 간탐하지 않고, 악의가 없고, 거만하지 않고, 공부짓기를 원하고, 삶을 영위하는 필수품들에 대해 '이것은 나의 필수품이다.'라고 생각하

---

236) 6차결집본의 경제목은 '사문의 인식'(Samaṇasaññā-sutta)이다.
237) 이것은 본서 「경우 경」(A10:48)에서 비구가 반조해야 할 열 가지 가운데 처음 세 가지를 언급한 것이다.

고,238) 열심히 정진하며 머문다. 비구들이여, 이러한 세 가지 사문의 인식을 닦고 많이 [공부]지으면 이러한 일곱 가지 법을 가득 채우게 된다."

깨달음의 구성요소 경(A10:102)
Bojjhaṅga-sutta

1. "비구들이여, 일곱 가지 깨달음의 구성요소[七覺支]를 닦고 많이 [공부]지으면 세 가지 영지(靈知)를 가득 채우게 된다. 무엇이 일곱인가?"

2. "마음챙김의 깨달음의 구성요소[念覺支], 법을 간택하는 깨달음의 구성요소[擇法覺支], 정진의 깨달음의 구성요소[精進覺支], 희열의 깨달음의 구성요소[喜覺支], 고요함의 깨달음의 구성요소[輕安覺支], 삼매의 깨달음의 구성요소[定覺支], 평온의 깨달음의 구성요소[捨覺支]이다.

비구들이여, 이러한 일곱 가지 깨달음의 구성요소를 닦고 많이 [공부]지으면 세 가지 영지를 가득 채우게 된다. 무엇이 셋인가?"

---

238) "'이것은 나의 필수품이다.'라고 생각하고'는 idamatthaṁtissa hoti를 옮긴 것인데, 주석서의 설명이 없이는 해석하기가 힘들다. 주석서는 "그는 삶을 영위하는 필수품(jīvita-parikkhāra)들에 대해서 '이것들은 필수품이다(ime paccayā)'라고 여긴다. 수용할 것을 반조한 뒤에 수용한다(paccavekkhita-paribhogaṁ paribhuñjati)는 뜻이다."(AA.v.69)라고 설명하고 있다. 그래서 이와 같이 풀어서 옮겼다. paccaya는 조건[緣]의 뜻으로도 쓰이고 네 가지 필수품의 뜻으로도 쓰인다.

3. "비구들이여, 여기 비구는 수많은 전생의 갖가지 삶들을 기억한다. 즉 한 생, 두 생, … 이처럼 한량없는 전생의 갖가지 모습들을 그 특색과 더불어 상세하게 기억해낸다.[宿命通] 그는 청정하고 인간을 넘어선 신성한 눈으로 중생들이 죽고 태어나고, … 중생들이 지은 바 그 업에 따라서 가는 것을 꿰뚫어 안다.[天眼通] 모든 번뇌가 다하여 아무 번뇌가 없는 마음의 해탈[心解脫]과 통찰지를 통한 해탈[慧解脫]을 바로 지금여기에서 스스로 최상의 지혜로 알고 실현하고 구족하여 머문다. 비구들이여, 일곱 가지 깨달음의 구성요소를 닦고 많이 [공부]지으면 이러한 세 가지 영지를 가득 채우게 된다."

그릇됨 경(A10:103)
Micchatta-sutta

1. "비구들이여, 그릇됨이 있으면 실패가 따르고 성공은 없다. 비구들이여, 그러면 어떻게 그릇됨이 있으면 실패가 따르고 성공은 없는가?"

2. "비구들이여, 그릇된 견해를 가진 자에게 그릇된 사유가 생긴다. 그릇된 사유를 하는 자에게 그릇된 말이 생긴다. 그릇된 말을 하는 자에게 그릇된 행위가 생긴다. 그릇된 행위를 하는 자에게 그릇된 생계가 생긴다. 그릇된 생계를 가진 자에게 그릇된 정진이 생긴다. 그릇된 정진을 하는 자에게 그릇된 마음챙김이 생긴다. 그릇된 마음챙김을 가진 자에게 그릇된 삼매가 생긴다. 그릇된 삼매를 가진 자에게 그릇된 지혜가 생긴다. 그릇된 지혜를 가진 자에게 그릇된 해

탈이 생긴다. 비구들이여, 이러한 그릇됨이 있으면 실패가 따르고 성공은 없다."

3. "비구들이여, 올바름이 있으면 성공하고 실패가 없다. 비구들이여, 그러면 어떻게 올바름이 있으면 성공하고 실패가 없는가?"

4. "비구들이여, 바른 견해를 가진 자에게 바른 사유가 생긴다. 바른 사유를 하는 자에게 바른 말이 생긴다. 바른 말을 하는 자에게 바른 행위가 생긴다. 바른 행위를 하는 자에게 바른 생계가 생긴다. 바른 생계를 가진 자에게 바른 정진이 생긴다. 바른 정진을 하는 자에게 바른 마음챙김이 생긴다. 바른 마음챙김을 가진 자에게 바른 삼매가 생긴다. 바른 삼매를 가진 자에게 바른 지혜가 생긴다. 바른 지혜를 가진 자에게 바른 해탈이 생긴다. 비구들이여, 이러한 올바름이 있으면 성공하고 실패가 없다."

씨앗 경(A10:104)239)
Bīja-sutta

1. "비구들이여, 그릇된 견해와 그릇된 사유와 그릇된 말과 그릇된 행위와 그릇된 생계와 그릇된 정진과 그릇된 마음챙김과 그릇된 삼매와 그릇된 지혜와 그릇된 해탈을 가진 사람의 경우, 자기의 견해에 따라 몸으로 행한 업, 그 견해에 따라 말로 행한 업, 그 견해

---

239) 본경은 본서 제1권 「하나의 모음」 A1:17:9~10과 같은 내용이다. 거기서는 삿되고 바른 견해만 나타나지만 여기서는 삿되고 바른 열 가지가 나타나는 것만 다르다.

에 따라 마음으로 행한 업, [그릇된 견해와 함께 생긴] 의도, [그릇된 견해와 함께 생긴] 소망, [이러한 의도와 소망에 의해서 마음이 확고해진] 염원, [의도 등과 함께한 감각접촉 등의] 심리현상들[行]과 같은 이 모든 법들은 [누구도] 원하지 않고 사랑스럽지도 않고 마음에 들지도 않고 이롭지도 않은 괴로움으로 인도한다. 그것은 무슨 까닭인가? 비구들이여, 견해가 나쁘기 때문이다."

2. "비구들이여, 마치 님바 나무의 씨앗이나 혹은 꼬사따끼 넝쿨의 씨앗이나 혹은 쓰디쓴 박의 씨앗을 촉촉한 땅에다 심었다 하자. 그것은 땅에서 영양소를 섭취하고 물에서 영양소를 섭취할 것이다. 그러나 그 모든 것은 쓰고, 호되게 쓰고, 불쾌한 맛이 나게 될 것이다. 그것은 무슨 까닭인가? 씨앗이 나쁘기 때문이다.

그와 마찬가지로 그릇된 견해와 그릇된 사유와 그릇된 말과 그릇된 행위와 그릇된 생계와 그릇된 정진과 그릇된 마음챙김과 그릇된 삼매와 그릇된 지혜와 그릇된 해탈을 가진 사람의 경우, … 괴로움으로 인도한다. 그것은 무슨 까닭인가? 비구들이여, 견해가 나쁘기 때문이다."

3. "비구들이여, 바른 견해와 바른 사유와 바른 말과 바른 행위와 바른 생계과 바른 정진과 바른 마음챙김과 바른 삼매와 바른 지혜와 바른 해탈을 가진 사람의 경우, 자기의 바른 견해에 따라 몸으로 행한 업, 그 견해에 따라 말로 행한 업, 그 견해에 따라 마음으로 행한 업, [바른 견해와 함께 생긴] 의도, [바른 견해와 함께 생긴] 소망, [이러한 의도와 소망에 의해서 마음이 확고해진] 염원, [의도 등

과 함께한 감각접촉 등의] 심리현상들[行]과 같은 이 모든 법들은 [모두가] 원하고 사랑스럽고 마음에 들고 이로운 행복으로 인도한다. 그것은 무슨 까닭인가? 비구들이여, 견해가 훌륭하기 때문이다."

4. "비구들이여, 마치 사탕수수의 씨앗이나 혹은 볍씨나 혹은 포도의 씨앗을 축축한 땅에다 심었다 하자. 그것은 땅에서 영양소를 섭취하고 물에서 영양소를 섭취할 것이다. 그러나 그 모든 것은 달고 상큼하고 향기로운 맛이 나게 될 것이다. 그것은 무슨 까닭인가? 씨앗이 좋기 때문이다.

그와 마찬가지로 바른 견해와 바른 사유와 바른 말과 바른 행위와 바른 생계와 바른 정진과 바른 마음챙김과 바른 삼매와 바른 지혜와 바른 해탈을 가진 사람의 경우, 자기의 바른 견해에 따라 몸으로 행한 업, 그 견해에 따라 말로 행한 업, 그 견해에 따라 마음으로 행한 업, [바른 견해와 함께 생긴] 의도, [바른 견해와 함께 생긴] 소망, [이러한 의도와 소망에 의해서 마음이 확고해진] 염원, [의도 등과 함께한 감각접촉 등의] 심리현상들[行]과 같은 이 모든 법들은 [모두가] 원하고 사랑스럽고 마음에 들고 이로운 행복으로 인도한다. 그것은 무슨 까닭인가? 비구들이여, 견해가 훌륭하기 때문이다."

영지(靈知) 경(A10:105)
Vijjā-sutta

1. "비구들이여, 무명이 선구자가 되어240) 해로운 법[不善法]들

---

240) "'선구자가 된다.(pubbaṅgamā)'는 것은 함께 생김(sahajāta)과 강하게 의지함(upanissaya)인 두 가지 측면에서 선구자가 된다는 뜻이다."(SA.

이 일어남으로써 양심 없음과 수치심 없음이 이것을 따르게 된다. 비구들이여, 무명에 빠진 현명하지 못한 자에게 그릇된 견해가 생긴다. 그릇된 견해를 가진 자에게 그릇된 사유가 생긴다. 그릇된 사유를 하는 자에게 그릇된 말이 생긴다. 그릇된 말을 하는 자에게 그릇된 행위가 생긴다. 그릇된 행위를 하는 자에게 그릇된 생계가 생긴다. 그릇된 생계를 가진 자에게 그릇된 정진이 생긴다. 그릇된 정진을 하는 자에게 그릇된 마음챙김이 생긴다. 그릇된 마음챙김을 가진 자에게 그릇된 삼매가 생긴다. 그릇된 삼매를 가진 자에게 그릇된 지혜가 생긴다. 그릇된 지혜를 가진 자에게 그릇된 해탈이 생긴다."

2. "비구들이여, 영지가 선구자가 되어 유익한 법[善法]들이 일어남으로써 양심과 수치심이 이것을 따르게 된다. 비구들이여, 영지를 가진 현명한 자에게 바른 견해가 생긴다. 바른 견해를 가진 자에게 바른 사유가 생긴다. 바른 사유를 하는 자에게 바른 말이 생긴다. 바른 말을 하는 자에게 바른 행위가 생긴다. 바른 행위를 하는 자에게 바른 생계가 생긴다. 바른 생계를 가진 자에게 바른 정진이 생긴다. 바른 정진을 하는 자에게 바른 마음챙김이 생긴다. 바른 마음챙김을 가진 자에게 바른 삼매가 생긴다. 바른 삼매를 가진 자에게 바른 지혜가 생긴다. 바른 지혜를 가진 자에게 바른 해탈이 생긴다."

---

iii.116)
즉 무명과 불선법은 서로가 함께 생긴 조건과 강하게 의지하는 조건으로 조건이 되어 생기는 것이라는 말이다. 함께 생긴 조건(sahajātapaccaya, 俱生緣)과 강하게 의지하는 조건(upanissayapaccaya, 親依止緣)에 대해서는 『아비담마 길라잡이』 8장 §11과 §17과 §20의 해설을 참조할 것.

파괴 경(A10:106)
Nijjara-sutta

1. "비구들이여, 열 가지 파괴의 원인이 있다. 무엇이 열인가?"

2. "비구들이여, 바른 견해를 가진 자에게 그릇된 견해는 파괴된다.241) 그리고 그릇된 견해를 조건으로 일어난 여러 가지 나쁘고 해로운 법[不善法]들도 그에게서 파괴되고, 바른 견해를 조건으로 한 여러 가지 유익한 법[善法]들은 수행을 통해 완성에 이른다.

바른 사유를 가진 자에게 그릇된 사유가 파괴된다. …
바른 말을 하는 자에게 그릇된 말이 파괴된다. …
바른 행위를 하는 자에게 그릇된 행위가 파괴된다. …
바른 생계를 가진 자에게 그릇된 생계가 파괴된다. …
바른 정진을 하는 자에게 그릇된 정진이 파괴된다. …
바른 마음챙김을 가진 자에게 그릇된 마음챙김이 파괴된다. …
바른 삼매를 가진 자에게 그릇된 삼매가 파괴된다. …
바른 지혜를 가진 자에게 그릇된 지혜가 파괴된다. …
바른 해탈을 가진 자에게 그릇된 해탈이 파괴된다. 그리고 그릇된 해탈을 조건으로 하여 일어난 여러 가지 나쁘고 해로운 법들도 그에

---

241) "'그릇된 견해는 파괴된다(micchādiṭṭhi nijjiṇṇā hoti)'는 것은 이미 위빳사나로도 반드시 파괴되고 제거되는데 왜 다시 여기서 언급했는가? 근절되지는 않았기 때문이다.(asamucchinnattā) 왜냐하면 위빳사나로는 비록 파괴되기는 하지만 근절되지는 않기 때문이다. 도가 일어나면 그것은 근절되고, 다시 일어나지 않게 된다. 그러므로 다시 언급했다. 이와 같이 모든 구절에도 적용해야 한다."(AA.v.70)

게서 파괴되고, 바른 견해를 조건으로 한 여러 가지 유익한 법들은 수행을 통해 완성에 이른다.

비구들이여, 이러한 열 가지 파괴의 원인이 있다."

세정의식 경(A10:107)
Dhovana-sutta

1. "비구들이여, 남쪽 지방에는 세정(洗淨)의식이라는 것이 있다. 거기에는 먹을 것도 있고 마실 것도 있고 과자도 음식도 사탕도 즙도 있고 춤과 노래와 연주도 있다. 비구들이여, 이런 세정의식이 있다. 그것이 없다고 나는 말하지 않는다.242) 그러나 이러한 세정의식은 저열하고, 촌스럽고, 범속한 것이고, 성스럽지 못하고, 이익을 주지 못한다. 이것은 [속된 것들을] 역겨워함으로 인도하지 못하고, 욕망의 빛바램으로 인도하지 못하고, 소멸로 인도하지 못하고, 고요함으로 인도하지 못하고, 최상의 지혜로 인도하지 못하고, 바른 깨달음으로 인도하지 못하고, 열반으로 인도하지 못한다.

---

242) "'세정의식(dhovana)'이란 뼈를 씻는 것(aṭṭhi-dhovana)을 말한다. 어떤 지방에서는 친척(ñātaka)들이 죽으면 화장을 하지 않고 매장을 했다고 한다. 시체가 썩으면 뼈를 꺼내어 뼈를 씻고 향기를 쏘여서 보관한다. 그들은 축제일에 한 곳에 뼈를 모아두고, 한 곳에 술 등을 준비해놓고는 울고불고 탄식을 하면서 술을 마신다. 그러므로 '남쪽 지방에는 세정의식이라는 것이 있다. … 이런 세정의식이 있다. 나는 그것이 없다고 말하지 않는다.'라는 말씀이 있다. 어떤 이들은 마법(inda-jāla)으로 뼈를 씻는 것을 세정이라고 말한다."(DA.i.84~85)
본경에 해당하는 주석서에도 세정의식에 대한 이와 비슷한 설명이 나타나지만(AA.v.71)『디가 니까야 주석서』(DA)가 더 자세하여 그 부분을 옮겼다.

비구들이여, 나는 성스러운 세정의식을 설하리니, 이러한 세정의식은 [속된 것들을] 전적으로 역겨워함으로 인도하고, 욕망의 빛바램으로 인도하고, 소멸로 인도하고, 고요함으로 인도하고, 최상의 지혜로 인도하고, 바른 깨달음으로 인도하고, 열반으로 인도한다. 그리고 이러한 세정의식을 통해서 태어나기 마련인 중생들은 태어남으로부터 해탈하고, 늙기 마련인 중생들은 늙음으로부터 해탈하고, 죽기 마련인 중생들은 죽음으로부터 해탈하고, 근심하기 마련이고 탄식하기 마련이고 육체적 고통을 겪기 마련이고 정신적 고통을 겪기 마련이고 절망하기 마련인 중생들은 근심·탄식·육체적 고통·정신적 고통·절망으로부터 해탈한다. 이제 그것을 들어라. 듣고 마음에 잘 새겨라. 나는 설할 것이다."

"그렇게 하겠습니다, 세존이시여."라고 비구들은 세존께 응답했다. 세존께서는 이렇게 말씀하셨다.

2. "비구들이여, 그러면 어떤 것이 [속된 것들을] 전적으로 역겨워함으로 인도하고, 욕망의 빛바램으로 인도하고, 소멸로 인도하고, 고요함으로 인도하고, 최상의 지혜로 인도하고, 바른 깨달음으로 인도하고, 열반으로 인도하고, 태어나기 마련인 중생들이 태어남으로부터 해탈하고, 늙기 마련인 중생들이 늙음으로부터 해탈하고, 죽기 마련인 중생들이 죽음으로부터 해탈하고, 근심하기 마련이고 탄식하기 마련이고 육체적 고통을 겪기 마련이고 정신적 고통을 겪기 마련이고 절망하기 마련인 중생들이 근심·탄식·육체적 고통·정신적 고통·절망으로부터 해탈하는 성스러운 세정의식인가?"

3. "비구들이여, 바른 견해를 가진 자에게 그릇된 견해가 씻겨 없어진다. 그리고 그릇된 견해를 조건으로 일어난 여러 가지 나쁘고 해로운 법[不善法]들도 그에게서 씻겨 없어지고, 바른 견해를 조건으로 한 여러 가지 유익한 법[善法]들을 닦아서 완성하게 된다.

바른 사유를 가진 자에게 그릇된 사유가 씻겨 없어진다. …
바른 말을 하는 자에게 그릇된 말이 씻겨 없어진다. …
바른 행위를 하는 자에게 그릇된 행위가 씻겨 없어진다. …
바른 생계를 가진 자에게 그릇된 생계가 씻겨 없어진다. …
바른 정진을 하는 자에게 그릇된 정진이 씻어서 없어진다. …
바른 마음챙김을 가진 자에게 그릇된 마음챙김이 씻어서 없어진다. …
바른 삼매를 가진 자에게 그릇된 삼매가 씻겨 없어진다. …
바른 지혜를 가진 자에게 그릇된 지혜가 씻겨 없어진다. …
바른 해탈을 가진 자에게 그릇된 해탈이 씻겨 없어진다. 그리고 그릇된 해탈을 조건으로 일어난 여러 가지 나쁘고 해로운 법들도 그에게서 씻겨 없어지고, 바른 견해를 조건으로 한 여러 가지 유익한 법들은 수행을 통해 완성에 이른다."

4. "비구들이여, 이것이 [속된 것들을] 전적으로 역겨워함으로 인도하고, 욕망의 빛바램으로 인도하고, 소멸로 인도하고, 고요함으로 인도하고, 최상의 지혜로 인도하고, 바른 깨달음으로 인도하고, 열반으로 인도하고, 태어나기 마련인 중생들이 태어남으로부터 해탈하고, 늙기 마련인 중생들이 늙음으로부터 해탈하고, 죽기 마련인

중생들이 죽음으로부터 해탈하고, 근심하기 마련이고 탄식하기 마련이고 육체적 고통을 겪기 마련이고 정신적 고통을 겪기 마련이고 절망하기 마련인 중생들이 근심·탄식·육체적 고통·정신적 고통·절망으로부터 해탈하는 성스러운 세정의식이다."

의사 경(A10:108)
Tikicchaka-sutta

1. "비구들이여, 의사는 담즙에 기인한 병을 치료하고, 점액에 기인한 병을 치료하고, 바람에 기인한 병을 치료하기 위해서 하제(下劑)를 처방한다. 비구들이여, 이런 하제가 있다. 그것이 없다고 나는 말하지 않는다. 그러나 이러한 하제는 효험이 있기도 하고 효험이 전혀 없기도 한다.

비구들이여, 나는 성스러운 하제를 설하리니, 이 하제는 반드시 효험이 있고, 효험이 없지 않다. 그리고 이 하제를 통해서 태어나기 마련인 중생들은 태어남으로부터 해탈하고, 늙기 마련인 중생들은 늙음으로부터 해탈하고, 죽기 마련인 중생들은 죽음으로부터 해탈하고, 근심하기 마련이고 탄식하기 마련이고 육체적 고통을 겪기 마련이고 정신적 고통을 겪기 마련이고 절망하기 마련인 중생들은 근심·탄식·육체적 고통·정신적 고통·절망으로부터 해탈한다. 이제 그것을 들어라. 듣고 마음에 잘 새겨라. 나는 설할 것이다."

"그렇게 하겠습니다, 세존이시여."라고 비구들은 세존께 응답했다. 세존께서는 이렇게 말씀하셨다.

2. "비구들이여, 그러면 어떤 것이 태어나기 마련인 중생들이 태어남으로부터 해탈하고, 늙기 마련인 중생들이 늙음으로부터 해탈하고, 죽기 마련인 중생들이 죽음으로부터 해탈하고, 근심하기 마련이고 탄식하기 마련이고 육체적 고통을 겪기 마련이고 정신적 고통을 겪기 마련이고 절망하기 마련인 중생들이 근심·탄식·육체적 고통·정신적 고통·절망으로부터 해탈하는 성스러운 하제인가?"

3. "비구들이여, 바른 견해를 가진 자에게 그릇된 견해가 제거된다. 그릇된 견해를 조건으로 일어난 여러 가지 나쁘고 해로운 법[不善法]들도 그에게서 제거되고, 바른 견해를 조건으로 한 여러 가지 유익한 법[善法]들은 수행을 통해 완성에 이른다.

바른 사유를 가진 자에게 그릇된 사유가 제거된다. …
바른 말을 하는 자에게 그릇된 말이 제거된다. …
바른 행위를 하는 자에게 그릇된 행위가 제거된다. …
바른 생계를 가진 자에게 그릇된 생계가 제거된다. …
바른 정진을 하는 자에게 그릇된 정진이 제거된다. …
바른 마음챙김을 가진 자에게 그릇된 마음챙김이 제거된다. …
바른 삼매를 가진 자에게 그릇된 삼매가 제거된다. …
바른 지혜를 가진 자에게 그릇된 지혜가 제거된다. …

바른 해탈을 가진 자에게 그릇된 해탈이 제거된다. 그릇된 해탈을 조건으로 일어난 여러 가지 나쁘고 해로운 법들도 그에게서 제거되고, 바른 견해를 조건으로 한 여러 가지 유익한 법들은 수행을 통해 완성에 이른다.

4. "비구들이여, 이것이 태어나기 마련인 중생들이 태어남으로부터 해탈하고, 늙기 마련인 중생들이 늙음으로부터 해탈하고, 죽기 마련인 중생들이 죽음으로부터 해탈하고, 근심하기 마련이고 탄식하기 마련이고 육체적 고통을 겪기 마련이고 정신적 고통을 겪기 마련이고 절망하기 마련인 중생들이 근심·탄식·육체적 고통·정신적 고통·절망으로부터 해탈하는 성스러운 하제이다."

구토제 경(A10:109)[243]
Vamana-sutta

1. "비구들이여, 의사는 담즙에 기인한 병을 치료하고, 점액에 기인한 병을 치료하고, 바람에 기인한 병을 치료하기 위해서 구토제를 처방한다. 비구들이여, 이런 구토제가 있다. 나는 그것이 없다고 말하지 않는다. 그러나 이러한 구토제는 효험이 있기도 하고 효험이 전혀 없기도 한다.

비구들이여, 나는 성스러운 구토제를 설하리니, 이 구토제는 반드시 효험이 있고, 효험이 없지 않다. 그리고 이 구토제를 통해서 태어나기 마련인 중생들은 태어남으로부터 해탈하고, 늙기 마련인 중생들은 늙음으로부터 해탈하고, 죽기 마련인 중생들은 죽음으로부터 해탈하고, 근심하기 마련이고 탄식하기 마련이고 육체적 고통을 겪기 마련이고 정신적 고통을 겪기 마련이고 절망하기 마련인 중생들은 근심·탄식·육체적 고통·정신적 고통·절망으로부터 해탈한다.

---

243) PTS본의 경의 목록에는 본경에 해당하는 단어가 나타나지 않는다. 역자는 6차결집본을 따랐다.

이제 그것을 들어라. 듣고 마음에 잘 새겨라. 나는 설할 것이다."

"그렇게 하겠습니다, 세존이시여."라고 비구들은 세존께 응답했다. 세존께서는 이렇게 말씀하셨다.

2. "비구들이여, 그러면 어떤 것이 태어나기 마련인 중생들이 태어남으로부터 해탈하고, 늙기 마련인 중생들이 늙음으로부터 해탈하고, 죽기 마련인 중생들이 죽음으로부터 해탈하고, 근심하기 마련이고 탄식하기 마련이고 육체적 고통을 겪기 마련이고 정신적 고통을 겪기 마련이고 절망하기 마련인 중생들이 근심·탄식·육체적 고통·정신적 고통·절망으로부터 해탈하는 성스러운 구토제인가?"

3. "비구들이여, 바른 견해를 가진 자는 그릇된 견해를 토해 내버린다. 그리고 그릇된 견해를 조건으로 일어난 여러 가지 나쁘고 해로운 법[不善法]들도 토해 내버리고, 바른 견해를 조건으로 한 여러 가지 유익한 법[善法]들은 수행을 통해 완성에 이른다.

바른 사유를 가진 자는 그릇된 사유를 토해 내버린다. …
바른 말을 하는 자는 그릇된 말을 토해 내버린다. …
바른 행위를 하는 자는 그릇된 행위를 토해 내버린다. …
바른 생계를 가진 자는 그릇된 생계를 토해 내버린다. …
바른 정진을 하는 자는 그릇된 정진을 토해 내버린다. …
바른 마음챙김을 가진 자는 그릇된 마음챙김을 토해 내버린다. …
바른 삼매를 가진 자는 그릇된 삼매를 토해 내버린다. …
바른 지혜를 가진 자는 그릇된 지혜를 토해 내버린다. …
바른 해탈을 가진 자는 그릇된 해탈을 토해 내버린다. 그리고 그릇된 해탈을 조건으로 하여 일어난 여러 가지 나쁘고 해로운 법들도 토해 내버리고, 바른 견해를 조건으로 한 여러 가지 유익한 법들은 수행을 통해 완성에 이른다.

4 "비구들이여, 이것이 태어나기 마련인 중생들이 태어남으로부터 해탈하고, 늙기 마련인 중생들이 늙음으로부터 해탈하고, 죽기 마련인 중생들이 죽음으로부터 해탈하고, 근심하기 마련이고 탄식하기 마련이고 육체적 고통을 겪기 마련이고 정신적 고통을 겪기 마련이고 절망하기 마련인 중생들이 근심 · 탄식 · 육체적 고통 · 정신적 고통 · 절망으로부터 해탈하는 성스러운 구토제이다."

배설 경(A10:110)
Niddhamanīya-sutta

1. "비구들이여, 열 가지 배설해야 하는 법이 있다. 무엇이 열인가?"

2. "비구들이여, 바른 견해를 가진 자에게 그릇된 견해가 배설된다. 그리고 그릇된 견해를 조건으로 한 여러 가지 나쁘고 해로운 법[不善法]들도 그에게서 배설되고, 바른 견해를 조건으로 한 여러 가지 유익한 법[善法]들은 수행을 통해 완성에 이른다.
바른 사유를 가진 자에게 그릇된 사유가 배설된다. …
바른 말을 하는 자에게 그릇된 말이 배설된다. …
바른 행위를 하는 자에게 그릇된 행위가 배설된다. …
바른 생계를 가진 자에게 그릇된 생계가 배설된다. …
바른 정진을 하는 자에게 그릇된 정진이 배설된다. …

바른 마음챙김을 가진 자에게 그릇된 마음챙김이 배설된다. …

바른 삼매를 가진 자에게 그릇된 삼매가 배설된다. …

바른 지혜를 가진 자에게 그릇된 지혜가 배설된다. …

바른 해탈을 가진 자에게 그릇된 해탈이 배설된다. 그리고 그릇된 해탈을 조건으로 일어난 여러 가지 나쁘고 해로운 법들도 그에게서 배설되고, 바른 견해를 조건으로 한 여러 가지 유익한 법들은 수행을 통해 완성에 이른다.

비구들이여, 이러한 열 가지 배설해야 하는 법이 있다."

무학 경1(A10:111)
Asekha-sutta

1. 그때 어떤 비구가 세존께 다가갔다. 가서는 세존께 절을 올리고 한 곁에 앉았다. 한 곁에 앉아서 비구는 세존께 이렇게 말씀드렸다.

"세존이시여, '무학, 무학'이라고 합니다. 어떻게 해서 비구는 무학이 됩니까?"

2. "비구여, 여기 비구는 무학의 바른 견해를 구족하고, 무학의 바른 사유를 구족하고, 무학의 바른 말을 구족하고, 무학의 바른 행위를 구족하고, 무학의 바른 생계를 구족하고, 무학의 바른 정진을 구족하고, 무학의 바른 마음챙김을 구족하고, 무학의 바른 삼매를 구족하고, 무학의 바른 지혜를 구족하고, 무학의 바른 해탈을 구족한다. 비구여, 비구는 이렇게 해서 무학이 된다."

무학 경2(A10:112)

1. "비구들이여, 열 가지 무학의 법이 있다. 무엇이 열인가?"

2. "무학의 바른 견해, 무학의 바른 사유, 무학의 바른 말, 무학의 바른 행위, 무학의 바른 생계, 무학의 바른 정진, 무학의 바른 마음챙김, 무학의 바른 삼매, 무학의 바른 지혜, 무학의 바른 해탈이다. 비구들이여, 이러한 열 가지 무학의 법이 있다."

제11장 사문의 인식 품이 끝났다.

열한 번째 품에 포함된 경들의 목록은 다음과 같다.

① 인식 ② 깨달음의 구성요소 ③ 그릇됨
④ 씨앗 ⑤ 영지(靈知) ⑥ 파괴
⑦ 세정의식 ⑧ 의사 ⑨ 구토제
⑩ 배설, 두 가지 ⑪~⑫ 무학이다.

제12장 하강의식 품
Paccorohaṇi-vagga

비법 경1(A10:113)
Adhamma-sutta

1. "비구들이여, 비법과 해로운 것을 알아야 하고 법과 이로운 것을 알아야 한다. 비법과 해로운 것을 알고 법과 이로운 것을 안 뒤 법을 따라, 이로운 것을 따라 도를 닦아야 한다."244)

2. "비구들이여, 그러면 어떤 것이 비법이고 해로운 것인가? 그릇된 견해, 그릇된 사유, 그릇된 말, 그릇된 행위, 그릇된 생계, 그릇된 정진, 그릇된 마음챙김, 그릇된 삼매, 그릇된 지혜, 그릇된 해탈이다. 비구들이여, 이를 일러 비법이고 해로운 것이라 한다."

3. "비구들이여, 그러면 어떤 것이 법이고 이로운 것인가? 바른 견해, 바른 사유, 바른 말, 바른 행위, 바른 생계, 바른 정진, 바른 마음챙김, 바른 삼매, 바른 지혜, 바른 해탈이다. 비구들이여, 이를 일러 법이고 이로운 것이라 한다."

4. "'비구들이여, 비법과 해로운 것을 알아야 하고 법과 이로운 것을 알아야 한다. 비법과 해로운 것을 알고 법과 이로운 것을 안 뒤

---

244) 법은 dhamma를, 비법은 adhamma를, 해로운 것은 anattha를, 이로운 것은 attha를 옮긴 것이다.

법을 따라, 이로운 것을 따라 도를 닦아야 한다.'라고 한 것은 이런 이유로 그렇게 말했다."

비법 경2(A10:114)

1. "비구들이여, 비법과 법을 알아야 하고 해로운 것과 이로운 것을 알아야 한다. 비법과 법을 알고 해로운 것과 이로운 것을 안 뒤 법을 따라, 이로운 것을 따라 도를 닦아야 한다. 비구들이여, 그러면 어떤 것이 법이고, 어떤 것이 비법이며, 어떤 것이 해로운 것이고, 어떤 것이 이로운 것인가?"

2. "비구들이여, 그릇된 견해는 비법이고 바른 견해는 법이다. 그릇된 견해를 조건으로 여러 가지 나쁘고 해로운 법들이 생기나니 이것이 해로운 것이다. 바른 견해를 조건으로 한 여러 가지 유익한 법들은 수행을 통해 완성에 이르나니 이것이 이로운 것이다.

비구들이여, 그릇된 사유는 비법이고 바른 사유는 법이다. 그릇된 사유를 조건으로 여러 가지 나쁘고 해로운 법들이 생기나니 이것이 해로운 것이다. 바른 사유를 조건으로 한 여러 가지 유익한 법들은 수행을 통해 완성에 이르나니 이것이 이로운 것이다.

비구들이여, 그릇된 말은 비법이고 바른 말은 법이다. 그릇된 말을 조건으로 여러 가지 나쁘고 해로운 법들이 생기나니 이것이 해로운 것이다. 바른 말을 조건으로 한 여러 가지 유익한 법들은 수행을 통해 완성에 이르나니 이것이 이로운 것이다.

비구들이여, 그릇된 행위는 비법이고 바른 행위는 법이다. 그릇된 행위를 조건으로 여러 가지 나쁘고 해로운 법들이 생기나니 이것이 해로운 것이다. 바른 행위를 조건으로 한 여러 가지 유익한 법들은 수행을 통해 완성에 이르나니 이것이 이로운 것이다.

비구들이여, 그릇된 생계는 비법이고 바른 생계는 법이다. 그릇된 생계를 조건으로 여러 가지 나쁘고 해로운 법들이 생기나니 이것이 해로운 것이다. 바른 생계를 조건으로 한 여러 가지 유익한 법들은 수행을 통해 완성에 이르나니 이것이 이로운 것이다.

비구들이여, 그릇된 정진은 비법이고 바른 정진은 법이다. 그릇된 정진을 조건으로 여러 가지 나쁘고 해로운 법들이 생기나니 이것이 해로운 것이다. 바른 정진을 조건으로 한 여러 가지 유익한 법들은 수행을 통해 완성에 이르나니 이것이 이로운 것이다.

비구들이여, 그릇된 마음챙김은 비법이고 바른 마음챙김은 법이다. 그릇된 마음챙김을 조건으로 하여 여러 가지 나쁘고 해로운 법들이 생기나니 이것이 해로운 것이다. 바른 마음챙김을 조건으로 한 여러 가지 유익한 법들은 수행을 통해 완성에 이르나니 이것이 이로운 것이다.

비구들이여, 그릇된 삼매는 비법이고 바른 삼매는 법이다. 그릇된 삼매를 조건으로 여러 가지 나쁘고 해로운 법들이 생기나니 이것이 해로운 것이다. 바른 삼매를 조건으로 한 여러 가지 유익한 법들은 수행을 통해 완성에 이르나니 이것이 이로운 것이다.

비구들이여, 그릇된 지혜는 비법이고 바른 지혜는 법이다. 그릇된 지혜를 조건으로 여러 가지 나쁘고 해로운 법들이 생기나니 이것이 해로운 것이다. 바른 지혜를 조건으로 한 여러 가지 유익한 법들은 수행을 통해 완성에 이르나니 이것이 이로운 것이다.

비구들이여, 그릇된 해탈은 비법이고 바른 해탈은 법이다. 그릇된 해탈을 조건으로 여러 가지 나쁘고 해로운 법들이 생기나니 이것이 해로운 것이다. 바른 해탈을 조건으로 한 여러 가지 유익한 법들은 수행을 통해 완성에 이르나니 이것이 이로운 것이다."245)

3. "'비구들이여, 비법과 법을 알아야 하고 해로운 것과 이로운 것을 알아야 한다. 비법과 법을 알고 해로운 것과 이로운 것을 안 뒤 법을 따라, 이로운 것을 따라 도를 닦아야 한다.'라고 한 것은 이런 이유로 그렇게 말했다."

비법 경3(A10:115)

1. "비구들이여, 비법과 법을 알아야 하고 해로운 것과 이로운 것을 알아야 한다. 비법과 법을 알고 해로운 것과 이로운 것을 안 뒤 법을 따라, 이로운 것을 따라 도를 닦아야 한다."

세존께서는 이렇게 말씀하셨다. 선서께서 이렇게 말씀하신 뒤 자리에서 일어나 거처로 들어가셨다.

2. 세존께서 들어가신지 오래지 않아서 비구들에게 이런 [의논이] 생겼다.

---

245) 이상 열 가지 각각은 『디가 니까야』 제3권 「십상경」 (D34) §2.3.(9)에서 열 가지 다함의 토대(nijjaravatthu)로 나타나고, 『맛지마 니까야』 「위대한 40가지에 관한 경」 (Mahācattārīsaka Sutta, M117) §35에도 나타나고 있다. 그리고 『디가 니까야』 제3권 「합송경」 (D33) §3.3.(6)에서는 바른 견해부터 바른 해탈까지 열 가지 무학에 속하는 법(asekha dhamma)으로 나타난다.

"도반들이여, 세존께서는 우리에게 '비구들이여, 비법과 법을 알아야 하고 해로운 것과 이로운 것을 알아야 한다. 비법과 법을 알고 해로운 것과 이로운 것을 안 뒤 법을 따라, 이로운 것을 따라 도를 닦아야 한다.'라고 간략하게 개요만 말씀하시고 상세하게 그 뜻을 분석해주시지 않고 자리에서 일어나 거처로 들어가셨습니다. 세존께서 이처럼 간략하게 개요만 말씀하시고 상세하게 그 뜻을 분석해주시지 않았는데, 누가 참으로 그 뜻을 상세하게 분석해줄 수 있겠습니까?"

그러자 [다시] 비구들에게 이런 [의논이] 생겼다.

"아난다 존자는 스승께서 칭찬하셨고, 지혜로운 동료 수행자들이 존중합니다. 세존께서 간략하게 개요만 말씀하시고 상세하게 그 뜻을 분석해주지 않으신 것을 아난다 존자가 참으로 상세하게 그 뜻을 분석해줄 수 있을 것입니다. 이제 우리는 아난다 존자에게 다가가서 이 뜻을 질문합시다. 그래서 아난다 존자가 우리에게 설명해주는 대로 그렇게 호지합시다."

3. 그때 비구들은 아난다 존자에게 다가갔다. 가서는 아난다 존자와 함께 환담을 나누었다. 유쾌하고 기억할 만한 이야기로 서로 담소를 하고서 한 곁에 앉았다. 한 곁에 앉은 비구들은 아난다 존자에게 이렇게 말했다.

"도반 아난다여, 세존께서는 '비구들이여, 비법과 법을 알아야 하고 해로운 것과 이로운 것을 알아야 한다. 비법과 법을 알고 해로운 것과 이로운 것을 안 뒤 법을 따라, 이로운 것을 따라 도를 닦아야 한다.'라고 간략하게 개요만 말씀하시고 상세하게 그 뜻을 분석해주시지 않고 자리에서 일어나 거처로 들어가셨습니다. 세존께서 들어가신지 오래지 않아서 우리에게 이런 [의논이] 생겼습니다. '도반들이여, 세존께서는 우리에게 '비구들이여, 비법과 법을 알아야 하고 해로운 것과 이로운 것을 알아야 한다. 비법과 법을 알고 해로운 것과 이로운 것을 안 뒤 법을 따라, 이로운 것을 따라 도를 닦아야 한다.'라고 간략하게 개요만 말씀하시고 상세하게 그 뜻을 분석해주시지 않고 자리에서 일어나 거처로 들어가셨습니다. 세존께서 이처럼 간략하게 개요만 말씀하시고 상세하게 그 뜻을 분석해주시지 않았는데 누가 참으로 상세하게 그 뜻을 분석해줄 수 있겠습니까?'

그러자 [다시] 우리들에게 이런 [의논이] 생겼습니다. '아난다 존자는 스승께서 칭찬하셨고, 지혜로운 동료 수행자들이 존중합니다. 세존께서 간략하게 개요만 말씀하시고 상세하게 그 뜻을 분석해주지 않으신 것을 아난다 존자가 참으로 상세하게 그 뜻을 분석해줄 수 있을 것입니다. 이제 우리는 아난다 존자에게 다가가서 이 뜻을 질문합시다. 그래서 아난다 존자가 우리에게 설명해주는 대로 그렇게 호지합시다.'라고. 그러니 아난다 존자는 우리에게 분석해주십시오."

4. "도반들이여, 예를 들면 심재가 필요하고 심재를 찾는 사람이 심재를 탐색하여 돌아다니다가, 심재를 가지고 튼튼하게 서 있는 큰 나무의 뿌리와 줄기를 제쳐놓고는 잔가지와 잎사귀에서 심재를 찾아야겠다고 생각하는 것과 같습니다. 지금 도반들에게도 이런 일이 벌어졌습니다. 스승께서 면전에 계셨음에도 불구하고 그분 세존을 제쳐놓고 제게 그 뜻을 물어야겠다고 생각하고 있습니다. 도반들이여, 참으로 그분 세존께서는 알아야 할 것을 아시고, 보아야 할 것을 보시는 분이며, 우리의 눈이 되시고, 지혜가 되시고, 법이 되시고,

으뜸이 되시며, [사성제를] 말씀하는 분이시고, [오래 진리를 꿰뚫으시면서] 선언하는 분이시고, 뜻을 밝히는 분이시고,246) 불사(不死)를 주는 분이시며, 법의 주인이시며, 여래이십니다. 그러므로 그대들은 그때 바로 세존께 다가가서 그 뜻을 여쭈었어야 했습니다. 그때가 바른 시기였습니다. 그래서 세존께서 그대들에게 설명해주신 대로 잘 호지했어야 했습니다."

5. "도반 아난다여, 참으로 그분 세존께서는 알아야 할 것을 아시고, 보아야 할 것을 보시는 분이며, 우리의 눈이 되시고, 지혜가 되시고, 법이 되시고, 으뜸이 되시며, [사성제를] 말씀하는 분이시고, [오래 진리를 꿰뚫으시면서] 선언하는 분이시고, 뜻을 밝히는 분이시고, 불사(不死)를 주는 분이시며, 법의 주인이시며, 여래이십니다. 그러므로 우리는 그때 바로 세존께 다가가서 그 뜻을 여쭈었어야 했습니다. 그때가 바른 시기였습니다. 그래서 세존께서 우리들에게 설명해주신 대로 잘 호지했어야 했습니다.

그렇지만 아난다 존자는 스승께서 칭찬하셨고, 지혜로운 동료 수행자들이 존중합니다. 세존께서 간략하게 개요만 말씀하시고 상세하게 그 뜻을 분석해주지 않으신 것을, 아난다 존자는 참으로 상세하게 그 뜻을 분석해줄 수 있을 것입니다. 그러니 아난다 존자는 귀찮다 여기지 마시고 우리에게 분석해주십시오."

---

246) "'뜻을 밝히는 분이시다.(attham nīharitvā)'라는 것은 괴로움(dukkha) 등의 뜻을 압박(pīlana) 등의 네 가지 뜻으로 끌어내어 설명하신다. 혹은 궁극적인 의미인 열반을 얻게 하신다."는 말이다.(AAṬ.iii.354) 괴로움 등에 대한 압박 등의 네 가지에 대해서는 『청정도론』 XVI.16 이하를 참조할 것.

6. "도반들이여, 그렇다면 이제 그것을 들으십시오. 듣고 마음에 잘 새기십시오. 나는 설할 것입니다."

"그렇게 하겠습니다, 도반이시여."라고 비구들은 아난다 존자에게 응답했다. 아난다 존자는 이렇게 말했다.

"도반들이여, 세존께서는 '비구들이여, 비법과 법을 알아야 하고 해로운 것과 이로운 것을 알아야 한다. 비법과 법을 알고 해로운 것과 이로운 것을 안 뒤 법을 따라, 이로운 것을 따라 도를 닦아야 한다.'라고 간략하게 개요만 말씀하시고 상세하게 그 뜻을 분석해주시지 않고 자리에서 일어나 거처로 들어가셨습니다. 도반들이여, 그러면 어떤 것이 비법이고, 어떤 것이 법이며, 어떤 것이 해로운 것이고, 어떤 것이 이로운 것인가요?"

7. "도반들이여, 그릇된 견해는 비법이고 바른 견해는 법입니다. 그릇된 견해를 조건으로 여러 가지 나쁘고 해로운 법들이 생기나니 이것이 해로운 것입니다. 바른 견해를 조건으로 한 여러 가지 유익한 법들은 수행을 통해 완성에 이르나니 이것이 이로운 것입니다.

도반들이여, 그릇된 사유는 비법이고 바른 사유는 법입니다. 그릇된 사유를 조건으로 여러 가지 나쁘고 해로운 법[不善法]들이 생기나니 이것이 해로운 것입니다. 바른 사유를 조건으로 한 여러 가지 유익한 법들은 수행을 통해 완성에 이르나니 이것이 이로운 것입니다.

도반들이여, 그릇된 말은 비법이고 바른 말은 법입니다. 그릇된 말을 조건으로 하여 여러 가지 나쁘고 해로운 법[不善法]들이 생기나니 이것이 해로운 것입니다. 바른 말을 조건으로 한 여러 가지 유익한 법들은 수행을 통해 완성에 이르나니 이것이 이로운 것입니다.

도반들이여, 그릇된 행위는 비법이고 바른 행위는 법입니다. 그릇된 행위를 조건으로 여러 가지 나쁘고 해로운 법[不善法]들이 생기나니 이것이 해로운 것입니다. 바른 행위를 조건으로 한 여러 가지 유익한 법들은 수행을 통해 완성에 이르나니 이것이 이로운 것입니다.

도반들이여, 그릇된 생계는 비법이고 바른 생계는 법입니다. 그릇된 생계를 조건으로 여러 가지 나쁘고 해로운 법[不善法]들이 생기나니 이것이 해로운 것입니다. 바른 생계를 조건으로 한 여러 가지 유익한 법들은 수행을 통해 완성에 이르나니 이것이 이로운 것입니다.

도반들이여, 그릇된 정진은 비법이고 바른 정진은 법입니다. 그릇된 정진을 조건으로 여러 가지 나쁘고 해로운 법[不善法]들이 생기나니 이것이 해로운 것입니다. 바른 정진을 조건으로 한 여러 가지 유익한 법들은 수행을 통해 완성에 이르나니 이것이 이로운 것입니다.

도반들이여, 그릇된 마음챙김은 비법이고 바른 마음챙김은 법입니다. 그릇된 마음챙김을 조건으로 여러 가지 나쁘고 해로운 법[不善法]들이 생기나니 이것이 해로운 것입니다. 바른 마음챙김을 조건으로 한 여러 가지 유익한 법들은 수행을 통해 완성에 이르나니 이것이 이로운 것입니다.

도반들이여, 그릇된 삼매는 비법이고 바른 삼매는 법입니다. 그릇된 삼매를 조건으로 여러 가지 나쁘고 해로운 법[不善法]들이 생기나니 이것이 해로운 것입니다. 바른 삼매를 조건으로 한 여러 가지 유익한 법들은 수행을 통해 완성에 이르나니 이것이 이로운 것입니다.

도반들이여, 그릇된 지혜는 비법이고 바른 지혜는 법입니다. 그릇된 지혜를 조건으로 하여 여러 가지 나쁘고 해로운 법[不善法]들이 생기나니 이것이 해로운 것입니다. 바른 지혜를 조건으로 한 여러 가지 유익한 법들은 수행을 통해 완성에 이르나니 이것이 이로운 것입니다.

도반들이여, 그릇된 해탈은 비법이고 바른 해탈은 법입니다. 그릇된 해탈을 조건으로 여러 가지 나쁘고 해로운 법[不善法]들이 생기나니 이것이 해로운 것입니다. 바른 해탈을 조건으로 한 여러 가지 유익한 법들은 수행을 통해 완성에 이르나니 이것이 이로운 것입니다.

도반들이여, 세존께서는 '비구들이여, 비법과 법을 알아야 하고 해로운 것과 이로운 것을 알아야 한다. 비법과 법을 알고 해로운 것과 이로운 것을 안 뒤 법을 따라, 이로운 것을 따라 도를 닦아야 한다.'라고 간략하게 개요만 말씀하시고 상세하게 그 뜻을 분석해주시지 않고 자리에서 일어나 거처로 들어가셨습니다. 도반들이여, 나는 세존께서 간략하게 개요만 말씀하시고 상세하게 그 뜻을 분석해주시지 않으신 것에 대해서 이와 같이 그 뜻을 상세하게 압니다.

도반들이여, 그대들이 원한다면 세존께 가십시오. 가서 세존께 이러한 뜻을 아뢰어 세존께서 그대들에게 설명해주시는 대로 호지하십시오."

"알겠습니다, 도반이여."라고 비구들은 아난다 존자의 말을 기뻐하고 감사한 뒤 자리에서 일어나서 세존께 다가갔다. 가서는 세존께 절을 올리고 한 곁에 앉았다. 한 곁에 앉아서 비구들은 세존께 이렇게 말씀드렸다.

8. "세존이시여, 세존께서는 '비구들이여, 비법과 법을 알아야 하고 해로운 것과 이로운 것을 알아야 한다. 비법과 법을 알고 해로운 것과 이로운 것을 안 뒤 법을 따라, 이로운 것을 따라 도를 닦아야

한다.'라고 간략하게 개요만 말씀하시고 상세하게 그 뜻을 분석해주시지 않고 자리에서 일어나 거처로 들어가셨습니다. 세존께서 들어가신지 오래지 않아서 저희들에게 이런 [의논이] 생겼습니다. … 그런 저희들은 아난다 존자에게 다가갔습니다. 가서는 아난다 존자에게 이 뜻에 대해서 질문을 했습니다. 세존이시여, 그런 저희들에게 아난다 존자는 이러한 형태와 이러한 단어들과 이러한 문장들로 그 뜻을 잘 분석해주었습니다."

9. "장하고 장하구나, 비구들이여. 비구들이여, 아난다는 현자다. 비구들이여, 아난다는 큰 통찰지를 가졌다. 만일 그대들이 내게 다가와서 이 뜻을 물었다면 나도 그와 같이 설명했을 것이다. 아난다가 설명한 것이 바로 그 뜻이다. 그러니 그대들은 그것을 잘 호지하라."

아지따 경(A10:116)
Ajita-sutta

1. 그때 아지따 유행승247)이 세존께 다가갔다. 가서는 세존과 함께 환담을 나누었다. 유쾌하고 기억할 만한 이야기로 서로 담소를 하고서 한 곁에 앉았다. 한 곁에 앉은 아지따 유행승은 세존께 이렇게 말씀드렸다.

"고따마 존자시여, 우리에게는 현자라고 인정하는 동료 수행자가 한 사람 있는데 그는 500개 정도나 되는 마음의 일어남248)을 압니

---

247) 아지따 유행승(Ajita paribbājaka)이 누구인지 주석서와 복주서에는 아무런 언급이 없다.
248) '마음의 일어남'으로 옮긴 원어는 citta-ṭṭhāna인데 주석서에서 citt-

다. 그는 이것을 통해 외도들이 논박을 당하면 그들이 논박을 당했다고 압니다."

그때 세존께서는 비구들을 불러서 말씀하셨다.

"비구들이여, 그대들은 현자가 되는 원인249)을 기억하는가?"

"세존이시여, 지금이 바로 적절한 시기입니다. 선서시여, 지금이 세존께서 설해주실 바로 적절한 시기입니다. 세존의 말씀을 듣고 비구들은 마음에 새길 것입니다."

"비구들이여, 그렇다면 들어라. 듣고 마음에 잘 새겨라. 나는 설할 것이다."

"그렇게 하겠습니다, 세존이시여."라고 비구들은 세존께 대답했다. 세존께서는 이렇게 말씀하셨다.

2. "비구들이여, 여기 어떤 사람은 법답지 못한 말로 법답지 못한 말을 반격하고 내리누른다. 이렇게 해서 그는 법답지 못한 회중을 기쁘게 한다. 그러면 그 법답지 못한 회중은 '오, 참으로 현자로구나. 오, 참으로 현자로구나.'라고 큰 소리로 외친다."

3. "비구들이여, 여기 어떤 사람은 법답지 못한 말로 법다운 말을 반격하고 내리누른다. 이렇게 해서 그는 법답지 못한 회중을 기

---

uppāda로 설명하고 있어서(AA.v.72) 이렇게 옮겼다.

249) '현자가 되는 원인'은 paṇḍita-vatthu를 옮긴 것이다. 세존께서는 남의 마음의 일어남을 아는 것에 의해서 현자가 되거나 반격하고 내리누르는 것(abhiniggaṇhāti abhinippīḷeti)에 의해서 현자가 되는 것이 아니라, 법과 비법 그리고 이로움과 해로움을 안 뒤에 법과 이로운 것을 따라 도를 닦아야만(paṭipajjitabba) 진정한 현자가 된다고 본경을 통해서 강조하고 계신다.

쁘게 한다. 그러면 그 법답지 못한 회중은 '오, 참으로 현자로구나. 오, 참으로 현자로구나.'라고 큰 소리로 외친다."

4. "비구들이여, 여기 어떤 사람은 법답지 못한 말로 법다운 말과 법답지 못한 말을 반격하고 내리누른다. 이렇게 해서 그는 법답지 못한 회중을 기쁘게 한다. 그러면 그 법답지 못한 회중은 '오, 참으로 현자로구나. 오, 참으로 현자로구나.'라고 큰 소리로 외친다."

5. "비구들이여, 여기 어떤 사람은 법다운 말로 법답지 못한 말을 반격하고 내리누른다. 이렇게 해서 그는 법다운 회중을 기쁘게 한다. 그러면 그 법다운 회중은 '오, 참으로 현자로구나. 오, 참으로 현자로구나.'라고 큰 소리로 외친다."

6. "비구들이여, 비법과 법을 알아야 하고 해로운 것과 이로운 것을 알아야 한다. 비법과 법을 알고 해로운 것과 이로운 것을 안 뒤 법을 따라, 이로운 것을 따라 도를 닦아야 한다. 비구들이여, 그러면 어떤 것이 법이고, 어떤 것이 비법이며, 어떤 것이 해로운 것이고, 어떤 것이 이로운 것인가?"

7. "비구들이여, 그릇된 견해는 비법이고 바른 견해는 법이다. 그릇된 견해를 조건으로 하여 여러 가지 나쁘고 해로운 법[不善法]들이 생기나니 이것이 해로운 것이다. 바른 견해를 조건으로 한 여러 가지 유익한 법들은 수행을 통해 완성에 이르나니 이것이 이로운 것이다.

비구들이여, 그릇된 사유는 비법이고 바른 사유는 법이다. …

비구들이여, 그릇된 말은 비법이고 바른 말은 법이다. …
비구들이여, 그릇된 행위는 비법이고 바른 행위는 법이다. …
비구들이여, 그릇된 생계는 비법이고 바른 생계는 법이다. …
비구들이여, 그릇된 정진은 비법이고 바른 정진은 법이다. …
비구들이여, 그릇된 마음챙김은 비법이고 바른 마음챙김은 법이다. …
비구들이여, 그릇된 삼매는 비법이고 바른 삼매는 법이다. …
비구들이여, 그릇된 지혜는 비법이고 바른 지혜는 법이다. …

비구들이여, 그릇된 해탈은 비법이고 바른 해탈은 법이다. 그릇된 해탈을 조건으로 하여 여러 가지 나쁘고 해로운 법[不善法]들이 생기나니 이것이 해로운 것이다. 바른 해탈을 조건으로 한 여러 가지 유익한 법들은 수행을 통해 완성에 이르나니 이것이 이로운 것이다.

'비구들이여, 비법과 법을 알아야 하고 해로운 것과 이로운 것을 알아야 한다. 비법과 법을 알고 해로운 것과 이로운 것을 안 뒤 법을 따라, 이로운 것을 따라 도를 닦아야 한다.'라고 한 것은 이런 이유로 그렇게 말했다."

상가라와 경(A10:117)
Saṅgārava-sutta

1. 그때 상가라와 바라문250)이 세존께 다가갔다. 가서는 세존과 함께 환담을 나누었다. 유쾌하고 기억할 만한 이야기로 서로 담소를 하고서 한 곁에 앉았다. 한 곁에 앉은 상가라와 바라문은 세존께

---

250) 상가라와 바라문(Saṅgārava brāhmaṇa)에 대해서는 본서 제1권 「상가라와 경」 (A3:60) §1의 주해를 참조할 것.

이렇게 말씀드렸다.

"고따마 존자시여, 어떤 것이 이 언덕이고, 어떤 것이 저 언덕입니까?"

2. "바라문이여, 그릇된 견해는 이 언덕이고, 바른 견해는 저 언덕이다. 그릇된 사유는 이 언덕이고, 바른 사유는 저 언덕이다. 그릇된 말은 이 언덕이고, 바른 말은 저 언덕이다. 그릇된 행위는 이 언덕이고, 바른 행위는 저 언덕이다. 그릇된 생계는 이 언덕이고, 바른 생계는 저 언덕이다. 그릇된 정진은 이 언덕이고, 바른 정진은 저 언덕이다. 그릇된 마음챙김은 이 언덕이고, 바른 마음챙김은 저 언덕이다. 그릇된 삼매는 이 언덕이고, 바른 삼매는 저 언덕이다. 그릇된 지혜는 이 언덕이고, 바른 지혜는 저 언덕이다. 그릇된 해탈은 이 언덕이고, 바른 해탈은 저 언덕이다. 바라문이여, 이런 것이 이 언덕이고, 이런 것이 저 언덕이다."

3. "인간들 가운데 저 언덕에 도달한 자 드물고
사람들 대부분 이 언덕에서 치달리고 있구나.251)
법을 따르는 자들에게252) 법이 바르게 설해질 때
그들은 건너기 어려운 죽음의 영역253)을 건너

---

251) "오직 [자아가 있다는] 유신견의 언덕(sakkāya-diṭṭhi-tīra)을 따라 치달린다(anudhāvati)는 뜻이다."(AA.v.72)
252) "[아홉 가지 출세간법이] 바르게 설해질 때, 법을 따르는 자들은 그것을 듣고는 그것을 따라 도닦음(paṭipada)을 완성하여 도와 과를 실현(maggaphala-sacchikaraṇa)하기 때문에 '법을 따르는 자들(dhamma-anuvattino)'이라 한다."(AAṬ.iii.330)
253) "'죽음의 영역(maccudheyya)'이란 삼계윤회(tebhūmaka-vaṭṭa)를 말

저 언덕에 도달하노라.
현자는 검은 법을 제거한 뒤 흰 법을 닦으라.254)
윤회에서 벗어나 윤회 없음에 이르러255)
기쁨이 없는 한거에서 기쁨을 찾아야 하리.256)
감각적 욕망을 버리고 무소유가 되어
현자는 마음의 오염원들로부터 자신을 청정하게 할지라.
깨달음의 구성요소들로 바르게 마음을 잘 닦아서
취함을 놓아버려 취착 없음을 기뻐하나니

한다."(AA.v.73)

254) "'검은 법을 제거한 뒤(kaṇhaṁ dhammaṁ vippahāya)'라는 것은 몸으로 짓는 그릇된 행위(kāya-duccarita) 등으로 분류되는 해로운 법(不善法, akusala dhamma)을 버리는 것이고, '흰 법을 닦는다.(sukkaṁ bhāve- tha)'는 것은 현명한 비구는 출가에서부터 아라한도를 얻을 때까지 몸으로 짓는 유익한 행위(kāya-sucarita) 등으로 분류되는 흰 법(suka dhamma)을 닦는 것이다."(AAṬ.iii.330)

255) '윤회에서 벗어나 윤회 없음에 이르러'는 okā anokam āgamma를 옮긴 것인데 주석서에서 oka(거주처)를 윤회(vaṭṭa)로 anoka(거주처 없음)를 윤회 없음(vivaṭṭa)으로 설명하고 있어서(AA.v.73) 이렇게 옮겼다.
한편 복주서는 "여기서 거주처(oka)는 감각적 쾌락(ālaya)을 뜻하고 거주처 없음(anoka)은 감각적 쾌락 없음(anālaya)을 뜻한다. 감각적 쾌락으로부터 나와서 감각적 쾌락 없음이라 부르는 열반을 두고 한 말이다."(AAṬ.iii.330)라고 설명하고 있다.

256) '기쁨이 없는 한거에서 기쁨을 찾아야 하리.'는 viveke yattha dūramaṁ을 옮긴 것이다. 주석서에서 "몸과 마음의 재생의 근거로부터 멀리 여의어(kāya-citta-upadhi-viveka) 기쁨이 없는(durabhirama) 그곳에서 기쁨(abhirati)을 찾아야 한다는 말이다."(*Ibid*)라고 설명하고 있어서 이렇게 풀어서 옮겼다.
한편 복주서는 "감각적 쾌락이 없음(anālaya)이라 부르는 한거(viveka, 멀리 여읨)는 열반을 뜻한다. 중생들은 그 열반을 기뻐하지 않지만 [그 열반에서] 기쁨을 찾아야 한다는 말이다."(AAṬ.iii.330)라고 덧붙이고 있다.

번뇌 다한 광휘로운 자들은
세상에서 완전한 평화를 얻노라."

이 언덕 경(A10:118)257)
Orimatīra-sutta

1. "비구들이여, 이 언덕과 저 언덕에 대해서 설하리니 그것을 들어라. 듣고 마음에 잘 새겨라. 나는 설할 것이다."

"그렇게 하겠습니다, 세존이시여."라고 비구들은 세존께 대답했다. 세존께서는 이렇게 말씀하셨다.

2. "비구들이여, 어떤 것이 이 언덕이고, 어떤 것이 저 언덕인가? 비구들이여, 그릇된 견해는 이 언덕이고, 바른 견해는 저 언덕이다. 그릇된 사유는 이 언덕이고, 바른 사유는 저 언덕이다. 그릇된 말은 이 언덕이고, 바른 말은 저 언덕이다. 그릇된 행위는 이 언덕이고, 바른 행위는 저 언덕이다. 그릇된 생계는 이 언덕이고, 바른 생계는 저 언덕이다. 그릇된 정진은 이 언덕이고, 바른 정진은 저 언덕이다. 그릇된 마음챙김은 이 언덕이고, 바른 마음챙김은 저 언덕이다. 그릇된 삼매는 이 언덕이고, 바른 삼매는 저 언덕이다. 그릇된 지혜는 이 언덕이고, 바른 지혜는 저 언덕이다. 그릇된 해탈은 이 언덕이고, 바른 해탈은 저 언덕이다. 비구들이여, 이런 것이 이 언덕이고, 이런 것이 저 언덕이다."

---

257) PTS본의 경의 목록에는 이쪽(orima)으로 나타나는데 이 언덕(orima-tīra)을 뜻한다. 그래서 역자는 6차결집본의 경제목을 택했다.

3. "인간들 가운데 저 언덕에 도달한 자 드물고
사람들 대부분 이 언덕에서 치달리고 있구나.
법을 따르는 자들에게 법이 바르게 설해질 때
그들은 건너기 어려운 죽음의 영역을 건너
저 언덕에 도달하노라.
현자는 검은 법을 제거하고 흰 법을 닦으라.
윤회에서 벗어나 윤회 없음에 이르러
기쁨이 없는 한거에서 기쁨을 찾아야 하리.
감각적 욕망을 버리고 무소유가 되어서
현자는 마음의 오염원들로부터 자신을 청정하게 할지라.
깨달음의 구성요소들로 바르게 마음을 잘 닦아서
취함을 놓아버려 취착 없음을 기뻐하나니
번뇌 다한 광휘로운 자들은
세상에서 완전한 평화를 얻노라."

하강의식 경1(A10:119)
Paccorohaṇī-sutta

1. 그 무렵에 자눗소니 바라문258)은 포살일에 머리를 감고 아마포로 만든 새 옷 한 벌을 입고 젖은 꾸사 풀을 한 움큼 쥐고 세존으로부터 멀지 않은 곳에 서있었다. 세존께서는 자눗소니 바라문이 포살일에 머리를 감고 아마포로 만든 새 옷 한 벌을 입고 젖은 꾸사

---

258) 자눗소니 바라문(Jāṇussoṇi brāhmaṇa)에 대해서는 본서 제2권「무외경」(A4:184) §1의 주해를 참조할 것.

풀을 한 움큼 쥐고 멀지 않은 곳에서 한 곁에 서있는 것을 보시고 자눗소니 바라문에게 이렇게 말씀하셨다.

"바라문이여, 어찌하여 그대는 포살일에 머리를 감고 아마포로 만든 새옷 한 벌을 입고 젖은 꾸사 풀을 한 움큼 쥐고 한 곁에 서있는가? 오늘 바라문의 가문에 무슨 일이 있는가?"

"고따마 존자시여, 오늘은 바라문 가문에서 하강의식259)을 하는 날입니다."

"바라문이여, 바라문들은 어떻게 하강의식을 행하는가?"

"고따마 존자시여, 여기 바라문들은 포살일에 머리를 감고 아마포로 만든 새 옷 한 벌을 입고 젖은 소똥을 땅에 바르고 푸른 꾸사 풀을 그 위에 펴고 그 가장자리와 불을 안치한 곳 사이에 잠자리를 만듭니다. 그들은 그 밤에 세 번 일어나서 합장하고 '저희는 당신께로 하강합니다. 저희는 당신께로 하강합니다.'라고 하면서 불에 예배합니다. 그리고 많은 생 버터와 정제된 버터로 불에 헌공합니다. 그 밤이 지나면 딱딱하고 부드러운 맛있는 음식으로 바라문들에게 공양합니다. 고따마 존자시여, 바라문들은 이와 같이 하강의식을 행합니다."

"바라문이여, 바라문들의 하강의식과 성스러운 율에서의 하강의식은 다르다."

"고따마 존자시여, 그러면 성스러운 율에서는 하강의식을 어떻게 합니까? 성스러운 율에서 행하는 하강의식에 대해 제게 법을 설해주시면 감사하겠습니다."

---

259) '하강의식'으로 옮긴 원어는 paccorohaṇī인데 주석서는 죄악(pāpa)을 누르는 것(paccorohaṇa)이라고만 설명하고 있다.(AA.v.73) 아래에서 자눗소니는 바라문들이 행하는 하강의식을 구체적으로 설명하고 있다.

"바라문이여, 그렇다면 그것을 들어라. 듣고 마음에 잘 새겨라. 나는 설할 것이다."

"그렇게 하겠습니다, 존자시여."라고 자눗소니 바라문은 세존께 대답했다. 세존께서는 이렇게 말씀하셨다.

2. "바라문이여, 여기 성스러운 제자는 이렇게 숙고한다. '그릇된 견해로부터 금생과 내생에 악한 과보가 생긴다.'라고. 그는 이렇게 숙고하면서 그릇된 견해를 제거하고, 그릇된 견해로부터 하강한다. … '그릇된 사유로부터 금생과 내생에 악한 과보가 생긴다.'라고. 그는 이렇게 숙고하면서 그릇된 사유를 제거하고, 그릇된 사유로부터 하강한다. … '그릇된 말로부터 금생과 내생에 악한 과보가 생긴다.'라고. 그는 이렇게 숙고하면서 그릇된 말을 제거하고, 그릇된 말로부터 하강한다. … '그릇된 행위로부터 금생과 내생에 악한 과보가 생긴다.'라고. 그는 이렇게 숙고하면서 그릇된 행위를 제거하고, 그릇된 행위로부터 하강한다. … '그릇된 생계로부터 금생과 내생에 악한 과보가 생긴다.'라고. 그는 이렇게 숙고하면서 그릇된 생계를 제거하고, 그릇된 생계로부터 하강한다. … '그릇된 정진으로부터 금생과 내생에 악한 과보가 생긴다.'라고. 그는 이렇게 숙고하면서 그릇된 정진을 제거하고, 그릇된 정진으로부터 하강한다. … '그릇된 마음챙김으로부터 금생과 내생에 악한 과보가 생긴다.'라고. 그는 이렇게 숙고하면서 그릇된 마음챙김을 제거하고, 그릇된 마음챙김으로부터 하강한다. … '그릇된 삼매로부터 금생과 내생에 악한 과보가 생긴다.'라고. 그는 이렇게 숙고하면서 그릇된 삼매를 제거하고, 그릇된 삼매로부터 하강한다. … '그릇된 지혜로부터 금생과 내생에 악한 과

보가 생긴다.'라고 그는 이렇게 숙고하면서 그릇된 지혜를 제거하고, 그릇된 지혜로부터 하강한다. … '그릇된 해탈로부터 금생과 내생에 악한 과보가 생긴다.'라고 그는 이렇게 숙고하면서 그릇된 해탈을 제거하고, 그릇된 해탈로부터 하강한다. 바라문이여, 이것이 성스러운 율에서의 하강의식이다."

3. "고따마 존자시여, 바라문들의 하강의식과 성스러운 율에서의 하강의식은 다릅니다. 바라문들의 하강의식은 성스러운 율에서의 하강의식에 비하면 16분의 1에도 미치지 못합니다.

경이롭습니다, 고따마 존자시여. 경이롭습니다, 고따마 존자시여. 마치 넘어진 자를 일으켜 세우시듯, 덮여있는 것을 걷어내 보이시듯, [방향을] 잃어버린 자에게 길을 가리켜주시듯, 눈 있는 자 형상을 보라고 어둠 속에서 등불을 비춰주시듯, 고따마 존자께서는 여러 가지 방편으로 법을 설해주셨습니다. 저는 이제 고따마 존자께 귀의하옵고 법과 비구승가에 귀의합니다. 고따마 존자께서는 저를 재가신자로 받아주소서. 오늘부터 목숨이 붙어 있는 그날까지 귀의하옵니다."

하강의식 경2(A10:120)

1. "비구들이여, 성스러운 하강의식260)을 설하리라. 그것을 들어라. 듣고 마음에 잘 새겨라. 나는 설할 것이다. … 비구들이여, 그러면 어떤 것이 성스러운 하강의식인가?"

---

260) 앞 경에서는 '성스러운 율에서의 하강의식(ariyassa vinaye paccorohaṇī)'으로 나타났고, 여기서는 '성스러운 하강의식(ariyā paccorohaṇī)'으로 나타나고 있다.

2. "비구들이여, 여기 성스러운 제자는 이렇게 숙고한다. '그릇된 견해로부터 금생과 내생에 악한 과보가 생긴다.'라고. 그는 이렇게 숙고하면서 그릇된 견해를 제거하고, 그릇된 견해로부터 하강한다. … '그릇된 사유로부터 … 그릇된 말로부터 … 그릇된 행위로부터 … 그릇된 생계로부터 … 그릇된 정진으로부터 … 그릇된 마음챙김으로부터 … 그릇된 삼매로부터 … 그릇된 지혜로부터 … 그릇된 해탈로부터 금생과 내생에 악한 과보가 생긴다.'라고. 그는 이렇게 숙고하면서 그릇된 해탈을 제거하고 그릇된 해탈로부터 하강한다. 비구들이여, 이것이 성스러운 하강의식이다."

앞장섬 경(A10:121)
Pubbaṅgama-sutta

1. "비구들이여, 태양이 떠오를 때 여명이 앞장서고 여명이 전조가 되듯이, 유익한 법들의 경우 바른 견해가 앞장서고 바른 견해가 전조가 된다."

2. "비구들이여, 바른 견해를 가진 자에게 바른 사유가 생긴다. 바른 사유를 하는 자에게 바른 말이 생긴다. 바른 말을 하는 자에게 바른 행위가 생긴다. 바른 행위를 하는 자에게 바른 생계가 생긴다. 바른 생계를 가진 자에게 바른 정진이 생긴다. 바른 정진을 하는 자에게 바른 마음챙김이 생긴다. 바른 마음챙김을 가진 자에게 바른 삼매가 생긴다. 바른 삼매를 가진 자에게 바른 지혜가 생긴다. 바른 지혜를 가진 자에게 바른 해탈이 생긴다."

번뇌 경(A10:122)[261]
Āsava-sutta

1. "비구들이여, 열 가지 법을 닦고 많이 [공부]지으면 번뇌들이 다하게 된다. 무엇이 열인가?"

2. "바른 견해, 바른 사유, 바른 말, 바른 행위, 바른 생계, 바른 정진, 바른 마음챙김, 바른 삼매, 바른 지혜, 바른 해탈이다. 비구들이여, 이러한 열 가지 법을 닦고 많이 [공부]지으면 번뇌들이 다하게 된다."

제12장 하강의식 품이 끝났다.

열두 번째 품에 포함된 경들의 목록은 다음과 같다.

세 가지 ①~③ 비법 ④ 아지따
⑤ 상가라와 ⑥ 이 언덕, 두 가지 ⑦~⑧ 하강의식
⑨ 앞장섬 ⑩ 번뇌이다.

---

261) 6차결집본의 경제목은 '번뇌 다함'(Āsavakkhaya-sutta)이다.

제13장 지극히 청정함 품
Parisuddha-vagga

첫 번째 경(A10:123)[262]
Paṭhama-sutta

1. "비구들이여, 열 가지 법은 지극히 청정하고 지극히 깨끗하며, 선서의 율 외에는 존재하지 않는다. 무엇이 열인가?"

2. "바른 견해, 바른 사유, 바른 말, 바른 행위, 바른 생계, 바른 정진, 바른 마음챙김, 바른 삼매, 바른 지혜, 바른 해탈이다. 비구들이여, 이러한 열 가지 법은 지극히 청정하고 지극히 깨끗하며, 선서의 율 외에는 존재하지 않는다."

두 번째 경(A10:124)

1. "비구들이여, 열 가지 법은 아직 생기지 않았더라도 생기나니, 선서의 율 외에는 존재하지 않는다. 무엇이 열인가?"

2. "바른 견해, 바른 사유, 바른 말, 바른 행위, 바른 생계, 바른 정진, 바른 마음챙김, 바른 삼매, 바른 지혜, 바른 해탈이다. 비구들이여, 이러한 열 가지 법은 아직 생기지 않았더라도 생기나니, 선서의

---

262) PTS본에는 본품의 본경 이하부터 열의 모음 마지막 품의 마지막 경까지에 해당하는 경의 이름이 나타나지 않는다. 역자는 6차결집본을 따랐다.

율 외에는 존재하지 않는다."

세 번째 경(A10:125)

1. "비구들이여, 열 가지 법은 큰 결실과 큰 이익이 있으며, 선서의 율 외에는 존재하지 않는다. 무엇이 열인가?"

2. "바른 견해, … 바른 해탈이다. 비구들이여, 이러한 열 가지 법은 큰 결실과 큰 이익이 있으며, 선서의 율 외에는 존재하지 않는다."

네 번째 경(A10:126)

1. "비구들이여, 열 가지 법은 탐욕을 길들임으로 귀결되고, 성냄을 길들임으로 귀결되고, 어리석음을 길들임으로 귀결되며, 선서의 율 외에는 존재하지 않는다. 무엇이 열인가?"

2. "바른 견해, … 바른 해탈이다. 비구들이여, 이러한 열 가지 법은 탐욕을 길들임으로 귀결되고, 성냄을 길들임으로 귀결되고, 어리석음을 길들임으로 귀결되며, 선서의 율 외에는 존재하지 않는다."

다섯 번째 경(A10:127)

1. "비구들이여, 열 가지 법은 [속된 것들을] 전적으로 역겨워함으로 인도하고, 욕망의 빛바램으로 인도하고, 소멸로 인도하고, 고요함으로 인도하고, 최상의 지혜로 인도하고, 바른 깨달음으로 인도

하고, 열반으로 인도하며, 선서의 율 외에는 존재하지 않는다. 무엇이 열인가?"

2. "바른 견해, … 바른 해탈이다. 비구들이여, 이러한 열 가지 법은 [속된 것들을] 전적으로 역겨워함으로 인도하고, 욕망의 빛바램으로 인도하고, 소멸로 인도하고, 고요함으로 인도하고, 최상의 지혜로 인도하고, 바른 깨달음으로 인도하고, 열반으로 인도하며, 선서의 율 외에는 존재하지 않는다."

여섯 번째 경(A10:128)

1. "비구들이여, 열 가지 법을 닦고 많이 [공부]지으면 아직 생기지 않았더라도 생기나니, 선서의 율 외에는 존재하지 않는다. 무엇이 열인가?"

2. "바른 견해, … 바른 해탈이다. 비구들이여, 이러한 열 가지 법을 닦고 많이 [공부]지으면 아직 생기지 않았더라도 생기나니, 선서의 율 외에는 존재하지 않는다."

일곱 번째 경(A10:129)

1. "비구들이여, 열 가지 법을 닦고 많이 [공부]지으면 큰 결실이 있고 큰 이익이 있으며, 선서의 율 외에는 존재하지 않는다. 무엇이 열인가?"

2. "바른 견해, … 바른 해탈이다. 비구들이여, 이러한 열 가지 법을 닦고 많이 [공부]지으면 큰 결실이 있고 큰 이익이 있으며, 선서의 율 외에는 존재하지 않는다."

여덟 번째 경(A10:130)

1. "비구들이여, 열 가지 법을 닦고 많이 [공부]지으면 탐욕을 길들임으로 귀결되고, 성냄을 길들임으로 귀결되고, 어리석음을 길들임으로 귀결되며, 선서의 율 외에는 존재하지 않는다. 무엇이 열인가?"

2. "바른 견해, … 바른 해탈이다. 비구들이여, 이러한 열 가지 법을 닦고 많이 [공부]지으면, 탐욕을 길들임으로 귀결되고, 성냄을 길들임으로 귀결되고, 어리석음을 길들임으로 귀결되며, 선서의 율 외에는 존재하지 않는다."

아홉 번째 경(A10:131)

1. "비구들이여, 열 가지 법을 닦고 많이 [공부]지으면 [속된 것들을] 전적으로 역겨워함으로 인도하고, 욕망의 빛바램으로 인도하고, 소멸로 인도하고, 고요함으로 인도하고, 최상의 지혜로 인도하고, 바른 깨달음으로 인도하고, 열반으로 인도하며, 선서의 율 외에는 존재하지 않는다. 무엇이 열인가?"

2. "바른 견해, … 바른 해탈이다. 비구들이여, 이러한 열 가지 법을 닦고 많이 [공부]지으면 [속된 것들을] 전적으로 역겨워함으로 인도하고, 욕망의 빛바램으로 인도하고, 소멸로 인도하고, 고요함으로 인도하고, 최상의 지혜로 인도하고, 바른 깨달음으로 인도하고, 열반으로 인도하며, 선서의 율 외에는 존재하지 않는다."

열 번째 경(A10:132)

1. "비구들이여, 열 가지 그릇됨이 있다. 무엇이 열인가?"

2. "그릇된 견해, … 그릇된 해탈이다. 비구들이여, 이러한 열 가지 그릇됨이 있다."

열한 번째 경(A10:133)

1. "비구들이여, 열 가지 올바름이 있다. 무엇이 열인가?"

2. "바른 견해, … 바른 해탈이다. 비구들이여, 이러한 열 가지 올바름이 있다."

제14장 훌륭함 품
Sādhu-vagga

훌륭함 경(A10:134)
Sādhu-sutta

1. "비구들이여, 훌륭한 것과 훌륭하지 못한 것을 설하리라. 그것을 들어라. 듣고 마음에 잘 새겨라. 나는 설할 것이다."

"그렇게 하겠습니다, 세존이시여."라고 비구들은 세존께 응답했다. 세존께서는 이렇게 말씀하셨다.

2. "비구들이여, 그러면 어떤 것이 훌륭하지 못한 것인가? 그릇된 견해, 그릇된 사유, 그릇된 말, 그릇된 행위, 그릇된 생계, 그릇된 정진, 그릇된 마음챙김, 그릇된 삼매, 그릇된 지혜, 그릇된 해탈이다. 비구들이여, 이를 일러 훌륭하지 못한 것이라 한다."

3. "비구들이여, 그러면 어떤 것이 훌륭한 것인가? 바른 견해, 바른 사유, 바른 말, 바른 행위, 바른 생계, 바른 정진, 바른 마음챙김, 바른 삼매, 바른 지혜, 바른 해탈이다. 비구들이여, 이를 일러 훌륭한 것이라 한다."

성스러운 법 경(A10:135)
Ariyadhamma-sutta

1. "비구들이여, 성스러운 법과 성스럽지 못한 법을 설하리라. 그것을 들어라. 듣고 마음에 잘 새겨라. …"

2. "비구들이여, 그러면 어떤 것이 성스럽지 못한 법인가? 그릇된 견해, … 그릇된 해탈이다. 비구들이여, 이를 일러 성스럽지 못한 법이라 한다."

3. "비구들이여, 그러면 어떤 것이 성스러운 법인가? 바른 견해, … 바른 해탈이다. 비구들이여, 이를 일러 성스러운 법이라 한다."

유익함 경(A10:136)
Kusala-sutta

1. "비구들이여, 유익한 것과 해로운 것을 설하리라. 그것을 들어라. …"

2. "비구들이여, 그러면 어떤 것이 해로운 것인가? 그릇된 견해, … 그릇된 해탈이다. 비구들이여, 이를 일러 해로운 것이라 한다."

3. "비구들이여, 그러면 어떤 것이 유익한 것인가? 바른 견해, … 바른 해탈이다. 비구들이여, 이를 일러 유익한 것이라 한다."

이익 경(A10:137)
Attha-sutta

1. "비구들이여, 이익이 되는 것과 이익이 되지 못하는 것을 설하리라. 그것을 들어라. …"

2. "비구들이여, 그러면 어떤 것이 이익이 되지 못하는 것인가? 그릇된 견해, … 그릇된 해탈이다. 비구들이여, 이를 일러 이익이 되지 못하는 것이라 한다."

3. "비구들이여, 그러면 어떤 것이 이익이 되는 것인가? 바른 견해, … 바른 해탈이다. 비구들이여, 이를 일러 이익이 되는 것이라 한다."

법 경(A10:138)
Dhamma-sutta

1. "비구들이여, 법과 비법을 설하리라. 그것을 들어라. …"

2. "비구들이여, 그러면 어떤 것이 비법인가? 그릇된 견해, … 그릇된 해탈이다. 비구들이여, 이를 일러 비법이라 한다."

3. "비구들이여, 그러면 어떤 것이 법인가? 바른 견해, … 바른 해탈이다. 비구들이여, 이를 일러 법이라 한다."

번뇌와 함께 함 경(A10:139)
Sāsava-sutta

1. "비구들이여, 번뇌와 함께 하는 법과 번뇌와 함께 하지 않는 법을 설하리라. 그것을 들어라. …"

2. "비구들이여, 그러면 어떤 것이 번뇌와 함께 하는 법인가? 그릇된 견해, … 그릇된 해탈이다. 비구들이여, 이를 일러 번뇌와 함께 하는 법이라 한다."

3. "비구들이여, 그러면 어떤 것이 번뇌와 함께 하지 않는 법인가? 바른 견해, … 바른 해탈이다. 비구들이여, 이를 일러 번뇌와 함께 하지 않는 법이라 한다."

비난받아 마땅함 경(A10:140)
Sāvajja-sutta

1. "비구들이여, 비난받아 마땅한 법과 비난받을 일이 없는 법을 설하리라. 그것을 들어라. …"

2. "비구들이여, 그러면 어떤 것이 비난받아 마땅한 법인가? 그릇된 견해, … 그릇된 해탈이다. 비구들이여, 이를 일러 비난받아 마땅한 법이라 한다."

3. "비구들이여, 그러면 어떤 것이 비난받을 일이 없는 법인

가? 바른 견해, … 바른 해탈이다. 비구들이여, 이를 일러 비난받을 일이 없는 법이라 한다."

후회 경(A10:141)
Tapanīya-sutta

1. "비구들이여, 후회할 법과 후회하지 않을 법을 설하리라. 그것을 들어라. …"

2. "비구들이여, 그러면 어떤 것이 후회할 법인가? 그릇된 견해, … 그릇된 해탈이다. 비구들이여, 이를 일러 후회할 법이라 한다."

3. "비구들이여, 그러면 어떤 것이 후회하지 않을 법인가? 바른 견해, … 바른 해탈이다. 비구들이여, 이를 일러 후회하지 않을 법이라 한다."

축적 경(A10:142)
Ācayagāmi-sutta

1. "비구들이여, [윤회를] 축적하게 하는 법과 [윤회를] 감소하게 하는 법을 설하리라. 그것을 들어라. …"

2. "비구들이여, 그러면 어떤 것이 [윤회를] 축적하게 하는 법인가? 그릇된 견해, … 그릇된 해탈이다. 비구들이여, 이를 일러 [윤회를] 축적하게 하는 법이라 한다."

3. "비구들이여, 그러면 어떤 것이 [윤회를] 감소하게 하는 법인가? 바른 견해, … 바른 해탈이다. 비구들이여, 이를 일러 [윤회를] 감소하게 하는 법이라 한다."

괴로움을 초래함 경(A10:143)
Dukkhudraya-sutta

1. "비구들이여, 괴로움을 초래하는 법과 행복을 초래하는 법을 설하리라. 그것을 들어라. …"

2. "비구들이여, 그러면 어떤 것이 괴로움을 초래하는 법인가? 그릇된 견해, … 그릇된 해탈이다. 비구들이여, 이를 일러 괴로움을 초래하는 법이라 한다."

3. "비구들이여, 그러면 어떤 것이 행복을 초래하는 법인가? 바른 견해, … 바른 해탈이다. 비구들이여, 이를 일러 행복을 초래하는 법이라 한다."

괴로움의 과보를 가져옴 경(A10:144)
Dukkhavipāka-sutta

1. "비구들이여, 그것의 과보가 괴로움인 법과 그것의 과보가 행복인 법을 설하리라. 그것을 들어라. …"

2. "비구들이여, 그러면 어떤 것이 그 과보가 괴로움인 법인가? 그릇된 견해, … 그릇된 해탈이다. 비구들이여, 이를 일러 그 과보가 괴로움인 법이라 한다."

3. "비구들이여, 그러면 어떤 것이 그 과보가 행복인 법인가? 바른 견해, … 바른 해탈이다. 비구들이여, 이를 일러 그 과보가 행복인 법이라 한다."

제15장 성스러운 도 품
Ariyamagga-vagga

성스러운 도 경(A10:145)
Ariyamagga-sutta

1. "비구들이여, 성스러운 도의 법과 성스럽지 못한 도의 법을 설하리라. 그것을 들어라. …"

2. "비구들이여, 그러면 어떤 것이 성스럽지 못한 도의 법인가? 그릇된 견해, … 그릇된 해탈이다. 비구들이여, 이를 일러 성스럽지 못한 도의 법이라 한다."

3. "비구들이여, 그러면 어떤 것이 성스러운 도의 법인가? 바른 견해, … 바른 해탈이다. 비구들이여, 이를 일러 성스러운 도의 법이라 한다."

검은 도 경(A10:146)
Kaṇhamagga-sutta

1. "비구들이여, 흰 도의 법과 검은 도의 법을 설하리라. 그것을 들어라. …"

2. "비구들이여, 그러면 어떤 것이 검은 도의 법인가? 그릇된

견해, … 그릇된 해탈이다. 비구들이여, 이를 일러 검은 도의 법이라 한다."

3. "비구들이여, 그러면 어떤 것이 흰 도의 법인가? 바른 견해, … 바른 해탈이다. 비구들이여, 이를 일러 흰 도의 법이라 한다."

정법 경(A10:147)
Saddhamma-sutta

1. "비구들이여, 정법과 바르지 못한 법을 설하리라. 그것을 들어라. …"

2. "비구들이여, 그러면 어떤 것이 바르지 못한 법인가? 그릇된 견해, … 그릇된 해탈이다. 비구들이여, 이를 일러 바르지 못한 법이라 한다."

3. "비구들이여, 그러면 어떤 것이 정법인가? 바른 견해, … 바른 해탈이다. 비구들이여, 이를 일러 정법이라 한다."

참된 사람 경(A10:148)
Sappurisa-sutta

1. "비구들이여, 참된 사람의 법과 참되지 못한 사람의 법을 설하리라. 그것을 들어라. …"

2. "비구들이여, 그러면 어떤 것이 참되지 못한 사람의 법인가? 그릇된 견해, … 그릇된 해탈이다. 비구들이여, 이를 일러 참되지 못한 사람의 법이라 한다."

3. "비구들이여, 그러면 어떤 것이 참된 사람의 법인가? 바른 견해, … 바른 해탈이다. 비구들이여, 이를 일러 참된 사람의 법이라 한다."

일으켜야 함 경(A10:149)
Uppādetabba-sutta

1. "비구들이여, 일으켜야 할 법과 일으키지 말아야 할 법을 설하리라. 그것을 들어라. …"

2. "비구들이여, 그러면 어떤 것이 일으키지 말아야 할 법인가? 그릇된 견해, … 그릇된 해탈이다. 비구들이여, 이를 일러 일으키지 말아야 할 법이라 한다."

3. "비구들이여, 그러면 어떤 것이 일으켜야 할 법인가? 바른 견해, … 바른 해탈이다. 비구들이여, 이를 일러 일으켜야 할 법이라 한다."

받들어 행해야 함 경(A10:150)
Āsevitabba-sutta

1. "비구들이여, 받들어 행해야 할 법과 받들어 행하지 말아야 할 법을 설하리라. 그것을 들어라. …"

2. "비구들이여, 그러면 어떤 것이 받들어 행하지 말아야 할 법인가? 그릇된 견해, … 그릇된 해탈이다. 비구들이여, 이를 일러 받들어 행하지 말아야 할 법이라 한다."

3. "비구들이여, 그러면 어떤 것이 받들어 행해야 할 법인가? 바른 견해, … 바른 해탈이다. 비구들이여, 이를 일러 받들어 행해야 할 법이라 한다."

닦아야 함 경(A10:151)
Bhāvetabba-sutta

1. "비구들이여, 닦아야 할 법과 닦지 말아야 할 법을 설하리라. 그것을 들어라. …"

2. "비구들이여, 그러면 어떤 것이 닦지 말아야 할 법인가? 그릇된 견해, … 그릇된 해탈이다. 비구들이여, 이를 일러 닦지 말아야 할 법이라 한다."

3. "비구들이여, 그러면 어떤 것이 닦아야 할 법인가? 바른 견해, … 바른 해탈이다. 비구들이여, 이를 일러 닦아야 할 법이라 한다."

많이 공부지어야 함 경(A10:152)
Bahulīkātabba-sutta

1. "비구들이여, 많이 [공부]지어야 할 법과 많이 [공부]짓지 말아야 할 법을 설하리라. 그것을 들어라. …"

2. "비구들이여, 그러면 어떤 것이 많이 [공부]짓지 말아야 할 법인가? 그릇된 견해, … 그릇된 해탈이다. 비구들이여, 이를 일러 많이 [공부]짓지 말아야 할 법이라 한다."

3. "비구들이여, 그러면 어떤 것이 많이 [공부]지어야 할 법인가? 바른 견해, … 바른 해탈이다. 비구들이여, 이를 일러 많이 [공부]지어야 할 법이라 한다."

기억해야 함 경(A10:153)
Anussaritabba-sutta

1. "비구들이여, 기억해야 할 법과 기억하지 말아야 할 법을 설하리라. 그것을 들어라. …"

2. "비구들이여, 그러면 어떤 것이 기억하지 말아야 할 법인가? 그릇된 견해, … 그릇된 해탈이다. 비구들이여, 이를 일러 기억하지 말아야 할 법이라 한다."

3. "비구들이여, 그러면 어떤 것이 기억해야 할 법인가? 바른 견해, … 바른 해탈이다. 비구들이여, 이를 일러 기억해야 할 법이라 한다."

실현해야 함 경(A10:154)
Sacchikātabba-sutta

1. "비구들이여, 실현해야 할 법과 실현하지 말아야 할 법을 설하리라. 그것을 들어라. …"

2. "비구들이여, 그러면 어떤 것이 실현하지 말아야 할 법인가? 그릇된 견해, … 그릇된 해탈이다. 비구들이여, 이를 일러 실현하지 말아야 할 법이라 한다."

3. "비구들이여, 그러면 어떤 것이 실현해야 할 법인가? 바른 견해, … 바른 해탈이다. 비구들이여, 이를 일러 실현해야 할 법이라 한다."

IV. 네 번째 50개 경들의 묶음

Catuttha-paṇṇāsaka

제16장 사람 품

Puggala-vagga

가까이해야 함 경(A10:155)

Sevitabba-sutta

1. "비구들이여, 열 가지 법을 갖춘 사람은 가까이하지 말아야 한다. 무엇이 열인가?"

2. "그릇된 견해, 그릇된 사유, 그릇된 말, 그릇된 행위, 그릇된 생계, 그릇된 정진, 그릇된 마음챙김, 그릇된 삼매, 그릇된 지혜, 그릇된 해탈을 가진 사람이다. 비구들이여, 이러한 열 가지 법을 갖춘 사람은 가까이하지 말아야 한다."

3. "비구들이여, 열 가지 법을 갖춘 사람은 가까이해야 한다. 무엇이 열인가?"

4. "바른 견해, 바른 사유, 바른 말, 바른 행위, 바른 생계, 바른 정진, 바른 마음챙김, 바른 삼매, 바른 지혜, 바른 해탈을 가진 사람이다. 비구들이여, 이러한 열 가지 법을 갖춘 사람은 가까이해야 한다."

경모해야 함 등의 경(A10:156~166)
Bhajitabbādi-sutta

1. "비구들이여, 열 가지 법을 갖춘 사람은 경모하지 말아야 한다. … 경모해야 한다. …

섬기지 말아야 한다. … 섬겨야 한다. …

공경하지 말아야 한다. … 공경해야 한다. …

칭송받지 않는다. … 칭송받는다. …

존중받지 않는다. … 존중받는다. …

순응하지 않는다. … 순응한다. …

칭찬받지 않는다. … 칭찬받는다. …

청정하지 않다. … 청정하다. …

자만을 다스리지 못한다. … 자만을 다스린다. …

통찰지가 증장하지 않는다. … 통찰지가 증장한다. …

많은 악덕을 쌓는다. … 많은 공덕을 쌓는다. 무엇이 열인가?"

2. "그는 바른 견해, 바른 사유, 바른 말, 바른 행위, 바른 생계, 바른 정진, 바른 마음챙김, 바른 삼매, 바른 지혜, 바른 해탈을 가졌다. 비구들이여, 이러한 열 가지 법을 갖춘 사람은 많은 공덕을 쌓는다."

제17장 자눗소니 품
Jāṇussoṇi-vagga[263]

하강의식 경1(A10:167)[264]
Paccorohaṇī-sutta

1. 그 무렵에 자눗소니 바라문은 포살일에 머리를 감고 아마포로 만든 새 옷 한 벌을 입고 젖은 꾸사 풀을 한 움큼 쥐고 세존으로부터 멀지 않은 곳에 서있었다. 세존께서는 자눗소니 바라문이 포살일에 머리를 감고 아마포로 만든 새 옷 한 벌을 입고 젖은 꾸사 풀을 한 움큼 쥐고 멀지 않은 곳에서 한 곁에 서있는 것을 보시고 자눗소니 바라문에게 이렇게 말씀하셨다.

"바라문이여, 어찌하여 그대는 포살일에 머리를 감고 아마포로 만든 새 옷 한 벌을 입고 젖은 꾸사 풀을 한 움큼 쥐고 한 곁에 서있는가? 오늘 바라문의 가문에 무슨 일이 있는가?"

"고따마 존자시여, 오늘은 바라문 가문에서 하강의식을 하는 날입

---

263) 본품의 주제는 십불선업도(十不善業道)이다. 앞의 여러 품에서 그릇된 견해부터 그릇된 해탈까지 열 가지로 설한 경들이 본품에서는 십불선업도를 설하는 것으로 내용이 바뀌어 다시 나타나고 있다.

264) 6차결집본에 나타나는 본경과 다음 경의 경제목은 '바라문의 하강의식'(Brāhmaṇapaccorohaṇī-sutta)이다. 역자는 위 A10:119~120과 통일하기 위해서 하강의식을 경제목으로 삼았다. A10:119~120에서는 그릇된 견해부터 그릇된 해탈까지의 10가지로부터 하강하는 것으로 성스러운 율에서의 하강의식을 설했고, 여기 두 경에서는 십불선업도로부터 하강하는 것으로 설하는 것이 다르다.

니다."

"바라문이여, 바라문들은 어떻게 하강의식을 행하는가?"

"고따마 존자시여, 여기 바라문들은 포살일에 머리를 감고 아마포로 만든 새 옷 한 벌을 입고 젖은 소똥을 땅에 바르고 푸른 꾸사 풀을 그 위에 펴고 그 가장자리와 불을 안치한 곳 사이에 잠자리를 만듭니다. 그들은 그 밤에 세 번 일어나서 합장하고 '저희는 당신께로 하강합니다. 저희는 당신께로 하강합니다.'라고 하면서 불에 예배합니다. 그리고 많은 생 버터와 정제된 버터로 불에 헌공합니다. 그 밤이 지나면 딱딱하고 부드러운 맛있는 음식으로 바라문들에게 공양합니다. 고따마 존자시여, 바라문들은 이와 같이 하강의식을 행합니다."

"바라문이여, 바라문들의 하강의식과 성스러운 율에서의 하강의식은 다르다."

"고따마 존자시여, 그러면 성스러운 율에서는 하강의식을 어떻게 합니까? 성스러운 율에서 행하는 하강의식에 대해 제게 법을 설해주시면 감사하겠습니다."

"바라문이여, 그렇다면 그것을 들어라. 듣고 마음에 잘 새겨라. 나는 설할 것이다."

"그렇게 하겠습니다, 존자시여."라고 자눗소니 바라문은 세존께 대답했다. 세존께서는 이렇게 말씀하셨다.

2. "바라문이여, 여기 성스러운 제자는 이렇게 숙고한다. '생명을 죽이는 것은 금생과 내생에 악한 과보를 가져온다.'라고 그는 이렇게 숙고하면서 생명을 죽이는 것을 버리고, 생명을 죽이는 것으로부터 하강한다.

'주지 않은 것을 가지는 것은 금생과 내생에 악한 과보를 가져온다.'라고. 그는 이렇게 숙고하면서 주지 않은 것을 가지는 것을 버리고, 주지 않은 것을 가지는 것으로부터 하강한다.

'삿된 음행은 금생과 내생에 악한 과보를 가져온다.'라고. 그는 이렇게 숙고하면서 삿된 음행을 버리고, 삿된 음행으로부터 하강한다.

'거짓말은 금생과 내생에 악한 과보를 가져온다.'라고. 그는 이렇게 숙고하면서 거짓말을 버리고, 거짓말로부터 하강한다.

'중상모략은 금생과 내생에 악한 과보를 가져온다.'라고. 그는 이렇게 숙고하면서 중상모략을 버리고, 중상모략으로부터 하강한다.

'욕설은 금생과 내생에 악한 과보를 가져온다.'라고. 그는 이렇게 숙고하면서 욕설을 버리고, 욕설로부터 하강한다.

'잡담은 금생과 내생에 악한 과보를 가져온다.'라고. 그는 이렇게 숙고하면서 잡담을 버리고, 잡담으로부터 하강한다.

'욕심은 금생과 내생에 악한 과보를 가져온다.'라고. 그는 이렇게 숙고하면서 욕심을 버리고, 욕심으로부터 하강한다.

'악의는 금생과 내생에 악한 과보를 가져온다.'라고. 그는 이렇게 숙고하면서 악의를 버리고, 악의로부터 하강한다.

'그릇된 견해는 금생과 내생에 악한 과보를 가져온다.'라고. 그는 이렇게 숙고한 뒤 그릇된 견해를 버리고, 그릇된 견해로부터 하강한다.

바라문이여, 이것이 성스러운 율에서의 하강의식이다."

3. "고따마 존자시여, 바라문들의 하강의식과 성스러운 율에서의 하강의식은 다릅니다. 바라문들의 하강의식은 성스러운 율에서

의 하강의식에 비하면 16분의 1에도 미치지 못합니다.

경이롭습니다, 고따마 존자시여. 경이롭습니다, 고따마 존자시여. 마치 넘어진 자를 일으켜 세우시듯, 덮여있는 것을 걷어내 보이시듯, [방향을] 잃어버린 자에게 길을 가리켜주시듯, 눈 있는 자 형상을 보라고 어둠 속에서 등불을 비춰주시듯, 고따마 존자께서는 여러 가지 방편으로 법을 설해주셨습니다. 저는 이제 고따마 존자께 귀의하옵고 법과 비구승가에 귀의합니다. 고따마 존자께서는 저를 재가신자로 받아주소서. 오늘부터 목숨이 붙어 있는 그날까지 귀의하옵니다."

하강의식 경2(A10:168)

1. "비구들이여, 성스러운 하강의식을 설하리라. 그것을 들어라." …

세존께서는 이렇게 말씀하셨다.

"비구들이여, 그러면 어떤 것이 성스러운 하강의식인가?"

2. "비구들이여, 여기 성스러운 제자는 이렇게 숙고한다. '생명을 죽이는 것은 금생과 내생에 악한 과보를 가져온다.'라고 그는 이렇게 숙고하면서 생명을 죽이는 것을 버리고 생명을 죽이는 것으로부터 하강한다.

'주지 않은 것을 가지는 것은 … 삿된 음행은 … 거짓말은 … 중상모략은 … 욕설은 … 잡담은 … 욕심은 … 악의는 … 그릇된 견해는 금생과 내생에 악한 과보를 가져온다.'라고 그는 이렇게 숙고한 뒤 그릇된 견해를 버리고 그릇된 견해로부터 하강한다.

비구들이여, 이것이 성스러운 하강의식이다."

상가라와 경(A10:169)
Saṅgārava-sutta

1. 그때 상가라와 바라문이 세존께 다가갔다. 가서는 세존과 함께 환담을 나누었다. 유쾌하고 기억할 만한 이야기로 서로 담소를 하고서 한 곁에 앉았다. 한 곁에 앉은 상가라와 바라문은 세존께 이렇게 말씀드렸다.
"고따마 존자시여, 어떤 것이 이 언덕이고, 어떤 것이 저 언덕입니까?"

2. "바라문이여, 생명을 죽이는 것은 이 언덕이고, 생명을 죽이는 것을 삼가는 것은 저 언덕이다. 주지 않은 것을 가지는 것은 이 언덕이고, 주지 않은 것을 가지는 것을 삼가는 것은 저 언덕이다. 삿된 음행은 이 언덕이고, 삿된 음행을 삼가는 것은 저 언덕이다. 거짓말은 이 언덕이고, 거짓말을 삼가는 것은 저 언덕이다. 중상모략은 이 언덕이고, 중상모략을 삼가는 것은 저 언덕이다. 욕설은 이 언덕이고, 욕설을 삼가는 것은 저 언덕이다. 잡담은 이 언덕이고, 잡담을 삼가는 것은 저 언덕이다. 욕심은 이 언덕이고, 욕심 없음은 저 언덕이다. 악의는 이 언덕이고, 악의 없음은 저 언덕이다. 그릇된 견해는 이 언덕이고, 바른 견해는 저 언덕이다. 바라문이여, 이러한 것이 이 언덕이고, 이러한 것이 저 언덕이다.

3. "인간들 가운데 저 언덕에 도달한 자 드물고
사람들 대부분 이 언덕에서 치달리고 있구나.
법을 따르는 자들에게 법이 바르게 설해질 때
그들은 건너기 어려운 죽음의 영역을 건너
저 언덕에 도달하노라.
현자는 검은 법을 제거하고 흰 법을 닦으라.
윤회에서 벗어나 윤회 없음에 이르러
기쁨이 없는 한거에서 기쁨을 찾아야 하리.
감각적 욕망을 버리고 무소유가 되어서
현자는 마음의 오염원들로부터 자신을 청정하게 할지라.
깨달음의 구성요소들로 바르게 마음을 잘 닦아서
취함을 놓아버려 취착 없음을 기뻐하나니
번뇌 다한 광휘로운 자들은
세상에서 완전한 평화를 얻노라."

이 언덕 경(A10:170)
Orimatīra-sutta

1. "비구들이여, 이 언덕과 저 언덕에 대해서 설하리니 그것을 들어라. 듣고 마음에 잘 새겨라. 나는 설할 것이다."

"그렇게 하겠습니다, 세존이시여."라고 비구들은 세존께 대답했다. 세존께서는 이렇게 말씀하셨다.

2. "비구들이여, 생명을 죽이는 것은 이 언덕이고, 생명을 죽이는 것을 삼가는 것은 저 언덕이다. 주지 않은 것을 가지는 것은 이 언덕이고, 주지 않은 것을 가지는 것을 삼가는 것은 저 언덕이다. 삿된 음행은 이 언덕이고, 삿된 음행을 삼가는 것은 저 언덕이다. 거짓말은 이 언덕이고, 거짓말을 삼가는 것은 저 언덕이다. 중상모략은 이 언덕이고, 중상모략을 삼가는 것은 저 언덕이다. 욕설은 이 언덕이고, 욕설을 삼가는 것은 저 언덕이다. 잡담은 이 언덕이고, 잡담을 삼가는 것은 저 언덕이다. 욕심은 이 언덕이고, 욕심 없음은 저 언덕이다. 악의는 이 언덕이고, 악의 없음은 저 언덕이다. 그릇된 견해는 이 언덕이고, 바른 견해는 저 언덕이다. 비구들이여, 이런 것이 이 언덕이고, 이런 것이 저 언덕이다."

3. "인간들 가운데 저 언덕에 도달한 자 드물고
사람들 대부분 이 언덕에서 치달리고 있구나.
법을 따르는 자들에게 법이 바르게 설해질 때
그들은 건너기 어려운 죽음의 영역을 건너
저 언덕에 도달하노라.
현자는 검은 법을 제거하고 흰 법을 닦으라.
윤회에서 벗어나 윤회 없음에 이르러
기쁨이 없는 한거에서 기쁨을 찾아야 하리.
감각적 욕망을 버리고 무소유가 되어서
현자는 마음의 오염원들로부터 자신을 청정하게 할지라.
깨달음의 구성요소들로 바르게 마음을 잘 닦아서

취함을 놓아버려 취착 없음을 기뻐하나니
번뇌 다한 광휘로운 자들은
세상에서 완전한 평화를 얻노라."

비법 경1(A10:171)
Adhamma-sutta

1. "비구들이여, 비법과 해로운 것을 알아야 하고 법과 이로운 것을 알아야 한다. 비법과 해로운 것을 알고 법과 이로운 것을 안 뒤 법을 따라, 이로운 것을 따라 도를 닦아야 한다."

2. "비구들이여, 그러면 어떤 것이 비법이고 해로운 것인가? 생명을 죽이는 것은 비법이고 해로운 것이다. 주지 않은 것을 가지는 것은 … 삿된 음행은 … 거짓말은 … 중상모략은 … 욕설은 … 잡담은 … 욕심은 … 악의는 … 그릇된 견해는 비법이고 해로운 것이다. 비구들이여, 이를 일러 비법이고 해로운 것이라 한다."

3. "비구들이여, 그러면 어떤 것이 법이고 이로운 것인가? 생명을 죽이는 것을 삼가는 것은 법이고 이로운 것이다. 주지 않은 것을 가지는 것을 삼가는 것은 … 삿된 음행을 삼가는 것은 … 거짓말을 삼가는 것은 … 중상모략을 삼가는 것은 … 욕설을 삼가는 것은 … 잡담을 삼가는 것은 … 탐욕 없음은 … 악의 없음은 … 바른 견해는 법이고 이로운 것이다. 비구들이여, 이를 일러 법이고 이로운 것이라 한다.

'비구들이여, 비법과 해로운 것을 알아야 하고 법과 이로운 것을 알아야 한다. 비법과 해로운 것을 알고 법과 이로운 것을 안 뒤 법을 따라, 이로운 것을 따라 도를 닦아야 한다.'라고 한 것은 이런 이유로 그렇게 말했다."

비법 경2(A10:172)

1. "비구들이여, 비법과 법을 알아야 하고 해로운 것과 이로운 것을 알아야 한다. 비법과 법을 알고 해로운 것과 이로운 것을 안 뒤 법을 따라, 이로운 것을 따라 도를 닦아야 한다."

세존께서는 이렇게 말씀하셨다. 선서께서는 이렇게 말씀하신 뒤 자리에서 일어나 거처로 들어가셨다.

2. 세존께서 들어가신지 오래지 않아서 비구들에게 이런 [의논이] 생겼다.

"도반들이여, 세존께서는 우리에게 '비구들이여, 비법과 법을 알아야 하고 해로운 것과 이로운 것을 알아야 한다. 비법과 법을 알고 해로운 것과 이로운 것을 안 뒤 법을 따라, 이로운 것을 따라 도를 닦아야 한다.'라고 간략하게 개요만 말씀하시고 상세하게 그 뜻을 분석해주시지 않고 자리에서 일어나 거처로 들어가셨습니다. 세존께서 이처럼 간략하게 개요만 말씀하시고 상세하게 그 뜻을 분석해주시지 않았는데, 누가 참으로 그 뜻을 상세하게 분석해줄 수 있겠습니까?"

그러자 [다시] 비구들에게 이런 [의논이] 생겼다.

"마하깟짜나 존자265)는 스승께서 칭찬하셨고, 지혜로운 동료 수

---

265) 마하깟짜나(Mahā-Kaccāna) 혹은 마하깟짜야나(Mahā-Kacāyana, 대

행자들이 존중합니다. 세존께서 간략하게 개요만 말씀하시고 상세하게 그 뜻을 분석해주지 않으신 것을 마하깟짜나 존자가 참으로 상세하게 그 뜻을 분석해줄 수 있을 것입니다. 이제 우리는 마하깟짜나 존자에게 다가가서 이 뜻을 질문합시다. 그래서 마하깟짜나 존자가 우리에게 설명해주는 대로 그렇게 호지합시다."

3. 그때 비구들은 마하깟짜나 존자에게 다가갔다. 가서는 마하깟짜나 존자와 함께 환담을 나누었다. 유쾌하고 기억할 만한 이야기로 서로 담소를 하고서 한 곁에 앉았다. 한 곁에 앉은 비구들은 마하깟짜나 존자에게 이렇게 말했다.

"도반 깟짜나여, 세존께서는 '비구들이여, 비법과 법을 알아야 하고 해로운 것과 이로운 것을 알아야 한다. 비법과 법을 알고 해로운 것과 이로운 것을 안 뒤 법을 따라, 이로운 것을 따라 도를 닦아야 한다.'라고 간략하게 개요만 말씀하시고 상세하게 그 뜻을 분석해주시지 않고 자리에서 일어나 거처로 들어가셨습니다. 세존께서 들어가신지 오래지 않아서 우리에게 이런 [의논이] 생겼습니다. '도반들이여, 세존께서는 우리에게 '비구들이여, 비법과 법을 알아야 하고 해로운 것과 이로운 것을 알아야 한다. 비법과 법을 알고 해로운 것과 이로운 것을 안 뒤 법을 따라, 이로운 것을 따라 도를 닦아야 한다.'라고 간략하게 개요만 말씀하시고 상세하게 그 뜻을 분석해주시지 않고 자리에서 일어나 거처로 들어가셨습니다. 세존께서 이처럼 간략하게 개요만 말씀하시고 상세하게 그 뜻을 분석해주시지 않았는

가전연) 존자에 대해서는 본서 「깔리 경」(A10:26) §1의 주해와 본서 제1권 「하나의 모음」(A1:14:1-10)의 주해를 참조할 것.

데 누가 참으로 상세하게 그 뜻을 분석해줄 수 있겠습니까?'

그러자 [다시] 우리들에게 이런 [의논이] 생겼습니다. '마하깟짜나 존자는 스승께서 칭찬하셨고, 지혜로운 동료 수행자들이 존중합니다. 세존께서 간략하게 개요만 말씀하시고 상세하게 그 뜻을 분석해주지 않으신 것을 마하깟짜나 존자가 참으로 상세하게 그 뜻을 분석해줄 수 있을 것입니다. 이제 우리는 마하깟짜나 존자에게 다가가서 이 뜻을 질문합시다. 그래서 마하깟짜나 존자가 우리에게 설명해주는 대로 그렇게 호지합시다.'라고. 그러니 마하깟짜나 존자는 우리에게 분석해주십시오."

4. "도반들이여, 예를 들면 심재가 필요하고 심재를 찾는 사람이 심재를 탐색하여 돌아다니다가, 심재를 가지고 튼튼하게 서 있는 큰 나무의 뿌리와 줄기를 제쳐놓고는 잔가지와 잎사귀에서 심재를 찾아야겠다고 생각하는 것과 같습니다. 지금 도반들에게도 이런 일이 벌어졌습니다. 스승께서 면전에 계셨음에도 불구하고 그분 세존을 제쳐놓고 제게 그 뜻을 물어야겠다고 생각하고 있습니다. 도반들이여, 참으로 그분 세존께서는 알아야 할 것을 아시고, 보아야 할 것을 보시는 분이며, 우리의 눈이 되시고, 지혜가 되시고, 법이 되시고, 으뜸이 되시며, [사성제를] 말씀하는 분이시고, [오래 진리를 꿰뚫으시면서] 선언하는 분이시고, 뜻을 밝히는 분이시고, 불사(不死)를 주는 분이시며, 법의 주인이시며, 여래이십니다. 그러므로 그대들은 그때 바로 세존께 다가가서 그 뜻을 여쭈었어야 했습니다. 그때가 바른 시기였습니다. 그래서 세존께서 그대들에게 설명해주신 대로 잘 호지했어야 했습니다."

5. "도반 깟짜나여, 참으로 그분 세존께서는 알아야 할 것을 아시고, 보아야 할 것을 보시는 분이며, 우리의 눈이 되시고, 지혜가 되시고, 법이 되시고, 으뜸이 되시며, [사성제를] 말씀하시는 분이시고, [오래 진리를 꿰뚫으시면서] 선언하는 분이시고, 뜻을 밝히는 분이시고, 불사(不死)를 주는 분이시며, 법의 주인이시며, 여래이십니다. 그러므로 우리가 그때 바로 세존께 다가가서 그 뜻을 여쭈었어야 했습니다. 그때가 바른 시기였습니다. 그래서 세존께서 우리들에게 설명해주신 대로 잘 호지했어야 했습니다.

그렇지만 깟짜나 존자는 스승께서 칭찬하셨고, 지혜로운 동료 수행자들이 존중합니다. 세존께서 간략하게 개요만 말씀하시고 상세하게 그 뜻을 분석해주지 않으신 것을, 깟짜나 존자는 참으로 상세하게 그 뜻을 분석해줄 수 있을 것입니다. 그러니 깟짜나 존자는 귀찮다 여기지 마시고 우리에게 분석해주십시오."

6. "도반들이여, 그렇다면 이제 그것을 들으십시오. 듣고 마음에 잘 새기십시오. 나는 설할 것입니다."

"그렇게 하겠습니다, 도반이시여."라고 비구들은 마하깟짜나 존자에게 응답했다. 마하깟짜나 존자는 이렇게 말하였다.

"도반들이여, 세존께서는 '비구들이여, 비법과 법을 알아야 하고 해로운 것과 이로운 것을 알아야 한다. 비법과 법을 알고 해로운 것과 이로운 것을 안 뒤 법을 따라, 이로운 것을 따라 도를 닦아야 한다.'라고 간략하게 개요만 말씀하시고 상세하게 그 뜻을 분석해주시지 않고 자리에서 일어나 거처로 들어가셨습니다. 도반들이여, 그러면 어떤 것이 비법이고, 어떤 것이 법이며, 어떤 것이 해로운 것이고, 어떤 것이 이로운 것인가요?"

7. "도반들이여, 생명을 죽이는 것은 비법이고, 생명을 죽이는 것을 삼가는 것은 법입니다. 생명을 죽이는 것을 조건으로 여러 가지 나쁘고 해로운 법[不善法]들이 생기나니 이것이 해로운 것입니다. 생명을 죽이는 것을 삼가는 것을 조건으로 하여 여러 가지 유익한 법[善法]들이 수행을 통해 완성에 이르나니 이것이 이로운 것입니다.

도반들이여, 주지 않은 것을 가지는 것은 비법이고, 주지 않은 것을 가지는 것을 삼가는 것은 법입니다. 주지 않은 것을 가지는 것을 조건으로 여러 가지 나쁘고 해로운 법들이 생기나니 이것이 해로운 것입니다. 주지 않은 것을 가지는 것을 삼가는 것을 조건으로 여러 가지 유익한 법들이 수행을 통해 완성에 이르나니 이것이 이로운 것입니다.

도반들이여, 삿된 음행은 비법이고 삿된 음행을 삼가는 것은 법입니다. 삿된 음행을 조건으로 여러 가지 나쁘고 해로운 법들이 생기나니 이것이 해로운 것입니다. 삿된 음행을 삼가는 것을 조건으로 여러 가지 유익한 법들이 수행을 통해 완성에 이르나니 이것이 이로운 것입니다.

도반들이여, 거짓말은 비법이고 거짓말을 삼가는 것은 법입니다. 거짓말을 조건으로 하여 여러 가지 나쁘고 해로운 법들이 생기나니 이것이 해로운 것입니다. 거짓말을 삼가는 것을 조건으로 하여 여러 가지 유익한 법들이 수행을 통해 완성에 이르나니 이것이 이로운 것입니다.

도반들이여, 중상모략은 비법이고 중상모략을 삼가는 것은 법입니다. 중상모략을 조건으로 여러 가지 나쁘고 해로운 법들이 생기나니 이것이 해로운 것입니다. 중상모략을 삼가는 것을 조건으로 여러 가지 유익한 법들이 수행을 통해 완성에 이르나니 이것이 이로운 것입니다.

도반들이여, 욕설은 비법이고 욕설을 삼가는 것은 법입니다. 욕설을 조건으로 여러 가지 나쁘고 해로운 법들이 생기나니 이것이 해로운 것입니다. 욕설을 삼가는 것을 조건으로 여러 가지 유익한 법들이 수행을 통해 완성에 이르나니 이것이 이로운 것입니다.

도반들이여, 잡담은 비법이고 잡담을 삼가는 것은 법입니다. 잡담을 조건으로 여러 가지 나쁘고 해로운 법들이 생기나니 이것이 해로운 것입니다. 잡담을 삼가는 것을 조건으로 여러 가지 유익한 법들이 수행을 통해 완성에 이르나니 이것이 이로운 것입니다.

도반들이여, 욕심은 비법이고 욕심 없음은 법입니다. 욕심을 조건으로 여러 가지 나쁘고 해로운 법들이 생기나니 이것이 해로운 것입니다. 욕심 없음을 조건으로 여러 가지 유익한 법들이 수행을 통해 완성에 이르나니 이것이 이로운 것입니다.

도반들이여, 악의는 비법이고 악의 없음은 법입니다. 악의를 조건으로 여러 가지 나쁘고 해로운 법들이 생기나니 이것이 해로운 것입니다. 악의 없음을 조건으로 여러 가지 유익한 법들이 수행을 통해 완성에 이르나니 이것이 이로운 것입니다.

도반들이여, 그릇된 견해는 비법이고 바른 견해는 법입니다. 그릇된 견해를 조건으로 하여 여러 가지 나쁘고 해로운 법들이 생기나니 이것이 해로운 것입니다. 바른 견해를 조건으로 하여 여러 가지 유익한 법들이 수행을 통해 완성에 이르나니 이것이 이로운 것입니다.

도반들이여, 세존께서는 '비구들이여, 비법과 법을 알아야 하고 해로운 것과 이로운 것을 알아야 한다. 비법과 법을 알고 해로운 것과 이로운 것을 안 뒤 법을 따라, 이로운 것을 따라 도를 닦아야 한다.'라고 간략하게 개요만 말씀하시고 상세하게 그 뜻을 분석해주시지 않고 자리에서 일어나 거처로 들어가셨습니다. 도반들이여, 나는 세존께서 간략하게 개요만 말씀하시고 상세하게 그 뜻을 분석해주시지 않으신 것에 대해서 이와 같이 그 뜻을 상세하게 압니다.

도반들이여, 그대들이 원한다면 세존께 가십시오. 가서 세존께 이러한 뜻을 아뢰어 세존께서 그대들에게 설명해주시는 대로 호지하십시오."

"알겠습니다, 도반이시여."라고 비구들은 마하깟짜나 존자의 말을 기뻐하고 감사한 뒤 자리에서 일어나서 세존께 다가갔다. 가서는 세존께 절을 올리고 한 곁에 앉았다. 한 곁에 앉아서 비구들은 세존께 이렇게 말씀드렸다.

8. "세존이시여, 세존께서는 '비구들이여, 비법과 법을 알아야 하고 해로운 것과 이로운 것을 알아야 한다. 비법과 법을 알고 해로운 것과 이로운 것을 안 뒤 법을 따라, 이로운 것을 따라 도를 닦아야 한다.'라고 간략하게 개요만 말씀하시고 상세하게 그 뜻을 분석해주시지 않고 자리에서 일어나 거처로 들어가셨습니다. 세존께서 들어가신지 오래지 않아서 저희들에게 이런 [의논이] 생겼습니다. … 그런 저희들은 마하깟짜나 존자에게 다가갔습니다. 가서는 마하깟짜나 존자에게 이 뜻에 대해서 질문을 했습니다. 세존이시여, 그런 저희

들에게 마하깟짜나 존자는 이러한 형태와 이러한 단어들과 이러한 문장들로 그 뜻을 잘 분석해주었습니다."

9. "장하고 장하구나, 비구들이여. 비구들이여, 마하깟짜나는 현자다. 비구들이여, 마하깟짜나는 큰 통찰지를 가졌다. 만일 그대들이 내게 다가와서 이 뜻을 물었다면 나도 그와 같이 설명했을 것이다. 마하깟짜나가 설명한 것이 바로 그 뜻이다. 그러니 그대들은 그것을 잘 호지하라."

비법 경3(A10:173)

1. "비구들이여, 비법과 법을 알아야 하고 해로운 것과 이로운 것을 알아야 한다. 비법과 법을 알고 해로운 것과 이로운 것을 안 뒤 법을 따라, 이로운 것을 따라 도를 닦아야 한다. 비구들이여, 그러면 어떤 것이 법이고, 어떤 것이 비법이며, 어떤 것이 해로운 것이고, 어떤 것이 이로운 것인가?"

2. "비구들이여, 생명을 죽이는 것은 비법이고, 생명을 죽이는 것을 삼가는 것은 법이다. 생명을 죽이는 것을 조건으로 여러 가지 나쁘고 해로운 법들이 생기나니 이것이 해로운 것이다. 생명을 죽이는 것을 삼가는 것을 조건으로 여러 가지 유익한 법들이 수행을 통해 완성에 이르나니 이것이 이로운 것이다.

비구들이여, 주지 않은 것을 가지는 것은 비법이고, 주지 않은 것을 가지는 것을 삼가는 것은 법이다. …

비구들이여, 삿된 음행은 비법이고 삿된 음행을 삼가는 것은 법이다. …

비구들이여, 거짓말은 비법이고 거짓말을 삼가는 것은 법이다. …
비구들이여, 중상모략은 비법이고 중상모략을 삼가는 것은 법이다. …
비구들이여, 욕설은 비법이고 욕설을 삼가는 것은 법이다. …
비구들이여, 잡담은 비법이고 잡담을 삼가는 것은 법이다. …
비구들이여, 욕심은 비법이고 욕심 없음은 법이다. …
비구들이여, 악의는 비법이고 악의 없음은 법이다. …
비구들이여, 그릇된 견해는 비법이고 바른 견해는 법이다. 그릇된 견해를 조건으로 여러 가지 나쁘고 해로운 법들이 생기나니 이것이 해로운 것이다. 바른 견해를 조건으로 여러 가지 유익한 법들이 수행을 통해 완성에 이르나니 이것이 이로운 것이다."

3. "'비구들이여, 비법과 법을 알아야 하고 해로운 것과 이로운 것을 알아야 한다. 비법과 법을 알고 해로운 것과 이로운 것을 안 뒤 법과 이로운 것대로 도를 닦아야 한다.'라고 한 것은 이러한 이유로 그렇게 말했다."

업의 근원 경(A10:174)
Kammanidāna-sutta

1. "비구들이여, 생명을 죽이는 것은 세 가지가 있다고 나는 말하나니, 탐욕 때문에, 성냄 때문에, 어리석음 때문에 죽인다. 비구들이여, 주지 않은 것을 가지는 것도 … 삿된 음행도 … 거짓말도 …

중상모략도 … 욕설도 … 잡담도 … 욕심도 … 악의도 … 그릇된 견해도 세 가지가 있다고 나는 말하나니, 탐욕 때문에, 성냄 때문에, 어리석음 때문에 생긴다."

2. "비구들이여, 이처럼 탐욕은 업을 일으키는 근원이며, 성냄도 업을 일으키는 근원이며, 어리석음도 업을 일으키는 근원이다. 탐욕이 다하면 업을 일으키는 근원이 다하고, 성냄이 다하면 업을 일으키는 근원이 다하고, 어리석음이 다하면 업을 일으키는 근원이 다한다."

피함 경(A10:175)
Parikkamana-sutta

1. "비구들이여, 이 법은 피해야 하고,266) 피하지 않아야 할 것이 아니다. 비구들이여, 그러면 어떻게 이 법은 피해야 하고, 피하지 않아야 할 것이 아닌가?"

2. "비구들이여, 생명을 죽이는 자에게 생명을 죽이는 것을 삼가는 것은 피하는 것이다.
비구들이여, 주지 않은 것을 가지는 자에게 주지 않은 것을 가지는 것을 삼가는 것은 피하는 것이다.
비구들이여, 삿된 음행을 하는 자에게 삿된 음행을 삼가는 것은 피

---

266) "'피함(parikkamana)'이란 멀리함(parivajjana)을 말한다."(AA.v.74)
"그것을 피하고 멀리하기 위해서는 준비단계의 일을 잘 할 수 있는 (suparikamma-kata) 평탄한 땅(bhūmi-bhāga)과 같은 곧은 도(sama magga)를 닦아야 한다."(MA.i.192)

하는 것이다.

비구들이여, 거짓말을 하는 자에게 거짓말을 삼가는 것은 피하는 것이다.

비구들이여, 중상모략을 하는 자에게 중상모략을 삼가는 것은 피하는 것이다.

비구들이여, 욕설을 하는 자에게 욕설을 삼가는 것은 피하는 것이다.

비구들이여, 잡담을 하는 자에게 잡담을 삼가는 것은 피하는 것이다.

비구들이여, 간탐하는 자에게 욕심 없음은 피하는 것이다.

비구들이여, 악의를 가진 자에게 악의 없음은 피하는 것이다.

비구들이여, 그릇된 견해를 가진 자에게 바른 견해는 피하는 것이다.

비구들이여, 이러한 법은 피해야 하고, 피하지 않아야 할 것이 아니다."

쭌다 경(A10:176)
Cunda-sutta

1. 한때 세존께서는 빠와267)에서 대장장이의 아들 쭌다의 망고 숲에 머무셨다.268) 그때 대장장이의 아들 쭌다가 세존께 다가갔

---

267) 빠와(Pāva)는 말라(Malla)족들의 도시이다. 『디가 니까야』 제3권 「정신경」(D29) §1에 의하면 자이나교의 창시자인 니간타 나따뿟따는 이곳에서 임종을 했다.

268) 대장장이의 아들 쭌다(kammāraputta Cunda)는 세존께 마지막 공양을 올린 바로 그 사람이다. 세존께서는 그가 올린 음식을 드시고 심한 적리(赤痢, 피와 곱이 섞여 나오는 이질)에 걸리셨고 꾸시나라에서 반열반에 드셨다. 주석서에 의하면 그는 금을 다루는 대장장이의 아들(suvaṇṇa-kāra-putta)이었으며 전에 세존을 처음 뵙고 이미 수다원과(예류과)를

다. 가서는 세존께 절을 올리고 한 곁에 앉았다. 한 곁에 앉은 대장장이의 아들 쭌다에게 세존께서는 이렇게 말씀하셨다.

"쭌다여, 그대는 누구의 정화의식269)을 좋아하는가?"

"세존이시여, 서쪽지방에 바라문들이 있어, 그들은 물병을 들고 세왈라 수초로 만든 화환을 두르고 불을 숭배하고 물에 들어가는 정화의식을 천명합니다. 저는 그들의 정화의식을 좋아합니다."

"쭌다여, 그렇다면 서쪽지방의 바라문들은 정화의식을 어떻게 천명하는가?"

"세존이시여, 서쪽지방의 바라문들은 물병을 들고 세왈라 수초로 만든 화환을 두르고 불을 숭배하고 물에 들어가서는, 그의 제자들에게 이와 같이 가르칩니다. '오시오, 아무개 사람이여. 그대는 좋은 시간에 침상에서 일어나 땅을 만지시오. 땅을 만지지 못하면 젖은 소똥을 만지시오. 젖은 소똥을 만지지 못하면 푸른 풀을 만지시오. 푸른 풀을 만지지 못하면 불을 숭배하시오. 불을 숭배하지 못하면 합장하고 태양에 예배하시오. 만일 합장하고 태양에 예배하지 못하면 밤의 삼경에 물에 들어가시오.' 세존이시여, 서쪽지방의 바라문들은 이와 같이 물병을 들고 세왈라 수초로 만든 화환을 두르고 불을 숭배하고 물에 들어가는 정화의식을 천명합니다. 저는 그들의 정화의식을 좋

얻었다고 한다. 그래서 자신의 망고 숲에 승원(vihāra)을 지었다고 하는데 지금 세존께서 머무시는 바로 이 곳이다.(DA.ii.568)

269) '정화의식'으로 옮긴 원어는 soceyyāni이다. 앞의 A10:119~120 등의 경에서는 불에 예배하는 의식을 하강의식(paccorohaṇī)으로 불렀는데 여기서는 물에 들어가는 의식을 정화의식이라 부르고 있다. 세존께서는 몸과 말과 마음으로 십선업도를 실천하는 것이 진정한 정화의식이라고 본경에서 강조하고 계신다.

아합니다."

"쭌다여, 서쪽지방의 바라문들이 천명하는, 물병을 들고 세왈라 수초로 만든 화환을 두르고 불을 숭배하고 물에 들어가는 정화의식과 성스러운 율에서의 정화의식은 다르다."

"세존이시여, 그러면 성스러운 율에서의 정화의식은 어떻게 합니까? 성스러운 율에서의 정화의식에 대해 제게 법을 설해주시면 감사하겠습니다."

"쭌다여, 그렇다면 그것을 들어라. 듣고 마음에 잘 새겨라. 나는 설할 것이다."

"그렇게 하겠습니다, 세존이시여."라고 대장장이의 아들 쭌다는 세존께 대답했다. 세존께서는 이렇게 말씀하셨다.

2. "쭌다여, 몸으로 [짓는] 세 가지 불결함이 있고, 말로 [짓는] 네 가지 불결함이 있고, 마음으로 [짓는] 세 가지 불결함이 있다. 쭌다여, 그러면 어떤 것이 몸으로 [짓는] 세 가지 불결함인가?"

3. "쭌다여, 여기 어떤 자는 생명을 죽인다. 그는 잔인하고, 손에 피를 묻히고, 죽이고 폭력을 휘두르는 데 몰두하며, 모든 생명들에게 동정심이 없다.

그는 주지 않은 것을 가진다. 그는 마을에서나 숲속에서 자기에게 주지 않은, 남의 재산과 재물을 도적질로써 취한다.

그는 삿된 음행을 한다. 어머니가 보호하고, 아버지가 보호하고, 오빠가 보호하고, 언니가 보호하고, 친지들이 보호하고, 법으로 보호하고, 남편이 있고, 몽둥이로 보호하고270) 심지어 [혼약의 정표로]

화환을 두른 그러한 여인들과 성행위를 한다.

쭌다여, 이것이 몸으로 [짓는] 세 가지 불결함이다."

4. "쭌다여, 그러면 어떤 것이 말로 [짓는] 네 가지 불결함인가? 쭌다여, 여기 어떤 자는 거짓말을 한다. 그는 법정에서나 회의에서나 친척들 사이에서나 조합원들 사이에서나 왕 앞에서 증인으로 출두하여, '오시오, 선남자여. 그대가 아는 것을 말해주시오.'라고 질문을 받는다. 그러면 그는 알지 못하면서 '나는 압니다.'라고 말하고, 알면서 '나는 알지 못합니다.'라고 한다. 보지 못하면서 '나는 봅니다.'라고 말하고, 보면서 '나는 보지 않습니다.'라고 말한다. 이와 같이 자기의 목적을 위해서나 남의 목적을 위해서나 어떤 세속적인 목적을 위해서 고의로 거짓말을 한다.

그는 중상모략을 한다. 그는 여기서 듣고서 이들을 이간시키려고 저기서 말한다. 저기서 듣고서 저들을 이간시키려고 여기서 말한다. 이처럼 화합하는 자들을 이간시키고 이간을 조장한다. 그는 불화를 좋아하고, 불화를 기뻐하고, 불화를 즐기며, 불화를 만드는 말을 한다.

그는 욕설을 한다. 그는 거칠고, 험하고, 남을 언짢게 하고, 남을 모욕하고, 분노에 휩싸이고, 삼매로 이끌지 못하는 그런 말을 한다.

그는 잡담을 한다. 그는 부적절한 시기에 말하고, 사실이 아닌 것을 말하고, 무익한 것을 말하고, 법에 어긋나는 것을 말하고, 율에 저촉되는 말을 하고, 가슴에 새겨둘 필요가 없는 말을 한다. 그는 이치

---

270) "'이러이러한 여인(itthi)에게 접근하는 사람에겐 몽둥이(daṇḍa)로 이만큼의 벌을 준다.'라고 마을이나 집이나 길에다 형벌을 알린(ṭhapita-daṇḍā), 그런 여인들을 '몽둥이로 보호하는(saparidaṇḍā) [여인들]'이라 한다."(MA.ii.330)

에 맞지 않고, 무절제하며, 유익하지 못한 말을 부적절한 시기에 한다.
쭌다여, 이것이 말로 [짓는] 네 가지 불결함이다."

5. "쭌다여, 그러면 어떤 것이 마음으로 [짓는] 세 가지 불결함인가?

쭌다여, 여기 어떤 자는 간탐한다. 그는 '오, 저 사람 것이 내 것이라면.'이라고 남의 재산과 재물을 탐한다.

그의 마음은 악의로 차있다. 그는 '이 중생들이 죽어버리길, 파멸되기를, 파괴되기를, 멸망해버리길, 없어져버리길.'하고 타락한 생각을 품는다.

그는 삿된 견해를 가진다. '보시도 없고 공물도 없고 제사(헌공)도 없다. 선행과 악행의 업들에 대한 열매도 없고 과보도 없다. 이 세상도 없고 저 세상도 없다. 어머니도 없고 아버지도 없다. 화생하는 중생도 없고 이 세상과 저 세상을 스스로 최상의 지혜로 실현하여 선언하는, 덕스럽고 바른 도를 구족한 사문·바라문들도 이 세상에는 없다.'라는 전도된 소견을 가진다.

쭌다여, 이것이 마음으로 [짓는] 세 가지 불결함이다."

6. "쭌다여, 이것이 열 가지 해로운 업의 길[十不善業道]이다. 쭌다여, 이러한 열 가지 해로운 업의 길을 갖춘 자는 적당한 시간에 침상에서 일어나 땅을 만지더라도 청정하지 못하며, 땅을 만지지 않더라도 청정하지 못하다. 젖은 소똥을 만지더라도 청정하지 못하며, 젖은 소똥을 만지지 않더라도 청정하지 못하다. 푸른 풀을 만지더라도 청정하지 못하며, 푸른 풀을 만지지 않더라도 청정하지 못하다.

불을 숭배하더라도 청정하지 못하며, 불을 숭배하지 않더라도 청정하지 못하다. 합장하고 태양에 예배하더라도 청정하지 못하며, 합장하고 태양에 예배하지 않더라도 청정하지 못하다. 밤의 삼경에 물에 들어가더라도 청정하지 못하며, 밤의 삼경에 물에 들어가지 않더라도 청정하지 못하다.

그것은 무슨 이유 때문인가? 이러한 열 가지 해로운 업의 길 자체가 청정하지 못하고, 또 청정하지 못함을 만들기 때문이다. 쭌다여, 이러한 열 가지 해로운 업의 길을 갖춤으로써 지옥이 알려졌으며, 축생의 모태가 알려졌으며, 아귀계가 알려졌으며, 여러 비참한 세계[惡趣]들이 알려진 것이다."

7. "쭌다여, 몸으로 [짓는] 세 가지 청정함이 있고 말로 [짓는] 네 가지 청정함이 있고 마음으로 [짓는] 세 가지 청정함이 있다. 쭌다여, 그러면 어떤 것이 몸으로 [짓는] 세 가지 청정함인가?"

8. "쭌다여, 여기 어떤 자는 생명을 죽이는 것을 버리고, 생명을 죽이는 것을 멀리 여읜다. 몽둥이를 내려놓고 칼을 내려놓는다. 양심적이고 동정심이 있으며 모든 생명의 이익을 위하고 연민하며 머문다.

그는 주지 않은 것을 가지는 것을 버리고, 주지 않은 것을 가지는 것을 멀리 여읜다. 그는 마을에서나 숲속에서 남의 재산과 재물을 도적질로써 취하지 않는다.

그는 삿된 음행을 버리고 삿된 음행을 멀리 여읜다. 그는 어머니가 보호하고, 아버지가 보호하고, 오빠가 보호하고, 언니가 보호하며, 친지들이 보호하고, 남편이 있고, 몽둥이로 보호하고, [혼약의 정표로] 화환을 두른 그러한 여인들과 성행위를 범하지 않는다.

쭌다여, 이것이 몸으로 [짓는] 세 가지 청정함이다."

9. "쭌다여, 그러면 어떤 것이 말로 [짓는] 네 가지 청정함인가?

쭌다여, 여기 어떤 자는 거짓말을 버리고, 거짓말을 멀리 여읜다. 그는 법정에서나 회의에서나 친척들 사이에서나 조합원들 사이에서나 왕 앞에서 증인으로 출두하여, '오시오, 선남자여. 그대가 아는 것을 말해주시오.'라고 질문을 받는다. 그러면 그는 알지 못하면 '나는 알지 못합니다.'라고 말하고, 알면 '나는 압니다.'라고 한다. 보지 못하면 '나는 보지 못합니다.'라고 말하고, 보면 '나는 봅니다.'라고 말한다. 이와 같이 자기의 목적을 위해서나 남의 목적을 위해서나 세속적인 어떤 목적을 위해서도 고의로 거짓말을 하지 않는다.

그는 중상모략을 버리고, 중상모략을 멀리 여읜다. 여기서 듣고서 이들을 이간시키려고 저기서 말하지 않는다. 저기서 듣고서 저들을 이간시키려고 여기서 말하지 않는다. 오히려 그는 이와 같이 분열된 자들을 합치고, 우정을 장려하며, 화합을 좋아하고, 화합을 기뻐하고, 화합을 즐기며, 화합하게 하는 말을 한다.

그는 욕설을 버리고, 욕설을 멀리 여읜다. 그는 유순하고, 귀에 즐겁고, 사랑스럽고, 가슴에 와 닿고, 점잖고, 많은 사람들이 좋아하고, 많은 사람들의 마음에 드는 그런 말을 한다.

그는 잡담을 버리고, 잡담을 멀리 여읜다. 그는 적절한 시기에 말하고, 사실을 말하고, 유익한 말을 하고, 법을 말하고, 율을 말하며, 가슴에 담아둘 만한 말을 한다. 그는 이치에 맞고, 절제가 있으며, 유익한 말을 적절한 시기에 한다.

쭌다여, 이것이 말로 [짓는] 네 가지 청정함이다."

10. "쭌다여, 그러면 어떤 것이 마음으로 [짓는] 세 가지 청정함인가?

쭌다여, 여기 어떤 자는 간탐하지 않는다. 그는 '오, 저 사람 것이 내 것이라면.'이라고 남의 재산과 재물을 탐하지 않는다.

그의 마음은 악의가 없다. '이 중생들이 적의에서 벗어나고, 고통에서 벗어나고, 해악에서 벗어나기를. 그들 스스로 행복하게 지내기를.'하고 타락하지 않은 생각을 품는다.

그는 바른 견해를 가진다. '보시도 있고 공물도 있고 제사(헌공)도 있다. 선행과 악행의 업들에 대한 열매도 있고 과보도 있다. 이 세상도 있고 저 세상도 있다. 어머니도 있고 아버지도 있다. 화생하는 중생도 있고 이 세상과 저 세상을 스스로 최상의 지혜로 실현하여 선언하는, 덕스럽고 바른 도를 구족한 사문·바라문들도 이 세상에는 있다.'라고 전도되지 않은 소견을 가진다.

쭌다여, 이것이 마음으로 [짓는] 세 가지 청정함이다."

11. "쭌다여, 이것이 열 가지 유익한 업의 길[+善業道]이다. 쭌다여, 이러한 열 가지 유익한 업의 길을 갖춘 자는 적당한 시간에 침상에서 일어나 땅을 만지더라도 청정하며, 땅을 만지지 않더라도 청정하다. 젖은 소똥을 만지더라도 청정하며, 젖은 소똥을 만지지 않더라도 청정하다. 푸른 풀을 만지더라도 청정하며, 푸른 풀을 만지지 않더라도 청정하다. 불을 숭배하더라도 청정하며, 불을 숭배하지 않

더라도 청정하다. 합장하고 태양에 예배하더라도 청정하며, 합장하고 태양에 예배하지 않더라도 청정하다. 밤의 삼경에 물에 들어가더라도 청정하며, 밤의 삼경에 물에 들어가지 않더라도 청정하다.

그것은 무슨 이유 때문인가? 이러한 열 가지 유익한 업의 길 자체가 청정하고, 또 청정함을 만들기 때문이다. 쭌다여, 이러한 열 가지 유익한 업의 길을 갖춤으로써 천상이 알려졌으며, 인간이 알려졌으며, 여러 좋은 곳[善處]들이 알려진 것이다."

12. 이렇게 말씀하시자 대장장이의 아들 쭌다는 세존께 이렇게 말씀드렸다.

"경이롭습니다, 세존이시여. 경이롭습니다, 세존이시여. 마치 넘어진 자를 일으켜 세우시듯, 덮여있는 것을 걷어내 보이시듯, [방향을] 잃어버린 자에게 길을 가리켜주시듯, 눈 있는 자 형상을 보라고 어둠 속에서 등불을 비춰주시듯, 세존께서는 여러 가지 방편으로 법을 설해주셨습니다. 저는 이제 세존께 귀의하옵고 법과 비구승가에 귀의합니다. 세존께서는 저를 재가신자로 받아주소서. 오늘부터 목숨이 붙어 있는 그날까지 귀의하옵니다."

자눗소니 경(A10:177)
Jāṇussoṇi-sutta

1. 그때 자눗소니 바라문이 세존께 다가갔다. 가서는 세존과 함께 환담을 나누었다. 유쾌하고 기억할 만한 이야기로 서로 담소를 하고서 한 곁에 앉았다. 한 곁에 앉은 자눗소니 바라문은 세존께 이

렇게 말씀드렸다.

"고따마 존자시여, 우리 바라문들은 '이 보시가 친지와 혈육인 조상들께 공덕이 되기를. 이 보시를 친지와 혈육인 조상들이 즐기시기를.'하고 염원하면서 보시를 하고 조령제(祖靈祭)271)를 지냅니다. 고따마 존자시여, 이 보시가 친지와 혈육인 조상들께 공덕이 되겠습니까? 이 보시를 친지와 혈육인 조상들이 즐기시겠습니까?"

"바라문이여, 적절한 곳에서는 공덕이 되지만, 적절하지 않은 곳에서는 공덕이 되지 않는다."

"고따마 존자시여, 그러면 어떤 것이 적절한 곳이고 어떤 것이 적절하지 않은 곳입니까?"

2. "바라문이여, 여기 어떤 자는 생명을 죽이고, 주지 않은 것을 가지고, 삿된 음행을 하고, 거짓말을 하고, 중상모략을 하고, 욕설을 하고, 잡담을 하고, 간탐하고, 마음이 악의로 가득 차있고, 그릇된 견해를 가진다. 그는 몸이 무너져 죽은 뒤에 지옥에 태어난다. 그는 거기서 지옥 중생들이 먹는 음식으로 생명을 보존하고, 그곳에 머문

---

271) '조령제(祖靈祭)'로 옮긴 원어는 saddha인데 일반적으로 믿음으로 옮기는 saddhā와 같이 śrad+√dhā(to put)에서 파생된 단어이다. 주석서에서는 "죽은 사람을 지목해서 음식을 올리는 것(matake uddissa kata-bhatte)"(DA.i.267)이라고 설명하고 있고, "슈랏다(śraddha, saddha)는 바라문들이 죽은 자에게 올리는 제사를 뜻한다."(AA.iii.84)라고 설명하고 있기 때문에 조상에게 올리는 제사를 뜻한다. 그래서 조령제라고 옮겼다. saddha의 산스끄리뜨는 śrāddha인데 제의서에 의하면 슈랏다는 가정제사(pāka-yajña, gṛhya-yajña) 가운데 하나로 조상에게 올리는 제사를 뜻한다. 제의서에 의하면 가정제사(pāka- yajña)에는 일곱 종류가 있다. 이 일곱 가지에 대한 간략한 설명은 『디가 니까야』 제1권 「암밧타경」(D3) §1.24의 주해를 참조할 것.

다. 바라문이여, 이것이 적절하지 않은 곳이니 거기에 머무는 자에게는 [조상을 위해 베푼] 그 보시가 공덕이 되지 못한다."

3. "바라문이여, 여기 어떤 자는 생명을 죽이고, … 그릇된 견해를 가진다. 그는 몸이 무너져 죽은 뒤에 축생의 모태에 태어난다. 그는 거기서 축생계의 중생들이 먹는 음식으로 생명을 보존하고, 그곳에 머문다. 바라문이여, 이것도 적절하지 않은 곳이니 거기에 머무는 자에게는 그 보시가 공덕이 되지 못한다."

4. "바라문이여, 여기 어떤 자는 생명을 죽이는 것을 멀리 여의고, 주지 않은 것을 가지는 것을 멀리 여의고, 삿된 음행을 멀리 여의고, 거짓말을 멀리 여의고, 중상모략을 멀리 여의고, 욕설을 멀리 여의고, 잡담을 멀리 여의고, 간탐하지 않고, 마음에 악의가 없고, 바른 견해를 가진다. 그는 몸이 무너져 죽은 뒤에 인간들의 동료로 태어난다. 그는 거기서 인간들이 먹는 음식으로 생명을 보존하고, 그곳에 머문다. 바라문이여, 이것도 적절하지 않은 곳이니 거기에 머무는 자에게는 그 보시가 공덕이 되지 못한다."

5. "바라문이여, 여기 어떤 자는 생명을 죽이는 것을 멀리 여의고, … 바른 견해를 가진다. 그는 몸이 무너져 죽은 뒤에 신들의 동료로 태어난다. 그는 거기서 신들이 먹는 음식으로 생명을 보존하고, 그곳에 머문다. 바라문이여, 이것도 적절하지 않은 곳이니 거기에 머무는 자에게는 그 보시가 공덕이 되지 못한다."

6. "바라문이여, 여기 어떤 자는 생명을 죽이고, … 그릇된 견

해를 가진다. 그는 몸이 무너져 죽은 뒤에 아귀계에 태어난다. 그는 거기서 아귀계의 중생들이 먹는 음식으로 생명을 보존하고, 그곳에 머문다. 혹은 그의 친구나 동료나 친지나 혈육들이 여기서 보시를 베풀어 공급해준 것으로 거기서 생명을 보존하고,272) 그곳에 머문다. 바라문이여, 이것이 적절한 곳이니 거기에 머무는 자에게는 그 보시가 공덕이 된다."

7. "고따마 존자시여, 만일 그 친지와 혈육인 조상이 그곳에 태어나지 않으면 누가 그 보시를 즐깁니까?"

"바라문이여, 그곳에 태어난 다른 친지와 혈육인 조상들이 그 보시를 즐긴다."

"고따마 존자시여, 만일 그 친지와 혈육인 조상이 그곳에 태어나지 않고, 또 다른 친지와 혈육인 조상들도 그곳에 태어나지 않으면 누가 그 보시를 즐깁니까?"

"바라문이여, 이 기나긴 삶의 여정에서 그의 친지와 혈육인 조상들이 없다는 것은 불가능하고 이치에 맞지 않다. 바라문이여, 어떤 경우에도 보시자에게는 결실이 없지 않다."

"그러면 적절하지 않은 곳에 태어났더라도 [그 친지들에 대한 보

---

272) "아귀계의 존재(petti-vesayika)들은 남들이 준 것으로 연명하는 자(paradattūpajīvi)들이다. 그러나 다른 사람들이 남들에게 준 것에는 다가가지 못한다(na upakappati)."(AA.v.75)
즉 자신의 혈육이나 친지들이 자신에게 베풀어준 음식 이외의 다른 음식에는 다가가지 못하고 먹지 못한다는 뜻이다. 본경에서 보듯이 불교의 아귀는 조상들(petā, 아버지를 뜻하는 pitā에서 파생된 단어)과 관계되어 있으며, 아울러 본경 §1에서 언급되고 있는 베다 문헌의 조령제와도 밀접한 관련이 있다.

시의 결과를] 고따마 존자께서는 추측하실 수 있습니까?"

"바라문이여, 적절하지 않은 곳에 태어났더라도 [보시의 결과를] 추측할 수 있다. 바라문이여, 여기 어떤 자는 생명을 죽이고, 주지 않은 것을 가지고, 삿된 음행을 하고, 거짓말을 하고, 중상모략을 하고, 욕설을 하고, 잡담을 하고, 간탐하고, 마음이 악의로 가득 차있고, 그릇된 견해를 가진다. 그러나 그는 사문이나 바라문에게 먹을 것과 마실 것과 입을 것과 탈것과 화환과 향수와 화장품과 침상과 숙소와 불 밝힐 것을 보시한다. 그는 몸이 무너져 죽은 뒤에 코끼리들의 동료로 태어난다. 그는 거기서 먹을 것과 마실 것과 화환과 같은 여러 장신구를 얻는다.

바라문이여, 이 경우에 그가 생명을 죽이고, 주지 않은 것을 가지고, 삿된 음행을 하고, 거짓말을 하고, 중상모략을 하고, 욕설을 하고, 잡담을 하고, 간탐하고, 마음이 악의로 가득 차있고, 그릇된 견해를 가졌기 때문에 그는 몸이 무너져 죽은 뒤에 코끼리들의 동료로 태어났으며, 그가 사문이나 바라문에게 먹을 것과 마실 것과 입을 것과 탈것과 화환과 향수와 화장품과 침상과 숙소와 불 밝힐 것을 보시했기 때문에 그는 거기서 먹을 것과 마실 것과 화환과 같은 여러 장신구를 얻는 것이다.

바라문이여, 여기 어떤 자는 생명을 죽이고, 주지 않은 것을 가지고, 삿된 음행을 하고, 거짓말을 하고, 중상모략을 하고, 욕설을 하고, 잡담을 하고, 간탐하고, 마음이 악의로 가득 차있고, 그릇된 견해를 가진다. 그는 사문이나 바라문에게 먹을 것과 마실 것과 입을 것과 탈것과 화환과 향수와 화장품과 침상과 숙소와 불 밝힐 것을 보시한다. 그는 몸이 무너져 죽은 뒤에 말들의 동료로 … 소들의 동료로 …

개들의 동료로 태어난다. 그는 거기서 먹을 것과 마실 것과 화환과 같은 여러 장신구를 얻는다.

바라문이여, 이 경우에 그가 생명을 죽이고, … 그릇된 견해를 가졌기 때문에 그는 몸이 무너져 죽은 뒤에 개들의 동료로 태어났으며, 그가 사문이나 바라문에게 먹을 것과 마실 것과 입을 것과 탈것과 화환과 향수와 화장품과 침상과 숙소와 불 밝힐 것을 보시했기 때문에 그는 거기서 먹을 것과 마실 것과 화환과 같은 여러 장신구를 얻는 것이다.

바라문이여, 여기 어떤 자는 생명을 죽이는 것을 멀리 여의고, 주지 않은 것을 가지는 것을 멀리 여의고, 삿된 음행을 멀리 여의고, 거짓말을 멀리 여의고, 중상모략을 멀리 여의고, 욕설을 멀리 여의고, 잡담을 멀리 여의고, 간탐하지 않고, 마음에 악의가 없고, 바른 견해를 가진다. 그는 사문이나 바라문에게 먹을 것과 마실 것과 입을 것과 탈것과 화환과 향수와 화장품과 침상과 숙소와 불 밝힐 것을 보시한다. 그는 몸이 무너져 죽은 뒤에 인간들의 동료로 태어난다. 그는 거기서 인간들에 속하는 다섯 가닥의 감각적 욕망들을 얻는다.

바라문이여, 이 경우에 그가 생명을 죽이는 것을 멀리 여의고, … 바른 견해를 가졌기 때문에 그는 몸이 무너져 죽은 뒤에 인간들의 동료로 태어났으며, 그가 사문이나 바라문에게 먹을 것과 마실 것과 … 침상과 숙소와 불 밝힐 것을 보시했기 때문에 그는 거기서 인간들에 속하는 다섯 가닥의 감각적 욕망들을 얻는 것이다.

바라문이여, 여기 어떤 자는 생명을 죽이는 것을 멀리 여의고, … 바른 견해를 가진다. 그는 사문이나 바라문에게 먹을 것과 … 침상과 숙소와 불 밝힐 것을 보시한다. 그는 몸이 무너져 죽은 뒤에 신들의 동료로 태어난다. 그는 거기서 신들에 속하는 다섯 가닥의 감각적 욕망들을 얻는다.

바라문이여, 이 경우에 그가 생명을 죽이는 것을 멀리 여의고, … 바른 견해를 가졌기 때문에 그는 몸이 무너져 죽은 뒤에 신들의 동료로 태어났으며, 그가 사문이나 바라문에게 먹을 것과 마실 것과 … 침상과 숙소와 불 밝힐 것을 보시했기 때문에 그는 거기서 신들에 속하는 다섯 가닥의 감각적 욕망들을 얻는 것이다.

바라문이여, 이처럼 어떤 경우에도 보시자에게는 결실이 없지 않다."

8. "경이롭습니다, 고따마 존자시여. 놀랍습니다, 고따마 존자시여. 보시를 하는 것은 충분하고 조령제(祖靈祭)를 지내는 것도 충분합니다. 그러면 어떤 경우에도 보시자에게는 결실이 없지 않기 때문입니다."

"바라문이여, 참으로 그러하다. 어떤 경우에도 보시자에게는 결실이 없지 않다."

"경이롭습니다, 고따마 존자시여. 경이롭습니다, 고따마 존자시여. 마치 넘어진 자를 일으켜 세우시듯, 덮여있는 것을 걷어내 보이시듯, [방향을] 잃어버린 자에게 길을 가리켜주시듯, 눈 있는 자 형상을 보라고 어둠 속에서 등불을 비춰주시듯, 고따마 존자께서는 여러 가지 방편으로 법을 설해주셨습니다. 저는 이제 고따마 존자께 귀의하옵고 법과 비구승가에 귀의합니다. 고따마 존자께서는 저를 재가신자로 받아주소서. 오늘부터 목숨이 붙어 있는 그날까지 귀의하옵니다."

제18장 훌륭함 품
Sādhu-vagga

훌륭함 경(A10:178)
Sādhu-sutta

1. "비구들이여, 훌륭한 것과 훌륭하지 못한 것을 설하리라. 그것을 들어라. 듣고 마음에 잘 새겨라. 나는 설할 것이다."

"그렇게 하겠습니다, 세존이시여."라고 비구들은 세존께 응답했다. 세존께서는 이렇게 말씀하셨다.

2. "비구들이여, 그러면 어떤 것이 훌륭하지 못한 것인가? 생명을 죽임, 주지 않은 것을 가짐, 삿된 음행, 거짓말, 중상모략, 욕설, 잡담, 탐욕, 악의, 그릇된 견해이다. 비구들이여, 이를 일러 훌륭하지 못한 것이라 한다."

3. "비구들이여, 그러면 어떤 것이 훌륭한 것인가? 생명을 죽이는 것을 멀리 여읨, 주지 않은 것을 가지는 것을 멀리 여읨, 삿된 음행을 멀리 여읨, 거짓말을 멀리 여읨, 중상모략을 멀리 여읨, 욕설을 멀리 여읨, 잡담을 멀리 여읨, 탐욕 없음, 악의 없음, 바른 견해이다. 비구들이여, 이를 일러 훌륭한 것이라 한다."

성스러운 법 경(A10:179)
Ariyadhamma-sutta

1. "비구들이여, 성스러운 법과 성스럽지 못한 법을 설하리라. 그것을 들어라. 듣고 마음에 잘 새겨라. 나는 설할 것이다."

"그렇게 하겠습니다, 세존이시여."라고 비구들은 세존께 응답했다. 세존께서는 이렇게 말씀하셨다.

2. "비구들이여, 그러면 어떤 것이 성스럽지 못한 법인가? 생명을 죽임, … 그릇된 견해이다. 비구들이여, 이를 일러 성스럽지 못한 법이라 한다."

3. "비구들이여, 그러면 어떤 것이 성스러운 법인가? 생명을 죽이는 것을 멀리 여읨, … 바른 견해이다. 비구들이여, 이를 일러 성스러운 법이라 한다."

유익함 경(A10:180)
Kusala-sutta

1. "비구들이여, 유익한 것과 해로운 것을 설하리라. …"

2. "비구들이여, 그러면 어떤 것이 해로운 것인가? 생명을 죽임, … 그릇된 견해이다. 비구들이여, 이를 일러 해로운 것이라 한다."

3. "비구들이여, 그러면 어떤 것이 유익한 것인가? 생명을 죽이는 것을 멀리 여읨, … 바른 견해이다. 비구들이여, 이를 일러 유익한 것이라 한다."

이익 경(A10:181)
Attha-sutta

1. "비구들이여, 이익이 있는 것과 이익이 없는 것을 설하리라. …"

2. "비구들이여, 그러면 어떤 것이 이익이 없는 것인가? 생명을 죽임, … 그릇된 견해이다. 비구들이여, 이를 일러 이익이 없는 것이라 한다."

3. "비구들이여, 그러면 어떤 것이 이익이 있는 것인가? 생명을 죽이는 것을 멀리 여읨, … 바른 견해이다. 비구들이여, 이를 일러 이익이 있는 것이라 한다."

법 경(A10:182)
Dhamma-sutta

1. "비구들이여, 법과 비법을 설하리라. …"

2. "비구들이여, 그러면 어떤 것이 비법인가? 생명을 죽임, … 그릇된 견해이다. 비구들이여, 이를 일러 비법이라 한다."

3. "비구들이여, 그러면 어떤 것이 법인가? 생명을 죽이는 것을 멀리 여읨, … 바른 견해이다. 비구들이여, 이를 일러 법이라 한다."

번뇌와 함께 함 경(A10:183)
Sāsava-sutta

1. "비구들이여, 번뇌와 함께 하는 것과 번뇌와 함께 하지 않는 것을 설하리라. …"

2. "비구들이여, 그러면 어떤 것이 번뇌와 함께 하는 것인가? 생명을 죽임, … 그릇된 견해이다. 비구들이여, 이를 일러 번뇌와 함께 하는 것이라 한다."

3. "비구들이여, 그러면 어떤 것이 번뇌와 함께 하지 않는 것인가? 생명을 죽이는 것을 멀리 여읨, … 바른 견해이다. 비구들이여, 이를 일러 번뇌와 함께 하지 않는 것이라 한다."

비난받아 마땅함 경(A10:184)
Sāvajja-sutta

1. "비구들이여, 비난받아 마땅한 것과 비난받을 일이 없는 것을 설하리라. …"

2. "비구들이여, 그러면 어떤 것이 비난받아 마땅한 것인가? 생명을 죽임, … 그릇된 견해이다. 비구들이여, 이를 일러 비난받아

마땅한 것이라 한다."

3. "비구들이여, 그러면 어떤 것이 비난받을 일이 없는 것인가? 생명을 죽이는 것을 멀리 여읨, … 바른 견해이다. 비구들이여, 이를 일러 비난받을 일이 없는 것이라 한다."

후회 경(A10:185)
Tapanīya-sutta

1. "비구들이여, 후회할 법과 후회하지 않을 법을 설하리라. …"

2. "비구들이여, 그러면 어떤 것이 후회할 법인가? 생명을 죽임, … 그릇된 견해이다. 비구들이여, 이를 일러 후회할 법이라 한다."

3. "비구들이여, 그러면 어떤 것이 후회하지 않을 법인가? 생명을 죽이는 것을 멀리 여읨, … 바른 견해이다. 비구들이여, 이를 일러 후회하지 않을 법이라 한다."

축적 경(A10:186)
Ācayagāmi-sutta

1. "비구들이여, [윤회를] 축적하게 하는 법과 [윤회를] 감소하게 하는 법을 설하리라. …"

2. "비구들이여, 그러면 어떤 것이 [윤회를] 축적하게 하는 법인가? 생명을 죽임, … 그릇된 견해이다. 비구들이여, 이를 일러 [윤

회를] 축적하게 하는 법이라 한다."

3. "비구들이여, 그러면 어떤 것이 [윤회를] 감소하게 하는 법인가? 생명을 죽이는 것을 멀리 여읨, … 바른 견해이다. 비구들이여, 이를 일러 [윤회를] 감소하게 하는 법이라 한다."

괴로움을 초래함 경(A10:187)
Dukkhudraya-sutta

1. "비구들이여, 괴로움을 초래하는 법과 행복을 초래하는 법을 설하리라. …"

2. "비구들이여, 그러면 어떤 것이 괴로움을 초래하는 법인가? 생명을 죽임, … 그릇된 견해이다. 비구들이여, 이를 일러 괴로움을 초래하는 법이라 한다."

3. "비구들이여, 그러면 어떤 것이 행복을 초래하는 법인가? 생명을 죽이는 것을 멀리 여읨, … 바른 견해이다. 비구들이여, 이를 일러 행복을 초래하는 법이라 한다."

괴로움의 과보를 가져옴 경(A10:188)
Dukkhavipāka-sutta

1. "비구들이여, 그것의 과보가 괴로움인 법과 그것의 과보가 행복인 법을 설하리라. …"

2. "비구들이여, 그러면 어떤 것이 그 과보가 괴로움인 법인가? 생명을 죽임, … 그릇된 견해이다. 비구들이여, 이를 일러 그 과보가 괴로움인 법이라 한다."

3. "비구들이여, 그러면 어떤 것이 그 과보가 행복인 법인가? 생명을 죽이는 것을 멀리 여읨, … 바른 견해이다. 비구들이여, 이를 일러 그 과보가 행복인 법이라 한다."

제19장 성스러운 도 품
Ariyamagga-vagga

성스러운 도 경(A10:189)
Ariyamagga-sutta

1. "비구들이여, 성스러운 도의 법과 성스럽지 못한 도의 법을 설하리라. 그것을 들어라 …"

2. "비구들이여, 그러면 어떤 것이 성스럽지 못한 도의 법인가? 생명을 죽임, … 그릇된 견해이다. 비구들이여, 이를 일러 성스럽지 못한 도의 법이라 한다."

3. "비구들이여, 그러면 어떤 것이 성스러운 도의 법인가? 생명을 죽이는 것을 멀리 여읨, … 바른 견해이다. 비구들이여, 이를 일러 성스러운 도의 법이라 한다."

검은 도 경(A10:190)
Kaṇhamagga-sutta

1. "비구들이여, 흰 도의 법과 검은 도의 법을 설하리라. …"

2. "비구들이여, 그러면 어떤 것이 검은 도의 법인가? 생명을 죽임, … 그릇된 견해이다. 비구들이여, 이를 일러 검은 도의 법이라

한다."

3. "비구들이여, 그러면 어떤 것이 흰 도의 법인가? 생명을 죽이는 것을 멀리 여읨, … 바른 견해이다. 비구들이여, 이를 일러 흰 도의 법이라 한다."

정법 경(A10:191)
Saddhamma-sutta

1. "비구들이여, 정법과 바르지 못한 법을 설하리라. …"

2. "비구들이여, 그러면 어떤 것이 바르지 못한 법인가? 생명을 죽임, … 그릇된 견해이다. 비구들이여, 이를 일러 바르지 못한 법이라 한다."

3. "비구들이여, 그러면 어떤 것이 정법인가? 생명을 죽이는 것을 멀리 여읨, … 바른 견해이다. 비구들이여, 이를 일러 정법이라 한다."

참된 사람 경(A10:192)
Sappurisa-sutta

1. "비구들이여, 참된 사람의 법과 참되지 못한 사람의 법을 설하리라. …"

2. "비구들이여, 그러면 어떤 것이 참되지 못한 사람의 법인

가? 생명을 죽임, … 그릇된 견해이다. 비구들이여, 이를 일러 참되지 못한 사람의 법이라 한다."

3. "비구들이여, 그러면 어떤 것이 참된 사람의 법인가? 생명을 죽이는 것을 멀리 여읨, … 바른 견해이다. 비구들이여, 이를 일러 참된 사람의 법이라 한다."

일으켜야 함 경(A10:193)
Uppādetabba-sutta

1. "비구들이여, 일으켜야 하는 법과 일으키지 말아야 하는 법을 설하리라. …"

2. "비구들이여, 그러면 어떤 것이 일으키지 말아야 하는 법인가? 생명을 죽임, … 그릇된 견해이다. 비구들이여, 이를 일러 일으키지 말아야 하는 법이라 한다."

3. "비구들이여, 그러면 어떤 것이 일으켜야 하는 법인가? 생명을 죽이는 것을 멀리 여읨, … 바른 견해이다. 비구들이여, 이를 일러 일으켜야 하는 법이라 한다."

받들어 행해야 함 경(A10:194)
Āsevitabba-sutta

1. "비구들이여, 받들어 행해야 할 법과 받들어 행하지 말아야

할 법을 설하리라. …"

2. "비구들이여, 그러면 어떤 것이 받들어 행하지 말아야 할 법인가? 생명을 죽임, … 그릇된 견해이다. 비구들이여, 이를 일러 받들어 행하지 말아야 할 법이라 한다."

3. "비구들이여, 그러면 어떤 것이 받들어 행해야 할 법인가? 생명을 죽이는 것을 멀리 여읨, … 바른 견해이다. 비구들이여, 이를 일러 받들어 행해야 할 법이라 한다."

닦아야 함 경(A10:195)
Bhāvetabba-sutta

1. "비구들이여, 닦아야 할 법과 닦지 말아야 할 법 법을 설하리라. …"

2. "비구들이여, 그러면 어떤 것이 닦지 말아야 할 법인가? 생명을 죽임, … 그릇된 견해이다. 비구들이여, 이를 일러 닦지 말아야 할 법이라 한다."

3. "비구들이여, 그러면 어떤 것이 닦아야 할 법인가? 생명을 죽이는 것을 멀리 여읨, … 바른 견해이다. 비구들이여, 이를 일러 닦아야 할 법이라 한다."

많이 공부지어야 함 경(A10:196)
Bahulīkātabba-sutta

1. "비구들이여, 많이 [공부]지어야 할 법과 많이 [공부]짓지 말아야 할 법을 설하리라. …"

2. "비구들이여, 그러면 어떤 것이 많이 [공부]짓지 말아야 할 법인가? 생명을 죽임, … 그릇된 견해이다. 비구들이여, 이를 일러 많이 [공부]짓지 말아야 할 법이라 한다."

3. "비구들이여, 그러면 어떤 것이 많이 [공부]지어야 할 법인가? 생명을 죽이는 것을 멀리 여읨, … 바른 견해이다. 비구들이여, 이를 일러 많이 [공부]지어야 할 법이라 한다."

기억해야 함 경(A10:197)
Anussaritabba-sutta

1. "비구들이여, 기억해야 할 법과 기억하지 말아야 할 법을 설하리라. …"

2. "비구들이여, 그러면 어떤 것이 기억하지 말아야 할 법인가? 생명을 죽임, … 그릇된 견해이다. 비구들이여, 이를 일러 기억하지 말아야 할 법이라 한다."

3. "비구들이여, 그러면 어떤 것이 기억해야 할 법인가? 생명

을 죽이는 것을 멀리 여읨, … 바른 견해이다. 비구들이여, 이를 일러 기억해야 할 법이라 한다."

실현해야 함 경(A10:198)
Sacchikātabba-sutta

1. "비구들이여, 실현해야 할 법과 실현하지 말아야 할 법을 설하리라. …"

2. "비구들이여, 그러면 어떤 것이 실현하지 말아야 할 법인가? 생명을 죽임, … 그릇된 견해이다. 비구들이여, 이를 일러 실현하지 말아야 할 법이라 한다."

3. "비구들이여, 그러면 어떤 것이 실현해야 할 법인가? 생명을 죽이는 것을 멀리 여읨, … 바른 견해이다. 비구들이여, 이를 일러 실현해야 할 법이라 한다."

제20장 사람 품

Puggala-vagga[273]

가까이해야 함 등의 경(A10:199)
Sevitabbādi-sutta

1. "비구들이여, 열 가지 법을 갖춘 사람은 가까이하지 말아야 한다. 무엇이 열인가?"

2. "생명을 죽이고, 주지 않은 것을 가지고, 삿된 음행을 하고, 거짓말을 하고, 중상모략을 하고, 욕설을 하고, 잡담을 하고, 간탐하고, 마음이 악의로 가득 차있고, 그릇된 견해를 가진 사람이다. 비구들이여, 이러한 열 가지 법을 갖춘 사람은 가까이하지 말아야 한다."

3. "비구들이여, 열 가지 법을 갖춘 사람은 가까이해야 한다. 무엇이 열인가?"

4. "생명을 죽이는 것을 멀리 여의고, 주지 않은 것을 가지는 것을 멀리 여의고, 삿된 음행을 멀리 여의고, 거짓말을 멀리 여의고, 중상모략을 멀리 여의고, 욕설을 멀리 여의고, 잡담을 멀리 여의고,

---

273) 본품은 「열의 모음」 제16장 「사람 품」과 같이 모두 열두 개의 경으로 구성되어 있다. PTS본은 제16장에서는 열두 개의 경 번호를 매겼지만, 여기서는 하나의 경으로 편집하고 있다. 그러나 6차결집본은 각각 12개의 경 번호를 매기고 있다. 역자는 저본인 PTS본을 따라 하나의 경으로 옮겼다.

간탐하지 않고, 마음에 악의가 없고, 바른 견해를 가진 사람이다. 비구들이여, 이러한 열 가지 법을 갖춘 사람은 가까이해야 한다."

5. "비구들이여, 열 가지 법을 갖춘 사람은 경모하지 말아야 한다. … 경모해야 한다. …

섬기지 말아야 한다. … 섬겨야 한다. …

공경하지 말아야 한다. … 공경해야 한다. …

칭송받지 않는다. … 칭송받는다. …

존중받지 않는다. … 존중받는다. …

순응하지 않는다. … 순응한다. …

칭찬받지 않는다. … 칭찬받는다. …

청정하지 않다. … 청정하다. …

자만을 다스리지 못한다. … 자만을 다스린다. …

통찰지가 증장하지 않는다. … 통찰지가 증장한다. …

많은 악덕을 쌓는다. … 많은 공덕을 쌓는다. 무엇이 열인가?"

6. "생명을 죽이는 것을 멀리 여의고, 주지 않은 것을 가지는 것을 멀리 여의고, 삿된 음행을 멀리 여의고, 거짓말을 멀리 여의고, 중상모략을 멀리 여의고, 욕설을 멀리 여의고, 잡담을 멀리 여의고, 간탐하지 않고, 마음에 악의가 없고, 바른 견해를 가진 사람이다. 비구들이여, 이러한 열 가지 법을 갖춘 사람은 많은 공덕을 쌓는다."

제21장 업에서 생긴 몸 품
Karajakāya-vagga

지옥과 천상 경1(A10:200)
Nirayasagga-sutta

1. "비구들이여, 열 가지 법을 갖춘 자는 마치 누가 그를 데려가서 놓는 것처럼 [반드시] 지옥에 떨어진다. 무엇이 열인가?"

2. "비구들이여, 여기 어떤 자는 생명을 죽인다. 그는 잔인하고, 손에 피를 묻히고, 죽이고 폭력을 휘두르는 데 몰두하며, 모든 생명들에게 동정심이 없다.

그는 주지 않은 것을 가진다. 그는 마을에서나 숲속에서 자기에게 주지 않은, 남의 재산과 재물을 도적질로써 취한다.

그는 삿된 음행을 한다. 어머니가 보호하고, 아버지가 보호하고, 오빠가 보호하고, 언니가 보호하며, 친지들이 보호하고, 남편이 있고, 몽둥이로 보호하고, 심지어 [혼약의 정표로] 화환을 두른 그러한 여인들과 성행위를 가진다.

그는 거짓말을 한다. 그는 법정에서나 회의에서나 친척들 사이에서나 조합원들 사이에서나 왕 앞에서 증인으로 출두하여, '오시오, 선남자여. 그대가 아는 것을 말해주시오.'라고 질문을 받는다. 그러면 그는 알지 못하면서 '나는 압니다.'라고 말하고, 알면서 '나는 알지 못합니다.'라고 한다. 보지 못하면서 '나는 봅니다.'라고 말하고, 보면서 '나는 보지 못합니다.'라고 말한다. 이와 같이 자기의 목적을 위해서나 남의 목적을 위해서나 어떤 세속적인 목적을 위해서 고의로 거짓말을 한다.

그는 중상모략을 한다. 여기서 듣고서 이들을 이간시키려고 저기서 말한다. 저기서 듣고서 저들을 이간시키려고 여기서 말한다. 이처럼 화합하는 자들을 이간시키고 이간을 조장한다. 그는 불화를 좋아하고, 불화를 기뻐하고, 불화를 즐기며, 불화를 만드는 말을 한다.

그는 욕설을 한다. 그는 거칠고, 험악하고, 남을 언짢게 하고, 남을 모욕하고, 분노에 휩싸이고, 삼매로 이끌지 못하는 그런 말을 한다.

그는 잡담을 한다. 그는 부적절한 시기에 말하고, 사실이 아닌 것을 말하고, 무익한 것을 말하고, 법에 어긋나는 것을 말하고, 율에 저촉되는 말을 하고, 가슴에 새겨둘 필요가 없는 말을 한다. 그는 이치에 맞지 않고, 무절제하며, 유익하지 못한 말을 부적절한 시기에 한다.

그는 간탐한다. 그는 '오, 저 사람 것이 내 것이라면.'이라고 남의 재산과 재물을 탐한다.

그의 마음은 악의로 차있다. 그는 '이 중생들이 죽어버리길, 파멸되기를, 파괴되기를, 멸망해버리길, 없어져버리길.'하고 타락한 생각을 품는다.

그는 삿된 견해를 가진다. '보시도 없고 공물도 없고 제사(헌공)도 없다. 선행과 악행의 업들에 대한 열매도 없고 과보도 없다. 이 세상도 없고 저 세상도 없다. 어머니도 없고 아버지도 없다. 화생하는 중생도 없고 이 세상과 저 세상을 스스로 최상의 지혜로 실현하여 선언하는, 덕스럽고 바른 도를 구족한 사문·바라문들도 이 세상에는 없다.'라는 전도된 소견을 가진다.

비구들이여, 이러한 열 가지 법을 갖춘 자는 마치 누가 그를 데려가서 놓는 것처럼 [반드시] 지옥에 떨어진다."

3. "비구들이여, 열 가지 법을 갖춘 자는 마치 누가 그를 데려가서 놓는 것처럼 [반드시] 천상에 태어난다. 무엇이 열인가?"

4. "비구들이여, 여기 어떤 자는 생명을 죽이는 것을 버리고, 생명을 죽이는 것을 멀리 여읜다. 몽둥이를 내려놓고 칼을 내려놓는다. 양심적이고 동정심이 있으며 모든 생명의 이익을 위하고 연민하며 머문다.

그는 주지 않은 것을 가지는 것을 버리고, 주지 않은 것을 가지는 것을 멀리 여읜다. 그는 마을에서나 숲속에서 자기에게 주지 않은, 남의 재산과 재물을 도적질로써 취하지 않는다.

그는 삿된 음행을 버리고, 삿된 음행을 멀리 여읜다. 그는 어머니가 보호하고, 아버지가 보호하고, 오빠가 보호하고, 언니가 보호하며, 친지들이 보호하고, 남편이 있고, 몽둥이로 보호하고, [혼약의 정표로] 화환을 두른 그러한 여인들과 성행위를 하지 않는다.

그는 거짓말을 버리고, 거짓말을 멀리 여읜다. 그는 법정에서나 회의에서나 친척들 사이에서나 조합원들 사이에서나 왕 앞에서 증인으로 출두하여, '오시오, 선남자여. 그대가 아는 것을 말해주시오.'라고 질문을 받는다. 그러면 그는 알지 못하면 '나는 알지 못합니다.'라고 말하고, 알면 '나는 압니다.'라고 한다. 보지 못하면 '나는 보지 못합니다.'라고 말하고, 보면 '나는 봅니다.'라고 말한다. 이와 같이 자기의 목적을 위해서나 남의 목적을 위해서나 세속적인 어떤 목적을 위해서도 고의로 거짓말을 하지 않는다.

그는 중상모략을 버리고, 중상모략을 멀리 여읜다. 여기서 듣고서 이들을 이간시키려고 저기서 말하지 않는다. 저기서 듣고서 저들을 이간시키려고 여기서 말하지 않는다. 오히려 그는 이와 같이 분열된 자들을 합치고, 우정을 장려하며, 화합을 좋아하고, 화합을 기뻐하고, 화합을 즐기며, 화합하게 하는 말을 한다.

그는 욕설을 버리고, 욕설을 멀리 여읜다. 그는 유순하고, 귀에 즐겁고, 사랑스럽고, 가슴에 와 닿고, 점잖고, 많은 사람들이 좋아하고, 많은 사람들의 마음에 드는 그런 말을 한다.

그는 잡담을 버리고, 잡담을 멀리 여읜다. 그는 적절한 시기에 말하고, 사실을 말하고, 유익한 말을 하고, 법을 말하고, 율을 말하며, 가슴에 담아둘 만한 말을 한다. 그는 이치에 맞고, 절제가 있으며, 유익한 말을 적절한 시기에 한다.

그는 간탐하지 않는다. 그는 '오, 저 사람 것이 내 것이라면.'이라고 남의 재산과 재물을 탐하지 않는다.

그의 마음은 악의가 없다. '이 중생들이 적의에서 벗어나고, 고통에서 벗어나고, 해악에서 벗어나기를. 그들 스스로 행복하게 지내기를.'하고 타락하지 않은 생각을 품는다.

그는 바른 견해를 가진다. '보시도 있고 공물도 있고 제사(헌공)도 있다. 선행과 악행의 업들에 대한 열매도 있고 과보도 있다. 이 세상도 있고 저 세상도 있다. 어머니도 있고 아버지도 있다. 화생하는 중생도 있고 이 세상과 저 세상을 스스로 최상의 지혜로 실현하여 선언하는, 덕스럽고 바른 도를 구족한 사문·바라문들도 이 세상에는 있다.'라고 전도되지 않은 소견을 가진다.

비구들이여, 이러한 열 가지 법을 갖춘 자는 마치 누가 그를 데려가서 놓는 것처럼 [반드시] 천상에 태어난다."

지옥과 천상 경2(A10:201)

1. "비구들이여, 열 가지 법을 갖춘 자는 마치 누가 그를 데려가서 놓는 것처럼 [반드시] 지옥에 떨어진다. 무엇이 열인가?"

2. "비구들이여, 여기 어떤 자는 생명을 죽인다. 그는 잔인하고, 손에 피를 묻히고, 죽이고 폭력을 휘두르는 데 몰두하며, 모든 생명들에게 동정심이 없다.

… …

그는 삿된 견해를 가진다. '보시도 없고 공물도 없고 제사(헌공)도 없다. 선행과 악행의 업들에 대한 열매도 없고 과보도 없다. 이 세상도 없고 저 세상도 없다. 어머니도 없고 아버지도 없다. 화생하는 중생도 없고 이 세상과 저 세상을 스스로 최상의 지혜로 실현하여 선언하는, 덕스럽고 바른 도를 구족한 사문·바라문들도 이 세상에는 없다.'라는 전도된 소견을 가진다.

비구들이여, 이러한 열 가지 법을 갖춘 자는 마치 누가 그를 데려가서 놓는 것처럼 [반드시] 지옥에 떨어진다."

3. "비구들이여, 열 가지 법을 갖춘 자는 마치 누가 그를 데려가서 놓는 것처럼 [반드시] 천상에 태어난다. 무엇이 열인가?"

4. "비구들이여, 여기 어떤 자는 생명을 죽이는 것을 버리고, 생명을 죽이는 것을 멀리 여읜다. 몽둥이를 내려놓고 칼을 내려놓는다. 양심적이고 동정심이 있으며 모든 생명의 이익을 위하고 연민하며 머문다.

… …

그는 바른 견해를 가진다. '보시도 있고 공물도 있고 제사(헌공)도 있다. 선행과 악행의 업들에 대한 열매도 있고 과보도 있다. 이 세상도 있고 저 세상도 있다. 어머니도 있고 아버지도 있다. 화생하는 중생도 있고 이 세상과 저 세상을 스스로 최상의 지혜로 실현하여 선언하는, 덕스럽고 바른 도를 구족한 사문·바라문들도 이 세상에는 있다.'라고 전도되지 않은 소견을 가진다.

비구들이여, 이러한 열 가지 법을 갖춘 자는 마치 누가 그를 데려가서 놓는 것처럼 [반드시] 천상에 태어난다."274)

여인 경(A10:202)
Mātugāma-sutta

1. "비구들이여, 열 가지 법을 갖춘 여인은 마치 누가 그를 데려가서 놓는 것처럼 [반드시] 지옥에 떨어진다. 무엇이 열인가?"

2. "여기 어떤 여인은 생명을 죽인다. … 그녀는 주지 않은 것

---

274) 본경은 바로 앞의「지옥과 천상 경」1(A10:200)과 같다. 그래서 어떤 판본에는 나타나지 않는다고 PTS본의 주는 밝히고 있다. 6차결집본에는 나타난다.

을 가진다. … 그녀는 삿된 음행을 한다. … 그녀는 거짓말을 한다. … 그녀는 중상모략을 한다. … 그녀는 욕설을 한다. … 그녀는 잡담을 한다. … 그녀는 간탐한다. … 그녀의 마음이 악의로 가득 차있다. … 그녀는 그릇된 견해를 가진다.

비구들이여, 이러한 열 가지 법을 갖춘 여인은 마치 누가 그를 데려가서 놓는 것처럼 [반드시] 지옥에 떨어진다."

3. "비구들이여, 열 가지 법을 갖춘 여인은 마치 누가 그를 데려가서 놓는 것처럼 [반드시] 천상에 태어난다. 무엇이 열인가?"

4. "여기 어떤 여인은 생명을 죽이는 것을 멀리 여읜다. … 그녀는 주지 않은 것을 가지는 것을 멀리 여읜다. … 그녀는 삿된 음행을 멀리 여읜다. … 그녀는 거짓말을 멀리 여읜다. … 그녀는 중상모략을 멀리 여읜다. … 그녀는 욕설을 멀리 여읜다. … 그녀는 잡담을 멀리 여읜다. … 그녀는 간탐하지 않는다. … 그녀는 마음에 악의가 없다. … 그녀는 바른 견해를 가진다.

비구들이여, 이러한 열 가지 법을 갖춘 여인은 마치 누가 그를 데려가서 놓는 것처럼 [반드시] 천상에 태어난다."

청신녀 경(A10:203)
Upāsikā-sutta

1. "비구들이여, 열 가지 법을 갖춘 청신녀는 마치 누가 그를 데려가서 놓는 것처럼 [반드시] 지옥에 떨어진다. 무엇이 열인가?"

2. "여기 어떤 청신녀는 생명을 죽인다. … 그녀는 그릇된 견해를 가진다.
비구들이여, 이러한 열 가지 법을 갖춘 청신녀는 마치 누가 그를 데려가서 놓는 것처럼 [반드시] 지옥에 떨어진다."

3. "비구들이여, 열 가지 법을 갖춘 청신녀는 마치 누가 그를 데려가서 놓는 것처럼 [반드시] 천상에 태어난다. 무엇이 열인가?"

4. "여기 어떤 청신녀는 생명을 죽이는 것을 멀리 여읜다. … 그녀는 바른 견해를 가진다.
비구들이여, 이러한 열 가지 법을 갖춘 청신녀는 마치 누가 그를 데려가서 놓는 것처럼 [반드시] 천상에 태어난다."

무외 경(A10:204)
Visārada-sutta

1. "비구들이여, 열 가지 법을 갖춘 청신녀는 의기소침하여 재가에 머문다. 무엇이 열인가?"

2. "여기 어떤 청신녀는 생명을 죽인다. … 그녀는 주지 않은 것을 가진다. … 그녀는 삿된 음행을 한다. … 그녀는 거짓말을 한다. … 그녀는 중상모략을 한다. … 그녀는 욕설을 한다. … 그녀는 잡담을 한다. … 그녀는 간탐한다. … 그녀의 마음이 악의로 가득 차있다. … 그녀는 그릇된 견해를 가진다.

비구들이여, 이러한 열 가지 법을 갖춘 청신녀는 의기소침하여 재가에 머문다."

3. "비구들이여, 열 가지 법을 갖춘 청신녀는 두려움 없이 재가에 머문다. 무엇이 열인가?"

4. "여기 어떤 청신녀는 생명을 죽이는 것을 멀리 여읜다. … 그녀는 주지 않은 것을 가지는 것을 멀리 여읜다. … 그녀는 삿된 음행을 멀리 여읜다. … 그녀는 거짓말을 멀리 여읜다. … 그녀는 중상모략을 멀리 여읜다. … 그녀는 욕설을 멀리 여읜다. … 그녀는 잡담을 멀리 여읜다. … 그녀는 간탐하지 않는다. … 그녀는 마음에 악의가 없다. … 그녀는 바른 견해를 가진다.
비구들이여, 이러한 열 가지 법을 갖춘 청신녀는 두려움 없이 재가에 머문다."

비뚤어짐 경(A10:205)
Saṁsappanīya-sutta

1. "비구들이여, 비뚤어짐275)에 대한 법문을 설하리라. 그것을 들어라. 듣고 마음에 잘 새겨라. 나는 설할 것이다."
"그러겠습니다, 세존이시여."라고 비구들은 세존께 응답했다.
세존께서는 이렇게 말씀하셨다.

---

275) "여기서 '비뚤어짐에 대한 법문(saṁsappaniya-pariyāya)'이란 비뚤어짐의 원인(kāraṇa)에 관한 가르침(desanā)이라 불리는 법의 가르침(dhamma-desanā)을 말한다."(AA.v.75)

2. "비구들이여, 그러면 어떤 것이 비뚤어짐에 대한 법문인가? 비구들이여, 중생들은 업이 바로 그들의 주인이고, 업의 상속자이고, 업에서 태어났고, 업이 그들의 권속이고, 업이 그들의 의지처이다. 좋은 업이든 나쁜 업이든 어떤 업을 지으면 그들은 그 업의 상속자가 된다."

3. "비구들이여, 여기 어떤 자는 생명을 죽인다. 그는 잔인하고, 손에 피를 묻히고, 죽이고 폭력을 휘두르는 데 몰두하며, 모든 생명들에게 동정심이 없다.

그는 몸으로도 비뚤어지고, 말로도 비뚤어지고, 마음으로도 비뚤어진다. 몸으로 짓는 그의 업도 비뚤어지고, 말로 짓는 그의 업도 비뚤어지고, 마음으로 짓는 그의 업도 비뚤어진다. 그의 태어날 곳[行處]도 비뚤어지고, 태어남도 비뚤어진다.276) 비구들이여, 태어날 곳이 비뚤어지고, 태어남도 비뚤어진 자에겐 두 가지 태어날 곳 가운데 하나가 있다고 나는 말하나니, 그것은 오직 괴로움뿐인 지옥이거나 기어 다니는 축생의 모태이다. 비구들이여, 그러면 어떤 것이 기어 다니는 축생의 모태인가? 뱀, 전갈, 지네, 몽구스, 고양이, 쥐, 올빼미,

---

276) "'비뚤어진다(saṁsappati)'는 것은 그 업을 행할 때 그는 기어 다니게 되고(āsappati), 천천히 기게 되고(parisappati), 꿈틀꿈틀 기어간다(vipphandati)는 뜻이다. '태어날 곳이 비뚤어진다.'는 것은 그 업으로 그가 갈 곳도 비뚤어지고, '태어남도 비뚤어진다.'는 것은 어떤 곳에 태어날 때에도 비뚤어진다는 뜻이다."(AA.v.75~76)
본경에서 세존께서는 십불선업도를 행하는 것을 바르게 걷지 못하고 옆으로 기어 다니는 것에 견주어서 말씀하고 계신다. 이처럼 기어 다니는 것과 같은 십불선업을 지은 사람은 직립 보행을 못하고 옆으로 기어 다니는 존재, 즉 축생계에 태어나게 된다고 말씀하고 계신다.

그리고 사람을 보고 기어서 [도망가는] 모든 축생들이다.

비구들이여, 이처럼 존재로부터 존재의 태어남이 있다. 자기가 지은 업에 따라 태어나면 감각접촉을 경험하게 된다. 비구들이여, 그러므로 중생들은 그들 각자의 업의 상속자라고 나는 말한다."277)

4 "비구들이여, 여기 어떤 자는 주지 않은 것을 가진다. … 삿된 음행을 한다. … 거짓말을 한다. … 중상모략을 한다. … 욕설을 한다. … 잡담을 한다. … 간탐한다. … 그의 마음이 악의로 가득 차 있다. … 그는 삿된 견해를 가진다. '보시도 없고 공물도 없고 제사(헌공)도 없다. 선행과 악행의 업들에 대한 열매도 없고 과보도 없다. 이 세상도 없고 저 세상도 없다. 어머니도 없고 아버지도 없다. 화생하는 중생도 없고 이 세상과 저 세상을 스스로 최상의 지혜로 실현하여 선언하는, 덕스럽고 바른 도를 구족한 사문·바라문들도 이 세상에는 없다.'라는 전도된 소견을 가진다.

그는 몸으로도 비뚤어지고, 말로도 비뚤어지고, 마음으로도 비뚤어진다. 몸으로 짓는 그의 업도 비뚤어지고, 말로 짓는 그의 업도 비뚤어지고, 마음으로 짓는 그의 업도 비뚤어진다. 그의 태어날 곳[行處]도 비뚤어지고, 태어남도 비뚤어진다. 비구들이여, 태어날 곳이 비뚤어지고, 태어남도 비뚤어진 자에겐 두 가지 태어날 곳 가운데 하나가 있다고 나는 말하나니, 그것은 오직 괴로움뿐인 지옥이거나 기어 다니는 축생의 모태이다. 비구들이여, 그러면 어떤 것이 기어 다니는

---

277) "'존재로부터 존재의 태어남이 있다.(bhūtā bhūtassa upapatti hoti)'는 것은 자기가 지은 업으로부터 중생(satta)의 태어남(nibbatti)이 있다는 말이고, '감각접촉을 경험한다.(phassā phusanti)'는 것은 과보의 감각접촉(vipāka-phassa)들을 경험한다는 말이다."(*Ibid*)

축생의 모태인가? 뱀, 전갈, 지네, 몽구스, 고양이, 쥐, 올빼미, 그리고 사람을 보고 기어서 [도망가는] 모든 축생들이다.

비구들이여, 이처럼 존재로부터 존재의 태어남이 있다. 자기가 지은 업에 따라 태어나면 감각접촉을 경험하게 된다. 비구들이여, 그러므로 중생들은 그들 각자의 업의 상속자라고 나는 말한다.

비구들이여, 중생들은 업이 바로 그들의 주인이고, 업의 상속자이고, 업에서 태어났고, 업이 그들의 권속이고, 업이 그들의 의지처이다. 좋은 업이든 나쁜 업이든 어떤 업을 지으면 그들은 그 업의 상속자가 된다."

5. "비구들이여, 여기 어떤 자는 생명을 죽이는 것을 버리고, 생명을 죽이는 것을 멀리 여읜다. 몽둥이를 내려놓고 칼을 내려놓는다. 양심적이고 동정심이 있으며 모든 생명의 이익을 위하고 연민하며 머문다.

그는 몸으로도 비뚤어지지 않고, 말로도 비뚤어지지 않고, 마음으로도 비뚤어지지 않는다. 몸으로 짓는 그의 업도 올곧고, 말로 짓는 그의 업도 올곧고, 마음으로 짓는 그의 업도 올곧다. 그의 태어날 곳[行處]도 올곧고, 태어남도 올곧다. 비구들이여, 태어날 곳이 올곧고, 태어남이 올곧은 자에겐 두 가지 태어날 곳 가운데 하나가 있다고 나는 말하나니, 그것은 오직 행복뿐인 천상이거나, 부유하고 많은 재물과 많은 재산과 풍부한 금은과 풍부한 재물과 재산과 풍부한 가산과 곡식을 가진, 끄샤뜨리야 가문이나 바라문 가문이나 장자의 가문과 같은 높은 가문이다.278)

---

278) 올곧은(uju) 업으로 표현되는 십선업도를 행한 자는 죽어서 곧게 직립 보

비구들이여, 이처럼 존재로부터 존재의 태어남이 있다. 자기가 지은 업에 따라 태어나면 감각접촉을 경험하게 된다. 비구들이여, 그러므로 중생들은 그들 각자의 업의 상속자라고 나는 말한다."

6. "비구들이여, 여기 어떤 자는 주지 않은 것을 가지는 것을 버리고, 주지 않은 것을 가지는 것을 멀리 여읜다. … 삿된 음행을 버리고 삿된 음행을 멀리 여읜다. … 거짓말을 버리고, 거짓말을 멀리 여읜다. … 중상모략을 버리고, 중상모략을 멀리 여읜다. … 욕설을 버리고, 욕설을 멀리 여읜다. … 잡담을 버리고, 잡담을 멀리 여읜다. … 간탐하지 않는다. … 마음에 악의가 없다. … 그는 바른 견해를 가진다. '보시도 있고 공물도 있고 제사(헌공)도 있다. 선행과 악행의 업들에 대한 열매도 있고 과보도 있다. 이 세상도 있고 저 세상도 있다. 어머니도 있고 아버지도 있다. 화생하는 중생도 있고 이 세상과 저 세상을 스스로 최상의 지혜로 실현하여 선언하는, 덕스럽고 바른 도를 구족한 사문·바라문들도 이 세상에는 있다.'라고 전도되지 않은 소견을 가진다.

그는 몸으로도 비뚤어지지 않고, 말로도 비뚤어지지 않고, 마음으로도 비뚤어지지 않는다. 몸으로 짓는 그의 업도 올곧고, 말로 짓는 그의 업도 올곧고, 마음으로 짓는 그의 업도 올곧다. 그의 태어날 곳[行處]도 올곧고, 태어남도 올곧다. 비구들이여, 태어날 곳이 올곧고, 태어남이 올곧은 자에겐 두 가지 태어날 곳 가운데 하나가 있다고 나는 말하나니, 그것은 오직 행복뿐인 천상이거나, 부유하고 많은 재물과 많은 재산과 풍부한 금은과 풍부한 재물과 재산과 풍부한 가산과

행을 하는 존재, 즉 신이나 인간으로 태어난다는 말씀이시다.

곡식을 가진, 크샤뜨리야 가문이나 바라문 가문이나 장자의 가문과 같은 높은 가문이다.

비구들이여, 이처럼 존재로부터 존재의 태어남이 있다. 자기가 지은 업에 따라 태어나면 감각접촉을 경험하게 된다. 비구들이여, 그러므로 중생들은 그들 각자의 업의 상속자라고 나는 말한다.

비구들이여, 중생들은 업이 바로 그들의 주인이고, 업의 상속자이고, 업에서 태어났고, 업이 그들의 권속이고, 업이 그들의 의지처이다. 좋은 업이든 나쁜 업이든 어떤 업을 지으면 그들은 그 업의 상속자가 된다.

비구들이여, 이것이 비뚤어짐에 대한 법문이다."

의도 경1(A10:206)
Sañcetanika-sutta

1. "비구들이여, 의도적으로 짓고 쌓은 업들의 경우, 그 과보가 지금여기에서 일어나거나 혹은 다음 생에 일어나거나 간에, 그 과보를 경험하지 않고서는 그것을 지울 수 없다고 나는 말한다. 비구들이여, 의도적으로 짓고 쌓은 업들의 경우, 그 과보를 경험하지 않고서는 괴로움을 끝낼 수 없다고 나는 말한다.

비구들이여, 여기서 괴로움을 초래하고, 괴로운 과보를 가져오는, 해로운 의도와 함께 몸으로 행한 세 가지 모독과 성냄이 있다. 괴로움을 초래하고, 괴로운 과보를 가져오는, 해로운 의도와 함께 말로 행한 네 가지 모독과 성냄이 있다. 괴로움을 초래하고, 괴로운 과보를 가져오는, 해로운 의도와 함께 마음으로 행한 세 가지 모독과 성냄이 있다."

2. "비구들이여, 그러면 어떤 것이 괴로움을 초래하고, 괴로운 과보를 가져오는, 해로운 의도와 함께 몸으로 행한 세 가지 모독과 성냄인가?

비구들이여, 여기 어떤 자는 생명을 죽인다. 그는 잔인하고, 손에 피를 묻히고, 죽이고 폭력을 휘두르는 데 몰두하며, 모든 생명들에게 동정심이 없다.

그는 주지 않은 것을 가진다. 그는 마을에서나 숲속에서 자기에게 주지 않은, 남의 재산과 재물을 도적질로써 취한다.

그는 삿된 음행을 한다. 어머니가 보호하고, 아버지가 보호하고, 오빠가 보호하고, 언니가 보호하며, 친지들이 보호하고, 남편이 있고, 몽둥이로 보호하고, 심지어 [혼약의 정표로] 화환을 두른 그러한 여인들과 성행위를 가진다.

비구들이여, 이것이 괴로움을 초래하고, 괴로운 과보를 가져오는, 해로운 의도와 함께 몸으로 행한 세 가지 모독과 성냄이다."

3. "비구들이여, 그러면 어떤 것이 괴로움을 초래하고, 괴로운 과보를 가져오는, 해로운 의도와 함께 말로 행한 네 가지 모독과 성냄인가?

비구들이여, 여기 어떤 자는 거짓말을 한다. 그는 법정에서나 회의에서나 친척들 사이에서나 조합원들 사이에서나 왕 앞에서 증인으로 출두하여, '오시오, 선남자여. 그대가 아는 것을 말해주시오.'라고 질문을 받는다. 그러면 그는 알지 못하면서 '나는 압니다.'라고 말하고,

알면서 '나는 알지 못합니다.'라고 한다. 보지 못하면서 '나는 봅니다.' 라고 말하고, 보면서 '나는 보지 못합니다.'라고 말한다. 이와 같이 자기의 목적을 위해서나 남의 목적을 위해서나 어떤 세속적인 목적을 위해서 고의로 거짓말을 한다.

그는 중상모략을 한다. 여기서 듣고서 이들을 이간시키려고 저기서 말한다. 저기서 듣고서 저들을 이간시키려고 여기서 말한다. 이처럼 화합하는 자들을 이간시키고 이간을 조장한다. 그는 불화를 좋아하고, 불화를 기뻐하고, 불화를 즐기며, 불화를 만드는 말을 한다.

그는 욕설을 한다. 그는 거칠고, 험악하고, 남을 언짢게 하고, 남을 모욕하고, 분노에 휩싸이고, 삼매로 이끌지 못하는 그런 말을 한다.

그는 잡담을 한다. 그는 부적절한 시기에 말하고, 사실이 아닌 것을 말하고, 무익한 것을 말하고, 법에 어긋나는 것을 말하고, 율에 저촉되는 말을 하고, 가슴에 새겨둘 필요가 없는 말을 한다. 그는 이치에 맞지 않고, 무절제하며, 유익하지 못한 말을 부적절한 시기에 한다.

비구들이여, 이것이 괴로움을 초래하고, 괴로운 과보를 가져오는, 해로운 의도와 함께 말로 행한 네 가지 모독과 성냄이다."

4. "비구들이여, 그러면 어떤 것이 괴로움을 초래하고, 괴로운 과보를 가져오는, 해로운 의도와 함께 마음으로 행한 세 가지 모독과 성냄인가?

비구들이여, 여기 어떤 자는 간탐한다. 그는 '오, 저 사람 것이 내 것이라면.'이라고 남의 재산과 재물을 탐한다.

그의 마음은 악의로 차있다. 그는 '이 중생들이 죽어버리길, 파멸되기를, 파괴되기를, 멸망해버리길, 없어져버리길.'하고 타락한 생각을 품는다.

그는 삿된 견해를 가진다. '보시도 없고 공물도 없고 제사(헌공)도 없다. 선행과 악행의 업들에 대한 열매도 없고 과보도 없다. 이 세상도 없고 저 세상도 없다. 어머니도 없고 아버지도 없다. 화생하는 중생도 없고 이 세상과 저 세상을 스스로 최상의 지혜로 실현하여 선언하는, 덕스럽고 바른 도를 구족한 사문·바라문들도 이 세상에는 없다.'라는 전도된 소견을 가진다.

비구들이여, 이것이 괴로움을 초래하고, 괴로운 과보를 가져오는, 해로운 의도와 함께 마음으로 행한 세 가지 모독과 성냄이다."

5. "비구들이여, 괴로움을 초래하고, 괴로운 과보를 가져오는, 해로운 의도와 함께 몸으로 행한 세 가지 모독과 성냄으로 인하여 중생들은 몸이 무너져 죽은 뒤에 처참한 곳, 불행한 곳, 파멸처, 지옥에 태어난다. 괴로움을 초래하고, 괴로운 과보를 가져오는, 해로운 의도와 함께 말로 행한 네 가지 모독과 성냄으로 인하여 중생들은 몸이 무너져 죽은 뒤에 처참한 곳, 불행한 곳, 파멸처, 지옥에 태어난다. 괴로움을 초래하고, 괴로운 과보를 가져오는, 해로운 의도와 함께 마음으로 행한 세 가지 모독과 성냄으로 인하여 중생들은 몸이 무너져 죽은 뒤에 처참한 곳, 불행한 곳, 파멸처, 지옥에 태어난다."

6. "비구들이여, 예를 들면 모든 면이 균형 잡힌 주사위를 위로 던지면 그것이 어디에 떨어지든지 반듯하게 떨어지듯이, 그와 같이 괴로움을 초래하고, 괴로운 과보를 가져오는, 해로운 의도와 함께 몸으로 행한 세 가지 모독과 성냄으로 인하여 … 말로 행한 네 가지

모독과 성냄으로 인하여 … 마음으로 행한 세 가지 모독과 성냄으로 인하여 중생들은 몸이 무너져 죽은 뒤에 처참한 곳, 불행한 곳, 파멸처, 지옥에 태어난다."

7. "비구들이여, 의도적으로 짓고 쌓은 업들의 경우, 그 과보가 지금여기에서 일어나거나 혹은 다음 생에 일어나거나 간에, 그 과보를 경험하지 않고서는 그것을 지울 수 없다고 나는 말한다. 비구들이여, 의도적으로 짓고 쌓은 업들의 경우, 그 과보를 경험하지 않고서는 괴로움을 끝낼 수 없다고 나는 말한다.

비구들이여, 여기서 행복을 초래하고, 행복한 과보를 가져오는, 유익한 의도와 함께 몸으로 행한 세 가지 성취가 있다. 행복을 초래하고, 행복한 과보를 가져오는, 유익한 의도와 함께 말로 행한 네 가지 성취가 있다. 행복을 초래하고, 행복한 과보를 가져오는, 유익한 의도와 함께 마음으로 행한 세 가지 성취가 있다."

8. "비구들이여, 그러면 어떤 것이 행복을 초래하고, 행복한 과보를 가져오는, 유익한 의도와 함께 몸으로 행한 세 가지 성취인가?

비구들이여, 여기 어떤 자는 생명을 죽이는 것을 버리고, 생명을 죽이는 것을 멀리 여읜다. 몽둥이를 내려놓고 칼을 내려놓는다. 양심적이고 동정심이 있으며 모든 생명의 이익을 위하고 연민하며 머문다.

그는 주지 않은 것을 가지는 것을 버리고, 주지 않은 것을 가지는 것을 멀리 여읜다. 그는 마을에서나 숲속에서 자기에게 주지 않은, 남의 재산과 재물을 도적질로써 취하지 않는다.

그는 삿된 음행을 버리고, 삿된 음행을 멀리 여읜다. 그는 어머니가 보호하고, 아버지가 보호하고, 오빠가 보호하고, 언니가 보호하며, 친지들이 보호하고, 남편이 있고, 몽둥이로 보호하고, [혼약의 정표로] 화환을 두른 그러한 여인들과 성행위를 하지 않는다.

비구들이여, 이것이 행복을 초래하고, 행복한 과보를 가져오는, 유익한 의도와 함께 몸으로 행한 세 가지 성취이다."

9. "비구들이여, 그러면 어떤 것이 행복을 초래하고, 행복한 과보를 가져오는, 유익한 의도와 함께 말로 행한 네 가지 성취인가?

비구들이여, 여기 어떤 자는 거짓말을 버리고, 거짓말을 멀리 여읜다. 그는 법정에서나 회의에서나 친척들 사이에서나 조합원들 사이에서나 왕 앞에서 증인으로 출두하여, '오시오, 선남자여. 그대가 아는 것을 말해주시오.'라고 질문을 받는다. 그러면 그는 알지 못하면 '나는 알지 못합니다.'라고 말하고, 알면 '나는 압니다.'라고 한다. 보지 못하면 '나는 보지 못합니다.'라고 말하고, 보면 '나는 봅니다.'라고 말한다. 이와 같이 자기의 목적을 위해서나 남의 목적을 위해서나 세속적인 어떤 목적을 위해서도 고의로 거짓말을 하지 않는다.

그는 중상모략을 버리고, 중상모략을 멀리 여읜다. 여기서 듣고서 이들을 이간시키려고 저기서 말하지 않는다. 저기서 듣고서 저들을 이간시키려고 여기서 말하지 않는다. 오히려 그는 이와 같이 분열된 자들을 합치고, 우정을 장려하며, 화합을 좋아하고, 화합을 기뻐하고, 화합을 즐기며, 화합하게 하는 말을 한다.

그는 욕설을 버리고, 욕설을 멀리 여읜다. 그는 유순하고, 귀에 즐겁고, 사랑스럽고, 가슴에 와 닿고, 점잖고, 많은 사람들이 좋아하고, 많은 사람들의 마음에 드는 그런 말을 한다.

그는 잡담을 버리고, 잡담을 멀리 여읜다. 그는 적절한 시기에 말하고, 사실을 말하고, 유익한 말을 하고, 법을 말하고, 율을 말하며, 가슴에 담아둘 만한 말을 한다. 그는 이치에 맞고, 절제가 있으며, 유익한 말을 적절한 시기에 한다.

비구들이여, 이것이 행복을 초래하고, 행복한 과보를 가져오는, 유익한 의도와 함께 말로 행한 네 가지 성취이다."

10. "비구들이여, 그러면 어떤 것이 행복을 초래하고, 행복한 과보를 가져오는, 유익한 의도와 함께 마음으로 행한 세 가지 성취인가?

비구들이여, 여기 어떤 자는 간탐하지 않는다. 그는 '오, 저 사람 것이 내 것이라면.'이라고 남의 재산과 재물을 탐하지 않는다.

그의 마음은 악의가 없다. '이 중생들이 적의에서 벗어나고, 고통에서 벗어나고, 해악에서 벗어나기를. 그들 스스로 행복하게 지내기를.'하고 타락하지 않은 생각을 품는다.

그는 바른 견해를 가진다. '보시도 있고 공물도 있고 제사(헌공)도 있다. 선행과 악행의 업들에 대한 열매도 있고 과보도 있다. 이 세상도 있고 저 세상도 있다. 어머니도 있고 아버지도 있다. 화생하는 중생도 있고 이 세상과 저 세상을 스스로 최상의 지혜로 실현하여 선언하는, 덕스럽고 바른 도를 구족한 사문·바라문들도 이 세상에는 있다.'라고 전도되지 않은 소견을 가진다.

비구들이여, 이것이 행복을 초래하고, 행복한 과보를 가져오는, 유익한 의도와 함께 마음으로 행한 세 가지 성취이다."

11. "비구들이여, 행복을 초래하고, 행복한 과보를 가져오는, 유

익한 의도와 함께 몸으로 행한 세 가지 성취로 인하여 중생들은 몸이 무너져 죽은 뒤에 좋은 곳[善處], 천상 세계에 태어난다. 행복을 초래하고, 행복한 과보를 가져오는, 유익한 의도와 함께 말로 행한 네 가지 성취로 인하여 중생들은 몸이 무너져 죽은 뒤에 좋은 곳[善處], 천상 세계에 태어난다. 행복을 초래하고, 행복한 과보를 가져오는, 유익한 의도와 함께 마음으로 행한 세 가지 성취로 인하여 중생들은 몸이 무너져 죽은 뒤에 좋은 곳[善處], 천상 세계에 태어난다."

12. "비구들이여, 예를 들면 모든 면이 균형 잡힌 주사위를 위로 던지면 그것이 어디에 떨어지든지 반듯하게 떨어지듯이, 그와 같이 행복을 초래하고, 행복한 과보를 가져오는, 유익한 의도와 함께 몸으로 행한 세 가지 성취로 인하여 … 말로 행한 네 가지 성취로 인하여 … 마음으로 행한 세 가지 성취로 인하여 중생들은 몸이 무너져 죽은 뒤에 좋은 곳[善處], 천상 세계에 태어난다."

13. "비구들이여, 의도적으로 짓고 쌓은 업들의 경우, 그 과보가 지금여기에서 일어나거나 혹은 다음 생에 일어나거나 간에, 그 과보를 경험하지 않고서는 그것을 지울 수 없다고 나는 말한다. 비구들이여, 의도적으로 짓고 쌓은 업들의 경우, 그 과보를 경험하지 않고서는 괴로움을 끝낼 수 없다고 나는 말한다."

의도 경2(A10:207)[279]

1. "비구들이여, 의도적으로 짓고 쌓은 업들의 경우, 그 과보가 지금여기에서 일어나거나 혹은 다음 생에 일어나거나 간에, 그 과보를 경험하지 않고서는 그것을 지울 수 없다고 나는 말한다. 비구들이여, 의도적으로 짓고 쌓은 업들의 경우, 그 과보를 경험하지 않고서는 괴로움을 끝낼 수 없다고 나는 말한다."

…… ……

업에서 생긴 몸 경(A10:208)
Karajakāya-sutta

1. "비구들이여, 의도적으로 짓고 쌓은 업들의 경우, 그 과보가 지금여기에서 일어나거나 혹은 다음 생에 일어나거나 간에, 그 과보를 경험하지 않고서는 그것을 지울 수 없다고 나는 말한다. 비구들이여, 의도적으로 짓고 쌓은 업들의 경우, 그 과보를 경험하지 않고서는 괴로움을 끝낼 수 없다고 나는 말한다.

비구들이여, 성스러운 제자는 이와 같이 탐욕이 없고 악의가 없고 현혹됨이 없으며, 분명히 알아차리고 마음챙기며, 자애[慈]가 함께한 마음으로 한 방향을 가득 채우면서 머문다. 그처럼 두 번째 방향을, 그처럼 세 번째 방향을, 그처럼 네 번째 방향을 가득 채우면서 머문다. 이와 같이 위로, 아래로, 주위로, 모든 곳에서 모두를 자신처럼

---

279) 본경은 바로 앞의 「의도 경」 1(A10:206)과 내용이 동일하다. 그래서 첫 문단만 옮기고 나머지는 전부 생략하였다.

여기고, 풍만하고 광대하고 무량하고 원한 없고 악의 없는 자애가 함께한 마음으로 모든 세상을 가득 채우고 머문다.

그는 이와 같이 꿰뚫어 안다. '이전에는 내 마음이 제한되었고 계발되지 않았다. 그러나 지금 내 마음은 무량하고 잘 계발되었다. 제한된 [욕계의] 업은 어떠한 것도 여기에 남아 있지 않고, 여기에 정체되어 있지 않다.'라고. 비구들이여, 이를 어떻게 생각하는가? 젊은 이가 어릴 적부터 자애를 통한 마음의 해탈을 닦았다면 악업을 지을 수 있겠는가?"

"그렇지 않습니다, 세존이시여."

"그가 악업을 짓지 않더라도 괴로움을 경험하겠는가?"

"그렇지 않습니다, 세존이시여. 악업을 짓지 않는데 어떻게 괴로움을 경험하겠습니까."

2. "비구들이여, 여자든 남자든 자애를 통한 마음의 해탈을 닦아야 한다. 여자든 남자든 이 몸을 가지고 [저 세상으로] 가지 않는다. 죽기 마련인 중생은 마음이 그 원인이 된다.280) 그는 이와 같이 꿰뚫어 안다. '여기 이 업에서 생긴 몸으로 내가 이전에 지은 악업은

---

280) "이 몸을 가지고 다음 세상(para-loka)으로 간다는 것은 불가능하다는 말이다."(AA.v.77)
'마음이 그 원인'이라는 것은 cittantara를 옮긴 것인데 주석서에서는 다음과 같이 설명한다.
"'마음이 그 원인(cittantara)'이라는 것은 마음이 원인(citta-kāraṇa)이다, 혹은 오직 마음을 따른다(antarika)는 뜻이다. 왜냐하면 죽음의 마음(cuti-citta) 바로 다음에 따라오는(anantara) 재생연결식(paṭisandhi-citta)에서 천신이 되기도 하고, 지옥 중생이 되기도 하고, 축생이 되기도 하기 때문이다. 그 이전의 경우에도 마음이 원인이 되어(kāraṇa-bhūta), 원인인 그 마음에 따라 천신이나 지옥 중생이 된 것이다."(AA.v.77~78)

모두 여기서 [그 과보를] 경험할 것이고, 다음 생에 그 과보를 경험하지 않을 것이다.'281)라고. 비구들이여, 이와 같이 자애를 통한 마음의 해탈을 닦으면 그것은 아직 아라한과를 꿰뚫지는 못했지만 여기서 통찰지를 가진 비구282)로 하여금 불환과를 얻게 한다."

3. "연민[悲]이 함께한 마음으로 … 더불어 기뻐함[喜]이 함께한 마음으로 … 평온[捨]이 함께한 마음으로 한 방향을 가득 채우면서 머문다. 그처럼 두 번째 방향을, 그처럼 세 번째 방향을, 그처럼 네 번째 방향을 가득 채우면서 머문다. 이와 같이 위로, 아래로, 주위로, 모든 곳에서 모두를 자신처럼 여기고, 풍만하고 광대하고 무량하고 원한 없고 악의 없고 평온이 함께한 마음으로 모든 세상을 가득 채우고 머문다.

그는 이와 같이 꿰뚫어 안다. '이전에는 내 마음이 제한되었고 계발되지 않았다. 그러나 지금 내 마음은 무량하고 잘 계발되었다. 제한된 [욕계의] 업은 어떠한 것도 여기에 남아 있지 않고, 여기에 정체되어 있지 않다.'라고. 비구들이여, 이를 어떻게 생각하는가? 젊은이가 어릴 적부터 평온을 통한 마음의 해탈을 닦았다면 악업을 지을

---

281) "'다음 생에 그 과보를 경험하지 않을 것이다(na taṁ anugaṁ bhavissati)'라는 것은 자애(mettā)로써 다음 생에 겪어야 할 상태(upapajja-vedanīya-bhāva)를 잘라버렸기 때문에(upacchinnattā) 다음 생에 그 과보를 경험하는 상태로 따라 가지 않는다는 말이다. 이것은 예류자와 일래자인 성자들의 반조(paccavekkhaṇa)라고 알아야 한다." (AA.v.78)

282) "'여기서 통찰지를 가진 비구(idha-paññā bhikkhu)'란 이 교법(sāsana)에서 통찰지를 가진 비구다. 교법을 행함으로써 성스러운 통찰지(ariya-paññā)에 확고한 성스러운 제자를 말한다."(*Ibid*)

수 있겠는가?"

"그렇지 않습니다, 세존이시여."

"그가 악업을 짓지 않더라도 괴로움을 경험하겠는가?"

"그렇지 않습니다, 세존이시여. 악업을 짓지 않는데 어떻게 괴로움을 경험하겠습니까."

4. "비구들이여, 여자든 남자든 평온을 통한 마음의 해탈을 닦아야 한다. 여자든 남자든 이 몸을 가지고 [저 세상으로] 가지 않는다. 죽기 마련인 중생은 마음이 그 원인이 된다. 그는 이와 같이 꿰뚫어 안다. '여기 이 업에서 생긴 몸으로 내가 이전에 지은 악업은 모두 여기서 [그 과보를] 경험할 것이고, 다음 생에 그 과보를 경험하지 않을 것이다.'라고. 비구들이여, 이와 같이 평온을 통한 마음의 해탈을 닦으면 그것은, 아직 아라한과를 꿰뚫지는 못했지만 여기서 통찰지를 가진 비구로 하여금 불환과를 얻게 한다."

법답지 못한 행위 경(A10:209)
Adhammacariyā-sutta

1. 그때 어떤 바라문이 세존께 다가갔다. 가서는 세존과 함께 환담을 나누었다. 유쾌하고 기억할 만한 이야기로 서로 담소를 하고서 한 곁에 앉았다. 한 곁에 앉은 바라문은 세존께 이렇게 말씀드렸다.

"고따마 존자시여, 여기 어떤 중생들은 몸이 무너져 죽은 뒤 처참한 곳, 불행한 곳, 파멸처, 지옥에 태어납니다. 그것은 무슨 원인과 무슨 조건 때문입니까?"

"바라문이여, 그것은 법답지 못한 행위와 비뚤어진 행위 때문이다."

"고따마 존자시여, 여기 어떤 중생들은 몸이 무너져 죽은 뒤 좋은 곳[善處], 천상 세계에 태어납니다. 그것은 무슨 원인과 무슨 조건 때문입니까?"

"바라문이여, 그것은 법다운 행위와 곧은 행위 때문이다."283)

"고따마 존자시여, 저는 고따마 존자께서 간략하게 말씀하신 것의 뜻을 상세하게 알지 못합니다. 고따마 존자께서 간략하게 말씀하신 것의 뜻을 제가 상세하게 알 수 있도록 그렇게 법을 설해주시면 감사하겠습니다."

"바라문이여, 그렇다면 이제 들어라. 듣고 마음에 잘 새겨라. 나는 설할 것이다."

"그렇게 하겠습니다, 고따마 존자시여."라고 바라문은 세존께 응답했다. 세존께서는 이렇게 말씀하셨다.

2. "바라문이여, 몸으로 [짓는] 세 가지 법답지 못한 행위와 비뚤어진 행위가 있고, 말로 [짓는] 네 가지 법답지 못한 행위와 비뚤어진 행위가 있고, 마음으로 [짓는] 세 가지 법답지 못한 행위와 비뚤어진 행위가 있다.284)

바라문이여, 그러면 무엇이 몸으로 [짓는] 세 가지 법답지 못한 행

---

283) 이상은 본서 제1권 「법답지 못한 행위 경」(A2:2:6)과 같다. A2:2:6에 해당하는 주석서에서 "법답지 못한 행위(adhamma-cariyā)가 바로 비뚤어진 행위(visama-cariyā)이다."(AA.ii.105)라고 설명하고 있어서 그곳에서는 '법답지 못한 행위인 비뚤어진 행위'로 옮겼다. 그러나 본경에서는 가독성을 높이기 위해서 '법답지 못한 행위와 비뚤어진 행위'로 평이하게 옮겼다.

284) 이하의 부분은 본서 「쭌다 경」(A10:176) §2 이하와 같은 내용이다.

위와 비뚤어진 행위인가?

바라문이여, 여기 어떤 자는 생명을 죽인다. …

바라문이여, 이것이 몸으로 [짓는] 세 가지 법답지 못한 행위와 비뚤어진 행위이다.

바라문이여, 그러면 어떤 것이 말로 [짓는] 네 가지 법답지 못한 행위와 비뚤어진 행위인가?

바라문이여, 여기 어떤 자는 거짓말을 한다. …

바라문이여, 이것이 말로 [짓는] 네 가지 법답지 못한 행위와 비뚤어진 행위이다.

바라문이여, 그러면 어떤 것이 마음으로 [짓는] 세 가지 법답지 못한 행위와 비뚤어진 행위인가?

바라문이여, 여기 어떤 자는 간탐한다. …

바라문이여, 이것이 마음으로 [짓는] 세 가지 법답지 못한 행위와 비뚤어진 행위이다.

바라문이여, 이러한 법답지 못한 행위와 비뚤어진 행위 때문에 여기 어떤 중생들은 몸이 무너져 죽은 뒤 처참한 곳, 불행한 곳, 파멸처, 지옥에 태어난다."

3. "바라문이여, 몸으로 [짓는] 세 가지 법다운 행위와 곧은 행위가 있고, 말로 [짓는] 네 가지 법다운 행위와 곧은 행위가 있고, 마음으로 [짓는] 세 가지 법다운 행위와 곧은 행위가 있다.

바라문이여, 그러면 무엇이 몸으로 [짓는] 세 가지 법다운 행위와 곧은 행위인가?

바라문이여, 여기 어떤 자는 생명을 죽이는 것을 버리고, 생명을 죽이는 것을 멀리 여읜다. …

바라문이여, 이것이 몸으로 [짓는] 세 가지 법다운 행위와 곧은 행위이다.

바라문이여, 그러면 어떤 것이 말로 [짓는] 네 가지 법다운 행위와 곧은 행위인가?

바라문이여, 여기 어떤 자는 거짓말을 버리고, 거짓말을 멀리 여읜다. …

바라문이여, 이것이 말로 [짓는] 네 가지 법다운 행위와 곧은 행위이다.

바라문이여, 그러면 어떤 것이 마음으로 [짓는] 세 가지 법다운 행위와 곧은 행위인가?

바라문이여, 여기 어떤 자는 간탐하지 않는다. …

바라문이여, 이것이 마음으로 [짓는] 세 가지 법다운 행위와 곧은 행위이다.

바라문이여, 이러한 법다운 행위와 곧은 행위 때문에 여기 어떤 중생들은 몸이 무너져 죽은 뒤 좋은 곳[善處], 천상 세계에 태어난다."

"경이롭습니다, 고따마 존자시여. 경이롭습니다, 고따마 존자시여. 마치 넘어진 자를 일으켜 세우시듯, 덮여있는 것을 걷어내 보이시듯, [방향을] 잃어버린 자에게 길을 가리켜주시듯, 눈 있는 자 형상을 보라고 어둠 속에서 등불을 비춰주시듯, 고따마 존자께서는 여러 가지 방편으로 법을 설해주셨습니다. 저는 이제 고따마 존자께 귀의하옵고 법과 비구승가에 귀의합니다. 고따마 존자께서는 저를 재가신자로 받아주소서. 오늘부터 목숨이 붙어 있는 그날까지 귀의하옵니다."

제22장 일반 품
Sāmañña-vagga[285]

지옥과 천상 경1(A10:210)[286]
Nirayasagga-sutta

1. "비구들이여, 열 가지 법을 갖춘 자는 마치 누가 그를 데려가서 놓는 것처럼 [반드시] 지옥에 떨어진다. 무엇이 열인가?"

2. "그는 생명을 죽이고, 주지 않은 것을 가지고, 삿된 음행을 하고, 거짓말을 하고, 중상모략을 하고, 욕설을 하고, 잡담을 하고, 간탐하고, 마음이 악의로 가득 차 있고, 그릇된 견해를 가진다.
비구들이여, 이러한 열 가지 법을 갖춘 자는 마치 누가 그를 데려가서 놓는 것처럼 [반드시] 지옥에 떨어진다."

3. "비구들이여, 열 가지 법을 갖춘 자는 마치 누가 그를 데려가서 놓는 것처럼 [반드시] 천상에 태어난다. 무엇이 열인가?"

4. "그는 생명을 죽이는 것을 멀리 여의고, 주지 않은 것을 가지는 것을 멀리 여의고, 삿된 음행을 멀리 여의고, 거짓말을 멀리 여

---

285) PTS본에는 품의 명칭도 나타나지 않고 본품에 포함된 경의 경제목도 나타나지 않는다. 역자는 6차결집본의 품의 명칭을 따랐다.

286) 6차결집본에도 본경 이하부터는 경의 제목이 나타나지 않는다. 역자가 앞의 여러 경들의 제목을 참조하여 임의로 붙였다.

의고, 중상모략을 멀리 여의고, 욕설을 멀리 여의고, 잡담을 멀리 여의고, 간탐하지 않고, 마음에 악의가 없고, 바른 견해를 가진다.

비구들이여, 이러한 열 가지 법을 갖춘 자는 마치 누가 그를 데려가서 놓는 것처럼 [반드시] 천상에 태어난다."287)

지옥과 천상 경2(A10:211)

1. "비구들이여, 스무 가지 법을 갖춘 자는 마치 누가 그를 데려가서 놓는 것처럼 [반드시] 지옥에 떨어진다. 무엇이 스물인가?"

2. "그는 자기 스스로도 생명을 죽이고, 남에게도 생명을 죽이도록 교사(敎唆)한다. 자기 스스로도 주지 않은 것을 가지고, 남에게도 주지 않은 것을 가지도록 교사한다. 자기 스스로도 삿된 음행을 하고, 남에게도 삿된 음행을 하도록 교사한다. 자기 스스로도 거짓말을 하고, 남에게도 거짓말을 하도록 교사한다. 자기 스스로도 중상모략을 하고, 남에게도 중상모략을 하도록 교사한다. 자기 스스로도 욕설을 하고, 남에게도 욕설을 하도록 교사한다. 자기 스스로도 잡담을 하고, 남에게도 잡담을 하도록 교사한다. 자기 스스로도 간탐하고, 남에게도 간탐하도록 교사한다. 자기 스스로도 마음이 악의로 가득 차 있고, 남에게도 악의를 가지도록 교사한다. 자기 스스로도 그릇된 견해를 가지고, 남에게도 그릇된 견해를 가지도록 교사한다.

비구들이여, 이러한 스무 가지 법을 갖춘 자는 마치 누가 그를 데려가서 놓는 것처럼 [반드시] 지옥에 떨어진다."

---

287) 본서 「여인 경」(A10:202)과 같은 내용이다.

3. "비구들이여, 스무 가지 법을 갖춘 자는 마치 누가 그를 데려가서 놓는 것처럼 [반드시] 천상에 태어난다. 무엇이 스물인가?"

4. "그는 자기 스스로도 생명을 죽이는 것을 멀리 여의고, 남에게도 생명을 죽이는 것을 멀리 여의도록 격려한다. 자기 스스로도 주지 않은 것을 가지는 것을 멀리 여의고, 남에게도 주지 않은 것을 갖는 것을 멀리 여의도록 격려한다. 자기 스스로도 삿된 음행을 멀리 여의고, 남에게도 삿된 음행을 멀리 여의도록 격려한다. 자기 스스로도 거짓말을 멀리 여의고, 남에게도 거짓말을 멀리 여의도록 격려한다. 자기 스스로도 중상모략을 멀리 여의고, 남에게도 중상모략을 멀리 여의도록 격려한다. 자기 스스로도 욕설을 멀리 여의고, 남에게도 욕설을 멀리 여의도록 격려한다. 자기 스스로도 잡담을 멀리 여의고, 남에게도 잡담을 멀리 여의도록 격려한다. 자기 스스로도 간탐하지 않고, 남에게도 간탐하지 않도록 격려한다. 자기 스스로도 마음에 악의가 없고, 남에게도 악의 없는 마음을 가지도록 격려한다. 자기 스스로도 바른 견해를 가지고, 남에게도 바른 견해를 가지도록 격려한다.

비구들이여, 이러한 스무 가지 법을 갖춘 자는 마치 누가 그를 데려가서 놓는 것처럼 [반드시] 천상에 태어난다."

지옥과 천상 경3(A10:212)

1. "비구들이여, 서른 가지 법을 갖춘 자는 마치 누가 그를 데려가서 놓는 것처럼 [반드시] 지옥에 떨어진다. 무엇이 서른인가?"

2. "그는 자기 스스로도 생명을 죽이고, 남에게도 생명을 죽이도록 교사하고, 생명을 죽이는 것에 동의한다. 자기 스스로도 주지 않은 것을 가지고, 남에게도 주지 않은 것을 가지도록 교사하고, 주지 않은 것을 가지는 것에 동의한다. 자기 스스로도 삿된 음행을 하고, 남에게도 삿된 음행을 하도록 교사하고, 삿된 음행을 하는 것에 동의한다.

그는 자기 스스로도 거짓말을 하고, 남에게도 거짓말을 하도록 교사하고, 거짓말을 하는 것에 동의한다. 자기 스스로도 중상모략을 하고, 남에게도 중상모략을 하도록 교사하고, 중상모략 하는 것에 동의한다. 자기 스스로도 욕설을 하고, 남에게도 욕설을 하도록 교사하고, 욕설을 하는 것에 동의한다. 자기 스스로도 잡담을 하고, 남에게도 잡담을 하도록 교사하고, 잡담을 하는 것에 동의한다.

그는 자기 스스로도 간탐하고, 남에게도 간탐하도록 교사하고, 간탐하는 것에 동의한다. 자기 스스로도 마음이 악의로 가득 차 있고, 남에게도 악의를 가지도록 교사하고, 악의로 차 있음에 동의한다. 자기 스스로도 그릇된 견해를 가지고, 남에게도 그릇된 견해를 가지도록 교사하고, 그릇된 견해를 가지는 것에 동의한다.

비구들이여, 이러한 서른 가지 법을 갖춘 자는 마치 누가 그를 데려가서 놓는 것처럼 [반드시] 지옥에 떨어진다."

3. "비구들이여, 서른 가지 법을 갖춘 자는 마치 누가 그를 데려가서 놓는 것처럼 [반드시] 천상에 태어난다. 무엇이 서른인가?"

4. "그는 자기 스스로도 생명을 죽이는 것을 멀리 여의고, 남에게도 생명을 죽이는 것을 멀리 여의도록 격려하고, 생명을 죽이는 것을 삼가는 것에 동의한다. 자기 스스로도 주지 않은 것을 가지는 것을 멀리 여의고, 남에게도 주지 않은 것을 갖는 것을 멀리 여의도록 격려하고, 주지 않은 것을 갖는 것을 삼가는 것에 동의한다. 자기 스스로도 삿된 음행을 멀리 여의고, 남에게도 삿된 음행을 멀리 여의도록 격려하고, 삿된 음행을 삼가는 것에 동의한다.

그는 자기 스스로도 거짓말을 멀리 여의고, 남에게도 거짓말을 멀리 여의도록 격려하고, 거짓말을 삼가는 것에 동의한다. 자기 스스로도 중상모략을 멀리 여의고, 남에게도 중상모략을 멀리 여의도록 격려하고, 중상모략을 삼가는 것에 동의한다. 자기 스스로도 욕설을 멀리 여의고, 남에게도 욕설을 멀리 여의도록 격려하고, 욕설을 삼가는 것에 동의한다. 자기 스스로도 잡담을 멀리 여의고, 남에게도 잡담을 멀리 여의도록 격려하고, 잡담을 삼가는 것에 동의한다.

그는 자기 스스로도 간탐하지 않고, 남에게도 간탐하지 않도록 격려하고, 간탐하지 않는 것에 동의한다. 자기 스스로도 마음에 악의가 없고, 남에게도 악의 없는 마음을 가지도록 격려하고, 악의 없는 것에 동의한다. 자기 스스로도 바른 견해를 가지고, 남에게도 바른 견해를 가지도록 격려하고, 바른 견해를 가지는 것에 동의한다.

비구들이여, 이러한 서른 가지 법을 갖춘 자는 마치 누가 그를 데려가서 놓는 것처럼 [반드시] 천상에 태어난다."

지옥과 천상 경4(A10:213)

1. "비구들이여, 마흔 가지 법을 갖춘 자는 마치 누가 그를 데려가서 놓는 것처럼 [반드시] 지옥에 떨어진다. 무엇이 마흔인가?"

2. "그는 자기 스스로도 생명을 죽이고, 남에게도 생명을 죽이도록 교사하고, 생명을 죽이는 것에 동의하고, 생명을 죽이는 것을 칭송한다. 자기 스스로도 주지 않은 것을 가지고, 남에게도 주지 않은 것을 가지도록 교사하고, 주지 않은 것을 가지는 것에 동의하고, 주지 않은 것을 가지는 것을 칭송한다. 자기 스스로도 삿된 음행을 하고, 남에게도 삿된 음행을 하도록 교사하고, 삿된 음행을 하는 것에 동의하고, 삿된 음행하는 것을 칭송한다.

그는 자기 스스로도 거짓말을 하고, 남에게도 거짓말을 하도록 교사하고, 거짓말을 하는 것에 동의하고, 거짓말하는 것을 칭송한다. 자기 스스로도 중상모략을 하고, 남에게도 중상모략을 하도록 교사하고, 중상모략 하는 것에 동의하고, 중상모략 하는 것을 칭송한다. 자기 스스로도 욕설을 하고, 남에게도 욕설을 하도록 교사하고, 욕설을 하는 것에 동의하고, 욕설하는 것을 칭송한다. 자기 스스로도 잡담을 하고, 남에게도 잡담을 하도록 교사하고, 잡담을 하는 것에 동의하고, 잡담하는 것을 칭송한다.

그는 자기 스스로도 간탐하고, 남에게도 간탐하도록 교사하고, 간탐하는 것에 동의하고, 간탐하는 것을 칭송한다. 자기 스스로도 마음이 악의로 가득 차 있고, 남에게도 악의를 가지도록 교사하고, 악의로 차 있음에 동의하고, 악의로 차 있음을 칭송한다. 자기 스스로도 그릇된 견해를 가지고, 남에게도 그릇된 견해를 가지도록 교사하고, 그릇된 견해를 가지는 것에 동의하고, 그릇된 견해를 칭송한다.

비구들이여, 이러한 마흔 가지 법을 갖춘 자는 마치 누가 그를 데려가서 놓는 것처럼 [반드시] 지옥에 떨어진다."

3. "비구들이여, 마흔 가지 법을 갖춘 자는 마치 누가 그를 데려가서 놓는 것처럼 [반드시] 천상에 태어난다. 무엇이 마흔인가?"

4. "그는 자기 스스로도 생명을 죽이는 것을 멀리 여의고, 남에게도 생명을 죽이는 것을 멀리 여의도록 격려하고, 생명을 죽이는 것을 삼가는 것에 동의하고, 생명을 죽이는 것을 삼가는 것을 칭송한다. 자기 스스로도 주지 않은 것을 가지는 것을 멀리 여의고, 남에게도 주지 않은 것을 갖는 것을 멀리 여의도록 격려하고, 주지 않은 것을 갖는 것을 삼가는 것에 동의하고, 주지 않은 것을 가지는 것을 삼가는 것을 칭송한다. 자기 스스로도 삿된 음행을 멀리 여의고, 남에게도 삿된 음행을 멀리 여의도록 격려하고, 삿된 음행을 삼가는 것에 동의하고, 삿된 음행을 삼가는 것을 칭송한다.

그는 자기 스스로도 거짓말을 멀리 여의고, 남에게도 거짓말을 멀리 여의도록 격려하고, 거짓말을 삼가는 것에 동의하고, 거짓말을 삼가는 것을 칭송한다. 자기 스스로도 중상모략을 멀리 여의고, 남에게도 중상모략을 멀리 여의도록 격려하고, 중상모략을 삼가는 것에 동의하고, 중상모략을 삼가는 것을 칭송한다. 자기 스스로도 욕설을 멀리 여의고, 남에게도 욕설을 멀리 여의도록 격려하고, 자기 스스로도 욕설을 삼가는 것에 동의하고, 욕설을 삼가는 것을 칭송한다. 자기 스스로도 잡담을 멀리 여의고, 남에게도 잡담을 멀리 여의도록 격려하고, 잡담을 삼가는 것에 동의하고, 중상모략을 삼가는 것을 칭송한다.

그는 자기 스스로도 간탐하지 않고, 남에게도 간탐하지 않도록 격려하고, 간탐하지 않는 것에 동의하고, 간탐하지 않는 것을 칭송한다. 자기 스스로도 마음에 악의가 없고, 남에게도 악의 없는 마음을 가지도록 격려하고, 악의 없음에 동의하고, 악의 없음을 칭송한다. 자기 스스로도 바른 견해를 가지고, 남에게도 바른 견해를 가지도록 격려하고, 바른 견해를 가지는 것에 동의하고, 바른 견해를 칭송한다.

비구들이여, 이러한 마흔 가지 법을 갖춘 자는 마치 누가 그를 데려가서 놓는 것처럼 [반드시] 천상에 태어난다."

파 엎음 경(A10:214)
Khata-sutta

"비구들이여, 열 가지 법을 가진 자는 자신을 파서 엎어버리고 파멸시킨다. … 자신을 파서 엎지 않고 파멸시키지 않는다. …

비구들이여, 스무 가지 법을 가진 자는 …

비구들이여, 서른 가지 법을 가진 자는 …

비구들이여, 마흔 가지 법을 가진 자는 자신을 파서 엎어버리고 파멸시킨다. … 자신을 파서 엎지 않고 파멸시키지 않는다. …"

죽은 뒤 경(A10:215)
Parammaraṇā-sutta

"비구들이여, 여기 열 가지 법을 가진 어떤 자는 몸이 무너져 죽은 뒤 처참한 곳, 불행한 곳, 파멸처, 지옥에 태어난다. … 여기 어떤 자는 몸이 무너져 죽은 뒤 좋은 곳[善處], 천상 세계에 태어난다. …

비구들이여, 스무 가지 법을 가진 자는 …

비구들이여, 서른 가지 법을 가진 자는 …

비구들이여, 마흔 가지 법을 가진 어떤 자는 몸이 무너져 죽은 뒤 처참한 곳, 불행한 곳, 파멸처, 지옥에 태어난다. … 여기 어떤 자는 몸이 무너져 죽은 뒤 좋은 곳[善處], 천상 세계에 태어난다. …"

어리석은 자 경(A10:216)
Bāla-sutta

"비구들이여, 열 가지 법을 가진 자는 어리석은 자라고 알아야 한다. … 현자라고 알아야 한다. …

비구들이여, 스무 가지 법을 가진 자는 …

비구들이여, 서른 가지 법을 가진 자는 …

비구들이여, 마흔 가지 법을 가진 자는 어리석은 자라고 알아야 한다. … 현자라고 알아야 한다. …"

제23장 탐욕의 반복 품
Rāga-peyyāla

인식 경(A10:217)
Sañña-sutta

1. "비구들이여, 탐욕을 최상의 지혜로 알기 위해서는 열 가지 법을 수행해야 한다. 무엇이 열인가?"

2. "부정(不淨)이라고 [관찰하는 지혜에서 생긴] 인식, 죽음에 대한 인식, 음식에 혐오하는 인식, 온 세상에 대해 기쁨이 없다는 인식, [오온에 대해] 무상(無常)이라고 [관찰하는 지혜에서 생긴] 인식, 무상한 [오온에 대해서] 괴로움이라고 [관찰하는 지혜에서 생긴] 인식, 괴로움인 [오온에 대해서] 무아라고 [관찰하는 지혜에서 생긴] 인식, 버림의 인식, 탐욕이 빛바램의 인식, 소멸의 인식이다. 비구들이여, 탐욕을 최상의 지혜로 알기 위해서는 이러한 열 가지 법을 수행해야 한다."

3. "비구들이여, 탐욕을 최상의 지혜로 알기 위해서는 열 가지 법을 수행해야 한다. 무엇이 열인가?"

4. "무상(無常)이라고 [관찰하는 지혜에서 생긴] 인식, 무아라고 [관찰하는 지혜에서 생긴] 인식, 음식에 혐오하는 인식, 온 세상에 대해 기쁨이 없다는 인식, [시체가] 해골이 된 것의 인식, 벌레가 버

글거리는 것의 인식, 검푸른 것의 인식, 문드러진 것의 인식, 끊어진 것의 인식, 부푼 것의 인식이다. 비구들이여, 탐욕을 최상의 지혜로 알기 위해서는 이러한 열 가지 법을 수행해야 한다."

바름 경(A10:218)
Sammā-sutta

1. "비구들이여, 탐욕을 최상의 지혜로 알기 위해서는 열 가지 법을 수행해야 한다. 무엇이 열인가?"

2. "바른 견해, 바른 사유, 바른 말, 바른 행위, 바른 생계, 바른 노력, 바른 마음챙김, 바른 삼매, 바른 지혜, 바른 해탈이다. 비구들이여, 탐욕을 최상의 지혜로 알기 위해서는 이러한 열 가지 법을 수행해야 한다."

철저히 앎 등의 경(A10:219)
Pariññādi-sutta

1. "비구들이여, 탐욕을 철저히 알기 위해서는 … 완전히 없애기 위해서는 … 버리기 위해서는 … 부수기 위해서는 … 사그라지게 하기 위해서는 … 빛바래게 하기 위해서는 … 소멸하기 위해서는 … 고요히 하기 위해서는 … 포기하기 위해서는 … 놓아버리기 위해서는 이러한 열 가지 법을 수행해야 한다. …"

2. "비구들이여, 성냄을 … 어리석음을 … 분노를 … 원한을

… 위선을 … 앙심을 … 질투를 … 인색을 … 속임을 … 사기를 … 완고를 … 성마름을 … 자만을 … 거만을 … 교만을 … 방일을 최상의 지혜로 알기 위해서는 … 철저히 알기 위해서는 … 완전히 없애기 위해서는 … 버리기 위해서는 … 부수기 위해서는 … 사그라지게 하기 위해서는 … 빛바래게 하기 위해서는 … 소멸하기 위해서는 … 고요히 하기 위해서는 … 포기하기 위해서는 … 놓아버리기 위해서는 이러한 열 가지 법을 수행해야 한다. …

비구들이여, … 이러한 열 가지 법을 수행해야 한다."288)

열의 모음이 끝났다.

---

288) 6차결집본에는 이렇게 3(인식1+인식2+바름) × 17(탐, 진, 치, 분노 등) × 10(최상의 지혜로 앎, 철저히 앎 등) = 510 개의 경들이 탐욕의 반복(Rāga-peyyāla) 품에 포함되어 있는 것으로 편집하고 있다. 그러나 역자가 저본으로 한 PTS본에는 3개의 경으로 묶여있다.
이렇게 하여 6차결집본에는 열의 모음의 경들에 대해서 모두 746개의 경 번호를 매겼고, Woodward는 PTS본에 따라 219개의 경 번호를 매기고 있다. 역자는 PTS본의 편집을 따라서 모두 219개의 경 번호를 매겼다.

앙굿따라 니까야
열하나의 모음

Ekādasaka-nipāta

그분 부처님·아라한·정등각께 귀의합니다.

앙굿따라 니까야
열하나의 모음
Ekādasaka-nipāta

제1장 의지처 품
Nissaya-vagga

무슨 목적 경(A11:1)[289]
Kimatthiya-sutta

1. 그때 아난다 존자가 세존께 다가갔다. 가서는 세존께 절을 올리고 한 곁에 앉았다. 한 곁에 앉은 아난다 존자는 세존께 이렇게 말씀드렸다.

"세존이시여, 유익한 계들의 목적은 무엇이고, 이익은 무엇입니까?"

---

[289] 본서「열의 모음」의「무슨 목적 경」(A10:1)에서는 있는 그대로 알고 봄의 목적과 이익을 '염오와 탐욕의 빛바램'이라고 합하여 설명한데 비해 본경은 있는 그대로 알고 봄의 목적과 이익을 '염오'라고 설명하고, 염오의 목적과 이익을 '탐욕의 빛바램'이라고 나누어서 설명하여 전체를 열한 개로 만든 것만 다르고 나머지는 A10:1과 꼭 같다. 같은 방법으로 아래 A11:2~5는 각각「열의 모음」A10:2~5와 같은 내용을 담고 있다.

"아난다여, 유익한 계들의 목적은 후회 없음이고, 이익은 후회 없음이다."

"세존이시여, 그러면 후회 없음의 목적은 무엇이고, 이익은 무엇입니까?"

"아난다여, 후회 없음의 목적은 환희고, 이익은 환희다."

"세존이시여, 그러면 환희의 목적은 무엇이고, 이익은 무엇입니까?"

"아난다여, 환희의 목적은 희열이고, 이익은 희열이다."

"세존이시여, 그러면 희열의 목적은 무엇이고, 이익은 무엇입니까?"

"아난다여, 희열의 목적은 편안함이고, 이익은 편안함이다."

"세존이시여, 그러면 편안함의 목적은 무엇이고, 이익은 무엇입니까?"

"아난다여, 편안함의 목적은 행복이고, 이익은 행복이다."

"세존이시여, 그러면 행복의 목적은 무엇이고, 이익은 무엇입니까?"

"아난다여, 행복의 목적은 삼매고, 이익은 삼매다."

"세존이시여, 그러면 삼매의 목적은 무엇이고, 이익은 무엇입니까?"

"아난다여, 삼매의 목적은 있는 그대로 알고 보는 것[如實知見]이고, 이익은 있는 그대로 알고 보는 것이다."

"세존이시여, 그러면 있는 그대로 알고 봄의 목적은 무엇이고, 이익은 무엇입니까?"

"아난다여, 있는 그대로 알고 봄의 목적은 염오(厭惡)고, 이익은 염오다."

"세존이시여, 그러면 염오의 목적은 무엇이고, 이익은 무엇입니까?"

"아난다여, 염오의 목적은 탐욕의 빛바램[離慾]이고, 이익은 탐욕의 빛바램이다."

"세존이시여, 탐욕의 빛바램의 목적은 무엇이고, 이익은 무엇입

니까?"

"아난다여, 탐욕의 빛바램의 목적은 해탈지견이고, 이익은 해탈지견이다."

2. "아난다여, 이와 같이 유익한 계들의 목적과 이익은 후회 없음이다. 후회 없음의 목적과 이익은 환희다. 환희의 목적과 이익은 희열이다. 희열의 목적과 이익은 편안함이다. 편안함의 목적과 이익은 행복이다. 행복의 목적과 이익은 삼매다. 삼매의 목적과 이익은 있는 그대로 알고 봄[如實知見]이다. 있는 그대로 알고 봄의 목적과 이익은 염오(厭惡)다. 염오의 목적과 이익은 탐욕의 빛바램[離慾]이다. 탐욕의 빛바램의 목적과 이익은 해탈지견이다.

아난다여, 이와 같이 유익한 계들은 점점 으뜸으로 나아간다."

의도 경(A11:2)[290]
Cetanā-sutta

1. "비구들이여, 계를 지키고 계를 구족한 자는 '내게 후회가 없기를.'하는 의도적인 생각을 할 필요가 없다. 계를 지키고 계를 구족한 자에게 후회가 없는 것은 당연하기 때문이다.

비구들이여, 후회가 없는 자는 '내게 환희가 생기기를.'하는 의도적인 생각을 할 필요가 없다. 후회 없는 자에게 환희가 생기는 것은 당연하기 때문이다.

비구들이여, 환희하는 자는 '나에게 희열이 생기기를.'하는 의도적

---

290) 6차결집본의 경제목은 '의도를 해야 함'(Cetanākaraṇīya-sutta)이다.

인 생각을 할 필요가 없다. 환희하는 자에게 희열이 생기는 것은 당연하기 때문이다.

비구들이여, 희열을 느끼는 자는 '내 몸이 편안하기를.'하는 의도적인 생각을 할 필요가 없다. 희열을 느끼는 자의 몸이 편안한 것은 당연하기 때문이다.

비구들이여, 몸이 편안한 자는 '내가 행복을 느끼기를.'하는 의도적인 생각을 할 필요가 없다. 몸이 편안한 자가 행복을 느끼는 것은 당연하기 때문이다.

비구들이여, 행복한 자는 '내 마음이 삼매에 들기를.'하는 의도적인 생각을 할 필요가 없다. 행복한 자의 마음이 삼매에 드는 것은 당연하기 때문이다.

비구들이여, 삼매에 든 자는 '나는 있는 그대로 알고 보게 되기를.' 하는 의도적인 생각을 할 필요가 없다. 삼매에 든 자가 그대로 알고 보는 것은 당연하기 때문이다.

비구들이여, 있는 그대로 알고 보는 자는 '내가 염오하기를.'하는 의도적인 생각을 할 필요가 없다. 있는 그대로 알고 보는 자가 염오하는 것은 당연하기 때문이다.

비구들이여, 염오하는 자는 '내게 탐욕이 빛바래기를.'하는 의도적인 생각을 할 필요가 없다. 염오하는 자에게 탐욕이 빛 바래는 것은 당연하기 때문이다.

비구들이여, 탐욕이 빛바랜 자는 '나는 해탈지견을 실현하기를.'하는 의도적인 생각을 할 필요가 없다. 탐욕이 빛바랜 자가 해탈지견을 실현하는 것은 당연하기 때문이다."

2. "비구들이여, 이와 같이 탐욕의 빛바램의 목적과 이익은 해탈지견이다. 염오의 목적과 이익은 탐욕의 빛바램[離慾]이다. 있는 그대로 알고 봄의 목적과 이익은 염오(厭惡)다. 삼매의 목적과 이익은 있는 그대로 알고 봄[如實知見]이다. 행복의 목적과 이익은 삼매다. 편안함의 목적과 이익은 행복이다. 희열의 목적과 이익은 편안함이다. 환희의 목적과 이익은 희열이다. 후회 없음의 목적과 이익은 환희다. 유익한 계들의 목적과 이익은 후회 없음이다.

비구들이여, 이와 같이 이 언덕에서 저 언덕에 도달하기 위해 오직 법들이 법들을 생기게 하고, 오직 법들이 법들을 충만하게 한다."

의지처 경1(A11:3)
Upanisā-sutta

1. "비구들이여, 계행이 나쁘고 계를 파한 자에게 후회 없음은 조건을 상실해버린다. 후회 없음이 없을 때 후회 없음이 없는 자에게 환희는 조건을 상실해버린다. 환희가 없을 때 환희가 없는 자에게 희열은 조건을 상실해버린다. 희열이 없을 때 희열이 없는 자에게 편안함은 조건을 상실해버린다. 편안함이 없을 때 편안함이 없는 자에게 행복은 조건을 상실해버린다. 행복이 없을 때 행복이 없는 자에게 바른 삼매는 조건을 상실해버린다. 바른 삼매가 없을 때 바른 삼매가 없는 자에게 있는 그대로 알고 봄[如實知見]은 조건을 상실해버린다. 있는 그대로 알고 봄이 없을 때 있는 그대로 알고 봄이 없는 자에게 염오는 조건을 상실해버린다. 염오가 없을 때 염오가 없는 자에게 탐

욕의 빛바램은 조건을 상실해버린다. 탐욕의 빛바램이 없을 때 탐욕의 빛바램이 없는 자에게 해탈지견은 조건을 상실해버린다."

2. "비구들이여, 예를 들면 가지와 잎이 없는 나무는 새싹이 자라나지 못하고 껍질이 완전하지 못하고 연한 목재[白木質]가 완전하지 못하고 심재(心材)가 완전하지 못한 것과 같다. 그와 같이 계행이 나쁘고 계를 파한 자에게 후회 없음은 조건을 상실해버린다. … 탐욕의 빛바램이 없을 때 탐욕의 빛바램이 없는 자에게 해탈지견은 조건을 상실해버린다."

3. "비구들이여, 계를 지키고 계를 구족한 자에게 후회 없음은 조건을 구족한 것이다. 후회가 없을 때 후회 없음을 구족한 자에게 환희는 조건을 구족한 것이다. 환희가 있을 때 환희를 구족한 자에게 희열은 조건을 구족한 것이다. 희열이 있을 때 희열을 구족한 자에게 편안함은 조건을 구족한 것이다. 편안함이 있을 때 편안함을 구족한 자에게 행복은 조건을 구족한 것이다. 행복이 있을 때 행복을 구족한 자에게 바른 삼매는 조건을 구족한 것이다. 바른 삼매가 있을 때 바른 삼매를 구족한 자에게 있는 그대로 알고 봄[如實知見]은 조건을 구족한 것이다. 있는 그대로 알고 봄이 있을 때 있는 그대로 알고 봄을 구족한 자에게 염오는 조건을 구족한 것이다. 염오가 있을 때 염오를 구족한 자에게 탐욕의 빛바램은 조건을 구족한 것이다. 탐욕의 빛바램이 있을 때 탐욕의 빛바램을 구족한 자에게 해탈지견은 조건을 구족한 것이다."

4. "비구들이여, 예를 들면 가지와 잎이 있는 나무는 새싹이 자라나고 껍질이 완전하고 연한 목재[白木質]가 완전하고 심재(心材)가 완전한 것과 같다. 계를 지키고 계를 구족한 자에게 후회 없음은 조건을 구족한 것이다. … 탐욕의 빛바램이 있을 때 탐욕의 빛바램을 구족한 자에게 해탈지견은 조건을 구족한 것이다."

의지처 경2(A11:4)

1. 거기서 사리뿟따 존자는 "비구들이여."라고 비구들을 불렀다. "도반이시여."라고 비구들은 사리뿟따 존자에게 응답했다. 사리뿟따 존자는 이렇게 말했다.

2. "도반들이여, 계행이 나쁘고 계를 파한 자에게 후회 없음은 조건을 상실해버립니다. … 탐욕의 빛바램이 없을 때 탐욕의 빛바램이 없는 자에게 해탈지견은 조건을 상실해버립니다."

3. "도반들이여, 예를 들면 가지와 잎이 없는 나무는 … 탐욕의 빛바램이 없을 때 탐욕의 빛바램이 없는 자에게 해탈지견은 조건을 상실해버립니다."

4. "도반들이여, 계를 지키고 계를 구족한 자에게 후회 없음은 조건을 구족한 것입니다. … 탐욕의 빛바램이 있을 때 탐욕의 빛바램을 구족한 자에게 해탈지견은 조건을 구족한 것입니다."

5. "도반들이여, 예를 들면 가지와 잎이 있는 나무는 … 탐욕의 빛바램이 있을 때 탐욕의 빛바램을 구족한 자에게 해탈지견은 조건을 구족한 것입니다."

의지처 경3(A11:5)

1. 거기서 아난다 존자는 "비구들이여."라고 비구들을 불렀다. "도반이시여."라고 비구들은 아난다 존자에게 응답했다. 아난다 존자는 이렇게 말했다.

2. "도반들이여, 계행이 나쁘고 계를 파한 자에게 후회 없음은 조건을 상실해버립니다.… 탐욕의 빛바램이 없을 때 탐욕의 빛바램이 없는 자에게 해탈지견은 조건을 상실해버립니다."

3. "도반들이여, 예를 들면 가지와 잎이 없는 나무는 … 탐욕의 빛바램이 없을 때 탐욕의 빛바램이 없는 자에게 해탈지견은 조건을 상실해버립니다."

4. "도반들이여, 계를 지키고 계를 구족한 자에게 후회 없음은 조건을 구족한 것입니다. … 탐욕의 빛바램이 있을 때 탐욕의 빛바램을 구족한 자에게 해탈지견은 조건을 구족한 것입니다."

5. "도반들이여, 예를 들면 가지와 잎이 있는 나무는 … 탐욕의 빛바램이 있을 때 염오와 탐욕의 빛바램을 구족한 자에게 해탈지견은 조건을 구족한 것입니다."

재난 경(A11:6)
Vyasana-sutta

1. "비구들이여, 청정범행을 닦는 자에게 욕설과 비방을 하고 성자를 헐뜯는 비구가 열한 가지 재난 가운데 어떤 재난에 처하지 않을 것이라는 것은 있을 수 없고 피할 수 없다. 무엇이 열하나인가?"

2. "얻지 못한 것을 얻지 못하고, 얻은 것으로부터 퇴보하고, [계·정·혜라 불리는] 정법이 그에게 깨끗하게 드러나지 않고, 정법들에 대해 오만해지고, 청정범행을 닦는 것을 즐거워하지 않고, 다른 오염된 범계(犯戒)를 저지르고, 공부지음을 버리고 낮은 [재가자의] 삶으로 되돌아가고, 혹독한 병에 걸리고, 미치고 마음이 혼미해지고, 매(昧)한 채 죽고, 몸이 무너져 죽은 뒤에 처참한 곳, 불행한 곳, 파멸처, 지옥에 태어난다.

비구들이여, 청정범행을 닦는 자에게 욕설과 비방을 하고 성자를 헐뜯는 비구가 이러한 열한 가지 재난 가운데 어떤 재난에 처하지 않을 것이라는 것은 있을 수 없고 피할 수 없다."291)

인식 경1(A11:7)
Saññā-sutta

1. 그때 아난다 존자는 세존께 다가갔다. 가서는 세존께 절을 올리고 한 곁에 앉았다. 한 곁에 앉아서 아난다 존자는 세존께 이렇

---

291) 본경에서 공부지음을 버리고 낮은 [재가자의] 삶으로 되돌아감을 제외하면 본서 「열의 모음」의 「욕설 경」(A10:88)과 같은 내용이다.

게 말씀드렸다.

"세존이시여, 비구가 땅에 대해 땅이라는 인식이 없고, 물에 대해 물이라는 인식이 없고, 불에 대해 불이라는 인식이 없고, 바람에 대해 바람이라는 인식이 없고, 공무변처에 대해 공무변처라는 인식이 없고, 식무변처에 대해 식무변처라는 인식이 없고, 무소유처에 대해 무소유처라는 인식이 없고, 비상비비상처에 대해 비상비비상처라는 인식이 없고, 이 세상에 대해 이 세상이라는 인식이 없고, 저 세상에 대해 저 세상이라는 인식이 없고, 보고 듣고 생각하고 알고 얻고 탐구하고 마음으로 고찰한 것에 대해서도 인식이 없지만, 그러나 인식이 있는 그런 삼매를 얻을 수 있습니까?"292)

2. "아난다여, 비구가 땅에 대해 땅이라는 인식이 없고, 물에 대해 물이라는 인식이 없고, 불에 대해 불이라는 인식이 없고, 바람에 대해 바람이라는 인식이 없고, 공무변처에 대해 공무변처라는 인식이 없고, 식무변처에 대해 식무변처라는 인식이 없고, 무소유처에 대해 무소유처라는 인식이 없고, 비상비비상처에 대해 비상비비상처라는 인식이 없고, 이 세상에 대해 이 세상이라는 인식이 없고, 저 세상에 대해 저 세상이라는 인식이 없고, 보고 듣고 생각하고 알고 얻고 탐구하고 마음으로 고찰한 것에 대해서도 인식이 없지만, 그러나 인식이 있는 그런 삼매를 얻을 수 있다."

3. "세존이시여, 그러면 어떻게 비구가 땅에 대해 땅이라는 인

---

292) 본경은 본서 「삼매 경」(A10:6)에서 설한 내용에다 '보고 듣고 생각하고 알고 얻고 탐구하고 마음으로 고찰한 것에 대해서도 인식이 없는' 부분만 첨가된 것이다.

식이 없고, … 보고 듣고 생각하고 알고 얻고 탐구하고 마음으로 고찰한 것에 대해서도 인식이 없지만, 그러나 인식이 있는 그런 삼매를 얻을 수 있습니까?"

4. "아난다여, 여기 비구는 '이것은 고요하고 이것은 수승하다. 이것은 모든 형성된 것들[行]이 가라앉음[止]이요, 모든 재생의 근거를 놓아버림[放棄]이요, 갈애의 소진이요, 탐욕의 빛바램[離慾]이요, 소멸[滅]이요, 열반이다.'라는 이러한 인식을 가진다. 아난다여, 이렇게 해서 비구는 땅에 대해 땅이라는 인식이 없고, … 보고 듣고 생각하고 알고 얻고 탐구하고 마음으로 고찰한 것에 대해서도 인식이 없지만, 그러나 인식이 있는 그런 삼매를 얻을 수 있다."

인식 경2(A11:8)293)

1. 그때 아난다 존자는 세존의 말씀을 기뻐하고 감사한 뒤 자리에서 일어나 사리뿟따 존자에게 다가갔다. 가서는 사리뿟따 존자와 함께 환담을 나누었다. 유쾌하고 기억할 만한 이야기로 서로 담소를 하고서 한 곁에 앉았다. 한 곁에 앉은 아난다 존자는 사리뿟따 존자에게 이렇게 말했다.

"도반 사리뿟따여, 비구가 땅에 대해 땅이라는 인식이 없고, … 보

---

293) PTS본의 경의 목록과 PTS본 주석서와 6차결집본과 6차결집본의 주석서 등에 의하면 본경은 바로 앞의 「인식 경」 1(A11:7)에 포함된 것으로 편집되어야 옳다. 내용상으로 볼 때도 그러하다. 역자는 PTS본을 저본으로 하고 있기 때문에 PTS본의 편집을 따라서 독립된 경으로 간주하여 번역하였다.

고 듣고 생각하고 알고 얻고 탐구하고 마음으로 고찰한 것에 대해서도 인식이 없지만, 그러나 인식이 있는 그런 삼매를 얻을 수 있습니까?"

2. "도반 아난다여, 비구가 땅에 대해 땅이라는 인식이 없고, … 보고 듣고 생각하고 알고 얻고 탐구하고 마음으로 고찰한 것에 대해서도 인식이 없지만, 그러나 인식이 있는 그런 삼매를 얻을 수 있습니다."

3. "도반 사리뿟따여, 그러면 어떻게 비구가 땅에 대해 땅이라는 인식이 없고, … 보고 듣고 생각하고 알고 얻고 탐구하고 마음으로 고찰한 것에 대해서도 인식이 없지만, 그러나 인식이 있는 그런 삼매를 얻을 수 있습니까?"

4. "도반 아난다여, 여기 비구는 '이것은 고요하고 이것은 수승하다. 이것은 모든 형성된 것들[行]이 가라앉음[止]이요, 모든 재생의 근거를 놓아버림[放棄]이요, 갈애의 소진이요, 탐욕의 빛바램[離慾]이요, 소멸[滅]이요, 열반이다.'라는 이러한 인식을 가집니다. 도반 아난다여, 이렇게 해서 비구는 땅에 대해 땅이라는 인식이 없고, … 보고 듣고 생각하고 알고 얻고 탐구하고 마음으로 고찰한 것에 대해서도 인식이 없지만, 그러나 인식이 있는 그런 삼매를 얻을 수 있습니다."

5. "경이롭습니다, 도반이여. 놀랍습니다, 도반이여. 으뜸가는 구문294)에 대해 참으로 스승과 제자의 뜻과 뜻이, 문장과 문장이 합

---

294) "'으뜸가는 구문(agga-pada)'이란 열반을 뜻한다."(AA.v.79)

치하고 합일하고 모순되지 않으십니다. 도반이여, 방금 저는 세존께 다가가서 이 뜻에 대해 여쭈었습니다. 세존께서도 사리뿟따 존자가 설명한 것처럼 이런 단어와 이런 문장으로 그 뜻을 설명하셨습니다.

경이롭습니다, 도반이여. 놀랍습니다, 도반이여. 으뜸가는 구문에 대해 참으로 스승과 제자의 뜻과 뜻이, 문장과 문장이 합치하고 합일하고 모순되지 않으십니다."

마음에 잡도리함 경(A10:9)
Manasikāra-sutta

1. 그때 아난다 존자는 세존께 다가갔다. 가서는 세존께 절을 올리고 한 곁에 앉았다. 한 곁에 앉아서 아난다 존자는 세존께 이렇게 말씀드렸다.

"세존이시여, 비구가 눈을 마음에 잡도리하지 않고, 형상을 마음에 잡도리하지 않고, 귀를 마음에 잡도리하지 않고, 소리를 마음에 잡도리하지 않고, 코를 마음에 잡도리하지 않고, 냄새를 마음에 잡도리하지 않고, 혀를 마음에 잡도리하지 않고, 맛을 마음에 잡도리하지 않고, 몸을 마음에 잡도리하지 않고, 감촉을 마음에 잡도리하지 않고, 땅을 마음에 잡도리하지 않고, 물을 마음에 잡도리하지 않고, 불을 마음에 잡도리하지 않고, 바람을 마음에 잡도리하지 않고, 공무변처를 마음에 잡도리하지 않고, 식무변처를 마음에 잡도리하지 않고, 무소유처를 마음에 잡도리하지 않고, 비상비비상처를 마음에 잡도리하지 않고, 이 세상을 마음에 잡도리하지 않고, 저 세상을 마음에 잡도리하지 않고, 보고 듣고 생각하고 알고 얻고 탐구하고 마음으로 고찰한 것을 마음에 잡도리하지 않지만, 그러나 마음에 잡도리함이 있는 그런 삼매를 얻을 수 있습니까?"

2. "아난다여, 비구가 눈을 마음에 잡도리하지 않고, 형상을 마음에 잡도리하지 않고, 귀를 마음에 잡도리하지 않고, 소리를 마음에 잡도리하지 않고, 코를 마음에 잡도리하지 않고, 냄새를 마음에 잡도리하지 않고, 혀를 마음에 잡도리하지 않고, 맛을 마음에 잡도리하지 않고, 몸을 마음에 잡도리하지 않고, 감촉을 마음에 잡도리하지 않고, 땅을 마음에 잡도리하지 않고, 물을 마음에 잡도리하지 않고, 불을 마음에 잡도리하지 않고, 바람을 마음에 잡도리하지 않고, 공무변처를 마음에 잡도리하지 않고, 식무변처를 마음에 잡도리하지 않고, 무소유처를 마음에 잡도리하지 않고, 비상비비상처를 마음에 잡도리하지 않고, 이 세상을 마음에 잡도리하지 않고, 저 세상을 마음에 잡도리하지 않고, 보고 듣고 생각하고 알고 얻고 탐구하고 마음으로 고찰한 것을 마음에 잡도리하지 않지만, 그러나 마음에 잡도리함이 있는 그런 삼매를 얻을 수 있다."

3. "세존이시여, 그러면 어떻게 비구가 눈을 마음에 잡도리하지 않고, … 보고 듣고 생각하고 알고 얻고 탐구하고 마음으로 고찰한 것을 마음에 잡도리하지 않지만, 그러나 마음에 잡도리함이 있는 그런 삼매를 얻을 수 있습니까?"

4. "아난다여, 여기 비구는 '이것은 고요하고 이것은 수승하다. 이것은 모든 형성된 것들[行]이 가라앉음[止]이요, 모든 재생의 근거를 놓아버림[放棄]이요, 갈애의 소진이요, 탐욕의 빛바램[離慾]이요,

소멸[滅]이요, 열반이다.'라고 이렇게 마음에 잡도리한다.

아난다여, 이렇게 해서 비구는 눈을 마음에 잡도리하지 않고, 형상을 마음에 잡도리하지 않고, 귀를 마음에 잡도리하지 않고, 소리를 마음에 잡도리하지 않고, 코를 마음에 잡도리하지 않고, 냄새를 마음에 잡도리하지 않고, 혀를 마음에 잡도리하지 않고, 맛을 마음에 잡도리하지 않고, 몸을 마음에 잡도리하지 않고, 감촉을 마음에 잡도리하지 않고, 땅을 마음에 잡도리하지 않고, 물을 마음에 잡도리하지 않고, 불을 마음에 잡도리하지 않고, 바람을 마음에 잡도리하지 않고, 공무변처를 마음에 잡도리하지 않고, 식무변처를 마음에 잡도리하지 않고, 무소유처를 마음에 잡도리하지 않고, 비상비비상처를 마음에 잡도리하지 않고, 이 세상을 마음에 잡도리하지 않고, 저 세상을 마음에 잡도리하지 않고, 보고 듣고 생각하고 알고 얻고 탐구하고 마음으로 고찰한 것을 마음에 잡도리하지 않지만, 그러나 마음에 잡도리함이 있는 그런 삼매를 얻을 수 있다."

산다 경(A11:10)[295]
Sandha-sutta

1. 한때 세존께서는 냐띠까[296]에서 벽돌집에 머무셨다. 그때

---

[295] PTS본의 경의 목록에는 sekha로 나타나지만 화자(話者)가 '산다(Sandha) 존자'이므로 '산다'를 제목으로 택했다. 6차결집본에는 산다(Sandha)가 모두 삿다(Saddha)로 나타나는데 이를 경의 제목으로 삼고 있다. Woodward도 산다(Sandha)를 경의 제목으로 하고 있다.

[296] 일찍부터 이 지명에 대해서는 본서나 『상윳따 니까야』 「냐띠까 경」(S12:5) 등처럼 냐띠까(Ñātika)로도 전승되기도 했고, 나디까(Nādika, 본서 제4권 「죽음에 대한 마음챙김 경」 1(A6:19)과 『디가 니까야』 제2

산다 존자297)가 세존께 다가갔다. 가서는 세존께 절을 올리고 한 곁에 앉았다. 한 곁에 앉은 산다 존자에게 세존께서는 이렇게 말씀하셨다.

2. "산다여, 혈통 좋은 말의 생각처럼 생각하고 길들여지지 않은 망아지의 생각처럼 생각하지 말라. 산다여, 그러면 어떤 것이 길들여지지 않은 망아지의 생각인가?"

3. "산다여, 길들여지지 않은 망아지는 여물통 근처에 묶여있을 때 오직 '꼴, 꼴'이라고만 골똘히 생각한다. 그것은 무슨 이유인가? 길들여지지 않은 망아지는 여물통 근처에 묶여있을 때 '오늘 말 조련사는 내게 어떤 일을 시킬까? 나는 무엇으로 그에게 보답할까?'라고 생각하지 않기 때문이다. 그는 여물통 근처에 묶여있을 때 오직 '꼴, 꼴'이라고만 골똘히 생각한다.

산다여, 그와 같이 여기 어떤 길들여지지 않은 망아지 같은 사람은 숲으로 가서도 나무 아래로 가서도 빈 집으로 가서도 마음이 감각적

권「자나와사바 경」(D18) 등)로도 전승되어 온 듯하다. 주석서들에서 각각 다른 해석을 하기 때문이다. 냐띠까는 친척(ñāti)들끼리 사는 마을로 설명되고, 나디까는 강(nadī)과 연관이 있는 이름으로 간주된다. 현재 인도 비하르주의 웨살리와 빠뜨나 사이의 강가(Gaṅgā) 강에 있는 나띠까(Nātaka)라는 마을이라고 학자들은 말한다.

297) 산다 존자(āyasmā Sandha)에 대해서는 주석서에도 복주서에도 아무런 설명이 없다. 6차결집본에는 삿다(Saddha) 존자로 나타나는데 이를 통해서 유추해보면 DPPN의 설명처럼『상윳따 니까야』「벽돌집 경」(S14:13)에 등장하는 '삿다 깟짜야나 존자(āyasmā Saddha Kaccāyana)'와 동일인으로 볼 수도 있다. 물론 이 경우의 saddha를 '믿음이 깊은'을 뜻하는 형용사로 볼 수도 있어서 '믿음이 깊은 깟짜야나 존자'로 해석할 수도 있다. 보디 스님은 전자로 간주하여 '삿다 깟짜야나 존자'로 해석하였다.

욕망에 사로잡히고 감각적 욕망에 압도되어 머물고, 일어난 감각적 욕망으로부터 벗어남을 있는 그대로 꿰뚫어 알지 못한다. 그는 감각적 욕망을 안에 품고, 그것을 골똘히 생각하고, 이리저리 생각하고, 계속해서 생각하고, 간절히 생각한다.

악의에 사로잡히고 … 해태와 혼침에 사로잡히고 … 들뜸과 후회에 사로잡히고 … 의심에 사로잡히고 의심에 압도된 마음으로 머물고, 일어난 의심으로부터 벗어남을 있는 그대로 꿰뚫어 알지 못한다. 그는 의심을 안에 품고, 그것을 골똘히 생각하고, 이리저리 생각하고, 계속해서 생각하고, 간절히 생각한다.

그는 땅을 대상으로 골똘히 생각하고,298) 물을 대상으로 골똘히 생각하고, 불을 대상으로 골똘히 생각하고, 바람을 대상으로 골똘히 생각하고, 공무변처를 대상으로 골똘히 생각하고, 식무변처를 대상으로 골똘히 생각하고, 무소유처를 대상으로 골똘히 생각하고, 비상비비상처를 대상으로 골똘히 생각하고, 이 세상을 대상으로 골똘히 생각하고, 저 세상을 대상으로 골똘히 생각하고, 보고 듣고 생각하고 알고 얻고 탐구하고 마음으로 고찰한 것을 대상으로 골똘히 생각한다.

산다여, 길들여지지 않은 망아지 같은 사람은 이와 같이 골똘히 생각한다."

---

298) "'땅을 대상으로 골똘히 생각한다.(pathavimpi nissāya jhāyati)'는 것은 증득(samāpatti)에 대해 자기의 갈망이 있음(sa-nikantika)을 설한 것이다. 증득에 대해 자기의 갈망이 있기 때문에 이것은 길들여지지 않은 망아지가 [꼴을 골똘히 생각하는 것]과 같다. 물에 대해서도 동일한 방법이 적용된다."(AA.v.79~80)

4. "산다여, 그러면 어떤 것이 혈통 좋은 자의 생각인가?

산다여, 혈통 좋은 멋진 말은 여물통 근처에 묶여있을 때 오직 '꼴, 꼴'이라고만 골똘히 생각하지 않는다. 그것은 무슨 이유인가? 혈통 좋은 멋진 말은 여물통 근처에 묶여있을 때 '오늘 말 조련사는 내게 어떤 일을 시킬까? 나는 무엇으로 그에게 보답할까?'라고 생각하기 때문이다. 그는 여물통 근처에 묶여있을 때 오직 '꼴, 꼴'이라고만 골똘히 생각하지 않는다. 산다여, 혈통 좋은 멋진 말은 자기 앞에 떨어지는 물이 막대기를 빚처럼 보고, 족쇄처럼 보고, 손실처럼 보고, 최악의 패처럼 본다.299)

산다여, 그와 같이 여기 어떤 혈통 좋은 훌륭한 사람은 숲으로 가서도 나무 아래로 가서도 빈집으로 가서도 감각적 욕망에 사로잡히지 않고 감각적 욕망에 압도되지 않은 마음으로 머물고, 일어난 감각적 욕망으로부터 벗어남을 있는 그대로 꿰뚫어 안다.

악의에 사로잡히지 않고 … 해태와 혼침에 사로잡히지 않고 … 들뜸과 후회에 사로잡히지 않고 … 의심에 사로잡히지 않고 의심에 압도되지 않은 마음으로 머물고, 일어난 의심으로부터 벗어남을 있는 그대로 꿰뚫어 안다.

그는 땅을 대상으로 골똘히 생각하지 않고,300) 물을 대상으로 골

---

299) "'손실(jāni)'이란 것은 재물의 손실(dhana-jāni)처럼 본다는 것이고, '최악의 패(kali)'란 큰 죄를 지은 것(mahāparādha)처럼 본다는 뜻이다." (AA.v.80)

300) "'땅을 대상으로 골똘히 생각하지 않는다.(neva pathaviṁ nissāya jhāyati)'는 것은 [사마타 수행을 통한] 증득의 행복에 대한 갈망(samāpatti-sukha-nikanti)이 없기 때문에 땅을 대상으로 4종선과 5종선의 인식을 갖고서 생각하지 않는다는 뜻이다. 갈망이 없기 때문에 혈통 좋은

똘히 생각하지 않고, 불을 대상으로 골똘히 생각하지 않고, 바람을 대상으로 골똘히 생각하지 않고, 공무변처를 대상으로 골똘히 생각하지 않고, 식무변처를 대상으로 골똘히 생각하지 않고, 무소유처를 대상으로 골똘히 생각하지 않고, 비상비비상처를 대상으로 골똘히 생각하지 않고, 이 세상을 대상으로 골똘히 생각하지 않고, 저 세상을 대상으로 골똘히 생각하지 않고, 보고 듣고 생각하고 알고 얻고 탐구하고 마음으로 고찰한 것을 대상으로 골똘히 생각하지 않는다. 그러나 그는 골똘히 생각한다.301)

산다여, 이와 같이 생각하는 혈통 좋은 훌륭한 사람을, 신들은 인드라와 범천과 빠자빠띠302)와 더불어 멀리서도 예배할 것이다.

'좋은 태생의 인간인 당신께 귀의합니다.

멋진 말(ājānīya)에 [비유하는] 것이다."(*Ibid*)

301) "'그러나 그는 골똘히 생각한다.(jhāyati)'는 것은 열반을 대상(nibbān-ārammaṇa)으로 과의 증득(phala-samāpatti)을 골똘히 생각한다는 말이다."(*Ibid*)

302) 빠자빠띠(Pajāpati)는 문자적으로 생명체(pajā, Sk. prajā)들의 주인(pati)이라는 뜻이다. 베다 신화에도 쁘라자빠띠(Prajāpati)로 등장하는 신이다. 초기경에도 여기서처럼 인드라(삭까)와 범천과 더불어 등장하기도 한다.『상윳따 니까야』「깃발 경」(S11:3)에서는 빠자빠띠도 신들의 왕(deva-rāja)이라고 일컬어지고 있다.
일반적으로 모든 인도 신화에서는 인드라를 신들의 왕(devānaṁ indo)라고 부른다. 그래서 이 경에 해당하는 주석서에 의하면 빠자빠띠는 인드라와 같은 위력을 가진 신이지만 [신들의 집회소에서는] 항상 인드라 다음의 두 번째 자리(dutiya āsana)를 차지하는 제2인자라는 식으로 설명하고 있다.(SA.i.341)
한편『맛지마 니까야』「근본에 대한 법문 경」(M1)에도 빠자빠띠가 언급되고 있는데 주석서는 마라(Māra)라고 설명하고 있다.(MA.i.33)

최고의 인간인 당신께 귀의합니다.
그러나 당신이 대상으로 삼아 골똘히 생각하는
그것을 우리는 알지 못합니다.'라고."

5. 이렇게 말씀하시자 산다 존자는 세존께 이렇게 말씀드렸다.
"세존이시여, 어떻게 생각하면서 혈통 좋은 훌륭한 사람은 생각을 합니까? 왜냐하면 그는 땅을 대상으로 골똘히 생각하지 않고, … 보고 듣고 생각하고 알고 얻고 탐구하고 마음으로 고찰한 것을 대상으로도 골똘히 생각하지 않지만, 그러나 그는 골똘히 생각합니다. 혈통 좋은 훌륭한 사람은 어떻게 생각을 하기에, 신들이 인드라와 범천과 빠자빠띠와 더불어 멀리서도 그를 예배합니까? '좋은 태생의 인간인 당신께 귀의합니다. 최고의 인간인 당신께 귀의합니다. 그러나 당신이 대상으로 삼아 골똘히 생각하는 그것을 우리는 알지 못합니다.'라고."

6. "산다여, 여기 혈통 좋은 훌륭한 사람에게는 땅에 대해 땅이라는 인식이 분명하고,303) 물에 대해 물이라는 인식이 분명하고,

---

303) "'땅에 대해 땅이라는 인식이 분명하다.(pathaviyaṁ pathavisaññā vibhūtā hoti)'는 것은 땅을 대상으로 하여(pathavārammaṇe) 생겨난 4종선과 5종선의 인식이 분명하다, 확연하다(pākaṭa)는 뜻이다. '세존이시여, 형상에 대한 인식은 분명합니다. 그러나 해골에 대한 인식은 분명하지 않습니다.'(청정도론 III.110)라는 경에서는 [증득을 통해서 해골에 대한 인식을] 완전히 초월했기(samatikkama) 때문에 인식이 분명함을 설했다. 그러나 여기서는 위빳사나를 통해서(vipassanā-vasena) 무상·고·무아로 봤기 때문에(diṭṭhattā) 분명함이라는 이름이 생긴 것이다. 물에 대한 인식 등에도 같은 방법이 적용된다. 이와 같이 여기서와 아래에서는 증득에 의한 완전한 초월을 말하지 않고 위빳사나의 실천을 통해서 완전히 초월함을 설하였다."(*Ibid*)

불에 대해 불이라는 인식이 분명하고, 바람에 대해 바람이라는 인식이 분명하고, 공무변처에 대해 공무변처라는 인식이 분명하고, 식무변처에 대해 식무변처라는 인식이 분명하고, 무소유처에 대해 무소유처라는 인식이 분명하고, 비상비비상처에 대해 비상비비상처라는 인식이 분명하고, 이 세상에 대해 이 세상이라는 인식이 분명하고, 저 세상에 대해 저 세상이라는 인식이 분명하고, 보고 듣고 생각하고 알고 얻고 탐구하고 마음으로 고찰한 것에 대해서도 인식이 분명하다.

산다여, 이와 같이 골똘히 생각하는304) 혈통 좋은 훌륭한 사람은 땅을 대상으로 골똘히 생각하지 않고,305) 물을 대상으로 골똘히 생각하지 않고, 불을 대상으로 골똘히 생각하지 않고, 바람을 대상으로 골똘히 생각하지 않고, 공무변처를 대상으로 골똘히 생각하지 않고, 식무변처를 대상으로 골똘히 생각하지 않고, 무소유처를 대상으로 골똘히 생각하지 않고, 비상비비상처를 대상으로 골똘히 생각하지 않고, 이 세상을 대상으로 골똘히 생각하지 않고, 저 세상을 대상으

---

304) "'이와 같이 골똘히 생각한다.(evaṁ jhāyi)'는 것은 이처럼 위빳사나의 도닦음(vipassanā-paṭipāṭi)을 통해 일어난 과의 증득(phala-samāpatti)을 나타나게 해서 골똘히 생각한다는 말이다."(*Ibid*)

305) 위의 구절에서는 '땅에 대해 땅이라는 인식이 분명하고' 등으로 설하셨고, 여기서는 '땅을 대상으로 골똘히 생각하지 않고' 등으로 설하고 계신다. 주석서는 전자의 경우를 땅 등의 무상·고·무아를 통찰하는 위빳사나의 실천(vipassanācāra)이라고 설명하였다.(바로 위의 주해를 참조할 것.) '땅을 대상으로 골똘히 생각하는 것'은 땅의 까시나를 통해서 닮은 표상을 일으키고 그것을 통해서 근접삼매와 본삼매를 증득하려는 사마타적인 접근이다. 본경은 사마타적인 접근을 설하는 것이 아니므로 '땅을 대상으로 골똘히 생각하지 않고' 등으로 지금 말씀하고 계신다. 그래서 주석서는 본경은 사마타적인 삼매의 증득(samāpatti)을 설하는 것이 아니라 지·수·화·풍 등의 무상·고·무아를 통찰하는 위빳사나를 통한 과의 증득을 설하는 가르침이라고 설명하고 있는 것이다.

로 골똘히 생각하지 않고, 보고 듣고 생각하고 알고 얻고 탐구하고 마음으로 고찰한 것을 대상으로 골똘히 생각하지 않는다. 그러나 그는 골똘히 생각한다.

산다여, 이와 같이 골똘히 생각하는 혈통 좋은 훌륭한 사람을, 신들은 인드라와 범천과 빠자빠띠와 더불어 멀리서도 예배할 것이다.

'좋은 태생의 인간인 당신께 귀의합니다.
최고의 인간인 당신께 귀의합니다.
그러나 당신이 대상으로 삼아 골똘히 생각하는
그것을 우리는 알지 못합니다.'라고"

공작 보호 구역 경(A11:11)
Moranivāpa-sutta

1. 한때 세존께서는 라자가하에서 공작 보호 구역에 있는 유행승들의 원림에 머무셨다. 거기서 세존께서는 "비구들이여."라고 비구들을 부르셨다. "세존이시여."라고 비구들은 세존께 응답했다. 세존께서는 이렇게 말씀하셨다.

2. "비구들이여, 세 가지 법을 구족한 비구는 구경의 완성을 이루었고, [네 가지] 속박으로부터 완전히 벗어났으며, 구경의 청정 범행을 닦았고, 구경의 목적을 이루었고, 신과 인간들 사이에서 최상이다. 무엇이 셋인가?"

3. "무학의 계의 무더기[戒蘊]와 무학의 삼매의 무더기[定蘊]와

무학의 통찰지의 무더기[慧蘊]이다. 비구들이여, 이러한 세 가지 법을 구족한 비구는 구경의 완성을 이루었고, [네 가지] 속박으로부터 완전히 벗어났으며, 구경의 청정범행을 닦았고, 구경의 목적을 이루었고, 신과 인간들 사이에서 최상이다."

4. "비구들이여, 또 다른 세 가지 법을 구족한 비구는 구경의 완성을 이루었고, [네 가지] 속박으로부터 완전히 벗어났으며, 구경의 청정범행을 닦았고, 구경의 목적을 이루었고, 신과 인간들 사이에서 최상이다. 무엇이 셋인가?"

5. "신통변화[神足通], [남의 마음을 알아] 드러내는 기적[觀察他心神變], 가르침(예언)의 기적[教誡神變]이다.306) 비구들이여, 이러한 세 가지 법을 구족한 비구는 구경의 완성을 이루었고, [네 가지] 속박으로부터 완전히 벗어났으며, 구경의 청정범행을 닦았고, 구경의 목적을 이루었고, 신과 인간들 사이에서 최상이다."

6. "비구들이여, 또 다른 세 가지 법을 구족한 비구는 구경의 완성을 이루었고, [네 가지] 속박으로부터 완전히 벗어났으며, 구경의 청정범행을 닦았고, 구경의 목적을 이루었고, 신과 인간들 사이에서 최상이다. 무엇이 셋인가?"

7. "바른 견해와 바른 지혜와 바른 해탈이다. 비구들이여, 이러한 세 가지 법을 구족한 비구는 구경의 완성을 이루었고, [네 가지] 속박으로부터 완전히 벗어났으며, 구경의 청정범행을 닦았고, 구경

---

306) 이 세 가지는 본서 제1권 「상가라와 경」(A3:60) §4 이하를 참조할 것.

의 목적을 이루었고, 신과 인간들 사이에서 최상이다."307)

8. "비구들이여, 두 가지 법을 구족한 비구는 구경의 완성을 이루었고, [네 가지] 속박으로부터 완전히 벗어났으며, 구경의 청정범행을 닦았고, 구경의 목적을 이루었고, 신과 인간들 사이에서 최상이다. 무엇이 둘인가?"

9. "영지[明]와 실천[行]이다. 비구들이여, 이러한 두 가지 법을 구족한 비구는 구경의 완성을 이루었고, [네 가지] 속박으로부터 완전히 벗어났으며, 구경의 청정범행을 닦았고, 구경의 목적을 이루었고, 신과 인간들 사이에서 최상이다."

10. "비구들이여, 사낭꾸마라 범천이 이런 게송을 읊었다.308)

'가문을 신뢰하는 사람들 가운데서는
끄샤뜨리야가 단연 으뜸이고
신과 인간들 가운데서는
영지(靈知)와 실천을 구족한 자[明行足]가 단연 으뜸이다.'

비구들이여, 이런 게송은 사낭꾸마라 범천이 잘 노래한 것이지 잘못 노래한 것이 아니며, 잘 설한 것이지 잘못 설한 것이 아니며, 의미를 구족한 것이지 의미를 구족하지 않은 것이 아니다. 그리고 나도 동의한다. 비구들이여, 나도 역시 이와 같이 말한다.

---

307) 이상은 본서 제1권「공작 보호 구역 경」(A3:140)과 같은 내용이다.
308) 본 문단과 게송은 『디가 니까야』 제1권 「암밧타 경」 (D3) §1.28 등에도 나타난다.

'가문을 신뢰하는 사람들 가운데서는
끄샤뜨리야가 단연 으뜸이고
신과 인간들 가운데서는
영지(靈知)와 실천을 구족한 자[明行足]가 단연 으뜸이다.'"

제1장 의지처 품이 끝났다.

첫 번째 품에 포함된 경들의 목록은 다음과 같다.

① 무슨 목적 ② 의도, 세 가지 ③~⑤ 의지처
⑥ 재난, 두 가지 ⑦~⑧ 인식 ⑨ 마음에 잡도리함
⑩ 산다 ⑪공작 보호 구역이다.

제2장 계속해서 생각함[隨念] 품
Anussati-vagga

마하나마 경1(A11:12)
Mahānāma-sutta

1. 한때 세존께서는 삭까에서 까삘라왓투의 니그로다 원림에 머무셨다.309) 그 무렵에 많은 비구들이 '가사가 완성되면 세존께서 석 달 [안거가] 끝난 후 유행을 떠나실 것이다.'라고 [생각하면서] 세존의 가사를 만들고 있었다.

삭까족 마하나마는 많은 비구들이 '가사가 완성되면 세존께서 석 달 [안거가] 끝난 후 유행을 떠나실 것이다.'라고 [생각하면서] 세존의 가사를 만들고 있다고 들었다. 그때 삭까족 마하나마는 세존께 다가갔다. 가서는 세존께 절을 올리고 한 곁에 앉았다. 한 곁에 앉은 삭까족 마하나마는 세존께 이렇게 말씀드렸다.

"세존이시여, 저는 많은 비구들이 '가사가 완성되면 세존께서 석 달 [안거가] 끝난 후 유행을 떠나실 것이다.'라고 [생각하면서] 세존의 가사를 만들고 있다고 들었습니다. 그들은 서로 다른 방식으로 머뭅니다. 이 가운데 누구의 방식대로 저희들은 머물러야 합니까?"

2. "장하고 장하구나, 마하나마여. 마하나마여, 그대들이 여래

---

309) 까삘라왓투(Kapilavatthu)와 삭까족 마하나마(Mahānāma Sakka)에 대해서는 본서 제1권 「마하나마 경」(A3:73) §1의 주해를 참조할 것.

에게 와서 '그들은 서로 다른 방식으로 머뭅니다. 이 가운데 누구의 방식대로 저희들은 머물러야 합니까?'라고 질문을 하는 것은 좋은 가문의 아들들에게 어울리는 일이다. 마하나마여, 믿음 있는 자는 완성하고, 믿음 없는 자는 완성하지 못한다. 열심히 정진하는 자는 완성하고, 게으른 자는 완성하지 못한다. 마음챙김을 확립한 자는 완성하고, 마음챙김을 놓아버린 자는 완성하지 못한다. 삼매에 든 자는 완성하고, 삼매에 들지 못한 자는 완성하지 못한다. 통찰지를 가진 자는 완성하고, 통찰지가 없는 자는 완성하지 못한다.

마하나마여, 그대는 이러한 다섯 가지 법에 굳게 서서 다시 여섯 가지 법을 더 닦아야 한다."

3. "마하나마여, 여기 그대는 다음과 같이 여래를 계속해서 생각해야 한다[隨念]. '이런 [이유로] 그분 세존께서는 아라한[應供]이시며, 완전히 깨달은 분[正等覺]이시며, 영지와 실천을 구족한 분[明行足]이시며, 피안으로 잘 가신 분[善逝]이시며, 세간을 잘 알고 계신 분[世間解]이시며, 가장 높은 분[無上士]이시며, 사람을 잘 길들이는 분[調御丈夫]이시며, 하늘과 인간의 스승[天人師]이시며, 깨달은 분[佛]이시며, 세존(世尊)이시다.'라고

마하나마여, 성스러운 제자가 이와 같이 여래를 계속해서 생각할 때 그의 마음은 탐욕에 얽매이지 않고, 성냄에 얽매이지 않고, 어리석음에 얽매이지 않는다. 그때 그의 마음은 여래를 의지하여 올곧아진다. 마하나마여, 여래를 의지하여 올곧은 마음을 가진 성스러운 제자는 주석서를 의지하여 생긴 희열과 환희를 얻고, 성전을 의지하여 생긴 희열과 환희를 얻으며, 법과 관계된 환희를 얻는다. 환희하는

자에게 희열이 생기고, 희열을 느끼는 자는 몸이 경안하며, 몸이 경안한 자는 행복을 느끼고, 행복한 자는 마음이 삼매에 든다.

마하나마여, 이를 일러 '성스러운 제자가 [탐·진·치로] 고요하지 못한 사람들 가운데서 고요함을 얻고, 악의에 찬 사람들 가운데서 악의 없이 머물고, 법의 흐름에 들어 부처님을 계속해서 생각함을 닦는다.'고 한다."

4. "다시 마하나마여, 그대는 다음과 같이 법을 계속해서 생각해야 한다. '법은 세존에 의해서 잘 설해졌고, 스스로 보아 알 수 있고, 시간이 걸리지 않고, 와서 보라는 것이고, 향상으로 인도하고, 지자들이 각자 알아야 하는 것이다.'라고.

마하나마여, 성스러운 제자가 이와 같이 법을 계속해서 생각할 때 그의 마음은 탐욕에 얽매이지 않고, 성냄에 얽매이지 않고, 어리석음에 얽매이지 않는다. 그때 그의 마음은 법을 의지하여 올곧아진다. 마하나마여, 법을 의지하여 올곧은 마음을 가진 성스러운 제자는 주석서를 의지하여 생긴 희열과 환희를 얻고, 성전을 의지하여 생긴 희열과 환희를 얻으며, 법과 관계된 환희를 얻는다. 환희하는 자에게 희열이 생기고, 희열을 느끼는 자는 몸이 경안하며, 몸이 경안한 자는 행복을 느끼고, 행복한 자는 마음이 삼매에 든다.

마하나마여, 이를 일러 '성스러운 제자가 [탐·진·치로] 고요하지 못한 사람들 가운데서 고요함을 얻고, 악의에 찬 사람들 가운데서 악의 없이 머물고, 법의 흐름에 들어 법을 계속해서 생각함을 닦는다.'고 한다."

5. "다시 마하나마여, 그대는 다음과 같이 승가를 계속해서 생각해야 한다. '세존의 제자들의 승가는 잘 도를 닦고, 세존의 제자들의 승가는 바르게 도를 닦고, 세존의 제자들의 승가는 참되게 도를 닦고, 세존의 제자들의 승가는 합당하게 도를 닦으니, 곧 네 쌍의 인간들이요[四雙] 여덟 단계에 있는 사람들[八輩]이시다. 이러한 세존의 제자들의 승가는 공양받아 마땅하고, 선사받아 마땅하고, 보시받아 마땅하고, 합장받아 마땅하며, 세상의 위없는 복밭[福田]이시다.'라고

마하나마여, 성스러운 제자가 이와 같이 승가를 계속해서 생각할 때 그의 마음은 탐욕에 얽매이지 않고, 성냄에 얽매이지 않고, 어리석음에 얽매이지 않는다. 그때 그의 마음은 승가를 의지하여 올곧아진다. 마하나마여, 승가를 의지하여 올곧은 마음을 가진 성스러운 제자는 주석서를 의지하여 생긴 희열과 환희를 얻고, 성전을 의지하여 생긴 희열과 환희를 얻으며, 법과 관계된 환희를 얻는다. 환희하는 자에게 희열이 생기고, 희열을 느끼는 자는 몸이 경안하며, 몸이 경안한 자는 행복을 느끼고, 행복한 자는 마음이 삼매에 든다.

마하나마여, 이를 일러 '성스러운 제자가 [탐·진·치로] 고요하지 못한 사람들 가운데서 고요함을 얻고, 악의에 찬 사람들 가운데서 악의 없이 머물고, 법의 흐름에 들어 승가를 계속해서 생각함을 닦는다.'고 한다."

6. "다시 마하나마여, 그대는 다음과 같이 자신의 계를 계속해서 생각해야 한다. '[나의 계는] 훼손되지 않고, 뚫어지지 않고, 오점이 없고, 얼룩지지 않고, 벗어났고, 지자들이 찬탄하고, 비난받지 않

고, 삼매로 인도한다.'라고.

　마하나마여, 성스러운 제자가 이와 같이 자신의 계를 계속해서 생각할 때 그의 마음은 탐욕에 얽매이지 않고, 성냄에 얽매이지 않고, 어리석음에 얽매이지 않는다. 그때 그의 마음은 계를 의지하여 올곧아진다. 마하나마여, 계를 의지하여 올곧은 마음을 가진 성스러운 제자는 주석서를 의지하여 생긴 희열과 환희를 얻고, 성전을 의지하여 생긴 희열과 환희를 얻으며, 법과 관계된 환희를 얻는다. 환희하는 자에게 희열이 생기고, 희열을 느끼는 자는 몸이 경안하며, 몸이 경안한 자는 행복을 느끼고, 행복한 자는 마음이 삼매에 든다.
　마하나마여, 이를 일러 '성스러운 제자가 [탐·진·치로] 고요하지 못한 사람들 가운데서 고요함을 얻고, 악의에 찬 사람들 가운데서 악의 없이 머물고, 법의 흐름에 들어 계를 계속해서 생각함을 닦는다.'고 한다."

7.　"다시 마하나마여, 그대는 다음과 같이 자신의 보시를 계속해서 생각해야 한다. '나는 인색함의 때에 얽매인 사람들 가운데서 인색함의 때가 없는 마음으로 재가에 산다. 아낌없이 보시하고, 손은 깨끗하고, 주는 것을 좋아하고, 다른 사람의 요구에 반드시 부응하고, 보시하고 나누어 가지는 것을 좋아한다. 그러니 이것은 참으로 내게 이득이구나. 이것은 참으로 내게 큰 이득이구나.'라고.
　마하나마여, 성스러운 제자가 이와 같이 보시를 계속해서 생각할 때 그의 마음은 탐욕에 얽매이지 않고, 성냄에 얽매이지 않고, 어리석음에 얽매이지 않는다. 그때 그의 마음은 보시를 의지하여 올곧아진다. 마하나마여, 보시를 의지하여 올곧은 마음을 가진 성스러운 제자는 주석서를 의지하여 생긴 희열과 환희를 얻고, 성전을 의지하여 생긴 희열과 환희를 얻으며, 법과 관계된 환희를 얻는다. 환희하는 자에게 희열이 생기고, 희열을 느끼는 자는 몸이 경안하며, 몸이 경안한 자는 행복을 느끼고, 행복한 자는 마음이 삼매에 든다.

마하나마여, 이를 일러 '성스러운 제자가 [탐·진·치로] 고요하지 못한 사람들 가운데서 고요함을 얻고, 악의에 찬 사람들 가운데서 악의 없이 머물고, 법의 흐름에 들어 보시를 계속해서 생각함을 닦는다.'고 한다."

8. "다시 마하나마여, 그대는 다음과 같이 천신을 계속해서 생각해야 한다. '사대왕천의 신들이 있고, 삼십삼천의 신들이 있고, 야마천의 신들이 있고, 도솔천의 신들이 있고, 화락천의 신들이 있고, 타화자재천의 신들이 있고, 범신천의 신들이 있고, 그보다 높은 천의 신들이 있다. 이런 신들은 믿음을 구족하여 여기서 죽은 뒤 그곳에 태어났다. 내게도 그런 믿음이 있다. 이런 신들은 계를 구족하여 여기서 죽은 뒤 그곳에 태어났다. 내게도 그런 계가 있다. 이런 신들은 배움을 구족하여 여기서 죽은 뒤 그곳에 태어났다. 내게도 그런 배움이 있다. 이런 신들은 보시를 구족하여 여기서 죽은 뒤 그곳에 태어났다. 내게도 그런 보시가 있다. 이런 신들은 통찰지를 구족하여 여기서 죽은 뒤 그곳에 태어났다. 내게도 그런 통찰지가 있다.'라고.

마하나마여, 성스러운 제자가 이와 같이 천신을 계속해서 생각할 때 그의 마음은 탐욕에 얽매이지 않고, 성냄에 얽매이지 않고, 어리석음에 얽매이지 않는다. 그때 그의 마음은 천신을 의지하여 올곧아진다. 마하나마여, 천신을 의지하여 올곧은 마음을 가진 성스러운 제자는 주석서를 의지하여 생긴 희열과 환희를 얻고, 성전을 의지하여 생긴 희열과 환희를 얻으며, 법과 관계된 환희를 얻는다. 환희하는 자에게 희열이 생기고, 희열을 느끼는 자는 몸이 경안하며, 몸이 경안한 자는 행복을 느끼고, 행복한 자는 마음이 삼매에 든다.

마하나마여, 이를 일러 '성스러운 제자가 [탐·진·치로] 고요하지 못한 사람들 가운데서 고요함을 얻고, 악의에 찬 사람들 가운데서 악의 없이 머물고, 법의 흐름에 들어 천신을 계속해서 생각함을 닦는다.'고 한다."310)

마하나마 경2(A11:13)

1. 한때 세존께서는 삭까에서 까삘라왓투의 니그로다 원림에 머무셨다. 그 무렵에 삭까족 마하나마는 병이 나아 회복된 지 오래되지 않았다. 그 무렵에 많은 비구들이 '가사가 완성되면 세존께서 석달 [안거가] 끝난 후 유행을 떠나실 것이다.'라고 [생각하면서] 세존의 가사를 만들고 있었다.

삭까족 마하나마는 많은 비구들이 '가사가 완성되면 세존께서 석달 [안거가] 끝난 후 유행을 떠나실 것이다.'라고 [생각하면서] 세존의 가사를 만들고 있다고 들었다. 그때 삭까족 마하나마는 세존께 다가갔다. 가서는 세존께 절을 올리고 한 곁에 앉았다. 한 곁에 앉은 삭까족 마하나마는 세존께 이렇게 말씀드렸다.

"세존이시여, 저는 많은 비구들이 '가사가 완성되면 세존께서 석

---

310) 이상 여섯 가지 계속해서 생각함[隨念]은 본서 제4권 「마하나마 경」 (A6:10) §§2~7과 같다.

달 [안거가] 끝난 후 유행을 떠나실 것이다.'라고 [생각하면서] 세존의 가사를 만들고 있다고 들었습니다. 그들은 서로 다른 방식으로 머뭅니다. 이 가운데 누구의 방식대로 저희들은 머물러야 합니까?"

2. "장하고 장하구나, 마하나마여. 마하나마여, 그대들이 여래에게 와서 '그들은 서로 다른 방식으로 머뭅니다. 이 가운데 누구의 방식대로 저희들은 머물러야 합니까?'라고 질문을 하는 것은 좋은 가문의 아들들에게 어울리는 일이다. 마하나마여, 믿음 있는 자는 완성하고, 믿음 없는 자는 완성하지 못한다. 열심히 정진하는 자는 완성하고, 게으른 자는 완성하지 못한다. 마음챙김을 확립한 자는 완성하고, 마음챙김을 놓아버린 자는 완성하지 못한다. 삼매에 든 자는 완성하고, 삼매에 들지 못한 자는 완성하지 못한다. 통찰지를 가진 자는 완성하고, 통찰지가 없는 자는 완성하지 못한다.

마하나마여, 그대는 이러한 다섯 가지 법에 굳게 서서 다시 여섯 가지 법을 더 닦아야 한다."

3. "마하나마여, 여기 그대는 다음과 같이 여래를 계속해서 생각해야 한다[隨念]. '이런 [이유로] 그분 세존께서는 아라한[應供]이시며, … 세존(世尊)이시다.'라고.

마하나마여, 성스러운 제자가 이와 같이 여래를 계속해서 생각할 때 그의 마음은 탐욕에 얽매이지 않고, 성냄에 얽매이지 않고, 어리석음에 얽매이지 않는다. 그때 그의 마음은 여래를 의지하여 올곧아진다. 마하나마여, 여래를 의지하여 올곧은 마음을 가진 성스러운 제자는 주석서를 의지하여 생긴 희열과 환희를 얻고, 성전을 의지하여 생긴 희열과 환희를 얻으며,311) 법과 관계된 환희를 얻는다. 환희하는 자에게 희열이 생기고, 희열을 느끼는 자는 몸이 경안하며, 몸이 경안한 자는 행복을 느끼고, 행복한 자는 마음이 삼매에 든다.

마하나마여, 이런 부처님을 계속해서 생각함을 그대는 갈 때에도 닦아야 하고, 서있을 때에도 닦아야 하고, 앉아있을 때에도 닦아야 하고, 누워있을 때에도 닦아야 하고, 일에 몰두할 때에도 닦아야 하고, 자손들로 번민하는 집에서 살 때에도 닦아야 한다."

4. "다시 마하나마여, 그대는 다음과 같이 법을 계속해서 생각해야 한다. …

승가를 계속해서 생각해야 한다. …

자신의 계를 계속해서 생각해야 한다. …

자신의 보시를 계속해서 생각해야 한다. …

천신을 계속해서 생각해야 한다. …

마하나마여, 성스러운 제자가 이와 같이 천신을 계속해서 생각할 때 그의 마음은 탐욕에 얽매이지 않고, 성냄에 얽매이지 않고, 어리석음에 얽매이지 않는다. 그때 그의 마음은 천신을 의지하여 올곧아진다. 마하나마여, 천신을 의지하여 올곧은 마음을 가진 성스러운 제자는 주석서를 의지하여 생긴 희열과 환희를 얻고, 성전을 의지하여 생긴 희열과 환희를 얻으며, 법과 관계된 환희를 얻는다. 환희하는 자에게 희열이 생기고, 희열을 느끼는 자는 몸이 경안하며, 몸이 경안한 자는 행복을 느끼고, 행복한 자는 마음이 삼매에 든다.

---

311) '주석서를 의지하여 생긴 환희를 얻고 성전을 의지하여 생긴 환희를 얻으며'는 labhati atthavedaṁ labhati dhammavedaṁ을 의역한 것이다. 설명은 아래 「소치는 사람 경」 (A11:18) §11의 주해를 참조할 것.

마하나마여, 이런 천신을 계속해서 생각함을 그대는 갈 때에도 닦아야 하고, 서있을 때에도 닦아야 하고, 앉아있을 때에도 닦아야 하고, 누워있을 때에도 닦아야 하고, 일에 몰두할 때에도 닦아야 하고, 자손들로 번민하는 집에서 살 때에도 닦아야 한다."

난디야 경(A11:14)
Nandiya-sutta

1. 한때 세존께서는 삭까에서 까삘라왓투의 니그로다 원림에 머무셨다. 그 무렵에 세존께서는 사왓티에서 안거를 하기를 원하셨다. 삭까족 난디야[312]는 세존께서 사왓티에서 안거를 하기를 원하신다고 들었다. 그때 난디야에게 '나도 사왓티에서 안거를 해야겠다. 거기서 직업을 가지고 때때로 세존을 친견하러 가야겠다.'라는 생각이 들었다.

그때 세존께서는 사왓티로 안거를 떠나셨고, 삭까족 난디야도 사왓티로 안거를 떠났다. 그는 거기서 직업을 가졌고, 때때로 세존을 친견할 수 있었다.

2. 그 무렵에 많은 비구들이 '가사가 완성되면 세존께서 석 달 [안거가] 끝난 후 유행을 떠나실 것이다.'라고 [생각하면서] 세존의 가사를 만들고 있었다.

---

312) 삭까족 난디야(Nandiya Sakka)는 본경과 『상윳따 니까야』 「난디야 경」(S55.40)에서 등장하고 있는 석가족 청신사다. 이 난디야 청신사는 아누룻다(Anuruddha) 존자와 낌빌라(Kimbila) 존자와 함께 『맛지마 니까야』 「짧은 고싱가살라 경」(M31) 등에서 언급되는 난디야 존자가 아니다.

삭까족 난디야는 많은 비구들이 '가사가 완성되면 세존께서 석 달 [안거가] 끝난 후 유행을 떠나실 것이다.'라고 [생각하면서] 세존의 가사를 만들고 있다고 들었다. 그때 삭까족 난디야는 세존께 다가갔다. 가서는 세존께 절을 올리고 한 곁에 앉았다. 한 곁에 앉은 삭까족 난디야는 세존께 이렇게 말씀드렸다.

"세존이시여, 저는 많은 비구들이 '가사가 완성되면 세존께서 석 달 [안거가] 끝난 후 유행을 떠나실 것이다.'라고 [생각하면서] 세존의 가사를 만들고 있다고 들었습니다. 그들은 서로 다른 방식으로 머뭅니다. 이 가운데 누구의 방식대로 저희들은 머물러야 합니까?"

3. "장하고 장하구나, 난디야여. 난디야여, 그대들이 여래에게 와서 '그들은 서로 다른 방식으로 머뭅니다. 이 가운데 누구의 방식대로 저희들은 머물러야 합니까?'라고 질문을 하는 것은 좋은 가문의 아들들에게 어울리는 일이다. 난디야여, 믿음 있는 자는 완성하고, 믿음 없는 자는 완성하지 못한다. 계행을 구족한 자는 완성하고, 계행을 파한 자는 완성하지 못한다. 열심히 정진하는 자는 완성하고, 게으른 자는 완성하지 못한다. 마음챙김을 확립한 자는 완성하고, 마음챙김을 놓아버린 자는 완성하지 못한다. 삼매에 든 자는 완성하고, 삼매에 들지 못한 자는 완성하지 못한다. 통찰지를 가진 자는 완성하고, 통찰지가 없는 자는 완성하지 못한다. 난디야여, 그대는 이러한 여섯 가지 법에 굳게 서서 다시 다섯 가지 법을 더 닦아야 한다."

4. "난디야여, 여기 그대는 다음과 같이 여래를 계속해서 생각해야 한다[隨念]. '이런 [이유로] 그분 세존께서는 아라한[應供]이시며,

완전히 깨달은 분[正等覺]이시며, 영지와 실천을 구족한 분[明行足]이시며, 피안으로 잘 가신 분[善逝]이시며, 세간을 잘 알고 계신 분[世間解]이시며, 가장 높은 분[無上士]이시며, 사람을 잘 길들이는 분[調御丈夫]이시며, 하늘과 인간의 스승[天人師]이시며, 깨달은 분[佛]이시며, 세존(世尊)이시다.'라고 난디야여, 그대는 이와 같이 여래를 대상으로 안으로 마음챙김을 확립해야 한다."

5. "다시 난디야여, 그대는 다음과 같이 법을 계속해서 생각해야 한다. '법은 세존에 의해서 잘 설해졌고, 스스로 보아 알 수 있고, 시간이 걸리지 않고, 와서 보라는 것이고, 향상으로 인도하고, 지자들이 각자 알아야 하는 것이다.'라고 난디야여, 그대는 이와 같이 법을 대상으로 안으로 마음챙김을 확립해야 한다."

6. "다시 난디야여, 그대는 다음과 같이 선우를 계속해서 생각해야 한다. '연민하고, 나의 이익을 바라고, 나를 교계하고, 격려하는 선우를 가졌으니, 이것은 참으로 내게 이득이고, 참으로 큰 이득이다.'라고 난디야여, 그대는 이와 같이 선우를 대상으로 안으로 마음챙김을 확립해야 한다."

7. "다시 난디야여, 그대는 다음과 같이 보시를 계속해서 생각해야 한다. '나는 인색함의 때에 얽매인 사람들 가운데서 인색함의 때가 없는 마음으로 재가에 산다. 아낌없이 보시하고, 손은 깨끗하고, 주는 것을 좋아하고, 다른 사람의 요구에 반드시 부응하고, 보시하고 나누어 가지는 것을 좋아한다. 그러니 이것은 참으로 내게 이득이구나. 이것은 참으로 내게 큰 이득이구나.'라고 난디야여, 그대는 이와

같이 보시를 대상으로 안으로 마음챙김을 확립해야 한다."

8. "다시 난디야여, 그대는 다음과 같이 천신을 계속해서 생각해야 한다. 덩어리 음식을 먹는 신들의 동료를 넘어서서 마음으로 이루어진 몸으로 다시 태어난 신들은 자신에게서 더 이상 해야 할 것을 발견하지 못하고, 이미 한 것을 다시 반복할 필요를 보지 못한다. 마치 확실하게 해탈한 비구가 자신에게서 더 이상 해야 할 것을 발견하지 못하고, 이미 한 것을 다시 반복할 필요를 보지 못하는 것처럼, 덩어리 음식을 먹는 신들의 동료를 넘어서서 마음으로 이루어진 몸으로 다시 태어난 신들은 자신에게서 더 이상 해야 할 것을 발견하지 못하고, 이미 한 것을 다시 반복할 필요를 보지 못한다. 난디야여, 그대는 이와 같이 천신을 대상으로 안으로 마음챙김을 확립해야 한다.

난디야여, 이러한 열한 가지 법을 갖춘 성스러운 제자는 나쁘고 해로운 법들을 버리고 취착하지 않는다. 예를 들면 거꾸로 놓인 항아리 위에다 물을 부으면 흘러내리기만 할 뿐 그곳에 담기지 않는 것과 같다. 예를 들면 마른 풀숲에 불을 놓으면 활활 타면서 번져나가지 이미 타버린 곳으로 되돌아오지 않는 것과 같다. 그와 같이 이러한 열한 가지 법을 갖춘 성스러운 제자는 나쁘고 해로운 법들을 버리고 취착하지 않는다."

수부띠 경(A11:15)
Subhūti-sutta

1. 그때 수부띠 존자313)가 믿음을 가진 비구와 함께 세존께 다

가갔다. 가서는 세존께 절을 올리고 한 곁에 앉았다. 한 곁에 앉은 수부띠 존자에게 세존께서는 이렇게 말씀하셨다.

"수부띠여, 이 비구는 누구인가?"

"세존이시여, 믿음을 가진 비구라 합니다. 그는 믿음을 가진 청신사314)의 아들인데 믿음으로 집을 나와 출가했습니다."

"수부띠여, 그러면 이처럼 믿음을 가진 청신사의 아들인 믿음을 가진 비구는 집을 나와 출가하여 믿음을 가진 자들에게 발견되는 특징들315)과 합일하는가?"

"세존이시여, 지금이 바로 적절한 시기입니다. 선서시여, 지금이 세존께서 믿음을 가진 자들에게서 발견되는 믿음의 특징들을 설해주실 바로 적절한 시기입니다. 그러면 저는 이 비구가 믿음을 가진 자들에게서 발견되는 믿음의 특징들과 합일하는지 아니면 그렇지 않은지에 대해 잘 알게 될 것입니다."

"수부띠여, 그렇다면 들어라. 듣고 마음에 잘 새겨라. 나는 설할 것

---

313) 우리에게 수보리 존자로 잘 알려진 수부띠 존자(āyasmā Subhūti)는 수마나 상인(Sumana-seṭṭhi)의 아들이자 급고독(아나타삔디까, Anāthapiṇḍika) 장자의 동생이다. 그에 대해서는 본서 제1권 「하나의 모음」(A1:14:2~4)의 주해를 참조할 것.

314) "'믿음을 가진 청신사(saddha upāsaka)'란 급고독(Anāthapiṇḍika) 장자를 두고 한 말이다. 급고독 장자의 아들은 자신의 작은 아버지(cūḷa-pitu, 숙부, 수부띠 존자는 이 사람의 숙부가 됨) 곁으로 출가했다. 그때 수부띠 장로가 그를 데리고 스승의 곁에 갔던 것이다."(AA.v.82)
한편 6차결집본에는 '수닷따라는 청신사'라고 표기되어 있는데 수닷따는 급고독 장자의 이름이다.

315) '믿음을 가진 자들에게서 발견되는 특징들'은 saddhāpadānā를 옮긴 것인데 주석서에서 "믿음을 가진 사람들의 훈육(apadāna)이라는 특징(lakkhaṇa)"(*Ibid*)이라고 설명하고 있어서 이렇게 옮겼다.

이다."

"그렇게 하겠습니다, 세존이시여."라고 수부띠 존자는 세존께 대답했다. 세존께서는 이렇게 말씀하셨다.

2. "수부띠여, 여기 비구는 계를 잘 지킨다. 그는 계목의 단속으로 단속하면서 머문다. 바른 행실과 행동의 영역을 갖추고, 작은 허물에 대해서도 두려움을 보며, 학습계목을 받아 지녀 공부짓는다. 수부띠여, 비구가 계를 잘 지키어 … 학습계목을 받아 지녀 공부짓는 이것이 믿음을 가진 자들에게서 발견되는 믿음의 특징이다."

3. "다시 수부띠여, 비구는 많이 배우고[多聞] 배운 것을 잘 호지하고 배운 것을 잘 정리한다. 시작도 훌륭하고 중간도 훌륭하고 끝도 훌륭하며, 더할 나위 없이 완벽하고 지극히 청정한 범행을 의미와 표현을 구족하여 확실하게 드러내는 가르침들이 있으니, 그는 그러한 가르침들을 많이 배우고 호지하고 말로써 친숙하게 되고 마음으로 숙고하고 견해로써 잘 꿰뚫는다. 수부띠여, 비구가 많이 배우고 … 견해로써 잘 꿰뚫는 이것도 믿음을 가진 자들에게서 발견되는 믿음의 특징이다."

4. "다시 수부띠여, 비구는 좋은 친구, 좋은 동료, 좋은 벗을 가졌다. 수부띠여, 비구가 좋은 친구, 좋은 동료, 좋은 벗을 가지는 이것도 믿음을 가진 자들에게서 발견되는 믿음의 특징이다."

5. "다시 수부띠여, 비구는 훈계를 잘 받아들이나니 그는 훈계하기 쉬운 성품들을 지니고 있고 인욕하고 교계를 받아들임에 능숙

하다. 수부띠여, 비구가 훈계를 … 교계를 받아들임에 능숙한 이것도 믿음을 가진 자들에게서 발견되는 믿음의 특징이다."

6. "다시 수부띠여, 비구는 동료 수행자들의 중요하고 사소한 여러 가지 소임들을 열심히 하고 거기에 숙련되고 게으르지 않으며 그것을 완성할 수 있는 검증을 거쳐 충분히 실행할 수 있고 충분히 연구할 수 있는 자가 된다. 수부띠여, 비구가 동료 수행자들의 중요하고 사소한 여러 가지 소임들을 열심히 하고 … 충분히 연구하는 이것도 믿음을 가진 자들에게서 발견되는 믿음의 특징이다."

7. "다시 수부띠여, 비구는 법을 갈구하는 자여서 [법]담을 나누기를 좋아하고 아비담마(對法)와 아비위나야(對律)에 대해 크나큰 환희심을 가진다. 수부띠여, 비구가 법을 갈구하는 자여서 … 크나큰 환희심을 가지는 이것도 믿음을 가진 자들에게서 발견되는 믿음의 특징이다."

8. "다시 수부띠여, 비구는 해로운 법들을 제거하고 유익한 법들을 두루 갖추기 위해서 불굴의 정진으로 머문다. 그는 굳세고 분투하고 유익한 법들에 대한 임무를 내팽개치지 않는다. 수부띠여, 비구가 해로운 법들을 제거하고 … 임무를 내팽개치지 않는 이것도 믿음을 가진 자들에게서 발견되는 믿음의 특징이다."

9. "다시 수부띠여, 비구는 의복이나 탁발음식이나 거처나 병구완을 위한 약품이 좋은 것이든 안 좋은 것이든 그것으로 만족한다. 수부띠여, 비구가 의복이나 탁발음식이나 … 좋은 것이든 안 좋은 것

이든 그것으로 만족하는 이것도 믿음을 가진 자들에게서 발견되는 믿음의 특징이다."

10. "다시 수부띠여, 비구는 수많은 전생의 갖가지 삶들을 기억한다. 즉, 한 생, 두 생 … 이처럼 한량없는 전생의 갖가지 모습들을 그 특색과 더불어 상세하게 기억해낸다.[宿命通] 수부띠여, 비구가 수많은 전생의 갖가지 삶들을 기억하여 … 상세하게 기억해내는 이것도 믿음을 가진 자들에게서 발견되는 믿음의 특징이다."

11. "다시 수부띠여, 비구는 청정하고 인간을 넘어선 신성한 눈으로 중생들이 죽고 태어나고, … 중생들이 지은 바 그 업에 따라서 가는 것을 꿰뚫어 안다.[天眼通] 비구가 청정하고 인간을 넘어선 신성한 눈으로 중생들이 죽고 태어나고, … 중생들이 지은 바 그 업에 따라서 가는 것을 꿰뚫어 아는 이것도 믿음을 가진 자들에게서 발견되는 믿음의 특징이다."

12. "다시 수부띠여, 비구는 모든 번뇌가 다하여 아무 번뇌가 없는 마음의 해탈[心解脫]과 통찰지를 통한 해탈[慧解脫]을 바로 지금여기에서 스스로 최상의 지혜로 알고 실현하고 구족하여 머문다. 수부띠여, 비구가 모든 번뇌가 다하여 아무 번뇌가 없는 마음의 해탈[心解脫]과 통찰지를 통한 해탈[慧解脫]을 바로 지금여기에서 스스로 최상의 지혜로 알고 실현하고 구족하여 머무는 이것도 믿음을 가진 자들에게서 발견되는 믿음의 특징이다."

13. 이렇게 말씀하시자 수부띠 존자는 세존께 이렇게 말씀드

렸다.

"세존이시여, 세존께서 말씀하신, 믿음을 가진 자들에게서 발견되는 믿음의 특징들을 이 비구에게서도 찾아볼 수 있습니다. 세존이시여, 이 비구도 이러한 특징들과 합일합니다.

세존이시여, 이 비구도 계를 잘 지킵니다. 그는 계목의 단속으로 단속하면서 머뭅니다. 바른 행실과 행동의 영역을 갖추고, 작은 허물에 대해서도 두려움을 보며, 학습계목을 받아 지녀 공부짓습니다. …

세존이시여, 이 비구도 모든 번뇌가 다하여 아무 번뇌가 없는 마음의 해탈[心解脫]과 통찰지를 통한 해탈[慧解脫]을 바로 지금여기에서 스스로 최상의 지혜로 알고 실현하고 구족하여 머뭅니다.

세존이시여, 세존께서 말씀하신, 믿음을 가진 자들에게서 발견되는 이와 같은 믿음의 특징들을 이 비구에게서도 찾아볼 수 있습니다. 세존이시여, 이 비구도 이러한 특징들과 합일합니다."

14. "장하고 장하구나, 수부띠여. 그렇다면 그대는 믿음을 가진 이 비구와 함께 머물러야 한다. 수부띠여, 그대가 여래를 친견하기를 원할 때 믿음을 가진 이 비구와 함께 여래를 친견하러 와야 한다."

자애 경(A11:16)[316]
Mettā-sutta

1. "비구들이여, 자애를 통한 마음의 해탈을 반복하고, 닦고, 많이 [공부]짓고, 수레로 삼고, 기초로 삼고, 확립하고, 굳건히 하고,

---

316) 본경은 『청정도론』 IX.37~76에 모두 인용되어 있다. 본서 제5권 「자애경」(A8:1)에는 여덟 가지로 나온다.

부지런히 닦으면 열한 가지 이익이 기대된다. 무엇이 열하나인가?"

2. "편안하게 잠들고, 편안하게 깨어나고, 악몽을 꾸지 않고, 사람들이 좋아하고, 비인간들이 좋아하고, 신들이 보호하고, 불이나 독이나 무기가 영향을 미치지 못하고, 마음이 쉽게 삼매에 들고, 안색이 맑고, 매하지 않은 채 죽고, 더 높은 경지를 통찰하지 못하더라도 범천의 세상에 태어난다. 비구들이여, 자애를 통한 마음의 해탈을 반복하고, 닦고, 많이 [공부]짓고, 수레로 삼고, 기초로 삼고, 확립하고, 굳건히 하고, 부지런히 닦으면 이러한 열한 가지 이익이 기대된다."

다사마 경(A11:17)317)
Dasama-sutta

1. 한때 아난다 존자는 웨살리에서 벨루와가마까318)에 머물렀다. 그 무렵에 앗타까나가라319)에 사는 다사마 장자320)가 어떤 볼일

---

317) 6차결집본의 경제목은 '앗타까나가라'(Aṭṭhakanāgara-sutta)이다. 그리고 본경은 『맛지마 니까야』 「앗타까나가라 경」(M52)과 내용이 꼭 같다.

318) 벨루와가마까(Beluvagāmaka) 혹은 벨루와가마(Beluvagāma, 벨루와 마을)는 웨살리의 남쪽 면(dakkhiṇa-passa)에서 멀지 않은 곳에 있는 마을이다.(MA.iii.12) 벨루와 마을은 『디가 니까야』 제2권 「대반열반경」(D16) §§2.21~26에서 부처님께서 반열반하시기 석 달 전에 혹독한 병에 걸리신 곳으로 나타나는 바로 그 곳이다. 부처님께서는 그 병을 다스리신 후에 '자신과 법을 섬으로 삼고 귀의처로 삼아라.'는 유명한 설법을 하셨다.

319) 앗타까나가라(Aṭṭhakanāgara)는 어느 곳인지 주석서에는 설명이 없다.

320) 다사마 장자(Dasama gahapati)가 누군지 불분명하다. 주석서는 단지 그

이 있어 빠딸리뿟따321)에 도착하였다. 그때 앗타까나가라에 사는 다사마 장자는 꾹꾸따 원림[鷄林]322)의 어떤 비구에게 다가갔다. 가서는 비구에게 이렇게 말했다.

"존자여, 요즈음 아난다 존자는 어디에 머물고 계십니까? 저는 아난다 존자를 친견하고 싶습니다."

"장자여, 그분 아난다 존자는 웨살리에서 벨루와가마까에 머물고 계십니다."

2. 그러자 앗타까나가라에 사는 다사마 장자는 빠딸리뿟따에서 볼일을 마친 뒤 웨살리의 벨루와가마까에 있는 아난다 존자에게 다가갔다. 가서는 아난다 존자에게 절을 올리고 한 곁에 앉았다. 한 곁에 앉은 앗타까나가라에 사는 다사마 장자는 아난다 존자에게 이

는 태생과 족성(jāti-gotta)으로나 가문의 서열(sāra-patta-kula-gaṇa-na)상으로나 열 번째(dasama)가는 사람이었기 때문에 붙여진 이름이라고만 설명하고 있을 뿐이다.(AA.v.84; MA.iii.13)

321) 빠딸리뿟따(Pāṭaliputta)는 지금 인도 비하르 주의 주도인 빠뜨나(Patna)이다. 『디가 니까야』 제2권 「대반열반경」(D16) §1.19이하와 §1.26에는 빠딸리 마을(Pāṭaligāma)을 확장하여 빠딸리뿟따 도시가 건설되는 것이 언급되고 있으며, 세존께서는 이 도시는 번창할 최고의 도시가 될 것이라고 예언하셨다.(D16 §1.28) 세존의 예언대로 그 후 빠딸리 마을은 빠딸리뿌뜨라(Pāṭaliputra, 빠딸리뿟따)로 불리게 되며, 마우리아(Maurya) 왕조, 굽따(Gupta) 왕조 등 역대 인도 통일 국가의 수도로 그 이름을 떨쳤다.

322) 꾹꾸따 원림(Kukkuṭārāma)은 꾹꾸따 상인이 지은 승원이라고 한다. (AA.v.84; MA.iii.13) 본서 제3권 「나라다 경」(A5:50) 등 몇몇 경들이 여기서 설해진 것으로 나타나고 있다. 꾹꾸따 원림은 아소까 대왕이 불교로 개종한 뒤에 처음으로 지었거나 중건하여 아소까 원림(Asokārāma)으로도 불리었던 것 같다.(DPPN) 빠뜨나에는 지금도 꾹꾸따 원림의 유적지가 남아있다.

렇게 말했다.

"아난다 존자시여, 아시고 보시는 그분 세존·아라한·정등각께서 분명하게 설하신 한 가지 법이 있습니까?323) 비구가 그 한 가지 법으로 방일하지 않고 근면하고 스스로를 독려하며 머물 때, 아직 해탈하지 않은 그의 마음이 해탈하게 되고, 아직 다하지 못한 번뇌들이 다하게 되고, 아직 성취하지 못한 위없는 유가안은을 성취하게 되는 그러한 한 가지 법을 설하셨습니까?"

"장자여, 아시고 보시는 그분 세존·아라한·정등각께서 분명하게 설하신 한 가지 법이 있습니다. 비구가 그 한 가지 법으로 방일하지 않고 근면하고 스스로를 독려하며 머물 때, 아직 해탈하지 않은 그의 마음이 해탈하게 되고, 아직 다하지 못한 번뇌들이 다하게 되고, 아직 성취하지 못한 위없는 유가안은을 성취하게 되는 그러한 한 가지 법을 설하셨습니다."

---

323) "간략한 뜻은 다음과 같다. '세존께서는 30가지 바라밀을 모두 완성했고, 오염원을 부수고 무상정등각을 깨달으셨다. 즉 세존께서는 모든 중생들의 성향과 의향을 아시는 분이고, 손바닥에 놓인 아말라끼 열매처럼 알아야 할 모든 법을 보시는 분이며, 더욱이 숙명통 등으로 아시는 분이고, 천안으로 보시는 분이며, 3명 혹은 6통으로 아시는 분이고, 모든 곳에 걸림 없는 완전한 눈으로 보시는 분이며, 모든 법을 알 수 있는 통찰지로 아시는 분이고, 모든 중생들의 시야를 스쳐갔거나 벽 뒤에 있는 형상들조차도 청정한 육안으로 보시는 분이며, 자신의 이익을 성취하는 삼매를 가까운 원인으로 하는 꿰뚫음의 통찰지(성스러운 도의 지혜)로 아시는 분이고, 타인의 이익을 성취하는 연민을 가까운 원인으로 하는 가르침의 통찰지로 보시는 분이며, 장애가 되는 법을 아시는 분이고, 해탈로 인도하는 법을 보시는 분이며, [오염원들의] 적을 쳐부수었기 때문에 아라한이시고, 바르게 온전하게 모든 법을 깨달았기 때문에 정등각자이시다. 이와 같이 네 가지 담대함이라는 네 가지 이유로 찬탄을 받은 그가 설한 한 가지 법이 있는가?'라는 말이다."(AA.v.84)

"아난다 존자시여, 그러면 어떤 것이 아시고 보시는 그분 세존·아라한·정등각께서 분명하게 설하신 한 가지 법입니까?"

3. "장자여, 여기 비구는 감각적 욕망들을 완전히 떨쳐버리고 해로운 법[不善法]들을 떨쳐버린 뒤, 일으킨 생각[尋]과 지속적인 고찰[伺]이 있고, 떨쳐버렸음에서 생겼으며, 희열[喜]과 행복[樂]이 있는 초선(初禪)에 들어 머뭅니다.

그는 이와 같이 숙고합니다. '이러한 초선은 형성되었고 의도되었다.'라고. 그리고 그는 '형성되고 의도된 것은 그 무엇이건, 무상하고 소멸하기 마련인 법이다.'라고 꿰뚫어 압니다. 그는 여기에 확고하여324) 번뇌가 다함을 얻습니다.(아라한) 만일 번뇌가 다함을 얻지 못하더라도, 이 법을 좋아하고 이 법을 즐기기 때문에325) 그는 다섯 가지 낮은 단계의 족쇄를 완전히 없애고 [정거천에] 화생하여 그곳에서 완전히 열반에 들어 그 세계로부터 다시 돌아오지 않는 법을 얻습니다.[不還者]

장자여, 이것이 아시고 보시는 그분 세존·아라한·정등각께서 분명하게 설하신 한 가지 법입니다. 비구가 그 한 가지 법으로 방일하지 않고 근면하고 스스로를 독려하며 머물 때, 아직 해탈하지 않은 그의 마음이 해탈하게 되고, 아직 다하지 못한 번뇌들이 다하게 되고, 아직 성취하지 못한 위없는 유가안은을 성취하게 됩니다."

---

324) "'여기에 확고하다(tattha ṭhito)'는 것은 그 사마타와 위빳사나의 법(samatha-vipassanā-dhamma)에 확고하다는 말이다."(AA.v.85)

325) "'법을 좋아하고 법을 즐긴다(dhammaraagena dhammanandiyaa)'는 것은 둘 다 사마타와 위빳사나에 대한 열정을 말한다." *(Ibid)*

4. "다시 장자여, 비구는 일으킨 생각과 지속적인 고찰을 가라앉혔기 때문에 … 제2선(二禪)에 들어 머뭅니다. 제3선(三禪)에 들어 머뭅니다. … 제4선(四禪)에 들어 머뭅니다.

그는 이와 같이 숙고합니다. '이러한 제4선은 형성되었고 의도되었다.'라고. … 그 세계로부터 다시 돌아오지 않는 법을 얻습니다.

장자여, 이것도 아시고 보시는 그분 세존·아라한·정등각께서 분명하게 설하신 한 가지 법입니다. 비구가 그 한 가지 법으로 방일하지 않고 근면하고 스스로를 독려하며 머물 때, 아직 해탈하지 않은 그의 마음이 해탈하게 되고, 아직 다하지 못한 번뇌들이 다하게 되고, 아직 성취하지 못한 위없는 유가안은을 성취하게 됩니다."

5. "다시 장자여, 비구는 자애가 함께한 마음으로 한 방향을 가득 채우면서 머뭅니다. 그처럼 두 번째 방향을, 그처럼 세 번째 방향을, 그처럼 네 번째 방향을 가득 채우면서 머뭅니다. 이와 같이 위로, 아래로, 주위로, 모든 곳에서 모두를 자신처럼 여기고, 모든 세상을 풍만하고, 광대하고, 무량하고, 원한 없고, 악의 없는 자애가 함께한 마음으로 가득 채우고 머뭅니다.

그는 이와 같이 숙고합니다. '이러한 자애를 통한 마음의 해탈은 형성되었고 의도되었다.'라고. … 그 세계로부터 다시 돌아오지 않는 법을 얻습니다.

장자여, 이것도 아시고 보시는 그분 세존·아라한·정등각께서 분명하게 설하신 한 가지 법입니다. 비구가 그 한 가지 법으로 방일하지 않고 근면하고 스스로를 독려하며 머물 때, 아직 해탈하지 않은 그의 마음이 해탈하게 되고, 아직 다하지 못한 번뇌들이 다하게 되고, 아직 성취하지 못한 위없는 유가안은을 성취하게 됩니다."

6. "다시 장자여, 비구는 연민이 함께한 마음으로 …

더불어 기뻐함이 함께한 마음으로 …

평온이 함께한 마음으로 한 방향을 가득 채우면서 머뭅니다. 그처럼 두 번째 방향을, 그처럼 세 번째 방향을, 그처럼 네 번째 방향을 가득 채우면서 머뭅니다. 이와 같이 위로, 아래로, 주위로, 모든 곳에서 모두를 자신처럼 여기고, 모든 세상을 풍만하고, 광대하고, 무량하고, 원한 없고, 악의 없는 평온이 함께한 마음으로 가득 채우고 머뭅니다.

그는 이와 같이 숙고합니다. '이러한 평온을 통한 마음의 해탈은 형성되었고 의도되었다.'라고. … 그 세계로부터 다시 돌아오지 않는 법을 얻습니다.

장자여, 이것도 아시고 보시는 그분 세존·아라한·정등각께서 분명하게 설하신 한 가지 법입니다. 비구가 그 한 가지 법으로 방일하지 않고 근면하고 스스로를 독려하며 머물 때, 아직 해탈하지 않은 그의 마음이 해탈하게 되고, 아직 다하지 못한 번뇌들이 다하게 되고, 아직 성취하지 못한 위없는 유가안은을 성취하게 됩니다."

7. "다시 장자여, 비구는 물질[色]에 대한 인식(산냐)을 완전히 초월하고 부딪힘의 인식을 소멸하고 갖가지 인식을 마음에 잡도리하지 않기 때문에 '무한한 허공'이라고 하면서 공무변처에 들어 머뭅니다.

그는 이와 같이 숙고합니다. '이러한 공무변처의 증득은 형성되었고 의도되었다.'라고. … 그 세계로부터 다시 돌아오지 않는 법을 얻습니다.

장자여, 이것도 아시고 보시는 그분 세존·아라한·정등각께서 분명하게 설하신 한 가지 법입니다. 비구가 그 한 가지 법으로 방일하지 않고 근면하고 스스로를 독려하며 머물 때, 아직 해탈하지 않은 그의 마음이 해탈하게 되고, 아직 다하지 못한 번뇌들이 다하게 되고, 아직 성취하지 못한 위없는 유가안은을 성취하게 됩니다."

8. "다시 장자여, 비구는 공무변처를 완전히 초월하여 '무한한 알음알이[識]'라고 하면서 식무변처에 들어 머뭅니다. …

식무변처를 완전히 초월하여 '아무것도 없다.'라고 하면서 무소유처에 들어 머뭅니다.

그는 이와 같이 숙고합니다. '이러한 무소유처의 증득은 형성되었고 의도되었다.'라고. 그리고 그는 '형성되고 의도된 것은 그 무엇이건, 무상하고 소멸하기 마련인 법이다.'라고 꿰뚫어 압니다. 그는 여기에 확고하여 번뇌가 다함을 얻습니다. 만일 번뇌가 다함을 얻지 못하더라도, 이 법을 좋아하고 이 법을 즐기기 때문에 그는 다섯 가지 낮은 단계의 족쇄를 완전히 없애고 [정거천에] 화생하여 그곳에서 완전히 열반에 들어 그 세계로부터 다시 돌아오지 않는 법을 얻습니다.

장자여, 이것도 아시고 보시는 그분 세존·아라한·정등각께서 분명하게 설하신 한 가지 법입니다. 비구가 그 한 가지 법으로 방일하지 않고 근면하고 스스로를 독려하며 머물 때, 아직 해탈하지 않은 그의 마음이 해탈하게 되고, 아직 다하지 못한 번뇌들이 다하게 되고, 아직 성취하지 못한 위없는 유가안은을 성취하게 됩니다."

9. 이렇게 말하자 앗타까나가라에 사는 다사마 장자는 아난다 존자에게 이렇게 말했다.

"아난다 존자시여, 마치 사람이 하나의 보물창고의 입구를 찾다가 한꺼번에 열한 개의 보물창고의 입구를 발견하는 것과 같이, 저는 하나의 불사의 문을 찾다가 한꺼번에 열한 개의 불사의 문을 얻게 되었습니다.

아난다 존자시여, 마치 어떤 사람의 집에 열한 개의 문이 있는데 그 집에 불이나면 그 중에서 어떤 하나의 문으로 그의 피난처를 만들 수 있는 것과 같이, 저도 이 열한 개의 불사의 문들 가운데서 어떤 하나의 불사의 문으로 저의 피난처를 만들 수 있게 되었습니다. 존자시여, 외도들은 스승[의 가르침]에 대해 스승께 올릴 보시를 구합니다.326) 그런데 제가 어찌 아난다 존자께 공양을 올리지 않을 수 있겠습니까?"

10. 그때 앗타까나가라에 사는 다사마 장자는 빠딸리뿟다와 웨살리에 머무는 비구 승가를 초대하여 딱딱하고 부드러운 맛있는 음식을 손수 대접하고 드시게 했다. 그리고 각각의 비구에게 옷 한 벌씩을 공양하였다. 아난다 존자에게는 삼의(三衣)와 함께 500의 가치

---

326) "'스승께 올릴 보시를 구한다.(ācariyadhanaṁ pariyesissanti)'는 것은 외도들은 스승의 곁에서 학문(sippa)을 전수받으면, 그에게 학문을 전수받기 전이나 후나 혹은 중간에 집에서 가져와서 보시(dhana)를 올린다. 만약 집에서 가져올 것이 없으면 친척 집에서 구한다. 거기서도 없으면 그들은 공동의 것(sabhāga)에서 구하고, 그곳에서도 얻지 못하면 탁발(bhikkha)을 해서라도 보시를 올린다. 그것과 관련하여 말한 것이다."(AA.v.86)

가 되는 초막을 지어드렸다.

소치는 사람 경(A11:18)327)
Gopāla-sutta

1. "비구들이여, 열한 가지 특징을 갖춘 소치는 사람이 소떼를 돌보고 소떼를 불린다는 것은 있을 수 없다. 무엇이 열하나인가?"

2. "비구들이여, 여기 소치는 사람은 ① 물질을 알지 못한다.328) ② 특징에 능숙하지 못하다. ③ 진드기를 제거하지 않는다. ④ 상처를 잘 싸매지 않는다. ⑤ [외양간 내에 파리와 모기 등이 들끓을 때] 연기를 지피지 않는다. ⑥ 물 마시는 곳을 알지 못한다.329) ⑦ 마시는 물인지 [못 마시는 물인지] 알지 못한다. ⑧ [안전한] 길인지 [길이 아닌지] 알지 못한다. ⑨ 방목지에 능숙하지 못하다.330) ⑩

---

327) 본경은 『맛지마 니까야』 「긴 소치는 사람 경」(Mahāgopāla-sutta, M33)과 완전히 같다.

328) "'물질을 알지 못한다(na rūpaññū hoti)'는 것은 자기의 소떼가 몇 마리인지 숫자를 헤아리거나 혹은 어떤 색깔을 가졌는지를 통해 그 물질을 알지 못한다는 말이다."(AA.v.87)

329) "'물 마시는 곳을 알지 못한다.(na titthaṁ jānāti)'는 것은 물 마시는 곳이 평탄한지 아닌지, 악어가 있는지 없는지를 알지 못한다는 말이다. 그는 물 마시는 곳이 아닌 곳에 소떼들을 몰고 내려간다. 평탄하지 않은 곳에서는 돌부리에 걸려서 발이 부러지고, 악어가 살고 있는 깊은 곳에 소떼들을 몰고 내려갈 때에는 악어(kumbhīla) 등이 소들을 낚아챈다. 그리하여 그는 '오늘은 이만큼의 소가 죽었고, 오늘은 이만큼이다'라고 말하는 처지에 놓이게 된다."(AA.v.89)

330) "'방목지에 능숙하지 못하다.(na gocara-kusalo hoti)'는 것은 5일이나 7일이 지난 다음에 그곳으로 다시 풀을 뜯으러 가는 것을 알지 못한다는 말

젖을 남김없이 다 짜버린다.331) ⑪ 소들의 아버지요, 소들의 지도자인 황소를 특별히 공경하지 않는다. 비구들이여, 이러한 열한 가지 특징을 갖춘 소치는 사람이 소떼를 돌보고 소떼를 불린다는 것은 있을 수 없다."

3. "비구들이여, 그와 같이 열한 가지 특징을 갖춘 비구가 이 법과 율에서 향상하고 증장하고 충만하게 된다는 것은 있을 수 없다. 무엇이 열하나인가?"

4. "비구들이여, 여기 비구는 ① 물질을 알지 못한다.332) ②

이다. 한 방향으로 소떼를 몰면, 다시 다음 날에는 그곳으로는 몰아서는 안된다. 큰 무리의 소떼가 지나간 곳은 마치 북의 표면처럼 깨끗하여 풀이 없고, 물도 역시 흐리다. 그러므로 5일이나 7일이 지난 다음에 다시 그곳으로 몰아야 한다. 이 만큼이 지나야 풀도 다시 자라고, 물도 가라앉는다. 그러나 이 사람은 이것을 알지 못한다. 그리하여 날마다 안전한 장소(rakkhita-ṭṭhāna)에서만 보호한다. 따라서 소떼는 푸른 풀을 먹지 못하고 마른 풀만을 먹고, 흙탕물(kalala-missaka udaka)을 마시게 된다."(AA. v.91)

331) "'젖을 남김없이 다 짜버린다.(anavasesa-dohī hoti)'는 것은 현명한 목동(gopālaka)은 젖먹이 송아지가 있으면 그들을 위해 한 두 개의 젖은 남겨두고 젖을 짜야 한다. 그러나 이 사람은 송아지를 위해 조금도 남겨두지 않고 젖을 다 짜버린다. 젖먹이 송아지는 젖에 목말라 비실비실한다. 몸을 지탱할 수 없자 전율하면서 어미 소 앞에 쓰러져 죽는다. 어미는 새끼를 보고 '내 새끼가 젖을 얻지 못했다.'라고 생각하면서 새끼에 대한 슬픔 때문에 풀도 먹을 수가 없고 물도 마실 수가 없다. 그리하여 젖에서 우유가 말라버린다." (*Ibid*)

332) "'네 가지 근본물질(mahā-bhūta)과 네 가지 근본물질로부터 파생된 물질(upādāya-rūpa)이 있다.'라고 설한 물질을, 숫자(gaṇana)를 통해서나 혹은 그것이 일어난 원인(samuṭṭhāna)을 통해 알지 못한다는 뜻이다. 숫자를 통해서 물질을 알지 못한다는 것은 '눈·귀·코·혀·몸·형상·소리·냄

특징에 능숙하지 못하다. ③ 진드기를 제거하지 않는다. ④ 상처를 잘 싸매지 않는다. ⑤ 외양간에 연기를 지피지 않는다. ⑥ 물 마시는 곳을 알지 못한다. ⑦ 마시는 물을 알지 못한다. ⑧ 길을 알지 못한다. ⑨ 방목지에 능숙하지 못하다. ⑩ 젖을 남김없이 다 짜버린다. ⑪ 승가의 아버지요, 승가의 지도자인, 구참(久參)이고 출가한 지 오래된 장로 비구들을 특별히 공경하지 않는다."

새·맛·감촉·여근·남근·명근·몸의 암시·말의 암시·공계(空界)·수대(水大)·물질의 가벼움·부드러움·적합함·물질의 생성·상속·쇠퇴·물질의 무상함·단식(段食, 물질로 된 음식)이 있다.'라고 삼장에서 전해오는 25가지 물질의 부분을 알지 못한다는 말이다. 마치 소치는 사람이 숫자를 헤아려서 소 떼의 물질을 알지 못하듯이 이 비구도 그와 같다. 그가 물질을 알지 못하면서 물질을 파악하고 정신을 판별하여 물질-정신을 파악한 뒤 조건을 주시하여 특징을 드러낸 뒤 명상주제들의 정상에 오른다는 것은 불가능하다. 마치 그 소치는 사람의 소떼가 늘지 않는 것처럼, 그는 이 교법에서 계와 사마타와 위빳사나와 도와 과와 열반을 통해 향상하지 않는다. 마치 소치는 사람이 다섯 가지의 유제품(우유, 응유, 생 버터, 정제된 버터, 최상의 버터(醍醐)와 거리가 멀듯이, 이 비구도 무학의 계온과 무학의 정온과 무학의 혜온과 무학의 해탈온과 무학의 해탈지견온인 다섯 가지 법온과 거리가 멀다.

'물질이 일어난 원인을 통해서 물질을 알지 못한다.'는 것은 이런 물질은 하나의 원인을 가졌고, 이런 물질은 두 개의 원인을 가졌고, 이런 물질은 세 개의 원인을 가졌고, 이런 물질은 네 개의 원인을 가졌고, 이런 물질은 원인을 갖지 않았다고 알지 못한다는 말이다."(AA.v.92~93)

상좌부 아비담마에서는 모두 28가지 물질을 들고 있는데 본경에 해당하는 주석서에는 지·화·풍 대신에 감촉을 넣었고 심장토대를 언급하지 않았다. 그러므로 감촉을 빼고 이 넷을 넣으면 아비담마에서 설하는 28가지 물질이 된다.(『아비담마 길라잡이』 6장 §2 이하를 참조할 것)

물질이 일어나는 원인은 네 가지이니 그것은 업(kamma), 마음(citta), 온도(utu), 음식(āhāra)이다. 여기에 대해서는 『아비담마 길라잡이』 6장 §9 이하를 참조할 것.

5. "비구들이여, 그러면 어떻게 비구는 ① 물질을 알지 못하는가? 비구들이여, 여기 [이 교법에서] 비구는 '물질은 그것이 어떤 것이건, 모두 네 가지 근본물질[四大]과 근본물질에서 파생된 물질들이다.'라고 있는 그대로 꿰뚫어 알지 못한다. 비구들이여, 이와 같이 비구는 물질을 알지 못한다."

6. "비구들이여, 그러면 어떻게 비구는 ② 특징에 능숙하지 못한가? 비구들이여, 여기 비구는 '어리석은 자의 특징도 그의 행위에 의한 것이고, 현자의 특징도 그의 행위에 의한 것이다.'라고 있는 그대로 꿰뚫어 알지 못한다.333) 비구들이여, 이와 같이 비구는 특징에 능숙하지 못하다."

7. "비구들이여, 그러면 어떻게 비구는 ③ 진드기를 제거하지 않는가? 비구들이여, 여기 비구는 감각적 욕망에 대한 생각이 일어나면, 그것을 품고 있고 버리지 않고 제거하지 않고 끝내지 않고 없애지 않는다. 악의에 대한 생각이 일어나면, … 해코지에 대한 생각이 일어나면, … 나쁘고 해로운 [불선]법들이 계속적으로 일어나면,

---

333) "그가 이와 같이 알지 못하여 어리석은 자를 피하고 현자를 섬기지 않는다. 어리석은 자를 피하고 현자를 섬기지 않기 때문에 적당한 것과 적당하지 않은 것, 유익한 것과 해로운 것, 비난 받아야 할 것과 비난 받을 일이 없는 것, 무거운 [죄]와 가벼운 [죄], 고칠 수 있는 것과 고칠 수 없는 것, 원인과 원인 아닌 것을 알지 못한다. 그것을 알지 못하면서 명상주제를 취하여 향상한다는 것은 불가능하다. 마치 소치는 사람의 소떼가 불지 않는 것처럼 그는 이 교법에서 앞서 설한 계 등으로 향상하지 않는다. 마치 소치는 사람이 다섯 가지의 유제품과 거리가 멀듯이, 이 비구도 다섯 가지 법온과 거리가 멀다."(AA.v.93)

그것을 품고 있고 버리지 않고 제거하지 않고 끝내지 않고 없애지 않는다. 비구들이여, 이와 같이 비구는 진드기를 제거하지 않는다."

8. "비구들이여, 그러면 어떻게 비구는 ④ 상처를 잘 싸매지 않는가? 비구들이여, 여기 비구는 눈으로 형상을 봄에 그 표상[全體相]을 취하며, 또 그 세세한 부분상[細相]을 취한다. 그리하여 만약 그가 눈의 기능[眼根]이 제어되지 않은 채 머무르면, 욕심과 싫어하는 마음이라는 나쁘고 해로운 법[不善法]들이 그를 침입해올 것이다. 그는 눈의 감각기능을 잘 단속하기 위해 수행하지 않으며, 눈의 감각기능을 잘 방호하지 않고, 눈의 감각기능을 잘 단속하지 않는다.

귀로 소리를 들음에…, 코로 냄새를 맡음에…, 혀로 맛을 봄에…, 몸으로 감촉을 느낌에…, … 마노[意]로 법을 지각함에 그 표상을 취하며, 그 세세한 부분상을 취한다. 그리하여 만약 그가 마노의 기능[意根]이 제어되어 않은 채 머무르면, 욕심과 싫어하는 마음이라는 나쁘고 해로운 법들이 그를 침입해올 것이다. 그는 마노의 감각기능을 잘 단속하기 위해 수행하지 않으며, 마노의 감각기능을 잘 방호하지 않고, 마노의 감각기능을 잘 단속하지 않는다. 비구들이여, 이와 같이 비구는 상처를 잘 싸매지 않는다."

9. "비구들이여, 그러면 어떻게 비구는 ⑤ 외양간에 연기를 지피지 않는가? 비구들이여, 여기 비구는 들은 대로 배운 대로 남들에게 자세하게 법을 설하지 않는다.334) 비구들이여, 이와 같이 비구는

---

334) "마치 소치는 사람이 연기를 지피지 않듯이, 이 비구도 법의 가르침의 연기를 지피지 않는다. 설법도 하지 않고, 특정한 음조를 넣어 [가르침을] 외우지도 않고, 가까이 다가온 사람에게 [법에 관한] 이야기를 하지도 않고,

외양간에 연기를 지피지 않는다."

10. "비구들이여, 그러면 어떻게 비구는 ⑥ 물 마시는 곳을 알지 못하는가? 비구들이여, 여기 비구는 많이 배우고 전승된 가르침에 능통하고 법(경장)을 호지하고 율[장]을 호지하고 논모(論母, 마띠까)를 호지하는 장로 비구들에게 자주 다가가서 '존자들이시여, 이것은 어떻게 된 것이며, 이 뜻은 무엇입니까?'라고 묻지 않고 질문하지 않는다. 그래서 그 존자들은 그에게 드러나지 않은 것을 드러내지 않고, 명확하지 않은 것을 명확하게 해주지 않고, 여러 가지 의심되는 법에 대해 의심을 없애주지 않는다. 비구들이여, 이와 같이 비구는 물 마시는 곳을 알지 못한다."

11. "비구들이여, 그러면 어떻게 비구는 ⑦ 마시는 물을 알지 못하는가? 비구들이여, 여기 비구는 여래가 선언하신 법과 율이 설해질 때 주석서를 의지하여 생긴 희열과 환희를 얻지 못하고, 성전을 의지하여 생긴 희열과 환희를 얻지 못하며,335) 법336)과 관계된 환희

[보시를 한 사람들에게] 감사의 표시도 하지 않는다. 그리하여 사람들이 그를 '많이 배웠고 덕 있는 분이다.'라고 알지 못한다. 그들은 덕이 있는 자와 없는 자를 알지 못하여 4종 필수품으로 돕지 않는다. 그는 필수품 때문에 지쳐서 공부하는 것과 여러 가지 소임을 충실히 하는 것과 명상주제를 들어 향상한다는 것은 불가능하다. … 마치 소치는 사람이 다섯 가지의 유제품과 거리가 멀듯이, 이 비구도 다섯 가지 법온과 거리가 멀다."(AA.v.94)

335) '주석서를 의지하여 생긴 희열과 환희를 얻고 성전을 의지하여 생긴 희열과 환희를 얻으며'는 labhati atthavedaṁ labhati dhammavedaṁ을 의역한 것이다. 주석서에서 'attha-veda(문자적으로는 뜻을 앎)'를 주석서(aṭṭhakathā)를 의지하여 생긴 희열과 환희(pīti-pāmojja)로, 'dhamma-veda(법을 앎)'를 성전(pāli)을 의지하여 생긴 희열과 환희로 설명하고

를 얻지 못한다. 비구들이여, 이와 같이 비구는 마시는 물을 알지 못한다."

12. "비구들이여, 그러면 어떻게 비구는 ⑧ 길을 알지 못하는가? 비구들이여, 여기 비구는 여덟 가지 구성요소를 가진 성스러운 도[八支聖道=팔정도]를 있는 그대로 꿰뚫어 알지 못한다.337) 비구들이여, 이와 같이 비구는 길을 알지 못한다."

13. "비구들이여, 그러면 어떻게 비구는 ⑨ 방목지에 능숙하지 못한가? 비구들이여, 여기 비구는 네 가지 마음챙김의 확립[四念處]을 있는 그대로 꿰뚫어 알지 못한다. 비구들이여, 이와 같이 비구는 방목지에 능숙하지 못하다."

14. "비구들이여, 그러면 어떻게 비구는 ⑩ 젖을 남김없이 다 짜버리는가? 비구들이여, 믿음 있는 장자들이 의복, 탁발음식, 거처, 병구완을 위한 약품을 그가 원하는 만큼 가져가도록 비구를 초청하면, 그는 그것을 취함에 있어 적당한 양을 알지 못한다. 비구들이여, 이와 같이 비구는 젖을 남김없이 다 짜버린다."

　　　있어서(AA.iii.337) 이렇게 의역하였다.
336) "여기서 '법(dhamma)'이란 성전(pāli)과 주석서(aṭṭhakathā)를 뜻한다."(*Ibid*)
337) "마치 소치는 사람이 길인지 길이 아닌지를 알지 못하듯이, 이 비구도 '이것은 세간적인 것이다, 이것은 출세간적인 것이다.'라고 성스러운 팔정도를 있는 그대로 꿰뚫어 알지 못한다. 알지 못한 채 세간적인 길에 들어서서 출세간적인 것을 만든다는 것은 불가능하다. … 마치 소치는 사람이 다섯 가지의 유제품과 거리가 멀듯이, 이 비구도 다섯 가지 법온과 거리가 멀다."(AA.v.95)

15. "비구들이여, 그러면 어떻게 비구는 ⑪ 승가의 아버지요, 승가의 지도자인, 구참(久參)이고 출가한 지 오래된 장로 비구들을 특별히 공경하지 않는가? 비구들이여, 여기 비구는 승가의 아버지요, 승가의 지도자인, 구참(久參)이고 출가한 지 오래된 장로 비구들에 대해, 눈앞에 있건 없건 몸의 업으로 자애를 유지하지 못하고, 눈앞에 있건 없건 말의 업으로 자애를 유지하지 못하고, 눈앞에 있건 없건 마음의 업으로 자애를 유지하지 못한다. 비구들이여, 이와 같이 비구는 승가의 아버지요, 승가의 지도자인, 구참(久參)이고 출가한 지 오래된 장로 비구들을 특별히 공경하지 않는다.

비구들이여, 이러한 열한 가지 특징을 갖춘 비구가 이 법과 율에서 향상하고 증장하고 충만하게 된다는 것은 있을 수 없다."

16. "비구들이여, 열한 가지 특징을 갖춘 소치는 사람이 소떼를 돌보고 소떼를 불린다는 것은 가능하다. 무엇이 열하나인가?"

17. "비구들이여, 여기 소치는 사람은 ① 물질을 안다. ② 특징에 능숙하다. ③ 진드기를 제거한다. ④ 상처를 잘 싸맨다. ⑤ [외양간 내에 파리와 모기 등이 들끓을 때] 연기를 지핀다. ⑥ 물 마시는 곳을 안다. ⑦ 마시는 물을 안다. ⑧ 길을 안다. ⑨ 방목지에 능숙하다. ⑩ 젖을 조금 남겨두고 짠다. ⑪ 소들의 아버지요, 소들의 지도자인 황소를 특별히 공경한다. 비구들이여, 이러한 열한 가지 특징을 갖춘 소치는 사람이 소떼를 돌보고 소떼를 불린다는 것은 가능하다."

18. "비구들이여, 그와 같이 열한 가지 특징을 갖춘 비구가 이

법과 율에서 향상하고 증장하고 충만하게 된다는 것은 가능하다. 무엇이 열하나인가?"

19. "비구들이여, 여기 비구는 ① 물질을 안다. ② 특징에 능숙하다. ③ 진드기를 제거한다. ④ 상처를 잘 싸맨다. ⑤ 외양간에 연기를 지핀다. ⑥ 물 마시는 곳을 안다. ⑦ 마시는 물을 안다. ⑧ 길을 안다. ⑨ 방목지에 능숙하다. ⑩ 젖을 조금 남겨두고 짠다. ⑪ 승가의 아버지요, 승가의 지도자인, 구참(久參)이고 출가한 지 오래된 장로 비구들을 특별히 공경한다."

20. "비구들이여, 그러면 어떻게 비구는 ① 물질을 아는가? 비구들이여, 여기 비구는 '물질은 그것이 어떤 것이건, 모두 네 가지 근본물질[四大]과 근본물질에서 파생된 물질들이다.'라고 있는 그대로 꿰뚫어 안다. 비구들이여, 이와 같이 비구는 물질을 안다."

21. "비구들이여, 그러면 어떻게 비구는 ② 특징에 능숙한가? 비구들이여, 여기 비구는 '어리석은 자의 특징도 그의 행위에 의한 것이고, 현자의 특징도 그의 행위에 의한 것이다.'라고 있는 그대로 꿰뚫어 안다. 비구들이여, 이와 같이 비구는 특징에 능숙하다."

22. "비구들이여, 그러면 어떻게 비구는 ③ 진드기를 제거하는가? 비구들이여, 여기 비구는 감각적 욕망에 대한 생각이 일어나면, 그것을 품고 있지 않고 버리고 제거하고 끝내고 없앤다. 악의에 대한 생각이 일어나면, … 해코지에 대한 생각이 일어나면, … 나쁘고 해로운 [불선]법들이 계속적으로 일어나면, 그것을 품고 있지 않고 버

리고 제거하고 끝내고 없앤다. 비구들이여, 이와 같이 비구는 진드기를 제거한다."

23. "비구들이여, 그러면 어떻게 비구는 ④ 상처를 잘 싸매는가? 비구들이여, 여기 비구는 눈으로 형상을 봄에 그 표상[全體相]을 취하지 않으며, 또 그 세세한 부분상[細相]을 취하지도 않는다. 만약 그가 눈의 기능[眼根]이 제어되지 않은 채 머무르면, 욕심과 싫어하는 마음이라는 나쁘고 해로운 법[不善法]들이 그를 침입해올 것이다. 따라서 그는 눈의 감각기능을 잘 단속하기 위해 수행하며, 눈의 감각기능을 잘 방호하고, 눈의 감각기능을 잘 단속한다.

귀로 소리를 들음에…, 코로 냄새를 맡음에…, 혀로 맛을 봄에…, 몸으로 감촉을 느낌에…, … 마노[意]로 법을 지각함에 그 표상을 취하지 않으며, 그 세세한 부분상을 취하지도 않는다. 만약 그가 마노의 기능[意根]이 제어되지 않은 채 머무르면, 욕심과 싫어하는 마음이라는 나쁘고 해로운 법[不善法]들이 그를 침입해올 것이다. 따라서 그는 마노의 감각기능을 잘 단속하기 위해 수행하며, 마노의 감각기능을 잘 방호하고 마노의 감각기능을 잘 단속한다. 비구들이여, 이와 같이 비구는 상처를 잘 싸맨다."

24. "비구들이여, 그러면 어떻게 비구는 ⑤ 외양간에 연기를 지피는가? 비구들이여, 여기 비구는 들은 대로 배운 대로 남들에게 상세하게 법을 설한다. 비구들이여, 이와 같이 비구는 외양간에 연기를 지핀다."

25. "비구들이여, 그러면 어떻게 비구는 ⑥ 물 마시는 곳을 아는가? 비구들이여, 여기 비구는 많이 배우고 전승된 가르침에 능통하고 법(경장)을 호지하고 율[장]을 호지하고 논모(論母, 마띠까)를 호지하는 장로 비구들에게 자주 다가가서 '존자들이시여, 이것은 어떻게 된 것이며, 이 뜻은 무엇입니까?'라고 묻고 질문한다. 그러면 그들은 그에게 드러나지 않은 것을 드러내고, 명확하지 않은 것을 명확하게 해주고, 여러 가지 의심되는 법에 대해 의심을 없애준다. 비구들이여, 이와 같이 비구는 물 마시는 곳을 안다."

26. "비구들이여, 그러면 어떻게 비구는 ⑦ 마시는 물을 아는가? 비구들이여, 여기 비구는 여래가 선언하신 법과 율이 설해질 때 주석서를 의지하여 생긴 희열과 환희를 얻고, 성전을 의지하여 생긴 희열과 환희를 얻으며, 법과 관계된 환희를 얻는다. 비구들이여, 이와 같이 비구는 마시는 물을 안다."

27. "비구들이여, 그러면 어떻게 비구는 ⑧ 길을 아는가? 비구들이여, 여기 비구는 여덟 가지 구성요소를 가진 성스러운 도[八支聖道=팔정도]를 있는 그대로 꿰뚫어 안다. 비구들이여, 이와 같이 비구는 길을 안다."

28. "비구들이여, 그러면 어떻게 비구는 ⑨ 방목지에 능숙한가? 비구들이여, 여기 비구는 네 가지 마음챙김의 확립[四念處]을 있는 그대로 꿰뚫어 안다. 비구들이여, 이와 같이 비구는 방목지에 능숙하다."

29. "비구들이여, 그러면 어떻게 비구는 ⑩ 젖을 조금 남겨두고 짜는가? 비구들이여, 믿음 있는 장자들이 의복, 탁발음식, 거처, 병구완을 위한 약품을 그가 원하는 만큼 가져가도록 비구를 초청하면, 그는 그것을 취함에 있어 적당한 양을 안다. 비구들이여, 이와 같이 비구는 젖을 조금 남겨두고 짠다."

30. "비구들이여, 그러면 어떻게 비구는 ⑪ 승가의 아버지요, 승가의 지도자인, 구참(久參)이고 출가한 지 오래된 장로 비구들을 특별히 공경하는가? 비구들이여, 여기 비구는 승가의 아버지요, 승가의 지도자인, 구참(久參)이고 출가한 지 오래된 장로 비구들에 대해, 눈앞에 있건 없건 몸의 업으로 자애를 유지하고, 눈앞에 있건 없건 말의 업으로 자애를 유지하고, 눈앞에 있건 없건 마음의 업으로 자애를 유지한다. 비구들이여, 이와 같이 비구는 승가의 아버지요, 승가의 지도자인, 구참(久參)이고 출가한 지 오래된 장로 비구들을 특별히 공경한다.

비구들이여, 이러한 열한 가지 특징을 갖춘 비구가 이 법과 율에서 향상하고 증장하고 충만하게 된다는 것은 가능하다."

삼매 경1(A11:19)
Samādhi-sutta

1. 그때 많은 비구들이 세존께 다가갔다. 가서는 세존께 절을 올리고 한 곁에 앉았다. 한 곁에 앉아서 비구들은 세존께 이렇게 말씀드렸다.

"세존이시여, 비구가 땅에 대해 땅이라는 인식이 없고, 물에 대해 물이라는 인식이 없고, 불에 대해 불이라는 인식이 없고, 바람에 대해 바람이라는 인식이 없고, 공무변처에 대해 공무변처라는 인식이 없고, 식무변처에 대해 식무변처라는 인식이 없고, 무소유처에 대해 무소유처라는 인식이 없고, 비상비비상처에 대해 비상비비상처라는 인식이 없고, 이 세상에 대해 이 세상이라는 인식이 없고, 저 세상에 대해 저 세상이라는 인식이 없고, 보고 듣고 생각하고 알고 얻고 탐구하고 마음으로 고찰한 것에 대해서도 인식이 없지만, 그러나 인식이 있는 그런 삼매를 얻을 수 있습니까?"

"비구들이여, 비구가 땅에 대해 땅이라는 인식이 없고, … 보고 듣고 생각하고 알고 얻고 탐구하고 마음으로 고찰한 것에 대해서도 인식이 없지만, 그러나 인식이 있는 그런 삼매를 얻을 수 있다."

"세존이시여, 그러면 어떻게 비구가 땅에 대해 땅이라는 인식이 없고, … 보고 듣고 생각하고 알고 얻고 탐구하고 마음으로 고찰한 것에 대해서도 인식이 없지만, 그러나 인식이 있는 그런 삼매를 얻을 수 있습니까?"

2. "비구들이여, 여기 비구는 '이것은 고요하고 이것은 수승하다. 이것은 모든 형성된 것들[行]이 가라앉음[止]이요, 모든 재생의 근거를 놓아버림[放棄]이요, 갈애의 소진이요, 탐욕의 빛바램[離慾]이요, 소멸[滅]이요, 열반이다.'라는 이러한 인식을 가진다. 비구들이여, 이렇게 해서 비구는 땅에 대해 땅이라는 인식이 없고, … 보고 듣고 생각하고 알고 얻고 탐구하고 마음으로 고찰한 것에 대해서도 인식이 없지만, 그러나 인식이 있는 그런 삼매를 얻을 수 있다."338)

삼매 경2(A11:20)

1. 거기서 세존께서는 "비구들이여."라고 비구들을 부르셨다. "세존이시여."라고 비구들은 세존께 응답했다. 세존께서는 이렇게 말씀하셨다.

"비구들이여, 비구가 땅에 대해 땅이라는 인식이 없고, 물에 대해 물이라는 인식이 없고, 불에 대해 불이라는 인식이 없고, 바람에 대해 바람이라는 인식이 없고, 공무변처에 대해 공무변처라는 인식이 없고, 식무변처에 대해 식무변처라는 인식이 없고, 무소유처에 대해 무소유처라는 인식이 없고, 비상비비상처에 대해 비상비비상처라는 인식이 없고, 이 세상에 대해 이 세상이라는 인식이 없고, 저 세상에 대해 저 세상이라는 인식이 없고, 보고 듣고 생각하고 알고 얻고 탐구하고 마음으로 고찰한 것에 대해서도 인식이 없지만, 그러나 인식이 있는 그런 삼매를 얻을 수 있는가?"

"세존이시여, 저희들의 법은 세존을 근원으로 하며, 세존을 길잡이로 하며, 세존을 귀의처로 합니다. 세존이시여, 세존께서 방금 말씀하신 것의 뜻을 [친히] 밝혀주신다면 참으로 감사하겠습니다. 비구들은 세존으로부터 듣고 마음에 잘 호지할 것입니다."

"비구들이여, 그렇다면 들어라. 듣고 마음에 잘 새겨라. 나는 설할 것이다."

"그러겠습니다, 세존이시여."라고 비구들은 세존께 응답했다.

세존께서는 이렇게 말씀하셨다.

---

338) 본서 「인식 경」 1(A11:7)과 같은 내용이다.

2. "비구들이여, 비구가 땅에 대해 땅이라는 인식이 없고, … 보고 듣고 생각하고 알고 얻고 탐구하고 마음으로 고찰한 것에 대해서도 인식이 없지만, 그러나 인식이 있는 그런 삼매를 얻을 수 있다."

3. "비구들이여, 여기 비구는 '이것은 고요하고 이것은 수승하다. 이것은 모든 형성된 것들[行]이 가라앉음[止]이요, 모든 재생의 근거를 놓아버림[放棄]이요, 갈애의 소진이요, 탐욕의 빛바램[離慾]이요, 소멸[滅]이요, 열반이다.'라는 이러한 인식을 가진다. 비구들이여, 이렇게 해서 비구는 땅에 대해 땅이라는 인식이 없고, … 보고 듣고 생각하고 알고 얻고 탐구하고 마음으로 고찰한 것에 대해서도 인식이 없지만, 그러나 인식이 있는 그런 삼매를 얻을 수 있다."

삼매 경3(A11:21)
Samādhi-sutta

1. 그때 많은 비구들이 사리뿟따 존자에게 다가갔다. 가서는 세존께 절을 올리고 한 곁에 앉았다. 한 곁에 앉아서 비구들은 사리뿟따 존자에게 이렇게 말했다.

"도반 사리뿟따여, 비구가 땅에 대해 땅이라는 인식이 없고, … 보고 듣고 생각하고 알고 얻고 탐구하고 마음으로 고찰한 것에 대해서도 인식이 없지만, 그러나 인식이 있는 그런 삼매를 얻을 수 있습니까?"

"도반들이여, 비구가 땅에 대해 땅이라는 인식이 없고, … 보고 듣고 생각하고 알고 얻고 탐구하고 마음으로 고찰한 것에 대해서도 인식이 없지만, 그러나 인식이 있는 그런 삼매를 얻을 수 있습니다."

"도반 사리뿟따여, 그러면 어떻게 비구가 땅에 대해 땅이라는 인식이 없고, … 보고 듣고 생각하고 알고 얻고 탐구하고 마음으로 고찰한 것에 대해서도 인식이 없지만, 그러나 인식이 있는 그런 삼매를 얻을 수 있습니까?"

2. "도반들이여, 여기 비구는 '이것은 고요하고 이것은 수승하다. 이것은 모든 형성된 것들[行]이 가라앉음[止]이요, 모든 재생의 근거를 놓아버림[放棄]이요, 갈애의 소진이요, 탐욕의 빛바램[離慾]이요, 소멸[滅]이요, 열반이다.'라는 이러한 인식을 가집니다. 도반들이여, 이렇게 해서 비구는 땅에 대해 땅이라는 인식이 없고, … 보고 듣고 생각하고 알고 얻고 탐구하고 마음으로 고찰한 것에 대해서도 인식이 없지만, 그러나 인식이 있는 그런 삼매를 얻을 수 있습니다."339)

삼매 경4(A11:22)

1. 거기서 사리뿟따 존자는 비구들을 불러서 말했다.
"도반 비구들이여, 비구가 땅에 대해 땅이라는 인식이 없고, … 보고 듣고 생각하고 알고 얻고 탐구하고 마음으로 고찰한 것에 대해서도 인식이 없지만, 그러나 인식이 있는 그런 삼매를 얻을 수 있습니까?"

"도반이시여, 우리는 이런 말씀의 뜻을 알기 위해서 멀리서라도 사리뿟따 존자의 곁으로 올 것입니다. 그러니 사리뿟따 존자께서 이

---

339) 본서 「인식 경」 1(A11:7)과 같은 내용이다.

말씀의 뜻을 설명해주시면 감사하겠습니다. 비구들은 사리뿟따 존자로부터 듣고 잘 호지할 것입니다."

"도반들이여, 그렇다면 들으시오. 듣고 마음에 잘 새기시오. 나는 설할 것입니다."

"그렇게 하겠습니다, 도반이여."라고 비구들은 사리뿟따 존자에게 대답했다. 사리뿟따 존자는 이렇게 말했다.

2. "도반들이여, 비구가 땅에 대해 땅이라는 인식이 없고, … 보고 듣고 생각하고 알고 얻고 탐구하고 마음으로 고찰한 것에 대해서도 인식이 없지만, 그러나 인식이 있는 그런 삼매를 얻을 수 있습니다."

"도반 사리뿟따여, 그러면 어떻게 비구가 땅에 대해 땅이라는 인식이 없고, … 보고 듣고 생각하고 알고 얻고 탐구하고 마음으로 고찰한 것에 대해서도 인식이 없지만, 그러나 인식이 있는 그런 삼매를 얻을 수 있습니까?"

3. "도반들이여, 여기 비구는 '이것은 고요하고 이것은 수승하다. 이것은 모든 형성된 것들[行]이 가라앉음[止]이요, 모든 재생의 근거를 놓아버림[放棄]이요, 갈애의 소진이요, 탐욕의 빛바램[離慾]이요, 소멸[滅]이요, 열반이다.'라는 이러한 인식을 가집니다. 도반들이여, 이렇게 해서 비구는 땅에 대해 땅이라는 인식이 없고, … 보고 듣고 생각하고 알고 얻고 탐구하고 마음으로 고찰한 것에 대해서도 인식이 없지만, 그러나 인식이 있는 그런 삼매를 얻을 수 있습니다."

제2장 계속해서 생각함 품이 끝났다.

두 번째 품에 포함된 경들의 목록은 다음과 같다.

두 가지 ①~② 마하나마 ③ 난디야
④ 수부띠 ⑤ 자애 ⑥ 다사마
⑦ 소치는 사람, 네 가지 ⑧~⑪ 삼매이다.

제3장 일반 품
Sāmañña-vagga340)

소치는 사람 경(A11:23)341)
Gopāla-sutta

1. "비구들이여, 열한 가지 특징을 갖춘 소치는 사람이 소떼를 돌보고 소떼를 불린다는 것은 있을 수 없다. 무엇이 열하나인가?"

2. "비구들이여, 여기 소치는 사람은 ① 물질을 알지 못한다. ② 특징에 능숙하지 못하다. ③ 진드기를 제거하지 않는다. ④ 상처를 잘 싸매지 않는다. ⑤ [외양간 내에 파리와 모기 등이 들끓을 때] 연기를 지피지 않는다. ⑥ 물 마시는 곳을 알지 못한다. ⑦ 마시는 물인지 [못 마시는 물인지] 알지 못한다. ⑧ [안전한] 길인지 [아닌지] 알지 못한다. ⑨ 방목지에 능숙하지 못하다. ⑩ 젖을 남김없이 다 짜버린다. ⑪ 소들의 아버지요, 소들의 지도자인 황소를 특별히 공경하지 않는다. 비구들이여, 이러한 열한 가지 특징을 갖춘 소치는 사람이 소떼를 돌보고 소떼를 불린다는 것은 있을 수 없다."

3. "비구들이여, 그와 같이 열한 가지 특징을 갖춘 비구가 눈에서 무상을 보면서 머문다는 것은 있을 수 없다. … 눈에서 괴로움

---

340) PTS본과 6차결집본에는 본품에 포함된 경들의 제목이 나타나지 않는다. 본품의 제목은 역자가 문맥을 참조하여 임의로 붙인 것이다.
341) 6차결집본은 본경에 모두 480개의 경번호를 매기고 있다.

을 보면서 머문다는 것은 있을 수 없다. … 눈에서 무아를 보면서 머문다는 것은 있을 수 없다. … 눈에서 부서짐을 보면서 머문다는 것은 있을 수 없다. … 사그라짐을 보면서 머문다는 것은 있을 수 없다. … 빛바램을 보면서 머문다는 것은 있을 수 없다. … 소멸을 보면서 머문다는 것은 있을 수 없다. … 놓아버림을 보면서 머문다는 것은 있을 수 없다. 귀에서 … 코에서 … 혀에서 … 몸에서 … 마노에서 …

형상들에서 … 소리들에서 … 냄새들에서 … 맛들에서 … 감촉들에서 … 법들에서 …

눈의 알음알이[識]에서 … 귀의 알음알이에서 … 코의 알음알이에서 … 혀의 알음알이에서 … 몸의 알음알이에서 … 마노의 알음알이에서 …

눈의 감각접촉[觸]에서 … 귀의 감각접촉에서 … 코의 감각접촉에서 … 혀의 감각접촉에서 … 몸의 감각접촉에서 … 마노의 감각접촉에서 …

눈의 감각접촉에서 생긴 느낌[受]에서 … 귀의 감각접촉에서 생긴 느낌에서 … 코의 감각접촉에서 생긴 느낌에서 … 혀의 감각접촉에서 생긴 느낌에서 … 몸의 감각접촉에서 생긴 느낌에서 … 마노의 감각접촉에서 생긴 느낌에서 …

형상의 인식[想]에서 … 소리의 인식에서 … 냄새의 인식에서 … 맛의 인식에서 … 감촉의 인식에서 … 법의 인식에서 …

형상에 대한 의도[意思]에서 … 소리에 대한 의도에서 … 냄새에 대한 의도에서 … 맛에 대한 의도에서 … 감촉에 대한 의도에서 … 법에 대한 의도에서 …

형상에 대한 갈애[愛]에서 … 소리에 대한 갈애에서 … 냄새에 대한 갈애에서 … 맛에 대한 갈애에서 … 감촉에 대한 갈애에서 … 법에 대한 갈애에서 …

형상에 대한 생각[尋]에서 … 소리에 대한 생각에서 … 냄새에 대한 생각에서 … 맛에 대한 생각에서 … 감촉에 대한 생각에서 … 법에 대한 생각에서 …

형상에 대한 고찰[伺]에서 … 소리에 대한 고찰에서 … 냄새에 대한 고찰에서 … 맛에 대한 고찰에서 … 감촉에 대한 고찰에서 … 법에 대한 고찰에서 무상을 보면서 머문다는 것은 있을 수 없다. … 괴로움을 보면서 머문다는 것은 있을 수 없다. … 무아를 보면서 머문다는 것은 있을 수 없다. … 부서짐을 보면서 머문다는 것은 있을 수 없다. … 사그라짐을 보면서 머문다는 것은 있을 수 없다. … 빛바램을 보면서 머문다는 것은 있을 수 없다. … 소멸을 보면서 머문다는 것은 있을 수 없다. … 놓아버림을 보면서 머문다는 것은 있을 수 없다."342)

4. "비구들이여, 열한 가지 특징을 갖춘 소치는 사람이 소떼를 돌보고 소떼를 불린다는 것은 가능하다. 무엇이 열하나인가?"

5. "비구들이여, 여기 소치는 사람은 ① 물질을 안다. ② 특징에 능숙하다. … ⑩ 젖을 조금 남겨두고 짠다. ⑪ 소들의 아버지요,

---

342) 본문 가운데 감각접촉, 느낌, 인식, 의도, 갈애, 생각, 고찰은 각각 phassa, vedanā, saññā, cetanā, taṇhā, vitakka, vicāra를 옮긴 것이고, 부서짐, 사그라짐, 빛바램, 소멸, 놓아버림은 각각 khaya, vaya, virāga, nirodha, paṭinissagga를 옮긴 것이다.

소들의 지도자인 황소를 특별히 공경한다. 비구들이여, 이러한 열한 가지 특징을 갖춘 소치는 사람이 소떼를 돌보고 소떼를 불린다는 것은 가능하다."

6. "비구들이여, 그와 같이 열한 가지 특징을 갖춘 비구가 눈에서 무상을 보면서 머문다는 것은 가능하다. …

… …

형상에 대한 고찰[伺]에서 … 소리에 대한 고찰에서 … 냄새에 대한 고찰에서 … 맛에 대한 고찰에서 … 감촉에 대한 고찰에서 … 법에 대한 고찰에서 무상을 보면서 머문다는 것은 가능하다. … 괴로움을 보면서 머문다는 것은 가능하다. … 무아를 보면서 머문다는 것은 가능하다. … 부서짐을 보면서 머문다는 것은 가능하다. … 사그라짐을 보면서 머문다는 것은 가능하다. … 빛바램을 보면서 머문다는 것은 가능하다. … 소멸을 보면서 머문다는 것은 … 놓아버림을 보면서 머문다는 것은 가능하다."

제4장 탐욕의 반복 품
Rāga-peyyāla

증득 경(A11:24)
Samāpatti-sutta

1. "비구들이여, 탐욕을 최상의 지혜로 알기 위해서는 열한 가지 법을 수행해야 한다. 무엇이 열하나인가?"

2. "초선, 제2선, 제3선, 제4선, 자애를 통한 마음의 해탈, 연민을 통한 마음의 해탈, 더불어 기뻐함을 통한 마음의 해탈, 평온을 통한 마음의 해탈, 공무변처, 식무변처, 무소유처이다. 비구들이여, 탐욕을 최상의 지혜로 알기 위해서는 이러한 열한 가지 법을 수행해야 한다."

철저히 앎 등의 경(A11:25)
Pariññādi-sutta

1. "비구들이여, 탐욕을 철저히 알기 위해서는 … 완전히 없애기 위해서는 … 버리기 위해서는 … 부수기 위해서는 … 사그라지게 하기 위해서는 … 빛바래게 하기 위해서는 … 소멸하기 위해서는 … 포기하기 위해서는 … 놓아버리기 위해서는 열한 가지 법을 수행해야 한다. …

2. "비구들이여, 성냄을 … 어리석음을 … 분노를 … 원한을 … 위선을 … 앙심을 … 질투를 … 인색을 … 속임을 … 사기를 … 완고를 … 성마름을 … 자만을 … 거만을 … 교만을 … 방일을 최상의 지혜로 알기 위해서는 … 철저히 알기 위해서는 … 완전히 없애기 위해서는 … 버리기 위해서는 … 부수기 위해서는 … 사그라지게 하기 위해서는 … 빛바래게 하기 위해서는 … 소멸하기 위해서는 … 포기하기 위해서는 … 놓아버리기 위해서는 열한 가지 법을 수행해야 한다. …

비구들이여, … 이러한 열한 가지 법을 수행해야 한다."343)

---

343) 6차결집본에는 이렇게 1(증득) × 17(탐, 진, 치, 분노 등) × 10(최상의 지혜로 앎, 철저히 앎 등) = 170 개의 경들이 탐욕의 반복(Rāga- peyyāla)품에 포함되어 있는 것으로 편집하고 있다. 그러나 역자가 저본으로 한 PTS본에는 2개의 경으로 묶여있다.
이렇게 하여 6차결집본에는 열하나의 모음의 경들에 대해 모두 671개의 경번호를 매겼고, Woodward는 PTS본에 따라 25개의 경번호를 매기고 있으며, 역자도 이를 따랐다.

9,000개의 경들과 다시 500개의 경들과
57개의 경들이 앙굿따라에 모아져 있다.344)

열하나의 모음이 끝났다.

앙굿따라 니까야가 끝났다.

---

344) 본경 마지막에 언급되고 있는 것과 같이 주석서 문헌들에서도 『앙굿따라 니까야』에 포함된 경들은 모두 9,557개라고 밝히고 있다. 그래서 『디가 니까야 주석서』 서문은 "어떤 것이 앙굿따라 니까야인가? [주요 주제의 숫자가] 하나씩, 하나씩 증가하면서 설해진 「마음의 유혹에 대한 경」 (A1:1) 등 9,557개의 경들이다."라고 적고 있다. 여기에 대해서는 『디가 니까야』 제3권 부록 『디가 니까야 주석서』 서문 §66을 참조할 것.)

역자후기
참고문헌
찾아보기

역자 후기

이제 『앙굿따라 니까야』가 전6권으로 완역 출간되는 시점이 되었다. 2004년 『청정도론』을 출간한 이래 조금씩 『앙굿따라 니까야』의 번역을 준비해오다, 2006년 1월에 각묵 스님이 번역하신 『디가 니까야』를 전3권으로 출간한 뒤부터 본격적으로 번역 작업에 임하여서 2006년 8월에 처음으로 제1권과 제2권을 출간했고, 2007년 4월에는 제3권과 제4권을 출간했으며, 이제 다시 제5권과 제6권을 마무리지어 『앙굿따라 니까야』를 완역 출간하게 되어 감개가 무량하다.

2년 동안 거의 매일을 『앙굿따라 니까야』를 읽고 사유하며 보냈으니, 출가자로서는 축복받은 삶을 살았노라고 감히 말하고 싶다. 이 세상에서 세존의 제자가 세존의 말씀을 매일 매일 원전으로 읽고 사유할 수 있다는 게, 그것도 자국어로 번역하여 많은 사람들에게 부처님의 원음(原音)을 알릴 수 있다는 게 그리 흔한 인연은 아닐 것이기 때문이다. 그러나 부처님의 뜻과 다르지 않게 부처님의 말씀을 바르게 전해야 한다는 의무감이 겹쳐 한편으론 힘든 나날의 연속이기도 했지만, 부처님을 마주 대하여 가르침을 듣는 듯한 기쁨은 말로 다 표현할 수 없었기에, 이 가르침을 많은 사람들과 공유하고픈 그 원력 하나로 스스로를 독려한 세월이 흘러 이제 회향의 글을 적는다.

본서를 출간하기까지 은혜를 입은 분들이 너무나 많다. 그분들의 정성으로 이 책이 세상에 빛을 보게 되었기에 그분들께 감사의 말씀을 드리고자 한다. 먼저 <초기불전연구원>의 지도 법사이신 각묵 스님께 감사의 말씀을 드리고자 한다. 『앙굿따라 니까야』를 번역하기를 간곡히 권해주셨으며, 책을 전6권으로 출간하는 계획에서부터 교정과 재교정, 그리고 책의 편집과 출간에 이르기까지 스님의 면밀한 계획과 추진력이 없었다면 『앙굿따라 니까야』의 완역은 불가능에 가까운 일이었을 것이다. 한국에 계시면 워낙 바쁜 분이라 교정과 편집에 몰두하기 위해 몇 번이나 태국을 들락거리시면서 이렇게 완역 출간할 수 있도록 힘을 써 주신 각묵 스님께 지면을 빌려 먼저 감사드린다.

이어서 원문과 일일이 대조하면서 세심한 교정과 함께 귀중한 제언을 주신 일창 스님께도 깊이 감사드린다. 스님의 노고가 계셨기에 불안감을 많이 덜어낼 수 있었다. 또한 번번이 교정 작업에 동참하여 예리한 통찰지로 열과 성을 다해 교정을 봐주신 울산의 김성경 선생님과 정양숙 선생님, 제4권까지 교정에 동참해주신 서울의 박정선 불자님 그리고 바쁜 일정 가운데서도 기꺼운 마음으로 본서의 표지 디자인을 보시해주신 황영수 불자님께도 깊이 감사드린다. 부처님 일이라는 한 가지 이유만으로 힘든 일임에 분명한 교정 작업과 표지 디자인을 흔쾌히 맡아주신 이분들의 노력이 있었기에 『앙굿따라 니까야』는 우아한 모습으로 세상에 빛을 보게 된 것이다.

그리고 『앙굿따라 니까야』 제1권과 제6권의 출판비 전액을 희사해주신 본원의 선임연구원이신 황경환 거사님께 감사드린다. 같은 경주에 살고 있기에 더 세심한 배려와 정성으로 관심과 격려를 아끼지 않으셨고, 좋은 곳에서 공양도 자주 내어주셨다. 거사님의 초기불교에 대한 지극한 염원은 역자를 항상 선법으로 향하게 하는 채찍이 되고 있다.

『앙굿따라 니까야』 제2권의 출판비 전액은 싱가포르의 김톨라니(보련화) 보살님이 후원해주셨다. 초기불전의 역경 사업의 중요성을 누구보다도 잘 알고 계시기에, 역자가 유학하던 초기부터 인연이 된 이래 지금까지 한결같은 마음으로 역자를 격려해주시고 후원해주시는 점 늘 가슴에 간직하고 있다. 보살님께 거듭 감사의 말씀을 드린다.

역자가 번역에만 열중할 수 있도록 따뜻한 정성과 배려로 부산에서 경주까지 먹거리와 생필품들을 열심히 챙겨다주시고, 책 발송 등 <초기불전연구원>의 사무에 신심으로 자원 봉사를 맡아주신 부산의 조정란 보살님께도 늘 감사한 마음 가득하다. 지면을 빌려 다시 한 번 감사의 말씀을 전한다. 그리고 학교 업무가 만만치 않을 것인데도 짬을 내어 냉장고를 채워주고 역자의 건강을 염원하면서 후원해주시는 차분남 보살님, 책 보관과 정리 등 여러 잔일을 마다않고 흔쾌히 응해주시는 경주의 최은영 보살님께도 감사의 말씀을 전한다.

역자가 이렇게 번역 작업에만 몰두할 수 있도록 허락해주시고 배려해주신 은사 스님이신 수인(修印) 스님께 삼배 드리면서 이 책을 바치고자 한다. 실천수행으로 보여주셨던 스님의 엄한 가르침과 스님의 큰 그늘이 없었더라면 오늘의 역자는 존재할 수 없었을 것이다. 늘 건강하셔서 오래오래 역자에게 힘이 되어주시길 기원해본다. 그리고 늘 역자를 격려해주시는 세등선원의 원장이신 능환 스님 이하 대중 스님들께도 감사 드린다.

역자의 정신적인 버팀목인 대우 스님께도 늘 감사한 마음 가득하다. 중노릇으로, 세상 일로 상담을 드릴 때마다 역자의 안목을 넓혀주시는 스님이 계시기에 역자는 항상 마음 든든하다. 그리고 학인 스님들을 가르치시느라 여념이 없으실 텐데도 역자를 방문하여 격려해주신 운문사 강주이신 흥륜 스님, 청암사 학장이신 지형 스님과 주지이신 상덕 스님, 안심사의 주지이신 일연 스님, 역경 불사에 남다른 관심을 가지고 응원해주시는 대구의 계현 스님, 덕원 스님과 총지 스님을 비롯한 역자의 도반 스님들, 이름을 일일이 열거할 수 없는 인연 있는 모든 스님들께 감사의 말씀을 드린다.

초기불전을 번역한다는 한 가지 목적 때문에 한 마음으로 큰 환희심을 내어주시고, 정기적인 후원으로 역경 불사에 동참하시면서 역자에게 늘 훈훈한 감동을 불어넣어주시는 일산의 조영자 보살님과 서울의 김원철 거사님을 비롯하여 얼굴을 알지 못하는 <초기불전연구원>의 후원회원 여러분들께도 깊은 감사의 말씀을 전한다. 본원의 초창기부터 늘 격려와 도움을 주시는 서울의 고현주, 최영주, 이영애 보살님, 본원의 정신적 후원자인 <초기불전연구원> 인터넷 카페의 2,900명이 넘는 회원 여러분들께도 감사의 말씀을 전한다. 여러 불자님들의 성원이 있기에 오늘의 <초기불전연구원>이 존재하며, 본원의 역경 불사는 흐트러짐 없이 지속될 것이다.

이제 『앙굿따라 니까야』가 전6권으로 마무리 되었다. 마지막 손질을 마친 지금, 한국에서 최초로 『앙굿따라 니까야』를 완역 출간한다는 기쁨도 크지만 혹여 부족한 번역으로 부처님의 뜻이 잘못 전달되지는 않을지 두려움이 더 크다. 잘못된 부분이 있으면 독자 여러분들의 매서운 질정을 바라면서 역자 후기를 접는다.

이 땅에 부처님의 정법이 오래오래 지속되기를 발원한다.

불기 2551년 11월
경주 수미정사에서

대림 삼가 씀

참고문헌

I. 『앙굿따라 니까야』 및 그 주석서와 복주서 빠알리 원본

The Aṅguttara Nikāya. 5 vols.

    Vol. I, edited by Richard Morris, First published 1885. Reprint. London. PTS, 1961.

    Vol. II, edited by Richard Morris, First published 1888. Reprint. London. PTS, 1976.

    Vol III, edited by E. Hardy, First published 1897. Reprint. London. PTS, 1976.

    Vol IV, edited by E. Hardy, First published 1899. Reprint. London. PTS, 1958.

    Vol V, edited by E. Hardy, First published 1900. Reprint. London. PTS, 1958.

The Aṅguttara Nikāya, 3 vols. Igatpuri, Vipassana Research Institute (VRI), Devanagari edition, 1995.

The Aṅguttara Nikāya, 3 vols. edited by Kashyap, Bhikkhu J. Bihar, Nava Nalanda, Devanagari edition, 1958.

The Chaṭṭha Saṅghāyana CD-ROM edition (3th version). Igatpuri: VRI, 1998.

Aṅguttara Nikāya Aṭṭhakathā (Manorathapūraṇī) 5 vols. edited by Max Walleser and Hermann Kopp, PTS, First published 1924-1956. Reprint. 1973-1977.

    The Aṅguttara Nikāya Aṭṭhakathā 3 vols. Igatpuri, VRI, Devanagari edition, 1995.

The Chaṭṭha Saṅghāyana CD-ROM edition (3th version). Igatpuri: VRI, 1998.

Aṅguttara Nikāya Aṭṭhakathā Ṭīkā (3 vols), Igatpuri, VRI, Devanagari edition, 1995.

The Chaṭṭha Saṅghāyana CD-ROM edition (3th version). Igatpuri: VRI, 1998.

II. 빠알리 삼장 번역본

Dīgha Nikāya: T. W. Rhys Davids, *Dialogues of the Buddha* (3 vols). London: PTS, First Published 1899, Reprinted 1977.

Walshe, Maurice. *Thus Have I Heard: Long Discourse of the Buddha.* London: Wisdom Publications, 1987.

각묵 스님, 『디가 니까야』(전3권) 초기불전연구원, 2006, 2쇄 2007.

片山一郞, 『長部』(대품 1권까지 3권), 동경, 2003-2004.

Majjhima Nikāya: Ñāṇamoli, Horner, I. B. *The Collection of the Middle Length Sayings*, PTS, 1954-59.

Bhikkhu Ñāṇamoli and Bodhi Bhikkhu. *The Middle Length Discourse of the Buddha*, Kandy: BPS, 1995.

片山一郞, 『中部』(전6권), 동경, 1997-2002.

Saṁyutta Nikāya: Woodward, F. L. *The Book of the Kindred Sayings*, PTS, 1917-27.

Bodhi, Bhikkhu. *The Connected Discourses of the Buddha* (2 Vol.s). Wisdom Publications, 2000.

Aṅguttara Nikāya: Woodward and Hare. *Book of Gradual Sayings* (5 vols). London: PTS, 1932-38.

Vinaya Pitaka: Horner, I. B. *The Book of the Discipline*. 6 vols. London: PTS, 1946-66.

Dhammasaṅgaṇi: Rhys Davids, C.A.F. *A Buddhist Manual of Psychological Ethics.* 1900. Reprint. London: PTS, 1974.

Vibhaṅga: Thittila, U. *The Book of Analysis* London: PTS, 1969.

Dhātukathā: Nārada, U. *Discourse on Elements.* London: PTS, 1962.

Puggalapaññatti: Law, B.C. *A Designation of Human Types.* London: PTS, 1922, 1979.

Kathāvatthu: Shwe Zan Aung and C.A.F. Rhys Davids. *Points of Controversy* London: PTS, 1915, 1979.

Paṭṭhana: U Nārada. *Conditional Relations* London: PTS, Vol.1, 1969; Vol. 2, 1981.

Atthasālinī (Commentary on the Dhammasaṅganī): Pe Maung Tin. *The Expositor* (2 Vol.s), London: PTS, 1920-21, 1976.

Sammohavinodanī (Commentary on the Vibhaṅga): Ñāṇamoli, Bhikkhu. *The Dispeller of Delusion.* Vol. 1. London: PTS, 1987; Vol. 2. Oxford: PTS, 1991.

III. 사전류

(1) 빠알리 사전

Pāli-English Dictionary (PED), by Rhys Davids and W. Stede, PTS, London, 1923.

Pāli-English Glossary of Buddhist Technical Terms (NMD), by Ven. Ñāṇamoli, BPS, Kandy, 1994.

A Dictionary of the Pali Language (DPL), by R.C. Childers, London, 1875.

Buddhist Dictionary, by Ven. Ñāṇatiloka, Colombo, 1950.

Concise Pāli-English Dictionary (BDD), by Ven. A.P. Buddhadatta, 1955.

Dictionary of Pāli Proper Names (DPPN), by G.P. Malalasekera, 1938.

A Dictionary of Pāli (Part I: a - kh), by Cone, M. PTS. 2001.

(2) 기타 사전류

Buddhist Hybrid Sanskrit Grammar and Dictionary (BHD), by F. Edgerton, New Javen: Yale Univ., 1953.

Sanskrit-English Dictionary, by Sir Monier Monier-Williams, 1904.

Practical Sanskrit-English Dictionary (DVR), by Prin. V.S. Apte, Poona, 1957.

Dictionary of Pāṇini (3 vols), Katre S. M. Poona, 1669.

A Dictionary of Sanskrit Grammar, Abhyankar, K. V. Baroda, 1986.

A Dictionary of the Vedic Rituals, Sen, C. Delhi, 1978.

Puranic Encyclopaedia, Mani, V. Delhi, 1975, 1989.

Root, Verb-Forms and Primary Derivatives of the Sanskrit Language, by W. D. Wintney, 1957.

A Vedic Concordance, Bloomfield, M. 1906, 1990.

A Vedic Word-Concordance (16 vols), Hoshiarpur, 1964-1977.

An Illustrated Ardha-Magadhi Dictionary (5 vols), Maharaj, R. First Edition, 1923, Reprint: Delhi, 1988.

Abhidhāna Rājendra Kosh (*Jain Encyclopaedia*, 7 vols), Suri, V. First Published 1910-25, Reprinted 1985.

Prakrit Proper Names (2 vols), Mehta, M. L. Ahmedabad, 1970.

Āgamaśabdakośa (Word-Index of Aṅgasuttāni), Tulasi, A. Ladnun, 1980.

『梵和大辭典』鈴木學術財團, 동경, 1979.

『佛教 漢梵大辭典』平川彰, 동경, 1997.

『パーリ語佛教辭典』雲井昭善 著, 1997

IV. 기타 참고도서.

Banerji, S. Chandra. *A Companion to Sanskrit Literature*, Delhi, 1989.

Basham, *History and Doctrines of the Ājivikas*, London, 1951.

Barua, B. M. *History of Pre-Buddhist Indian Philosophy*, Calcutta, 1927.

_____, *Inacriptions of Aśoka(Translation and Glossary)*, Calcutta, 1943, Second ed. 1990.

Bhandarkar Oriental Research Institute, edited, *The Mahābhārata* (4 vols), Poona, 1971-75.

Bodhi, Bhikkhu. *A Comprehensive Manual of Abhidhamma* (CMA). Kandy: BPS, 1993. (Pāli in Roman script with English translation)

_____, *The Discourse on the All-Embracing Net of Views: The Brahmajāla Sutta and Its commentaries*. BPS, 1978.

_____, *The Discourse on the Fruits of Recluseship: The Sāmaññaphala Sutta and Its Commentaries*, BPS, 1989.

Bronkhorst, J. *The Two Traditions of Meditation in Ancient India*, Delhi, 1993.

Chapple, Christopher. *Bhagavad Gita (English Tr.), Revised Edition* New York, 1984.

Eggeling, J. *Satapatha Brahmana* (5 Vol.s SBE Vol. 12, 26, 41, 43-44), Delhi, 1989.

Fahs, A. *Grammatik des Pali*, Verlag Enzyklopadie, 1989.

Fairservis W. A. *The Harappan Civilization and Its Writing*, Delhi, 1992.

Geiger, W. *Mahāvaṁsa or Great Chronicle of Ceylon*. PTS.

_____. *Cūḷavaṁsa or Minor Chronicle of Ceylon (or Mahāvaṁsa Part II)*, PTS.

_____. *Pali Literature and Language*, English trans. By Batakrishna Ghosh, 1948, 3th reprint. Delhi, 1978.

Gethin, R.M.L. *The Buddhist Path to Awakening,* 1992.

Horner I. B. *Early Buddhist Theory of Man Perfected,* 1937.

Hinüber, Oskar von. *A Handbook of Pāli Literature*, Berlin, 1996.

Jacobi, H. *Jaina Sūtras* (SBE Vol.22), Oxford, 1884, Reprinted 1989.

Jambuvijaya, edited by Muni, *Āyāraṅga-Suttaṁ,* Bombay, 1976.

_____, *Sūyagaḍaṅga-Suttaṁ,* Bombay, 1978.

Jayawardhana, Somapala. *Handbook of Pali Literature*, Colombo, 1994.

Jha, Ganganath. *Tattva-Kaumudi – Vacaspati Misra's Commentary on the Samkhya-Karika Text & English Translation.* Poona, 1965.

Kangle, R. P. *The Kauṭilīya Arthaśāstra*(3 vols), Bombay, 1969.

Kloppenborg, Ria. *The Paccekabuddha: A Buddhist Ascetic.* BPS Wheel No. 305/307, 1983.

Lalwani, K. C. *Kalpa Sūtra,* Delhi, 1979.

Law, B.C. *History of Pali Literature.* London, 1933 (2 Vol.s)

Mahāprajña, Yuvācārya, *Uvaṅga Suttāṇi* (IV, Part I), Ladnun, 1987.

Malalasekera, G. P. *The Pali Literature of Ceylon,* 1928. Reprint. Colombo, 1958.

Naimicandriya, Commented by, *Uttarādhyayana-Sūtra,* Valad, 1937.

Nārada Mahāthera. *A Manual of Abhidhamma.* 4th ed. Kandy:

BPS, 1980. (Pāli in Roman script with English translation)

Norman, K.R. *Pāli Literature Including the Canonical Literature in Prakrit and Sanskrit of All the Hīnayāna Schools of Buddhism*, Wiesbaden, 1983.

_____, *Collected Papers* (5 vols), Oxford, 1990-93.

Ñāṇamoli, Ven. *The Path of Purification.* Berkeley: Shambhala, 1976.

Nyanaponika Thera. Ven. *Abhidhamma Studies*, Kandy: BPS, 1998.

_____ *The Heart of Buddhist Medition.* London, 1962; BPS, 1992.

Nyanatiloka Thera. *Guide through the Abhiddhamma Piṭaka*, Kandy: BPS, 1971.

Pruitt, W. edited by, Norman, K. R. translated by, *The Pātimokkha*, London: PTS, 2001.

Radhakrishnan, S. *Indian Philosophy*, 2 vols Oxford, 1991.

_____. *Principal Upaniṣads.* Oxford, 1953, 1991.

Rāhula, Walpola Ven. *What the Buddha Taught*, Colombo, 1996.

_____. *History of Buddhism in Ceylon.* Colombo 1956, 1993.

Senart, edited, *Mahāvastu* (3 vols), Paris, 1882-1897.

Soma Thera, *The Way of Mindfulness*, 5th ed. BPS, 1981.

Thomas, E. J. *The Life of the Buddha*, 1917, reprinted 1993.

Umasvami, Acharya. *Tattvarthadhigama Sutra.* Delhi, 1953.

Vasu, Srisa Chandra. *Astadhyayi of Panini* (2 Vol.s). Delhi, 1988.

Warren, Henry C. & Dhammananda Kosambi. *Visuddhamagga*, Harvard Oriental Series (HOS), Vol. 41, Mass., 1950.

Winternitz, M. *History of Indian Literature* (3 vols), English trans. by Batakrishna Ghosh, Revised edition, Delhi, 1983.

Warder, A.K. *Indian Buddhism*, 2nd rev. ed. Delhi, 1980.
Yardi, M.R. *Yoga of Patañjali*. Delhi, 1979.

각묵 스님. 『금강경 역해 — 금강경 산스끄리뜨 원전 분석 및 주해』 불광출판부, 2001, 4쇄 2005.
_____. 『네 가지 마음챙기는 공부』 초기불전연구원, 개정판 2004.
거해 스님, 『법구경』(1/2) 샘이깊은물, 개정1쇄, 2003.
권오민. 『아비달마 불교』 민족사, 2003.
김윤수, 『주석 성유식론』 한산암, 2006.
냐나뽀니까 스님, 이준승 옮김, 『사라뿟따 이야기』 고요한소리, 1997.
대림 스님/각묵 스님, 『아비담마 길라잡이』(전2권) 초기불전연구원, 2002, 4쇄 2004.
대림 스님, *A Study in Paramatthamañjūsā (With Special Reference to Paññā)*, Pune University, 2001.(박사학위 청구논문)
_____, 『들숨날숨에 마음챙기는 공부』 초기불전연구원, 개정판 2005.
_____, 『염수경 - 상응부 느낌편』 고요한소리, 1996.
_____, 『청정도론』(전3권) 초기불전연구원, 2004.
라다끄리슈난, 이거룡 옮김, 『인도 철학사』(전4권) 한길사, 1999.
뿔라간들라 R. 이지수 역, 『인도철학』 민족사, 1991.
삐야다시 스님, 김재성 옮김, 『부처님, 그분』 고요한소리, 1990.
월슈(M. Walshe), 우철환 옮김, 『죽음은 두려운 것인가(*Buddhism and Death*)』 고요한 소리, 1995.
이재숙, 『우파니샤드』(전2권) 한길사, 1996.
赤沼智善, 『漢巴四部四阿含互照錄』 나고야, 소화4년.
中華電子佛典協會, CBETA 電子佛典集(CD-ROM), 台北, 2007.
平川 彰, 이호근 역, 『印度佛敎의 歷史』(전2권) 민족사, 1989, 1991.

찾아보기

【가】

가까이해야 함 (sevitabba) A10:155; A10:199.
가라앉다 (saṁsīdissati) A10:99 §2 [주해].
가시 (kaṇṭaka) A10:72.
가전연 ☞ 마하깟짜나 (Mahā-Kaccāna) A10:26 §1 [주해].
각가라 호수 (Gaggarā pokkharaṇi) A8:10 §1; A10:81 §1.
갈애 (taṇhā) A10:62.
감각적 욕망 (kāma) A10:29 §17 [주해].
감각적 욕망을 즐기는 자 (kāma-bhogī) A10:91.
강가 (Gaṅgā) A10:15 §2.
거처 (senāsana) A10:11.
검은 도 (kaṇhamagga) A10:146; A10:190.
검은 법을 제거한 뒤 (kaṇhaṁ dhammaṁ vippahāya) A10:117 §3 [주해].
견해 (diṭṭhi) A10:93; A10:96 §4 [주해].
결정해서 (vimuttiṁ vimuccato) A10:94 §7 [주해].
경[율장의~] (sutta) A10:32 §2 [주해].
경모해야 함 등 (bhajitabbādi) A10:156~166.
경우 (dhamma) A10:48.
계목 ☞ 빠띠목카 (pātimokkha) A10:31 §2 [주해].
고따마 (Gotama) A10:27 §2; A10:29 §16; A10:93 §2; A10:94 §2 이하; A10:95 §1 이하; A10:116 §1; A10:117 §1; A10:119 §1 이하; A10:167 §1; A10:169 §1; A10:177 §1; §7; A10:209 §1; §3.
고싱가살라 숲 (Gosiṅgasāla-vanadāya) A10:72 §3.
고요하고 수승하다 (etaṁ santaṁ etaṁ paṇītaṁ) A10:6 §2 [주해].
골똘히 생각하다 (jhāyati) A11:10 §4 [주해], §6.

찾아보기 *611*

공양받아 마땅함 (āhuneyya) A10: 16; A10:97.
공작 보호 구역 (Moranivāpa) A11: 11 §1.
광음천 (Ābhassarā) A10:29 §3; §3 [주해].
괴로움을 초래함 (dukkhudraya) A 10:143; A10:187.
괴로움의 과보를 가져옴 (dukkha-vipāka) A10:144; A10:188.
교리 (adhivuttipada) A10:22.
구경의 지혜 (aññā) A10:86.
구족계(具足戒, upasampadā, upa-sampanna-sīla) A10:33 §1; §1 [주해].
구토제 (vamana) A10:109.
군대 (sena) A10:26 §2 [주해].
궁극적인 의미의 청정 (paramattha-visuddhi) A10:29 §13 [주해].
근본물질 (mahā-bhūta) A11:18 §4 [주해].
급고독 장자 (Anāthapiṇḍika gaha-pati) A10:91 §1; A10:92 §1; A10:93 §1이하; A11:15 §1[주해].
기능[五根](indriya) A10:28§7[주해]
기능의 한계 (indriya-paropari-yatta) A10:21 §7 [주해].
기리마난다 존자 (āyasmā Girimā-nanda) A10:60 §1; §1 [주해]; §2; §14; §15.
기뻐함 (abhirati) A10:66 §2 [주해].
기억해야 함 (anussaritabba) A10: 153; A10:197.
까띳사하 존자 (āyasmā Kaṭissaha) A10:72 §1.

까마귀 (kāka) A10:77.
까삘라왓투 (Kapilavatthu) A10:46 §1; §1 [주해]; A11:12 §1.
까시나 (kasiṇa) A10:25 §1; §1 [주해].
까시와 꼬살라 (Kāsi-Kosalā) A10: 29 §1; § [주해].
까장갈라 비구니 (Kajaṅgalā bhik-khuni) A10:28 §1; §1 [주해]; §3; §10; §11.
까장갈라 (Kajaṅgalā) A10:28 §1; §1 [주해].
깍까따 존자 (āyasmā Kakkata) A10:72 §1.
깔라까 비구 (Kālaka bhikkhu) A10 :87 §1.
깔리 청신녀 (Kāḷī Kuraragharikā) A10:26 §1.
깔림바 존자 (āyasmā Kalimba) A10:72 §1.
깜마사담마 (Kammāsadhamma) A 10:20 §1; §1 [주해].
깨달음의 구성요소[七覺支] (bojjhaṅ-ga) A10:28 §7; §7 [주해]; A10: 102.
꼬까누다 유행승 (Kokanuda pari-bbājaka) A10:96 §1.
꼬깔리까 비구 (Kokālika bhikkhu) A10:89 §1 이하; §1 [주해].
꼬살라 (Kosalā) A10:29 §1; A10:30 §1 이하; A10:67 §1; A10:89 §6.
꾸라라가라의 산협(山峽) (Kurara-ghara) A10;26 §1.
꾸루 (Kuru) A10:20 §1; §1 [주해].
꾸시나라 (Kusinārā) A10:44 §1.

꾹꿋따 원림 (Kukkuṭārāma) A11: 17 §1; §1 [주해].

【나】

나디까 (Nādika/Ñātika) A11:10 §1; §1 [주해].
나의 생명이 다른 사람에게 달려있다 (parapaṭibaddhā me jīvikā) A10:48 §2 [주해].
난디야, 삭까족 (Nandiya Sakka) A11:14 §1 이하.
날라까가마까 (Nālakagāmaka) A10: 65 §1; §1 [주해]; A10:66 §1.
날라까빠나 성읍 (Naḷakapāna nigama) A10:67 §1; §1 [주해]; A10:68 §1.
내가 존재하지 않았다면 (no cassaṁ) A10:29 §12 [주해].
넘어섰음(pariñña) A10:29 §16[주해]
논쟁 (bhaṇḍana) A10:50.
누이 (bhagini) A10:26 §3 [주해].
느낌, 3가지[受] (vedanā) A10:27 §8 [주해].
니간타 (Nigaṇṭha) A10:78 §1 이하.
니그로다 원림 (Nigrodhārāma) A10:46 §1; A11:12 §1; A11:13 §1; A11:14 §1.
니까따 존자 (āyasmā Nikaṭa) A10: 72 §1.

【다】

다람쥐 보호구역 (Kalandakanivāpa) A10:86 §1.
다사마 장자 (Dasama gahapati) A11:17 §1; §1 [주해]; §9.
다섯 가지 장애[五蓋] (pañca-nīvaraṇa) A10:12 §2 [주해].
다섯 가지 특징 (pañcaṅga) A10:12 [주해].
다음 생에 그 과보를 경험하지 않을 (na taṁ anugaṁ bhavissati) A10:208 §2 [주해].
닦아야 함 (bhāvetabba) A10:151; A10:195.
당연함 (dhammatā, 법다움) A10:2 §1 [주해].
대나무 숲 (Veluvana) A10:28 §1; A10:86 §1.
대범천 (Mahābrahmā) A10:29 §2; A10:89 §4 [주해].
대부분의 (yebhuyyena) A10:29 §3 [주해].
대웅의 위치 (āsabha-ṭhāna) A10: 21 §1 [주해].
대장장이의 아들 쭌다 (kammāraputta Cunda) A10:176 §1 [주해]
대중공사(大衆公事, 諍事 adhikaraṇa) A10:32 §1; §1 [주해]; A10: 87 §2; §2 [주해].
도닦음, 4가지 (paṭipadā) A10:29 §8 [주해].
도솔천 (Tusitā) A10:29 §2; A10:75 §2; A11:12 §8.
두려움 (bhaya) A10:92 [주해].
둘이 아니라는 것 (advaya) A10:25 §2 [주해].
들어감 (pavesana) A10:45.
따뽀다 원림 (Tapodā ārāma) A10:

96 §1; §1 [주해].
땅에 대해 땅이라는 인식이 분명한 (pathavisaññā vibhūtā) A11:10 §6 [주해].
땅에 대해 땅이라는 인식이 없는 (n' eva pathaviyaṁ pathavī-saññī) A10:6 §1 [주해].
땅을 대상으로 골똘히 생각하지 않다 (neva pathaviṁ nissāya jhā-yati) A11:10 §4 [주해].
땅을 대상으로 골똘히 생각하다 (pa-thaviṁ pi nissāya jhāyati) A11:10 §3 [주해].
뚜두 벽지범천 (Tudu-ppaccaka brahmā/ Turu-) A10:89 §3; §3 [주해].
뜻을 밝히는 분이시다 (atthaṁ nī-haritvā) A10:115 §4 [주해].

【라】

라자가하 (Rājagaha) A10:86 §1; A10:96 §1; A11:11 §1.
릿차위 (Licchavī) A10:47 §1; §1 [주해]; A10:72 §2.

【마】

마가다 (Magadha) A10:65 §1; A10:66 §1.
마음 길 (citta-pariyāya) A10:54 §1 [주해].
마음에 잡도리함 (manasikāra) A10:9.
마음으로 이루어진 (manomayā) A10:29 §3 [주해].
마음은 마음챙김에 의해 보호된다 (satārakkhena cetasā) A10:20 §6 [주해].
마음의 삭막함 (pañca cetokhilā) A10:14 §3 [주해].
마음의 속박 (pañca cetaso vinibandhā) A10:14 §5 [주해].
마음의 일어남 (citta-ṭṭhāna) A10:116 §1 [주해].
마음챙김의 확립[四念處] (sati-paṭṭhāna) A10:28 §6 [주해].
마하깟사빠 존자 (āyasmā Mahā-Kassapa) A10:86 §1; §1 [주해].
마하깟짜나 존자 (āyasmā Mahā-Kaccāna) A10:26 §1; §1 [주해]; A10:172 §2 이하.
마하나마, 삭까족 (Mahānāma Sakka) A11:12 §1 이하; A11:13 §1 이하.
마하목갈라나 존자 (āyasmā Mahā-moggallāna) A10:84 §1; A10:89 §1; §3 이하.
마하쭌다 존자 (āyasmā Mahā-cunda) A10:24 §1; A10:85 §1.
마할리 (Mahāli) A10:47 §1 이하; §1 [주해].
마히 강 (Mahī) A10:15 §2.
많이 공부지어야 함 (bahulīkātabba) A10:152; A10:196.
모든 행처로 인도하는 길 (sabbattha-gāmini-paṭipada) A10:21 §4 [주해].
몸 (kāya) A10:23.
몸에 본유적임 (sarīraṭṭha) A10:49.

무명 (avijjā) A10:61.
무슨 목적 (kimatthiya) A10:1; A11:1.
무외 (visārada) A10:204.
무학 (asekha) A10:111.
물 마시는 곳을 알지 못한다 (na tittham jānāti) A11:18 §2 [주해]
물질을 알지 못한다 (na rūpaññū hoti) A11:18 §2 [주해].
미가살라 청신녀 (Migasālā) A10:75 §1; §3; §13.
믿음 (saddhā) A10:8.
믿음을 가진 자들에게서 발견되는 특징들 (saddh-āpadānā) A11:15 §1 [주해].
믿음을 가진 청신사 (saddha upāsaka) A11:15 §1 [주해].

【바】

바라이죄 (波羅夷罪) ☞ 빠라지까 (pārājika) A10:31 §5 [주해].
바름 (sammā) A10:218.
바후나 존자 (āyasmā Bāhuna) A10:81 §1 이하.
받들어 행해야 함 (āsevitabba) A10:150; A10:194.
방목지에 능숙하지 못하다 (na gocara-kusalo hoti) A11:18 §2 [주해].
배설 (niddhamanīya) A10:110.
번뇌 다한 자의 힘 (khīṇāsavabala) A10:90 [주해].
번뇌 다함 (āsavakkhaya) A10:122 [주해].

번뇌 (āsava) A10:122.
번뇌와 함께 함 (sāsava) A10:139; A10:183.
범륜(梵輪) ☞ 신성한 바퀴
범신천 (Brahmakāyikā) A11:12 §8.
범천의 세상 (brahma-loka) A10:29 §2; A10:46 §3 [주해]; A10:97 §6; A11:16 §2.
법 (dhamma) A10:138; A10:182; A11:18 §11 [주해].
법답지 못한 행위 (adhammacariyā) A10:209.
벗어남의 요소, 6가지 (nissaraṇīya dhātu) A10:28 §7 [주해].
벨루와가마까 (Beluvagāmaka) A11:17 §1; §1 [주해].
벽돌집 (giñjakā-āvasatha) A11:10 §1.
벽지 범천 (pacceka-brahmā) A10:89 §3 [주해].
보호자 (nātha) A10:17.
보호자와 함께 (sanāthā) A10:17 §1 [주해].
부분적인 것(세목, anuvyañjana) A10:32 §2 [주해].
분열 (bheda) A10:35.
분쟁 (vivāda) A10:41.
분쟁의 뿌리 (vivādamūla) A10:42 [주해].
불방일 (appamāda) A10:15.
불환자, 다섯 유형의 불환자 (anāgamī) A10:63 §3 [주해].
비난받아 마땅함 (sāvajja) A10:140; A10:184.
비난받을 일이 없는 (anāvajja) A10:140; A10:184.

비뚤어짐 (saṁsappanīya) A10:205 §3 [주해].
비뚤어짐에 대한 법문 (saṁsappaniya-pariyāya) A10:205 §1 [주해].
비법 (adhamma) A10:113; A10:171.
비호감 (nappiya) A10:87 [주해].
빠딸리뿟따 (Pāṭaliputta) A11:17 §1; §1 [주해]; §10.
빠띠목카 (pātimokkha) A10:31 §2 [주해].
빠띠목카 중지 (pātimokkha-ṭṭhapana) A10:31 §4 [주해].
빠라지까 (pārājika) A10:31 §5 [주해].
빠세나디 꼬살라 왕 (rājā Pasenadi Kosala) A10:29 §1; A10:30 §1 이하; A10:75 §2 [주해].
빠와 (Pāva) A10:176 §1; §1 [주해].
빠자빠띠 (Pajāpati) A11:10 §4 [주해].
빨라사 숲 (Palāsa-vana) A10:67 §1; A10:68 §1.
뿌라나 (Purāṇa) A10:75 §2; §2 [주해]; §13.
뿌리 (mūla) A10:42; A10:58.
뿝바위데하 (Pubbavideha) A10:29 §2.

【사】

사낭꾸마라 (Sanaṅkumāra) A11:11 §10.
사념처(四念處) ☞ 마음챙김의 확립 (sati-paṭṭhāna)
사대왕천 (Catummahārājikā) A10:29 §2; A11:12 §8.
사라부 강 (Sarabhū) A10:15 §2.
사리뿟따 존자 (āyasmā Sāriputta) A10:4 §1; A10:7 §1 이하; A10:52 §1; A10:55 §1; A10:65 §1; A10:66 §1; A10:67 §1 이하; A10:68 §1 이하; A10:89 §1 이하; A10:89 §1; A11:4 §1; A11:8 §1; A11:21 §1; A11:22 §1.
사리뿟따와 목갈라나 (Sāriputta-Moggallāna) A10:89 §1.
사마타 (samatha) A10:54.
사만다까니 유행승 (Sāmaṇḍakāni paribbājaka) A10:65 §1.
사문의 인식 (samaṇasaññā) A10:101 [주해].
사미 (sāmaṇera) A10:34 §1 [주해].
사왓티 (Sāvatthi) A10:1 §1; A10:7 §2; A10:27 §1; A10:30 §1; A10:50 §1; A10:51 §1; A10:69 §1; A10:71 §1; A10:75 §1; A10:91 §1; A10:92 §1; A10:93 §1; A10:95 §1; A11:14 §1.
사자 (sīha) A10:21.
사자후 (sīhanāda) A10:21 [주해].
사하자띠 (Sahajāti) A10:24 §1; A10:85 §1.
사함빠띠 범천 (brahmā Sahampati) A10:89 §4; §4 [주해].
삭까들, 석가족 (Sakkā) A10:46 §1 이하; A11:12 §1; A11:13 §1; A11:14 §1.
삭막함 (khila) A10:14.
산다 존자 (āyasmā Sandha) A11:

10 §1 이하.

삼매 (samādhi) A10:1 §1 [주해]; A10:6; A10:21 §8 [주해]; A11:19.

삼십삼천 (Tāvatiṁsā) A10:29 §2; A11:12 §8.

삿됨 (micchatta) A10:103.

상가라와 바라문 (Saṅgārava brāhmaṇa) A10:117§1; A10:169 §1.

선구자가 되다 (pubbaṅgamā) A10:105 §1 [주해].

선 (禪, jhāna) A10:21 §8 [주해].

설명 (vyākaraṇa) A10:84.

성스러운 도 (ariyamagga) A10:145; A10:189.

성스러운 방법 (ariya ñāya) A10:30 §4 [주해]; A10:92 §2 [주해].

성스러운 법 (ariyadhamma) A10:135; A10:179.

성스러운 삶 (ariyāvāsa) A10:19.

성스러운 율에서의 하강의식 (ariyassa vinaye paccorohaṇī) A10:120 §1 [주해].

성행위 (methuna-vītikkama) A10:45 §2 [주해].

성향 (adhimuttikatā) A10:21 §6 [주해].

세목 ☞ 부분적인 것 (anuvyañjana) A10:32 §2 [주해].

세상의 번영과 재앙 (lokassa bhavañ ca vibhavañ ca) A10:59 §2 [주해].

세상의 법, 8가지 (loka-dhamma) A10:27 §13 [주해].

세상의 선행과 악행 (lokassa samañ ca visamañ ca) A10:59 §2 [주해].

세상의 일어남과 사라짐 (lokassa samudayañ ca atthaṅgamañ ca) A10:59 §2 [주해].

세정의식 (dhovana) A10:107 §1; §1 [주해].

소치는 사람 (gopāla) A11:18.

손실 (jāni) A11:10 §4 [주해].

수미산 須彌山 (Sineru, Sk. Sumeru) A10:29 §2.

수부띠 존자 (āyasmā Subhūti) A11:15 §1 이하; §1 [주해].

숙고한 뒤에 (saṅkhāya) A10:20 §7 [주해].

스승께 올릴 보시를 구한다 (ācariya-dhanaṁ pariyesissanti) A11:17 §9 [주해].

슬픔과 두려움이 있는 (soka-sabhaye) A10:46 §2 [주해].

승가의 분열 (saṅghabheda) A10:35 [주해].

시작점 (koṭi) A10:61 §1 [주해]; A10:62 §1 [주해].

신성한 바퀴[梵輪] (brahma-cakka) A10:21 §1 [주해].

실현할 수 없음 (abhabba) A10:100.

실현해야 함 (sacchikātabba) A10:154; A10:198.

십불선업도 [十 不 善 業 道] (dasa-akusala-kammapatha) A10:27 §15 [주해]; A10:156~166 §2; §2 [주해].

씨앗 (bīja) A10:104.

【아】

아귀계의 존재 (petti-vesayika) A10:177 §6 [주해].
아난다 (Ānanda) A10:1 §1; A10:5 §1; A10:6 §1; A10:7 §1; A10:22 §1 이하; A10:37 §1; A10:38 §2; A10:39 §2; A10:40 §2; A10:60 §1 이하; A10:75 §1 이하; A10:82 §1 이하; A10:96 §1; §4; A10:115 §2 이하; A11:1 §1 이하; A11:5 §1; A11:7 §1; A11:8 §1; A11:9 §1; A11:17 §1; §9; A11:19 §2.
아비담마 (abhidhamma) A10:17 §7 [주해].
아비위나야 (abhivinaya) A10:17 §7 [주해].
아빠라고야나 (Aparagoyāna) A10:29 §2.
아완띠 (Avanti) A10:26 §1; §1 [주해].
아지따 유행승 (Ajita paribbājaka) A10:116 §1.
아찌라와띠 (Aciravati) A10:15 §2.
안의 감각장소, 6가지[六內入處] (ajjhattika āyatana] A10:27 §11 [주해].
알음알이의 거주처, 7가지 (viññāṇa-ṭṭhiti) A10:27 §12 [주해].
알음알이의 까시나 (viññāṇa-kasiṇa) A10:25 §2 [주해].
앗타까나가라 (Aṭṭhakanāgara) A11:17 §1; §9.
앞장섬 (pubbaṅgama) A10:121.

야마천 (Yāmā) A10:29 §2; A11:12 §8.
야무나 강 (Yamunā) A10:15 §2.
양면해탈 (ubhatobhāga-vimutti) A10:16 §2 [주해].
어둠의 숲 (Andhavana) A10:7 §2.
언덕, 이 언덕에서 저 언덕에 도달하기 위해 (apārā pāraṁ gamanā-ya) A10:2 §2 [주해].
업에서 생긴 몸 (karajakāya) A10:208.
업의 근원 (kammanidāna) A10:174.
여덟 가지 지배의 경지[八勝處, aṭṭha abhibhāyatanāni]) A10:29 §6 [주해].
여래십력如來十力 ☞ 열 가지 여래의 힘 (tathāgata-balāni).
여러 요소 (aneka-dhātu) A10:21 §5 [주해].
여실지견 (yathābhūta-ñāṇa-dassana) A10:1 §1 [주해].
여인 (mātugāma) A10:202.
열 가지 여래의 힘[如來十力] (tathā-gata-balāni) A10:21 §1 [주해]; §11 [주해].
열 가지 족쇄 (saṁyojana) A10:13 §1 [주해].
염오 (nibbidā) A10:1 §1 [주해].
영지(靈知, vijjā) A10:10; A10:61 §4; §4 [주해]; A10:105.
예류자가 반드시 됨 (apaṇṇakaṁ vā sotāpanno) A10:46 §3 [주해].
오개(五蓋) ☞ 다섯 가지 장애.
오근(五根) ☞ 기능.
오염원(saṁkilesa) A10:21 §8 [주해].
올곧은 업 (uju-kamma) A10:205

§5 [주해].
와하나 (Vāhana) A10:81 [주해].
완성 (niṭṭha) A10:63 §1; §1 [주해].
완척 (ratana) A10:99 §3 [주해].
왓지야마히따 장자 (Vajjiyamāhita gahapati) A10:94 §1 이하.
왕사성 ☞ 라자가하 (Rājagaha).
왕의 내전에 들어감 (rājantepura-ppavesana) A10:45 [주해].
욕설 (akkosaka) A10:88.
우빠짤라 존자 (āyasmā Upacāla) A10:72 §1.
우빨리 존자 (āyasmā Upāli) A10:31~37 §1 이하; A10:41~43 §1 이하; A10:99 §1 이하.
웃따라꾸루[北俱盧洲, Uttarakuru] A9:21 §1 [주해]; §1 이하.
웃띠야 유행승 (Uttiya paribbājaka) A10:95 §1 이하.
원인 (ṭhāna, 장소, 경우) A10:21 §2 [주해].
원인 (vatthu) A10:79 [주해].
원하는 (iṭṭha) A10:73.
원하는 (ākaṅkha) A10:71.
원한 (āghāta) A10:79.
웨살리 (Vesāli) A10:47 §1; A10:72 §1; A11:17 §1.
위빳사나의 높은 통찰지 (adhipaññā -dhamma-vipassanā) A10:54 §2 [주해].
위험 (ādīnava) A10:26 §3; §3 [주해]
유익한 계들 (kusalāni sīlāni) A10:1 §1 [주해].
유익함 (kusala) A10:136; A10:180.
유행승들의 원림 (Paribhājakārāma) A11:11 §1.

윤회에서 벗어나 윤회 없음에 이르러 (okā anokaṁ āgamma) A10:117 §3 [주해].
으뜸가는 구문 (agga-pada) A11:8 §5 [주해].
은혜를 앎 (kataññutā) A10:30 §4 [주해].
음식, 4가지[食] (āhāra) A10:27 §6; §6 [주해]; §9 [주해].
의도 (cetanā) A10:2; A11:2.
의도 (sañcetanika) A10:206.
의사 (tikicchaka) A10:108.
의지처 (upanisā) A10:3; A11:3.
이 언덕 (orimatīra) A10:118; A10:170.
이렇다거나 이렇지 않다는 이야기들 (itibhavābhava-kathā) A10:69 §1 [주해].
이로운 (attha) A10:113 §1 [주해].
이시닷따 (Isidatta) A10:75 §2 [주해]; §3; §13.
이야기의 주제 (kathāvatthu) A10:69.
이익 (attha) A10:137; A10:181.
이쪽 (orima) A10:118 [주해].
인식 (saññā) A10:56; A10:101; A11:7.
일어남과 사그라짐 (udaya-bbaya) A10:27 §6 [주해].
일으켜야 함 (uppādetabba) A10:149; A10:193.
일치하는 자들 (niṭṭhaṅgatā) A10:63 §1 [주해].
있는 그대로 알고 봄(yathaabhuuta -ñāṇadassana) A10:1 §2 [주해].

【자】

자눗소니 바라문 (Jāṇussoṇi brāh-maṇa) A10:119 §1; A10:167 §1; A10:177 §1.
자부심 (adhimāna) A10:86 [주해].
자신의 마음 (sacitta) A10:51.
자애 (mettā) A11:16.
자애로움 (mettūpahāra) A10:30 §3 [주해].
자양분 (āhāra) A10:61 §1 [주해].
자화자찬 (katthī) A10:85.
잠부디빠[贍部洲] (Jambudīpa) A10:29 §2.
장로 (thera) A10:98.
재난 (vyasana) A11:6.
쟁사(諍事) ☞ 대중공사(adhikaraṇa) A10:32 §1 [주해].
저열한 상태 (vevaṇṇiya) A10:48 §2 [주해].
정법 (saddhamma) A10:88 §2; §2 [주해]; A10:147; A10:191.
정신[名, nāma] A10:27 §7 [주해].
정체 (ṭhiti) A10:53.
정화의식 (soceyyāni) A10:176 §1 [주해].
젖을 남김없이 다 짜버린다 (anava-sesa-dohī hoti) A11:18§2 [주해]
제따 숲 (Jetavana) A10:1 §1; A10:27 §1; A10:30 §1; A10:50 §1; A10:51 §1; A10:60 §1; A10:69 §1; A10:71 §1; A10:75 §1; A10:89 §4; A10:91 §1; A10:92 §1; A10:93 §1.
제한이 없음 (appamāṇa) A10:25 §2 [주해].
조건과 원인과 함께 (ṭhānaso hetuso) A10:21 §3 [주해].
조건이 있기 때문에 무명이 있다 (idappaccayā avijjā) A10:61 §1 [주해].
조령제(祖靈祭, saddha) A10:177 §1 [주해].
족쇄 (saṁyojana) A10:13.
존재로부터 존재의 태어남이 있다 (bhūtā bhūtassa upapatti hoti) A10:205 §3 [주해].
존재를 형성하는 [업] (bhava-saṅkhāra) A10:49 §2 [주해].
존재의 소멸 (bhava-nirodha) A10:7 §3 [주해].
죽을 때 (pacchime kāle) A10:48 §2 [주해].
죽음의 영역 (maccudheyya) A10:117 §3 [주해].
죽이기를 바라다 (pattheti) A10:45 §6 [주해].
중각강당 (Kūṭāgārasālā) A10:47 §1; A10:72 §1.
중생, 모든 (sabbe sattā) A10:27 §6 [주해].
중생의 거처, 9가지 (sattāvāsa) A10:27 §14 [주해].
중요한 소임 (ucca-kamma) A10:17 §6 [주해].
증득 (samāpatti) A10:21 §8 [주해]; A11:24.
증오 (vera) A10:92.
증장 (vaḍḍhi) A10:74.
지금여기에서의 최고의 열반(parama-diṭṭhadhamma-nibbāna)

A10:29 §15 [주해].
지신地神 (bhummaṭṭha-devatā) A10:89 §3.
지옥 (niraya) A10:89 §6 [주해].
지옥과 천상 (nirayasagga) A10:200; A10:210.
지혜 없이 마음에 잡도리함[非如理作意, ayoniso manasikāra] A10:61 §1 [주해].
집착과 취착 (upayupādāna) A10:60 §11 [주해].
짤라 존자(āyasmā Cāla) A10:72 §1.
짬빠 (Campa) A10:81 §1; A10:94 §1.
쩨띠 (Ceti) A10:24 §1; A10:85 §1.
쭌다, 대장장이의 아들 (kammāraputta Cunda) A10:176 §1 이하.

【차】

참된 사람 (sappurisa) A10:148; A10:192.
처녀들의 질문 (Kumāripañhā) A10:26 §2; §2 [주해].
처음 출가할 때처럼 굳건한 (yathā-pabbajjā-paricitaṁ) A10:59 §2 [주해].
철저히 앎 (pariññā) A10:219; A11:25.
청신녀 (upāsikā) A10:203.
최고에 대한 탐욕이 빛바래다 (agge virajjati) A10:29 §1; §1 [주해]; §12.
최대로 일곱 번만 다시 태어나는 자 (sattakkhattu-parama) A10:63 §2 [주해].
축적 (ācayagāmi) A10:142; A10:186.
출가 (pabbajjā) A10:59.
출가자가 끊임없이 (pabbajita-abhiṇha) A10:48 [주해].
출리의 도닦음 (nekkhamma-paṭipatti) A10:71 §2 [주해].
취착없는 해탈 (anupādā vimokkha) A10:29 §16 [주해].
칠각지(七覺支) ☞깨달음의 구성요소

【카】

카리 (khāri) A10:89 §6 [주해].
큰 숲 (Mahāvana) A10:47 §1 이하.
큰 질문 (mahāpañhā) A10:27.

【타】

탐욕의 빛바램 (virāga) A10:1 §1 [주해].
통찰지를 가진 비구 (idha-pañña bhikkhu) A10:208 §2 [주해].
통찰지를 통한 해탈[慧解脫] (paññā-vimutti) A10:16 §2 [주해].
퇴보 (parihāna) A10:55.
특징 (aṅga) A10:12.

【파】

파 엎음 (khata) A10:214.

찾아보기 *621*

파괴 (nijjara) A10:106.
팔승처八勝處 ☞ 여덟 가지 지배의 경지 (aṭṭha abhibhāyatanāni) A10:29 §6 [주해].
팔정도[八支聖道] (ariya-aṭṭhaṅgika-magga A10:28 §7 [주해].
편안함 (passaddhi) A10:1 §1 [주해].
평화로운 해탈 (santavimokkha) A10:9 [주해].
평화로움 (santa) A10:9.
피함 (parikkamana) A10:175 §1; §1 [주해].
필수품 (parikkhāra) A10:101 §3 [주해].

【하】

하강의식 (paccorohaṇī) A10:119 §1; §1 [주해].
학습계목 (sikkhāpada) A10:31 §2 [주해].
한거에서 기쁨을 찾아야 하리 (viveke yattha dūramaṁ) A10:117 §3 [주해].
한계가 없다 (vimariyādī-kata) A10:81 §1 [주해].
할 수 없음 (abhabba) A10:76.
해결하는 소임 (ubbāhikā) A10:32 §1; §1 [주해].
해로운 것 (anattha) A10:113 §1 [주해].
해로운 업의 길 ☞ 십불선업도十不善業道 A10:27 §15 [주해].
해탈 (vimokkha) A10:21 §8 [주해].

해탈지견 (vimutti-ñāṇadassana). A10:1 §1 [주해].
행복 (sukha) A10:1 §1 [주해]; A10:65.
행한 업 (kamma-samādāna) A10:21 §3 [주해].
허무주의자 (venayika) A10:94 §4 [주해].
현자가 되는 원인 (paṇḍita-vatthu) A10:116 §1 [주해].
혜해탈慧解脫 => 통찰지를 통한 해탈 (paññā-vimutti) A10:16 §2 [주해].
홍련지옥 (paduma-niraya) A10:89 §4 [주해].
화락천 (Nimmānaratī) A11:12 §8.
화합 (sāmaggi) A10:36.
확고한 (tattha ṭhito) A11:17 §3 [주해].
환희 (pāmujja) A10:1 §1 [주해].
황무지 (vijina) A10:84 §2 [주해].
후원자 (nissaya) A10:34 §1; §1 [주해].
후회 없음 (avippaṭisāra) A10:1 §1 [주해].
후회 (tapanīya) A10:141; A10:185.
훌륭함 (sādhu) A10:134; A10:178.
흐름에 든 자들 (sotāpannā) A10:64 §1 [주해].
흔들림 없는 청정한 믿음 (aveccappasanna) A10:64 [주해].
흔들림 없음 (avecca) A10:64.
희열 (pīti) A10:1 §1 [주해].
힘 (bala) A10:90.

『앙굿따라 니까야』 출판은 초기불전연구원을 후원해주시는 아래
신심단월님들의 보시가 있었기에 가능하였습니다.
깊이 감사드립니다.

현응스님, 함현스님, 설파스님, 일운스님, 지형스님, 흥륜스님, 일연스님, 계현스님, 혜찬스님, 총지스님, 덕원스님, 진성스님, 정보스님, 일여스님, 운문사 신행회

황경환, 김톨라니, 김영민, 김원철, 이광호, 김정애, 차분남, 김수정, 박정선, 김승석, 이완기, 최영주, 김자년, 이임순

임수희, 이향숙, 차곡지, 안희찬, 조문성, 김순종, 김명옥, 허종범, 김정자, 최은영, 신영천, 성기서, 김준우, 이병서, 김명희, 이영주, 관음정, 서옥점, 강상명, 김석화, 김옥자, 박숙자, 주경순, 이강옥, 진병순, 황금심, 박명준, 황순옥, 임명희, 이강옥, 주봉환, 김효숙, 정원철, 김미정, 변영호, 구춘옥, 이춘복, 고순미, 이희도, 전복희

역자 · 대림스님

1962년 경남 함안 생. 1983년 세등선원 수인(修印) 스님을 은사로 출가하여 사미니계 수지. 1988년 자운 스님을 계사로 비구니계 수지. 봉녕사 승가대학 졸. 인도 뿌나 대학교(Pune University) 산스끄리뜨어과에서 석사 학위 취득. 2001년 『빠라맛타만주사의 혜품 연구』(A Study in Paramatthamanjusa)로 철학박사 학위 취득. 3년간 미얀마에서 아비담마 수학. 현재 초기불전연구원 원장 소임을 맡아 삼장 번역불사에 몰두하고 있음. 『청정도론』을 번역한 공으로 2004년 제13회 행원문화상 역경상을 수상함.

역서로 『염수경(상응부 느낌상응)』(1996), 『아비담마 길라잡이』(전2권 각묵스님과 공역, 2002, 전정판 3쇄 2020), 『들숨날숨에 마음챙기는 공부』(2003, 개정판 5쇄 2019), 『청정도론』(전3권, 2004, 7쇄 2022), 『맛지마니까야』(전4권, 2012, 초판5쇄 2021)이 있음.

앙굿따라 니까야 제6권

2007년 11월 5일 초판1쇄 인쇄
2022년 7월 13일 초판5쇄 발행

옮긴이 | 대림 스님
펴낸이 | 대림 스님
펴낸 곳 | 초기불전연구원
　　　　　경남 김해시 관동로 27번길 5-79
　　　　　전화 (055)321-8579
홈페이지 | http://cafe.daum.net/chobul
이메일 | kevala@daum.net
등록번호 | 제13-790호(2002.10.9)
계좌번호 | 국민은행 604801-04-141966 차명희
　　　　　하나은행 205-890015-90404 (구.외환 147-22-00676-4) 차명희
　　　　　농협 053-12-113756 차명희
　　　　　우체국 010579-02-062911 차명희

ISBN 978-89-91743-12-0 04220
ISBN 89-91743-05-6(전6권)

값 | 30,000원